KB167714

시작하세요!

# C# 12 프로그래밍

기본 문법부터 실전 예제까지

시작하세요!

**C# 12 프로그래밍**

기본 문법부터 실전 예제까지

지은이 정성태

펴낸이 박찬규 엮은이 이대엽 디자인 북누리 표지디자인 Arowa & Arowana

펴낸곳 위키북스 전화 031-955-3658, 3659 팩스 031-955-3660
주소 경기도 파주시 문발로 115 세종출판벤처타운 311호

가격 38,000 페이지 992 책규격 188 x 240mm

초판 발행 2024년 04월 24일
ISBN 979-11-5839-517-9 (93000)

등록번호 제406-2006-000036호 등록일자 2006년 05월 19일
홈페이지 wikibook.co.kr 전자우편 wikibook@wikibook.co.kr

# 시작하세요! C# 12 프로그래밍

Beginning C# 12 Programming

기본 문법부터 실전 예제까지

정성태 지음

위키북스

서문을 쓰는 오늘(2015년 7월 20일), 정식으로 비주얼 스튜디오 2015와 함께 C# 6.0이 발표됐다. 이번에는 어떤 변화가 있을까? 이에 대한 답을 내리기 전에 우선 C# 5.0 이후 달라진 마이크로소프트의 행보를 살펴볼 필요가 있다. 필자의 첫 번째 책인 『시작하세요! C# 프로그래밍』이 2013년에 출간됐고 그로부터 겨우 2년 남짓한 시간이 지나는 동안 IT 업계에는 정말 많은 변화가 있었다. 그리고 그 변화는 마이크로소프트의 정책에도 적지 않은 영향을 주었다.

그동안 오직 윈도우 운영체제 위주의 폐쇄성을 보이던 마이크로소프트가 다중 플랫폼 지원 및 오픈소스에 참여하면서 새롭게 통합과 개방이라는 방향성을 제시하기 시작한 것이다.

- 마이크로소프트 클라우드 플랫폼인 Azure의 변화
    - 리눅스(우분투, CoreOS, CentOS, SUSE) 가상 머신 지원
    - 아파치 하둡, HBase, Storm, Spark 지원
    - 톰캣, 제티, 웹로직을 비롯한 자바 WAS 지원
- 맥/리눅스를 위한 비주얼 스튜디오 코드 에디터 무료 버전 공개
- 다중 플랫폼에 포팅 가능한 닷넷 오픈소스 프로젝트 진행
- C# 및 VB.NET 컴파일러를 오픈소스 프로젝트로 진행
- 닷넷용 LLVM 기반 컴파일러인 LLILC 오픈소스 프로젝트 진행
- 리눅스 도커를 Azure와 차기 윈도우 서버 버전에 적용
- 비주얼 스튜디오에 Git 버전 제어 통합 및 GitHub 연동
- 크로스 개발 도구 공개
    - Objective-C 프로젝트를 비주얼 스튜디오에서 지원
    - 안드로이드 앱을 윈도우 10 앱으로 포팅 지원
    - 윈도우 10 무료 업그레이드

위의 변화를 보면 그것이 단순한 일회성의 보여주기 식 이벤트로 그치지 않을 것임을 쉽게 짐작할 수 있다.

C# 개발자로서 특히 반가운 것은 닷넷의 다중 플랫폼을 위한 오픈소스화다. 물론 마이크로소프트는 닷넷 프레임워크 초기에도 'Shared Source CLI'라는 이름으로 소스코드를 공개했지만 상용 라이선스가 금지되는 등의 제한이 있었다. 하지만 이번에 GitHub를 통해 공개된 CoreClr[1]/CoreFX[2] 프로젝트는 다르다. GitHub 공개 자체만으로도 누구나 그 프로젝트에 참여해 소스코드를 열람 및 개선할 수 있게 된 것이다. 심지어 마이크로소프트는 CoreClr과 닷넷 프레임워크의 소스코드를 동기화시키겠다고 밝혔다. 따라서 CoreClr을 바탕으로 포팅된 환경이 그저 그런 수준에서 쓸 수 있는 정도가 아니고 상용 제품의 개발에도 사용될 수 있는 안정성까지 보장함을 의미한다. 결국 CoreClr/CoreFX가 다른 플랫폼으로 순조롭게 포팅되면[3] 그동안 C# 언어의 결정적인 단점이었던 윈도우 제약을 탈피할 수 있게 되어 자연스럽게 C# 프로그램의 대중화에도 그만큼 힘을 실어줄 수 있다.

또 한가지 반가운 소식은 C# 컴파일러를 오픈소스로 공개한 것이다. 코드명으로 시작된 Roslyn[4]이라는 이름으로 GitHub에서 찾을 수 있는데 실제로 비주얼 스튜디오 2015와 함께 설치되는 C# 컴파일러는 Roslyn의 결과물이다. Roslyn이 훌륭한 것은 단순히 컴파일러 수준에서 그치지 않고 컴파일러의 내부 기능 자체를 라이브러리처럼 사용할 수 있게 만들었다는 점이다. 가령, 여러분들의 C# 프로젝트에서 지역 변수명으로 i, j, k를 사용하고 있는 메서드를 찾고 싶다면 기존에는 C# 소스코드를 해석할 수 있는 별도의 파서를 만들어야 했지만 Roslyn을 이용하게 되면 해석된 결과물을 얻어낼 수 있어 이를 이용해 해당 메서드를 찾는 것이 가능하다. 또는 개발팀이 정한 명명 규칙을 어기는 코드를 찾는다거나 하는 식의 사용자 정의 정적 코드 분석기를 쉽게 개발할 수 있고 이를 비주얼 스튜디오의 코드 편집기에 통합하는 것도 가능하다.

이제 처음에 했던 질문의 답을 내보자. C# 6.0의 가장 큰 변화는 언어 자체에 추가된 신규 문법들이 아니다. C# 6.0부터 소스코드가 공개된 컴파일러가 제공되어 C# 6.0 소스코드를 분석할 수 있는 라이브러리가 생겼다는 점과 리눅스 및 맥에서도 콘솔 및 웹 응용 프로그

1 https://github.com/dotnet/coreclr
2 https://github.com/dotnet/corefx
3 현재 ASP.NET 5를 맥과 리눅스에서 구동할 수 있다(http://docs.asp.net/en/latest/getting-started/index.html).
4 https://github.com/dotnet/roslyn

램 형식의 프로그램을 구동할 수 있게 됐다는 점이다. 그런 변화에 비하면 이 책에서 설명하고 있는 C# 6.0의 신규 문법은 보너스 정도라고 여길 수 있다.

정리해 보면, C#은 문법적으로도 발전하고 그것을 둘러싼 환경도 발전하고 있는 언어다.

## 7.1 개정판을 출간하며

이번 7.0/7.1 업데이트는 C# 컴파일러의 소스코드를 Roslyn 프로젝트로 공개한 이후 (6.0의 안정화 단계를 거쳐) 나오는 사실상 첫 번째 업그레이드에 해당한다. 주요 특징으로는 패턴 매칭 및 튜플을 위한 언어 차원의 지원과 함께 소소한 간편 표기법을 추가했지만 별도의 신규 예약어는 없다. 아울러 마이크로소프트가 공개한 로드맵으로는 C# 7.2에서 5가지 추가 개선 사항이 포함되고 이후 8.0의 새 버전으로 스펙을 다듬는 중이다. 즉, 버전 7만으로 통틀어 따지자면 7.0부터 7.2까지 무려 20개의 기능이 추가된 전례 없는 대규모 업데이트에 해당한다.

지난 C# 6.0 개정판 이후 불과 1년 남짓한 기간 동안 역시나 IT 업계는 한껏 달궈진 머신러닝과 블록체인 등에 대한 분위기로 개발자들을 바빠지게 만들고 있다. 신기술을 학습하는 일만으로도 바쁜 여러분에게 언어까지 따라가라고 어찌 권유할 수 있을까? 그럼에도 때로는 그동안 쌓인 기술 부채를 떨구고 가야 할 시점이 생기곤 한다. 필자가 정리한 이 책의 C# 업데이트 내용들이 여러분의 부채 상환 기간을 앞당겨 줄 것이라고 감히 확신한다.

끝으로, C# 5.0 책의 초판부터 지난 4년 남짓한 기간 동안 필자를 믿고 책을 출간해 주신 위키북스 박찬규 대표님과 3권의 탈고를 위해 같은 내용을 몇 번이고 읽어 주신—하지만 한번도 뵌 적 없는— 이대엽 님께 다시 한번 감사드린다는 인사를 이 책의 서문에 남긴다.

## 7.3 개정판을 출간하며

이번 C# 7.2/7.3 업데이트는 그동안 소홀했던 값 형식에 대한 위상을 높였다고 평가할 수 있다.

표면적으로 보면 7.2/7.3의 신규 문법은 매우 쉽게 익힐 수 있다. 게다가 총 18개의 변화가 있는데도 7.2/7.3이라는 마이너 버전 업그레이드여서 그다지 중요한 업데이트로 보이지 않는다. 하지만 이번 업데이트는 일반 개발자들이 쉽게 지나칠 수 있는 "값 형식"과 "참조 형식"의 차이, 즉 힙과 스택의 차이를 분명히 이해하고 있어야 한다는 점에서 역대 C# 업데이트 중 가장 어려운 난이도를 갖는다.

또한 이로 인한 문법 개선은 BCL까지 영향을 준다. C# 7.2/7.3 신규 문법이 적용된 값 형식의 사용은 닷넷 코어 2.1 BCL부터 본격적으로 적용됐고 심지어 JIT 컴파일러 수준까지 힙 메모리 할당을 최소화할 수 있도록 지원하면서 전반적인 닷넷 응용 프로그램의 성능을 향상 시키는 견인차 역할을 하게 된다. 만약 고성능 응용 프로그램을 만드는, 또는 만들고 싶은 개발자라면 C# 7.2/7.3을 익히는 데 들이는 시간이 아깝지 않을 것이다.

## 8.0 개정판을 출간하며

전체적으로 보면 C# 8.0의 신규 문법은 널(null) 처리를 제외하고는 기존 문법에 대한 보완이 주를 이룬다. 하지만 그보다 더 중요한 것은 C# 8.0의 무대가 닷넷 프레임워크에서 닷넷 코어 쪽으로 확실하게 이동했다는 데 의미가 있다. 2019년 9월에 있었던 .NET Conf 발표에서 마이크로소프트는 C# 8.0과 함께 닷넷 코어 3.0을 릴리스하며 동시에 데스크톱 버전의 닷넷 프레임워크에 대한 업그레이드는 더 이상 없을 거라고 공표했다. 실제로 C# 8.0의 모든 문법을 100% 지원하는 환경은 닷넷 코어 3.0이므로 이에 따라 이 책의 모든 예제 코드도 닷넷 코어 3.0과 닷넷 프레임워크 4.8용으로 나눠서 제공하도록 바뀌었다. 물론 대상 프레임워크 기반이 바뀐다고 해서 C# 언어의 문법적 설명이 달라지는 것은 없으므로 이번 개정판 이전의 책 내용도 거의 그대로 닷넷 코어 3.0 환경에서 유효하며, 대부분의 예제 코드 또한 그대로 잘 동작한다.

분명한 것은 지금까지 닷넷 코어를 단순히 리눅스 지원을 위한 확장 영역으로 여겼던 인식에서 벗어나야 할 때가 됐다는 점이다. 마이크로소프트의 향후 로드맵에 따라 닷넷 코어로 통합되어 개발 환경이 발전할 것이므로 여러분도 C# 8.0과 함께 응용 프로그램을 점차 닷넷 코어 환경으로 이전해 보기를 권장한다.

## 9.0 개정판을 출간하며

바로 얼마 전, 마이크로소프트의 닷넷 관련 메일링 리스트에는 재미있는 토론이 하나 있었다. "Is C# in danger of crushing under its own weight?"라는 제목이었는데 C#의 언어 발전이 계속되면서 학습 곡선이 너무 커지고 있는 데 따른 부담과 앞으로도 얼마나 더 발전할 것이며 또한 그만큼의 복잡도를 가질 것인지에 대한 우려 섞인 목소리가 나온 것이다. 예상할 수 있듯이, 이런 류의 토론에는 찬반이 엇갈렸고 각각의 진영은 그들 나름의 이유를 가지며 열띤 논쟁을 펼쳤다.

혹시 필자의 생각이 궁금한가? 이 책을 쓰고 있는 저자는 공정성에 문제가 있으므로 답을 내는 대신 오히려 여러분에게 질문을 하나 던져 보겠다. 최근 마이크로소프트는 C#과 함께 .NET 초창기부터 동고동락했던 Visual Basic .NET에 대해 더 이상의 언어적 발전이 없을 거라고 발표했다[5]. 다르게 말하면, 적어도 VB.NET 언어를 사용하는 개발자들은 신규 문법을 배울 필요 없이 현재의 지식 그대로 가져갈 수 있다는 장점이 생긴 것이다.

그렇다면 여러분은 신규 기능이 추가되지 않을 VB.NET을 배우고 싶은가?

아마도 발전이 멈춘 언어를 배우고 싶은 독자는 많지 않을 것이다. 물론 C#의 학습 곡선이 커지는 것은 분명한 문제다. 필자는 이에 대한 명확한 의견을 가지고 있는데, 이와 관련해서는 책의 본문에서도 언급하고 있다. 즉, C# 언어를 처음 배우는 독자라면 "C# 1.0 + C# 2.0의 제네릭 + C# 5.0의 비동기 호출"만 빠르게 공부하는 것을 권장한다. 그 정도만 익혀도 일반적인 프로그래밍을 하는 데 거의 무리가 없으며, 설령 다른 개발자가 작성한 코드에서 이해되지 않는 문법이 나와도 이 책의 설명을 그때마다 읽으며 습득하는 식으로 진행할 수 있다.

처음부터 C# 언어를 완벽하게 마스터하기보다는 프로그래밍의 재미에 먼저 빠져 보기를 권한다.

5 https://devblogs.microsoft.com/vbteam/visual-basic-support-planned-for-net-5-0/

마지막으로, 닷넷과 C#의 발전이 어디까지 왔는지 궁금한 독자에게는 유튜브에서 ".NET Conf 2021 키노트[6]"라고 검색하면 나오는 영상을 권한다.

## 10.0 개정판을 출간하며

C# 언어뿐만 아니라 근래의 IT 기술들을 보면 일종의 온라인 게임 서비스를 보는 듯하다. 가장 큰 유사점이 바로 끊임없이 업데이트를 한다는 것이다. C# 10이 나왔지만, 이미 C# 11이 정식 후보 버전으로 나온 상태이며, 이후의 업그레이드 계획도 진행 중이다.

또한 게임의 규모가 커짐에 따라 초기 진입장벽이 높아진다는 점도 유사하다. 2000년 당시 닷넷 생태계에서는 C# 1.0 문법만 배웠어도 충분히 취업이 가능했지만 이제는 C# 언어를 공부하게 되면 기본적으로 비동기 호출까지는 알아야 현업에서 작성된 코드를 이해할 수 있다.

심지어 게임처럼 소위 말하는 '고인물'과 '뉴비'의 간극도 발생하고 있다. 특정 문법의 경우 그것이 나온 배경을 알고 있느냐에 따라 이해도의 깊이가 달라지는 것은 물론, C# 언어의 발전과 함께 닷넷 런타임의 발전이 이뤄지면서 쌓인 이력들을 뉴비들은 알 수 없어 어려워하는 것을 종종 보게 된다.

마지막으로 근래의 게임들은 특정 레벨부터 본격적으로 게임이 재미있어지는 단계로 구성되고 있다. 언어 역시 처음 배우는 단계에서는 다소 지루한 레벨 업 과정을 거쳐야 하지만 일단 한번 배우고 나면 그것을 활용해 프로그램을 만드는 재미에 빠져들게 된다.

부디 여러분도 이 책을 통해 초기의 학습 구간을 무사히 마치고, 어쩌면 게임보다 재미있을 프로그래밍의 세계에 꼭 입문하게 되길 바란다.

6 https://youtu.be/RCH6bzwbhF0

## C# 12 개정판을 출간하며

필자가 근무하는 제니퍼소프트는 웹 애플리케이션의 성능 모니터링 제품을 개발하는 회사다. 따라서 자연스럽게 고객사의 웹 애플리케이션에 대한 환경 정도는 파악하게 되는데, 근래 신규 개발된 웹 애플리케이션 고객 중 대다수가 닷넷 5+ 환경의 플랫폼이라는 점이 인상적이었다. 즉, 닷넷 프레임워크를 더 이상 사용하지 않는다는 의미다.

C# 12 개정판은 그런 변화를 수용했다. 이 책의 내용 자체가 C# 언어에 대한 기본을 다룬 것이라 전체 분량에서 닷넷 프레임워크에 특화된 내용의 비중은 크지 않았지만, 그래도 곳곳에 남아 있던 낡은 내용을 제거하고 닷넷 8 기준으로 재정리했다. 물론, 여전히 레거시 환경에 대한 닷넷 프레임워크 수요는 있을 것이므로 단순히 책의 내용에서 제거하는 것으로 끝내지 않고 그 내용 그대로 무료로 배포하던 PDF에 넣었으니 참고하기 바란다.

PART 01

# C#

PART 02

C# 고급 문법

# 01

# C#

이 책은 다음과 같은 독자를 대상으로 한다.

1 _ 컴퓨터 관련 학과에 재학 중인 학생

2 _ C# 언어의 발전을 따라가지 못한 경력 개발자

3 _ 다른 언어를 공부한 개발자

전반적으로는 1번 독자를 대상으로 하지만, 가능한 한 2번과 3번에 해당하는 독자에게도 도움이 되도록 내용을 구성했다. 각 장의 내용을 요약하면 다음과 같은데, 잠시 읽어보면서 자신에게 필요한 내용이 있는지 파악해 보자.

## 1부

C#의 기본 문법을 다룬다. 이미 C# 언어를 배운 경험이 있다면 1부는 건너뛰어도 좋다.

1장 _ 닷넷 설명

2장 _ C# 개발 환경 준비

3장 _ C# 언어의 기본적인 문법

4장 _ C# 언어의 핵심 – 클래스

5장 _ 3장에서 설명하기는 이르고 4장의 클래스와는 무관한 나머지 C# 문법

6장 _ C# 프로그램에서 자주 사용되는 클래스 설명

## 2부

C# 2.0부터 12까지 추가된 문법을 차례대로 다룬다. 2부의 내용을 공부하지 않아도 충분히 C# 프로그램을 만들 수 있다. 하지만 2부의 내용을 학습하고 나면 자신의 생각을 좀 더 자유롭게 프로그램으로 표현할 수 있다.

7장 _ C# 2.0에 추가된 문법

8장 _ C# 3.0에 추가된 문법

**9장** _ C# 4.0에 추가된 문법

**10장** _ C# 5.0에 추가된 문법

**11장** _ C# 6.0에 추가된 문법

**12장** _ C# 7.0에 추가된 문법

**13장** _ C# 7.1에 추가된 문법

**14장** _ C# 7.2에 추가된 문법

**15장** _ C# 7.3에 추가된 문법

**16장** _ C# 8.0에 추가된 문법

**17장** _ C# 9.0에 추가된 문법

**18장** _ C# 10에 추가된 문법

**19장** _ C# 11에 추가된 문법

**20장** _ C# 12에 추가된 문법

## 3부

C# 언어로 만드는 다양한 응용 프로그램 유형을 설명하며, 이 내용은 책에 포함되지 않고 별도로 다음 URL에 PDF 문서로 공개했으니 참고하기 바란다.

- https://www.sysnet.pe.kr/2/0/13142

**21장** _ 윈도우 폼, WPF, 서비스, 웹 폼, 윈도우 폰 응용 프로그램의 제작 방법

**22장** _ 실습 – PPT를 제어하는 윈도우 폰 응용 프로그램

## 부록

별도로 분리되어 역시 https://www.sysnet.pe.kr/2/0/13142 링크에 PDF 문서로 공개했으니 참고하기 바란다.

여기서 3부의 내용은 좀 더 부가 설명이 필요하다. 필자는 C# 5.0을 대상으로 처음 책을 썼으며 3부의 내용은 원래 그 책에 포함돼 있던 내용이다. 하지만 C# 6.0을 포함한 개정판을 출간하면서 책의 분량이 늘어나는 것을 고려해 3부의 내용을 책에서는 빼고 그대신 무료 PDF 문서로 공개했다. 종이책으로 꾸준히 출판한 1부, 2부와는 달리 3부의 내용은 C# 5.0 책이 쓰인 시점 이후로 업데이트되지 않았기 때문에 3부 내용 중 일부는 개발 환경의 변화로 달라졌을 수 있음을 미리 말씀드린다.

또한 부록에 대한 중요성을 강조하고 싶은데, 특별히 전산을 전공하지 않은 독자를 위해 부록 E. '프로그래밍 기본 지식'이라는 절을 별도로 마련했다. 보통 부록이라고 하면 별로 중요하지 않은 내용을 포함하고 있기 마련인데, 필자 개인적으로는 독자 여러분이 부록에서 다룬 정도의 지식은 미리 학습한 상태에서 이 책을 읽어보기를 바란다.

결국 이 책의 기본적인 내용은 C# 언어에 대한 문법 설명서인데, 문법의 특성상 앞뒤가 정확히 맞아떨어지도록 설명할 수 없기 때문에 "닭이 먼저냐, 달걀이 먼저냐"라는 식의 난관에 빠지곤 한다. 즉, A라는 내용을 설명하려면 B라는 내용이 선행돼야 하는데, B를 설명하다 보면 A의 내용이 필요할 때가 있다. 이 책을 읽는 동안에도 그런 경우가 가끔씩 나올 수 있다. 당장은 눈에 보이지 않는 개념이겠지만 차근차근 한 걸음씩 나아가다 보면 여러분의 머릿속에도 실체가 자리 잡을 것이다.

아울러 이 책을 공부하면서 궁금한 사항이 있다면 다음 게시판에 글을 남길 수 있다.

C# 질문/답변

https://www.sysnet.pe.kr/3/0

필자가 직장인이기 때문에 답변은 주로 밤 시간에 올릴 수 있음을 이해해 주길 바란다. 그 밖에 혹시 이 책을 보면서 오탈자 및 잘못된 정보를 발견한다면 역시 위의 게시판을 이용해 공유할 수 있다. 이렇게 취합된 오탈자 정보와 이 책과 관련된 기타 자료는 다음의 게시물에 정리된다.

**소스코드, 오탈자 정보, 다이어그램 원본 PPT 파일**

htttps://www.sysnet.pe.kr/2/0/13142

위의 게시물에는 책에 사용된 예제의 소스코드 및 다이어그램을 그리기 위해 사용한 원본 PPT 파일도 함께 공개돼 있으니 관심 있는 분은 참조할 수 있다.

마지막으로, 이 책이 처음 출간된 당시에는 '닷넷 프레임워크'가 주류였던 반면, 근래에는 '닷넷 코어'를 기반으로 한 .NET 5/6/7/8 환경으로 넘어가는 추세다. 지난 개정판을 낼 때까지는 닷넷 프레임워크에 대한 내용을 포함했지만, 이제는 그에 대한 내용을 모두 삭제하고 가장 최신 버전인 닷넷 8 환경을 대상으로 설명한다. 비록 책에서는 내용을 삭제했지만, 레거시 시스템을 유지/보수하는 독자를 위해 부록과 함께 무료 배포되는 PDF에 '닷넷 프레임워크'와 관련된 기존 책의 내용을 이전해 공개했으니 필요하다면 참고할 수 있다.

# 01

# 소개

1장에서는 닷넷 환경에 대한 전반적인 개요를 다룬다. 개요의 특성상 전체적인 구성을 다루기 때문에 프로그래밍 언어를 처음 배우는 이들에게는 1장의 내용이 결코 쉽지 않을 것이다. 따라서 다른 개발 언어를 배워본 적이 없는 독자라면 2장의 개발 환경 구성으로 바로 넘어갈 것을 권장한다. 이후 C# 프로그래밍에 익숙해졌을 때 1장으로 돌아와서 읽으면 개발 환경에 대해 좀 더 폭넓게 이해할 수 있을 것이다.

## 1.1 닷넷

닷넷은 2002년에 마이크로소프트에서 발표한 닷넷 프레임워크(.NET Framework)에서 발전한 응용 프로그램 개발 환경으로서 프로세스 가상 머신에 속한다. 일반적인 네이티브 언어로 만들어진 프로그램들이 운영체제에서 곧바로 실행되는 것과는 달리, 닷넷을 기반으로 만들어진 응용 프로그램은 그에 더해 런타임 환경을 필요로 한다.

그리고 해당 런타임은 현재 다음과 같은 3가지 방식을 통해 배포할 수 있다.

1. 닷넷 런타임[1]을 시스템에 설치
2. 닷넷 런타임을 응용 프로그램과 함께 배포
3. 실행 파일 내에 닷넷 런타임을 포함

1 ".NET Runtime"으로 명명되기 전 CoreCLR이라고 불렸으며 여전히 관련 모듈(coreclr.dll)의 이름에서 그 흔적을 찾아볼 수 있다. 오픈 소스이며, "https://github.com/dotnet/runtime"에 공개돼 있다.

첫 번째 방식의 경우 시스템에 전역적으로 설치되므로 응용 프로그램을 빌드한 파일만 복사하면 실행이 가능하다. 반면 두 번째 방식은 응용 프로그램마다 런타임 파일들을 함께 배포하므로 디스크 공간이 낭비된다는 단점이 있지만, 대상 컴퓨터에 닷넷 런타임 설치 여부를 신경 쓸 필요가 없다는 편리함이 있다. 세 번째 방식은 단일 실행 파일에 런타임 구성 요소까지 모두 포함해 배포의 편이성을 극단적으로 높였다.

3가지 방식에 상관없이 닷넷 런타임은 언제나 필요하다. 그렇다면 닷넷 런타임과 C#과의 관계는 어떻게 될까? C# 컴파일러는 소스코드를 기계어가 아닌 IL(Intermediate Language)이라고 하는 중간 언어로 실행 파일(예를 들어, EXE/DLL) 내부에 생성한다. 또한 프로그램이 시작하자마자 닷넷 런타임을 로드하는 코드를 자동으로 실행 파일 내부에 추가한다. 따라서 사용자가 C#으로 개발된 애플리케이션을 실행하면 내부적으로 닷넷 런타임이 먼저 로드된다. 이어서 닷넷 런타임은 실행 파일 내에 있는 중간 언어(IL: Intermediate Language) 코드를 로드해서 본격적인 실행 단계에 들어선다. 이 작업이 그림 1.1에 요약돼 있다.

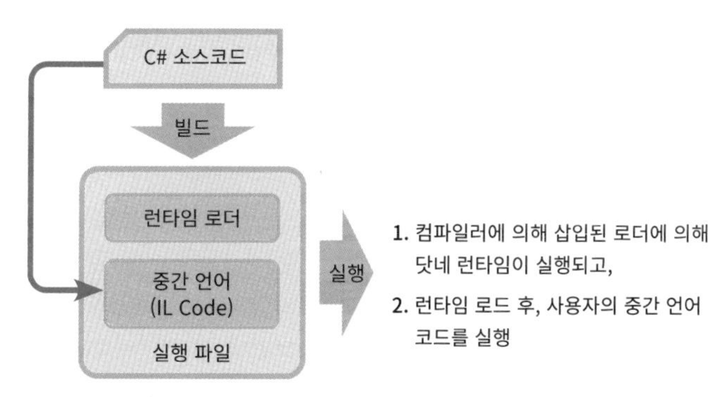


그림 1.1 IL 코드를 실행하는 닷넷 런타임 (윈도우 환경)

그럼 지금부터 닷넷 런타임과 관련된 용어를 좀 더 자세히 알아보자.

## 1.1.1 닷넷 호환 언어

닷넷 런타임에 의해 실행되는 중간 언어는 어느 하나의 프로그래밍 언어에 종속된 것은 아니다. 어떤 언어의 컴파일러든지 결과물을 중간 언어로 생성해 낸다면 런타임이 그것을 실행할 수 있다. 이처럼 중간 언어로 번역하는 언어를 닷넷 호환 언어(.NET-Compliant Language)라고 하며, C# 언어는 단지 그러한 언어 중 하나에 불과하다.

닷넷 호환 언어는 IL(중간 언어) 코드의 결과물을 공유하기 때문에 상호 호출이 가능하다. 예를 들어, C#으로 만든 클래스를 F#에서 사용할 수 있고, 심지어 다른 언어로 만든 클래스까지도 상속받을 수 있다.

현재 마이크로소프트에 의해 공식적으로 제공되는 닷넷 호환 언어는 C#, Visual Basic .NET, F#, C++/CLI가 있다. 여기에 더해 기존의 COBOL, Lisp, Python, PHP, Ruby 등의 언어[2]도 닷넷 환경에서 실행할 수 있게 중간 언어를 산출하는 버전들이 발표됐으며 원한다면 웹에서 내려받아 사용할 수 있다.

### 1.1.2 공통 중간 언어(CIL: Common Intermediate Language)

자바의 VM에서는 중간 언어를 특별히 바이트코드(Bytecode)라고 한다. 이와 마찬가지로 닷넷 런타임에서는 이를 CIL(Common Intermediate Language)이라고 하며 보통은 줄여서 IL 코드, 또는 MSIL 코드라고 한다. 이는 CPU에 독립적인 결과물로서 모든 닷넷 호환 언어는 소스코드를 IL 코드로 컴파일하고, 런타임이 실행될 때 IL 코드를 CPU의 기계어로 최종 번역한다.

특이하게 IL 코드는 그 자체로 프로그래밍 언어 문법을 가지며 ILASM.EXE라는 컴파일러를 가지고 있다. 예를 들어, C#으로 다음과 같이 프로그램을 작성해서

예제 1.1 CIL 확인용 예제

```
class Program
{
    static void Main(string[] args)
    {
        int a = 5;
        int b = 6;
        int c = a + b;
    }
}
```

C# 컴파일러로 빌드하면 중간 언어인 IL 코드로 변환된다. IL 코드는 가상 머신에서 실행된다는 의미에서 일종의 기계어와 유사하다. 기계어와 일대일 대응되는 어셈블리 언어가 있는 것처럼 IL 코드도 일대일 대응되는 IL 언어가 따로 있다. 다음은 앞의 C# 프로그램을 IL 언어로 변환한 것이다.

2 이 중에서 현실적으로 사용할 만한 닷넷 호환 언어는 파이썬을 위한 IronPython이 유일하다.

```
.assembly ConsoleApplication2
{
}

.module ConsoleApplication2.exe

.class private auto ansi beforefieldinit Program extends [mscorlib]System.Object
{
    .method private hidebysig static void  Main(string[] args) cil managed
    {
        .entrypoint
        .maxstack  2
        .locals init ([0] int32 a, [1] int32 b, [2] int32 c)
        IL_0000:  nop
        IL_0001:  ldc.i4.5
        IL_0002:  stloc.0
        IL_0003:  ldc.i4.6
        IL_0004:  stloc.1
        IL_0005:  ldloc.0
        IL_0006:  ldloc.1
        IL_0007:  add
        IL_0008:  stloc.2
        IL_0009:  ret
    }
}
```

실제로 이 IL 소스코드를 ilasm 프로그램[3]을 이용해 컴파일하면 C#에서와 동일한 프로그램이 생성된다.

이러한 특징 덕분에 대체로 닷넷 호환 언어는 두 가지 방법으로 구현되고 있다. 예를 들어 COBOL 언어를 닷넷용으로 만든다고 가정해 보자. 첫 번째는 C# 언어처럼 COBOL 소스코드에서 곧바로 중간 언어를 생성하도록 만들 수 있다. 두 번째는 COBOL 소스코드를 일단 IL 소스코드로 변환한 다음 그것을 컴파일할 수 있는 ilasm.exe의 도움을 받아 실행 파일을 만드는 유형이다.

3 윈도우 운영체제의 경우 닷넷 프레임워크 버전의 ilasm.exe가 기본 설치된다. 만약 최신 닷넷 버전의 ilasm 실행 파일을 사용하고 싶다면 https://www.sysnet.pe.kr/2/0/13474 글을 참고하자.

### 1.1.3 공용 타입 시스템

닷넷 호환 언어가 지켜야 할 타입(Type)의 표준 규격을 정의한 것이 공용 타입 시스템(CTS: Common Type System)이다. 새로운 언어를 만들어 닷넷 런타임에서 실행하고 싶다면 CTS 규약을 만족하는 한도 내에서만 구현할 수 있다. 예를 들어, CTS에서는 클래스 상속을 하나만 받을 수 있도록 정의하고 있다. 따라서 직접 닷넷 호환 언어를 만든다면 클래스의 다중 상속을 지원하도록 만들 수는 없다. 실제로 중간 언어에서는 다중 상속과 관련된 어떠한 IL 코드 표현도 제공하지 않는다. 즉, 닷넷 호환 언어는 CTS의 한계를 넘어서 구현할 수 없다.

또 한 가지 특징으로는 닷넷 호환 언어가 CTS에서 정의한 모든 규격을 구현할 필요도 없다는 점이다. 예를 들어, CTS에서는 타입의 접근성에 대해 public, private, ...... 등으로 나누고 있지만, 여러분이 만드는 닷넷 호환 언어에서는 public만 지원하도록 만드는 것이 가능하다. 언어에서 필요하지 않다면 굳이 CTS에서 정의한 접근성에 모두 대응하지 않아도 된다.

C#과 Visual Basic .NET 언어는 CTS가 정의한 타입 시스템의 일부를 자신들의 언어 사양에 맞게 구현하고 있다. 만약 CTS 전체를 활용해 프로그램을 만들고 싶다면 IL 언어를 사용하거나 CTS 전체 규격을 표현한 언어를 새롭게 만들어야 한다.

### 1.1.4 공용 언어 사양

닷넷 호환 언어가 지켜야 할 최소한의 언어 사양을 정의한 것이 공용 언어 사양(CLS: Common Language Specification)이다. 직접 닷넷 호환 언어를 만들고 싶다면 CTS 전체를 구현할 필요는 없지만 적어도 CLS에 명시된 사양만큼은 완벽하게 구현해야 한다.

예를 들어, C#에서는 부호 없는(unsigned) 형식을 지원한다. 이는 CTS에 정의돼 있기 때문에 C#에서도 정의할 수 있는 것이다. 하지만 CLS에서는 unsigned 타입을 강제화하지 않았다. 따라서 C#에서 unsigned 타입이 구현됐다고 해서 다른 언어에서도 unsigned 타입이 구현됐다고 보장할 수는 없다. 그런데 왜 이것이 문제되는 것일까?

닷넷 호환 언어끼리는 서로 사용할 수 있고 상속도 받을 수 있다는 사실을 떠올려 보자. C# 언어에서 unsigned 타입을 사용하는 메서드를 정의했다고 가정했을 때, unsigned를 지원하지 않는 다른 언어에서는 이 메서드를 사용할 때 호환성 문제가 발생한다. 따라서 서로 다른 언어를 섞어서 프로그램을 만들어야 한다면 외부에서 사용할 기능에 대해서는 CLS를 준수해야 한다.

CLS는 두 가지 측면에서 의미가 있다. 하나는 모든 닷넷 호환 언어가 CLS에서 정의한 사양만큼은 구현해야 한다는 것이고, 다른 하나는 닷넷 호환 언어끼리 호출해야 하는 경우에는 그 기능에 한해서 CLS를 만족시키도록 작성해야 한다는 것이다.

CLS, CTS와 닷넷 호환 언어의 관계를 다이어그램으로 정리하면 다음과 같다.

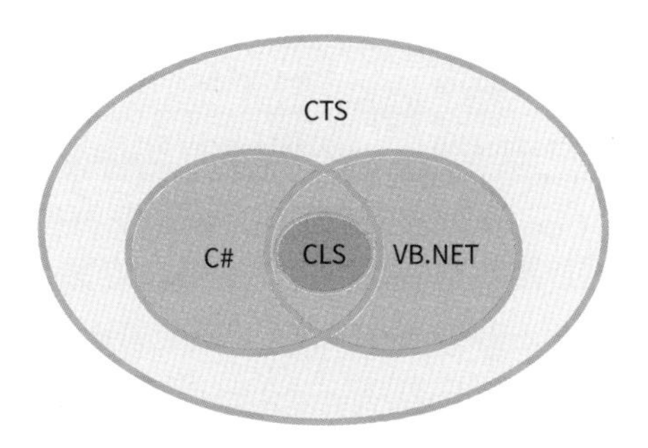


그림 1.2 CTS와 CLS

### 1.1.5 메타데이터

일반적인 정의로는 데이터를 위한 데이터를 메타데이터(Metadata)라고 한다. 예를 들어, 그림 파일에서는 그림을 나타내는 컬러 값이 그림을 이루는 '데이터'가 된다. 윈도우 탐색기를 통해 이런 그림 파일의 속성 창을 띄워 보면 또 다른 데이터가 있는 것을 확인할 수 있다. 그림 1.3에서처럼 그림은 너비와 높이, 해상도 등의 데이터를 담고 있는데, 이는 '원본 사진 데이터'를 위한 데이터에 해당하고, 이를 메타데이터라고 한다.

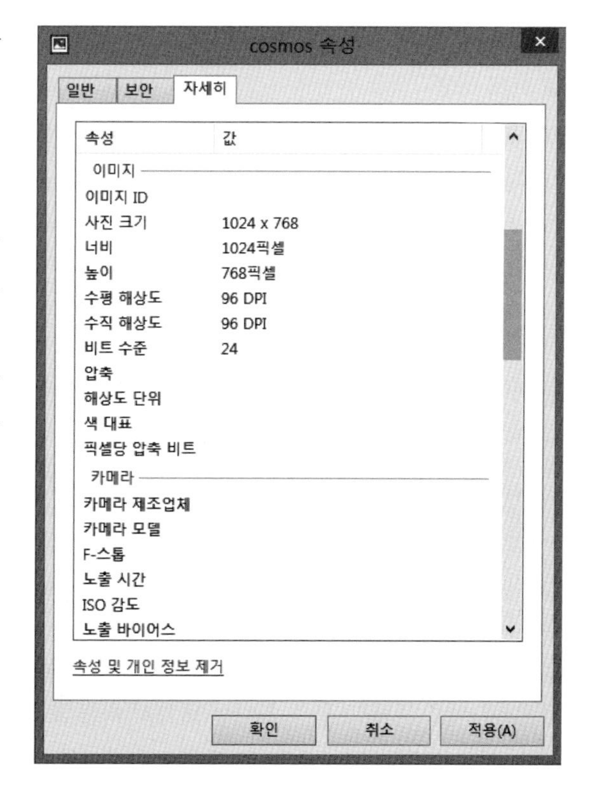


그림 1.3 이미지 파일의 메타데이터

프로그래밍에서 메타데이터의 정확한 의미를 이해하려면 기존 네이티브 언어의 특징을 먼저 이해해야 한다. 예를 들어, Visual C++로 다음과 같은 2개의 클래스를 정의한 경우,

| 클래스 | 멤버 | 반환값 | 인자 |
|---|---|---|---|
| Draw | Rectangle 함수 | 없음 | 4개의 integer 타입 |
| | Line 함수 | 없음 | 2개의 integer 타입 |
| Math | Abs 함수 | double 타입 | 1개의 double 타입 |
| | Max 함수 | integer 타입 | 2개의 integer 타입 |

이 소스코드를 컴파일해서 생성한 실행 파일로부터는 개발자가 만든 클래스의 어떠한 정보도 알아낼 수 없다. 왜냐하면 Visual C++ 컴파일러는 위와 같은 클래스 정보를 설명하는 메타데이터를 생성하지 않기 때문이다. 즉, 프로그래밍 언어에서는 개발자가 구현한 코드가 데이터에 해당하고, 해당 코드의 성격을 설명해 주는 별도의 데이터를 메타데이터라고 한다.

닷넷 런타임에서 동작하는 실행 파일은 완전하게 자기 서술적인(self-descriptive) 메타데이터를 제공하며, 외부에서는 이런 정보를 리플렉션(Reflection)이라는 기술을 통해 사용할 수 있다. 따라서 직접 닷넷 호환 언어를 만들어 컴파일러를 제공한다면 중간 언어 코드는 물론이고 그에 대한 메타데이터도 함께 생성되게끔 만들어야 한다. 마찬가지로 C# 언어로 컴파일된 실행 파일에도 메타데이터가 담겨 있다. 다른 사람이 만든 실행 파일에서 어떤 클래스와 메서드가 제공되는지 이 메타데이터를 통해 확인할 수 있다.

### 1.1.6 어셈블리, 모듈, 매니페스트

C#으로 윈도우 환경에서 프로그램을 만드는 경우, 대개 EXE 또는 DLL 파일을 만들게 된다. 닷넷에서는 이런 실행 파일을 어셈블리(Assembly)라고 한다.

Note 기계어와 1:1 대응되는 프로그래밍 언어인 어셈블리와 이름이 같으므로 혼동할 수 있지만, 닷넷 프로그래밍에서 특별한 언급이 없다면 어셈블리는 실행 파일을 의미한다.

어셈블리는 1개 이상의 모듈(Module)로 구성되는데, 이때 모듈 하나당 한 개의 파일이 대응된다. 그런데 여러 개의 파일이 하나의 어셈블리를 구성하고 있다면 그 목록을 관리하는 데이터가 있어야 하지 않을까? 이를 위해 모듈 중 하나는 반드시 다른 모듈의 목록을 관리하는 매니페스트(Manifest) 데이터를 담고 있어야 한다. 다음은 3개의 모듈 파일로 구성된 어셈블리다.

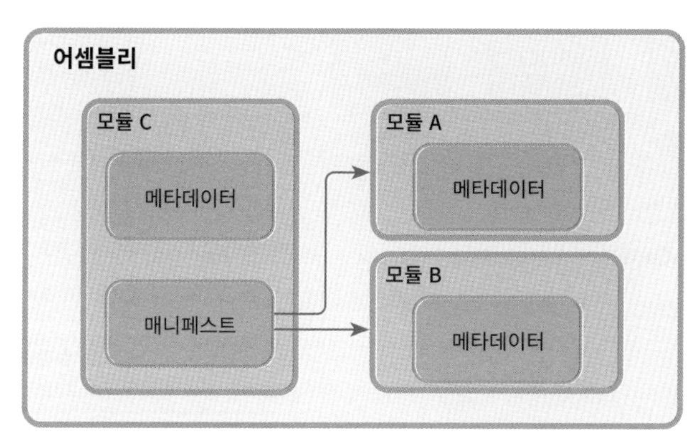

그림 1.4 어셈블리 = (모듈 + 매니페스트) + n개의 모듈……

매니페스트를 포함하고 있지 않은 모듈은 보통 확장자가 netmodule이고, 매니페스트를 포함하는 경우에는 확장자가 DLL(또는 EXE)이다. 어셈블리는 그 자체가 '참조 단위'이자 '배포 단위'라는 것에 의미가 있다. 다른 사람이 만든 어셈블리에 구현된 코드를 사용하고 싶다면 매니페스트가 포함된 모듈 및 그와 관련된 모든 모듈을 함께 가지고 있어야 한다.

이론상 어셈블리가 다수의 모듈을 지원하긴 하지만, 일반적으로 여러분이 개발하거나 사용하게 될 거의 모든 어셈블리가 1개의 실행 파일로 구성된다. 여러 개의 모듈을 관리하는 것은 번거롭고 비주얼 스튜디오(Visual Studio) 같은 개발 도구에서도 모듈 생성을 지원하지 않기 때문에 하나의 어셈블리 내에 다중 모듈을 사용하는 경우는 거의 없다.

### 1.1.7 공용 언어 기반구조

공용 언어 기반구조(CLI: Common Language Infrastructure)는 마이크로소프트에서 ECMA 표준으로 제출한 공개 규약이다. CLI는 CTS 명세를 포함하며, 중간 언어에 대한 코드 정의, 메타데이터와 그것을 포함하는 이진 파일(binary file)의 구조까지 표준 사양으로 기술하고 있다. 자바의 VM을 IBM과 오라클에서 구현한 것처럼, 공개된 CLI 사양은 누구나 가져가서 임의로 구현할 수 있다. 또한 IBM이 만든 JVM 위에서 컴파일된 자바 클래스 파일이 오라클의 JVM 위에서 동작하는 것처럼 CLI 사양을 준수한 구현체에서 동작하는 닷넷 파일은 또 다른 구현체에서 실행하는 것이 가능하다. 이를 그림으로 표현하면 다음과 같다.

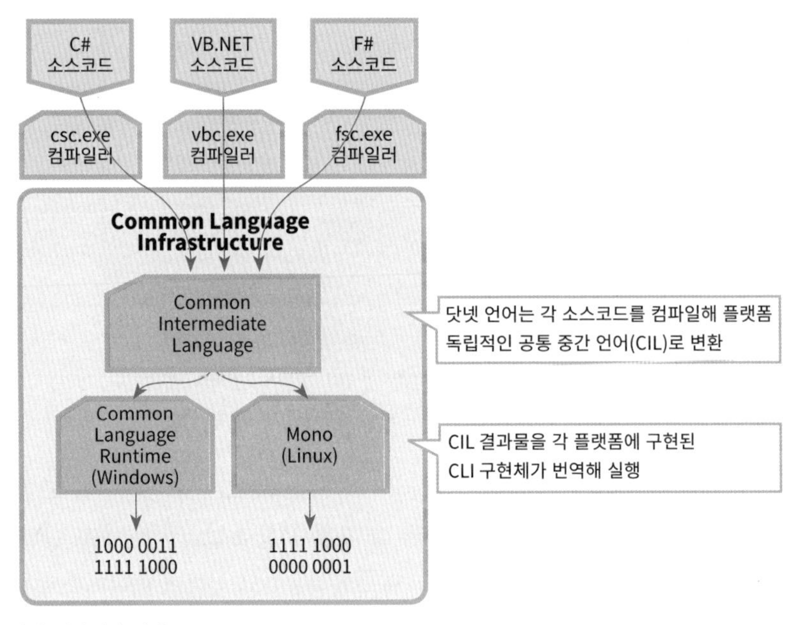


그림 1.5 CLI와 닷넷 런타임의 관계

CLI 규격을 마이크로소프트에서 구현한 실체가 바로 닷넷 런타임이다. 과거 마이크로소프트는 CLR(Common Language Runtime)이라는 CLI 구현체를 만들었지만, 아쉽게도 윈도우 환경에서만 실행된다는 제약으로 인해 더 이상 발전하지 못했다. 또 다른 구현체인 모노(Mono) 런타임은 오픈 소스로 다중 플랫폼 지원을 목표로 활약했지만, 이후 마이크로소프트가 새롭게 개발한 CoreCLR 구현체가 다중 플랫폼을 지원하면서 그 자리를 대체했다. 현재는 CoreCLR이 이름을 바꿔 닷넷 런타임이라는 정식 명칭으로 사용되고 있다.

### 1.1.8 공용 언어 런타임(CLR: Common Language Runtime)

과거 닷넷 프레임워크가 구현한 CLR은 CLI 사양을 따르는 가장 대표적인 VM이었다. 이후 닷넷 코어가 나오면서 CLR을 다중 플랫폼에 맞게 재구현한 CoreCLR이 나왔다. 이러한 CLR에는 두 가지 큰 기능이 있는데, 하나는 중간 언어를 JIT 컴파일러를 이용해 기계어로 변환하는 것이고, 다른 하나는 가비지 수집기(GC: Garbage Collector)를 제공해 동적 메모리 할당 및 회수를 지원하는 것이다.

CLR 자체를 관리 환경(Managed Environment)이라고도 하고, CLR이 로드되는 프로세스를 기존의 네이티브 프로세스와 구별해 관리 프로세스(Managed Process)라고 한다.

Note 대체로 '관리'라는 단어가 들어가면 CLR 환경과 엮인다고 보면 된다. 닷넷 호환 언어 역시 C/C++ 언어와 같은 네이티브 언어와 구분하는 의미에서 관리 언어(Managed Language)라고 한다.

CLI와 CLR/CoreCLR, 닷넷은 보통 구분 없이 사용된다는 점에 유의해야 한다. 예를 들어 C#과 같은 언어는 닷넷 호환 언어라는 말보다는 CLI 호환 언어라고 불러야 하는 것이 맞다. 단지 CLI 구현체 중에 CLR/CoreCLR이 가장 대표적이고, 그중에서 CoreCLR은 닷넷 제품에 포함돼 있으므로 암묵적으로 혼용되는 면이 있다.

### 1.1.9 닷넷

CLR의 기능만으로는 응용 프로그램을 작성하는 개발자를 만족시킬 수 없다. 마이크로소프트는 CLR 말고도 여러 가지 구성 요소를 함께 만들어 이를 하나의 패키지로 묶어 배포하는데, 이것이 바로 우리가 자주 들었던 '닷넷'이고 이 책을 쓰는 시점에 버전 8까지 개발된 상태다.

즉, '닷넷 = CoreCLR + 부가 구성 요소'라고 간단히 정의할 수 있고, 여기서 구성 요소에는 다음과 같은 것이 포함된다.

- **BCL(Base Class Library)**: 마이크로소프트는 특정 기능을 수행하는 타입을 미리 만들어 놓았으며 개발자는 이 기능을 이용해 좀 더 쉽게 응용 프로그램을 개발할 수 있다. 예를 들어, 문자열을 암호화해야 할 때 개발자가 직접 구현할 필요 없이 BCL에서 제공되는 암호화 관련 타입을 이용하면 된다.
- **기타 파일**: 닷넷 배포 버전에 맞는 디버그용 모듈과 실행 중인 프로세스의 메모리 덤프를 뜰 수 있는 createdump.exe 등을 함께 제공하며 부가적으로 닷넷 SDK 제품에는 닷넷 응용 프로그램 개발을 위한 C# 컴파일러 및 빌드 시스템을 포함해 배포하고 있다.

닷넷 응용 프로그램을 계층상으로 나눠 보면 다음과 같다.

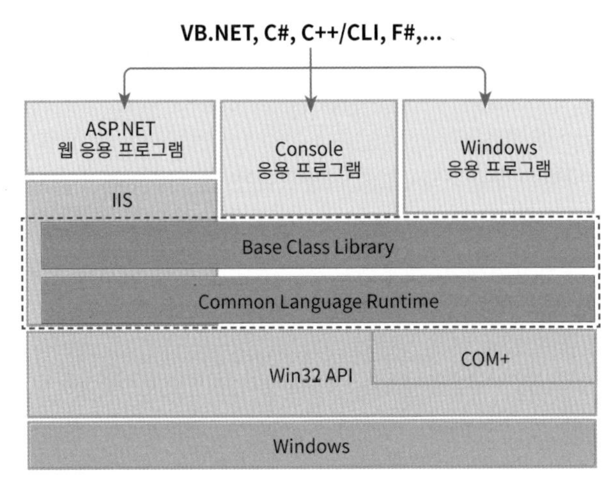


그림 1.6 윈도우 환경에서의 닷넷

닷넷 응용 프로그램은 기존의 모든 윈도우 응용 프로그램에 대응해서 만들 수 있다. 즉, Visual C++로 만든 네이티브 프로그램이 있다면 닷넷으로도 제작할 수 있다. 다음은 이에 대한 좀 더 세분화된 응용 프로그램 유형을 보여준다.

| 응용 프로그램 유형 | 닷넷 이전 | 닷넷 응용 프로그램 |
|---|---|---|
| 웹 응용 프로그램 | ASP | ASP.NET Core |
| 콘솔 응용 프로그램 | Win32 Console | Console |
| 윈도우 응용 프로그램 | Win32 Windows, MFC | Windows Forms, WPF |
| COM+ 응용 프로그램 | COM+ | 미지원[4] |
| 윈도우 서비스 | NT 서비스 | 윈도우 서비스 |

이 책의 3부에서 위 응용 프로그램 유형별로 C# 언어를 이용해 간단한 실습을 진행할 것이다.

거의 모든 응용 프로그램에서 여러분은 BCL을 사용하게 된다. 예를 들어, 파일을 만들어야 할 때 운영체제가 제공하는 API를 직접 호출하는 것도 가능하지만, BCL을 사용하면 더욱 편리하게 작업할 수 있다. BCL에는 개발자가 필요로 하는 많은 기능이 구현돼 있고 여러분은 틈틈이 BCL을 공부해둘 필요가 있다. 다음의 분류는 방대한 BCL의 일부 단면만을 보여준다.

4 .NET Framework에서만 지원하고 .NET Core/5+부터는 지원하지 않는다.

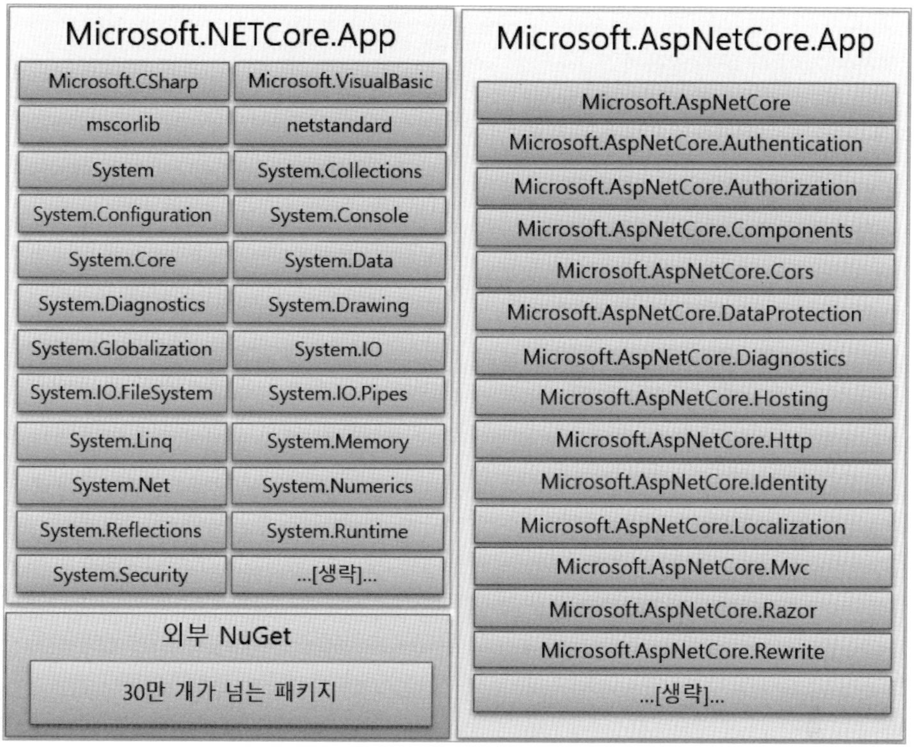

Microsoft.NETCore.App

| | |
|---|---|
| Microsoft.CSharp | Microsoft.VisualBasic |
| mscorlib | netstandard |
| System | System.Collections |
| System.Configuration | System.Console |
| System.Core | System.Data |
| System.Diagnostics | System.Drawing |
| System.Globalization | System.IO |
| System.IO.FileSystem | System.IO.Pipes |
| System.Linq | System.Memory |
| System.Net | System.Numerics |
| System.Reflections | System.Runtime |
| System.Security | ...[생략]... |

외부 NuGet

30만 개가 넘는 패키지

Microsoft.AspNetCore.App

Microsoft.AspNetCore
Microsoft.AspNetCore.Authentication
Microsoft.AspNetCore.Authorization
Microsoft.AspNetCore.Components
Microsoft.AspNetCore.Cors
Microsoft.AspNetCore.DataProtection
Microsoft.AspNetCore.Diagnostics
Microsoft.AspNetCore.Hosting
Microsoft.AspNetCore.Http
Microsoft.AspNetCore.Identity
Microsoft.AspNetCore.Localization
Microsoft.AspNetCore.Mvc
Microsoft.AspNetCore.Razor
Microsoft.AspNetCore.Rewrite
...[생략]...

그림 1.7 네임스페이스로 구분한 BCL

새로운 버전의 닷넷이 출시될 때마다 BCL의 영역은 점점 더 커지고 있다. 그와 함께 배울 것도 많아졌지만, 달리 말하면 개발자가 작성해야 할 코드의 규모는 상대적으로 줄어들고 있다는 의미가 된다. 이 책에서는 지면 관계상 모든 BCL을 다룰 수는 없고 이 책을 읽어나가는 데 필요한 수준의 BCL만 살펴본다.

이처럼 닷넷 응용 프로그램을 만들려면 필연적으로 닷넷 환경의 전반적인 지식을 함께 공부해야 한다. 그 지식에는 CLI/CTS/CIL이 포함되며 모든 것을 알 필요는 없지만, 많이 알수록 여러분의 닷넷 프로그램 제작 능력은 더욱 향상될 것이다.

### 1.1.10 C#과 닷넷의 관계

C#은 닷넷 환경을 위한 IL 코드를 생성하는 컴파일러에 불과하므로 이 책에서 배우는 모든 것은 '문법적인 요소'만 제외하면 모두 닷넷의 영역에 해당한다. C#을 배운다는 것은 곧 닷넷을 공부한다는 의미다. C#은 여러 도구 중 하나일 뿐, 결국 닷넷이 여러분의 목표다.

그런데 왜 굳이 여러분은 C#을 선택했을까? 또는 왜 C#을 선택하는 것이 좋을까? 다른 닷넷 호환 언어를 선택하는 것이 더 좋지 않을까?

C#이 좋은 이유는 마이크로소프트가 닷넷을 위해 만든 언어이기 때문이다. VB.NET은 기존 비주얼 베이직(Visual Basic) 개발자가 닷넷 환경으로 좀 더 쉽게 다가설 수 있도록 VB 언어의 기본 문법을 확장하는 형식으로 발전시켰기 때문에 닷넷을 위해 만들어진 것이 아니다. C++/CLI 역시 동일한 한계를 지니고 있다. C++ 언어를 바탕으로 닷넷용 응용 프로그램을 만들 수 있게 문법을 확장한 것이다. F# 언어는 어떨까? F#은 마이크로소프트에서 공식적으로 지원하는 닷넷의 함수형 언어다. 즉, 함수형 언어를 통한 문제 풀이 능력을 더하기 위해 만들어진 언어일 뿐 닷넷을 위한 언어는 아니다.

마이크로소프트는 닷넷을 출시하면서 그것을 가장 잘 표현할 수 있는 언어가 필요했고, 그렇게 해서 새롭게 탄생한 언어가 C#이다. C#은 닷넷을 위해 태어났고 닷넷과 함께 발전해 간다.

| 닷넷 버전 | 닷넷의 변화 | C#의 변화 |
| --- | --- | --- |
| 1.0 ~ 1.1 | '닷넷 코어'로 명명 | C# 6.0 |
| 2.0 ~ 2.2 | | C# 7.x |
| 3.0 ~ 3.1 | | C# 8.0 |
| 5.0 | '닷넷 코어'에서 '닷넷'으로 이름 변경 | C# 9.0 |
| 6.0 | | C# 10 |
| 7.0 | | C# 11 |
| 8.0 | | C# 12 |

마이크로소프트에서는 닷넷에 새로운 기능이 추가될 때마다 그것을 이용할 수 있는 가장 첫 번째 언어로 C#을 함께 발전시킨다. 따라서 닷넷을 공부하기에 가장 좋은 언어가 바로 C#인 것이다.

## 1.2 닷넷 프레임워크, 닷넷 코어와 닷넷 표준

닷넷 프레임워크는 가장 첫 번째 '닷넷' 제품으로 오직 윈도우 운영체제에서만 동작 가능하다는 제한을 가지고 있다. 하지만 윈도우 운영체제에 기본으로 설치돼 있으므로 윈도우만을 대상으로 한 작고 가벼운 응용 프로그램을 개발하는 용도로 권장할 수 있다.

닷넷 코어(.NET Core)는 '닷넷'이라고 불리기 이전의 이름이다. 닷넷 프레임워크와는 달리 다중 플랫폼(맥, 리눅스 등)에서 실행할 수 있도록 만들어졌다는 점이 강점이다. 물론 기존의 오픈 소스로 운영됐던 모노 프레임워크가 다중 플랫폼을 지원하긴 했지만, 체계적이지 않은 면이 있는 데다 점점 더 다중 플랫폼에서의 실행 환경이 중요해지면서 마이크로소프트가 직접 나서서 만들게 된 것이 바로 닷넷 코어다.

마이크로소프트는 닷넷 코어의 CLI 구현과 관련해 기반 소스코드를 닷넷 프레임워크와 공유해 모노와는 다른 안정성과 성능으로 차별화했다. 또한 소스코드를 완전히 공개했고 이를 깃허브(GitHub) 사이트[5]를 통해 외부 개발자와 협업해 나가면서 더욱 빠른 개발 속도와 함께 다중 플랫폼으로의 포팅을 꾀하고 있다.

다중 플랫폼 지원이라는 장점의 이면에는 특정 플랫폼에서만 실행 가능한 기능은 지원할 수 없다는 단점이 수반된다. 이는 자연스럽게 기반 라이브러리가 달라진다는 문제점을 야기하는데, 실제로 닷넷 코어와 닷넷 프레임워크는 그림 1.8에서와 같이 하부 구조는 공유하는 반면, 기반 라이브러리 단계부터는 독자적인 구현으로 이뤄진다.

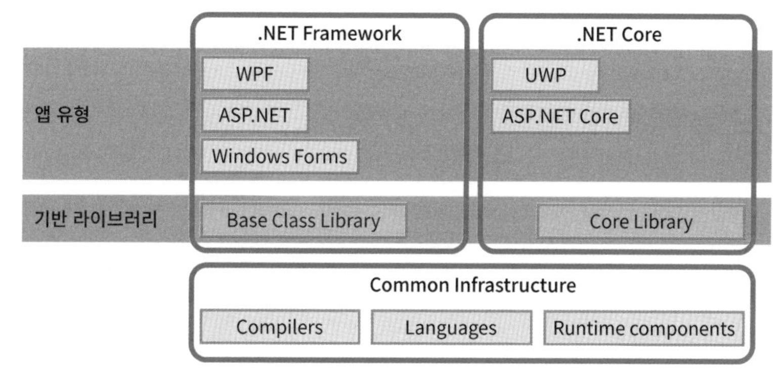


그림 1.8 닷넷 코어와 닷넷 프레임워크의 구조 차이

기반 라이브러리가 각각 Base Class Library와 Core Library로 나뉘면서 이를 바탕으로 제작되는 라이브러리의 재사용 문제가 발생한다. 예를 들어, 압축 라이브러리를 만드는 개발자가 Core Library에서 제공하는 클래스를 사용하면 해당 DLL은 닷넷 프레임워크용 응용 프로그램에서는 가져다 쓸 수 없는 문제가 발생한다. 이 같은 기반 라이브러리의 불일치를 해결하기 위해 다시 그들만의 표준을 만든 규격이 바로 그림 1.9의 닷넷 표준(.NET Standard) 라이브러리다.

5 .NET Foundation을 통해 관련된 모든 프로젝트를 오픈소스화하고 있다(참고: https://github.com/dotnet).

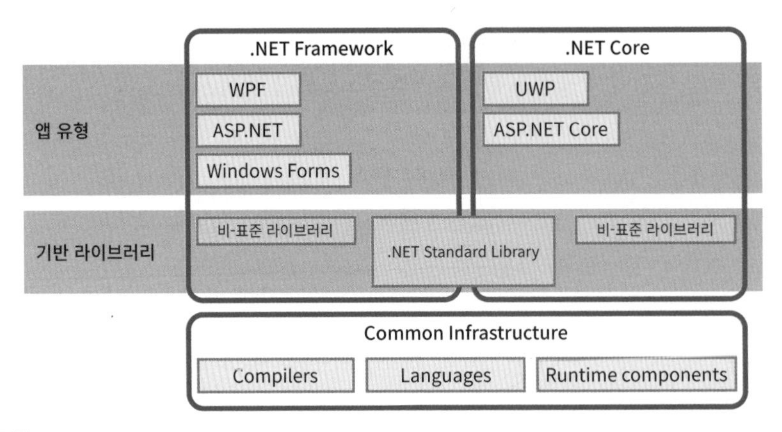


그림 1.9 닷넷 표준

즉, 여러분이 만들 라이브러리가 적어도 '닷넷 표준' 라이브러리 위에서 만들어졌다면 아무런 변경 없이 닷넷 코어와 닷넷 프레임워크 위에서 사용할 수 있게 보장해 주는 것이다. 하지만 닷넷 5가 나오면서 닷넷 표준은 더 이상 의미가 없게 되었다.

## 1.3 닷넷으로 새롭게 명명

지난 2019년에 마이크로소프트는 윈도우 데스크톱용 닷넷 프레임워크 버전의 출시가 4.8[6]이 마지막이라고 발표했다. 이후 닷넷 코어 기반으로 통합하기 위한 준비를 하며 실제로 닷넷 코어 3.0에서는 데스크톱 버전에서만 지원하던 Windows Forms와 WPF 유형의 프로젝트 지원을 포함하기 시작했다. 그리고 2020년 11월 10일, 기존의 닷넷 프레임워크와 닷넷 코어라는 구분을 모두 없애고 '하나의 닷넷(one .NET)'이라는 기치 아래 '.NET 5' 버전을 발표했다.

6 이후 마이너 업데이트로 4.8.1 버전이 나왔다. 윈도우 운영체제가 ARM CPU를 지원하게 되면서 어쩔 수 없이 닷넷 프레임워크도 보조를 맞춰 업데이트됐다.

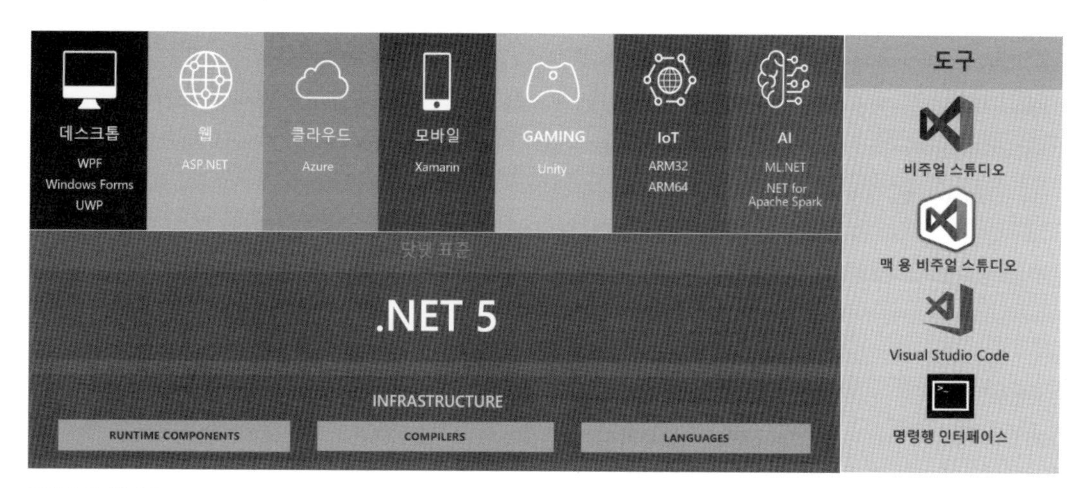


**그림 1.10** 닷넷 5

그로부터 닷넷은 꾸준히 버전 업을 거듭해 현재 닷넷 8에 이르렀다.

> **Note** 닷넷 코어는 3.1을 마지막으로 더 이상 '코어'라는 단어를 사용하지 않는다. 닷넷 프레임워크가 4.8 버전을 마지막으로 더 이상 업데이트하지 않게 되었으므로 이후부터는 닷넷 5, 닷넷 6, 닷넷 7과 같이 곧바로 '닷넷 [버전 번호]'의 형식으로 이름이 바뀌었다.
>
> 이 때문에 닷넷 코어와 닷넷 5/6/7/8을 모두 일컬을 때 '닷넷 코어/5+'라는 식으로 표기하거나 닷넷 5/6/7/8만 가리킬 때는 '닷넷 5+'라는 식으로 표기한다.

정식 명칭이 닷넷으로 바뀌면서 닷넷 응용 프로그램을 실행하기 위한 패키지 제품의 이름을 '닷넷 런타임'으로 배포하고 있으며 거기에 개발자를 위한 유틸리티 성격의 프로그램을 더해 '닷넷 SDK[7]'로 배포하고 있다.

마지막으로 2024년 1월 6일 기준으로 닷넷 8을 지원하는 운영체제[8]는 다음과 같다.

| 운영체제 | 버전 | 아키텍처 |
|---|---|---|
| | [윈도우 운영체제] | |
| **윈도우 10 클라이언트** | 버전 1607 이상 | x64, x86, Arm64 |
| **윈도우 11** | 버전 22000 이상 | x64, x86, Arm64 |

7 자바에서 '자바 런타임(JRE)'과 '자바 SDK(JDK)'로 나뉘는 것과 유사하다
8 가장 최신 정보는 https://github.com/dotnet/core/blob/main/release-notes/8.0/supported-os.md 링크에서 확인할 수 있다.

| 운영체제 | 버전 | 아키텍처 |
|---|---|---|
| 윈도우 서버 | 2012 이상 | x64, x86 |
| 윈도우 서버 코어 | 2012 이상 | x64, x86 |
| 나노 서버(Nano Server) | 버전 1809 이상 | x64 |
| | [리눅스 운영체제] | |
| Alpine Linux | 3.17 이상 | x64, Arm64, Arm32 |
| Debian | 11 이상 | x64, Arm64, Arm32 |
| Fedora | 37 이상 | x64 |
| openSUSE | 15 이상 | x64 |
| Oracle Linux | 8 이상 | x64 |
| Red Hat Enterprise Linux | 8 이상 | x64, Arm64 |
| SUSE Enterprise Linux (SLES) | 12 SP5 이상 | x64 |
| Ubuntu | 20.04 이상 | x64, Arm64, Arm32 |
| | [macOS] | |
| Mac OS X | 10.15 이상 | x64, Arm64 |
| | [모바일 운영체제] | |
| Android | API 21+ | x64, Arm64, Arm32 |
| iOS | 11.0 이상 | Arm64 |
| iOS Simulator | 11.0 이상 | x64, Arm64 |
| tvOS | 11.0 이상 | Arm64 |
| tvOS Simulator | 11.0 이상 | X64, Arm64 |
| MacCatalyst | x64 환경 10.15 이상, Arm64 환경 11.0 이상 | |

## 정리

본문에서 설명하지는 않았지만, 닷넷은 윈도우 데스크톱 응용 프로그램 외에도 .NET MAUI를 이용하면 모바일 환경(iOS, 안드로이드)까지 배포 가능한 응용 프로그램을 제작할 수 있다. 따라서 C# 언어를 공부하면 응용 프로그램의 유형에 따라 다음과 같은 선택권을 가지게 된다.

- **닷넷 프레임워크**
  - 윈도우 운영체제에서 실행할 프로그램을 만드는 경우
- **닷넷 코어/5+**
  - (특정 운영체제의 기능에 종속되지 않는) 콘솔 응용 프로그램
  - (특정 운영체제의 기능에 종속되지 않는) 웹 애플리케이션을 개발하는 경우
  - (특정 운영체제의 기능에 종속되지 않는) 클라우드 환경에서의 서비스를 개발하는 경우
  - (닷넷 코어 3.0 이후) 윈도우 운영체제에서 실행할 프로그램 지원 포함
  - 웹 애플리케이션의 프론트 엔드를 위한 자바 스크립트 언어를 사용하는 대신 WebAssembly를 C# 언어로 개발하거나 서버 측 렌더링을 지원하는 웹 페이지를 개발하는 경우
  - 컨테이너 환경의 응용 프로그램을 만드는 경우
- **Xamarin / .NET MAUI 프레임워크**
  - 모바일(iOS, 안드로이드) 앱을 개발하는 경우
  - 윈도우 스토어(UWP) 앱 개발을 모바일 앱과 함께 진행하는 경우
- **Unity[9] 게임 엔진 플랫폼**
  - 모바일(iOS, 안드로이드)용 게임을 개발하는 경우

단 하나의 언어로 이렇게 다양한 유형의 프로그램을 모두 개발할 수 있다는 것에 대한 흥분은 잠시 접어두고, 그 전에 이 책을 통해 언어의 기본기를 먼저 다져보자.

> Note .NET MAUI는 Xamarin을 대체하는 오픈 소스 플랫폼이다. MAUI는 'Multi-platform App UI'의 약자로 모바일과 데스크톱 응용 프로그램을 단 하나의 코드 베이스로 개발할 수 있게 한다는 취지로 개발됐다.

9 모바일용 게임을 C# 언어로 만들 수 있는 개발 환경을 제공하는 제품

# 02

# 개발 환경 준비

우선 비주얼 스튜디오 2022를 이미 설치한 사용자라면 곧바로 3장으로 넘어가도 된다. 하지만 그 외의 환경이라면 이 책에 실린 예제 코드를 실습하기 위해 약간의 개발 환경 설정이 필요하다.

최신 버전인 C# 12를 완전하게 실습하려면 닷넷 8이 필요하므로 다음 URL에서 별도로 다운로드해 설치한다.

- **.NET 8 SDK 설치**
  - https://dotnet.microsoft.com/download/dotnet/8.0

개인적인 의견이지만, 취미로 개발하는 것이 아니라면 개발 환경을 영문으로 구성할 것을 권장한다. 운영체제도 영문 버전으로 설치하고, 닷넷 및 개발 툴도 영문 버전으로 설치하는데, 이렇게 하는 이유는 오류가 발생한 경우 해결책을 찾기 위해 검색엔진을 이용했을 때 높은 확률로 해답을 찾을 수 있기 때문이다. 또한 개발을 직업으로 삼고 싶다면 앞으로의 지식 습득을 위해 어차피 영어와 친숙해져야 하기 때문에 꼭 영작이나 영어로 말하는 수준은 아닐지라도 기본적인 프로그래밍 용어를 영문으로 익혀두는 것이 도움이 될 수 있다.

> Note 영문 버전을 권장한다고 썼지만, 이 책의 모든 비주얼 스튜디오 화면은 한글 버전으로 진행한다. 대신 영문 사용자가 혼동되지 않도록 메뉴와 기능 이름에 대해 한글/영문을 병기했다.

## 2.1 기본 예제

프로그래밍 공부에는 반드시 실습이 뒤따른다. 하지만 어느 정도의 문법적 지식이 쌓이기 전까지는 초보 입장에서 완전히 실행 가능한 예제를 직접 만드는 것은 어려울 수 있으므로 뼈대를 이루는 간단한 예제 코드를 먼저 제시할 필요가 있다. 재미있는 것은, 그 기본적인 예제를 완전하게 이해하려면 다시 문법적인 설명이 뒤따라야 하기 때문에 결국 '닭이 먼저냐, 달걀이 먼저냐'의 문제에 빠지게 된다는 점이다. 따라서 지금은 궁금하더라도 자세한 문법은 이 책을 읽어나가면서 자연스럽게 이해할 수 있으니 일단 무조건 설명대로 만들어 보자.

위에서 닷넷 SDK를 설치했으면 이제 기본 예제 코드를 생성할 수 있다. 이를 위해 C:₩temp 폴더 하위에 새롭게 ConsoleApp1이라는 폴더를 생성해 이동한다. (다음 코드는 명령행에서 폴더를 생성하지만, 윈도우 탐색기를 이용해도 된다.)

```
c:\temp> md ConsoleApp1
c:\temp> cd ConsoleApp1
c:\temp\ConsoleApp1>
```

이후 닷넷 SDK와 함께 설치된 dotnet 실행 파일을 이용해 다음과 같이 기본 예제 코드를 만든다.

```
c:\temp\ConsoleApp1> dotnet new console --use-program-main
The template "Console App" was created successfully.

Processing post-creation actions...
Restoring c:\temp\ConsoleApp1\ConsoleApp1.csproj:
  Determining projects to restore...
  Restored c:\temp\ConsoleApp1\ConsoleApp1.csproj (in 45 ms).
Restore succeeded.

c:\temp\ConsoleApp1>dir /b
ConsoleApp1.csproj
obj
Program.cs
```

해당 디렉터리에는 Program.cs, ConsoleApp1.csproj 파일과 obj 디렉터리 1개가 있다. 그중에서 메모장(notepad.exe) 등을 이용해 Program.cs 파일을 열어보자.

예제 2.1 기본 예제 파일[1] - Program.cs

```
namespace ConsoleApp1;
class Program
{
    static void Main(string[] args)
    {
        Console.WriteLine("Hello, World!");
    }
}
```

예제 2.1에 나온 프로그램은 단순히 화면에 "Hello, World!"라는 문자열을 출력하는데, Console.WriteLine("……[출력하고 싶은 문자열]……") 문장이 그런 역할을 한다. 그 밖의 코드가 하는 역할은 이 책을 읽어가면서 차차 이해하게 될 것이다.

이처럼 예제 2.1은 '사람'이 이해할 수 있는 형식을 갖추고 있고 이를 '소스코드(Source code)'라 한다. 당연히 기계는 소스코드를 직접 이해할 수 없기 때문에 이런 문자열을 컴퓨터가 이해할 수 있는 일련의 기계어로 바꿔야 하고, 이 과정을 '컴파일(Compile)'이라고 한다. 컴파일 명령을 내리는 방법은 다양하므로 이야기를 나눠서 설명할 필요가 있다.

## 2.2 편집기 + 명령행 컴파일러 사용

위에서 생성한 ConsoleApp1 기본 예제 코드는 여러분이 직접 생성하는 것도 가능하다. 소스코드를 편집할 수 있는 프로그램, 예를 들어 메모장을 이용해서도 만들 수 있다. 실제로 메모장을 이용해 Program.cs 파일에 소스코드를 입력할 수 있고, 마찬가지로 ConsoleApp1.csproj 파일도 편집기를 이용해 그 내용을 동일하게 입력할 수 있다.

이렇게 소스코드와 csproj 파일이 준비되었다면 컴파일할 수 있다. 이때 컴파일해 주는 프로그램을 컴파일러(Compiler)라고 하는데, 이 역시 닷넷 SDK에 포함돼 있다. 하지만 컴파일러를 사용자가 직접 호출하지는 않고 이전에 설명한 dotnet 실행 파일을 경유해 컴파일하는 구조다.

1 C# 9.0부터 기본 예제 파일을 한 줄로 표현할 수 있다(17.6절 '최상위 문(Top-level statements)' 참고). dotnet 명령에서 --use-program-main 옵션을 빼면 예제 코드가 한 줄로 나온다.

방법은 다음과 같이 'dotnet build'라고만 입력하고 실행하면 되는데, 이때 C# 컴파일러는 해당 폴더를 기준으로 프로젝트 파일(csproj)을 자동으로 인식해 관련 소스코드를 빌드한다.

```
c:\temp\ConsoleApp1> dotnet build
MSBuild version 17.8.3+195e7f5a3 for .NET
  Determining projects to restore...
  All projects are up-to-date for restore.
  ConsoleApp1 -> c:\temp\ConsoleApp1\bin\Debug\net8.0\ConsoleApp1.dll

Build succeeded.
    0 Warning(s)
    0 Error(s)

Time Elapsed 00:00:01.75
```

일단 빌드가 정상적으로 되었다면 dotnet run 명령어[2]를 통해 실행하거나 실행 파일(EXE)이 출력된 폴더[3]의 파일을 직접 실행한다.

```
C:\temp\ConsoleApp1> dotnet run
Hello, World!

C:\temp\ConsoleApp1> .\bin\Debug\net8.0\ConsoleApp1.exe
Hello, World!
```

만약 프로그램에 오타가 있거나 C# 컴파일러가 허용하지 않는 문법이 있다면 'dotnet build' 과정에서 오류 메시지를 화면에 출력한다. 예를 들어, 예제 소스코드의 Console.Write**Line**을 일부러 Console.Write**Lin**으로 오타를 낸다면 다음과 같은 컴파일 오류 메시지를 볼 수 있다.

```
c:\temp\ConsoleApp1> dotnet run
c:\temp\ConsoleApp1\Program.cs(6,17): error CS0117: 'Console' does not contain a definition for
'WriteLin' [c:\temp\Con
soleApp1\ConsoleApp1.csproj]

The build failed. Fix the build errors and run again.
```

2 dotnet run 명령어는 내부적으로 dotnet build 과정을 수반한다. 따라서 build + run 과정으로 나누지 않고 곧바로 dotnet run을 실행해도 된다.
3 출력 디렉터리가 bin, Debug, net8.0 깊이로 이뤄지는데, 원한다면 이에 대한 제어를 할 수 있다. (참고: https://www.sysnet.pe.kr/2/0/13336)

컴파일러는 오류 메시지와 함께 소스코드의 어느 부분이 잘못됐는지를 나타내는 행(Line)과 열(Column) 정보를 출력한다. 'Program.cs(6,17)'을 보면 6번째 라인의 17번째 문자에 해당하는 구문을 C# 컴파일러가 이해할 수 없다는 것이므로 편집기에서 그곳을 찾아 오류를 수정하면 된다. 컴파일 오류가 발생한다고 해서 당황할 필요는 없다. 오류 메시지가 영어라고는 하지만 대부분 중학교 수준의 영어 실력만으로도 충분히 해석할 수 있으므로 침착하게 오류 메시지를 살펴보면 의미를 어렵지 않게 알 수 있고 왜 오류가 발생했는지 이해할 수 있다.

Note 오류가 발생한 경우 직접 찾아서 해결하는 것도 결국 '경험'으로 남는다. 많은 오류를 경험하고 수정할수록 배우는 속도는 더딜 수 있지만, 그만큼 철저하게 몸으로 터득할 수 있다.

참고로, 명령행에서 컴파일러를 이용하는 방식으로는 이 책의 1부와 2부의 내용은 따라갈 수 있지만, 3부의 내용을 따라 하기는 쉽지 않다. 또한 경험 있는 개발자라고 하더라도 편집기와 명령행만으로 프로그램을 만드는 경우는 흔치 않다. 따라서 여러분도 이런 방법이 있다는 사실만 알고 실제로 이 책의 내용을 학습할 때는 다음 절에서 설명하는 전용 개발 환경을 이용할 것을 권장한다.

## 2.3 비주얼 스튜디오 개발 환경

여러분의 주된 프로그래밍 환경이 윈도우 운영체제에 국한된다면 마이크로소프트에서 개발한 비주얼 스튜디오(Visual Studio)를 선택하는 것이 바람직하다. 왜냐하면 그 어떤 도구보다도 닷넷 응용 프로그램을 가장 편리하고 빠르게 만들 수 있는 환경을 제공하기 때문이다. 비주얼 스튜디오는 상용으로 판매되는 제품이기는 하지만, 비주얼 스튜디오 2013부터 다음과 같은 자격 요건에 해당하는 사용자는 커뮤니티(Community) 버전을 무료로 사용할 수 있다.

개인 개발자는 Visual Studio Community를 사용하여 무료 또는 유료 앱을 직접 만들 수 있다.

조직이 Visual Studio Community를 사용하는 경우 다음의 조건에 해당해야 한다.

- 조직 내의 사용자는 그 수에 제한 없이 강의실 학습 환경, 학술 연구 또는 공개 소스 프로젝트 참여 등의 상황에 Visual Studio Community를 사용할 수 있다.
- 다른 모든 사용 시나리오: 기업이 아닌 조직의 경우 최대 5명의 사용자가 Visual Studio Community를 사용할 수 있다. 기업 조직(PC가 250대 이상이거나 연 매출이 미화 1백만 달러 이상)에서는 위에 설명한 공개 소스, 학술 연구 및 강의실 학습 환경 시나리오 외에는 사용이 허락되지 않는다.

정리하면, 개인 사용자로서 이 책의 내용을 공부하는 독자는 커뮤니티 버전을 사용할 수 있으므로 기본적으로 비주얼 스튜디오로 실습할 것을 가정하고 진행할 것이다.

현재 최신 버전의 비주얼 스튜디오 2022가 출시된 상태이고 **Visual Studio Community 2022**도 공개돼 있으며, 다음 URL에서 구할 수 있다.

**비주얼 스튜디오 커뮤니티 2022 다운로드**

- https://visualstudio.microsoft.com/ko/free-developer-offers/

다음 절차에 따라 비주얼 스튜디오를 설치해 보자.

01. 비주얼 스튜디오 커뮤니티 2022 다운로드 홈페이지를 방문하고 [무료 다운로드] 버튼을 눌러 VisualStudioSetup.exe 설치 파일을 내려받는다.

02. 내려받은 파일을 실행하면 설치 창이 나타나고 어떤 구성 요소를 설치할지 묻는다. 이 중에서 다음 구성 요소는 반드시 선택해야 한다.

    * ASP.NET 및 웹 개발(ASP.NET and web development)

    * .NET 데스크톱 개발(.NET desktop development)

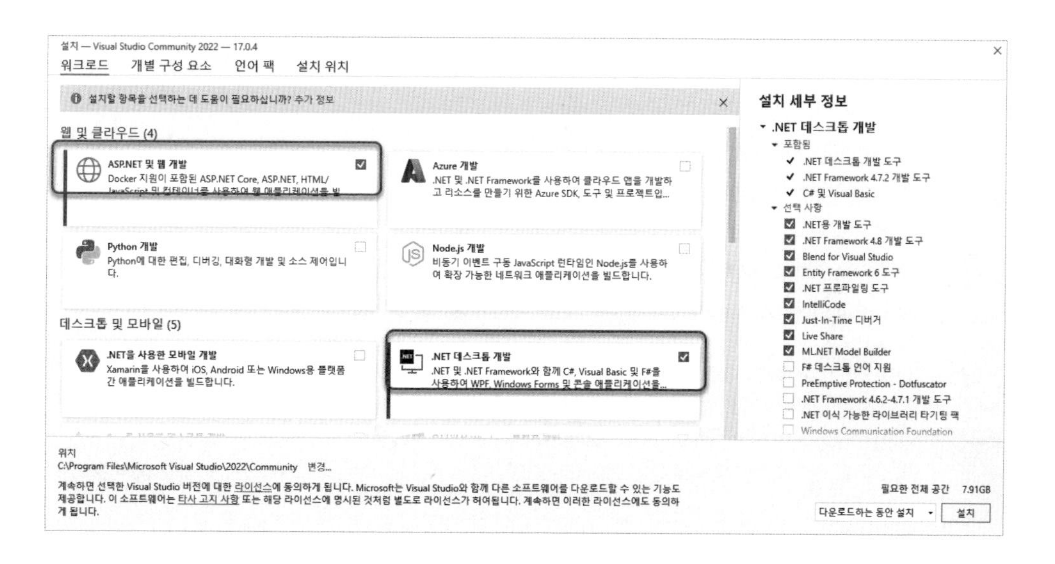


그 밖의 항목은 여러분의 하드디스크가 허용하는 용량 내에서 자유롭게 선택하면 된다.

03. 오른쪽 하단의 [설치(Install)] 버튼을 눌러 설치 과정을 진행한다.

04. 설치가 완료된 후 비주얼 스튜디오 프로그램을 실행하면 최초 한번 로그인(Sign in)을 거치게 된다. 로그인을 원치 않는다면 [나중에 로그인(Skip this for now)]을 누르고 바로 시작할 수 있지만, 마이크로소프트 계정이 있다면 개발 환경 설정을 다른 컴퓨터에서도 동기화하는 등의 편리함이 제공되므로 로그인하기를 권장한다. (지금 단계에서 로그인하지 않아도 비주얼 스튜디오를 실행한 후 오른쪽 상단에 로그인 버튼이 있으므로 언제든지 로그인할 수 있다.)

설치 및 초기 설정이 완료됐다면, 이제 예제 2.1을 비주얼 스튜디오에서 컴파일하는 방법을 단계별로 알아보자.

01. 비주얼 스튜디오를 실행하고 [파일(File)] → [새로 만들기(New)] → [프로젝트(Project…)] 메뉴를 선택한 후 상단의 [언어], [플랫폼], [프로젝트 형식]을 각각 'C#', 'Windows', '콘솔(Console)'로 설정하면 '콘솔 앱'과 '콘솔 앱(.NET Framework)' 프로젝트 항목을 선택할 수 있다. 첫 항목인 '콘솔 앱'을 선택한다.

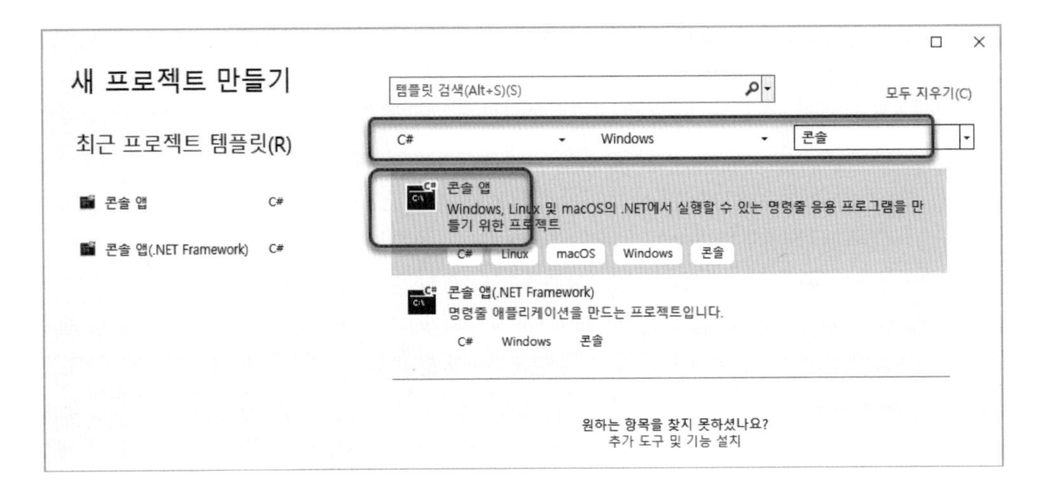


[다음(Next)] 버튼을 눌러 프로젝트 이름(Name)과 솔루션 이름(Solution name) 항목은 기본값으로 두거나 원하는 대로 바꾸고, 위치(Location)에는 프로젝트 관련 파일이 생성될 폴더를 지정한다.

02. 그다음 화면에서 '.NET 8.0 (장기 지원)(Long Term Support)'을 기본값으로 두고 [만들기(Create)] 버튼을 누르면 프로젝트가 생성되고 기본 코드가 담긴 편집 창이 나온다.

03. 기본 코드 상태의 동작을 확인하기 위해 컴파일을 진행해 보자. [빌드(Build)] → [솔루션 빌드(Build Solution)](단축키: Ctrl + Shift + B) 메뉴를 차례로 선택한다. 빌드가 정상적으로 끝나면 [디버그(Debug)] → [디버그하지 않고 시작(Start Without Debugging)](단축키: Ctrl + F5) 메뉴를 선택해 실행해 본다(또는 빌드 과정 없이 곧바로 [디버깅하지 않고 시작] 메뉴를 선택해도 컴파일이 자동으로 수행되고 실행까지 이어진다).

빌드가 성공했는지 확인하려면 '출력(Output)' 창에 다음과 같이 '1 성공'이라는 메시지가 나오는지 살펴보면 된다.

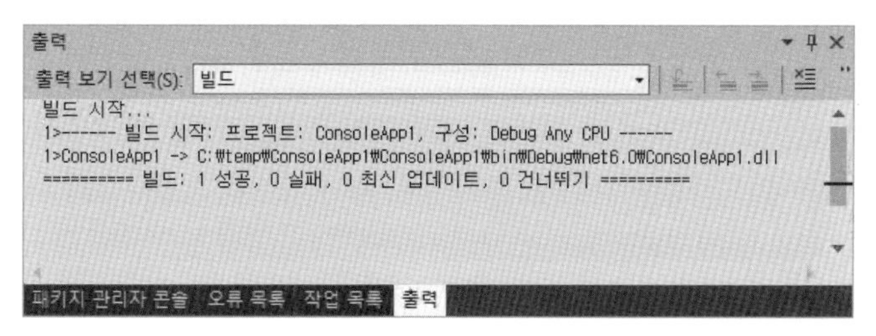


그림 2.1 비주얼 스튜디오의 출력(Output) 윈도우

Note 만약 [솔루션 빌드(Build Solution)] 메뉴를 통해 빌드한 후 비주얼 스튜디오 안에 '출력(Output)' 창이 나타나지 않는다면 [보기(View)] → [출력(Output)](단축키: Ctrl + Alt + O) 메뉴를 차례로 선택해 보이게 할 수 있다.

소스코드에 일부러 오류를 내보자. 예를 들어, Console.WriteLine의 끝에 있는 ';'(세미콜론)을 제거한 후 빌드하면 이번엔 '출력(Output)' 창이 아닌 '오류 목록(Error List)' 창이 나타나면서 구체적인 오류 항목이 함께 나온다.

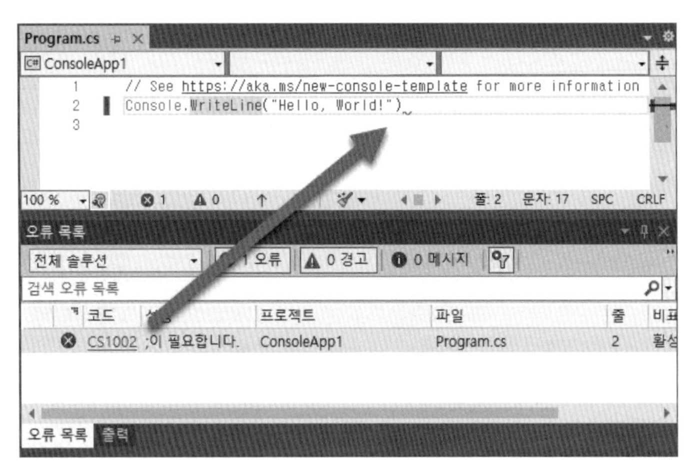


그림 2.2 오류 원인을 보여주는 오류 목록(Error List) 창

오류 목록(Error List) 창에 있는 ";이 필요합니다.(; expected)" 항목을 마우스로 더블클릭해 보자. 그러면 편집창이 활성화되면서 문제가 있는 파일의 라인과 칼럼으로 커서가 이동하는 것을 볼 수 있다(물론 세미콜론을 빼먹은 오류 정도는 빌드를 하지 않더라도 빨간색 밑줄이 그어지면서 뭔가가 잘못됐음을 알 수 있다).

이 절에서 비주얼 스튜디오를 완전하게 다루는 것은 불가능하다. 여기서 설명한 내용은 단지 여러분이 앞으로 문법을 배우는 데 필요한 정도의 기초적인 내용에 불과하다. 상용 제품이 근간이었던 만큼 Visual Studio Community에는 유용한 기능이 많이 들어 있고, 그것을 어느 정도까지 알고 있느냐에 따라 생산성이 달라질 수 있으므로 시간이 날 때마다 틈틈이 비주얼 스튜디오의 사용법을 익혀두는 것이 좋다.

## 2.4 두 가지 유형의 예제 코드

2.1 '기본 예제'에서 설명한 Program.cs는 다음과 같은 형식을 띤다.

```
namespace ConsoleApp1;
class Program
```

```
{
    static void Main(string[] args)
    {
        Console.WriteLine("Hello, World!");
    }
}
```

반면, 2.3 '비주얼 스튜디오 개발 환경'에서 .NET 8 대상으로 '콘솔 앱' 유형의 프로젝트를 생성하면 Program.cs에는 단순히 2개 라인으로 구성된 소스코드만 있다.

```
// See https://aka.ms/new-console-template for more information
Console.WriteLine("Hello, World!");
```

첫 번째 행의 경우 //로 시작하는 문자열을 포함하고 있는데 C# 문법에서 이것을 '주석(Comment)'이라고 한다. 주석 문자열은 컴파일 과정에서 무시하므로 개발자는 이 문법을 이용해 프로그램에 대한 설명을 임의로 추가하는 것이 가능하다. 즉, 위의 예제 코드에서 사실상 유효한 코드는 Console.WriteLine 한 줄이다.

위의 예제 코드 2개의 자세한 차이점은 나중에 C# 9.0의 '최상위 문'에서 다루게 될 텐데, 그때까지는 저 둘 간의 차이가 없다는 점만 알고 넘어가자. 왜냐하면 C# 컴파일러가 후자의 코드를 전자의 코드와 같이 Main 구조를 만들어 그 안에 Console.WriteLine 코드를 넣어서 처리하기 때문이다. 따라서 이후 책에서 설명할 모든 코드는 둘 중 아무 것이나 선택해서 실습하면 된다.

참고로, 후자의 경우라면 곧바로 코드를 실습하면 되겠지만, 전자의 경우로 실습하고 싶다면 Main의 내부 영역에 코드를 넣어서 실습하면 된다.

```
namespace ConsoleApp1;
class Program
{
    static void Main(string[] args)
    {
        // 이 영역에 코드를 넣어 실습한다.
    }
}
```

비록 두 유형이 같기는 해도, 이 책에서는 정석적으로 Main을 포함한 형식으로 설명할 것이므로 이 점에 유의해서 예제 코드를 보자.

## 2.5 윈도우 운영체제 이외의 개발 환경

닷넷 자체가 다중 플랫폼을 지원하면서 개발 도구 역시 윈도우 이외의 환경을 지원하는 프로그램들이 출시됐다. 만약 여러분이 맥/리눅스 사용자라면 '비주얼 스튜디오 코드[4]'를 추천한다.

**비주얼 스튜디오 코드**

- https://code.visualstudio.com/download

그 밖에 개발 도구 전문으로 유명한 JetBrains에서 닷넷을 위한 통합 개발 환경으로 Rider라는 제품을 출시했으니 참고하자(윈도우, 리눅스, 맥을 모두 지원한다).

JetBarins - Rider

- https://www.jetbrains.com/rider/

## 2.6 닷넷 역컴파일러

닷넷 역컴파일러(Decompiler)를 설치하는 것은 선택사항이지만, 이 책에서 가끔 필요에 의해 언급할 때가 있다. 컴파일러가 소스코드를 바이너리 결과물로 만드는 반면, 역컴파일러는 바이너리 결과물로부터 소스코드를 복원한다. 비록 개발자가 작성한 원본과 완벽하게 같은 것은 아니지만, 역컴파일된 소스코드로 다시 컴파일할 수 있을 정도는 되기 때문에 EXE/DLL 상태의 어셈블리 파일을 분석하는 데 도움이 된다.

닷넷 역컴파일러는 많은 제품이 있지만, 이 책에서는 Telerik 사에서 개발한 무료 제품인 JustDecompile 프로그램을 사용한다.

4 '비주얼 스튜디오'라는 이름을 포함하고 있어 혼동할 수 있는데, 독자적인 환경으로 구성된 경량화된(lightweight) 개발 환경이며 다양한 플러그인이 나오고 있어 범용 개발 도구로서의 입지를 넓히고 있다.

The Free .NET Decompiler for Everyone – JustDecompile

- http://www.telerik.com/products/decompiler.aspx

위의 링크에서 설치 파일을 내려받아 실행하면 다음과 같은 설치 마법사가 나타난다. 상단에 있는 'JustDecompile' 항목만 선택하고 [NEXT] 버튼을 눌러 진행한다.

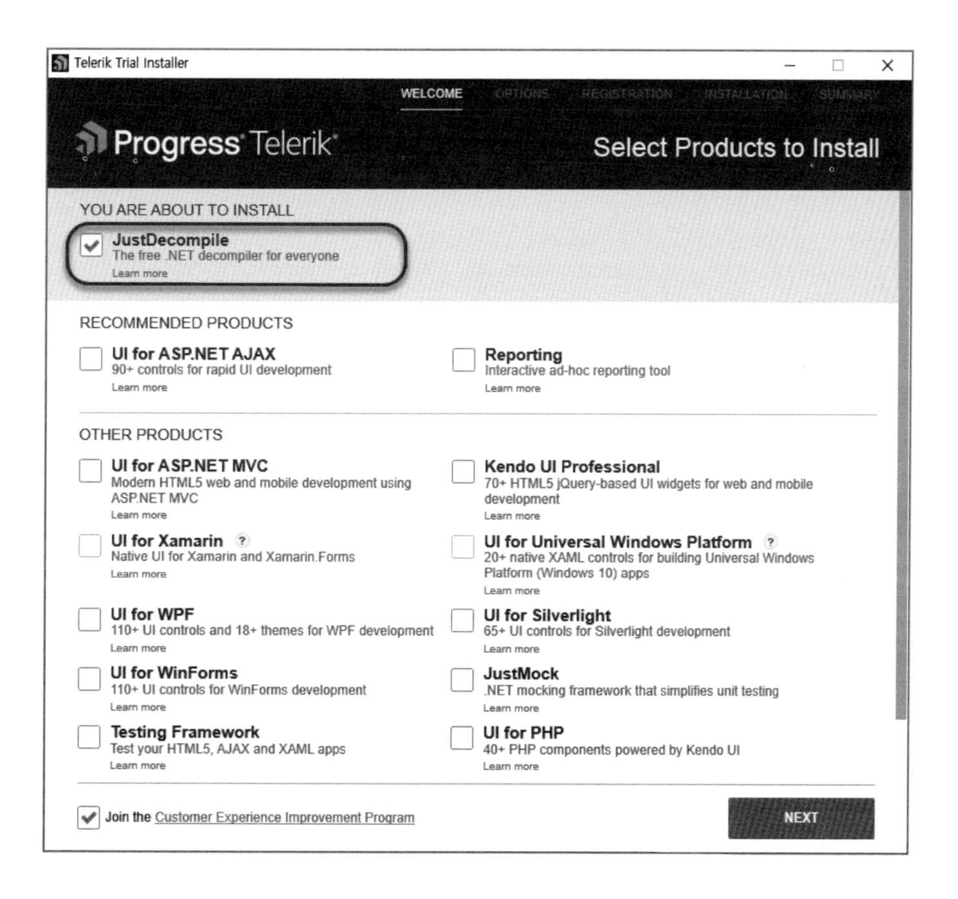


그다음, 하단에 'Yes, I accept the License Agreement' 항목을 설정하고 [NEXT] 버튼을 누르면 마지막으로 사용자 정보를 받는 화면이 나오는데, Telerik 웹 사이트 회원인 경우 로그인 정보를 넣고 그렇지 않은 경우에는 몇 가지 사용자 정보를 입력하고 [INSTALL] 버튼을 누르면 설치가 완료된다.

이번 장에서 제시한 기본 예제 코드를 컴파일한 EXE 파일로 간단하게 실습해 보자. 시작 메뉴를 통해 'Telerik JustDecompile' 프로그램을 실행하면 다음과 같은 첫 화면이 나온다.

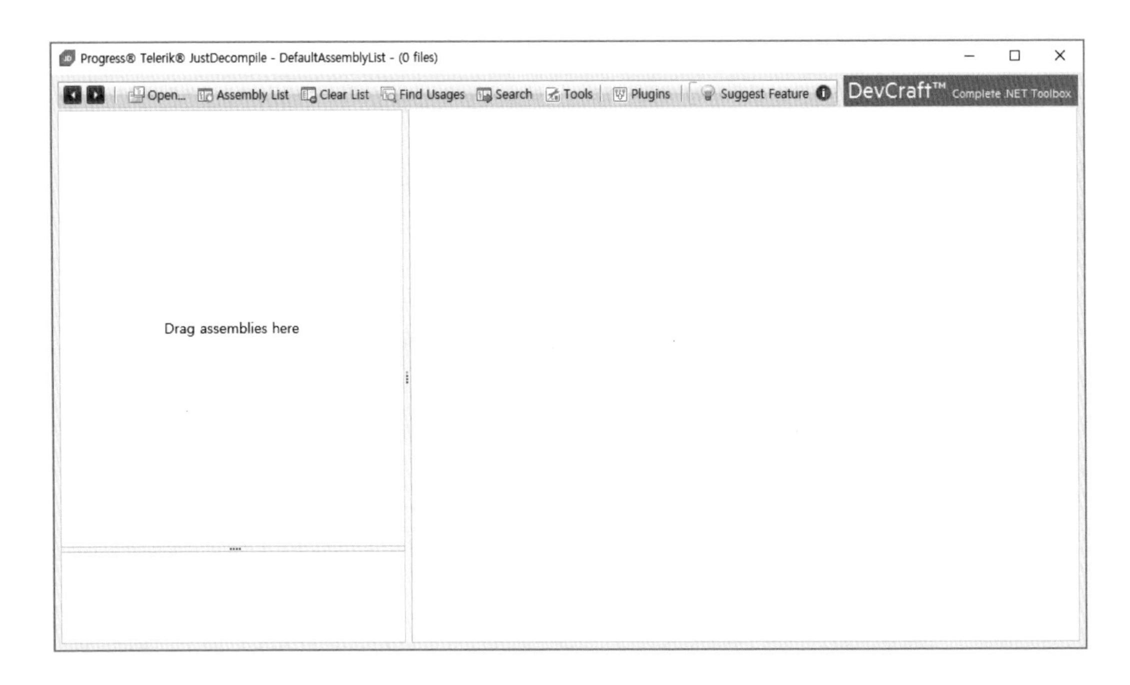


컴파일된 EXE 파일을 윈도우 탐색기로부터 JustDecompile 프로그램의 좌측 패널에 끌어다 놓거나 툴바의 [Open…] 버튼을 누르면 나오는 [File(s)…](단축키: Ctrl + O) 메뉴를 선택해 EXE 파일을 연다. 그러면 JustDecompile 프로그램은 닷넷 어셈블리의 메타데이터로부터 정보를 가져와 프로그램에서 구현된 타입 정보와 그 내부에 구현된 멤버 목록을 왼쪽 패널에 트리 형태로 보여준다. 그중에서 [Program] 항목을 선택하면 오른쪽 패널에 해당 클래스에서 구현한 소스코드를 다음과 같이 보여준다.

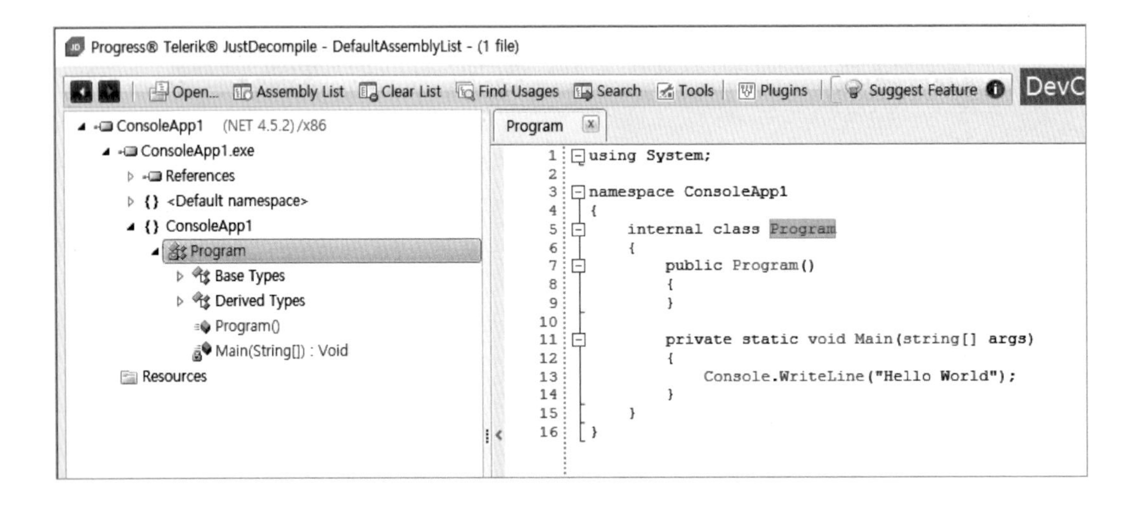

EXE의 원본 소스코드인 예제 2.1의 내용과 JustDecompile이 보여주는 내용을 비교해 보자. 약간의 차이는 있지만, 원본과 기능상 차이점이 없음을 확인할 수 있다.

## 정리

근래 들어 개발 환경은 자신의 취향에 따라 알맞게 선택해도 될 정도로 선택의 폭이 넓어졌다. 가령 '리눅스 + 비주얼 스튜디오 코드' 조합은 가벼우면서도 다양한 플러그인 도구의 도움으로 C# 프로그램을 개발할 수 있다. 반면 '윈도우 + 비주얼 스튜디오' 조합은 마이크로소프트가 제공하는 종합 선물 세트로서의 개발 환경을 갖추고 있다. 이 책의 기본적인 목적은 C# 언어를 배우는 것이므로 어떤 개발 환경을 선택하든지에 상관없이 언어 자체와 닷넷 런타임에 집중해 공부하면 된다.

참고로 비주얼 스튜디오 같은 통합 개발 환경(IDE)은 기본적으로 '소스코드 편집 + 빌드 + 디버깅' 기능을 지원하는데, 이 책에서는 디버깅에 대해 설명하지 않았다. 사실 IDE가 특별한 이유는 디버깅에 있다. 요즘 출시되는 웬만한 고급 편집기는 특정 언어의 코드 편집뿐만 아니라 빌드까지 할 수 있는 확장 기능을 포함하고 있어 디버깅을 제외한다면 그러한 편집기와 큰 차이를 느낄 수 없기 때문이다. 무료든 상용이든 현존하는 IDE 중에서도 비주얼 스튜디오의 디버깅 기능은 타의 추종을 불허한다. 따라서 디버깅에 익숙해질 시간을 투자할 만한 가치가 충분하다.

마지막으로 이 책의 1부와 2부의 모든 실습은 예제 2.1을 기반으로 할 것이므로 반드시 예제 코드를 손으로 직접 입력하고 컴파일까지 정상적으로 완료한 후에 다음 장으로 넘어가기 바란다.

# 03

# C# 기초

3장에서는 C#의 기본적인 문법을 설명한다. 프로그램을 만드는 데 필요한 최소한의 사항만 다루며, C# 경력이 있는 중급 이상의 독자라면 이번 장의 내용을 건너뛰어도 무방하다.

## 3.1 기본 자료형

자료형(Data Type)은 프로그램에서 데이터를 담을 수 있는 일정한 형식을 말하며, 기본 자료형(Built-in Types)은 개발자가 별도로 코드를 만들지 않아도 C# 언어에서 자체적으로 제공하는 데이터 형식을 의미한다.

### 3.1.1 정수형 기본 타입

컴퓨터는 태생 자체가 0과 1이라는 비트(bit)로 구성돼 있기 때문에 오직 '숫자'만이 의미가 있다. 즉, 컴퓨터 세상에서는 모든 것이 숫자인데, 실제로 알파벳조차도 'A'는 65, 'B'는 66, ……과 같은 식으로 각각 대응되는 숫자로 '약속'돼 있다. 또한 비트가 표현하는 경우의 수로 인해 8비트는 $2^8 = 256$, 16비트는 $2^{16} = 65,536$처럼 숫자 표현도 정해져 있다. C#뿐만 아니라 일반적인 프로그래밍 언어에서 이러한 규칙은 공통적으로 적용되며, 데이터 자료형에 따라 비트를 나누는 구간도 일정하다.

C#의 경우 정수를 담을 수 있는 자료 형식으로 다음과 같은 자료형[1]을 제공한다.

1 C# 9.0에서는 새롭게 nint, nuint 타입을 제공한다. (17.13절 '원시 크기 정수(Native ints)' 참고)

표 3.1 기본 타입 - 정수형

| | | |
|---|---|---|
| sbyte | −128 ~ 127 | 부호 있는 8비트 정수 |
| byte | 0 ~ 255 | 부호 없는 8비트 정수 |
| short | −32,768 ~ 32,767 | 부호 있는 16비트 정수 |
| ushort | 0 ~ 65,535 | 부호 없는 16비트 정수 |
| int | −2,147,483,648 ~ 2,147,483,647 | 부호 있는 32비트 정수 |
| uint | 0 ~ 4,294,967,295 | 부호 없는 32비트 정수 |
| long | −9,223,372,036,854,775,808 ~ 9,223,372,036,854,775,807 | 부호 있는 64비트 정수 |
| ulong | 0 ~ 18,446,744,073,709,551,615 | 부호 없는 64비트 정수 |

왜 이렇게 나눠야만 했을까? 그것은 저장 공간의 효율을 높이기 위해서다. 예를 들어, 대한민국의 학교에서 한 개의 반에 속한 학생 수가 255명을 넘지 않는다고 가정했을 때 '학생 수'라는 데이터를 나타내기 위해 64비트 공간을 할당하는 것은 자원의 낭비이므로 각 상황에 맞게 쓸 수 있도록 1바이트, 2바이트, 4바이트, 8바이트에 해당하는 자료형이 준비돼 있는 것이다. 여러분도 프로그램을 만들면서 상황에 맞게 적절한 자료형을 사용하면 되는데, 이때 형식은 예제 3.1과 같다.

예제 3.1 정수형 자료를 사용하는 코드

```
자료형 변수명;
예) int n;        // 32비트 정수형
   long sum;     // 64비트 정수형
```

'변수'라는 이름을 사용해 개발자가 원하는 정수형 저장소를 만들 수 있고, 여기에 값을 담아 자유로운 연산을 하게 되는데, 이렇게 사용할 변수를 코드로 나타내는 것을 '변수를 선언한다'라고 표현한다. 다음은 2개의 정수형 변수를 선언하고 값을 부여한 후 그 합을 출력하는 예제다.

예제 3.2 정수형 변수를 더하는 코드

```
namespace ConsoleApp1;

class Program
{
    static void Main(string[] args)
    {
        int n1 = 50;  // 선언과 동시에 값을 부여할 수도 있고
```

```
        int n2;        // 선언만 하고
        n2 = 100;      // 값은 나중에 부여하는 것도 가능하다.

        long sum = n1 + n2;     // 더한 값을 저장
        Console.WriteLine(sum); // 출력 결과 150
    }
}
```

Note 위의 코드는 이전에 설명했던 예제 2.1 기본 예제를 사용한다. 이후로는 지면 관계상 모든 코드를 반복하지는 않을 것이며, 독자 여러분은 Main **안의 코드**를 지우고 실습할 예제 코드를 채워 넣은 후 컴파일하면 된다.

보다시피 변수명과 함께 값을 지정하는 것이 가능하고, 또는 값을 지정하지 않다가 이후에 값을 지정하는 것도 가능하다. 물론 프로그램이 수행되는 동안 변수명에 값을 바꿔서 넣는 것도 허용된다.

```
int n1 = 50;
n1 = 200;
Console.WriteLine(n1);    // 출력 결과: 200
```

변수명에 값을 넣는 경우 해당 데이터 타입의 범위 내에 있는 숫자만 넣을 수 있다. 예를 들어, int 형 변수 값에 int 형의 범위를 넘는 '10000000000'이라는 값을 넣으면 컴파일할 때 에러가 발생한다.

혹시 1장에서 C#과 닷넷 런타임의 관계를 언급했던 것이 기억나는가? C#의 자료형은 사실상 C#에만 국한된 것은 아니다. 바로 닷넷에서 제공되는 타입이고, C#은 단지 그러한 타입에 대한 별도의 명칭을 예약어로 추가했을 뿐이다. 다음은 C#과 닷넷에서 제공되는 타입의 대응 관계를 보여준다.

**표 3.2** 닷넷의 기본 타입에 대한 C#의 별칭

| C# | 대응되는 닷넷 형식 |
|---|---|
| sbyte | System.Sbyte |
| byte | System.Byte |
| short | System.Int16 |
| ushort | System.UInt16 |
| int | System.Int32 |
| uint | System.UInt32 |

| C# | 대응되는 닷넷 형식 |
|---|---|
| long | System.Int64 |
| ulong | System.UInt64 |
| (없음)[2] | System.Int128 |
| | System.Uint128 |

위의 두 구문을 동일하게 바꿔 쓰는 것이 가능하기 때문에 예제 3.2를 다음과 같이 작성할 수도 있다.

```
System.Int32 n1 = 50;
System.Int32 n2;
n2 = 100;

System.Int32 sum = n1 + n2;

Console.WriteLine(sum);  // 출력 결과: 150
```

System.Int32를 쓰느냐 int를 쓰느냐는 개발자의 자유지만, 보통은 편리하다는 이유로 C#에서 제공하는 별칭을 사용한다.

### 3.1.2 실수형 기본 타입

실수형 역시 C#에만 있는 것은 아니고 대부분의 프로그래밍 언어에서 제공된다. C#에서는 닷넷을 기반으로 세 가지 실수 타입을 제공한다.

표 3.3 기본 타입 - 실수형

| C# | 대응되는 닷넷 형식 | 근사 범위 | 크기 |
|---|---|---|---|
| float | System.Single | ±1.5e−45 ~ ±3.4e38 | 4바이트 |
| double | System.Double | ±5.0e−324 ~ ±1.7e308 | 8바이트 |
| decimal | System.Decimal | ±1.0 × 10−28 ~ ±7.9 × 1028 | 16바이트 |

float과 double 간의 선택 기준은 정밀도의 차이에 불과하지만, decimal의 경우 반올림 오차가 허용되지 않는 회계 계산에 적합하다.

2 128비트에 해당하는 타입은 C# 언어와 무관하게 닷넷 7에 추가됐다.

선택의 기준을 좀 더 간단하게 제시하자면, 소수점이 있는 연산을 할 때는 일반적으로 double을 사용한다. 하지만 빠른 처리 속도가 필요한 곳에서 연산 값이 4바이트 단정도 실수로도 충분하다면 float을 사용할 수 있다. 나아가서 그것이 통화와 관련된 계산이라면 decimal을 사용하도록 바꾸면 된다.

값을 표기할 때 한 가지 유의할 점은 정수형과는 달리 특별한 접미사가 사용될 수 있다는 것이다. float 형식의 값은 숫자 값 다음에 f를 붙여야 하며, decimal의 경우에는 소수점을 포함하는 경우 m을 붙여야 한다.

```
float f = 5.2f;
double d = 10.5;
decimal money = 200.099m;

Console.WriteLine(f);
Console.WriteLine(d);
Console.WriteLine(money);
```

```
// 출력 결과
5.2
10.5
200.099
```

## 3.1.3 문자형 기본 타입

문자 및 문자열과 관련해서 C#에서는 다음의 두 가지 타입을 제공한다.

표 3.4 기본 타입 - 문자형

| C# | 대응되는 닷넷 형식 | 범위 | 설명 |
|---|---|---|---|
| char | System.Char | U+0000 ~ U+FFFF | 유니코드 16비트 문자 |
| string | System.String | 문자열 | 유니코드 문자열 |

char는 표현할 수 있는 범위의 수를 놓고 보면 '부호 없는 16비트 정수'인 System.UInt16과 같지만, ushort가 수를 담기 위한 타입으로 정해져 있는 반면 char는 문자를 담기 위한 타입으로 약속돼 있다. 문자는 숫자와 달리 '(작은 따옴표)를 사용해 표현한다.

```
char ch = 'A';
Console.WriteLine(ch);   // A 문자 출력
```

char는 ushort와 비트(bit)상으로는 16비트(0 ~ 0xFFFF)로 동일하지만, 사칙연산(+, −, *, /)을 하는 경우 컴파일할 때 오류가 발생한다. 이것은 문자와 문자를 더하거나 빼는 것이 논리적으로 적합하지 않기 때문인데, 바로 이러한 차이 덕분에 정수를 담을 때는 ushort를 사용하고, 문자를 담을 때는 char를 쓴다.

Note 유니코드(Unicode)는 다국어 지원을 위한 문자 집합이다. 전 세계의 모든 문자를 표현하기 위해 설계된 산업 표준으로, 프로그램을 유니코드 기반으로 만들면 운영체제의 언어 설정에 상관없이 동일한 문자를 출력할 수 있다. 물론 대상 운영체제에 유니코드에 대응되는 폰트(Font)가 설치돼 있어야 한다.

편집기에서 키보드로 입력할 수 없는 문자를 표현하기 위해 특별하게 이스케이프 시퀀스(escape sequence)라는 표현을 쓸 수 있다.

```
char ch1 = '\t';    // TAB 문자를 표현
char ch2 = 'T';
char ch3 = '\n';    // 개행(NEW LINE) 문자를 표현
char ch4 = 'o';

Console.Write(ch1);
Console.Write(ch2);
Console.Write(ch3);
Console.Write(ch4);
```

```
// 출력 결과
        T
o
```

예제에서 볼 수 있듯이 '이스케이프 시퀀스'란 \(역슬래시, back-slash)로 시작하는 특수 문자 표현으로서 일반적인 문자로는 표현할 수 없는 영역의 문자를 나타낼 때 사용된다. 지금까지 사용했던 Console.WriteLine은 Console.Write 출력에 \n 문자를 덧붙여서 출력하는 것과 같다. \t, \n 이외에 자주 쓰는 이스케이프 시퀀스로는 작은따옴표를 표시하기 위한 \' 표현이 있다. 작은따옴표는 문자형 데이터 값을 표현하는 데 이미 사용되고 있으므로 명시적으로 구분하기 위해 역슬래시를 통해 이스케이프 시퀀스로 나타낼 수밖에 없다.

Note

일부 편집기에서 \ 문자는 한글 윈도우의 경우 ₩(통화: 원) 문자로 대체돼 표시되기도 한다.

이따금 키보드로 입력할 수 없는 유니코드 문자를 나타내는 데 이스케이프 시퀀스를 사용하기도 한다. 이러한 경우 역슬래시와 함께 u 문자를 사용해 해당 유니코드 문자의 번호를 16진수로 명시한다.

```
char ch = '\u25b6';
Console.Write(ch);
```

```
// 출력 결과
▶
```

그렇다면 정작 \ 문자를 화면에 출력하려면 어떻게 해야 할까? 이러한 경우 \\와 같이 두 개의 역슬래시 문자로 표현하면 된다.

```
char ch = '\\';
Console.Write(ch);
```

```
// 출력 결과
\
```

문자가 둘 이상인 경우, 이는 별도로 '문자열'이라고 하며 string 타입에 대응된다. 문자열 값을 표현할 때는 "(큰따옴표)를 사용하고 코드로는 다음과 같이 나타낸다.

```
string text = "Hello World";
Console.WriteLine(text);    // 출력 결과: Hello World
```

문자열에도 역시 char에서 사용했던 이스케이프 시퀀스를 그대로 포함할 수 있다.

```
string text = "\tHello\nWorld";
Console.WriteLine(text);
```

```
// 출력 결과
        Hello
World
```

또한 char 형의 작은따옴표(') 문제와 마찬가지로 문자열에서 큰따옴표를 데이터로 포함시킬 때도 이스케이프 시퀀스를 사용한다.

```
string text = "\"Hello World\"";
Console.WriteLine(text);
```

```
// 출력 결과
"Hello World"
```

문자열에 \ 문자를 포함하려면 char에서와 마찬가지로 두 번 연속으로 사용하는 방법도 가능하지만, @ 문자를 문자열 앞에 붙이면 내부에 있는 \를 이스케이프 시퀀스로 간주하지 않고 순수하게 문자로 취급[3]할 수 있다.

```
string text = @"\tHello\nWorld";
Console.WriteLine(text);
```

```
// 출력 결과
\tHello\nWorld
```

char 형과는 달리 string은 + 연산을 지원하며 이 연산자를 이용해 문자열을 연결할 수 있다.

```
string text = "Hello";
Console.WriteLine(text + " " + "World");
```

```
// 출력 결과
Hello World
```

### 3.1.4 불린(boolean)형 기본 타입

C#에는 bool이라는 자료형이 있으며, 오직 true/false 값만 담을 수 있다.

표 3.5 기본 타입 - 불린형

| C# | 대응되는 닷넷 형식 | 범위 |
|---|---|---|
| bool | System.Boolean | true, false |

3 이후 C# 11에서는 UTF-8 문자열과 원시 문자열 유형을 추가로 제공한다.

```
bool isNumeric = false;
Console.WriteLine(isNumeric);
```

```
// 출력 결과
False
```

대체로 bool 자료형은 나중에 배울 if 문이나 while 문 등에 평가식으로 사용되거나 사람의 결혼 여부 등과 같이 참/거짓에 해당하는 자료를 표현할 때 사용된다.

### 3.1.5 마치며

모든 프로그램 언어가 명시적으로 '자료형'을 선언하고 사용하는 것은 아니다. **동적 타입 언어**에 속하는 프로그래밍 언어는 타입을 명시하는 부분이 없는데, 예를 들어 다음과 같은 식으로 곧바로 사용하는 것이 가능하다.

```
n = 50
text = "Hello World"
```

반면 C#은 **정적 타입 언어**이기 때문에 반드시 자료형을 명시해야 한다.

```
int n = 50;
string text = "Hello World";
```

비교해 보면 확실히 동적 타입 언어의 사용법이 간단할 수밖에 없는데, 왜 이런 차이가 발생하게 됐을까? 그것은 앞에서도 언급했지만 기억 장소를 효율적으로 사용하기 위해 나타난 차이에 불과하다. 동적 타입 언어는 세밀하게 해당 자료형의 바이트 수를 제어할 수 없기 때문에 필요 이상으로 저장 공간을 사용한다는 단점이 있다. 하지만 이런 문제점은 최근에 출시되는 컴퓨터가 고용량화/고속화되면서 점차 부각되지 않게 됐다. 실제로 대부분의 동적 언어가 태동하던 시기에는 1바이트를 더 소비하는 것조차도 부담스러웠기 때문에 '문법이 편리하다'는 장점에도 빛을 못 보다가 최근 들어서야 다시 조명받는 사례가 늘고 있다. 심지어 C#에서도 이 같은 동적 타입 언어의 편리한 구문을 수용했으며, 이와 관련된 내용은 '8장 C# 3.0'에서 다룬다.

그 밖에 아쉽게도 지면 관계상 다루지 못한 다음과 같은 내용에 대해서는 직접 웹상에 공개된 자료를 통해 알아보는 것도 좋겠다.

- 유니코드, UTF-8, UTF-16, UTF-32
- 자주 사용되는 이스케이프 시퀀스

## 3.2 형 변환

각 자료형은 서로 변환하는 것이 가능할 수도 있고 그렇지 않을 수도 있다. 부가적인 코드를 지정하지 않고 자연스럽게 형 변환(Type Conversion)되는 것을 '암시적 변환'이라 하고, 개발자가 명시적으로 형 변환임을 알리는 것을 '명시적 변환'이라고 한다.

### 3.2.1 암시적 변환

상식적으로 생각할 때 1바이트의 byte 데이터가 2바이트의 short 형에 대입된다면 문제되는 것이 있을까?

```
byte b = 250;
short s = b;

Console.WriteLine(s); // 출력 결과: 250
```

답은 '없다'이다. 왜냐하면 byte 데이터에는 0 ~ 255 범위의 수가 담길 테고, short 형 데이터에는 −32,768 ~ 32,767 범위의 값을 담을 수 있기 때문이다. 이처럼 범위가 작은 데이터 타입에서 그 값을 충분히 담을 수 있는 큰 타입으로 형 변환하는 것은 컴파일러가 '암시적 변환(Implicit conversion)'으로 간주해서 오류 없이 컴파일 과정을 완료할 수 있다. 하지만 반대로 큰 값을 표현할 수 있는 데이터에서 작은 타입으로 대입하는 경우에는 암시적 변환이 불가능하다.

### 3.2.2 명시적 변환

2바이트인 ushort 형의 데이터가 동일하게 2바이트인 char 형으로 대입된다면 어떻게 될까?

```
ushort u = 65;
char c = u;
```

이러한 경우 C# 컴파일러는 ushort에서 char로 형 변환을 할 수 없다는 에러와 함께 컴파일을 중단해 버린다. 왜냐하면 char 타입은 문자만 담도록 지정된 형식이라고 약속돼 있기 때문이다. 하지만 알파벳 'A'는 65라는 숫자 값을 가지고 있다는 사실을 개발자가 알고 있고, 이것이 일부러 의도한 것이라면 굳이 못하게 막을 이유는 없다. 이처럼 '개발자가 의도한 형 변환'이었음을 컴파일러에게 알려야 할 때 '명시적 변환(Explicit conversion)'이라는 의미로 다음과 같이 괄호를 지정한다.

```
ushort u = 65;
char c = (char)u;
Console.WriteLine(c); // 출력 결과: A
```

이 밖에도 큰 데이터 타입에서 작은 데이터 타입으로 형 변환할 때도 '명시적 변환'을 사용해야 한다.

```
int n = 40000;
short s = (short)n;
Console.WriteLine(s); // 출력 결과: -25536
```

4바이트 타입의 int 형에서 2바이트 타입의 short 형으로 값을 대입하면 −32,768 ~ 32,767 범위의 값은 정상적으로 변환할 수 있지만, 그 범위를 넘어버리면 개발자가 의도한 값이 나오지 않는다. 이런 상황에서 '암시적 변환'이 가능하다면 무심코 사용한 형 변환 코드 탓에 자칫 심각한 오류가 발생하는 프로그램을 만들 가능성이 있으므로 C# 컴파일러는 이런 경우 반드시 '명시적 변환'을 하도록 강제하고 있다.

Note 형 변환을 다른 말로 캐스팅(casting)이라고도 한다. 그리고 명시적 형 변환을 할 때 타입을 명시하기 위해 사용한 괄호 연산자를 형 변환 연산자(cast operator)라고 한다. 예를 들어, short s = (short)n;이라는 코드가 있다면 () 괄호가 바로 형 변환 연산자에 해당한다.

## 3.3 기본 문법 요소

각 프로그래밍 언어는 저마다 나름의 문법과 어휘 구조를 가지고 있다. C#도 예외는 아닌데, 이 시점에서 한 가지 짚고 넘어가야 할 것이 바로 '예약어(또는 키워드)', '식별자', '리터럴'의 개념이다.

### 3.3.1 예약어, 키워드

예약어(reserved word) 또는 키워드(keyword)는 C# 언어에서 문법을 표현하기 위해 미리 예약된 단어를 의미한다. 예를 들어, 이미 이전 장에서 다음과 같은 예약어를 배웠다.

- sbyte, byte, short, ushort, int, uint, long, ulong
- float, double, decimal
- char, string
- bool

이 책을 읽어가면서 점차 많은 예약어를 접할 텐데, 미리 C#의 모든 예약어를 보고 싶다면 부록에 실린 'C# 12 예약어'를 참고한다.

### 3.3.2 식별자

다음으로, 식별자(identifier)는 여러분이 프로그래밍을 하면서 임의로 선택해서 이름 지을 수 있는 단어를 말한다. 다음 예제 코드를 가지고 다시 설명해 보자면 굵게 표시한 이름이 바로 여러분이 명명할 수 있는 식별자에 해당하며, 따라서 자유롭게 이름을 바꾸는 것이 가능하다.

```
namespace ConsoleApp1;

class Program
{
    static void Main(string[] args)
    {
        string text = "Hello World";
        Console.WriteLine(text);
    }
}
```

Note Main이라는 이름도 식별자에 해당하지만, 닷넷 응용 프로그램 구조의 정의에 따라 반드시 이 함수가 있어야만 프로그램을 실행할 수 있으므로 변경해서는 안 된다.

다른 것은 아직 배우지 않았으니 신경 쓰지 말고, 'string text ……'에서 'text'라는 이름은 여러분이 자유롭게 명명할 수 있는 식별자였다는 점만 알아두자. 식별자로 모든 문자를 사용할 수 있는 것은 아니고, 다음과 같은 일정한 규칙이 있다.

- 식별자의 시작 문자는 숫자로 시작할 수 없고, 반드시 문자여야 한다.

  잘못된 식별자의 예) int 1n = 5;

  올바른 식별자의 예) int n1 = 5;

- 특수 문자 중에서 유일하게 _(밑줄: underscore) 문자만 시작 문자로 사용할 수 있다.

  예) int _n = 5;

- 유니코드 범위의 문자가 허용되기 때문에 '한글' 식별자도 가능하다.

  예) int 변수 = 5;

- 예약어를 식별자로 사용할 수 없다. 식별자로 사용해야 한다면 '@' 문자를 접두사로 붙여 C# 컴파일러가 예약어가 아닌 식별자로 인식하게 할 수 있다.

  예) string @bool = "true";

- 흔한 경우는 아니지만 이스케이프 시퀀스로도 식별자를 사용할 수 있다.

  예) string \u0062ool = "true";

  Console.WriteLine(\u0062ool);

규칙이 많은 듯해도 실무 관례상으로 보면 알파벳과 숫자로 식별자를 명명하는 것이 보통이며 일반적으로 다른 사람이 기억하기 쉽게 의미 있는 문자열을 사용하면 된다. 또는 회사나 특정 프로젝트 단위로 권장하는 '명명 규칙(Naming Rule)'이 있는 경우에는 그것을 준수하는 편이 좋다.

C#에서 사용되는 식별자로는 변수명, 네임스페이스명, 함수명, 클래스명 등이 있는데 아직까진 기본 자료형과 함께 사용한 변수명 정도가 여러분이 배운 전부일 것이다. 나머지 식별자는 이 책의 나머지 부분에서 알아보겠다.

### 3.3.3 리터럴

리터럴(literal)은 한글로 '문자상의, 문자 그대로의'와 같은 의미지만, 프로그래밍 언어에서 마땅히 번역할 단어가 없어 영어 발음 그대로 쓰는 것이 보통이다.

리터럴을 굳이 번역하자면 '소스코드에 포함된 값'이라고 할 수 있는데, 지금까지 여러분은 정확히 이름 짓지는 않았지만 일상적으로 리터럴을 이미 사용하고 있었다.

```
string text = "Hello World";
int n = 5;
char ch = 'N';
bool result = true;
```

위 코드에서 "Hello World", 5, 'N', true라는 값이 모두 리터럴에 해당한다.

### 3.3.4 변수

변수(variable)는 '식별자'의 하나로서 변수가 선언됐을 때 그와 함께 지정된 형식에 부합하는 저장소가 메모리에 할당돼 값을 담아 놓을 수 있는 역할을 한다. 좀 더 이해하기 쉽게 변수를 다음과 같이 표현할 수 있다.

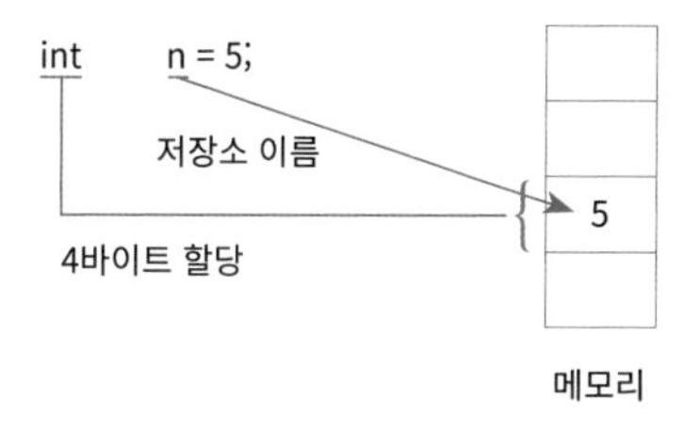


그림 3.1 타입에 따른 변수의 메모리 할당

위의 코드에서 n은 정수를 담을 수 있는 저장소에 대한 식별자로서 변수라고 하며, 5는 리터럴로 개발자가 코드에 기입한 값이다. 이제 코드에서 또 다른 리터럴을 사용해 변수의 값을 바꾸면 어떻게 될까?

```
int n = 5;
n = 10;
```

5를 가리키던 변수 n은 다시 10을 가리킨다. 이처럼 변수는 이름 자체가 '변하는 값'을 의미한다. 따라서 프로그램에서 특정 값을 담을 수 있는 저장소 가운데 값이 바뀌어도 되는 경우 변수를 사용하면 된다. 위의 코드에서 n이라는 식별자를 부여한 변수는 할당된 저장소를 가리키고 언제든 그 식별자가 가리키는 값은 바뀔 수 있다(그림 3.2).

닷넷에서 변수의 종류는 크게 두 가지인데, 값 형식(Value Type)을 가리키는 변수와 참조 형식(Reference Type)을 가리키는 변수가 있다.

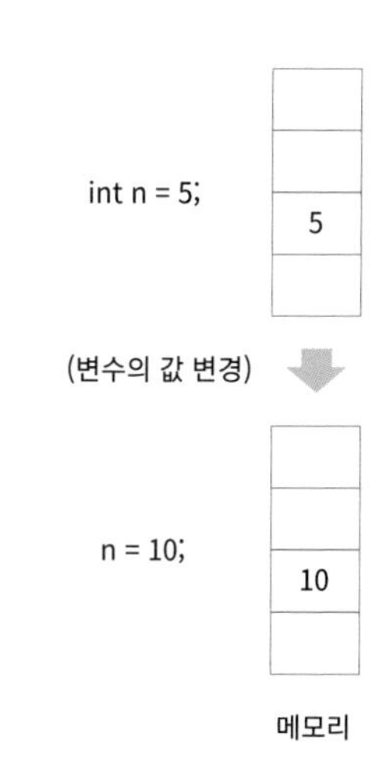


그림 3.2 같은 식별자로 구분되는 변수에 값을 대입

### 3.3.4.1 두 가지 저장소: 스택과 힙

값/참조 형식의 차이점을 이해하려면 반드시 스택[4](Stack)과 힙[5](Heap)을 이해할 필요가 있다. 윈도우 프로그램은 기본적으로 하나의 스레드를 갖는다. 그리고 개별 스레드마다 전용으로 사용할 수 있는 저장소가 메모리에 할당되는데 그 영역을 스택이라고 한다. 반면 힙은 프로그램에서 필요에 의해 메모리를 사용하겠다고 요청했을 때 사용할 수 있는 저장소다. 특별히 닷넷에서는 CLR이 직접 프로그램에서 사용될 힙을 관리한다.

일반적으로 메모리를 사용한 후에는 그것을 더는 사용하지 않겠다는 표현이 필요하다. 즉, 시스템으로부터 메모리를 할당받았으면 그것을 해제할 수도 있어야 한다. 할당만 하고 해제하지 않으면 유한한 자원인 메모리는 일정 시간 후 더는 사용할 영역이 남아있지 않아 프로그램의 실행 과정에서 오류가 발생한다.

개발자 입장에서 스택은 변수를 선언하는 것 자체만으로 스택 내의 특정 메모리 영역을 사용할 수 있게 C# 컴파일러에 의해 자동 할당 및 해제된다. 따라서 스택의 메모리를 할당하고 해제하는 것은 걱정하지 않아도 된다. 하지만 힙에 메모리를 할당하는 것은 개발자가 명시적으로 요청한 것이므로 해제 과정이 필요하다. 바로 이 해제 과정에서 네이티브 환경과 관리 환경이 구분된다. 기존의 네이티브 환경에서는 C/C++ 언어 등으로 프로그램을 만들면 메모리 할당과 해제를 반드시 쌍으로 맞춰야만 했다. 반면 C# 프로그램이 동작하는 관리 환경의 경우 개발자는 오직 할당만 하고 해제는 관리 환경 내의 특정 구성 요소가 담당한다. 그것을 가비지 수집기라고 한다.

스택, 힙, 가비지 수집기에 대해서는 5.4절 '힙과 스택'에서 더 자세히 설명한다.

### 3.3.4.2 값 형식을 가리키는 변수

'값 형식'을 가리키는 변수의 경우 '값' 자체가 스택 영역에 할당되고 변수는 그 메모리를 가리키는 프로그램 내의 식별자다. 그림 3.1에서 숫자 5는 스택에 저장된다. 이러한 '값 형식'에 속한 것으로는 sbyte, byte, char, short, ushort, int, uint, long, ulong, float, double, decimal, bool이 있다. 그림 3.1을 더 정확하게 표현하면 다음과 같다.

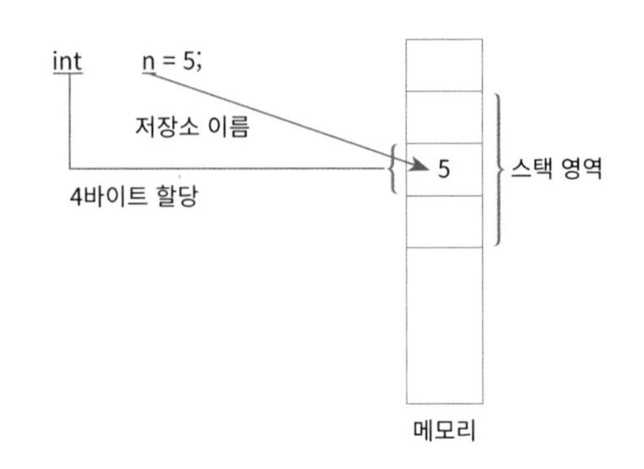


그림 3.3 스택에 저장된 값 형식의 데이터

4 자료 구조의 스택과 이름이 같은데, 동작 방식은 같지만 운영체제가 만든 특별한 저장소를 지칭한다.
5 역시 자료 구조에 동일한 이름의 힙이 있지만, 본문에서는 닷넷 런타임이 관리하는 특별한 저장소를 지칭한다.

### 3.3.4.3 참조 형식을 가리키는 변수

지금까지 배운 자료형 가운데 '참조 형식'에 속하는 것은 string 하나밖에 없지만 앞으로 배우게 될 배열, 클래스, object 역시 모두 참조 형식이다.

변수에서 '값 형식'과 '참조 형식'의 유일한 차이점은 '값'을 스택에 저장하느냐 힙에 저장하느냐에 있다. 앞서 설명한 대로 '값 형식'은 그 변수의 타입에 해당하는 값을 스택에 저장하지만, '참조 형식'을 위한 변수는 그 값을 담기 위해 별도로 힙 영역의 메모리를 할당하고, 스택의 변수 값은 다시 힙의 데이터 주소를 가리키게 된다.

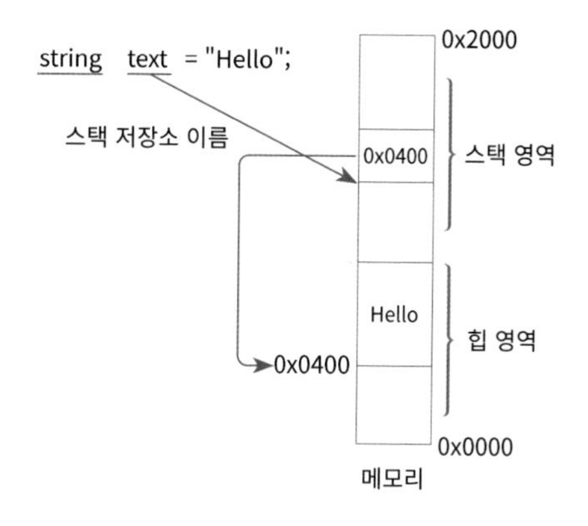


그림 3.4 데이터를 가리키는 참조형 변수를 위해 할당된 메모리

그림에서 0x0400, 0x2000이라는 메모리 번지는 크게 의미가 없는 숫자로서 단지 구분을 위해 사용한 임의의 값이다.

그렇다면 값을 할당하지 않은 string 변수는 어떤 값을 갖게 될까?

```
string text;
```

위의 경우에는 스택 변수의 값이 숫자 0을 담고 있다. 즉, 가리킬 수 있는 힙 주소가 없는 것이다. 하지만 참조형 변수의 경우 숫자 0을 대입할 수는 없으므로 이런 목적으로 C#은 특별하게 null 예약어를 준비해 두고 있다. 따라서 다음 두 가지 스택 변수는 동일하게 숫자 0을 담고 있게 된다.

```
string text1;
string text2 = null;
```

즉, 초기화되지 않은 모든 참조형 변수는 null 값을 가진다.

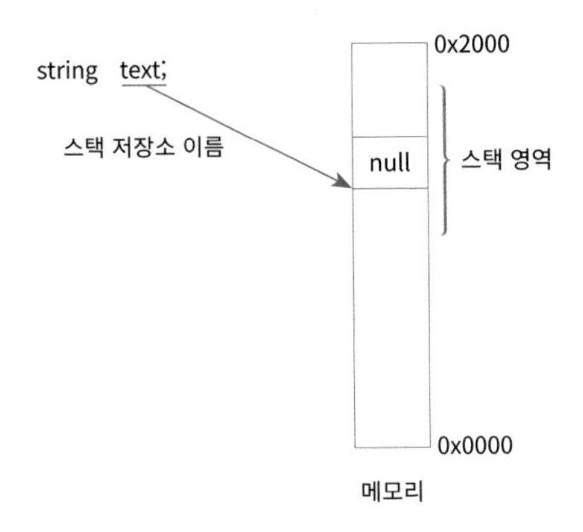


그림 3.5 아무 값도 가리키고 있지 않은 참조형 변수

또는 참조형 변수가 더는 사용되지 않음을 명시하기 위해 null을 할당하기도 한다.

```
string name = "C#";
name = null;
```

값 형식과 참조 형식의 차이점이 잘 나타나는 경우가 또 한 가지 있는데, 바로 변수의 값을 또 다른 변수에 대입했을 때다.

```
int n1 = 5;
int n2 = n1;

Console.WriteLine(n1);   // 5를 출력
Console.WriteLine(n2);   // 5를 출력

string txt1 = "C#";
string txt2 = txt1;

Console.WriteLine(txt1);   // "C#"을 출력
Console.WriteLine(txt2);   // "C#"을 출력
```

n1과 n2가 같은 값이고, txt1과 txt2 역시 같은 값을 출력하지만, 값 형식과 참조 형식에 따라 메모리의 표현 방식은 다음과 같이 서로 다르다.

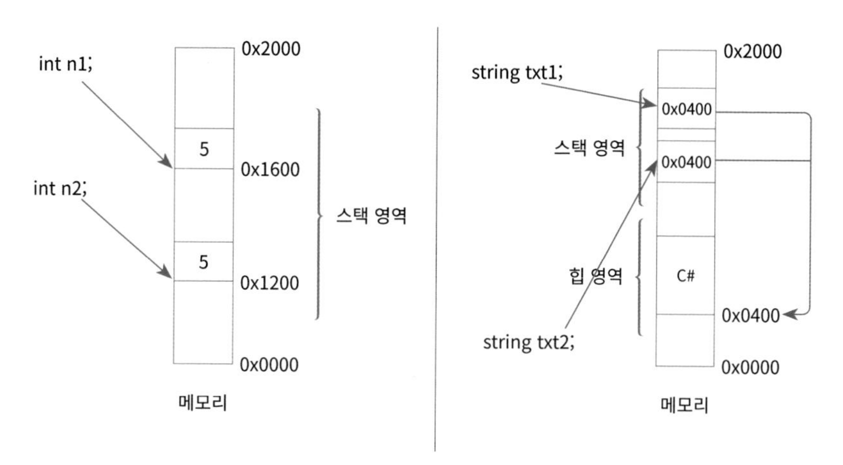


그림 3.6 값 형식과 참조 형식의 차이점

차이를 알겠는가? 값 형식의 n1, n2는 스택의 각각 다른 위치에 동일한 값이 복사돼 개별 값을 가리키는 반면, 참조 형식의 txt1, txt2는 힙 메모리에 하나의 값만 위치한 상태에서 스택의 변수 값이 같은 힙 위치를 가리킨다.

어째서 값 형식과 참조 형식으로 나눴는지에 대한 구체적인 설명은 나중으로 미루고, 현 시점에서는 변수가 이렇게 두 가지 유형으로 나뉜다는 것과 그 특징만 기억해 두자.

이번 절에서 다룬 코드를 컴파일하면

```
string text;
```

"warning CS0168: 'text' 변수가 선언되었지만 사용되지 않았습니다."라는 컴파일 경고가 발생한다. 오류와는 달리 경고가 발생해도 컴파일러는 성공적으로 출력 파일을 만들어 낸다.

경고는 가능한 한 없애주는 것을 권장하지만, 이 책에서는 예제로 다루기 위해 어쩔 수 없이 경고가 발생하는 경우가 있다. 또한 다음의 코드도 컴파일 경고를 발생시킨다.

```
string text = null;
```

경고 메시지를 보면 "warning CS8600: null 리터럴 또는 가능한 null 값을 null을 허용하지 않는 형식으로 변환하는 중입니다."라고 나오는데, 이와 관련해서 지금 단계에서 설명하기에는 무리가 있다. 이것을 제대로 이해하기 위해서는 나중에 다룰 5.4절 '힙과 스택'과 C# 8.0부터 추가된 16.1절 '#nullable 지시자와 nullable 참조 형식'을 알아야 한다. 그전까지는 저 경고를 없애려면 'null 값을 허용하는' 표현인 '?' 문자를 붙이거나

```
string? text = null;
```

null 값이 아닌 문자열, 즉 위의 경우 빈 문자열을 대입하는 식으로 바꿔 처리할 수 있다.

```
string text = "";
```

#### 3.3.4.4 기본값

값 형식을 가리키는 변수는 해당 자료형에 대해 무조건 메모리가 할당되므로 그 메모리 영역에 필연적으로 기본값(default value)을 갖게 된다. 닷넷은 자료형에 대한 메모리를 할당하면 해당 영역을 무조건 0으로 초기화[6]한다. 따라서 값 형식의 변수를 선언할 때 개발자가 명시적으로 값을 초기화하지 않았다면 숫자형은 0을, bool은 false를 기본값으로 갖는다. 반면 참조 형식의 경우에는 이전 절에서 이야기한 대로 모두 null 값을 가진다.

다음은 기본값에 관해서 몇 가지 코드를 예로 들어 설명한 것이다.

```
bool result;   // 변수 result에는 false 값이 들어 있다.
int n;         // 변수 n에는 0 값이 들어 있다.
string text;   // 변수 text에는 null 값이 들어 있다.
```

### 3.3.5 상수

변수가 값이 바뀌는 식별자였다면 반대로 값이 절대 바뀌지 않는다는 의미의 상수(constant)도 있다. 따라서 상수 식별자에는 값이 한 번 대입되면 그 이후로 다른 값을 대입할 수 없다. 상수를 정의하는 방법은 변수를 정의하는 구문에 'const' 예약어만 붙여주면 된다.

```
const bool result = false;
const int n = 5;
const string text = "Hello";

result = true; // 컴파일 오류 발생! const 상수 값은 바꿀 수 없다.
```

컴파일러 입장에서 보면 상수는 반드시 컴파일할 때 값이 결정돼야 한다. 예를 들어 다음 코드를 보자.

6 C# 9.0의 신규 문법에 이러한 초기화를 생략하는 방법을 제공한다.

```
int n = Math.Max(0, 5); // 프로그램을 실행할 때 n의 값이 결정된다.
                        // 0과 5 중에서 5가 크므로 변수 n에는 5가 대입

const int maxN = Math.Max(0, 5); // Math.Max 메서드가 실행된 이후에야 값이 결정되고,
                                 // 컴파일러가 미리 그 값을 결정할 수 없으므로
                                 // 오류가 발생한다.
```

변수 n에는 정상적으로 5가 대입되지만, maxN의 경우에는 컴파일러가 오류를 발생시킨다. 왜냐하면 Math.Max는 코드로서 실행돼야 하므로 컴파일러 입장에서 어떤 값을 대입해야 할지 컴파일 시점에는 알 수 없기 때문이다.

하지만 같은 코드임에도 컴파일러가 값을 컴파일 시 계산해서 대입할 수 있다면 상수에 대입하는 것이 가능하다.

```
const int n = 5 * 100 / 2; // 이러한 단순 수식은 컴파일러가 값을 계산할 수 있다.
```

여기서 n은 상수라고 하고 '5 * 100 / 2'는 상수식(constant expression)이라고 한다. 상수식은 컴파일할 때 값이 결정되는 수식을 말한다.

### 3.3.6 연산자, 문장 부호

예약어, 식별자, 리터럴, 변수 외에 C# 프로그램을 구성하는 요소로 연산자(operator)와 문장부호(punctuator)가 있다. 다시 예제 코드로 돌아가면, 다음에서 음영이 표시된 요소가 모두 연산자나 문장 부호에 해당한다.

```
namespace ConsoleApp1;
class Program
{
    static void Main(string[] args)
    {
        string text = "Hello World";
        Console.WriteLine(text);
    }
}
```

우선 ;(세미콜론)은 한 구문의 끝을 컴파일러에게 알리는 문장 부호다. 이를 활용하면 한 줄에 두 개 이상의 유효한 코드 구문을 넣는 것이 가능하다.

```
string text = "Hello"; text = text + " World";
Console.WriteLine(text); // 출력 결과: Hello World
```

다음으로 대입 연산자(assignment operator)인 =는 지금까지 사용해 오면서도 그 이름을 정확하게 붙이지 않았지만, 이제는 그것이 연산자라는 사실을 알게 됐다. 이 밖에 직관적으로 알 수 있는 산술 연산자(arithmetic operator: +, -, *, /)가 있는데, 산술 연산자는 정수형 및 실수형 데이터 타입에 사용할 수 있다. 이번 절의 내용을 통해 산술 연산자 중에서 %(나머지 연산자)를 마저 알고 지나가자. 이름에서 알 수 있듯이 나머지 연산자를 이용하면 나눗셈 연산의 나머지 값을 알 수 있다.

```
int n = 5;
int divider = 3;
int mod = n % divider;
Console.WriteLine(mod); // 출력 결과: 2
```

아울러 이전에 잠깐 string 자료형을 다루면서 +(더하기) 연산이 가능하다고 언급한 적이 있다. 이 연산자를 이용하면 두 문자열을 하나의 문자열로 만들 수 있는데, string 자료형이 아닌 데이터를 문자열과 더하는 것도 가능하다.

```
int n = 500;
Console.WriteLine("n = " + n); // 출력 결과: n = 500
```

이 경우 출력 결과에 나오는 것처럼 데이터의 값 자체가 문자열로 변환돼 처리된다.

이 책의 나머지 부분에서 그 밖의 연산자와 문장부호에 대해 살펴볼 것이며, 연산자와 문장부호에 대한 자세한 사항은 부록의 'C# 12 연산자와 문장 부호'를 참고한다.

## 3.4 배열

배열(array)이란 무엇이고 왜 필요한 것일까? 프로그래밍하다 보면 같은 데이터 유형의 변수명을 여러 개 사용해야 할 때가 종종 발생한다. 예를 들어, 5개의 제품이 있고 각 제품의 가격을 다룬다고 해보자. 배열을 모르는 개발자라면 다음과 같이 코드를 작성할 것이다.

```
int product1 = 5000;
int product2 = 5500;
int product3 = 6000;
int product4 = 10000;
int product5 = 60000;
```

개발자가 관리해야 할 int 형 변수명만 해도 5개나 된다. 설령 지금은 괜찮다고 해도 나중에 제품의 수가 100개, 1,000개로 늘어난다고 하면 그에 따라 코드의 양도 급격하게 증가할 수 있다. 예를 들어, 제품 1,000개의 가격에 대한 합(Sum)을 낸다고 하면 아마도 이 책을 쓰고 있는 필자조차도 이 일을 벌써 그만두지 않았을까 싶다.

바로 이럴 때 개발자를 편리하게 만들어 주는 것이 배열이다. 위와 같은 유형의 문제가 발생했을 때 배열로 선언하면 다음과 같이 간단하게 문제가 해결된다.

```
int [] products = new int[5];

string [] names = new string[1000];
```

여기서 새롭게 new라는 예약어와 함께 배열을 정의하기 위한 대괄호(square bracket) 문장부호를 볼 수 있다. C#에서 new 키워드는 참조 형식과 함께 사용되는 경우 그에 필요한 메모리를 힙(Heap)에 할당하는 역할을 한다. 그리고 변수를 선언할 때 대괄호를 사용하면 해당 변수가 배열임을 의미한다.

배열과 일반 자료형의 차이점을 설명하기 위해 간단한 도식을 활용해 보자. 우선, int product = 500이라는 코드는 다음과 같이 4바이트의 메모리 공간을 할당하고 그 메모리를 조작하는 식별자로 product라는 변수명을 부여하는 것과 같다.

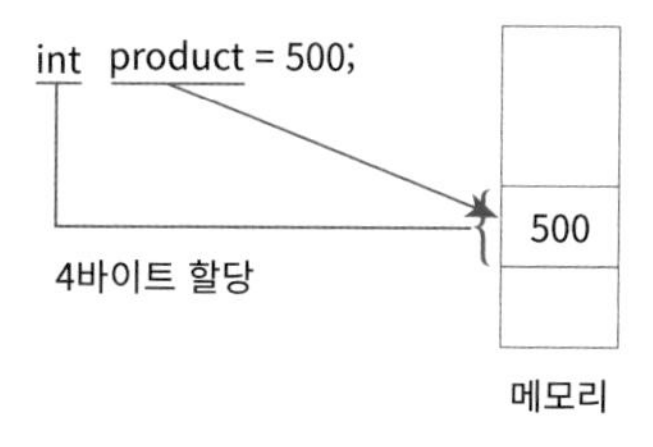


그림 3.7 일반 변수의 메모리 구조

반면 배열은 동일한 타입의 공간을 지정된 수만큼 메모리에 연속적으로 할당한다.

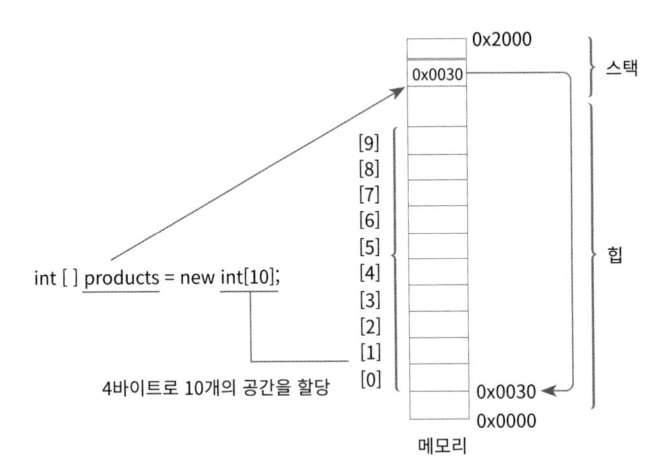


그림 3.8 배열의 메모리 구조

배열의 값을 별도로 힙에 할당하고 있다. 즉, 배열도 참조 형식에 속한다.

연속적으로 할당된 요소에 대해 개별적으로 접근하려면 어떻게 해야 할까? 이때도 역시 대괄호를 사용할 수 있는데, 한 가지 주의할 점은 시작 번호가 1이 아닌 0이라는 점(zero-based index)이다.

```
products[0] = 100;
products[1] = 200;

int book = products[0];

int sum = products[0] + products[1];
```

아울러 대괄호 안에 지정되는 수를 색인(index)이라고 한다.

기본 자료형을 배우면서 변수를 선언할 때 값을 함께 초기화할 수 있다는 사실을 배웠는데, 배열의 경우 특이하게 2가지 방법으로 초기화하는 것이 가능[7]하다.

7 C# 12부터 새롭게 '컬렉션 식' 초기화를 지원한다.

```
int [] products = new int[5] {1, 2, 3, 4, 5};  // 배열의 요소 개수를 지정

또는,

int [] products = new int[] {1, 2, 3, 4, 5};    // 배열의 요소 개수를 미지정
```

전자는 배열의 수를 지정했기 때문에 배열을 초기화하려면 반드시 그 수만큼의 요소를 나열해야 하는 반면, 후자는 개발자가 명시적으로 배열의 수를 지정하지 않은 채로 초기화 요소를 나열했으므로 컴파일러는 그 수만큼 계산해서 자동으로 배열의 크기를 5로 지정한다.

배열을 배웠으니 이제 string 자료형을 다시 한번 살펴보자. string은 결국 char 형 문자가 모여서 이뤄진 연속된 데이터에 불과하다. 그러므로 string은 기본적으로 개별 char 문자에 접근할 수 있는 대괄호 구문을 제공한다(나중에 배우겠지만, 이것은 string 타입이 인덱서를 구현했기 때문에 배열처럼 다룰 수 있는 것이다).

```
string text = "Hello World";
char ch1 = text[0];
char ch2 = text[1];

Console.WriteLine(ch1); // 출력 결과: H
Console.WriteLine(ch2); // 출력 결과: e
```

배열이 사용된 또 다른 구문을 예제 2.1에서도 찾아볼 수 있다. Main 메서드의 괄호 안에 들어간 구문이 바로 string 배열이었던 것이다.

```
class Program
{
    static void Main(string[] args)
    {
        ......[생략]......
    }
}
```

배열을 다룰 때 한 가지 주의할 사항은 한번 정해진 배열의 크기는 고정된다는 점이다. 물론 참조 변수의 특성상 가리키는 대상이 변할 수 있기 때문에 다음과 같이 변경된 크기의 배열을 다시 가리키는 것은 가능하지만, 그래도 처음에 있었던 배열의 크기가 변경된 것은 아니다.

```
int [] students = new int[60];
students[0] = 50;
Console.WriteLine(students[0]); // 출력 결과: 50

students = new int[120];
Console.WriteLine(students[0]); // 출력 결과: 0
```

마지막으로 배열을 선언하는 경우 기본적으로 모든 값은 타입에 따른 초기화 값을 가지게 된다. 이 규칙은 앞에서 변수를 다루면서 설명한 3.3.4.4절 '기본값'의 내용을 따른다. 즉, '값 형식'의 배열이라면 기본값으로 0에 준하는 값을 갖고, 참조 형식의 배열(예: string 배열)이라면 개별 요소가 null로 초기화된다.

## 3.4.1 다차원 배열

지금까지 배운 배열은 차원의 수가 1인 배열인데, 차수가 2 이상이 되면 다차원 배열(multi-dimensional array)이라고 한다. 다차원 배열을 사용하려면 차원 분리자인 콤마(,)를 이용해 선언하기만 하면 된다.

```
int [,] arr2 = new int[10, 5];          // 2차원 배열
short [,,] arr3 = new short[8, 3, 10]; // 3차원 배열
```

다차원 배열을 선언하면 요소의 수가 개별 차원의 수를 곱한 만큼 계산되고 그 수만큼 메모리가 할당된다. 위에서 예로 든 arr2 배열은 10 * 5로 50개의 요소에 대해 각각 4바이트(int 형)씩 총 200바이트의 메모리를 점유하고, arr3 배열은 8 * 3 * 10으로 240개의 요소에 대해 2바이트(short)씩 총 480바이트의 메모리를 점유한다.

배열 요소의 차수에 따라 이를 시각화하면 다음과 같다.

int [] arr = new int[10];

| arr[0] | arr[1] | arr[2] | arr[3] | arr[4] | arr[5] | arr[6] | arr[7] | arr[8] | arr[9] |
|---|---|---|---|---|---|---|---|---|---|

그림 3.9 1차원 배열

int [,] arr = new int[3, 10];

| arr[0,0] | arr[0,1] | arr[0,2] | arr[0,3] | arr[0,4] | arr[0,5] | arr[0,6] | arr[0,7] | arr[0,8] | arr[0,9] |
|---|---|---|---|---|---|---|---|---|---|
| arr[1,0] | arr[1,1] | arr[1,2] | arr[1,3] | arr[1,4] | arr[1,5] | arr[1,6] | arr[1,7] | arr[1,8] | arr[1,9] |
| arr[2,0] | arr[2,1] | arr[2,2] | arr[2,3] | arr[2,4] | arr[2,5] | arr[2,6] | arr[2,7] | arr[2,8] | arr[2,9] |

그림 3.10 2차원 배열

int [,,] arr = new int[4, 3, 10];

| arr[0,0,0] | arr[0,0,1] | arr[0,0,2] | arr[0,0,3] | arr[0,0,4] | arr[0,0,5] | arr[0,0,6] | arr[0,0,7] | arr[0,0,8] | arr[0,0,9] |
|---|---|---|---|---|---|---|---|---|---|
| arr[1,0,0] | arr[1,0,1] | arr[1,0,2] | arr[1,0,3] | arr[1,0,4] | arr[1,0,5] | arr[1,0,6] | arr[1,0,7] | arr[1,0,8] | arr[1,0,9] |
| arr[2,0,0] | arr[2,0,1] | arr[2,0,2] | arr[2,0,3] | arr[2,0,4] | arr[2,0,5] | arr[2,0,6] | arr[2,0,7] | arr[2,0,8] | arr[2,0,9] |
| arr[3,0,0] | arr[3,0,1] | arr[3,0,2] | arr[3,0,3] | arr[3,0,4] | arr[3,0,5] | arr[3,0,6] | arr[3,0,7] | arr[3,0,8] | arr[3,0,9] |
| arr[3,1,0] | arr[3,1,1] | arr[3,1,2] | arr[3,1,3] | arr[3,1,4] | arr[3,1,5] | arr[3,1,6] | arr[3,1,7] | arr[3,1,8] | arr[3,1,9] |
| arr[3,2,0] | arr[3,2,1] | arr[3,2,2] | arr[3,2,3] | arr[3,2,4] | arr[3,2,5] | arr[3,2,6] | arr[3,2,7] | arr[3,2,8] | arr[3,2,9] |

그림 3.11 3차원 배열

다차원 배열에서도 변수의 선언과 함께 초기화가 가능한데, 차원에 따라 그림 3.10, 그림 3.11을 함께 떠올리면 다차원 배열을 이용하는 구문을 좀 더 쉽게 작성할 수 있다.

```
int [,] arr2 = new int[2,3] {
                               {1, 2, 3},  // 1차원의 요소 수는 3개이고,
                               {4, 5, 6}   // 2차원의 요소 수는 2개인 배열을 초기화
                              };

int[,,] arr3 = new int[2, 3, 4]
               {
                   {
                       {1, 2, 3, 4},      // 1차원의 요소 수는 4개이고,
                       {5, 6, 7, 8},
                       {9, 10, 11, 12},  // 2차원의 요소 수는 3개이고,
                   },
                   {
                       {13, 14, 15, 16},
                       {17, 18, 19, 20},
                       {21, 22, 23, 24},
                   },  // 3차원의 요소 수는 2개인 배열을 초기화
               };
```

구문이 너무 복잡하다고 미리 걱정하지는 말자. 일반적으로 작성하는 프로그램에서는 1차원 배열이 주로 사용되고, 수학의 행렬을 자주 다루는 게임 프로그래밍을 하게 되면 2차원 배열 정도가 사용될 뿐, 3차원 배열 이상은 사용 빈도가 극히 낮은 편에 속한다.

### 3.4.2. 가변 배열

C#에서는 다차원 배열 외에 가변 배열(jagged array)을 지원하는데, 다른 말로 '배열의 배열'이라고도 한다. 왜 이런 이상한 이름이 생겼는지 배열을 선언한 구문을 보면 어렵지 않게 이해할 수 있다.

```
int [][] arr = new int[5][];        // 2차원 가변 배열
arr[0] = new int[10];
arr[1] = new int[9];
arr[2] = new int[8];
arr[3] = new int[3];
arr[4] = new int[5];
```

다차원 배열이 콤마를 이용해 차수를 구분하는 반면, 가변 배열은 각 차수마다 대괄호를 사용한다는 특징이 있으며 이를 시각화하면 다음과 같은 구조를 띤다.

| | | | | | | | | | | |
|---|---|---|---|---|---|---|---|---|---|---|
| int [10] | arr[0][0] | arr[0][1] | arr[0][2] | arr[0][3] | arr[0][4] | arr[0][5] | arr[0][6] | arr[0][7] | arr[0][8] | arr[0][9] |
| int [9] | arr[1][0] | arr[1][1] | arr[1][2] | arr[1][3] | arr[1][4] | arr[1][5] | arr[1][6] | arr[1][7] | arr[1][8] | |
| int [8] | arr[2][0] | arr[2][1] | arr[2][2] | arr[2][3] | arr[2][4] | arr[2][5] | arr[2][6] | arr[2][7] | | |
| int [3] | arr[3][0] | arr[3][1] | arr[3][2] | | | | | | | |
| int [5] | arr[4][0] | arr[4][1] | arr[4][2] | arr[4][3] | arr[4][4] | | | | | |

그림 3.12 가변 배열의 할당 구조

즉, 가변 배열은 배열의 요소가 임의 크기의 배열이 될 수 있는데, 바로 이 점이 다차원 배열과의 뚜렷한 차이점이다. 다차원 배열이 [m, n] 차원을 갖는 경우 무조건 m * n개의 요소가 할당돼 상황에 따라 자칫 메모리를 크게 낭비하는 경우가 발생한다. 하지만 가변 배열은 각 요소별로 필요한 만큼의 배열 크기를 임의로 결정할 수 있으므로 개발자가 올바르게만 쓴다면 메모리를 최적화된 상태로 사용할 수 있다.

하지만 필자의 개인적인 경험에 의하면 그러한 장점에도 불구하고 요소의 크기를 가변적으로 운영하는 경우는 그리 많이 볼 수는 없었다. 왜냐하면 개발자가 직관적으로 인식하기에는 m * n개의 고정된

배열이 머릿속에서 기억하기 편하고 유지보수하기도 쉽기 때문이다. 그래서 가변 배열을 사실상 다차원 배열처럼 m * n개로 사용하는 경우가 좀 더 일반적이다.

## 3.5 제어문

적절한 자료형을 선택해서 데이터를 담았다면 이제 그 자료를 가지고 원하는 의도에 맞게 변경 및 출력하기 위한 각종 제어문을 사용할 수 있다. 여기서는 프로그램의 흐름을 제어하기 위해 선택, 반복, 점프(jump)할 수 있는 C#의 예약어를 소개하고 그에 따르는 연산자/문장부호를 함께 설명한다.

### 3.5.1 선택문

선택은 너무나 일상적인 과제다. 간단한 예로 '만약 방이 어두우면 전등을 켠다'라고 했을 때 '만약 ~이라면, ~한다'에 해당하는 구문이 바로 선택을 나타내고, 대부분의 프로그램에서는 여기에 대응되는 문법적인 요소를 제공한다. C#에는 이러한 선택문(selection statements)으로 if와 switch 구문이 있는데, 두 단어 모두 C#의 예약어이며 그에 따른 일정한 형식의 문법이 있다.

하지만 선택문을 본격적으로 알아보기에 앞서 bool 자료형이 결과로 나오는 C# 연산자를 먼저 알아보겠다. 왜냐하면 전형적인 선택문에는 반드시 '조건'이 따르게 되고, 그 조건의 평가는 참/거짓으로 나오기 때문이다. 예를 들어, '방이 어두우면'이라는 조건일 경우 식을 평가하는 시점에 '방이 어둡다'는 상황이면 '참'이고, 그렇지 않으면 '거짓'이라는 평가가 나오는데 이를 C# 언어의 문법으로 어떻게 표현할 수 있는지 알아둘 필요가 있다.

#### 3.5.1.1 관계 연산자, 논리 연산자

연산의 결과가 참/거짓으로 나오는 C#의 연산자로는 관계 연산자(relational operator)와 논리 연산자(logical operator)가 있는데, 먼저 6가지 관계 연산자를 살펴보자.

표 3.6 관계 연산자

| 관계 연산자 | 평가 방식 | 예제 |
|---|---|---|
| > | 좌측 피연산자가 우측 피연산자보다 크면 참, 같거나 작으면 거짓 | bool result = 10 > 20; // 거짓 |
| < | 좌측 피연산자가 우측 피연산자보다 작으면 참, 같거나 크면 거짓 | bool result = 10 < 20; // 참 |
| >= | 좌측 피연산자가 우측 피연산자보다 크거나 같으면 참, 작으면 거짓 | bool result = 10 >= 20; // 거짓 |

| 관계 연산자 | 평가 방식 | 예제 |
|---|---|---|
| <= | 좌측 피연산자가 우측 피연산자보다 작거나 같으면 참, 크면 거짓 | bool result = 10 <= 20; // 참 |
| == | 좌측 피연산자와 우측 피연산자가 같으면 참, 다르면 거짓 | bool result = 10 == 20; // 거짓 |
| != | 좌측 피연산자와 우측 피연산자가 다르면 참, 같으면 거짓 | bool result = 10 != 20; // 참 |

관계 연산자를 사용해 간단하게 코드를 만들어 보면 다음과 같다.

```
int value = 6;
int n = value % 3;
bool result = (n == 0);

Console.WriteLine(result); // 출력 결과: True
```

조건식을 여러 개 나열할 수도 있다. 개별 조건식의 결과는 반드시 bool 타입이므로 조건식을 나열한다는 것은 곧 부울 대수(boolean algebra)의 기본 연산을 하는 것과 같다. 바로 이때 사용되는 것이 C#의 논리 연산자로서, &&(AND: 논리곱), ||(OR: 논리합), !(NOT: 부정), ^(XOR: 배타적 논리합)의 4가지가 여기에 해당한다.

표 3.7 논리곱 연산자 &&(AND)

| 좌측 피연산자 | 우측 피연산자 | AND 연산 결과 | 예제 |
|---|---|---|---|
| true | true | true | bool result = true && true; |
| true | false | false | bool result = true && false; |
| false | true | false | bool result = false && true; |
| false | false | false | bool result = false && false; |

표 3.8 논리합 연산자 ||(OR)

| 좌측 피연산자 | 우측 피연산자 | OR 연산 결과 | 예제 |
|---|---|---|---|
| true | true | true | bool result = true \|\| true; |
| true | false | true | bool result = true \|\| false; |
| false | true | true | bool result = false \|\| true; |
| false | false | false | bool result = false \|\| false; |

표 3.9 배타적 논리합 연산자 ^(XOR)

| 좌측 피연산자 | 우측 피연산자 | XOR 연산 결과 | 예제 |
| --- | --- | --- | --- |
| true | true | false | bool result = true ^ true; |
| true | false | true | bool result = true ^ false; |
| false | true | true | bool result = false ^ true; |
| false | false | false | bool result = false ^ false; |

표 3.10 부정 연산자 !(NOT)

| 우측 피연산자 | NOT 연산 결과 | 예제 |
| --- | --- | --- |
| true | false | bool result = !true; |
| false | true | bool result = !false; |

관계 연산자와 논리 연산자를 함께 사용하면 다음과 같은 표현을 쓸 수 있다.

```
int value = 10;
int n1 = value % 3;
int n2 = value % 5;

bool orResult = (n1 == 0 || n2 == 0);
Console.WriteLine("value는 3의 배수이거나 5의 배수: " + orResult);

bool andResult = (n1 == 0 && n2 == 0);
Console.WriteLine("value는 3과 5의 배수: " + andResult);

bool notResult = !(n1 == 0);
Console.WriteLine("value는 3의 배수가 아님: " + notResult);
```

```
// 출력 결과
value는 3의 배수이거나 5의 배수: True
value는 3과 5의 배수: False
value는 3의 배수가 아님: True
```

논리 연산자를 사용할 때 주의할 점이 있는데, 부울 대수에 따라 실행할 때 단락 계산(short-circuit)이 두 가지 상황에서 발생할 수 있다는 점이다. 예를 들어, 다음과 같은 || 논리합 연산을 한다고 하자.

```
int n1 = 6;
int n2 = 10;
bool result = (n1 % 3 == 0 || n2 % 3 == 0);
Console.WriteLine("n1 또는 n2는 3의 배수: " + result);
```

```
// 출력 결과
n1 또는 n2는 3의 배수: True
```

이때, 이미 (n1 % 3 == 0)의 표현식이 참이기 때문에 뒤의 (n2 % 3 == 0)의 결괏값에 상관없이 전체 평가식이 참이 된다. 이런 이유로 프로그램의 실행 과정에서 뒤의 조건은 아예 실행조차 되지 않는 것을 두고 단락 계산 또는 단축 평가(short-circuit evaluation)됐다고 한다.

||(OR) 연산과 마찬가지로 단락 계산은 && 논리곱 연산에서도 발생한다.

```
int n1 = 10;
int n2 = 6;
bool result = (n1 % 3 == 0 && n2 % 3 == 0); // result == False
```

(n1 % 3) == 0의 표현식이 거짓이므로 논리곱 연산의 성격상 뒤에 오는 식에 상관없이 전체 평가식이 거짓이 된다. 따라서 이번에도 역시 (n2 % 3 == 0) 코드는 실행되지 않는다. 단락 연산으로 인한 부작용이 발생하는 대표적인 사례는 내용을 진행하면서 차차 알아볼 테니 여기서는 이 정도만 알아두고 넘어가자.

### 3.5.1.2 if 문

선택을 위한 가장 기본적인 if 문의 문법은 다음과 같다.

```
if (조건식)
    구문;
또는
if (조건식) 구문;
```

**설명:** *조건식*이 참인 경우, *구문*에 해당하는 코드를 실행한다.

C#의 if 문은 괄호 안에 조건식을 지정하고 그것의 평가 결과가 참이면 괄호 다음의 코드를 실행하고, 거짓이면 괄호 다음의 코드를 실행하지 않는다.

if 문의 조건이 참인 경우 여러 개의 구문을 실행해야 한다면 어떻게 해야 할까? 이를 위해서는 블록(block)이라는 새로운 문장부호를 알아야 한다. 블록은 시작과 끝을 지정하기 위해 중괄호(brace)를 사용하는데, 기본적으로 if 문은 다음과 같은 중괄호를 사용하고 있다고 봐도 무방하다.

```
if (6 % 3 == 0)
{
    Console.WriteLine("6은 3의 배수");
}
```

```
// 출력 결과
6은 3의 배수
```

실행할 문장이 하나만 있는 경우 블록을 사용할지 말지는 개발자의 취향에 따라 다르지만, 필자의 경험으로 볼 때 많은 개발자가 블록을 명시적으로 지정하는 것을 더 선호한다.

블록 안에는 0개 이상의 구문이 올 수 있으며, 순차적으로 실행된다. 따라서 여러 개의 구문을 실행해야 한다면 블록 내에 원하는 코드를 적절한 순서에 맞게 추가하면 된다.

```
if (6 % 3 == 0)
{
    Console.WriteLine("6은 3의 배수");
    Console.WriteLine("연산 결과 끝!");
}
```

```
// 출력 결과
6은 3의 배수
연산 결과 끝!
```

if 문은 조건식의 결과가 참인 경우뿐만 아니라 거짓인 경우에도 실행할 수 있는 구문을 else 예약어를 추가해 지정할 수 있다.

```
int value = 5;
if (value % 2 == 0)
{
    Console.WriteLine("value는 2의 배수");
```

```
    Console.WriteLine("따라서 value는 짝수");
}
else
{
    Console.WriteLine("value는 홀수");
}
```

```
// 출력 결과
value는 홀수
```

조건이 여러 개인 경우 if/else if/else로 표현하는 것도 가능하다.

```
int value = 5;
if (value <= 255)
{
    Console.WriteLine("byte 변환 가능");
}
else if (value <= 65535)
{
    Console.WriteLine("ushort 변환 가능");
}
else
{
    Console.WriteLine("int 타입");
}
```

```
// 출력 결과
byte 변환 가능
```

C#에는 if 문의 한 가지 전형적인 사용 사례에 대해 간단하게 줄여서 작성할 수 있게 연산자 차원에서 지원하고 있는데, 이를 조건 연산자(또는 삼항 연산자)라고 한다.

> *(조건식)* ? *표현식1* : *표현식2*;
>
> **설명**: *조건식*이 참인 경우 *표현식1*을 평가해서 반환하고, 거짓인 경우 *표현식2*를 평가해서 반환한다.

예를 들어, 다음과 같이 동일한 변수에 값을 채우는 if 문이 있다고 하자.

```
int value = 5;
string result;
if (value % 2 == 0)
{
    result = "짝수";
}
else
{
    result = "홀수";
}

Console.WriteLine(result); // 실행 결과: 홀수
```

위 코드는 삼항 연산자(ternary operator)를 이용해 다음과 같이 간단하게 표현할 수 있다.

```
int value = 5;
string result = (value % 2 == 0) ? "짝수" : "홀수";
                    // 역시 result 변수에는 "홀수" 문자열 대입
```

조건 연산자를 삼항 연산자라고 부르는 이유는 피연산자(operand)가 3개이기 때문이다. 첫 번째 피연산자는 조건식을 나타내고, 두 번째 피연산자는 조건식이 참인 경우에 반환되는 값, 세 번째 피연산자는 조건식이 거짓인 경우에 반환되는 값을 나타낸다.

> Note if 제어문을 쓰느냐 조건 연산자를 쓰느냐는 전적으로 개발자가 선택할 수 있는 사항이다. C# 입문 단계에서 조건 연산자를 잘 쓰지 않더라도 경력 개발자들의 코드에서는 종종 볼 수 있기 때문에 코드 해석을 위해 알아둘 필요는 있다.

### 3.5.1.3 switch 문

switch 문은 사실 if 문의 특수한 형태에 해당한다. 여러 개의 조건을 판단해서 실행할 때 if/else if/else if/....../else 구문을 쓸 수도 있지만, 조건 판단의 기준이 되는 식이 상수라면 switch 구문을 쓰는 것이 편리할 수 있다. 즉, 모든 switch 문은 다중 if 문으로 변환할 수 있지만, 반대로 특정한 경우의 다중 if 문만이 switch 문으로 변환될 수 있다.

switch 문의 문법[8]은 다음과 같다.

```
switch (인스턴스)
{
    case 상수식1:
        구문;
        break;
    ...... [임의의 case 문 반복] ......
    case 상수식n:
        구문;
        break;
    default:
        구문;
        break;
}
```

설명: 실행 시 결정되는 *인스턴스*의 값과 컴파일 시 결정되는 case의 *상수식* 결괏값이 일치하는 경우 해당 case에 속한 *구문*을 실행한다. 나열된 case의 *상수식*에 일치하는 값이 없다면 default에 지정된 *구문*의 코드를 실행한다. **인스턴스**로 지정 가능한 타입으로는 3.1절의 정수형, 문자형, 불린형과 4.5.1.6절에 **설명**할 열거형이 있다.

간단한 예를 들면 다음과 같다.

```
char ch = 'F';

switch (ch)
{
    case 'M':
        Console.WriteLine("남성");
        break;

    case 'F':
        Console.WriteLine("여성");
        break;
```

8 C# 7.0에서는 패턴 매칭이 추가되어 문법이 확장됐다(12.10.2절 참고).

```
    default:
        Console.WriteLine("알 수 없음");
        break;
}
```

```
// 출력 결과
여성
```

앞에서 설명한 것처럼 이 코드는 그대로 if/else 문으로 변경할 수 있다.

```
char ch = 'F';

if (ch == 'M')
{
    Console.WriteLine("남성");
}
else if (ch == 'F')
{
    Console.WriteLine("여성");
}
else
{
    Console.WriteLine("알 수 없음");
}
```

```
// 출력 결과
여성
```

조건이 몇 개 안 되는 경우에는 if 문을 쓰는 것과 별다른 차이를 느낄 수 없지만, 조건이 많아지면 switch 문을 쓰는 편이 직관적인 코드 해석에 도움이 된다. 물론 if 문과 switch 문 가운데 어떤 것을 쓸지 선택하는 것은 전적으로 개발자의 몫이다.

switch 문의 변형에 대해 좀 더 알아보자. C/C++에 익숙한 독자라면 case 문의 break; 예약어 구문을 제거할 수 있다고 생각하겠지만, C#에서는 case 문에 break를 포함하는 것이 강제 사항이라서 break가 없으면 컴파일할 때 오류가 발생한다. 대신 case 문에 실행할 코드가 포함돼 있지 않다면 break를 생략하는 것도 가능하다.

```
string text = "C#";

switch (text)
{
    case "C#":
    case "VB.NET":
        Console.WriteLine(".NET 호환 언어");
        break;

    case "Java":
        Console.WriteLine("JVM 언어");
        break;

    default:
        Console.WriteLine("알 수 없음");
        break;
}
```

```
// 출력 결과
.NET 호환 언어
```

첫 번째 case 문에 break가 없기 때문에 조건이 그다음 case 문과 합쳐져서 실행할 구문을 공유하고 있음을 확인할 수 있다. 이를 if 문으로 나타내면 다음과 같이 표현할 수 있다.

```
string text = "C#";

if (text == "C#" || text == "VB.NET")
{
    Console.WriteLine(".NET 호환 언어");
}
else if (text == "Java")
{
    Console.WriteLine("JVM 언어");
}
else
{
    Console.WriteLine("알 수 없음");
}
```

```
// 출력 결과
.NET 호환 언어
```

switch 문에서 마지막으로 언급할 사항은 default 구문이 강제 사항은 아니라는 점이다. 즉, 필요하지 않으면 생략해도 무방하다.

```
string text = "C#";

// 이 switch에는 default가 없다.
switch (text)
{
    case "C#":
        Console.WriteLine(".NET 호환 언어");
        break;

    case "Java":
        Console.WriteLine("JVM 언어");
        break;
}
```

### 3.5.2 반복문

필자의 개인적인 생각이지만, 프로그램의 백미는 바로 반복문(iterations statement)의 활용에 있다. 인간과 기계를 비교해 보면 선택문의 판단은 인공지능(AI: Artificial Intelligence)[9] 분야가 있다고는 하지만 여전히 인간의 판단 능력을 앞서기에는 무리가 있다. 하지만 반복문의 경우 인간의 입장에서는 도저히 넘을 수 없는 뛰어난 효율을 컴퓨터가 보여주는데, 그 영향력은 선택문의 열세를 충분히 만회하고도 남을 정도다.

C#에서는 for, foreach, while, do/while의 4가지 반복문을 제공하지만, if 문과 switch의 관계처럼 각 반복문은 서로 다른 반복문으로 자연스럽게, 때로는 다소 억지스럽게 변환하는 것이 가능하다. 참고로 반복문은 루프(loop)라고도 한다.

9 엄밀히 AI의 선택 역시 무수한 반복문 실행을 거쳐야만 가능하다.

### 3.5.2.1 증감 연산자, 복합 대입 연산자

반복문은 보통 조건을 포함한다. 예를 들어, '변수 i의 값이 100보다 크지 않는 한, ~을 반복해서 실행한다.'에서 100보다 커야 한다는 탈출 조건을 포함한다. 이 경우 반복문은 탈출 조건을 만족하기 위해 '변수 i'의 값을 변화시키는 구문을 포함하게 되는데, 바로 이때 사용되는 것이 '증감 연산자'와 '복합 대입 연산자'다.

우선 구문이 간단한 증감 연산자(increment & decrement operator)를 먼저 알아보자.

표 3.11 증감 연산자

| 증감 연산자 | 평가 방식 | 예제 |
|---|---|---|
| ++ | 피연산자의 값을 1 증가시킨다. | int n = 50;<br>n ++; // 결괏값 51 |
| -- | 피연산자의 값을 1 감소시킨다. | int n = 50;<br>n --; // 결괏값 49 |

증감 연산자에서 특별히 알아둬야 할 것이 있다면 바로 전위(prefix)/후위(postfix) 표기법이다. 즉, ++와 -- 연산자가 피연산자의 앞에 오느냐 뒤에 오느냐에 따라 동작 방식이 바뀐다는 점이다.

```
int n = 50;
n ++;   // 증가 연산자 후위 표기법
n --;   // 감소 연산자 후위 표기법

++ n;   // 증가 연산자 전위 표기법
-- n;   // 감소 연산자 전위 표기법
```

후위 표기법은 피연산자 값이 평가된 후 값을 증가/감소시키는 것이고, 전위 표기법은 피연산자의 값을 증가/감소시킨 후에 식을 평가한다. 과연 여기에 어떤 차이점이 있는지는 다음과 같은 코드를 통해 확인할 수 있다.

```
int n = 50;
Console.WriteLine(n ++);   // n을 평가하고 난 다음 1만큼 증가

n = 50;
Console.WriteLine(++ n);   // n의 값을 1만큼 증가시키고 식을 평가
```

```
// 출력 결과
50
51
```

또 다른 예로 대입 연산자와 함께 증감 연산자가 사용되는 경우에도 같은 결과를 확인할 수 있다.

```
int n = 50;
int result;
result = n ++;   // result에 50을 대입한 후 값을 51로 증가, result의 값은 50

n = 50;
result = ++ n;   // n의 값을 51로 증가시킨 후에 result에 값을 대입, result의 값은 51

n = 50;
result = n --;   // result에 50을 대입한 후에 값을 49로 감소, result의 값은 50

n = 50;
result = -- n;   // n의 값을 49로 감소한 후에 result에 값을 대입, result의 값은 49
```

아울러 앞에서 설명했던 논리 연산자와 증감 연산자를 함께 사용할 때는 주의할 필요가 있다.

```
int n = 50;
int x = 100;

if (x > 10 || n ++ > 10)
{
   ……[생략]……
}
```

개발자는 위 코드가 실행될 때마다 n의 값이 증가하기를 바라겠지만, 실제로 프로그램을 실행해 보면 n은 언제나 50에 머문다. 왜냐하면 논리합의 좌측 피연산자에 해당하는 식이 참으로 평가되기 때문에 우측의 (n ++ 〉 10) 코드는 절대 실행되지 않는 단락 계산이 발생하기 때문이다. 따라서 자칫 이런 식의 코드를 만드는 경우 프로그램의 오동작을 일으키는 원인이 될 수 있으므로 논리 연산자의 피연산자에 해당하는 식에는 가능한 한 증감 연산자를 함께 사용하지 않고, 다음과 같이 명시적으로 분리해서 처리하는 것이 바람직하다.

```
int n = 50;
int x = 100;

if (x > 10 || n > 10)
{
    ......[생략]......
}

n ++;
```

증감 연산자는 값을 +1/−1만큼 바꾸는데, 그 이상의 값을 증가/감소시키는 데 유용한 표현으로 복합 대입 연산자(compound assignment operator)가 있다.

표 3.12 복합 대입 연산자

| 연산자 | 평가 방식 | 예제 |
|---|---|---|
| += | 우측 피연산자의 값을 좌측 피연산자 값에 더해 그 결과를 좌측 피연산자에 대입한다. | int n = 50;<br>n += 5; // 결괏값 55 |
| −= | 우측 피연산자의 값을 좌측 피연산자 값에서 빼고 그 결과를 좌측 피연산자에 대입한다. | int n = 50;<br>n −= 5; // 결괏값 45 |
| *= | 우측 피연산자의 값을 좌측 피연산자 값에 곱해 그 결과를 좌측 피연산자에 대입한다. | int n = 50;<br>n *= 5; // 결괏값 250 |
| /= | 우측 피연산자의 값으로 좌측 피연산자 값을 나눠 그 결과를 좌측 피연산자에 대입한다. | int n = 50;<br>n /= 5; // 결괏값 10 |
| %= | 우측 피연산자의 값으로 좌측 피연산자 값의 나머지 값을 구하고 그 결과를 좌측 피연산자에 대입한다. | int n = 50;<br>n %= 5; // 결괏값 0 |

대입 연산자는 단순 대입 연산자(simple assignment operator)와 복합 대입 연산자로 나뉜다. 단순 대입 연산자로는 이미 자료형을 공부할 때 배운 '=' 연산자가 있고, 그 밖의 모든 대입 연산자는 복합 대입 연산자에 속한다.

복합 대입 연산자는 사실 단순 대입 연산자를 사용한 식의 단축 표현에 불과하므로 어렵게 생각할 필요가 없다.

표 3.13 복합 및 단순 대입 연산자 변환

| 복합 대입 연산자 표현 | 단순 대입 연산자 표현 |
|---|---|
| n += 5; | n = n + 5; |
| n -= 5; | n = n - 5; |
| n *= 5; | n = n * 5; |
| n /= 5; | n = n / 5; |
| n %= 5; | n = n % 5; |

#### 3.5.2.2 for 문

for 문은 프로그래밍 언어에서 꽤 고전적인 반복문에 해당한다. for 문은 C#뿐만 아니라 대부분의 프로그래밍 언어에서 제공하며 그 문법도 대개 다음과 같은 식이다.

```
for (초기화; 조건식; 반복식)
    구문;

또는

for (초기화; 조건식; 반복식) 구문;
```

**설명**: 최초 for 구문에 진입할 때 초기화 코드가 실행되고, 이후 *조건식* → *구문* → *반복식*을 번갈아 가며 *조건식*의 평가 결과가 bool 타입으로 false가 될 때까지 실행을 반복한다.

예를 들어, for 루프를 이용해 화면에 숫자 1 ~ 9를 출력하는 코드는 다음과 같다.

```
int n;

for (n = 1; n <= 9; n++)
{
    Console.WriteLine(n);
}
```

```
// 출력 결과
1
2
3
4
```

```
5
6
7
8
9
```

for 문의 괄호 안에는 2개의 세미콜론(;)을 구분자로 해서 3개의 코드를 넣을 수 있는데, 첫 번째는 반복을 시작하기에 앞서 초기화가 필요한 코드를, 두 번째는 for 문이 반복을 유지할 수 있는 조건식을, 세 번째는 for 문으로 인해 반복되는 구문이 실행을 완료할 때마다 자동으로 실행되는 코드를 넣는다. 따라서 1 ~ 9를 출력하는 for 문은 다음과 같은 순서로 실행된다.

1. n = 1 **초기화** 코드 수행
2. n <= 9 **조건식** 평가(n의 값이 1이므로 true를 반환)
3. for 문이 포함하는 **구문** 코드 수행: 여기서는 Console.WriteLine
4. n ++ **반복식** 코드 수행
5. n <= 9 **조건식** 평가(n의 값이 2이므로 여전히 true를 반환)
6. [3번 ~ 5번] 과정을 n의 값이 9가 될 때까지 반복. n의 값이 10이 되면 for 문을 벗어난다.

특이하게도 초기화, 조건식, 반복식이 모두 선택 사항이라서 원한다면 각 부분에 해당하는 코드를 제거할 수도 있다. 예를 들어, 초기화 구문을 생략하면 어떻게 될까? 그럼 다음과 같이 초기화를 for 문 앞에서 미리 해주면 된다.

```
int n = 1;

for (; n <= 9; n++)
{
    Console.WriteLine(n);
}
```

조건식도 마저 생략한다면 if 문으로 조건식을 대체할 수 있다.

```
int n = 1;

for (; ; n++)
```

```
{
    if (n > 9) break;

    Console.WriteLine(n);
}
```

switch 문에서 본 break를 for 문에서도 사용할 수 있는데, 이 경우 for 문을 벗어나는 역할을 한다. 마지막으로 반복문 코드를 for 괄호 안에서 제거해 보자.

```
int n = 1;

for (;;)
{
    if (n > 9) break;

    Console.WriteLine(n);
    n ++;
}
```

이렇게 해서 for 문의 괄호 안에 있던 3개의 코드를 모두 제거할 수 있었지만, 세미콜론(;) 구분자는 여전히 남아 있어야 한다. 세미콜론까지 생략하면 컴파일 과정에서 구문 오류가 발생한다.

#### 3.5.2.3 중첩 루프

제어문은 기본적으로 구문 하나를 제어할 수 있지만 블록을 사용하는 경우 여러 개의 구문을 제어할 수 있다. 그리고 그 구문에는 다시 제어문이 포함될 수 있는데, 예를 들어 for 루프 안에 또 다시 for 루프가 있다면 이를 '중첩 루프(nested loop)'라 한다.

중첩 루프를 이용하면 구구단 같은 계산을 쉽게 할 수 있다.

```
for (int x = 2; x < 10; x ++)
    for (int y = 1; y < 10; y ++)
        Console.WriteLine(x + " * " + y + " = " + (x * y));

// 또는 실행할 구문이 하나인 경우에도 다음과 같이 가독성을 높이기 위해
// 일부러 블록을 사용하기도 한다.
```

```
for (int x = 2; x < 10; x ++)
{
    for (int y = 1; y < 10; y ++)
    {
        Console.WriteLine(x + " * " + y + " = " + (x * y));
    }
}
```

```
// 출력 결과
2 * 1 = 2
2 * 2 = 4
2 * 3 = 6
2 * 4 = 8
2 * 5 = 10
2 * 6 = 12
2 * 7 = 14
2 * 8 = 16
2 * 9 = 18
3 * 1 = 3
3 * 2 = 6
... [생략]......
9 * 3 = 27
9 * 4 = 36
9 * 5 = 45
9 * 6 = 54
9 * 7 = 63
9 * 8 = 72
9 * 9 = 81
```

### 3.5.2.4 foreach 문

foreach 문은 for 문과 이름이 비슷하지만 문법은 전혀 다르다.

```
foreach (표현식요소의_자료형 변수명 in 표현식)
    구문;

또는

foreach (표현식요소의_자료형 변수명 in 표현식) 구문;
```

> **설명**: ***표현식***에 올 수 있는 대표적인 자료형은 배열이다. 배열인 경우 배열의 요소 수만큼 ***구문***이 반복되며, 각 반복마다 배열 요소의 값을 ***변수명***에 넣어서 실행한다(참고로 아직 배우지는 않았지만 ***표현식***에는 나중에 배울 컬렉션이라는 자료형도 사용할 수 있다).

아직은 foreach 문으로 열람할 수 있는 자료형으로 배열만 배웠으므로 이에 대해서만 예제를 통해 사용법을 알아보자.

```
int [] arr = new int[] { 1, 2, 3, 4, 5 };

foreach (int elem in arr)
{
    Console.Write(elem + ",");
}
```

```
// 출력 결과
1,2,3,4,5,
```

이처럼 foreach 문은 in 다음에 오는 배열을 처음부터 끝까지 순회하면서 개별 요소를 int elem으로 선언된 변수에 넣어 반복문 구문 내에서 해당 변수를 사용할 수 있게 해준다. 마찬가지로 foreach 문 역시 for 문으로 그대로 변경할 수 있는데, 위의 코드를 for 문으로는 다음과 같이 바꿀 수 있다.

```
int [] arr = new int[] { 1, 2, 3, 4, 5 };

for (int i = 0; i < 5; i ++)
{
    Console.Write(arr[i] + ",");
}
```

일반적으로 foreach 문이 for 문보다 구문이 간결하기 때문에 더 자주 사용된다.

### 3.5.2.5 while 문

보통 for 문을 사용할 때 초기화, 조건식, 반복문을 지정하는데, 때로는 간편하게 조건식만 있는 반복문이 필요할 때도 있다. 물론 for 문의 괄호 안에 해당 코드를 삭제하는 것도 가능하지만, C#에서는 이런 경우에 쓸 수 있게 while 반복문을 문법적으로 제공한다.

```
while (조건식)
    구문;
또는
while (조건식) 구문;
```

**설명:** *조건식*을 평가하고 참이면 *구문*을 실행한다. 실행 순서는 *조건식* → *구문* → *조건식* → *구문*……으로 *조건식*이 거짓이 될 때까지 무한 반복된다.

while 문을 이용해 1 ~ 1,000 범위의 숫자 중에서 짝수만 더하는 코드를 다음과 같이 작성할 수 있다.

예제 3.3 1 ~ 1,000 범위의 짝수를 더하는 while 반복문

```
int sum = 0;
int n = 1;

while (n <= 1000)
{
  if (n % 2 == 0)
  {
    sum += n;
  }

  n ++;
}
Console.WriteLine(sum); // 출력 결과: 250500
```

물론 for 문을 사용하는 것도 가능하다.

```
int sum = 0;
for (int n = 1; n <= 1000; n ++)
{
  if (n % 2 == 0)
  {
    sum += n;
  }
}
```

while 문의 경우 유사하게 do/while 반복문도 제공된다.

```
do
    구문;
while (조건식);
또는
do 구문 while (조건식);
```

**설명**: 먼저 *구문*을 실행하고 *조건식*을 평가한다. 실행 순서는 *구문* → *조건식* → *구문* → *조건식*……으로 *조건식*이 거짓이 될 때까지 무한 반복된다. while 문과는 다르게 do/while 문은 반복 실행돼야 할 *구문*이 최소 한 번은 실행된다.

자세히 보면 while 문은 실행 순서가 조건식 → 구문 → ……으로 반복되지만, do/while 문은 그 반대로 구문이 먼저 실행된 후 조건식이 평가되는 것을 볼 수 있다.

그렇다고 해도 변수를 증가시키는 반복 구조에서는 초기 변숫값을 어떻게 초기화하느냐 정도의 차이만 있을 뿐, 이것도 역시 while 문으로 작성한 코드를 그대로 옮길 수 있다. 예를 들어, 이전에 살펴본 while 예제 코드를 do/while로 옮기면 다음과 같이 작성할 수 있다.

```
int sum = 0;
int n = 0;  // 초깃값이 0으로 변경됨
do
{
    if (n % 2 == 0) sum += n;
} while (++ n <= 1000);
```

이처럼 각 반복문이 다른 반복문으로 변환될 수 있다는 점 때문에 어떤 유형의 문제를 풀 때는 어떤 구문의 반복문을 반드시 써야 한다는 식의 선택 기준은 딱히 마련돼 있지 않다. 단지 가독성이 가장 높은 유형의 반복문을 선택해서 문제를 해결하는 것이 권장된다는 정도의 암묵적인 권고 사항만 있을 뿐이다.

### 3.5.3 점프문

C#에서 제공되는 점프문(jump statements)으로는 break, continue, goto, return, throw가 있지만, 이번 절에서는 break, continue, goto만 살펴보고 다른 두 예약어(return, throw)는 나중에 관련 지식을 공부하면서 다루겠다.

### 3.5.3.1 break 문

break 문은 switch와 for/foreach/while/do 반복문 내에서만 사용할 수 있다. switch에서 사용하면 해당 case 실행을 벗어나는 역할을 하고, 반복문 내에서 사용하면 break를 둘러싼 첫 번째 반복문을 탈출한다.

예를 들어, 그림 3.13은 앞에서 for 문으로 만든 구구단을 while 문을 이용해 중첩 루프로 구현한 코드로서 break 구문이 어떤 반복문을 탈출하는지 보여준다.

```
int i = 2;
while (true)
{
  int j = 1;
  while (true)
  {
    Console.WriteLine(i + " * " + j + " = " + (i * j));

    if (++j > 9)
    {
      break;
    }
  }

  if (++i > 9)
  {
    break;
  }
}
```

그림 3.13 break와 대응되는 반복문

### 3.5.3.2 continue 문

break 문이 루프를 벗어나는 반면, continue 문은 이후의 반복 구문 실행을 생략하고 곧바로 조건식 평가로 실행을 옮기면서 반복을 계속한다.

예를 들어, 예제 3.3을 continue 문을 이용해 변경하면 다음과 같이 작성할 수 있다.

```
int sum = 0;
int n = 1;

while (n ++ <= 1000)
{
    if ((n % 2) != 0)
```

```
    {
        continue;  // sum += n; 구문을 건너뛰고, while 문의 조건식 평가로 실행을 옮긴다.
    }

    sum += n;
}
```

break와 continue는 가독성을 높이기 위해 들여쓰기 블록을 줄이는 역할도 한다. 다소 억지스럽긴 하지만, 다음과 같은 경우를 가정해 보자.

```
int sum = 0;
int n = 1;
while (n ++ <= 1000)
{
    if ((n % 2) == 0)
    {
        if ((n % 3) == 0)
        {
            if ((n % 5) == 0)
            {
                sum += n;
            }
        }
    }
}
```

Note 왜 억지스러울까? if 문을 중첩시키지 않고도 간단하게 논리곱 연산자 &&를 사용해 만들 수 있기 때문이다.

```
if ((n % 2) == 0 && (n % 3) == 0 && (n % 5) == 0)
{
    ......[생략]......
}
```

0 ~ 1,000 범위의 숫자 중에서 동시에 2, 3, 5의 배수만 sum 변수에 합산하는데, if 문이 중첩돼 사용된 것을 볼 수 있다. 복잡한 프로그램을 만들다 보면 이런 식으로 블록이 중첩되는 경우가 있는데, 가독성 측면에서 볼 때 그다지 좋은 코드라고 할 수 없다. 이러한 경우 continue 문을 이용하면 다음과 같이 좀 더 구조적인 코드를 만들 수 있다.

```
int sum = 0;
int n = 1;
while (n ++ <= 1000)
{
    if ((n % 2) != 0) continue;
    if ((n % 3) != 0) continue;
    if ((n % 5) != 0) continue;

    sum += n;
}
```

이처럼 continue 문을 적절히 사용하면 눈으로 따라가서 추적해야 하는 '들여쓰기'나 '블록'의 수를 줄일 수 있으므로 코드를 읽고 이해하기가 더 쉬워진다.

### 3.5.3.3 goto 문

goto 문과 if 문만 있으면 반복문에서 배운 for/foreach/while/do를 모두 대체할 수 있다. 실제로 초기의 어셈블리(Assembly)[10] 언어로 프로그램을 만들면 오직 goto/if 문으로만 반복을 구현할 수 있었다. 특히 goto는 사실상 제어문의 원조 격이라고 할 수 있는데, 세월이 지나 다른 구조적인 구문이 나오면서 홀대를 받는 신세로 전락했다. 왜냐하면 goto만으로 프로그램을 작성하는 경우 코드의 가독성이 현저하게 떨어지기 때문이다.

goto를 사용하려면 제어 흐름이 옮겨지는 대상을 구분하기 위해 레이블 문이 있어야 한다. 레이블 문은 식별자에 콜론(:)을 붙여서 만드는데, 관례상 대문자로만 쓰는 것이 일반적이다.

그런데 도대체 goto 문을 쓰면 얼마나 가독성이 떨어지는 걸까? 이를 알아보기 위해 예제 3.3을 순수하게 goto/if 문의 조합으로 구현하면 다음과 같다.

```
    int sum = 0;
    int n = 0;

LOOP:
    n++;
    if (n > 1000)
    {
```

10 닷넷 모듈을 의미하는 어셈블리와 이름이 같지만, 여기서는 프로그래밍 언어로서의 Assembly를 의미한다.

```
        goto LOOPEXIT;
    }

    if ((n % 2) != 0) goto LOOP;

    sum += n;
    goto LOOP;

LOOPEXIT:
    Console.WriteLine(sum);
```

코드를 본 느낌이 어떤가? C#에 익숙한 필자의 눈에도 확실히 위의 코드는 구조를 파악하기가 쉽지 않다. 바로 이런 이유로 goto는 절대로 써서는 안 되는 것으로 단정 짓는 개발자들도 어렵지 않게 찾아볼 수 있다.

현재 유일하게 goto 문이 유용하다고 합의를 보는 사례는 '중첩 루프에서 탈출'하는 경우에 한해서다. 예제 상황을 일부러 만들어 보기 위해 중첩 루프를 사용하는 구구단 프로그램에서 중간의 5 * 8까지만 출력하고 끝내는 코드를 goto 문 없이 작성했다.

```
bool exitLoop = false;

for (int x = 2; x < 10; x ++)
{
    for (int y = 1; y < 10; y ++)
    {
        Console.WriteLine(x + " * " + y + " = " + (x * y));

        exitLoop = x == 5 && y == 8;
        if (exitLoop == true)
        {
            break;
        }
    }

    if (exitLoop == true)
    {
        break;
    }
}
```

전체 루프를 완전히 탈출하기 위해 별도의 조건 변수를 두고 이중으로 써야 하는 구조가 나온다. 이런 식으로 3중, 4중 루프가 있다는 것은 가히 좋은 방법이 아니라고 할 수 있다. 이럴 때 goto 문을 쓰면 오히려 더 이해하기 쉬운 구조로 바뀐다.

```
for (int x = 2; x < 10; x ++)
{
    for (int y = 1; y < 10; y ++)
    {
        Console.WriteLine(x + " * " + y + " = " + (x * y));

        if (x == 5 && y == 8) goto LOOP_EXIT;
    }
}

LOOP_EXIT: ;
```

## 정리

컴퓨터 과학에서는 '특정 문제를 푸는 데 사용하는 일련의 코드 모음'을 **알고리즘**이라는 말로 표현한다. 아직은 이런 설명이 낯설게 느껴질 수 있겠지만, 지금까지 이 장의 내용을 읽으면서 여러분은 스스로 인식하지 못하는 사이에 이미 다음과 같은 알고리즘을 작성한 것이나 다름없다.

- 구구단
- 1 ~ 1,000 범위의 짝수의 합

복잡한 알고리즘은 앞으로 배우게 될 메서드나 클래스를 이용하면 더 잘 표현할 수 있지만, 일단 지금까지 배운 데이터형과 제어문의 조합으로도 초보 개발자가 생각할 수 있는 알고리즘은 어느 정도 표현할 수 있다.

여기서 실제로 알고리즘 실습을 하나 더 해볼 텐데, '프로젝트 오일러'라는 사이트에서 제공되는 1번 문제를 함께 풀어 보자.

한글: http://euler.synap.co.kr/
영문: http://projecteuler.net/

> **1번 문제:**
> 10보다 작은 자연수 중에서 3 또는 5의 배수는 3, 5, 6, 9이고, 이것을 모두 더하면 23입니다. 1000보다 작은 자연수 중에서 3 또는 5의 배수를 모두 더하면 얼마일까요?

잠시 생각하는 시간을 갖는 것도 좋다. 1번 문제를 풀기 위한 알고리즘을 머릿속으로 또는 펜을 들고 나름의 방법으로 표현해 보자. 참고로 지금 C# 문법을 배웠다고 해서 그 '생각'을 코드 문법에 맞출 필요는 없다. 단순히 생각나는 문제 해결 흐름을 프로그래밍 언어에 구애받지 않고 기술해 나가면 된다.

일례로 다음과 같이 간단하게 기술할 수도 있다.

- 1 ~ 999까지 반복(+1씩 증가, 1,000보다 작은 자연수이므로 1,000을 포함하지 않음)
  - 3과 5의 배수가 아니면 다음 반복으로 진행
  - 그렇지 않으면 모두 더함
- 반복문이 끝났으면 더한 값을 출력

또는 수업 시간에 배웠던 순서도(Flowchart)로 표현하는 것도 가능하다.

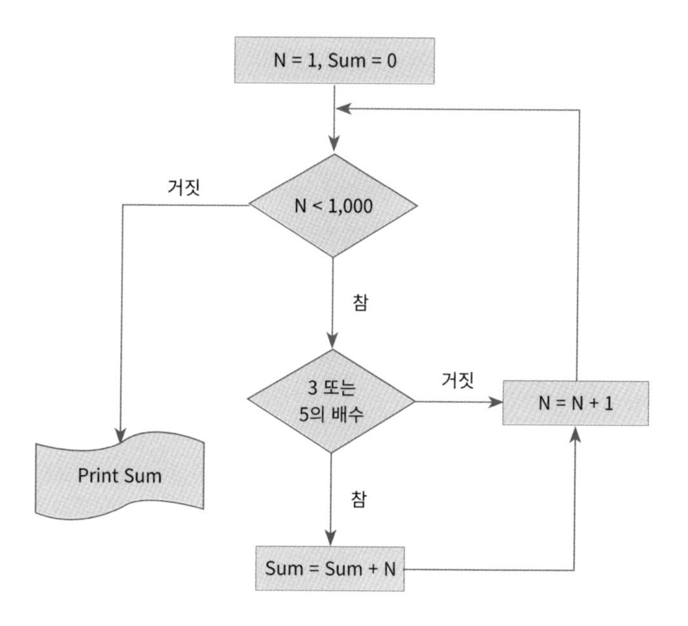


그림 3.14 순서도

심지어 어떤 독자는 이미 C# 문법에 익숙해서 말로 작성하는 것보다는 머릿속에 있는 생각을 곧바로 코드로 표현하는 경우도 있을 것이다. 중요한 것은 '문제를 해결하기 위해 생각해 낸 흐름'을 뭔가로 표현할 수 있느냐는 것인데, 일단 표현하는 데 성공했으면 이를 지금까지 배운 언어의 제어 문법을 이용해 코드로 적당히 옮기면 된다.

이렇게 해서 최종적으로 다음과 같은 소스코드를 산출할 수 있다.

```
namespace ConsoleApp1;

class Program
{
    static void Main(string[] args)
    {
        int n = 1, sum = 0;

        while (n < 1000)
        {
            if (n % 3 == 0 || n % 5 == 0)
            {
                sum += n;
            }

            n++;
        }

        Console.WriteLine(sum);
    }
}
```

3장을 통해 배운 내용만으로 이런 종류의 알고리즘 문제를 해결할 수 있는 기반이 마련된 것이다.

그럼 다시 한번 이번 장에서 배운 예약어와 연산자, 문장부호를 살펴보자.

<table>
<tr><td>예약어</td><td>▪ sbyte, byte, short, ushort, int, uint, long, ulong<br>▪ float, double, decimal<br>▪ char, string<br>▪ bool<br>▪ if, else<br>▪ switch, case, break, default<br>▪ for, foreach<br>▪ while, do<br>▪ continue, goto<br>▪ new, null</td></tr>
<tr><td>연산자</td><td>▪ 관계 연산자: 〉, 〈, 〉=, 〈=, ==, !=<br>▪ 조건(삼항) 연산자: ? :<br>▪ 논리 연산자: &&, ||, !, ^<br>▪ 산술 연산자: +, −, *, /, %<br>▪ 대입 연산자: =, +=, −=, *=, /=, %=<br>▪ 증감 연산자: ++, —</td></tr>
<tr><td>문장 부호</td><td>▪ 배열을 나타내는 대괄호: [ ]<br>▪ 블록을 나타내는 중괄호: { }<br>▪ 구문의 끝을 나타내는 ';'</td></tr>
</table>

기억나지 않는 부분이 있다면 잠시 여유를 갖고 내용을 복습한 후 다음 장으로 넘어가자. 일단 3장까지 공부했으면 기본적인 프로그래밍의 틀을 잡았다고 볼 수 있다. 마음이 급한 독자라면 벌써부터 프로그램을 만들고 싶어서 조바심을 낼 수도 있겠지만, 조금만 참고 적어도 4장까지는 계속 공부하기를 권장한다. 4장에서는 현실 세계를 코드로 표현할 수 있는 '객체지향'이라는 멋진 개념을 어떻게 C#으로 표현할 수 있는지 설명한다.

# 04

# C# 객체지향 문법

주위를 둘러보자. 현실 세계의 모든 것이 객체(object)다. 예를 들어, '책(book)'에 속하는 사물(object)을 볼 수 있는데, 《걸리버 여행기》라는 소설이 종이로 인쇄돼 책꽂이에 꽂혀 있다면 우리는 그것을 '책(book)'이라고 부른다. 그 소설이 사람들의 입을 통해 구전되기만 했다면 우리는 '책'에 속하는 '걸리버 여행기'를 볼 수 없었을 것이다.

'책'이라는 개념을 좀 더 파헤쳐 보자. 어떤 공통적인 특징을 만족해야 '책'이라고 부를 수 있을까? 당연히 책에는 '제목'이 있다. 이와 마찬가지로 'ISBN 식별자', '내용', '저자', '페이지 수'가 책에 포함될 수 있다. 더 나아가서 이러한 특징을 C#의 자료형으로 나타내는 것도 가능한데, '책'이라는 개념을 구체적으로 정리하면 표 4.1과 같다.

표 4.1 책의 특징

| | | |
|---|---|---|
| 책 | 제목 | string |
| | ISBN 식별자 | decimal |
| | 내용 | string |
| | 저자 | string |
| | 페이지 수 | int |

이처럼 특정 사물의 특징 중에는 자료형으로 표현할 수 있는 여러 가지 값이 존재하고, 객체지향에서는 이를 속성(attribute)이라고 한다. 하지만 사물의 특징에는 속성만 있는 것은 아니다. 인간이라는 범주에 속하는 영희라는 객체가 책과 상호작용할 때 대표적으로 '책을 펼치고', '책을 덮는다'는 행위(behavior)를 한다. 이러한 행위까지 포함한다면 책은 다음과 같은 특징으로 정의할 수 있다.

| | | | |
|---|---|---|---|
| 책 | 속성 | 제목 | string |
| | | ISBN 식별자 | decimal |
| | | 내용 | string |
| | | 저자 | string |
| | | 페이지 수 | int |
| | 행위 | 펼친다 | |
| | | 덮는다 | |

다시 한번 주위를 둘러보자. 책뿐만 아니라 현실 세계의 모든 것을 이런 식으로 정의할 수 있는데, 이것이 바로 '객체지향'의 핵심 개념이다. 그리고 그 개념을 프로그래밍에 적용한 것을 객체지향 프로그래밍(Object-Oriented Programming)이라 하고, 객체지향 프로그래밍이 가능한 언어를 객체지향 프로그래밍 언어(OOP Language)라고 한다. 지금 배우는 C#도 그러한 객체지향 프로그래밍 언어 중 하나다.

## 4.1 클래스

객체지향에서 사용되는 단어를 조금 더 세밀하게 정의하고 이를 C#의 문법과 연결해 보자. 앞에서 살펴본 '책'이라는 개념은 일종의 '틀(frame)'과 같고 이 틀을 기반으로 실체화된 '걸리버 여행기'를 객체 또는 인스턴스(instance)라고 한다. 예를 들면, 《허클베리 핀의 모험》, 《걸리버 여행기》 같은 책은 '책'이라는 틀의 객체/인스턴스에 해당한다.

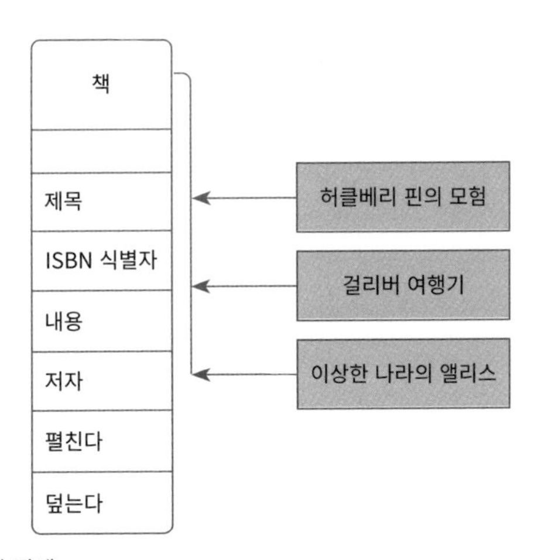


그림 4.1 틀과 그에 해당하는 객체의 관계

이렇게 '책'에 해당하는 틀을 C#에서는 타입(Type)이라고 한다.

이미 3.1절 '기본 자료형'에서 C#에서 제공하는 몇 가지 타입을 배웠다. 가령, short는 −32,768 ~ 32,767 범위의 값을 가질 수 있는 타입(틀)의 이름이다. 이를 감안해서 다시 변수를 선언하는 구문을 객체지향 관점에서 이해하면 다음과 같다.

```
short   var;
```



그림 4.2 타입과 변수명

그런데 왜 기본 타입 외에 별도로 객체지향 개념을 받아들여 새롭게 타입을 정의해야만 할까? 그것은 '기본 자료형'에 속하는 타입만으로는 현실 세계를 모델링하기에 역부족이기 때문이다. 사실, 기본 자료형의 태생 자체가 사람이 아닌 컴퓨터의 입장에서 메모리의 바이트 수에 따라 나눠진 형식에 불과하므로 표현의 한계가 있는 것은 당연한 결과다. 객체지향 프로그래밍 언어는 기본 타입 외에 개발자가 원하는 모든 객체의 타입을 새롭게 정의해서 사용할 수 있게 한다.

C#에서도 타입을 정의할 수 있는데, 이를 위해 class 예약어가 제공된다.

```
class 클래스_명
{
    // 속성 정의;
    // 행위 정의;
}
```

**설명**: ***클래스명***은 식별자이기 때문에 사용자가 임의로 정하는 것이 가능하다. 내부에는 해당 타입이 갖는 속성 및 행위를 정의한다.

일례로 행위를 제외하고 속성만을 포함한 Book 타입은 다음과 같이 정의할 수 있다.

예제 4.1 Book 타입 - 속성만을 포함

```
class Book
{
    string Title;
    decimal ISBN13;
    string Contents;
    string Author;
    int PageCount;
}
```

클래스로 정의된 타입은 string처럼 모두 '참조형'으로 분류되므로 Book 타입을 사용하려면 우선 new 연산자로 메모리 할당을 해야 한다.

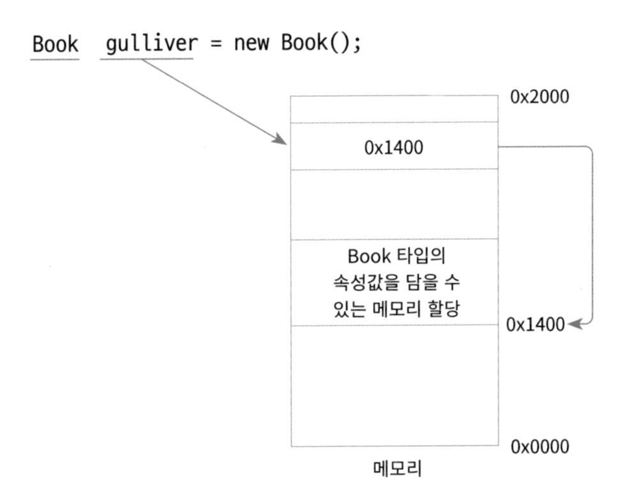


그림 4.3 클래스 인스턴스는 모두 참조형

Book 클래스 정의와 해당 타입의 객체를 생성하는 코드를 기본 예제에 통합하면 좀 더 명확하게 머릿속에 그림이 그려질 것이다.

예제 4.2 Book 타입 정의 및 사용

```
namespace ConsoleApp1;

class Program
{
    static void Main(string[] args)
    {
        Book gulliver = new Book();
    }
}

class Book
{
    string Title;
    decimal ISBN13;
    string Contents;
    string Author;
```

```
    int PageCount;
}
```

예제 4.2를 보면, class Book뿐만 아니라 이제 class Program 정의도 눈에 들어올 것이다. C# 프로그램은 이처럼 모든 것이 타입으로 정의돼 있다는 특징이 있다.

### 4.1.1 필드

예제 4.1을 다시 보면 Book 클래스의 정의로 속성만 포함하고 있는데, 이렇게 정의된 속성을 C#에서는 필드(field)라고 한다. 객체에 포함된 필드를 프로그램에서 사용할 때는 다음과 같은 구문을 따른다.

- 필드에 값을 대입

  *객체.필드명 = 필드의_타입과_일치하는_표현식;*

- 필드로부터 값을 가져옴

  *필드의_타입과_일치하는_변수 = 객체.필드명;*

**설명**: *객체*에 속한 *필드*를 식별하기 위해 점(.) 연산자를 사용한다.

예를 들어, '걸리버 여행기'라는 책의 인스턴스를 만들려면 각 필드에 다음과 같이 값을 채워 줄 수 있다.

```
Book gulliver = new Book();

gulliver.Author = "Jonathan Swift";
gulliver.ISBN13 = 9788983920775m;
gulliver.Title = "걸리버 여행기";
gulliver.Contents = "...";
gulliver.PageCount = 384;
```

값을 가져오려면 해당 필드의 타입과 동일한 타입으로 받아야 한다.

```
string author = gulliver.Author;
decimal isbn13 = gulliver.ISBN13;
string title = gulliver.Title;
string contents = gulliver.Contents;
int pageCount = gulliver.PageCount;
```

그런데 현재 위와 같이 코드를 작성해 실습해 보면 C# 컴파일러가 오류를 발생시킬 것이다. 왜냐하면 기본적으로 객체(예: class Book)의 필드는 외부(예: class Program)에서 접근할 수 없기 때문이다. 만약 접근하고 싶다면 명시적으로 public이라는 예약어를 사용해 클래스의 필드를 다음과 같이 정의해야 한다.

```
class Book
{
    public string Title;
    public decimal ISBN13;
    public string Contents;
    public string Author;
    public int PageCount;
}
```

Note 여기서 사용된 public 예약어는 나중에 한정자(modifier)를 공부하면서 좀 더 깊게 다룬다. 지금은 public이 없으면 외부에서 접근이 안 된다는 정도만 알아두자.

간단히 정리해서 필드는 객체에 속한 변수이고, 메서드 내부에서 정의된 지역 변수(local variable)와 구분하는 의미에서 멤버 변수(member variable)라고도 한다.

### 4.1.2 메서드

타입에는 속성과 행위를 정의한다. 속성은 C# 코드에서 필드로 표현되고, 행위는 메서드(method)로 표현된다. 메서드라는 말은 보통 객체지향 프로그래밍 언어에서 사용되는데, C 같은 언어에서는 함수(function)라고 불리거나 서브루틴(subroutine), 프로시저(procedure)라고도 한다.

그렇다면 함수는 뭘까? 학창 시절, 수학 시간에 배운 바로 그 함수를 떠올려 보자.

[제곱을 반환하는 함수]

f(x) = x * x

– 함수명: f

– 매개변수: x

– 반환값: x2

개념적으로 C#에서 메서드를 정의하는 방법도 이와 다르지 않다.

- **메서드가 값을 반환하는 경우**

```
반환타입 메서드명([타입명] [매개변수명], .....)
{
    // 코드: 메서드의 본문(body)
    return [반환타입에 해당하는 표현식];
}
```

- **메서드가 값을 반환하지 않는 경우**

```
void 메서드명([타입명] [매개변수명], .....)
{
    // 코드: 메서드의 본문(body)
}
```

설명: 클래스를 기반으로 하는 C# 언어에서는 클래스 밖에서 메서드를 정의할 수 없다. 메서드는 값을 반환하는 것과 그렇지 않은 유형으로 나뉜다. 값을 반환하지 않는 메서드는 특별히 **반환 타입**으로 void라는 예약어를 명시하고, **메서드의 본문**에는 return 문이 없어도 된다.

메서드는 외부에서 값을 전달받을 수 있으며, 이 값을 코드에서 식별하기 위해 **매개변수(parameter)**를 함께 명시할 수 있다. **매개변수명**은 **메서드의 본문** 내에서 일반적인 변수처럼 사용할 수 있다. 전달할 값이 없다면 생략할 수 있다. **메서드명**과 **매개변수명**은 각각 식별자에 해당하므로 사용자가 임의의 이름을 지정할 수 있다.

수학의 함수와 C# 클래스의 메서드를 비교하면 다음과 같은 차이가 있다.

- C#은 값을 반환하지 않는 함수를 정의할 수 있다.
- C#은 전달하는 값과 반환받는 값의 자료형을 명시해야 한다.

다음 예제는 수학의 제곱함수를 Mathematics 클래스 내에서 정의하고 Program 클래스의 Main 메서드 내에서 사용하는 모습을 보여준다.

예제 4.3 제곱 메서드 정의

```
namespace ConsoleApp1;

class Mathematics
{
    public int f(int x)
```

```
    {
        return x * x;
    }
}

class Program
{
    static void Main(string[] args)
    {
        Mathematics m = new Mathematics();
        int result = m.f(5);
        Console.WriteLine(result); // 출력 결과: 25
    }
}
```

보다시피 f라는 이름의 메서드 역시 클래스에 필드를 선언할 때처럼 public이라는 한정자를 명시했다. 필드를 사용할 때와 마찬가지로 public을 지정하지 않으면 기본적으로 클래스(예: Mathematics) 안에 정의되는 모든 메서드는 외부(예: class Program)에서 사용할 수 없다. 클래스에서 제공하는 메서드를 호출할 때도 필드에서처럼 점(.)을 찍고 해당 클래스에서 제공하는 메서드명을 쓰면 된다.

메서드에 전달하는 값과 반환받는 값의 관계는 다음과 같이 정리할 수 있다.

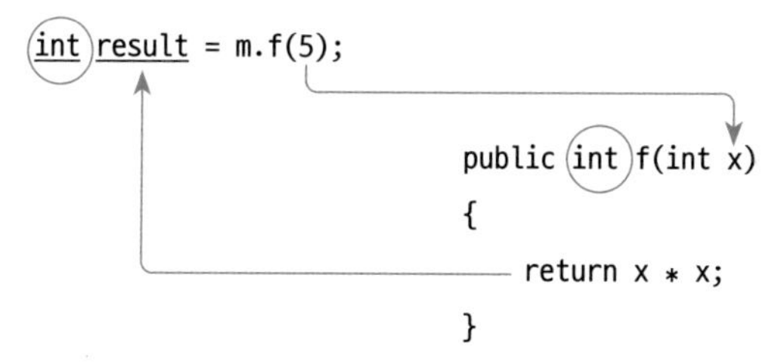


그림 4.4 메서드 인자, 매개변수와 반환값

메서드를 호출하는 측에서 전달하는 값(예: 5)은 메서드의 인자(argument)라고 한다. 메서드 내에서는 전달된 인자 값을 매개변수(예: int x)에 대응시켜 사용할 수 있다. 따라서 위의 코드에서는 5가 x로 전달돼 내부에서 5 * 5 연산을 했으므로 25라는 값을 반환한다. C# 언어에서는 메서드에서 반환되는 값의 범위를 개발자가 미리 예상할 수 있어야 하며, 그 범위를 포함할 수 있는 타입(예: int)을 지정해야 한다.

일반적으로는 인자와 매개변수의 의미를 정확히 구분지어 부르지 않을 때도 많다. 가령 인자를 매개변수라고 부르기도 하고, 매개변수를 인자라고 부르기도 한다.

메서드 사용이 눈에 익을 수 있게 몇 가지 다양한 유형으로 코드를 변경해 보자.

```
namespace ConsoleApp1;

class Mathematics
{
    public int GetAreaOfSquare(int x)
    {
        return x * x;
    }

    public int GetValue()  // 매개변수는 없고 값만 반환
    {
        return 10;
    }

    // 2개의 매개변수를 받고, 반환값이 없음
    public void Output(string prefix, int value)
    {
        Console.WriteLine(prefix + value);
    }
}

class Program
{
    static void Main(string[] args)
    {
        Mathematics m = new Mathematics();
        int result = m.GetAreaOfSquare(m.GetValue());

        m.Output("결과: ", result);
    }
}
```

```
// 출력 결과
결과: 100
```

GetValue와 Output 메서드의 정의는 낯설지 않은 반면, 그것을 호출하는 코드는 다소 낯설게 느껴질 수 있다. 여기서는 m.GetAreaOfSquare 메서드를 호출하고 인자로 m.GetValue 메서드 호출을 전달했는데, 사실 이것은 수학의 함수를 사용하는 방법을 떠올려보면 당연한 표현이다.

함수 f와 g가 다음과 같이 정의된 경우,

```
f(x) = x * x
g(x) = x - 5
```

합성 함수는 g(f(x))와 같이 표현할 수 있다. 이때 x의 값이 5이면 합성 함수의 반환값은 20이 된다.

C#에서도 타입만 일치한다면 어떤 표현식이든 메서드의 인자로 전달할 수 있다. 이제 메서드까지 배웠으니, 다시 Book 클래스의 정의로 되돌아가 최종적으로 속성과 행위를 각각 필드와 메서드로 다음과 같이 표현할 수 있다.

```
class Book
{
    public string Title;
    public decimal ISBN13;
    public string Contents;
    public string Author;
    public int PageCount;

    public void Open()
    {
        Console.WriteLine("Book is opened");
    }

    public void Close()
    {
        Console.WriteLine("Book is closed");
    }
}
```

메서드 안에서 사용되는 return 문은 값을 반환하는 목적 말고도 점프 구문의 역할도 수행한다. 예를 들어, 다음 코드는 메서드를 실행하는 중간에 return 문을 사용해 실행 순서를 제어한다.

```
public void WriteIf(bool output, string txt)
{
    if (output == false)
    {
        return;
    }

    Console.WriteLine(txt);
}
```

이야기를 마치기 전에 왜 메서드를 사용하는가를 생각해 볼 필요가 있다. 그냥 예제 2.1에서처럼 간단하게 Main 메서드 내에서 모든 코드를 넣으면 안 되는 걸까? 다음은 메서드를 사용하면 좋은 두 가지 이유다.

#### 4.1.2.1 중복 코드 제거

전통적으로 함수는 코드를 재사용하기 쉽게 만들어 주는 역할을 해왔다. 예를 들어, 짝수를 판정하는 프로그램을 다음과 같이 작성했다고 하자.

```
class Program
{
    static void Main(string[] args)
    {
        int x = 5;
        if (x % 2 == 0)
        {
            Console.WriteLine(x);
        }

        x = 10;
        if (x % 2 == 0)
        {
            Console.WriteLine(x);
        }
    }
}
```

```
// 출력 결과
10
```

동일한 코드가 중복되는 것을 볼 수 있다. 나중에 짝수가 아니라 홀수로 요구 조건이 바뀌었다고 가정해 보자. 개발자는 일일이 중복된 코드를 찾아 모두 변경해야 하는데, 그 과정에서 특정 조건을 놓치면 프로그램이 오동작할 수 있다. 즉, 중복된 코드는 향후 유지보수를 어렵게 만든다는 심각한 단점이 있다. 메서드를 사용하면 이런 문제를 개선할 수 있다.

```
class Mathematics
{
    public void PrintIfEven(int value)
    {
        if (value % 2 == 0)
        {
            Console.WriteLine(value);
        }
    }
}

class Program
{
    static void Main(string[] args)
    {
        Mathematics m = new Mathematics();

        int x = 5;
        m.PrintIfEven(x);

        x = 10;
        m.PrintIfEven(x);
    }
}
```

보다시피 관리해야 할 코드가 한곳에 모이고, 이를 재사용할 수 있기 때문에 좀 더 간결하게 프로그램을 만들 수 있다. 원칙은 간단하다. 한 번만 사용하면 되는 코드를 메서드로 분리해야 할지는 '선택의 문제'지만, 해당 코드가 두 번 이상 중복된다면 무조건 메서드로 분리해야 한다.

### 4.1.2.2 코드 추상화

메서드라고 불리기 전, 즉 함수라고 불리던 시절에는 블랙박스(black box)라는 수식어를 붙이곤 했다. 왜냐하면 함수라는 것은 '입력 인자'와 '출력 인자'의 용도를 알고 제대로 동작하기만 한다면 내부에 어떤 식으로 코드가 작성돼 있느냐와 상관없이 이용하는 데 전혀 불편함이 없기 때문이다. 예를 들어, 수학의 절댓값을 반환하는 함수와 두 개의 인자를 받아 그중 높은 값을 반환하는 함수를 만든다고 생각해 보자. 이 함수를 만든 사람은 다음과 같은 도움말을 제공하고 다른 개발자가 사용하도록 만들 수 있다.

| 함수 이름 | 입력 인자 타입 | 출력 인자 타입 | 설명 |
|---|---|---|---|
| abs | int | int | 입력된 값의 절댓값을 반환한다. |
| max | int | int | 2개의 입력 인자 중 큰 값을 반환한다. |
| | int | | |

위와 같은 정보만으로도 우리는 abs와 max 함수를 올바르게 사용할 수 있다.

```
int absoluteValue = abs(-5);  // 반환값은 5
int maxValue = max(absoluteValue, 10);  // 반환값은 10
```

abs와 max 함수의 내부 구조가 어떤 식으로 구현돼 있는지에 대해 외부 개발자에게 굳이 설명할 필요도 없다. 이런 식으로 메서드는 특정 목적을 수행하는 일련의 코드를 모아서 입력 인자와 출력 인자를 정의해 추상화할 수 있다. 이와 마찬가지로 그동안 사용했던 Console.WriteLine 메서드도 그것의 내부 구현이 어떻게 돼 있는지 모르지만, 해당 메서드에 값을 전달하면 화면에 출력된다는 사실은 알고 있다. 이것이 바로 추상화의 힘이다.

정리해 보면 메서드 역시 간단하게 객체에 속한 함수라고 생각하면 되고, 이 때문에 멤버 메서드(member method)라고도 불린다. 결국 필드와 메서드는 모두 해당 타입의 멤버에 속한다. 클래스의 핵심인 필드와 메서드를 배웠으니, 이제 class를 새롭게 다음과 같은 시각으로 바라볼 수 있다.

타입(class) = 속성(field) + 행위(method)

클래스는 데이터를 속성으로, 코드를 메서드로 추상화한 개념으로 객체지향 프로그래밍 언어에서 현실 세계와 프로그램 세계를 잇는 다리 역할을 한다.

### 4.1.3 생성자

C# 클래스에는 특별한 용도의 메서드가 있다. 이 절에서는 그중 하나인 생성자(constructor)를 알아볼 텐데, 클래스에 생성자 메서드를 추가하면 객체가 '생성'되는 시점에 해당 메서드가 자동으로 호출된다. 이런 점에서 생성자는 다른 여타 메서드와 구별된다는 특징이 있다.

```
class 클래스_명
{
    접근_제한자 클래스_명(타입 매개변수명, .....)
    {
    }
}
```

**설명**: 생성자는 이름이 **클래스명**과 동일하며 **반환타입**을 명시하지 않는다는 점을 제외하면 일반 메서드를 정의하는 방법을 따른다(참고로 constructor를 줄여서 ctor라고 부르기도 한다).

생성자의 동작 방식을 테스트하기 위해 간단한 예제를 살펴보자.

```
class Program
{
    static void Main(string[] args)
    {
        Console.WriteLine("person 객체 생성되기 전.");
        Person person = new Person();
        Console.WriteLine("person 객체 생성된 후.");
    }
}

class Person
{
    string name;

    public Person()
    {
        name = "홍길동";
        Console.WriteLine("생성자 호출");
    }
}
```

```
// 출력 결과
person 객체 생성되기 전.
생성자 호출
person 객체 생성된 후.
```

반환 타입이 없고 클래스 이름과 동일한 public Person 메서드를 정의해 두면 코드에서 new Person을 실행하는 시점에 해당 메서드의 코드가 실행된다. 따라서 생성자에는 말 그대로 객체를 생성하는 시점에 실행돼야 할 코드를 담을 수 있다.

사실 모든 클래스는 생성자를 가지고 있다. 생성자를 명시적으로 정의하지 않았다면 C# 컴파일러는 일부러 다음과 같은 빈 생성자를 클래스에 집어넣고 컴파일한다.

```
public Person()
{
}
```

따라서 new를 실행하면 언제나 해당 객체의 생성자가 함께 실행된다. 아울러 생성자 역시 다른 일반 메서드처럼 매개변수를 가질 수도 있다. 일반적으로 매개변수를 갖는 생성자를 통해 외부로부터 객체를 초기화하는 값을 입력받는다.

예제 4.4 매개변수를 갖는 생성자

```
class Person
{
    string _name;

    public Person(string name)
    {
        _name = name;
    }

    public void WriteName()
    {
        Console.WriteLine("Name: " + _name);
    }
}
```

```
class Program
{
    static void Main(string[] args)
    {
        Person person = new Person("영희");
        person.WriteName();
    }
}
```

```
// 출력 결과
Name: 영희
```

위의 클래스에서는 new를 통해 객체가 생성될 때 '영희'라는 값을 생성자의 인자로 전달받는다. 이어서 생성자는 전달받은 값을 멤버 변수인 _name에 보관해 두고 이후에 클래스의 다른 멤버 메서드에서 사용한다.

참고로 매개변수가 하나도 없는 생성자를 기본 생성자[1](Default constructor)라고 해서 매개변수를 받는 다른 생성자와 구분하기도 한다. 그런데 한 가지 주의할 점은 개발자가 명시적으로 생성자를 정의한 경우 컴파일러는 기본 생성자를 추가하지 않는다는 것이다. 따라서 예제 4.4의 경우 다음과 같이 객체를 생성하면 컴파일 시점에 오류가 발생한다.

```
Person person = new Person(); // 기본 생성자가 정의돼 있지 않아서 에러 발생
```

생성자를 여러 개 정의하는 것도 가능하다. 예를 들어, Book 클래스에 다음과 같은 생성자를 제공할 수 있다.

예제 4.5 생성자를 여러 개 사용

```
class Book
{
    public string Title;
    public decimal ISBN13;
    public string Author;

    public Book(string title)
```

1 한글로 번역하면 동일한 이름이지만, C# 12에 기본 생성자(Primary constructor) 문법이 있다.

```
    {
        Title = title;
    }

    public Book(string title, decimal isbn13)
    {
        Title = title;
        ISBN13 = isbn13;
    }

    public Book(string title, decimal isbn13, string author)
    {
        Title = title;
        ISBN13 = isbn13;
        Author = author;
    }

    // ...... 생략 ......
}
```

따라서 개발자는 각 생성자를 상황에 따라 골라 쓸 수 있다.

```
Book gulliver = new Book("걸리버 여행기");
Book huckleberry = new Book("허클베리 핀의 모험", 9788952753403m);
Book alice = new Book("이상한 나라의 앨리스", 9788992632126, "Lewis Carroll");
```

### 4.1.4 종료자

클래스에 생성자가 있다면 해당 객체가 제거되는 시점에 실행될 종료자(finalizer)도 있을 거라고 예측할 수 있다.

```
class 클래스_명
{
    ~클래스_명( )
    {
        // ......[자원 해제를 위한 코드]......
```

```
    }
}
```

**설명**: 종료자는 이름이 ~(틸드: tilde)를 접두사로 쓰는 **클래스명**과 동일하며 어떤 인자나 반환값도 갖지 않는다. 종료자가 실행되는 시점은 예측할 수 없다(참고로 finalizer를 줄여서 dtor라고 쓰기도 한다).

Book 클래스의 종료자를 정의하면 다음과 같다.

```
class Book
{
    public Book()  // 생성자
    {
    }

    ~Book()        // 종료자
    {
        // ......[자원을 해제한다]......
    }

    // ...... 생략 ......
}
```

생성자의 경우 사용자가 명시적으로 new를 통해 객체를 할당하는 시점에 자동으로 호출된다고 했는데, 그렇다면 종료자는 언제 호출되는 걸까? C#에는 delete 같은 예약어가 없으므로 사용자가 객체를 의도적으로 제거하는 기능이 없다. 상식적으로 생각해 봐도 데이터를 메모리에 할당만 하고 제거하지 않으면 언젠가는 주소 공간이 바닥나므로 프로그램이 제대로 동작하지 않게 된다.

CLR에서는 이런 문제를 내부적으로 가비지 수집기(Garbage Collector, 이하 GC라고 줄여서 표현)라는 개념을 도입해서 해결하고 있다. C# 프로그램에서 모든 참조형 변수를 생성할 때는 GC가 관여하게 되고, GC는 요청된 변수의 타입이 요구하는 메모리를 '관리 힙'이라는 곳에 할당한다. 또한 프로그램이 실행되는 중에 GC는 스스로 적절하다고 판단되는 시점이 오면 관리 힙을 청소하는 작업을 하는데, 이때 어떤 객체가 더는 사용되고 있지 않다면 객체의 데이터를 해제해 버린다. 따라서 C#의 참조형 변수가 가리키는 객체는 GC가 호출돼야 종료자가 호출된다. 한 가지 확실한 사실은 GC가 불확실한 시점에 메모리 정리를 한다는 것이다.

종료자를 사용할 때는 정의하기에 앞서 신중하게 고민하고 판단해야 한다. 왜냐하면 GC 입장에서는 일반 참조 객체와는 달리 종료자가 정의된 클래스의 객체를 관리하려면 더 복잡한 과정을 거쳐야 하므로 성능 면에서 부하를 줄 수 있기 때문이다.

이 경우 기준은 하나다. 닷넷이 관리하지 않는 시스템 자원을 얻은 경우에만 종료자를 정의하라. 이런 경우는 아직 한번도 없었으므로 아직까지는 종료자를 정의해야 할 이유가 아무것도 없다. 나중에 네이티브(Native) 프로그램과의 협업을 다룰 때 이 부분에 대해 다시 이야기할 것이다. 그때까지는 종료자가 단지 메서드의 특별한 유형이라는 점만 기억해 두고 넘어가자.

### 4.1.5 정적 멤버, 인스턴스 멤버

어떤 타입을 실체화한 객체를 인스턴스라고 한다. 인스턴스를 달리 표현하면 new 연산자를 거쳐서 메모리에 할당된 객체라고 할 수 있다. 바로 그 객체와 관련된 멤버를 인스턴스 멤버(instance member)라고 하며, 지금까지 설명한 필드, 메서드, 생성자는 모두 여기에 속한다.

> Note 지금까지 배운 필드, 메서드, 생성자가 인스턴스 멤버라는 것을 강조하기 위해 때로는 인스턴스 필드, 인스턴스 메서드, 인스턴스 생성자라고도 표기한다.

```
class Person
{
    public string _name;  // 인스턴스 필드

    public Person(string name)  // 인스턴스 생성자
    {
        _name = name;
    }

    public void OutputYourName()  // 인스턴스 메서드
    {
        Console.WriteLine(_name);
    }
}

class Program
{
    static void Main(string[] args)
```

```
    {
        Person person = new Person("홍길동"); // new를 통해 인스턴스 생성자에 접근
        person.OutputYourName(); // new로 생성된 객체의 인스턴스 메서드를 호출
        Console.WriteLine(person._name); // new로 생성된 객체의 인스턴스 필드에 접근
    }
}
```

하지만 때로는 인스턴스와 관계없는 행동을 정의해야 할 때가 있다. 즉, 개별 인스턴스 수준이 아닌 해당 인스턴스의 타입 전체에 걸쳐 전역적으로 적용되는 필드, 메서드, 생성자가 필요할 수 있는데, 이러한 멤버를 인스턴스 멤버와 구분해 정적 멤버(static member)라고 한다.

#### 4.1.5.1 정적 필드

예를 들어, 클래스의 객체가 생성될 때마다 횟수를 증가시키는 필드를 정의한다고 해보자. 인스턴스 멤버로 이런 기능을 구현할 수 있을까?

예제 4.6 인스턴스 필드의 한계

```
class Person
{
    public int CountOfInstance;
    public string _name;

    public Person(string name)
    {
        CountOfInstance ++; // 생성자에서 필드 값 증가
        _name = name;
    }
}

class Program
{
    static void Main(string[] args)
    {
        Person person1 = new Person("홍길동");
        Console.WriteLine(person1.CountOfInstance); // 출력 결과: 1

        Person person2 = new Person("홍길순");
```

```
        Console.WriteLine(person2.CountOfInstance); // 출력 결과: 1
    }
}
```

우리가 원하는 결과는 해당 클래스에 속한 인스턴스가 생성된 총 횟수를 나타내는 것으로, 위에서는 마지막 값이 2가 되기를 기대했을 것이다. 하지만 인스턴스 필드는 new로 할당받은 객체마다 고유하게 메모리를 확보하기 때문에 클래스 전역적으로 값이 유지되지 않는다. 이 같은 요구사항을 만족하려면 클래스 단위의 필드를 정의해야 하고, 그것이 바로 정적 필드(static field)가 된다.

이제 정적 필드를 이용해 예제 4.6의 한계를 극복해 보자.

```
class Person
{
    static public int CountOfInstance; // static 예약어로 정적 필드로 만듦
    public string _name;              // 인스턴스 필드

    public Person(string name)
    {
        CountOfInstance ++;
        _name = name;
    }
}

class Program
{
    static void Main(string[] args)
    {
        Console.WriteLine(Person.CountOfInstance); // 출력 결과: 0

        Person person1 = new Person("홍길동");
        Person person2 = new Person("홍길순");

        Console.WriteLine(Person.CountOfInstance); // 출력 결과: 2
    }
}
```

두 가지 변경 사항이 눈에 띈다. 우선 1) 필드 정의에 static 예약어가 붙었으며 2) 클래스 밖에서 이 필드를 사용할 때 [클래스이름].[정적필드] 형태로 접근했다. 실행 결과에서 보다시피 정적 필드의 값은 new로 할당된 인스턴스와 상관없이 존재한다. 이해를 돕기 위해 정적/인스턴스 필드를 각각 그림으로 표현하면 다음과 같다.

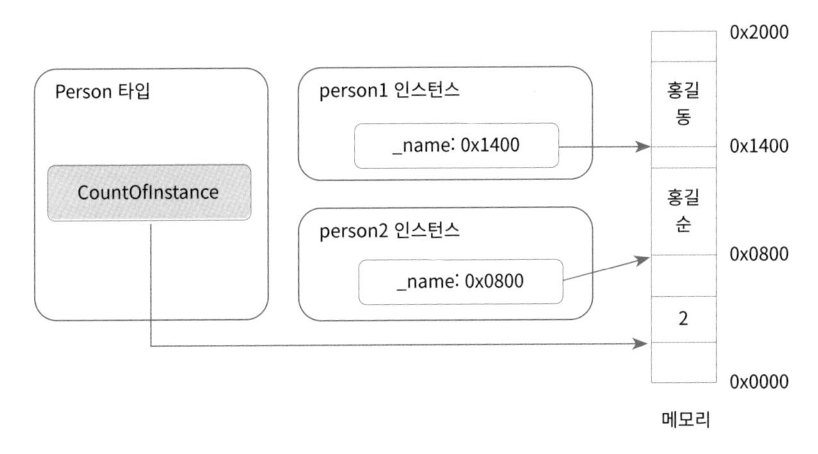


그림 4.5 정적 필드와 인스턴스 필드의 메모리 표현

이번에는 좀 더 현실적인 예를 들어 보자. 정적 필드를 사용하는 전형적인 패턴 가운데 대표적으로 한 가지를 꼽으라면 특정 클래스의 인스턴스를 의도적으로 단 한 개만 만들고 싶은 경우다. 이 경우 클래스 밖에서 해당 클래스의 인스턴스를 만들지 못하게끔 생성자를 private 접근 제한자로 명시하고 단 하나의 인스턴스만 클래스 내부에서 미리 생성해 두는 것으로 원하는 바를 이룰 수 있다.

예제 4.7 클래스의 인스턴스를 단 하나만 만드는 예제

```
class Person
{
    static public Person President = new Person("대통령"); // public 정적 필드
    string _name;

    private Person(string name) // private 인스턴스 생성자
    {
        _name = name;
    }

    public void DisplayName()  // public 인스턴스 메서드
    {
```

```
        Console.WriteLine(_name);
    }
}
```

클래스를 이렇게 정의해 두면 외부에서는 new Person(……) 구문을 사용할 수 없다. 하지만 내부에서는 이미 정적 필드에 인스턴스를 생성해 뒀기 때문에 이후 Person.President와 같은 방법으로만 해당 객체를 사용할 수 있다.

```
Person.President.DisplayName(); // 정적 필드로 단일 인스턴스 접근

Person person1 = new Person("홍길동"); // 생성자가 private이므로 오류 발생
```

이렇게 인스턴스가 단 하나만 존재하는 타입을 특별하게 싱글턴(singleton) 클래스라고 하며, 이따금 단일 시스템 자원을 책임지는 타입이 필요할 때 싱글턴 클래스를 만들어 다른 클래스에 기능을 노출하는 용도로 사용한다.

#### 4.1.5.2 정적 메서드

정적 메서드(static method)는 일반 메서드에 static 예약어를 붙여서 정의한다. 정적 메서드 역시 new로 객체를 생성하는 것과 무관하게 사용할 수 있으므로 **[클래스이름].[정적메서드]** 형태로 호출할 수 있다.

```
class Person
{
    static private int CountOfInstance; // private 정적 필드
    public string _name;

    public Person(string name)
    {
        CountOfInstance ++;
        _name = name;
    }

    static public void OutputCount() // public 정적 메서드
    {
        Console.WriteLine(CountOfInstance); // 정적 메서드에서 정적 필드에 접근
```

```
    }
}

class Program
{
    static void Main(string[] args)
    {
        Person.OutputCount(); // 클래스 이름으로 정적 메서드 호출

        Person person1 = new Person("홍길동");
        Person person2 = new Person("홍길순");

        Person.OutputCount(); // 출력 결과: 2
    }
}
```

참고로 정적 메서드 안에서는 인스턴스 멤버에 접근할 수 없다는 특징이 있다. 이는 정적 메서드가 new로 할당된 객체가 없는 상태에서도 호출되는 메서드라는 점을 생각하면 쉽게 이해할 수 있다.

지금까지 살펴본 기본 예제 코드에서도 이미 정적 메서드를 사용해 왔다.

```
namespace ConsoleApp1;

class Program
{
    static void Main(string[] args) // Main 정적 메서드 정의
    {
      // 문자열 출력 메서드
      Console.WriteLine("Hello World"); // Console 타입에 정의된 정적 메서드 사용
    }
}
```

이제 위의 코드가 눈에 들어올 것이다. 그동안 빈번하게 사용해온 Console.WriteLine은 다름 아닌 Console 클래스에 정의된 WriteLine 정적 메서드를 가리킨다. 그리고 Main 메서드도 정적 메서드에 속하지만 C#에서 다소 특별한 대우를 받기 때문에 좀 더 부가적인 설명이 필요하다.

### Main 메서드

프로그램은 CPU에 의해 순차적으로 실행된다는 특징을 지닌다. C#으로 만든 프로그램도 역시 순서대로 명령어가 실행되는데, 그렇다면 가장 처음 실행되는 명령어가 뭘까? 다른 말로 진입점(entry point)이라고도 하는데, C#은 다음과 같은 약속을 따르는 메서드를 최초로 실행될 메서드라고 규정한다.

1. 메서드 이름은 반드시 Main이고,
2. 정적 메서드여야 하고,
3. Main 메서드가 정의된 클래스의 이름은 제한이 없다. 하지만 2개 이상의 클래스에서 Main 메서드를 정의하고 있다면 C# 컴파일러에게 클래스를 지정해야 한다.
4. Main 메서드의 반환값은 void 또는 int만 허용된다.
5. Main 메서드의 매개변수는 없거나 string 배열만 허용된다.

이 규칙[2]을 만족하는 메서드를 정의하면 C# 컴파일러는 자동으로 그 메서드를 시작점으로 선택해 EXE 파일을 생성한다.

특이하게도 Main 메서드 역시 여느 메서드와 다름없이 반환값과 인자값을 지정할 수 있는데, 과연 이것들은 어떤 의미가 있는 걸까? 우선 반환값은 대개 EXE 프로그램의 실행 결과에 대한 오류 여부를 판단하는 데 사용된다. 예를 들어, 기본 예제 코드를 단순하게 0을 반환하는 프로그램으로 만들고,

```
class Program
{
    static int Main(string[] args)
    {
        return 0;
    }
}
```

명령행에서 해당 프로그램을 실행하면 %ERRORLEVEL%이라는 특수한 변숫값을 통해 반환값을 알아낼 수 있다.

2 C# 7.1부터 Main 메서드를 async로 확장할 수 있다(13.1절 참고).

**[윈도우 환경]**

```
C:\temp> ConsoleApp1.exe

C:\temp> echo %ERRORLEVEL%
0
```

**[리눅스 환경]**

```
$ dotnet ./ConsoleApp1.dll

$ echo $?
0
```

Main 메서드에서 0 이외의 다른 값을 반환하면 %ERRORLEVEL% 값 역시 그에 따라 바뀐다. 일반적으로 프로그램이 정상적으로 실행돼 종료하면 0을 반환하고, 오류가 발생한 경우에는 오류의 종류에 따라 숫자값을 정해서 반환한다.

그럼 Main 메서드의 인자로 허용되는 string 배열은 어떻게 사용될 수 있을까? 명령행에서 EXE 프로그램을 실행할 때 함께 입력되는 문자열을 공백으로 구분해 차례대로 배열에 담아 활용하는 것이 가능하다.

```
class Program
{
    static void Main(string[] args)
    {
        if (args.Length < 2)
        {
            return;
        }

        Console.WriteLine(args[0]);
        Console.WriteLine(args[1]);
    }
}
```

이 프로그램을 명령행에서 실행할 때 인자를 지정해서 실행하면 배열의 요소에 차례대로 값이 담겨 있음을 확인할 수 있다.

```
C:\temp> ConsoleApp1 Hello World
Hello
World
```

### 4.1.5.3 정적 생성자

정적 생성자(static constructor)는 기본 생성자에 static 예약어를 붙인 경우로 클래스에 단 한 개만 존재할 수 있고, 주로 정적 멤버를 초기화하는 기능을 하기 때문에 형식 이니셜라이저(type initializer)라고도 한다.

```
class 클래스_명
{
    static 클래스_명( )
    {
        // 단 한 번, 가장 최초로 실행될 초기화 코드
    }
}
```

**설명**: 정적 생성자는 단 한 개만 정의할 수 있고 매개변수를 포함할 수 없다. 참고로 정적 생성자에서 실행되는 코드는 오류를 발생시키지 않도록 주의해야 한다. 왜냐하면 정적 생성자의 실행이 실패하는 경우 해당 클래스 자체를 전혀 사용할 수 없게 되고, 오류의 원인을 찾는 것 또한 쉽지 않기 때문이다(static constructor를 줄여서 cctor라고 부르기도 한다).

사실 이미 정적 필드를 초기화했던 예제 4.7을 작성하면서 내부적으로는 정적 생성자를 사용했던 것이나 다름없다. C# 컴파일러는 정적 필드를 초기화하는 코드를 자동으로 정적 생성자로 옮겨서 컴파일하기 때문에 예제 4.7과 다음의 코드는 엄밀하게 같은 코드가 된다.

```
class Person
{
    static public Person President; // = new Person("대통령") 초기화 코드를
                                    // 정적 생성자로 이전해서 컴파일
    public string _name;
```

```
    private Person(string name)
    {
        _name = name;
    }

    static Person() // 정적 생성자
    {
        President = new Person("대통령"); // 정적 필드 초기화
    }
}
```

정적 필드에 초기화 코드도 포함돼 있고 동시에 정적 생성자도 정의해 뒀다면 C# 컴파일러는 사용자가 정의한 정적 생성자의 코드와 초기화 코드를 자동으로 병합해서 정의한다. 이 규칙은 인스턴스 필드와 기본 생성자 간에도 동일하게 적용된다.

정적 생성자는 클래스의 어떤 멤버든 최초로 접근하는 시점에 단 한 번만 실행된다는 점을 기억해 두자. 정적 멤버를 처음 호출할 경우이거나 인스턴스 생성자를 통해 객체가 만들어지는 시점이 되면 그 어떤 코드보다도 우선적으로 실행된다.

```
class Person
{
    public string _name;

    public Person(string name)
    {
        _name = name;
        Console.WriteLine("ctor 실행");
    }

    static Person()
    {
        Console.WriteLine("cctor 실행");
    }
}

class Program
{
```

```
    static void Main(string [] args)
    {
        Person person1 = new Person("");
        Console.WriteLine("--------");
        Person person2 = new Person("");
    }
}
```

```
// 출력 결과
cctor 실행
ctor 실행
--------
ctor 실행
```

### 4.1.6 네임스페이스

네임스페이스(namespace)는 말 그대로 '이름 공간'이라고 번역되는데, 태생 자체는 이름이 중복되어 정의된 것을 구분하려는 의도에서 나온 것이지만, 더 일반적으로는 수많은 클래스를 분류하는 방법으로 사용되고 있다.

인간의 언어를 보면 몇몇 단어의 경우 이름은 같지만 의미가 다른 것을 종종 볼 수 있다. 예를 들어, 먹는 배(Pear)와 타는 배(Ship)는 서로 다른 것을 지칭한다. 다행히 사람의 뇌는 서로 오가는 대화의 문맥을 통해 같은 '배'라고 해도 어떤 것을 지칭하는지 판단할 수 있지만, 컴파일러는 그런 상황에서 적절한 의미 선택을 할 수 없으므로 이름 충돌(naming conflict)이라는 오류를 발생시킨다.

바로 이런 문제를 해결하기 위해 개발자가 '문맥'에 해당하는 힌트를 컴파일러에게 줘야 하는데, 이것이 코드의 이름 공간(namespace)이 된다. 예를 들어, 개발자가 Earth라는 클래스를 만들어 우리 은하에 속한 '지구'를 표현하고 있는데, 천문학자들이 안드로메다에서 새롭게 지구 환경과 유사한 행성을 발견하고는 거기에도 '지구'라는 이름을 붙였다고 해 보자. 이번에도 클래스의 이름으로는 Earth가 적절하지만 프로그램에서는 두 가지 이름을 중복해서 사용할 수 없다. 다음은 이런 상황을 namespace를 이용해 해결하는 예제 코드다.

```
namespace MilkyWay
{
    class Earth
    {
```

```
    }
}

namespace Andromeda
{
    class Earth
    {
    }
}
```

namespace로 구분된 블록 내에서는 동일한 이름 공간이 적용된다. 따라서 MilkyWay 네임스페이스 블록 안에서는 Earth만 단독 사용하는 경우 그것이 MilkyWay가 생략된 것이라고 여긴다. 반면, 네임스페이스가 다른 곳에서 클래스를 생성해야 한다면 해당 클래스가 속한 네임스페이스까지 모두 명시해야 한다. 즉, '[네임스페이스].[클래스]'와 같은 형식으로 간단하게 지정할 수 있다. 물론 namespace 이름까지도 같다면 다시 이름 충돌이 발생한다. 그래서 일부 언어에서는 namespace로 사용되는 이름을 해당 업체가 소유한 웹 사이트의 도메인 이름(예: **www.sysnet.pe.kr**)으로 사용할 것을 권장해서 충돌 확률을 더욱 낮추기도 한다. 그리고 namespace는 그 안에 또 다른 namespace를 중첩하는 것도 가능하기 때문에 이름 충돌로 인한 문제는 설령 발생하더라도 대부분 손쉽게 해결할 수 있다.

그런데 현실적으로 보면 네임스페이스가 이름 충돌 때문에 사용되는 경우는 많지 않다. 대신 클래스의 소속을 구분하는 데 사용되는 것이 더 일반적이다. 예를 들어, 통신과 관련된 클래스와 파일 조작을 위한 클래스를 만들어야 할 때 다음과 같은 식으로 네임스페이스를 구분할 수 있다.

```
namespace Communication
{
    class Http
    {
    }

    class Ftp
    {
    }
}

namespace Disk.FileSystem
{
```

```
        class Partition
        {
        }
    }
```

이렇게 네임스페이스를 적용해 두면 해당 클래스가 어디에 있는지 좀 더 직관적으로 찾을 수 있다. 하지만 여기에 작은 문제가 하나 있다. 위의 클래스를 네임스페이스가 다른 우리의 예제 코드에서 사용하려면 다음과 같은 식으로 다소 긴 코드를 작성해야 한다는 것이다.

```
class Program
{
    static void Main(string[] args)
    {
        Communication.Http http = new Communication.Http();
        Disk.FileSystem.Partition p = new Disk.FileSystem.Partition();
    }
}
```

매번 이렇게 객체를 생성할 때마다 네임스페이스를 함께 지정해야 하는 것은 여간 번거로운 일이 아닐 수 없다. 이 때문에 C#은 using[3]이라는 예약어를 추가했고, 다음과 같이 네임스페이스를 미리 선언해 두면 객체를 생성할 때 이를 생략해도 C# 컴파일러가 알아서 객체가 속한 네임스페이스를 찾아내 오류 없이 컴파일한다.

```
using Communication;
using Disk.FileSystem;

namespace Communication
{
    class Http
    {
    }

    class Ftp
    {
```

3 using의 또 다른 용도로 별칭을 정의할 수 있다는 점이 있는데, 이에 대해서는 C# 12에 새롭게 추가된 20.3절 '모든 형식의 별칭'에서 함께 다룬다.

```
    }
}

namespace Disk.FileSystem
{
    class Partition
    {
    }
}

class Program
{
    static void Main(string[] args)
    {
        Http http = new Http();
        Partition p = new Partition();
    }
}
```

> **Note**
> using 문은 반드시 파일의 첫 부분에 있어야 한다. 어떤 코드도 using 문 앞에 와서는 안 된다.

다시 기본 예제 코드로 돌아가 보자.

```
namespace ConsoleApp1;

class Program
{
    static void Main(string[] args)
    {
        Console.WriteLine("Hello, World!");
    }
}
```

위 코드는 다음 예제 코드와 완전히 동일하다.

```
namespace ConsoleApp1
{
    class Program
    {
        static void Main(string[] args)
        {
            Console.WriteLine("Hello, World!");
        }
    }
}
```

소스코드 파일에 단 하나의 namespace만 정의한다면 첫 번째 예제 코드처럼 namespace를 블록 없이 정의하는 것이 가능하다.

> Note namespace를 한 줄에 정의하는 문법은 C# 10부터 지원한다. 즉, C# 9 이하의 컴파일러에서 빌드하기 위해서는 두 번째 예제 코드처럼 작성해야 한다. 나중에 18.3.2절의 '파일 범위 네임스페이스(File Scoped Namespaces)'에서 좀 더 자세하게 다룰 것이다.

즉, 우리가 정한 Program 클래스는 ConsoleApp1 네임스페이스에 속한 것임을 이젠 이해할 수 있다.

여기서 한 가지 더 알아야 할 점은, 그동안 일상적으로 사용해 온 Console 타입이 정의된 네임스페이스가 System이라는 점이다. 따라서 원래 예제 코드는 다음과 같이 작성돼야 한다.

```
namespace ConsoleApp1;

class Program
{
    static void Main(string[] args)
    {
        System.Console.WriteLine("Hello, World!");
    }
}
```

그런데 굳이 System을 붙이지도 않고, 또한 소스코드의 상단에 using System; 코드를 추가할 필요도 없었던 이유는 .NET 7을 지원하는 프로젝트부터 C# 10 이상의 컴파일러가 기본적으로 System 네임스페이스를 추가해 주기 때문이다.

> Note 컴파일러가 자동으로 추가해 주는 namespace는 System 이외에도 프로젝트 유형에 따라 다양하다. 이것 역시 나중에 18.3.1절의 '전역 using 지시문(Global Using Directive)'에서 좀 더 자세하게 다룰 것이다

결국 이렇게 네임스페이스를 배움으로써 비로소 우리는 기본 예제 코드를 완벽하게 이해할 수 있는 단계에 온 것이다.

현업에서 개발하다 보면 종종 FQDN(Fully Qualified Domain Name)이라는 단어를 듣게 된다. 이는 업계마다 여러 가지 다른 의미로 사용되는데, C# 프로그래밍에서는 일반적으로 네임스페이스가 생략된 클래스명과 구분해서 클래스명에 네임스페이스까지 함께 지정하는 경우 특별히 FQDN이라고 한다는 점을 기억하자. 예를 들어 Console 클래스의 FQDN은 System.Console이다.

## 4.2 캡슐화

처음에 Book 클래스를 만들 때 우리는 지극히 상식적인 수준에서 필드와 메서드를 추가했다. 즉, Book이라는 이름의 클래스에 엉뚱하게 절댓값을 구하는 수학 함수를 넣어둘 개발자는 거의 없을 것이다. 이처럼 관련성 있는 데이터와 그 데이터를 다루는 메서드를 객체 안에 구현하는 것이 일반적인 통념이고, 더 나아가서는 객체의 밖에서 알 필요가 없는 내부 멤버를 숨기기도 하는데, 이를 두고 캡슐화(encapsulation)라는 용어를 사용한다.

사실 객체가 없던 시절에는 데이터와 코드가 한 군데에 묶일 구심점이 없었다. C# 언어가 여러분의 첫 프로그래밍 언어라면 이 상황이 다소 이해가 되지 않을 테니 예를 하나 들어보면 다음과 같이 class를 단 하나도 정의하지 않은 채로 프로그래밍할 수 있었다고 생각하면 된다.

```
double pi = 3.14;

double GetAreaOfCircle(double radius)  // 원의 넓이를 반환하는 함수
{
    return radius * radius * pi;
}

void Print(double value)
{
    Console.WriteLine(GetAreaOfCircle(value));
}

Print(10); // 출력 결과: 314
```

객체가 없으니 그나마 파일로 구분해 줄 수가 있는데, 예를 들어 위의 모든 코드를 math.c라는 파일 안에 넣어 둘 수 있다. 어찌 보면 파일로 구분한 것도 일종의 캡슐화라고 볼 수 있지만, 여기에는 명백히 다음과 같은 단점이 있다.

- 변수 pi를 파일 내의 모든 함수에서 접근할 수 있다. 다른 파일에서도 접근할 수 있게 돼 있다면 역시 모든 파일의 함수에서 읽고 쓰는 것이 가능하다.
- 다른 파일에서는 Print 함수만 쓰도록 강제할 수 없다. 고의든 실수든 GetAreaOfCircle 함수를 써도 막을 방법이 없다.

이 같은 문제는 객체지향 프로그래밍에서 클래스를 통해 캡슐화하면 쉽게 해결된다. 이전 코드를 C#으로 적절하게 캡슐화해 보자.

```
class Circle
{
    double pi = 3.14;

    double GetArea(double radius)
    {
        return radius * radius * pi;
    }

    public void Print(double value)
    {
        Console.WriteLine(GetArea(value));
    }
}
```

멤버 변수 pi와 멤버 메서드 GetArea에는 public 접근 제한자가 명시돼 있지 않으므로 외부에서 접근하려고 하면 컴파일 단계에서 오류가 발생한다.

```
Circle o = new Circle();
o.pi = 6.28;      // 컴파일 오류 발생: 접근 불가(inaccessible)
o.GetArea(10);    // 컴파일 오류 발생: 접근 불가(inaccessible)

o.Print(10);      // public 멤버이므로 호출 가능
```

캡슐화가 잘 된 클래스는 그것을 사용하는 입장에서도 편리하다는 장점이 있다. 클래스의 이름 자체에서 이미 제공되는 기능을 대략 파악할 수 있고, 외부로 제공해야 할 기능에 대해서만 정확하게 public으로 노출한다. 함수가 블랙박스였던 것처럼 클래스 역시 객체의 역할을 추상화한다.

### 4.2.1 접근 제한자

이번에는 지금까지 별다른 설명 없이 사용했던 public 예약어를 비롯한 기타 접근 제한자에 대해 짚고 넘어가 보자. 우선 C#에서 접근 제한자(access modifier)와 관련된 예약어로는 private, protected, public, internal이 있고 이러한 접근 제한자가 적용되는 유형은 5가지다.[4]

표 4.2 접근 제한 유형

| | |
|---|---|
| private | 내부에서만 접근을 허용한다. 우리말로 '사설', '개인', '전용'이라고 상황에 따라 다르게 표현하기도 한다. |
| protected | 내부에서의 접근과 함께 파생 클래스에서만 접근을 허용한다. |
| public | 내부 및 파생 클래스에서의 접근뿐만 아니라 외부에서도 접근을 허용한다. 우리말로 보통 '공용'이라는 표현을 쓴다. |
| internal | 동일한 어셈블리 내에서는 public에 준한 접근을 허용한다. 다른 어셈블리에서는 접근할 수 없다. |
| internal protected | 동일 어셈블리 내에서 정의된 클래스이거나 다른 어셈블리라면 파생 클래스인 경우에 한해 접근을 허용한다(protected internal로도 지정 가능). 즉 internal 또는 protected 조건이다. |

아직 어셈블리와 파생 클래스를 배우지 않았으므로 현재 여러분이 선택할 수 있는 것은 private과 public뿐이지만, 이미 앞의 예제 코드를 통해 사용법을 다뤄봤기 때문에 설명을 이해하기가 어렵지는 않을 것이다.

접근 제한자가 적용되는 곳은 클래스와 나중에 배우게 될 구조체, 인터페이스가 있고 그것들의 멤버까지 허용된다. 하지만 각각에 대해 모든 접근 제한자가 적용될 수 있는 것은 아니고 상황에 따라 같은 클래스 정의라도 허용되는 범위가 달라진다. 예를 들어, 일반 클래스 정의는 public, internal만 사용될 수 있지만, 클래스 내부에 정의되는 또 다른 클래스(중첩 클래스)에는 5가지 접근 제한자를 모두 명시할 수 있다.

접근 제한자의 그 밖의 특징으로는 명시되지 않은 경우에 기본적으로 갖게 되는 제한자가 정의돼 있다는 점이다. 예를 들어, class 정의에서 접근 제한자를 생략한 경우 기본적으로 internal로 설정되는 반면, class 내부의 멤버에 대해서는 private으로 설정된다. 이 때문에 지금까지의 클래스 관련 예제 코드를 실습하면서 public으로 명시하지 않은 멤버를 외부에서 사용할 수 없었던 것이다.

4 C# 7.2부터 'private protected'가 추가돼 6개의 접근 제한자가 있다. (14.7절 'private protected 접근자 추가' 참고)

접근 제한자가 적용되는 조합은 너무 많으므로 필요하다고 판단될 때만 이후 설명에서 보조적으로 다루겠다. 사실 이를 세세하게 설명하지 않는 또 다른 이유는 대부분의 경우 private과 public만으로 충분하다는 것과, 설령 개발자가 접근 제한자를 잘못 설정해도 C# 컴파일러가 명시적으로 에러를 발생시키므로 곧바로 인식할 수 있기 때문이다.

마지막으로, 객체지향 프로그래밍의 관점에서 접근 제한자는 정보 은닉에 중요한 역할을 한다.

## 4.2.2 정보 은닉

객체지향에서 캡슐화를 다룰 때면 언제나 정보 은닉(information hiding)이라는 개념이 함께 등장한다. 클래스 입장에서 '정보'라고 불리는 것은 멤버 변수를 일컫는데, 외부에서 이 멤버 변수에 직접 접근할 수 없게 만드는 것이 바로 정보 은닉에 해당한다. 일반적으로 캡슐화를 잘 했다면 정보 은닉도 함께 지켜지는 것이 보통이지만 그 역은 성립하지 않을 수 있다. 온갖 잡다한 기능을 넣은 클래스에서도 멤버 변수를 외부에 노출시키지 않는다면 정보 은닉이 성립하기 때문이다.

이전의 Circle 클래스 예제에서 pi라는 멤버 변수를 감춘 것이 바로 정보 은닉의 한 사례다. 하지만 실제 개발을 하다 보면 멤버 변수를 무조건 감추는 것이 능사는 아니다. 왜냐하면 멤버 변수 자체가 클래스의 고유 특성을 반영하고 있다면 외부에서 그 변수의 값에 접근(access)할 필요가 있기 때문이다. 여기서 접근이라는 단어에는 읽기(read)와 쓰기(write)라는 두 가지 의미가 있는데, 필드에 읽고 쓰기가 적용될 때는 관례적으로 get과 set이라는 단어를 각각 사용한다. 그리고 멤버 변수에 대해 get/set 기능을 하는 메서드를 특별히 접근자 메서드(getter), 설정자 메서드(setter)라고 한다. 일례로 Circle 클래스의 pi 변수에 대해 접근자 및 설정자 메서드를 구현하면 다음과 같다.

```
class Circle
{
    double pi = 3.14;

    public double GetPi()
    {
        return pi;
    }

    public void SetPi(double value)
    {
        pi = value;
```

```
    }

    // ……[생략]……
}

Circle o = new Circle();
o.SetPi(3.14159);              // 쓰기
double piValue = o.GetPi();    // 읽기
```

단지 멤버 변수를 반환하거나 설정하는 작업만 한다는 점을 제외하고는 접근자 메서드와 설정자 메서드의 구현은 일반 메서드의 구현과 비교해서 특별한 것이 없다. 이를 이용하면 외부에서 읽기만 가능(read-only)하도록 만들 수도 있다. 즉, SetPi 메서드를 제거하기만 하면 되기 때문이다.

그런데 여기서 아마도 고개를 갸웃거리는 독자가 있을 것이다. GetPi와 SetPi를 모두 만들어 줄 거면 차라리 pi 멤버 변수를 public으로 만드는 편이 더 쉽지 않을까?

```
class Circle
{
    public double pi = 3.14;
    // 이하 구현 생략
}

Circle o = new Circle();
o.pi = 3.14159;            // 쓰기
double piValue = o.pi;     // 읽기
```

적절한 지적이다. 오직 필드의 값을 읽고 쓰는 데만 관심이 있다면 굳이 접근자/설정자 메서드를 둘 필요가 없다. 사실 접근자/설정자 메서드가 나오게 된 이유 중 하나는 향후 코드에 대한 유지보수를 쉽게 하기 위해서다. 가령 프로그램을 실행하다가 어느 시점에 pi 값이 유효한 범위를 벗어나 이상하게 바뀌는 문제를 발견했다고 가정하자. 이때 설정자 메서드 없이 필드로 직접 노출했다면 그 필드를 사용하는 코드를 모조리 찾아야 한다. 반면 설정자 메서드를 정의해서 사용하고 있었다면 다음과 같이 설정자 메서드에 진단 목적의 코드를 넣어서 문제를 쉽게 발견할 수 있다.

```
class Circle
{
    double pi = 3.14;
```

```
    public void SetPi(double value)
    {
        if (value <= 3 || value >= 3.15)
        {
            Console.WriteLine("문제 발생");
        }
        pi = value;
    }

// ......[생략]......
}

Circle o = new Circle();
o.SetPi(3.14159);
o.SetPi(3.5);  // 출력: 문제 발생
```

아직 배우지는 않았지만 나중에 호출 스택(call stack)을 구하는 방법이나 통합 개발 환경 등을 이용해 디버거(debugger)를 사용할 수 있는 때가 되면 설정자 메서드를 구현해 뒀을 때 훨씬 더 쉽게 문제를 파악할 수 있다.

정보 은닉의 원칙은 간단하다.

- 특별한 이유를 제외하고는 필드를 절대 public으로 선언하지 않는다(그런데 그럴 만한 특별한 이유가 과연 있을까?).
- 접근이 필요할 때는 접근자/설정자 메서드를 만들어 외부에서 접근하는 경로를 클래스 개발자의 관리하에 둔다.

### 4.2.3 프로퍼티

접근자/설정자 메서드를 둬서 필드 접근에 대한 단일 창구를 제공하는 것은 바람직하지만 호출을 위한 메서드 정의를 일일이 코드로 작성하자면 분명 번거로울 것이다. 이 같은 단점을 보완하기 위해 C#에서는 특별히 프로퍼티(property)라는 문법을 제공한다.

> Note 아쉽게도 프로퍼티도 속성으로 번역되는데, 이 경우 객체지향에서 말하는 속성과 혼동될 수 있다. 즉, 객체지향에서 말하는 속성(attribute)은 C#에서 필드(field)에 해당하고, C#의 속성(property)은 접근자/설정자 메서드에 대한 편리한 구문에 해당한다. 경우에 따라 C#의 프로퍼티는 보통 public으로 되는 경우가 많아서 '공용 속성'이라고 구분해서 부르기도 한다.

프로퍼티 정의는 필드를 접근자/설정자 메서드로 정의하던 것과 비교하면 확실히 간단하다.

```
class 클래스_명
{
    접근_제한자 타입 프로퍼티_명
    {
        접근_제한자 get
        {
            // ......[코드]......
            return 프로퍼티의_타입과_일치하는_유형의_표현식;
        }
        접근_제한자 set
        {
            // value라는 문맥 키워드를 사용해 설정하려는 값을 표현
        }
    }
}
```

Circle 클래스의 pi 필드를 프로퍼티를 이용해 접근자/설정자 메서드를 대체하면 다음과 같다.

예제 4.8 프로퍼티 사용 예제

```
class Circle
{
    double pi = 3.14;

    public double Pi
    {
        get { return pi; }
        set { pi = value; }
    }

    // ......[생략]......
}

Circle o = new Circle();
o.Pi = 3.14159;          // 쓰기
double piValue = o.Pi;   // 읽기
```

Pi 프로퍼티의 정의를 보면 대체로 어렵지 않게 이해할 수 있지만, set의 value는 도대체 어디서 온 것일까? 설정자 메서드는 사용자가 전달하는 값을 매개변수명으로 구분할 수 있지만 프로퍼티 정의에서는 매개변수가 없으므로 C# 컴파일러가 프로퍼티에 대입되는 값을 가리킬 수 없다는 문제가 발생한다. 이 문제를 해결하기 위해 별도로 set 블록 내부에서만 사용할 수 있는 'value' 예약어가 도입된 것이다.

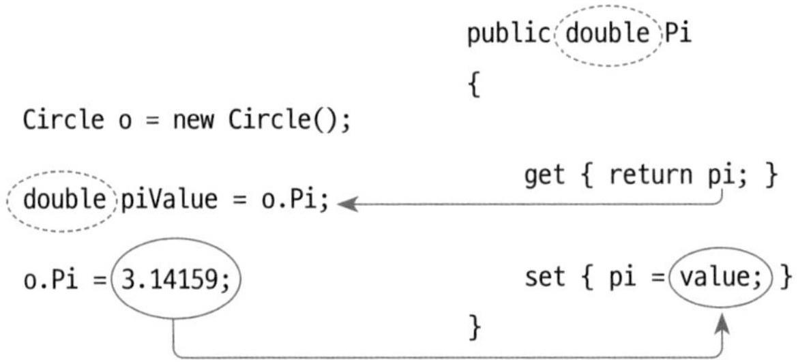

```
                                          public double Pi
                                          {
Circle o = new Circle();
                                              get { return pi; }
double piValue = o.Pi;

o.Pi = 3.14159;                               set { pi = value; }
                                          }
```

그림 4.6 get/set과 프로퍼티를 사용하는 코드의 관계

읽기 전용 프로퍼티는 간단하게 set 블록의 코드만 제거하면 구현할 수 있다. 또한 get/set에도 접근 제한자를 지정할 수 있기 때문에 때로는 set을 없애지 않고 private으로 설정할 때도 있다. 그럼 클래스 내부에서는 해당 프로퍼티의 set 구문을 사용할 수 있으면서도 외부에서는 설정할 수 없기 때문에 적절한 캡슐화 수준을 유지할 수 있다.

마지막으로 프로퍼티는 메서드의 특수한 변형에 불과하다는 사실을 알아두자. 일례로 Circle 클래스에서 정의한 Pi 프로퍼티는 C# 컴파일러가 빌드하는 시점에 자동으로 다음과 같은 메서드로 분리해서 컴파일한다.

```
double pi = 3.14;

public void set_Pi(double value)
{
    this.pi = value;
}

public double get_Pi()
{
    return this.pi;
}
```

또한 프로퍼티를 사용하는 코드도 그에 맞게 변경해서 빌드한다.

```
Circle o = new Circle();
o.set_Pi(3.14159);           // 쓰기
double piValue = o.get_Pi(); // 읽기
```

C#의 프로퍼티는 접근자/설정자 메서드를 간편하게 만들어주는 도우미 성격의 구문일 뿐이다.

> Note
> 외국 개발자들은 이를 두고 'syntactic sugar'라는 표현을 쓰기도 한다. 전형적인 개발자다운 표현으로 그들에게는 프로그래밍 세계에서 귀찮은 작업을 편리하게 만들어주는 요소라면 그것이 현실 세계의 설탕에 비유할 수 있지 않을까 하는 생각에서 이런 말을 만들어 낸 것 같다. 굳이 한글로 의역하자면 '간편 표기법' 정도다.

## 4.3 상속

현실 세계를 다시 한번 관찰해 보자. 인간과 침팬지는 영장류에 속한다. 그리고 영장류와 고래, 기린 등은 포유류에 속한다. 이런 식으로 현실 세계는 어떤 공통적인 특징이 있고 그 특징을 상속(inheritance)받아 다른 세부적인 항목을 정의하는데, 일상적인 많은 객체가 이러한 '계층적'인 관계를 따른다. 또 다른 예로 노트북, 데스크톱, 넷북이라는 타입을 정의한다고 해보자. 공통적으로 그것들은 부팅, 끄기, 리셋과 같은 행위와 전원이 들어와 있는지에 대한 상태값을 제공하는데, 이를 정리하면 모두 컴퓨터라는 특징에서 나온 것임을 알 수 있다. 만약 상속이라는 개념이 없다면 노트북, 데스크톱, 넷북 클래스는 다음과 같이 각각 개별적으로 메서드와 상태값을 정의해야만 한다.

```
public class Notebook
{
    bool powerOn;
    public void Boot() { }
    public void Shutdown() { }
    public void Reset() { }

    bool fingerScan; // Notebook 특화 멤버 필드 추가
    public bool HasFingerScanDevice() // Notebook 특화 멤버 메서드 추가
    {
        return fingerScan;
    }
```

```
}

public class Desktop
{
    bool powerOn;
    public void Boot() { }
    public void Shutdown() { }
    public void Reset() { }
}

public class Netbook
{
    bool powerOn;
    public void Boot() { }
    public void Shutdown() { }
    public void Reset() { }
}
```

하지만 상속을 이용하면 공통적인 특징을 정의하는 부모 클래스(parent class)를 두고 자식 클래스(child class)에서 부모의 기능을 물려받는 식으로 처리할 수 있다.

> 부모 클래스는 다른 말로 기반(base) 클래스 또는 슈퍼(super) 클래스라고도 한다. 그리고 자식 클래스는 다른 말로 파생(derived) 클래스 또는 서브(sub) 클래스라고도 한다. 아울러 부모 또한 부모를 가질 수 있기 때문에 조상(ancestor) 클래스라는 표현이 있으며, 반대로 자손(descendant) 클래스라는 표현도 있다.

**예제 4.9 상속을 이용한 클래스 정의**

```
public class Computer
{
    bool powerOn;
    public void Boot() { }
    public void Shutdown() { }
    public void Reset() { }
}

public class Notebook : Computer
{
    bool fingerScan;   // Notebook 타입에 해당하는 멤버만 추가
```

```
    public bool HasFingerScanDevice() { return fingerScan; }
}

public class Desktop : Computer
{
}

public class Netbook : Computer
{
}
```

어느 것이 더 직관적이고 간결한지는 말할 필요도 없다. C#에서는 보다시피 콜론(:)을 이용해 부모 클래스의 기능을 물려받을 수 있고 실제로 상속받은 클래스는 부모의 속성과 행위를 접근 제한자 규칙에 따라 외부에 제공한다.

```
public class Notebook : Computer
{
    bool fingerScan;
    public bool HasFingerScanDevice() { return fingerScan; }

    public void CloseLid()
    {
        Shutdown();    // Notebook에서 추가된 메서드 내에서 부모의 메서드 호출
    }
}

class Program
{
    static void Main(string[] args)
    {
        Notebook noteBook = new Notebook();
        noteBook.Boot();    // Notebook 인스턴스에 대해 부모의 메서드 호출
    }
}
```

이쯤에서 미뤄왔던 protected 접근 제한자의 용도를 자세히 살펴볼 수 있다. 예제 4.9의 Computer 클래스는 powerOn 필드에 대해 private 기본 접근 제한자가 적용돼 있고, 메서드는 모두 public으

로 돼 있다. private 접근 제한자가 적용된 멤버는 오직 그것을 소유한 클래스에서만 접근할 수 있다. 따라서 자식 클래스일지라도 부모의 private 멤버에 접근하는 것은 허용되지 않는다.

```
public class Notebook : Computer
{
    bool fingerScan;
    public bool HasFingerScanDevice() { return fingerScan; }

    public void CloseLid()
    {
        if (powerOn == true) // 컴파일 오류 발생: 접근 불가(inaccessible)
        {
            Shutdown();
        }
    }
}
```

만약 클래스의 멤버를 private처럼 외부에서의 접근은 차단하면서도 자식에게는 허용하고 싶다면 어떻게 해야 할까? 바로 이런 목적으로 추가된 접근 제한자가 protected다. Computer 클래스의 powerOn 필드에 protected 접근 제한자를 명시해 보자. 그러면 powerOn 필드를 자식 클래스에서 접근하는 것이 가능해지므로 CloseLid 메서드는 정상적으로 컴파일된다.

```
public class Computer
{
    protected bool powerOn;
    public void Boot() { }
    public void Shutdown() { }
    public void Reset() { }
}

public class Notebook : Computer
{
    // ......[생략]......
}
```

흔치 않지만 프로그래밍하다 보면 상속을 의도적으로 막고 싶을 때도 있다. 일례로 우리가 자주 쓰는 string 타입은 상속을 더는 받지 못하도록 제한돼 있는데, 이는 sealed 예약어가 적용돼 있기 때문이다.

```
sealed class Pen
{
}

public class ElectricPen : Pen  // 컴파일 오류 발생
{
}
```

마지막으로 언급하고 싶은 점은, C#의 상속은 단일 상속(single inheritance)만 지원한다는 점이다. 예를 들어, 다음과 같은 코드는 C#에서 작성할 수 없다.

```
class Computer { }
class Monitor { }

class Notebook : Computer, Monitor  // 컴파일 오류 발생
{
}
```

C#은 '계층 상속'은 가능하지만 동시에 둘 이상의 부모 클래스로부터 다중 상속(multiple inheritance)을 받는 것은 허용하지 않는다.

C# 언어를 설명할 때 '배보다 배꼽이 더 크다'는 표현을 쓰기 적절한 곳이 바로 '상속'이다. 엄밀히 상속 자체의 개념은 부모의 기능을 물려받는 것으로 매우 간단하게 설명되지만, 그로 인해 파생되는 여러 가지 개념이 복잡하게 얽혀 있다. 이제부터 차근차근 하나씩 풀어내 보자.

### 4.3.1 형 변환

3.2절 '형 변환'에서 다룬 기본 자료형의 형 변환 관계를 다시 한번 정리해 보자. 예를 들어, 가장 일반화된 타입으로 '정수(자연수 및 그것의 음수와 0)'가 있고, 그중에서 −2,147,483,648 ~ +2,147,483,647 범위의 수는 int 타입에 속한다. 그리고 다시 그중에서 −32,768 ~ +32,767 범위에 속하는 수는 short 타입이다. 이 관계를 정리하면 다음과 같다.

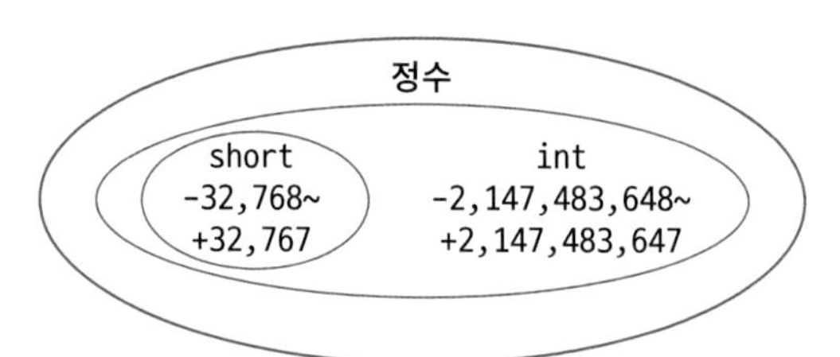


즉, 정수는 int 영역을 포함하고 int는 short 영역을 포함한다. 달리 말하면, 정수 → int → short 순으로 '일반화 → 특수화'하는 모습을 보이고 있는 것이다. 이러한 관계를 형 변환에 적용해 정리하면 다음과 같다.

- 암시적 형 변환

  특수화 타입의 변수에서 일반화된 타입의 변수로 값이 대입되는 경우

  예)
  ```
  short a = 100;
  int b = a; // 암시적 형 변환 가능
  ```

- 명시적 형 변환

  일반화 타입의 변수에서 특수화된 타입의 변수로 값이 대입되는 경우

  예)
  ```
  int c = 100;
  short d = (short)c; // 명시적 형 변환
  ```

이 규칙은 class로 정의된 타입의 부모/자식 관계에도 동일하게 적용된다.

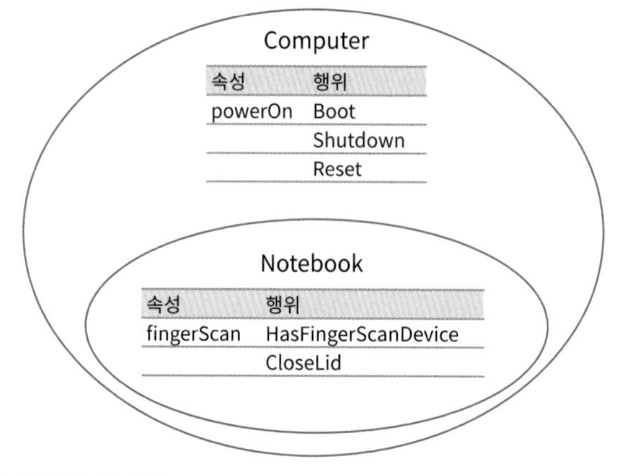


그림 4.7 타입의 부모(일반화)/자식(특수화) 관계

그림 4.7과 같이 Computer는 가장 일반적인 개념으로 그 범위는 Computer를 상속받은 Notebook을 포함한다. Notebook은 Computer의 특수화 타입인 것이다. 따라서 Notebook(특수화 타입) 인스턴스를 Computer(일반화 타입)의 변수로 대입하는 경우에는 암시적 형 변환이 가능하다.

```
Notebook noteBook = new Notebook();

Computer pc1 = noteBook;  // 암시적 형 변환 가능
pc1.Boot();
pc1.Shutdown();
```

하지만 반대로 부모 클래스(일반화 타입)의 인스턴스를 자식 클래스(특수화 타입)의 변수로 대입하는 것은 암시적 변환이 불가능하다. 물론 강제로 캐스팅 연산자를 사용해 명시적 형 변환을 하는 것은 가능하지만, 실행하면 오류가 발생한다.

예제 4.10 부모 인스턴스를 자식으로 형 변환하는 경우

```
Computer pc = new Computer();
Notebook notebook = (Notebook)pc;   // 명시적 형 변환, 컴파일은 가능

// 실행하면 오류 발생
```

왜 오류가 발생할까? 이것 역시 상식적으로 생각하면 쉽게 이해할 수 있다. Notebook에는 Computer가 정의하지 않은 3개의 멤버(fingerScan, HasFingerScanDevice, CloseLid)가 추가돼 있지만, new Computer(); 코드에서 할당한 메모리에는 Notebook을 위한 멤버의 특성을 반영하고 있지 않다. 그런 상태에서는 당연히 HasFingerScanDevice 메서드를 호출하면 프로그램 실행이 엉망이 될 수 있으므로 실행 단계에서 오류를 발생시키는 것이다.

그렇다면 컴파일 단계에서부터 명시적 형 변환을 불가능하게 만들었으면 좋지 않았을까? 그렇게 할 수 없는 이유는 개발자가 의도적으로 원하는 경우도 있기 때문이다. 예를 들어, 자식 인스턴스를 가리키는 부모 클래스의 변수가 다시 자식 타입의 변수로 대입될 수 있다.

```
Notebook noteBook = new Notebook();
Computer pc1 = noteBook;          // 부모 타입으로 암시적 형 변환

Notebook note2 = (Notebook)pc1;  // 다시 본래 타입으로 명시적 형 변환
note2.CloseLid();
```

현실적으로 볼 때 클래스 간의 명시적 형 변환보다는 암시적 형 변환이 좀 더 자주 사용된다. 예를 들어, 다음과 같은 식으로 코드를 작성하는 것도 가능하다.

```
// ......[생략]......

public class DeviceManager
{
    public void TurnOff(Computer device)
    {
        device.Shutdown();
    }
}

class Program
{
    static void Main(string[] args)
    {
        Notebook notebook = new Notebook();
        Desktop desktop = new Desktop();
        Netbook netbook = new Netbook();

        DeviceManager manager = new DeviceManager();
        manager.TurnOff(notebook);
        manager.TurnOff(desktop);
        manager.TurnOff(netbook);
    }
}
```

또는 각 자식 클래스의 인스턴스를 부모 객체의 배열에 담을 수 있는 것도 암시적 형 변환 덕분이다.

예제 4.11 배열 요소에서의 암시적 형 변환

```
Computer[] machines =
 new Computer[] { new Notebook(), new Desktop(), new Netbook() }; // 암시적 형 변환

DeviceManager manager = new DeviceManager();

foreach (Computer device in machines)
{
```

```
    manager.TurnOff(device);
}
```

#### 4.3.1.1 as, is 연산자

클래스의 형 변환에서 빠질 수 없는 것이 바로 as 연산자다. 예제 4.10을 통해 캐스팅 연산자를 사용해 명시적 형 변환을 하는 경우 컴파일 단계가 아닌 프로그램을 실행할 때 오류가 발생한다는 것을 알았다. 닷넷 프로그램에서 오류를 발생시키는 것은 내부적으로 제법 부하가 큰 동작에 속한다. 따라서 오류를 발생시키지 않고도 형 변환이 가능한지 확인할 수 있는 방법이 필요했고 이를 위해 as 연산자가 추가됐다. 예제 4.10을 오류가 발생하지 않는 코드로 바꾸려면 다음과 같이 as를 사용할 수 있다.

```
Computer pc = new Computer();
Notebook notebook = pc as Notebook;

if (notebook != null)  // 코드대로라면 if 문 내부의 코드가 실행될 가능성은 없다.
{
    notebook.CloseLid();
}
```

as는 형 변환이 가능하면 지정된 타입의 인스턴스 값을 반환하고, 가능하지 않으면 null을 반환하기 때문에 null 반환 여부를 통해 형 변환이 성공했는지 판단할 수 있다. 한 가지 기억해야 할 점은 as 연산자는 참조형 변수에 대해서만 적용할 수 있고 참조형 타입으로의 체크만 가능하다는 점이다. 이 규칙 때문에 다음 코드는 모두 컴파일할 때 오류가 발생한다.

예제 4.12 as의 잘못된 사용 예

```
int n = 5;
if ((n as string) != null)   // 컴파일 오류 발생
{
    Console.WriteLine("변수 n은 string 타입");
}

string txt = "text";
if ((txt as int) != null)   // 컴파일 오류 발생
{
    Console.WriteLine("변수 txt는 int 타입");
}
```

as가 형 변환 결괏값을 반환하는 반면, is 연산자는 형 변환의 가능성 유무를 불린형의 결괏값(true/false)으로 반환한다. as와 is 연산자를 언제 쓰느냐에 대한 기준은 명확하다. 형 변환된 인스턴스가 필요하다면 as를 사용하고 필요 없다면 is를 사용하면 된다. 예를 들어, 예제 4.12에서는 불린형 결괏값만 필요하므로 is 연산자를 사용하는 것만으로 충분하다.

```
int n = 5;
if (n is string)
{
    Console.WriteLine("변수 n은 string 타입");
}

string txt = "text";
if (txt is int)
{
    Console.WriteLine("변수 txt는 int 타입");
}
```

is 연산자가 as 연산자[5]와는 다른 또 하나의 특징은 대상이 참조 형식뿐 아니라 값 형식에도 사용할 수 있다는 점이다. 그래서 위의 코드를 컴파일하면 이번에는 오류가 발생하지 않는다.

Note

is 연산자는 값 형식에 사용할 수 있지만 C# 컴파일러는 값 형식과 참조 형식을 구분할 수 있기 때문에 본문의 예제 코드처럼 int 타입과 string 타입의 변환 여부에 대해서는 컴파일 오류는 아니지만 경고는 발생시킨다.

### 4.3.2 모든 타입의 조상: System.Object

클래스를 정의할 때 부모 클래스를 명시하지 않는다면 C# 컴파일러는 기본적으로 object라는 타입에서 상속받는다고 가정하고 자동으로 코드를 생성한다. 따라서 다음 코드는 완전히 동일하게 취급된다.

```
public class DeviceManager
{
}

// 또는,
```

5 C# 7.0부터 is 연산자는 as 연산자의 기능을 포함한다(12.10.1절 참고).

```
public class DeviceManager : object
{
}
```

그런데 부모 클래스를 지정하더라도 그 부모 클래스는 어떤 클래스를 다시 상속받았을 것이고 결국에는 최초의 클래스가 object 타입을 상속받는 것으로 끝난다. 결국 C#에서 정의되는 모든 클래스의 부모는 object가 된다. 이전 절에서 살펴본 Computer, Notebook, Desktop, Netbook, DeviceManager 클래스의 상속 관계를 정리하면 다음과 같다.

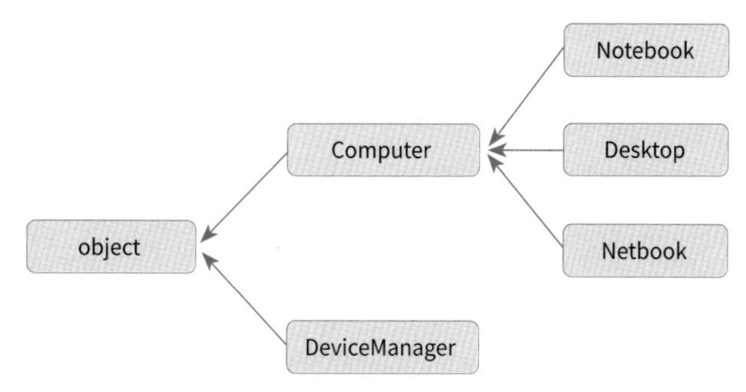


그림 4.8 최상위 부모 클래스인 System.Object

이전 절에서 부모/자식 간의 형 변환을 알아봤는데, object는 모든 클래스의 부모이므로 다음과 같은 코드도 작성할 수 있다.

```
Computer computer = new Computer();
object obj1 = computer;
Computer pc1 = obj1 as Computer;

Notebook notebook = new Notebook();
object obj2 = notebook;
Notebook pc2 = obj2 as Notebook;
```

object는 그 자체가 참조형이지만, 값 형식의 부모 타입이기도 하다. 참조 형식과 값 형식은 처리 방식이 매우 다른데, 이러한 불일치를 구분하기 위해 닷넷에서는 모든 값 형식을 System.ValueType 타입에서 상속받게 하고 있으며, 다시 System.ValueType은 object를 상속받는다. 즉, 값 형식은 System.ValueType으로부터 상속받은 모든 타입을 의미하고, 참조 형식은 object로부터 상속받은 타입 가운데 System.ValueType의 하위 타입을 제외한 모든 타입을 의미한다. 이를 하나의 다이어그램으로 정리해 보면 그림 4.9와 같다.

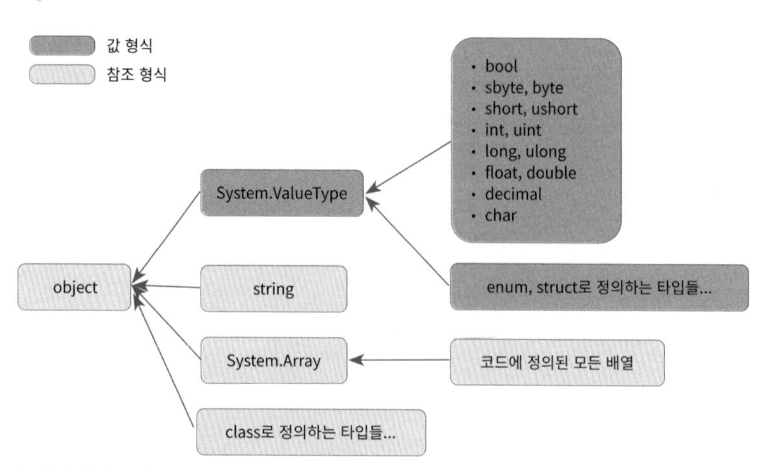


그림 4.9 object로부터 파생된 타입 관계

따라서 C#에서 정의되는 모든 형식은 object로 변환하고 다시 되돌리는 것이 가능하다. 이런 특성이 object를 다소 특별하게 생각하도록 만들 수 있지만, 닷넷 세계에서 object는 단순히 하나의 클래스에 지나지 않는다. 단지 그것이 닷넷 내부에 이미 정의돼 있다는 차이만 있을 뿐 여느 클래스와 같은 방식으로 정의돼 있고 다음과 같은 4개의 public 메서드를 포함하고 있을 뿐이다.

```
namespace System;

public class Object
{
    public virtual bool Equals(object obj);
    public virtual int GetHashCode();
    public Type GetType();
    public virtual string ToString();
}
```

Note

virtual이라는 예약어는 객체지향의 또 다른 특징인 다형성을 설명하면서 함께 다룬다.

엄밀히 말해서 object는 C#에서 정의된 예약어이고, 실체는 System 네임스페이스에 정의된 Object라는 클래스로 존재한다.

표 4.3 기본 타입 – object

| C# | 대응되는 닷넷 프레임워크 형식 | 특징 |
|---|---|---|
| object | System.Object | 모든 C# 클래스의 부모 |

모든 클래스는 object를 상속받기 때문에 당연히 object가 가진 메서드를 제공한다. 이번에는 object의 대표적인 4가지 메서드를 살펴보자.

#### 4.3.2.1 ToString

ToString 메서드를 호출하면 해당 인스턴스가 속한 클래스의 전체 이름(FQDN)을 반환한다. 예를 들어 그동안 사용해 온 예제 2.1의 Program 클래스에 대해 ToString을 호출한 결과는 다음과 같다.

```
namespace ConsoleApp1;

class Program
{
    static void Main(string[] args)
    {
        Program program = new Program();
        Console.WriteLine(program.ToString());
    }
}
```

```
// 출력 결과
ConsoleApp1.Program
```

그런데 항상 그렇다고 가정할 수는 없다. 왜냐하면 ToString 메서드는 자식 클래스에서 기능을 재정의할 수 있기 때문인데, string을 비롯해서 C#에서 제공되는 기본 타입(short, int, ……)은 모두 ToString을 클래스의 전체 이름이 아닌 해당 타입이 담고 있는 값을 반환하도록 변경했다.

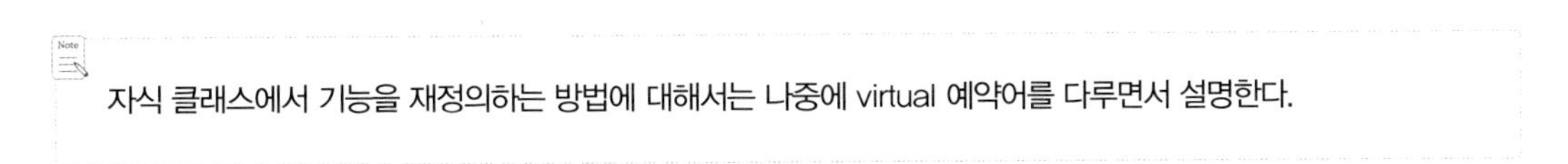

자식 클래스에서 기능을 재정의하는 방법에 대해서는 나중에 virtual 예약어를 다루면서 설명한다.

다음은 ToString과 관련된 몇 가지 예제를 보여준다.

```
int n = 500;
double d = 3.141592653589793238462 6;

string txt = "Hello: ";

Console.WriteLine(txt + n.ToString());
Console.WriteLine(txt + d.ToString());

txt = d.ToString();

Console.WriteLine(txt);
```

```
// 출력 결과
Hello: 500
Hello: 3.14159265358979
3.14159265358979
```

#### 4.3.2.2 GetType

클래스(class)에 대해 생각해 보자. 아니, 클래스를 다시 '객체지향' 관점으로 바라보는 것은 어떨까? 클래스 역시 속성으로 클래스의 이름을 담고 있으며, 필드, 메서드, 프로퍼티와 같은 멤버를 담고 있는 또 다른 타입으로 볼 수 있다. C#에서는 개발자가 class로 타입을 정의하면 내부적으로 해당 class 타입의 정보를 가지고 있는 System.Type의 인스턴스를 보유하게 되고, 바로 그 인스턴스를 가져올 수 있는 방법이 GetType 메서드를 통해 제공된다.

```
Computer computer = new Computer();
Type type = computer.GetType();

Console.WriteLine(type.FullName);  // Type 클래스의 FullName 프로퍼티 출력
Console.WriteLine(type.IsClass);   // Type 클래스의 IsClass 프로퍼티 출력
Console.WriteLine(type.IsArray);   // Type 클래스의 IsArray 프로퍼티 출력
```

```
// 출력 결과
Computer
True
False
```

ToString 메서드가 하위 클래스에서 재정의되면 타입의 전체 이름이 아닌 값 자체를 문자열로 반환한다고 이전 절에서 설명했다. GetType 메서드는 그러한 클래스에 대해 타입의 전체 이름을 반환하는 수단을 제공한다.

```
int n = 5;
string txt = "text";

Type intType = n.GetType();

Console.WriteLine(intType.FullName);
Console.WriteLine(txt.GetType().FullName);
```

```
// 출력 결과
System.Int32
System.String
```

GetType은 '클래스의 인스턴스'로부터 Type을 구하는 반면, '클래스의 이름'에서 곧바로 Type을 구하는 방법도 제공하는데, 이때는 typeof라는 예약어를 사용해야 한다.

```
Type type = typeof(double);
Console.WriteLine(type.FullName);

Console.WriteLine(typeof(System.Int16).FullName);
```

```
// 출력 결과
System.Double
System.Int16
```

GetType 메서드가 반환하는 Type 클래스의 사용법에 대해서는 이후에 Reflection을 통해 다시 한 번 다루겠다.

#### 4.3.2.3 Equals

Equals 메서드는 값을 비교한 결과를 불린형으로 반환한다.

```
int n = 5;
Console.WriteLine(n.Equals(5)); // 출력 결과: True
```

문제는 비교 대상이 '값 형식'과 '참조 형식'에 대해 달라진다는 점이다. 값 형식에 대해서는 해당 인스턴스가 소유하고 있는 값을 대상으로 비교하지만, 참조 형식에 대해서는 할당된 메모리 위치를 가리키는 식별자의 값이 같은지 비교한다.

> Note 이를 달리 표현하면 object는 할당된 메모리 위치를 가리키는 식별자의 값이 같은지를 비교하는 Equals 메서드를 제공하지만, System.ValueType의 하위 클래스는 그와 같은 기본 동작 방식을 재정의했다고 표현할 수 있다.

그 차이를 코드로 직접 확인해 보자.

```
int n1 = 5;
int n2 = 5;
Console.WriteLine(n1.Equals(n2)); // 출력 결과: True

n2 = 6;
Console.WriteLine(n1.Equals(n2)); // 출력 결과: False
```

보다시피 값 형식의 하나인 int 타입은 변수가 가리키는 값 자체를 대상으로 결괏값을 반환한다. 이 사실에 대해 여러분은 지극히 당연하게 받아들일 수도 있다. 그런데 class로 생성한 참조 형식은 어떨까?

**예제 4.13** 참조 형식의 Equals 메서드의 동작 방식

```
class Book
{
    decimal _isbn;

    public Book(decimal isbn)
    {
        _isbn = isbn;
    }
}

Book book1 = new Book(9788998139018);
Book book2 = new Book(9788998139018);

Console.WriteLine(book1.Equals(book2)); // 출력 결과: False
```

동일한 값을 소유한 참조 형식에 대해서 Equals 메서드는 False를 반환한다. 왜냐하면 '힙에 할당된 데이터 주소를 가리키고 있는 스택 변수의 값'을 비교하기 때문인데, 이를 좀 더 이해하기 쉽게 그림으로 살펴보겠다.

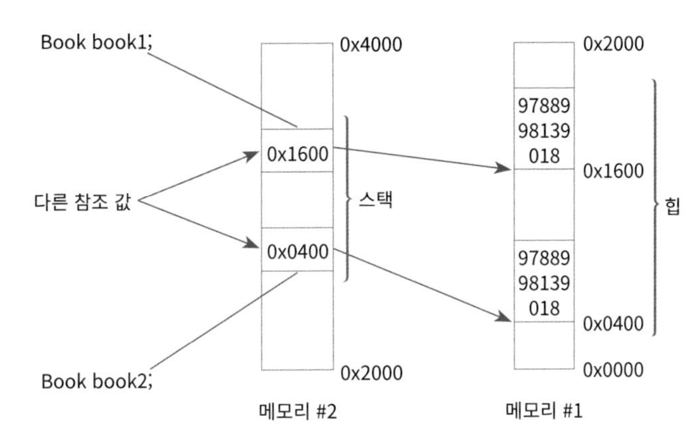


그림 4.10 참조형의 Equals 비교 대상

즉, new Book으로 생성된 힙 메모리의 위치가 다르기 때문에 그 안에 들어간 값이 어떤 것이든 상관없이 Equals 메서드는 False를 반환하게 된다.

참조 형식에 대한 Equals 메서드의 이 같은 동작 방식이 과연 실용성이 있는지 궁금할 수도 있다. 이 때문에 object는 하위 클래스에서 Equals에 대한 동작 방식을 재정의할 수 있도록 허용한다. 한 가지 좋은 예가 바로 그동안 자주 사용해왔던 string 참조 타입이다.

```
string txt1 = new string(new char[] {'t', 'e', 'x', 't' });
string txt2 = new string(new char[] {'t', 'e', 'x', 't' });

Console.WriteLine(txt1.Equals(txt2)); // 출력 결과: True
```

string이 Equals의 기본 동작을 재정의하지 않았다면 출력 결과로 False가 나왔을 것이다. 물론 여러분이 만드는 클래스에서도 Equals를 재정의할 수 있고, 이에 대해서는 나중에 virtual 예약어를 배우면서 다룬다.

#### 4.3.2.4 GetHashCode

GetHashCode 메서드는 특정 인스턴스를 고유하게 식별할 수 있는 4바이트 int 값을 반환한다. 한 가지 기억해 둬야 할 점은 GetHashCode가 Equals 메서드와 연계되는 특성이 있다는 점이다. Equals의 반환값이 True인 객체라면 서로 같음을 의미하고, 그렇다면 그 객체들을 식별하는 고윳값 또한 같아야 한다. 반면 Equals 반환값이 False라면 GetHashCode의 반환값도 달라야 한다. 이 때문에 보통 Equals 메서드를 하위 클래스에서 재정의하면 GetHashCode까지 재정의하는데, 이를 따르지 않으면 컴파일 경고가 발생한다.

object에서 정의된 GetHashCode는 참조 타입에 대해 기본 동작을 정의해 뒀는데, 생성된 참조형 타입의 인스턴스가 살아 있는 동안 닷넷 런타임 내부에서 그러한 인스턴스에 부여한 식별자 값을 반환하기 때문에 적어도 프로그램이 실행되는 중에 같은 타입의 다른 인스턴스와 GetHashCode 반환값이 겹칠 가능성은 많지 않다. 반면 값 타입에 대해서는 GetHashCode의 동작 방식을 재정의해서 해당 인스턴스가 동일한 값을 가지고 있다면 같은 해시코드를 반환한다.

```
short n1 = 256;
short n2 = 32750;
short n3 = 256;

Console.WriteLine(n1.GetHashCode());  // 출력 결과: 256
Console.WriteLine(n2.GetHashCode());  // 출력 결과: 32750
Console.WriteLine(n3.GetHashCode());  // 출력 결과: 256

Book book1 = new Book(9788998139018);
Book book2 = new Book(9788998139018);

Console.WriteLine(book1.GetHashCode());  // 출력 결과: 46104728 임의의 값
Console.WriteLine(book2.GetHashCode());  // 출력 결과: 12289376: 임의의 값
```

Note 출력 결과는 여러분이 위의 코드를 어떤 버전의 닷넷 런타임에서 실행했느냐에 따라 달라질 수 있다. GetHashCode의 반환값은 닷넷 런타임의 내부 구현이 바뀌면 언제든지 바뀔 수 있다는 점을 염두에 두자.

GetHashCode의 반환값이 4바이트 int 값이라는 점에 주의해야 한다. 즉, 값의 범위가 −2,147,483,648 ~ 2,147,483,647로 제한된다. 만약 여러분이 short 타입을 만드는 개발자라고 상상해 보자. short는 값의 범위가 −32,768 ~ 32,767이라서 그냥 그 값 자체를 반환해도 다른 short

인스턴스와 겹치지 않을 수 있다. int 타입의 경우 공교롭게도 GetHashCode의 반환값과 정확히 일치하므로 그대로 GetHashCode의 반환값과 1:1 매핑할 수 있다. 실제로 닷넷 개발자들은 int 이하의 타입에 대한 GetHashCode를 재정의해 그 값을 그대로 반환하게 해놓았다.

객체를 대표하는 값의 경우의 수가 $2^{32}$을 넘으면 안 된다는 점은 상황에 따라 충족하지 못할 수도 있다. 예를 들어, 8바이트 long은 어떨까? long 타입은 값의 범위가 $2^{64}$이므로 32비트 정수 범위 내에서 표현하는 것이 불가능하다. 따라서 long 값에 대해 GetHashCode를 호출하면 어떤 경우에는 값이 다른데도 동일한 해시 코드가 반환될 수 있다.

서로 다른 값인데도 동일한 해시 코드를 생성하는 것을 두고 해시 충돌(hash collision)이 발생했다고 표현한다.

이런 특성 때문에 GetHashCode는 Equals와 다시 연결된다. 해당 객체를 고유하게 식별하는 값이 2개 이상 나올 확률이 있으므로 해시 코드의 값이 같다면 다시 한번 Equals를 호출해서 정말 객체가 동일한지 판단할 수 있는 기회가 생긴다.

여러분이 기억해 둬야 할 것은 GetHashCode는 경우에 따라 해시 충돌이 발생할 수 있다는 점이다.

## 4.3.3 모든 배열의 조상: System.Array

object가 모든 타입의 조상인 것처럼 소스코드에 정의되는 배열은 모두 Array 타입을 조상으로 둔다. 예를 들어, 다음과 같이 배열을 정의했다고 하자.

```
int[] intArray = new int[] { 0, 1, 2, 3, 4, 5 };
```

이 경우 C# 컴파일러는 자동으로 int [ ] 타입을 Array 타입으로부터 상속받는 것으로 처리한다. 이로 인해 배열 인스턴스는 Array 타입이 가진 모든 특징을 제공하는데, 일부 속성 및 메서드는 알아두면 유용하므로 여기서 짚고 넘어가자.

**표 4.4** Array 타입의 멤버

| 멤버 | 타입 | 설명 |
|---|---|---|
| Rank | 인스턴스 프로퍼티 | 배열 인스턴스의 차원(dimension) 수를 반환한다. |
| Length | 인스턴스 프로퍼티 | 배열 인스턴스의 요소(element) 수를 반환한다. |
| Sort | 정적 메서드 | 배열 요소를 값의 순서대로 정렬한다. |

| 멤버 | 타입 | 설명 |
|---|---|---|
| GetValue | 인스턴스 메서드 | 지정된 인덱스의 배열 요소 값을 반환한다. |
| Copy | 정적 메서드 | 배열의 내용을 다른 배열에 복사한다. |

다음은 위의 멤버를 이용한 간단한 예제다.

예제 4.14 Array 멤버 사용

```
namespace ConsoleApp1;

class Program
{
    private static void OutputArrayInfo(Array arr)
    {
        Console.WriteLine("배열의 차원 수: " + arr.Rank);   // Rank 프로퍼티
        Console.WriteLine("배열의 요소 수: " + arr.Length); // Length 프로퍼티
        Console.WriteLine();
    }

    private static void OutputArrayElements(string title, Array arr)
    {
        Console.WriteLine("[" + title + "]");

        for (int i = 0; i < arr.Length; i++)
        {
            Console.Write(arr.GetValue(i) + ", "); // GetValue 인스턴스 메서드
        }

        Console.WriteLine();
        Console.WriteLine();
    }

    static void Main(string[] args)
    {
        bool[,] boolArray = new bool[,] { { true, false }, { false, false } };
        OutputArrayInfo(boolArray);

        int[] intArray = new int[] { 5, 4, 3, 2, 1, 0 };
        OutputArrayInfo(intArray);
```

```
        OutputArrayElements("원본 intArray", intArray);
        Array.Sort(intArray); // Sort 정적 메서드
        OutputArrayElements("Array.Sort 후 intArray", intArray);

        int[] copyArray = new int[intArray.Length];
        Array.Copy(intArray, copyArray, intArray.Length); // Copy 정적 메서드

        OutputArrayElements("intArray로부터 복사된 copyArray", copyArray);
    }
}
```

```
// 출력 결과
배열의 차원 수: 2
배열의 요소 수: 4

배열의 차원 수: 1
배열의 요소 수: 6

[원본 intArray]
5, 4, 3, 2, 1, 0,

[Array.Sort 후 intArray]
0, 1, 2, 3, 4, 5,

[intArray로부터 복사된 copyArray]
0, 1, 2, 3, 4, 5,
```

중요한 것은 배열이 System.Array로부터 상속받은 참조형 타입이라는 점이다.

### 4.3.4 this

객체는 외부에서 자신을 식별할 수 있는 변수를 갖는다.

```
Book book = new Book(9788998139018);
```

변수 book은 마침표(.)를 사용해 객체의 멤버를 호출할 수 있는데, 그렇다면 클래스 내부의 코드에서 객체 자신을 가리킬 수 있는 방법은 없을까? 바로 이런 목적으로 사용되는 것이 this 예약어다. this를 이용하면 다음과 같은 표현이 가능하다.

```
class Book
{
    decimal _isbn;
    public decimal ISBN
    {
        get { return this._isbn; }
    }

    public Book(decimal isbn)
    {
        this._isbn = isbn;
    }

    public decimal GetISBN()
    {
        return this.ISBN;
    }

    public void Sell()
    {
        Console.WriteLine("Sell: " + this.GetISBN());
    }
}
```

달리 말하면 지금까지 클래스 내부에서 멤버에 접근했을 때 this를 생략했다고 봐도 무방하다. 위의 경우만 보면 코드를 길게 만드는 this 표현을 굳이 써야 할 이유가 있을지 의문이 든다. this 표현을 쓰고 안 쓰고는 개발자의 취향이다. 어떤 개발자는 메서드 내에서 멤버 변수에 접근할 때 그것이 멤버 변수임을 명확히 인식할 수 있게 this를 명시하기도 한다.

물론 선택의 문제를 넘어서 꼭 필요할 때도 있다. 예를 들어, 다음과 같이 메서드의 매개변수와 클래스에 정의된 필드의 이름이 같을 경우 this를 명시함으로써 멤버 변수 isbn을 사용하게 만들 수 있다.

```
class Book
{
    decimal isbn;

    public Book(decimal isbn)
    {
```

```
        this.isbn = isbn; // this를 생략하면 메서드의 매개변수인 isbn 변수가 사용된다.
    }
}
```

this 예약어를 모르고 있었을 때는 이 책의 지난 예제에서 클래스의 isbn 필드를 _isbn으로 이름을 바꿔서 사용했지만, 이제는 그럴 필요가 없다. 이 밖에 생성자에서도 this를 사용하는 경우가 있다. 다중 생성자를 사용한 예제 4.5를 보면 초기화 관련 코드가 중복되어 사용된 것을 볼 수 있는데, 이는 '중복 코드 제거' 원칙에 위배된다. 이런 경우 this 예약어를 사용해 생성자 내에서 다른 생성자를 호출하게 만들 수 있다.

**예제 4.15** this를 이용한 생성자 코드 재사용

```
class Book
{
    string title;
    decimal isbn13;
    string author;

    public Book(string title) : this(title, 0)
    {
    }

    public Book(string title, decimal isbn13)
          : this(title, isbn13, string.Empty)
    {
    }

    // 초기화 코드를 하나의 생성자에서 처리
    public Book(string title, decimal isbn13, string author)
    {
        this.title = title;
        this.isbn13 = isbn13;
        this.author = author;
    }

    public Book() : this(string.Empty, 0, string.Empty)
    {
    }
}
```

위의 코드에서는 this를 사용해 또 다른 생성자를 호출하는 구문을 사용함으로써 초기화 관련 코드를 하나의 메서드 내에서 처리하게 했다.

이런 식으로 this를 사용할 수밖에 없는 전형적인 사례들이 있다. 이를 제외하고 단순히 클래스의 멤버에 접근하기 위해 this를 명시하는 것은 선택의 문제이다.

#### 4.3.4.1 this와 인스턴스/정적 멤버의 관계

인스턴스 멤버와 정적 멤버의 차이를 this 예약어를 사용할 수 있느냐/없느냐로 나눌 수 있다. this는 new로 할당된 객체를 가리키는 내부 식별자이므로 클래스 수준에서 정의되는 정적 멤버는 this 예약어를 사용할 수 없다.

```
class Book
{
    string title;     // 인스턴스 필드
    static int count; // 정적 필드

    public Book(string title) // 인스턴스 생성자
    {
        this.title = title;   // this로 인스턴스 필드 식별 가능
        this.Open();          // this로 인스턴스 메서드 식별 가능
        Increment();          // 정적 메서드 사용 가능
    }

    void Open()  // 인스턴스 메서드
    {
        Console.WriteLine(this.title);  // 인스턴스 멤버 사용 가능
        Console.WriteLine(count);       // 정적 멤버 사용 가능
    }

    public void Close()
    {
        Console.WriteLine(this.title + " 책을 덮는다.");
    }

    static void Increment()  // 정적 메서드
    {
        count ++;  // 정적 필드 사용 가능
```

```
        // 정적 메서드에는 this가 없으므로 인스턴스 멤버 사용 불가능
    }
}
```

따라서 클래스에 정의되는 메서드를 인스턴스로 할 것이냐 정적으로 할 것이냐에 대한 기준이 하나 더 추가될 수 있다. 해당 메서드의 내부에서 this 예약어를 사용해야 한다면, 즉 인스턴스 멤버에 접근한다면 정적 메서드로 정의해서는 안 된다. 반면 this 예약어를 사용하지 않는다면 인스턴스 메서드로 만들거나 정적 메서드로 만들어 사용하는 것이 가능하다.

인스턴스 메서드를 기술적인 관점에서 바라보면 this의 마법을 이해할 수 있다. C# 컴파일러는 메서드 호출 시 this를 인스턴스 메서드의 첫 번째 인자로 넘겨주는 식으로 구현한다. 예를 들어 여러분이 다음과 같이 코드를 구현한다고 하자.

```
Book book = new Book("");
book.Close();
```

C# 컴파일러는 위의 코드를 빌드할 때 자동으로 다음과 같이 변환한다.

```
Book book = new Book("");
book.Close(book);
```

즉, 메서드에 해당 객체를 가리키는 인스턴스 변수를 인자로 넘기는 것이다. 그와 동시에 C# 컴파일러는 인스턴스 메서드도 다음과 같이 변환해서 컴파일한다.

```
class Book
{
    string title;  // 인스턴스 필드
    // …… [생략] ……
    public void Close(Book this)
    {
        Console.WriteLine(this.title + " 책을 덮는다.");
    }
}
```

마법처럼 보였던 this 식별자의 존재는 이처럼 컴파일러의 노력으로 빚어낸 결과다. 이 때문에 모든 인스턴스 메서드는 인자를 무조건 1개 이상 더 받게 돼 있으므로 내부에서 인스턴스 멤버에 접근할 일이 없다면 정적 메서드로 명시하는 것이 성능상 유리할 수 있다.

Note 최근의 기가바이트(GB)급 메모리와 기가헤르츠(GHz)급 CPU에서 메서드가 인자를 하나 더 받는다고 성능상 크게 문제되는 경우는 많지 않다. 그래도 여전히 비주얼 스튜디오의 '코드 분석기(Code analysis)' 같은 도구는 this가 필요 없는 메서드를 정적으로 정의하지 않은 경우 성능 경고를 발생시킨다.

### 4.3.5 base

this 예약어가 클래스 인스턴스 자체를 가리키는 것과는 달리 base 예약어는 '부모 클래스'를 명시적으로 가리키는 데 사용된다. this와 마찬가지로 부모 클래스의 멤버를 사용할 때 base 키워드가 생략된 것이나 다름없다고 보면 된다.

```
public class Computer
{
    bool powerOn;
    public void Boot() { }
    public void Shutdown() { }
    public void Reset() { }
}

public class Notebook : Computer
{
    bool fingerScan;
    public bool HasFingerScanDevice() { return fingerScan; }

    public void CloseLid()
    {
        base.Shutdown();  // base 예약어를 명시
    }
}
```

this와 마찬가지 이유로 base 예약어를 명시하고 안 하고는 선택의 문제다. 또한 생성자에서 사용되는 패턴도 this와 유사하다. 예를 들어, 반드시 1개의 매개변수를 생성자에서 받게 돼 있는 클래스로부터 상속받는 자식 클래스를 정의해 보자.

예제 4.16 상속받는 경우 생성자로 인한 오류

```
class Book
{
    decimal isbn13;

    public Book(decimal isbn13)
    {
        this.isbn13 = isbn13;
    }
}

class EBook : Book
{
    public EBook()  // 에러 발생
    {
    }
}
```

이 코드를 컴파일하면 public EBook 생성자 정의에서 오류가 발생하는 것을 볼 수 있다. 왜냐하면 자식 클래스를 생성한다는 것은 곧 부모 클래스의 생성자도 함께 호출한다는 의미이기 때문이다. 이것은 상식적으로 생각하면 이해할 수 있다. 부모 클래스를 만드는 개발자는 private으로 소유하고 있는 멤버를 초기화할 수 있지만, 자식 클래스는 부모 클래스의 private 멤버에 접근할 수 없으므로 초기화가 불가능하다. 또한 부모 클래스의 초기화는 그 클래스를 만든 개발자가 가장 잘 알고 있기 때문에 자식 클래스에서 부모 클래스의 초기화까지 담당하는 것은 무리가 있다.

따라서 생성자는 그것이 정의된 클래스 내부의 필드를 초기화하는 일만 담당하면 되고, 부모 클래스의 필드는 부모 클래스의 생성자가 초기화할 것이므로 맡겨버리면 그만이다. 예제 4.16에서 오류가 발생하는 이유는 자식 클래스가 생성되는 시점에 부모 클래스의 생성자를 호출해야 하는데 '기본 생성자'가 부모 클래스에는 없기 때문이다. 부모에서 제공되는 Book(decimal isbn13) 생성자를 C# 컴파일러가 자동으로 연계해 줄 수는 없다. 왜냐하면 isbn13 값을 넣어줘야 하는데 어떤 값을 넣어야 할지 컴파일러 입장에서는 알 수 없을뿐더러 부모 클래스의 생성자가 여러 개 있는 상황에서는 어떤 생성자를 자동으로 호출해야 할지도 모호하다. 바로 이런 경우에 base 예약어를 이용해 어떤 생성자를 어떤 값으로 호출해야 할지 명시해서 문제를 해결할 수 있다.

```
class Book
{
    decimal isbn13;

    public Book(decimal isbn13)
    {
        this.isbn13 = isbn13;
    }
}

class EBook : Book
{
    public EBook() : base(0)
    {
    }

    public EBook(decimal isbn)  // 또는 이렇게 값을 연계하는 것도 가능하다.
        : base(isbn)
    {
    }
}
```

## 4.4 다형성

객체지향의 4대 특징은 일반적으로 추상화, 캡슐화, 상속, 다형성이다. 객체지향 언어에서 보통 추상화는 '클래스'를 통해 제공되기 때문에 이미 여러분은 추상화를 배운 것이나 다름없고, 캡슐화, 상속은 앞에서 다뤘다. 그리고 마지막으로 남은 특징이 바로 다형성(polymorphism)이다. 다형성을 문자 그대로 해석하자면 '여러 가지 형태를 띤다'는 것인데, 객체지향에서 다형성이 도대체 무슨 의미가 있을까?

여기서는 메서드 오버라이드와 메서드 오버로드를 통해 다형성을 익혀 보자.

### 4.4.1 메서드 오버라이드

다시 현실 세계를 객체지향 개념을 이용해 모델링해 보자. 포유류가 있고 거기에는 사자, 고래, 인간 등이 포함된다. 포유류는 모두 몸을 움직여 일정 거리를 이동하는 것이 가능한데, 이를 Move라는 메서드로 정의해 보자.

```
class Mammal
{
    public void Move()
    {
        Console.WriteLine("이동한다.");
    }
}

class Lion : Mammal
{
}

class Whale : Mammal
{
}

class Human : Mammal
{
}
```

그런데 자식 객체들이 움직이는 방법이 각각 다르다는 문제가 있다. 즉, Lion은 네 발로 뛰고 고래는 수영하며, 인간은 두 발로 움직인다. Move라는 특징은 공유하지만, 자식들의 행동 방식이 다르므로 각자 움직임을 재정의해야 하는데 이를 코드로 표현하면 다음과 같다.

**예제 4.17** 부모 클래스에서 정의한 메서드와 동일한 이름의 메서드를 자식 클래스에서 정의

```
class Lion : Mammal
{
    public void Move()
    {
        Console.WriteLine("네 발로 움직인다.");
    }
}

class Whale : Mammal
{
    public void Move()
    {
        Console.WriteLine("수영한다.");
```

```
    }
}

class Human : Mammal
{
    public void Move()
    {
        Console.WriteLine("두 발로 움직인다.");
    }
}
```

> Note
> 위의 코드를 컴파일하면 경고가 발생하지만 일단 무시한다. 이유는 나중에 설명하겠다.

일단 이렇게 부모/자식 클래스가 만들어지면 기본적인 사용에 있어서는 문제될 것이 없다.

```
Mammal one = new Mammal();
one.Move();

Lion lion = new Lion();
lion.Move();

Whale whale = new Whale();
whale.Move();

Human human = new Human();
human.Move();
```

```
// 출력 결과
이동한다.
네 발로 움직인다.
수영한다.
두 발로 움직인다.
```

그런데 자식이 부모 타입으로 암시적 형 변환이 된 경우에는 어떻게 될까?

```
Lion lion = new Lion();
Mammal one = lion; // 부모 타입으로 형 변환

one.Move();
```

```
// 출력 결과
이동한다.
```

부모 타입으로 형 변환되긴 했지만 원래의 인스턴스 자체는 Lion 타입이므로 의도했던 동작이 아니다. 즉, 기본적으로는 Lion 인스턴스가 이동했기 때문에 Lion 클래스의 Move가 호출돼야 하고 결과는 '네 발로 움직인다.'가 출력됐어야 한다. 바로 이런 문제를 해결하기 위해 가상 메서드(virtual method)라는 것이 제공된다. 일반 메서드를 가상 메서드로 바꾸려면 virtual이라는 예약어를 부모 클래스 단계에서 명시하면 된다.

```
class Mammal
{
    virtual public void Move()
    {
        Console.WriteLine("이동한다.");
    }
}
```

그리고 자식 클래스에서는 해당 메서드가 다형성을 띠도록 명시적으로 override 예약어를 지정하기만 하면 된다.

```
class Lion : Mammal
{
    override public void Move()
    {
        Console.WriteLine("네 발로 움직인다.");
    }
}

class Whale : Mammal
{
    override public void Move()
    {
```

```
            Console.WriteLine("수영한다.");
        }
    }

    class Human : Mammal
    {
        override public void Move()
        {
            Console.WriteLine("두 발로 움직인다.");
        }
    }
```

부모 클래스의 메서드에는 virtual을 적용하고 자식 클래스의 메서드에는 override를 적용해 의도한 대로 동작하는 것을 확인할 수 있다.

```
Lion lion = new Lion();
Mammal one = lion; // 부모 타입으로 형 변환
one.Move();

Human human = new Human();
Mammal two = human;
two.Move();
```

```
// 출력 결과
네 발로 움직인다.
두 발로 움직인다.
```

코드의 동작 방식을 확인하면서 다형성의 의미를 다시 한번 생각해 보자. 예제 4.17에서 정의한 Move 메서드는 부모와 자식 클래스에서 이름만 같았을 뿐 전혀 상관없는 동작을 개별 클래스에서 정의한 것이나 다름없었다. 하지만 virtual/override 예약어를 적용함으로써 부모에서 정의한 Move라는 하나의 동작에 대해 자식 클래스의 인스턴스에 따라 다양하게 재정의(override)할 수 있었고, 인스턴스가 어떤 타입으로 형 변환돼도 그 특징이 유지되는 것을 볼 수 있었다. 이를 다형성의 한 사례로 메서드 오버라이드(method override)라고 한다.

그런데 왜 예제 4.17을 컴파일할 때 경고가 나왔을까? 부모 클래스에서 Move라는 이름의 메서드를 정의했다고 해서 자식 클래스에서 그것과 동일한 이름을 사용하기 위해 반드시 virtual/override를 붙

여야 할 절대적인 이유는 없다. 때로는 자식 클래스에서 다형성 차원에서가 아닌 순수하게 독립적인 하나의 메서드로 이름을 정의하고 싶은 경우도 고려해야 한다. C#에서는 같은 이름의 메서드를 일부러 겹쳐서 정의했다는 개발자의 의도를 명시적으로 표현할 수 있게 new 예약어를 제공한다. 따라서 예제 4.17을 컴파일할 때 경고를 없애려면 다음과 같이 하면 된다.

```
class Lion : Mammal
{
    new public void Move() { }  // 구현 생략
}

class Whale : Mammal
{
    new public void Move() { }  // 구현 생략
}

class Human : Mammal
{
    new public void Move() { }  // 구현 생략
}
```

부모와 자식 클래스에서 동일한 이름의 메서드를 사용하려면 두 가지 중 하나를 선택해야 한다.

1. 메서드 오버라이드를 원하는가? 그렇다면 virtual/override를 사용하라.
2. 단순히 자식 클래스에서 동일한 이름의 메서드가 필요했던 것인가? 그렇다면 new를 사용하라.

#### 4.4.1.1 base를 이용한 메서드 재사용

다음은 Computer 클래스와 Notebook 클래스의 전원을 켜는 동작을 메서드 오버라이드를 이용해 표현한 코드다.

```
public class Computer
{
    virtual public void Boot()
    {
        Console.WriteLine("메인보드 켜기");
    }
```

```
}

public class Notebook : Computer
{
    override public void Boot()
    {
        Console.WriteLine("메인보드 켜기");
        Console.WriteLine("액정 화면 켜기");
    }
}
```

보다시피 '메인보드 켜기'라는 동작이 부모와 자식에 중복돼 있다. 다시 한번 '중복 코드 제거' 원칙에 위배되는 사례가 나온 것이다. 바로 이런 경우에 base 키워드를 사용하면 간단하게 문제가 해결된다.

```
public class Computer
{
    virtual public void Boot()
    {
        Console.WriteLine("메인보드 켜기");
    }
}

public class Notebook : Computer
{
    override public void Boot()
    {
        base.Boot();
        Console.WriteLine("액정 화면 켜기");
    }
}
```

여기서 메서드 오버라이드를 사용할 때 한 가지 주의할 사항을 언급해야겠다. 위의 코드는 base를 이용해 부모 클래스에서 제공되는 기능을 사용하는 반면 이전 절에서 예로 든 Mammal/Lion의 관계에서는 base.Move 메서드를 호출하지 않는다. 이처럼 상황에 따라 부모 클래스의 원본 메서드 호출이 필요한지 여부가 달라질 수 있는데, 문제는 부모 클래스를 만들었던 개발자가 자식 클래스에서 base를 호출하거나 호출하지 못하게 강제할 수 있는 방법이 없다는 점이다. 대개의 경우 부모 클래스의 기능을 완전히 재정의하고 싶다면 base 메서드 호출을 누락시키고, base 메서드의 기능 확장을 하려는 경우에는 base 메서드 호출과 함께 추가 코드를 작성하는 것이 일반적이다.

### 4.4.1.2 object 기본 메서드 확장

메서드 오버라이드를 배웠으니 이제 object의 기본 메서드 세 가지를 더욱 확실하게 이해할 수 있을 것이다.

```
public class Object
{
    public virtual bool Equals(object obj);
    public virtual int GetHashCode();
    public virtual string ToString();
    //......[생략]......
}
```

일반적으로 ToString의 경우 클래스의 인스턴스 값을 적절하게 표현하는 내용으로 재정의하는 것이 보통이다. 예를 들어 좌표를 나타내는 Point 클래스를 정의했다면 ToString에서 X, Y 좌푯값을 출력하는 것은 어떨까?

**예제 4.18 ToString을 재정의한 Point**

```
public class Point
{
    int x, y;

    public Point(int x, int y)
    {
        this.x = x;
        this.y = y;
    }

    public override string ToString()
    {
        return "X: " + x + ", Y: " + y;
    }
}
```

이렇게 하면 로그를 남기거나 통합 개발 환경에서 디버깅할 때 ToString에서 반환된 결과가 유용하게 쓰일 수 있다.

```
Point pt = new Point(5, 10);
Console.WriteLine(pt.ToString());
```

```
// 출력 결과
X: 5, Y: 10
```

그럼 Equals와 GetHashCode의 실제 사용 예를 설명하기 위해 Book 예제로 돌아가 보자. 책의 속성으로는 ISBN, 제목, 내용 등이 있을 텐데, 책을 고유하게 나타내기 위해 모든 속성의 값을 비교할 수도 있겠지만 반드시 그럴 필요는 없다. 왜냐하면 책의 속성 중에는 그것을 고유하게 식별할 수 있는 값이 이미 존재할 수도 있기 때문이다.

특정 객체를 고유하게 식별할 수 있는 값을 키(Key)라고 한다.

그렇다면 혹시 제목이 같으면 동일한 책일까? 시중에는 《걸리버 여행기》라는 책이 여러 권 있을 것이므로 적절치 않다. 다음으로 내용이 같은 경우에는 동일하다고 볼 수 있겠지만, 책 내용을 모두 비교하는 것은 성능상 문제가 될 수 있다. 가장 적절한 것은 책마다 부여된 ISBN으로, ISBN에는 이미 책의 고유성이 포함돼 있다. 이를 이용해 예제 4.13을 개선해 보자.

**예제 4.19** Book 타입의 Equals 개선

```
class Book
{
    decimal isbn13;
    string title;
    string contents;

    public Book(decimal isbn13, string title, string contents)
    {
        this.isbn13 = isbn13;
        this.title = title;
        this.contents = contents;
    }
```

```
    public override bool Equals(object obj)
    {
        Book book = obj as Book;
        if (book == null)
        {
            return false;
        }

        return this.isbn13 == book.isbn13;
    }
}
```

isbn13 필드의 값을 비교해 책을 구분하도록 새롭게 정의된 Book 타입은 우리가 원래 의도했던 결과를 반환한다.

```
Book book1 = new Book(9788998139018, "리버스 엔지니어링 바이블", "......");
Book book2 = new Book(9788998139018, "리버스 엔지니어링 바이블", "......");
Book book3 = new Book(9788992939409, "파이썬 3.6 프로그래밍", "......");

Console.WriteLine("book1 == book2: " + book1.Equals(book2));
Console.WriteLine("book1 == book3: " + book1.Equals(book3));
```

```
// 출력 결과
book1 == book2: True
book1 == book3: False
```

그럼 Book 타입의 GetHashCode는 어떻게 정의해야 할까? 어차피 비교 대상이 isbn13 필드 값이기 때문에 '같은 객체'가 '같은 해시 코드'를 반환하기 위해 isbn13 필드의 해시 코드를 반환하는 것으로 쉽게 해결할 수 있다.

```
class Book
{
    // ......[생략]......

    public override int GetHashCode()
    {
```

```
        return this.isbn13.GetHashCode();
    }
}
```

지금까지 설명한 내용을 정리하면 해당 객체의 키(Key)가 될 요소를 적절하게 찾는다면 Equals와 GetHashCode는 자연스럽게 만들어질 수 있다는 것이다.

## 4.4.2 오버로드

메서드 시그니처(method signature)라는 것이 있다. 시그니처는 말 그대로 서명으로 번역되며, 일상생활에서는 서명을 보고 그 주체가 누구인지를 판단할 수 있다. 마찬가지로 메서드 시그니처는 어떤 메서드를 고유하게 규정할 수 있는 정보를 의미한다. 그런데 구체적으로 과연 그것이 무엇일까? 메서드 정의를 분리해 보면 '이름', '반환 타입', '매개변수의 수', '개별 매개변수 타입'으로 나뉘는데, 그것들이 바로 메서드의 '서명'이 된다. 따라서 '메서드가 같다'라는 말은 '메서드의 시그니처가 동일하다'라는 말로 해석할 수 있다.

지난 절에서 배운 '오버라이드'는 시그니처가 완전히 동일한 메서드를 재정의할 때 사용하는 것인 반면, 이번 절에서 배우는 '오버로드(overload)'는 시그니처 중에서 '반환값'은 무시하고 '이름'만 같은 메서드가 '매개변수의 수', '개별 매개변수 타입'만 다르게 재정의되는 경우를 말한다. 결국 오버라이드와 오버로드는 모두 '재정의'라는 한 단어로 번역된다. 그리고 오버로드는 크게 '메서드 오버로드'와 '연산자 오버로드'로 나뉜다.

### 4.4.2.1 메서드 오버로드

앞에서 생성자를 공부하면서 예제 4.5를 통해 다중 생성자를 사용한 적이 있다. 생성자는 반환값이 없는 특수한 메서드로서, 이것 역시 '매개변수의 수', '개별 매개변수 타입'만 다른 여러 가지 생성자를 정의함으로써 오버로드라고 불린다. 즉, 이미 메서드 오버로드의 사용법을 다중 생성자를 통해 다뤄본 것이나 다름없지만 그래도 이해를 돕기 위해 '절댓값'을 구하는 Math 클래스를 하나 더 구현해 보자.

오버로드가 가능하지 않다면 절댓값을 반환하는 기능을 구현하기 위해 유사한 메서드를 여러 개 정의해야 한다.

```
class Mathematics
{
```

```
    public int AbsInt(int value)
    {
        return (value >= 0) ? value : -value;
    }

    public double AbsDouble(double value)
    {
        return (value >= 0) ? value : -value;
    }

    public decimal AbsDecimal(decimal value)
    {
        return (value >= 0) ? value : -value;
    }
}
```

하지만 C# 언어에서는 오버로드를 지원하기 때문에 다음과 같이 동일한 이름의 메서드로 일관성 있게 클래스를 작성할 수 있다.

```
class Mathematics
{
    public int Abs(int value)
    {
        return (value >= 0) ? value : -value;
    }

    public double Abs(double value)
    {
        return (value >= 0) ? value : -value;
    }

    public decimal Abs(decimal value)
    {
        return (value >= 0) ? value : -value;
    }
}
```

Math 클래스를 사용하는 입장에서도 Abs라는 메서드 하나로 기억하는 편이 타입별로 나눠진 메서드를 기억하는 것보다 쉽다.

```
Mathematics math = new Mathematics();
Console.WriteLine(math.Abs(-5));       // 출력 결과 5
Console.WriteLine(math.Abs(-10.052)); // 출력 결과 10.052
Console.WriteLine(math.Abs(20.01m));  // 출력 결과 20.01
```

위의 코드를 다시 한번 살펴보자. 첫 번째 Console.WriteLine 메서드에서는 Abs 메서드가 반환하는 값의 타입이 int 타입인 반면, 두세 번째 호출에서는 각각 double, decimal 타입의 값이 Console.WriteLine 메서드로 반환되어 출력된다. 즉, Console.WriteLine도 다양한 타입의 값을 받을 수 있게 정의된 메서드 오버로드(method overload)의 한 예다.

#### 4.4.2.2 연산자 오버로드

Mammal 타입의 Move 메서드가 자식 클래스에서 동작 방식이 달라졌다는 것을 이전 절에서 알아봤다. 비단 메서드만 이렇게 의미가 달라지는 것은 아니다. 연산자 역시 타입별로 재정의할 수 있는데, 대표적인 사례로 +(더하기)를 예로 들어 보자.

```
int n1 = 5;
int n2 = 10;
int sum = n1 + n2; // sum 값은 15

string txt1 = "123";
string txt2 = "456";
Console.WriteLine(txt1 + txt2); // 출력 결과 123456
```

이 코드에서는 정수형 타입과 문자열 타입에 대해 각각 더하기 연산을 수행하는데, 타입에 따라 더하기 연산자의 역할이 달라진다는 것을 알 수 있다. 정수형 타입에서는 정수 연산에 걸맞게 숫자값을 더하는 반면, 문자열 타입에서는 말 그대로 순수하게 문자열을 이어 붙이는 역할을 한다.

string 타입이 더하기 연산자를 재정의한 것처럼 우리가 만드는 어떠한 타입도 그렇게 할 수 있다. 실습을 위해 무게의 단위를 나타내는 Kilogram을 클래스로 정의한다고 가정해 보자. 연산자 오버로드(operator overload) 없이 더하기 연산을 해야 한다면 일반적인 메서드를 이용해 각 기능을 구현해야 한다.

```
public class Kilogram
{
    double mass;

    public Kilogram(double value)
    {
        this.mass = value;
    }

    public Kilogram Add(Kilogram target)
    {
        return new Kilogram(this.mass + target.mass);
    }

    public override string ToString()
    {
        return mass + "kg";
    }
}

// Kilogram 타입 사용 예제
Kilogram kg1 = new Kilogram(5);
Kilogram kg2 = new Kilogram(10);

Kilogram kg3 = kg1.Add(kg2);

Console.WriteLine(kg3); // 출력 결과: 15kg
```

반면 Add 메서드에 대해 연산자 오버로드를 이용하면 + 연산자에 의미를 부여할 수 있는데, 그 방법이 일반 메서드 정의와 별반 다르지 않다.

```
public static 타입 operator 연산자 (타입1 변수명1, 타입2 변수명2)
{
   // [타입]을 반환하는 코드
}
```

이 문법에 맞게 Kilogram의 + 연산자를 재정의하면 다음과 같다.

```
public class Kilogram
{
    // ......[생략]......

    public static Kilogram operator +(Kilogram op1, Kilogram op2)
    {
        return new Kilogram(op1.mass + op2.mass);
    }
}

// Kilogram 타입 사용 예제
Kilogram kg1 = new Kilogram(5);
Kilogram kg2 = new Kilogram(10);

Kilogram kg3 = kg1 + kg2;
```

원래의 Add 메서드와 새롭게 + 연산자가 재정의된 메서드를 비교해 보면 우선 1) 메서드 유형이 정적으로 바뀌었고 2) operator 예약어와 함께 + 연산자 기호가 메서드 이름을 대신하고 있다. 이 정도의 변화로 'kg3 = kg1 + kg2' 같은 좀 더 직관적인 더하기 표현을 쓸 수 있다는 점이 연산자 오버로드가 갖는 최대의 장점이다.

좀 더 직접적으로 말하면 C#에서는 연산자와 메서드 간의 구분이 없다. 원하는 연산자가 있다면 각 타입의 의미에 맞는 연산으로 새롭게 재정의하면 된다. 현실적으로 그렇게 사용하지는 않겠지만, 심지어 Kilogram 타입의 + 연산자에서 빼기도 할 수 있고 - 연산자에서 더하기를 하도록 재정의하는 것도 가능하다.

여기서 한 가지 유의할 사항이 있는데, 표 4.5에서 볼 수 있듯이 C#에서 제공되는 모든 연산자가 재정의 가능한 유형에 포함되는 것은 아니라는 점이다.

**표 4.5** 연산자에 따른 오버로드 가능 여부

| C# 연산자 | 오버로드 가능 여부 |
|---|---|
| +, -, !, ~, ++, --, true, false | 단항 연산자는 모두 오버로드 가능(+, -는 부호 연산자) |
| +, -, *, /, %, &, \|, ^, <<, >> | 이항 연산자는 모두 오버로드 가능(+, -는 사칙 연산자) |
| ==, !=, <, >, <=, >= | 비교 연산자는 모두 오버로드할 수 있지만 반드시 쌍으로 재정의해야 한다. == 연산자를 오버로드했다면 != 연산자도 해야 한다. |

<table>
<tr><th>C# 연산자</th><th>오버로드 가능 여부</th></tr>
<tr><td>&&, ||</td><td>논리 연산자는 오버로드할 수 없다.</td></tr>
<tr><td>[ ]</td><td>배열 인덱스 연산자 자체인 대괄호는 오버로드할 수 없지만 C#에서는 이를 대체하는 별도의 인덱서 구문을 지원한다.</td></tr>
<tr><td>(Type)x</td><td>형 변환 연산자 자체인 괄호는 오버로드할 수 없지만 대신 explicit, implicit를 이용한 대체 정의가 가능하다.</td></tr>
<tr><td>+=, -=, *=, /=, %=, &=, |=, ^=, <<=, >>=</td><td>복합 대입 연산자 자체는 오버로드할 수 없지만 대입이 아닌 +, -, *, / 등의 연산자를 오버로드하면 복합 대입 연산 구문이 지원된다.</td></tr>
<tr><td>기타 연산자</td><td>오버로드할 수 없다.</td></tr>
</table>

> Note 연산자에서 단항(unary)이란 피연산자(operand)가 하나라는 의미이고, 이항(binary)이란 피연산자가 두 개라는 의미다. 예를 들어, a = -2;라는 코드에서 음수를 나타내는 부호 연산자(-)는 우측에 숫자를 하나만 필요로 한다. 반면 a = 2 - 1;이라는 코드에서 -는 연산자의 좌우에 각각 하나씩 피연산자를 둬야 한다.

오버로드할 수 있는 다른 연산자는 이 절에서 살펴본 + 연산자와 정의하는 방법이 유사하므로 설명을 생략한다. 하지만 배열 인덱스 연산자와 형 변환 연산자를 대체하는 구문에 대해서는 좀 더 설명이 필요하다. 이 중에서 인덱서 구문은 좀 더 나중에 설명할 예정이고, 여기서는 형 변환 연산자를 집중적으로 살펴보겠다.

#### 4.4.2.3 클래스 간의 형 변환

타입을 정의하는 것은 '단위(unit)'를 빈번하게 사용하는 프로그램에서도 유용하다. 예를 들어, 통화(currency) 단위를 생각해 보자. 원(won: ₩), 달러(dollar: $), 엔화(yen: ¥)가 있을 때 이를 단순히 decimal 하나로 지정한다면 자칫 중요한 금전 계산에 오류가 발생할 여지가 남는다.

```
decimal won = 30000;
decimal dollar = won * 1200;
decimal yen = won * 13;

yen = dollar; // 실수로 이렇게 대입해도 컴파일 오류가 발생하지 않는다.
```

위의 코드에서 개발자는 decimal이라는 공통된 타입을 사용해 모든 통화를 표현하고 있는데, 이처럼 암시적으로 정한 규칙은 코드를 유지보수하는 동안 중대한 버그를 발생시킬 수 있는 위험성을 품고 있다.

외국 개발자들은 코드가 버그를 쉽게 유발할 수 있는 상황을 두고 '코드에서 냄새가 난다(code smells)'라는 표현을 쓴다. 이 표현이 유명해지면서 가끔 국내 개발자들의 블로그에서도 종종 언급되곤 한다.

이런 경우 각 통화를 다음과 같이 타입으로 정의한다.

```
public class Currency
{
    decimal money;
    public decimal Money { get { return money; } }

    public Currency(decimal money)
    {
        this.money = money;
    }
}

public class Won : Currency
{
    public Won(decimal money) : base(money) { }

    public override string ToString()
    {
        return Money + "Won";
    }
}

public class Dollar : Currency
{
    public Dollar(decimal money) : base(money) { }

    public override string ToString()
    {
        return Money + "Dollar";
    }
}

public class Yen : Currency
{
```

```
    public Yen(decimal money) : base(money) { }

    public override string ToString()
    {
        return Money + "Yen";
    }
}
```

그러면 부주의하게 통화를 섞어쓰는 위험이 극적으로 줄어든다.

```
Won won = new Won(1000);
Dollar dollar = new Dollar(1);
Yen yen = new Yen(13);

won = yen;    // yen과 won의 타입이 다르기 때문에 컴파일 시에 오류 발생
```

하지만 때로는 Won과 Yen 사이에 형 변환이 가능하길 바랄 수도 있다. 예를 들어, 13원이 Yen 단위에 대입될 때는 1엔으로 되고 그 반대의 변환도 일정한 환율에 따라 정의될 수 있다. 이렇게 하려면 =(대입 연산자)를 정의해야 하지만, 표 4.5에서 본 것처럼 이는 C#에서 허용하지 않는다. 하지만 대체 구문으로 explicit, implicit 메서드를 정의하는 것으로 동일한 목적을 달성할 수 있다.

예를 들어, Yen에서 Won으로 대입하고 싶다면 implicit 연산자를 사용해 다음과 같이 Yen 클래스를 구현할 수 있다.

```
public class Yen : Currency
{
    // ...... [생략] ......

    static public implicit operator Won(Yen yen)
    {
        return new Won(yen.Money * 13m); // 1엔당 13원으로 가정
    }
}
```

implicit operator를 오버로드했으므로 암시적 형 변환을 할 수 있고, 암시적인 형 변환이 가능하므로 명시적으로 캐스팅 연산자를 쓰는 것도 허용된다.

```
Yen yen = new Yen(100);

Won won1 = yen;       // 암시적(implicit) 형 변환 가능
Won won2 = (Won)yen;  // 명시적(explicit) 형 변환 가능

Console.WriteLine(won1);  // 출력 결과: 1300Won
```

그런데 현실 세계에서 민감한 통화 단위에 대해 암시적 형 변환을 허용하는 것은 좋지 않다고 판단하는 개발자도 있을 것이다. 즉, 반드시 개발자가 의도한 형 변환만 가능하도록 제한을 걸고 싶을 수 있는데, 이를 위해 implicit 대신 explicit 연산자가 제공된다. 다음은 Dollar에 구현된 예를 보여준다.

```
public class Dollar : Currency
{
    // ...... [생략] ......

    static public explicit operator Won(Dollar dollar)
    {
        return new Won(dollar.Money * 1000m);
    }
}
```

Dollar 타입은 explicit만 구현했으므로 반드시 형 변환 연산자를 사용해야 Won 타입으로 변경할 수 있다.

```
Dollar dollar = new Dollar(1);

Won won1 = dollar;       // 암시적(implicit) 형 변환 불가능(컴파일 오류 발생)
Won won2 = (Won)dollar;  // 명시적(explicit) 형 변환 가능

Console.WriteLine(won2); // 출력 결과: 1000Won
```

실습을 위해 이전 절에서 만들어 둔 Kilogram 예제에서 Gram 타입을 추가하고 그램 단위와 킬로그램 단위를 서로 변환할 수 있는 코드를 추가해 보기 바란다.

## 4.5 C#의 클래스 확장

클래스, 캡슐화, 상속, 다형성을 구현하는 것으로 C# 언어가 객체지향 언어라고 말할 수는 있지만, 현실 세계에서 프로그래밍하려면 좀 더 다양한 요소가 필요하다. 이번 절에서는 C# 클래스에서 지원되는 몇 가지 부가적인 문법을 다룬다.

### 4.5.1 타입 유형 확장

지금까지 현실 세계의 다양한 객체를 class 구문을 이용해 프로그래밍 세계의 타입으로 구현해 봤다. 얼핏 생각하면 여기서 배운 class만으로도 모든 구문을 표현할 수 있다고 자신할 수 있겠지만, 프로그래밍하다 보면 좀 더 다양한 유형이 필요하다는 것을 깨닫게 된다. 이번 절의 내용을 배우는 과정에서 왜 그러한 확장이 필요한지 이해할 수 있을 것이다.

#### 4.5.1.1 중첩 클래스

중첩 클래스(nested class)는 클래스 내부에 또 다른 클래스를 정의하는 것이다. 그런데 그런 경우가 정말 필요할까? 예를 들어, 하드디스크를 생각해 보자. 하드디스크는 내부에 플래터(platter)라고 하는 원형 금속판을 여러 개 포함하고 있으며, 헤드(head)가 그 금속판 위에 데이터를 읽고 쓰는 동작을 수행한다. 이를 C#으로 표현하면 3개의 클래스로 만들 수 있다.

```
class Platter
{
}

class Head
{
}

public class HardDisk
{
    Platter [] platter;
    Head head;
}
```

하지만 가만히 생각해 보면 플래터와 헤드는 다른 구성 요소에 재사용되기보다는 하드디스크 전용으로 내장되는 것이 일반적이다. 그런데도 위와 같이 3개의 클래스를 나누어 정의하면 Platter와 Head가 다른 클래스에서 사용되는 것을 막을 수 없다. 자칫 개발자로 하여금 실수할 여지가 남게 되는 것이다.

따라서 개념상으로 보면 다음과 같이 하드디스크 내부로 정의를 제한하는 것이 더 올바른 표현일 수 있다.

```
public class HardDisk
{
    class Platter
    {
    }

    class Head
    {
    }

    Platter [] platter;
    Head head;
}
```

앞에서 접근 제한자를 설명하면서 class의 경우 접근 제한자를 생략하면 기본적으로 internal이 지정된다고 설명한 바 있다. 하지만 중첩 클래스의 경우 접근 제한자가 생략되면 다른 멤버와 마찬가지로 private이 지정되어 외부에서 인스턴스를 직접 생성하는 것이 불가능해진다.

```
HardDisk.Head head = new HardDisk.Head(); // 접근 제한 컴파일 오류
```

중첩 클래스를 외부에서 사용하고 싶다면 명시적으로 public 접근 제한자를 지정해야 한다.

#### 4.5.1.2 추상 클래스

앞에서 설명한 메서드 오버라이드는 일반적으로 virtual 메서드를 정의한 부모 클래스에서 그에 대한 기본적인 기능을 구현하고, 자식 클래스에서는 override 예약어를 이용해 그 기능을 재정의한다. 또한 부모 클래스와 자식 클래스 모두 new를 이용해 인스턴스를 생성하는 것이 가능하다. 그런데 때로는 부모 클래스의 인스턴스를 생성하지 못하게 하면서 특정 메서드에 대해 자식들이 반드시 재정의하

도록 강제하고 싶을 수 있다. 추상 클래스(abstract class)와 추상 메서드(abstract method)는 그와 같은 상황을 위해 존재한다.

여기서 두 가지 새로운 개념이 나왔다. 우선 추상 메서드는 abstract 예약어가 지정되고 구현 코드가 없는 메서드를 말한다. 추상 메서드는 일반 클래스에 존재할 수 없으며, 반드시 추상 클래스 안에서만 선언할 수 있다. abstract 예약어가 지정된 추상 메서드를 다른 말로 쉽게 정의하자면 '코드 없는 가상 메서드(virtual method)'라고 이해하면 된다.

> Note 추상 메서드에는 접근 제한자로 private을 지정할 수 없다. 추상 메서드는 반드시 자식 클래스에서 재정의해야 한다는 점을 감안해 보면 이를 상식적으로 이해할 수 있다.

추상 클래스는 abstract 예약어가 지정돼 있다는 점을 제외하면 일반 클래스 정의와 완전히 동일하다. 이 예약어로 인해 일반 클래스와 차별화되는 점은 1) new를 사용해 인스턴스로 만들 수 없다는 것과 2) 추상 메서드를 가질 수 있다는 것뿐이다.

> Note 추상 클래스를 new로 인스턴스화할 수 없다는 것은 어느 정도 이해가 된다. 왜냐하면 추상 클래스 내부에 구현 코드가 없는 메서드, 즉 추상 메서드가 있기 때문이다. 만약 추상 클래스가 new를 통해 존재한다면 추상 메서드를 호출하는 경우 어떤 식으로 동작할지 예측할 수 없을 것이다. 추상 클래스에 반드시 추상 메서드가 포함돼 있어야 하는 것은 아니지만 그래도 여전히 추상 클래스는 new로 인스턴스화할 수 없다.

어떤 경우에 추상 클래스가 필요할까? 예를 들어, 그림으로 표현되는 도형을 정의할 때 부모 클래스와 자식 클래스를 다음과 같이 구성할 수 있다.

```
class Point
{
    int x, y;

    public Point(int x, int y)
    {
        this.x = x; this.y = y;
    }

    public override string ToString()
    {
        return "X: " + x + ", Y: " + y;
```

```
    }
}

abstract class DrawingObject  // 추상 클래스
{
    public abstract void Draw(); // 추상 메서드(코드 없는 가상 메서드)

    public void Move() { Console.WriteLine("Move"); } // 일반 메서드도 정의 가능
}

class Line : DrawingObject  // 추상 클래스를 상속받는 Line 클래스
{
    Point pt1, pt2;
    public Line(Point pt1, Point pt2)
    {
        this.pt1 = pt1;
        this.pt2 = pt2;
    }

    public override void Draw() // 추상 클래스의 추상 메서드를 반드시 정의해야 함
    {
        Console.WriteLine("Line " + pt1.ToString() + " ~ " + pt2.ToString());
    }
}
```

다음은 위의 클래스를 사용한 예제다.

```
DrawingObject line = new Line(new Point(10, 10), new Point(20, 20));
line.Draw(); // 다형성에 따라 Line.Draw가 호출됨.
```

추상 메서드는 가상 메서드에 속하기 때문에 자식 클래스에서 override 예약어를 사용해 재정의한다. 당연히 가상 메서드이므로 다형성의 특징이 그대로 적용된다. 위와 같이 코드를 만든 개발자는 그려지지 않는 도형이란 아무런 의미가 없다고 판단한 것과 같다. 게다가 그려져야 하는 도형의 부모 클래스에서 Draw 동작을 미리 정의해 두는 것도 가능하지 않기 때문에 추상 클래스와 추상 메서드를 조합한 것이다.

물론 코드가 비어 있는 가상 메서드와 일반 클래스의 조합으로 정의해도 무방하다. 단지 가상 메서드는 자식 클래스에서 재정의하지 않아도 컴파일할 때 오류가 발생하지 않지만 추상 클래스의 추상 메서드는 자식 클래스에서 반드시 재정의해야만 컴파일된다. 즉, 컴파일 단계에서부터 재정의를 강제하고 싶을 때 유용하게 사용할 수 있는 것이 바로 추상 클래스와 추상 메서드다.

### 4.5.1.3 델리게이트

지금까지 배운 것처럼 타입은 '값'을 담을 수 있다. 그렇다면 그 '값'의 범위에 '메서드'도 포함될 수 있지 않을까? short 형 변수가 short 값 범위의 값을 가리키는 것처럼 다음과 같은 Clean 메서드가 정의된 경우,

```
public class Disk
{
    public int Clean(object arg)
    {
        Console.WriteLine("작업 실행");
        return 0;
    }
}
```

메서드 자체를 값으로 갖는 타입도 가능하다.

```
Disk disk = new Disk();

[타입] cleanFunc = new [타입](disk.Clean);    // 메서드를 인자로 갖는
                                            // 타입의 인스턴스 생성
```

이렇게 메서드를 가리킬 수 있는 타입을 C#에서는 특별히 델리게이트(delegate)라는 구문으로 제공한다. 그런데 델리게이트 타입을 만드는 방법은 일반적인 class 구문이 아니고 delegate라는 예약어로 표현한다.

> *접근제한자* **delegate** *대상_메서드의_반환타입 식별자(…… 대상_메서드의_매개변수_목록……);*
>
> **설명**: 대상이 될 메서드의 반환 타입 및 매개변수 목록과 일치하는 델리게이트 타입을 정의한다. 참고로 C/C++ 개발자에게는 델리게이트를 간단하게 함수 포인터[6]라고 **설명**한다.

얼핏 보면 delegate를 정의하는 방법이 다소 어려울 수 있는데, 차근차근 풀어보면 직관적으로 이해할 수 있다. 예를 들어, Clean 메서드에 대한 델리게이트 타입을 정의하고 싶다면 다음과 같은 절차를 거치면 된다.

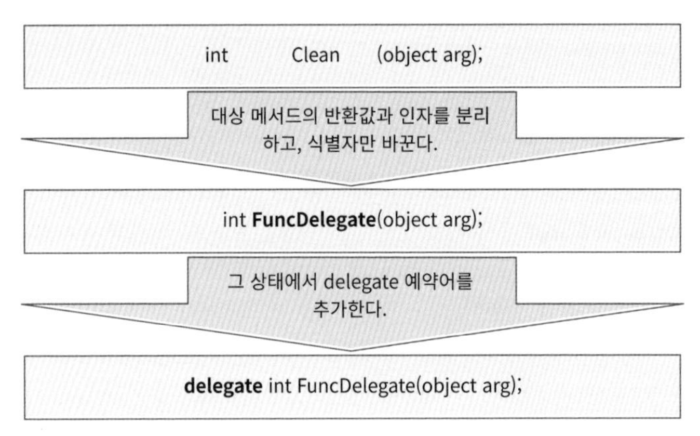


**그림 4.11** Delegate 타입의 정의 방법

이렇게 해서 FuncDelegate라는 이름의 타입이 정의됐고, 이 타입은 int 반환값과 object 인자를 하나 받는 메서드를 가리킬 수 있다. 이를 이용하면 앞의 코드를 다음과 같이 완성할 수 있다.

```
Disk disk = new Disk();

FuncDelegate cleanFunc = new FuncDelegate(disk.Clean);
```

또한 C# 2.0부터는 Delegate 타입을 좀 더 쉽게 사용할 수 있는데, new 없이 마치 일반 숫자형 타입처럼 대입할 수 있는 문법을 제공한다. 따라서 다음 두 구문은 완전히 같은 역할을 한다.

```
FuncDelegate cleanFunc = new FuncDelegate(disk.Clean);
FuncDelegate workFunc = disk.Clean;
```

6 C# 9.0에서는 델리게이트보다 성능을 향상시킨 함수 포인터 구문이 제공된다. (17.14절 '함수 포인터(Function pointers)' 참고)

Note

관례적으로 델리게이트 타입의 이름은 끝에 Delegate라는 접미사를 붙인다.

그런데 이처럼 메서드를 가리키는 타입의 인스턴스인 cleanFunc라는 변수로 어떤 역할을 할 수 있을까? 메서드를 가리키고 있으니 당연히 그 메서드를 호출하는 역할을 한다. 즉, 다음의 두 구문은 완전히 동일한 실행 결과를 나타낸다.

```
Disk disk = new Disk();

FuncDelegate cleanFunc = disk.Clean;

disk.Clean(null); // Clean 메서드를 직접 호출
cleanFunc(null);  // 델리게이트 인스턴스를 통해 Clean 메서드를 호출
```

인스턴스가 메서드를 호출할 수 있다는 점을 제외하고는 델리게이트는 완전한 타입에 속한다. 델리게이트를 담는 배열도 만들 수 있고, 시그니처가 동일한 메서드라면 인스턴스/정적 유형에 상관없이 모두 가리킬 수 있다. 다음은 이 모든 경우를 보여주는 또 다른 예를 보여준다.

**예제 4.20** 델리게이트 사용

```
public class Mathematics
{
    delegate int CalcDelegate(int x, int y);

    static int Add(int x, int y) { return x + y; }
    static int Subtract(int x, int y) { return x - y; }
    static int Multiply(int x, int y) { return x * y; }
    static int Divide(int x, int y) { return x / y; }

    CalcDelegate[] methods;

    public Mathematics()
    {
        // static 메서드를 가리키는 델리게이트 배열 초기화
        methods = new CalcDelegate[] { Mathematics.Add,
                Mathematics.Subtract, Mathematics.Multiply, Mathematics.Divide };
    }
```

```
    // methods 배열에 담긴 델리게이트를 opCode 인자에 따라 호출
    public void Calculate(char opCode, int operand1, int operand2)
    {
        switch (opCode)
        {
            case '+':
                Console.WriteLine("+: " + methods[0](operand1, operand2));
                break;

            case '-':
                Console.WriteLine("-: " + methods[1](operand1, operand2));
                break;

            case '*':
                Console.WriteLine("*: " + methods[2](operand1, operand2));
                break;

            case '/':
                Console.WriteLine("/: " + methods[3](operand1, operand2));
                break;
        }
    }
}

class Program
{
    // 3개의 매개변수를 받고 void를 반환하는 델리게이트 정의
    // 매개변수의 타입이 중요할 뿐 매개변수의 이름은 임의로 정할 수 있음.
    delegate void WorkDelegate(char arg1, int arg2, int arg3);

    static void Main(string[] args)
    {
        Mathematics math = new Mathematics();
        WorkDelegate work = math.Calculate;

        work('+', 10, 5);
        work('-', 10, 5);
        work('*', 10, 5);
        work('/', 10, 5);
```

```
    }
}
```

```
// 출력 결과
+: 15
-: 5
*: 50
/: 2
```

델리게이트가 타입이라는 점은 중요하다. 이 때문에 변수가 사용되는 곳이라면 델리게이트 또한 함께 사용되는데, 이것은 다음과 같은 의미를 갖는다.

1. 메서드의 반환값으로 델리게이트를 사용할 수 있다.
2. 메서드의 인자로 델리게이트를 전달할 수 있다.
3. 클래스의 멤버로 델리게이트를 정의할 수 있다.

여기서 다시 한번 델리게이트가 메서드를 가리키는 것임을 떠올려보자. 따라서 다음과 같이 해석할 수 있다.

1. 메서드의 반환값으로 메서드를 사용할 수 있다.
2. 메서드의 인자로 메서드를 전달할 수 있다.
3. 클래스의 멤버로 메서드를 정의할 수 있다.

Note 메서드가 프로그래밍 언어에서 이런 특성을 지닐 때 그것을 1급 함수(first-class function)라 한다. 따라서 C#은 1급 함수가 지원되는 언어로, 이후 델리게이트의 특성을 좀 더 보강한 익명 함수, 람다 표현식이 제공된다.

### 델리게이트의 실체: 타입

그런데 왜 델리게이트가 타입일까? delegate라는 예약어가 사용된 것과 class 타입은 전혀 상관없는 관계로 보이는데, 어떻게 타입과 동등한 위치에 있는 것일까? 이에 대한 해답은 delegate 예약어가 메서드를 가리킬 수 있는 내부 닷넷 타입에 대한 '간편 표기법'이라는 점에 있다. 그 내부 타입의 이름은 MulticastDelegate다.

Note System.MulticastDelegate 타입은 System.Delegate 타입을 상속받고, 그것은 다시 System.Object를 상속받는다.

따라서 예제 4.20의 WorkDelegate를 delegate 예약어 없이 정의한다면 다음과 같이 개발자가 직접 코드를 작성해야 한다.

Note C#은 MulticastDelegate를 직접 상속해서 정의하는 구문을 허용하지 않는다. 따라서 다음의 조각 코드 2개는 원리를 보여주는 차원에서 제시된 것일 뿐 실제로 컴파일은 되지 않는다.

```
class WorkDelegate : System.MulticastDelegate
{
    public WorkDelegate(object obj, IntPtr method);
    public virtual void Invoke(char arg1, int arg2, int arg3);
}
```

또한 인스턴스 생성 및 호출까지도 C# 컴파일러의 개입이 없다면 다음과 같이 수작업으로 해야 한다.

```
Mathematics math = new Mathematics();
WorkDelegate func = new WorkDelegate(math, math.Calculate);
func.Invoke('+', 10, 5);
```

하지만 delegate 예약어의 도움으로 MulticastDelegate 타입의 존재를 모른 채 메서드를 가리키는 타입을 좀 더 쉽게 사용할 수 있었던 것이다.

이제 MulticastDelegate를 알았으니 델리게이트를 좀 더 응용해 보자. 지금까지의 예제에서 델리게이트 인스턴스는 하나의 메서드만 가리키고 있었는데 MulticastDelegate의 이름에서 볼 수 있는 것처럼 여러 개의 메서드를 가리키는 것도 가능하다. 다음은 2개의 정수에 대해 단 한 번의 함수 호출로 사칙 연산 메서드가 모두 호출되는 예제다.

```
namespace ConsoleApp1;

class Program
{
    delegate void CalcDelegate(int x, int y);
```

```
    static void Add(int x, int y) { Console.WriteLine( x + y); }
    static void Subtract(int x, int y) { Console.WriteLine(x - y); }
    static void Multiply(int x, int y) { Console.WriteLine(x * y); }
    static void Divide(int x, int y) { Console.WriteLine(x / y); }

    static void Main(string[] args)
    {
        CalcDelegate calc = Add;
        calc += Subtract;
        calc += Multiply;
        calc += Divide;

        calc(10, 5);
    }
}
```

```
// 출력 결과
15
5
50
2
```

특이하게 += 연산자를 이용해 메서드를 델리게이트 인스턴스에 추가하는데, 이 역시 C# 컴파일러가 빌드 시에 자동으로 다음과 같은 구문으로 바꿔준다.

```
CalcDelegate calc = new CalcDelegate(Add);
CalcDelegate subtractCalc = new CalcDelegate(Subtract);
CalcDelegate multiplyCalc = new CalcDelegate(Multiply);
CalcDelegate divideCalc = new CalcDelegate(Divide);

calc = CalcDelegate.Combine(calc, subtractCalc) as CalcDelegate;
calc = CalcDelegate.Combine(calc, multiplyCalc) as CalcDelegate;
calc = CalcDelegate.Combine(calc, divideCalc) as CalcDelegate;
```

여기서 직관적으로 +=과는 반대 개념인 -= 연산자도 지원하리라 예상할 수 있다. 델리게이트에 -= 연산자를 사용하면 MulticastDelegate의 메서드 보관 목록에서 해당 메서드를 제거하는 역할을 한다.

```
CalcDelegate calc = Add;
calc += Subtract;
calc += Multiply;
calc += Divide;

calc(10, 5); // Add, Subtract, Multiply, Divide 메서드 모두 호출

calc -= Multiply; // 목록에서 Multiply 메서드를 제거
calc(10, 5);      // Add, Subtract, Divide 메서드만 호출
```

delegate 예약어와 그 인스턴스에 대한 C# 컴파일러의 배려가 얼마나 특별한지 알 수 있다. 그렇다고는 해도 델리게이트가 타입이라는 사실은 잊지 말자. 일례로 클래스 내부에서 CalcDelegate 델리게이트를 정의했다면 그것은 중첩 클래스일 뿐 그 이상도 그 이하도 아니다.

### 콜백 메서드

콜백(callback) 메서드는 메서드를 사용하는 전형적인 패턴의 하나다. 이 개념을 완전하게 이해하려면 메서드 입장에서의 호출자(caller)와 피호출자(callee) 관계를 이해해야 한다. 예를 들어, 사용자가 만든 Source 타입에서 Target 타입 내에 정의된 메서드를 호출한다고 하자. 그럼 호출자는 Source가 되고, 피호출자는 Target이 된다. 콜백이란 역으로 피호출자에서 호출자의 메서드를 호출하는 것을 의미하고, 이때 역으로 호출된 '호출자 측의 메서드'를 '콜백 메서드'라고 한다. 이 관계를 코드와 함께 알아보자.

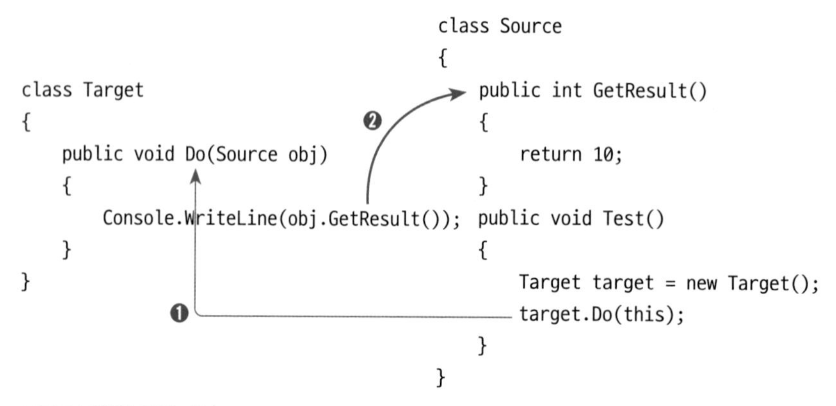


그림 4.12 코드로 구현한 콜백 메서드

1번 호출에서는 Source 타입이 호출자이고 Target 타입이 피호출자가 된다. 하지만 피호출자가 정의한 Do 메서드 내부에서 다시 호출자의 타입에 정의된 메서드를 호출하고 있다. 바로 2번 호출을 콜백이라 하고 Source 타입의 GetResult 멤버가 콜백 메서드가 된다.

그런데 델리게이트가 콜백 호출 패턴에서 어떤 역할을 담당할 수 있을까? 콜백은 메서드를 호출하는 것이기 때문에 이 상황에서 실제 필요한 것은 타입이 아니라 하나의 메서드일 뿐이다. 따라서 타입 자체를 전달해서 실수를 유발할 여지를 남기기보다는 메서드에 대한 델리게이트만 전달해서 이 문제를 해결할 수 있다. 다음은 Target / Source 코드의 예제를 델리게이트를 사용해 다시 구현한 것이다.

**예제 4.21** 델리게이트를 사용한 콜백

```
delegate int GetResultDelegate(); // int를 반환하고 매개변수가 없는 델리게이트 타입을 정의

class Target
{
    public void Do(GetResultDelegate getResult)
    {
        Console.WriteLine(getResult()); // 콜백 메서드 호출
    }
}

class Source
{
    public int GetResult() // 콜백 용도로 전달될 메서드
    {
        return 10;
    }

    public void Test()
    {
        Target target = new Target();
        target.Do(new GetResultDelegate(this.GetResult));
    }
}
```

Note 피호출자가 호출하는 메서드가 호출자 내부에 정의된 메서드로 한정되지는 않는다. 다른 타입에 정의된 메서드를 피호출자에 전달해서 호출되는 경우에도 있으며, 이러한 '역 호출'을 보통 콜백이라고 한다.

위의 콜백 패턴을 잘 음미해 보자. Target 타입의 Do 메서드를 호출하면서 콜백 메서드를 전달했다. 이로 인해 Do 메서드는 내부의 동작에 콜백 메서드를 반영하게 된다. 이것은 마치 이미 정의돼 있는 메서드 내의 특정 코드 영역을 '콜백 메서드'에 정의된 코드로 치환하는 것과 같은 역할을 한다.

코드를 치환한다는 의미를 적절히 살리는 예를 들어 보자. 다음은 일반적인 선택 정렬(selection sort) 알고리즘을 구현한 프로그램이다.

예제 4.22 선택 정렬

```
namespace ConsoleApp1;

class SortObject // 배열을 정렬할 수 있는 기능을 가진 타입 정의
{
    int [] numbers;

    public SortObject(int[] numbers) // 배열을 생성자의 인자로 받아서 보관
    {
        this.numbers = numbers;
    }

    public void Sort() // 전형적인 선택 정렬 알고리즘을 구현한 메서드
    {                  // numbers 배열의 요소를 크기순으로 정렬
        int temp;

        for (int i = 0; i < numbers.Length; i++)
        {
            int lowPos = i;

            for (int j = i + 1; j < numbers.Length; j++)
            {
                if (numbers[j] < numbers[lowPos])
                {
                    lowPos = j;
                }
            }

            temp = numbers[lowPos];
            numbers[lowPos] = numbers[i];
            numbers[i] = temp;
```

```
        }
    }

    public void Display() // numbers 요소를 화면에 출력
    {
        for (int i = 0; i < numbers.Length; i++)
            Console.Write(numbers[i] + ", ");
    }
}

class Program
{
    static void Main(string[] args)
    {
        int[] intArray = new int[] { 5, 2, 3, 1, 0, 4 };

        SortObject so = new SortObject(intArray);
        so.Sort();
        so.Display();
    }
}
```

```
// 출력 결과
0, 1, 2, 3, 4, 5,
```

Note 이 책은 알고리즘을 주제로 하는 책이 아니므로 선택 정렬에 대한 자세한 설명은 생략한다. 이 절의 내용은 선택 정렬을 알고 있느냐와 무관하게 이해할 수 있으므로 델리게이트라는 주제에 집중하자.

SortObject 클래스는 Sort라는 단 하나의 메서드를 제공해서 int 형 배열을 크기순(오름차순: ascending)으로 정렬한다. 그런데 여기서 배열을 내림차순(descending)으로 정렬하고 싶다면 어떻게 해야 할까? 이를 위해 코드에서 단지 중첩 for 문 내의 비교 연산자 하나만 수정하면 된다.

```
public void Sort()
{
    // ...... [생략] ......
            if (numbers[j] > numbers[lowPos]) // < 연산자를 >로 변경
            {
```

```
                lowPos = j;
            }
    // ...... [생략] ......
}
```

오름차순과 내림차순을 SortObject에서 함께 구현해야 한다면 각각을 구현하는 두 개의 Sort 메서드를 만들어야 할까? 단지 비교하는 코드 한 줄 때문에 대부분의 코드가 중복되는 메서드를 2개 만드는 것은 바람직하지 않다. 그렇다면 Sort 메서드에 bool ascending이라는 매개변수를 추가해 오름차순과 내림차순을 선택하게 하는 것도 좋다.

```
public void Sort(bool ascending)
{
    // ...... [생략] ......
            if (ascending == true) // 오름차순 정렬
            {
                if (numbers[j] < numbers[lowPos])
                {
                    lowPos = j;
                }
            }
            else // 내림차순 정렬
            {
                if (numbers[j] > numbers[lowPos])
                {
                    lowPos = j;
                }
            }
    // ...... [생략] ......
}
```

나쁘지 않은 방법이지만 한번 더 생각해서 '비교하는 코드'를 외부에서 선택하도록 델리게이트로 만드는 것도 가능하다.

```
public delegate bool CompareDelegate(int arg1, int arg2);

public void Sort(CompareDelegate compareMethod)
{
```

```
    // ...... [생략] ......
            if (compareMethod(numbers[j], numbers[lowPos]))
            {
                lowPos = j;
            }
    // ...... [생략] ......
}
```

보다시피 Sort 메서드의 코드는 간결해지고 오름차순, 내림차순을 외부에서 원하는 대로 정하는 것이 가능해졌다. 다음은 새롭게 정의된 Sort 코드를 사용하는 예제다.

```
class Program
{
    static void Main(string[] args)
    {
        int[] intArray = new int[] { 5, 2, 3, 1, 0, 4 };

        SortObject so = new SortObject(intArray);
        so.Sort(AscendingCompare); // 오름차순 정렬을 할 수 있는 메서드 전달
        so.Display();

        Console.WriteLine();

        so.Sort(DescendingCompare); // 내림차순 정렬을 할 수 있는 메서드 전달
        so.Display();
    }

    public static bool AscendingCompare(int arg1, int arg2)
    {
        return (arg1 < arg2);
    }

    public static bool DescendingCompare(int arg1, int arg2)
    {
        return (arg1 > arg2);
    }
}
```

```
// 출력 결과
0, 1, 2, 3, 4, 5,
5, 4, 3, 2, 1, 0,
```

여러분이라면 어떻게 하겠는가? 어쩌면 여전히 어려운 델리게이트를 사용하는 것보다 bool 인자를 하나 더 받는 유형을 선택하려고 할 것이다. 그럼 한 가지 상황을 더 가정해 보자. 예제 4.22에서는 정렬 대상을 int 타입으로 다루고 있는데, 이를 Person이라는 객체로 변경해 보자.

```
class Person
{
    public int Age;
    public string Name;

    public Person(int age, string name)
    {
        this.Age = age;
        this.Name = name;
    }

    public override string ToString()
    {
        return Name + ": " + Age;
    }
}
```

새롭게 SortPerson 타입을 정의하고 Person 타입의 Age 필드 순으로 정렬하도록 바꾸는 것이 가능하다.

```
class SortPerson
{
    Person[] men;

    public SortPerson(Person[] men)
    {
        this.men = men;
    }
```

```
    public void Sort()
    {
        Person temp;

        for (int i = 0; i < men.Length; i++)
        {
            int lowPos = i;

            for (int j = i + 1; j < men.Length; j++)
            {
                if (men[j].Age < men[lowPos].Age)
                {
                    lowPos = j;
                }
            }

            temp = men[lowPos];
            men[lowPos] = men[i];
            men[i] = temp;
        }
    }

public void Display()
{
        for (int i = 0; i < men.Length; i++)
        {
            Console.WriteLine(men[i] + ",");
        }
    }
}
```

이제 델리게이트를 사용하지 않고 Age 필드에 대해 내림차순 기능을 추가해 보자. 이전에 배운 대로 불린형 변수를 Sort에 추가하고 변수의 값에 따라 if 문을 추가해 비교 연산자를 바꾸면 된다. 여기서 요구사항을 추가해 Person 타입의 Name 필드에 대해서도 오름차순/내림차순 정렬을 지원한다고 생각해 보자. if 문이 점점 복잡해진다. 더 나아가 Person 타입에 Address, Telephone 등의 속성이 추가되고 그러한 속성에 대해서도 정렬을 지원해야 한다면 어떻게 될까? Sort 메서드가 정렬이라는 본래 목적에서 벗어나 정렬 대상이 되는 필드를 선택하기 위해 코드가 점점 더 복잡해지는 현상이 발생한다. 게다가 Sort 메서드를 만드는 개발자는 그 메서드를 사용하는 측에서 모든 종류의 정렬을 사용할지에 대해서도 알 수 없지만 방어적으로 코드를 생성해야 한다는 것도 문제다.

그런데 이러한 모든 복잡성을 델리게이트를 사용해 해결할 수 있다. Sort 메서드에서 Name 필드로 오름차순 정렬을 원하는 개발자는 단지 그에 맞게 정렬하는 코드를 직접 제공하면 된다.

```
delegate bool CompareDelegate(Person arg1, Person arg2);

class SortPerson
{
    // ...... [생략] ......
    public void Sort(CompareDelegate compareMethod) // 비교를 위한 델리게이트 인자
    {
            // ...... [생략] ......
            if (compareMethod(men[j], men[lowPos]))
            {
                lowPos = j;
            }
            // ...... [생략] ......
    }
    // ...... [생략] ......
}

class Program
{
    static bool AscSortByName(Person arg1, Person arg2)
    {
        // string 객체의 CompareTo 메서드는 문자열 비교를 수행
        // 문자열이 사전 정렬 순으로 비교해서 크면 1, 같으면 0, 작으면 -1을 반환
        // 따라서 0보다 작은 값을 반환한 경우를 true로 가정하면 오름차순 정렬
        return arg1.Name.CompareTo(arg2.Name) < 0;
    }

    static void Main(string[] args)
    {
        Person[] personArray = new Person[]
        {
            new Person(51, "Anders"),
            new Person(37, "Scott"),
```

```
            new Person(45, "Peter"),
            new Person(62, "Mads"),
        };

        SortPerson so = new SortPerson(personArray);
        so.Sort(AscSortByName);
        so.Display();
    }
}
```

```
// 출력 결과
Anders: 51,
Mads: 62,
Peter: 45,
Scott: 37,
```

이처럼 SortPerson 타입을 사용하는 개발자는 자신이 원하는 정렬 기능을 갖추게끔 델리게이트를 제공하면 된다. 그런데 좀 더 유연하게 만들 수는 없을까?

현재 우리는 int 타입과 Person 타입을 정렬하기 위해 SortObject, SortPerson으로 나눠서 구현했다. 그런데 자세히 보면 '정렬'을 위한 코드는 대부분 변경되지 않고 타입에 의존적인 코드만 바뀐 것을 볼 수 있다. 그렇다면 모든 타입의 부모인 object를 사용하면 2개의 분리된 클래스를 하나로 합칠 수 있지 않을까? 그렇게만 할 수 있다면 '정렬 알고리즘'을 만드는 개발자는 정렬을 위한 코드에 더 집중할 수 있게 된다.

**예제 4.23** 델리게이트와 object를 이용한 범용 정렬 코드

```
delegate bool CompareDelegate(object arg1, object arg2); // object 인자 2개

class SortObject
{
    object[] things;

    public SortObject(object[] things) // object 배열
    {
        this.things = things;
    }
```

```
    public void Sort(CompareDelegate compareMethod)
    {
        object temp;

        for (int i = 0; i < things.Length; i++)
        {
            int lowPos = i;

            for (int j = i + 1; j < things.Length; j++)
            {
                if (compareMethod(things[j], things[lowPos]))
                {
                    lowPos = j;
                }
            }

            temp = things[lowPos];
            things[lowPos] = things[i];
            things[i] = temp;
        }
    }

    // ...... [Display 코드 생략] ......
}

class Program
{
    static bool AscSortByName(object arg1, object arg2)
    {
        Person person1 = arg1 as Person; // 대상 타입으로 형 변환
        Person person2 = arg2 as Person;

        return person1.Name.CompareTo(person2.Name) < 0;
    }

    static void Main(string[] args)
    {
        // ...... [배열 초기화 코드 생략] ......
        SortObject so = new SortObject(personArray);
        so.Sort(AscSortByName);
```

```
        so.Display();
    }
}
```

완성된 코드를 천천히 살펴보자. object를 사용해 Sort 메서드를 타입에 종속적이지 않게 만들고 객체를 비교하는 코드를 외부에서 지정할 수 있도록 델리게이트를 사용했다. 이렇게 되면 int 및 Person 타입에 제한되지 않고 모든 타입에 대해 SortObject 클래스를 이용해 정렬을 수행할 수 있다. 적절하게 델리게이트만 전달하는 것으로 코드 재사용 능력을 극대화한 것이다.

#### 4.5.1.4 인터페이스

인터페이스(interface)는 간단하게 계약(contract)이라고 정의되며, 구현 없이 메서드 선언만 포함된 클래스 문법과 비슷한 면이 있다.

```
접근_제한자 interface 인터페이스_명
{
    // [메서드 선언];
}
```

**설명**: 인터페이스에는 메서드 선언을 0개 이상 포함할 수 있다. 관례적으로 인터페이스 이름에는 I 접두사를 붙인다.

인터페이스를 '추상 메서드만 0개 이상 담고 있는 추상 클래스'라고 생각해도 무방하다. 즉, 다음의 두 가지 표현(DrawingObject와 IDrawingObject)은 몇 가지 특징을 제외하고는 완전히 동일하다.

```
abstract class DrawingObject
{
    public abstract void Draw();
    public abstract void Move(int offset);
}

interface IDrawingObject
{
    void Draw();
    void Move(int offset);
}
```

그렇다면 추상 클래스로 구현할 수 있는 것을 왜 굳이 interface라는 새로운 예약어를 만들어 표현하게 됐을까? 그 유일한 이유는 '클래스는 다중 상속이 불가능하다'라는 특징으로 설명할 수 있다. 추상 클래스는 말 그대로 클래스로 정의된 타입이라서 다중 상속을 할 수 없지만, 인터페이스는 클래스가 아니기 때문에 다중 상속이 허용되어 다음과 같은 표현이 가능하다.

```
class Computer
{
}

interface IMonitor // 메서드 시그니처만을 포함하고 있는 인터페이스
{
    void TurnOn();
}

interface IKeyboard { } // 비어 있는 인터페이스 정의 가능

// 클래스 상속과 함께 인터페이스로부터 다중 상속 가능
class Notebook : Computer, IMonitor, IKeyboard
{
    public void TurnOn() { } // 추상 메서드와는 달리 override 예약어가 필요 없음.
}
```

인터페이스의 메서드를 자식 클래스에서 구현할 때는 반드시 public 접근 제한자를 명시해야 한다. 아니면 다음과 같이 인터페이스명을 직접 붙이는 경우 public 접근 제한자를 생략해도 된다. 한 가지 주의할 점은 public이 없다고 해서 private이 되는 건 아니라는 점이다.

```
class Notebook : Computer, IMonitor, IKeyboard
{
    void IMonitor.TurnOn() { }
}
```

두 가지 메서드 구현 방식에는 호출하는 방법에 따른 차이점이 있다. 전자의 방식으로 구현하면 해당 클래스(예제에서는 Notebook)의 멤버로 정의되어 다음과 같이 호출할 수 있다.

```
Notebook notebook = new Notebook();
notebook.TurnOn();
```

반면 접근 제한자를 생략하고 인터페이스명을 붙이는 후자의 경우에는 명시적으로 인터페이스의 멤버에 종속시킨다고 표시하는 것과 같다. 따라서 Notebook의 멤버로서 호출하는 것이 불가능하고 반드시 인터페이스로 형 변환해야만 호출할 수 있다.

```
Notebook notebook = new Notebook();
notebook.TurnOn(); // IMonitor.TurnOn 메서드는 Notebook 인스턴스로 호출 불가능
                   // 따라서 이 코드는 컴파일 오류가 발생한다.

IMonitor mon = notebook as IMonitor;
mon.TurnOn(); // 반드시 IMonitor 인터페이스로 형 변환해서 호출
```

인터페이스가 '메서드의 묶음'이고, C# 프로퍼티가 내부적으로는 메서드로 구현되기 때문에 인터페이스에는 프로퍼티 역시 포함할 수 있다.

```
interface IMonitor
{
    void TurnOn();
    int Inch { get; set; } // 프로퍼티 get/set 포함
    int Width { get; }     // get만 포함하는 것도 가능
}

class Notebook : IMonitor
{
    public void TurnOn() { }

    int inch;
    public int Inch
    {
        get { return inch; }
        set { inch = value; }
    }

    int width;
    public int Width { get { return width; } }
}
```

인터페이스 자체는 이것으로 설명이 끝난다. '그런데 코드도 없이 단순하게 메서드 형식만 정의한 인터페이스가 도대체 어떤 효용성이 있는 것일까?'라는 의문이 생기는 독자가 있을 텐데, 이제부터 몇 가지 사례와 함께 인터페이스의 유용성을 알아보겠다.

### 상속으로서의 인터페이스

인터페이스의 가장 기본적인 역할은 상속이다. 따라서 해당 인터페이스를 구현한 것과 상속받았다는 것은 같은 의미를 가진다. 비록 클래스 상속은 아니어서 구현 코드를 이어받은 것은 아니지만 적어도 메서드의 묶음에 대한 정의를 이어받은 것에 해당한다. 따라서 서로 다른 클래스라도 인터페이스만 공통으로 구현되어 있다면 해당 구현 클래스의 인스턴스에 대해 인터페이스로 접근하는 것이 가능하다. 예를 들어 다음의 Line, Rectangle 타입은 공통적으로 IDrawingObject 인터페이스를 상속한다.

```
interface IDrawingObject
{
    void Draw();
}

class Line : IDrawingObject
{
    public void Draw() { Console.WriteLine("Line"); }
}

class Rectangle : IDrawingObject
{
    public void Draw() { Console.WriteLine("Rectangle"); }
}
```

그에 따라 다음과 같은 활용이 가능하다.

```
// 인터페이스 자체는 new로 인스턴스화할 수 없지만, 인터페이스 배열은 가능하다.
IDrawingObject[] instances = new IDrawingObject[]
                                    { new Line(), new Rectangle() };

foreach (IDrawingObject item in instances)
{
    item.Draw(); // 인터페이스를 상속받은 객체의 Draw 메서드가 호출됨
}
```

```
// 자식 클래스로부터 암시적 형 변환 가능
IDrawingObject instance = new Line();
instance.Draw();
```

```
// 출력 결과
Line
Rectangle
Line
```

참고로, 이번 경우에는 Line과 Rectangle 타입이 별도의 클래스 상속을 받지 않으므로 인터페이스가 없었다고 해도 abstract 타입으로 바꿀 수 있다. 즉, 이렇게 바뀌었어도 이들을 사용한 위의 예제 코드는 전혀 영향을 받지 않고 잘 실행된다.

```
public abstract class IDrawingObject
{
    public abstract void Draw();
}

class Line : IDrawingObject
{
    public override void Draw() { Console.WriteLine("Line"); }
}

class Rectangle : IDrawingObject
{
    public override void Draw() { Console.WriteLine("Rectangle"); }
}
```

### 인터페이스 자체로 의미 부여

인터페이스에 메서드가 포함돼 있지 않은 상태, 즉 비어 있는 인터페이스를 상속받는 것으로도 의미가 부여될 수 있다. 예를 들어, System.Object 클래스의 ToString을 재정의한 클래스만을 구분하고 싶다면 어떻게 해야 할까? 인터페이스가 없다면 별도의 불린형 필드를 둬서 개발자가 명시해야 한다. 하지만 인터페이스를 활용하면 이렇게 구분하는 것이 가능하다.

```
interface IObjectToString {} // ToString을 재정의한 클래스에만
                             // 사용될 빈 인터페이스 정의

class Computer {} // ToString을 재정의하지 않은 예제 타입

class Person : IObjectToString // ToString을 재정의했다는 의미로 인터페이스 상속
{
    string name;
    public Person(string name)
    {
        this.name = name;
    }

    public override string ToString()
    {
        return "Person: " + this.name;
    }
}

class Program
{
    private static void DisplayObject(object obj)
    {
        if (obj is IObjectToString) // 인터페이스로 형 변환이 가능한가?
        {
            Console.WriteLine(obj.ToString());
        }
    }

    static void Main(string[] args)
    {
        DisplayObject(new Computer());
        DisplayObject(new Person("홍길동"));
    }
}
```

```
// 출력 결과
Person: 홍길동
```

인터페이스가 계약이라고 정의했던 이유를 위의 예제를 통해 조금이나마 이해할 수 있을 것이다. Person 클래스는 IObjectToString 인터페이스가 요구하는 '암시적인 계약'을 ToString을 재정의함으로써 지켰다. 반면 Computer 클래스는 ToString 메서드를 재정의하지 않았으므로 IObjectToString 인터페이스의 계약을 지키지 못했고 따라서 상속을 받지 않았으며, 그 차이를 DisplayObject 메서드 안에서 활용하고 있다.

한마디로 인터페이스는 여러분이 코드에서 자유롭게 정의할 수 있는 '계약'이다.

### 인터페이스를 이용한 콜백 구현

인터페이스에 포함된 메서드는 상속된 클래스에서 반드시 구현한다는 보장이 있다. 바로 이 점을 이용해 인터페이스를 이용한 콜백 구현이 가능하다. 실제로 델리게이트를 사용한 콜백 예제인 예제 4.21을 인터페이스로 바꾸면 다음과 같다.

```
interface ISource
{
    int GetResult(); // 콜백용으로 사용될 메서드를 인터페이스로 분리한다.
}

class Source : ISource

{
    public int GetResult() { return 10; }

    public void Test()
    {
        Target target = new Target();
        target.Do(this);
    }
}

class Target
{
    public void Do(ISource obj) // Source 타입이 아닌 ISource 인터페이스를 받는다.
    {
        Console.WriteLine(obj.GetResult()); // 콜백 메서드 호출
    }
}
```

낯설게 느껴지던 델리게이트를 사용하기보다는 오히려 '상속'이라는 이미 익숙한 개념으로 콜백을 구현하는 것이므로 이해하기가 더 쉽다.

> 여기서 잠깐 다른 언어인 자바와 비교해 보자. 콜백을 구현할 수 있는 중요 수단인 함수 포인터에 대해 C#은 델리게이트를 제공하지만 자바에는 이와 동등한 개념이 없다. 비록 자바가 델리게이트와 유사한 문법을 제공하지는 않지만 크게 문제가 안 되는 이유는 인터페이스가 있기 때문이다.

그렇다면 콜백을 구현할 때 델리게이트와 인디페이스 중에 어떤 것을 선택할지에 관한 적당한 기준이 있을까? 사실 대부분의 콜백 패턴에 대해 인터페이스를 사용하는 방법이 더 선호된다. 왜냐하면 델리게이트는 각 메서드마다 정의해야 하는 불편함이 있지만 인터페이스는 하나의 타입에서 여러 개의 메서드 계약을 담을 수 있기 때문이다. 대신 델리게이트는 '여러 개의 메서드'를 담을 수 있어서 한 번의 호출을 통해 다중으로 등록된 콜백 메서드를 호출할 수 있다는 고유의 장점이 있다.

따라서 다중 호출에 대한 필요성만 없다면 인터페이스를 이용해 콜백을 구현하는 것이 더 일반적이다. 실제로 닷넷에서 제공되는 타입 가운데 델리게이트보다는 종종 인터페이스가 사용된 예를 볼 수 있다. 가령 Array 타입의 멤버인 Sort 메서드가 한 예다. 예제 4.14에서 살펴본 Array.Sort는 단순히 배열을 오름차순 정렬하지만, 인터페이스 인자를 사용하는 경우 내림차순 정렬도 가능하다. 왜냐하면 Array. Sort에는 다음과 같이 IComparer 인터페이스를 인자로 받는 메서드가 오버로드되어 제공되기 때문이다.

```
public static void Sort(Array array);
public static void Sort(Array array, IComparer comparer);
```

Array와 마찬가지로 IComparer 인터페이스도 닷넷에 정의돼 있고 단순히 Compare라는 메서드 유형을 선언하고 있다.

```
namespace System.Collections;

public interface IComparer
{
    // x가 y보다 크면 1, 같으면 0, 작다면 -1을 반환하는 것으로 약속된 메서드
    int Compare(object x, object y);
}
```

따라서 Array.Sort 정적 메서드를 이용해 내림차순 정렬을 하고 싶다면 약속된 동작을 반대로 수행하는 Compare 메서드를 준비하면 된다. 다음은 이를 종합해서 작성한 예제 코드다.

예제 4.24 IComparer 인터페이스를 이용한 Array.Sort 사용

```
using System.Collections; // IComparer가 정의된 네임스페이스를 사용

class IntegerCompare : IComparer // IComparer를 상속받는 타입 정의
{
    // IComparer 인터페이스의 Compare 메서드를 구현
    // 이 메서드는 Array.Sort 메서드 내에서 콜백으로 호출됨
    public int Compare(object x, object y)
    {
        int xValue = (int)x;
        int yValue = (int)y;

        if (xValue > yValue) return -1; // 내림차순 정렬이 되도록 -1을 반환
        else if (xValue == yValue) return 0;

        return 1;
    }
}

class Program
{
    static void Main(string[] args)
    {
        int[] intArray = new int[] { 1, 2, 3, 4, 5 };

        // IComparer를 상속받은 IntegerCompare 인스턴스 전달
        Array.Sort(intArray, new IntegerCompare());
        foreach (int item in intArray)
        {
            Console.Write(item + ", ");
        }
    }
}
```

```
// 출력 결과
5, 4, 3, 2, 1,
```

코드를 차근차근 분석해 보자. 우선 intArray를 전달받은 Array.Sort 정적 메서드는 배열 안의 각 요소를 정렬하기 위해 값을 비교해야 한다. 만약 IComparer를 구현한 인스턴스를 함께 인자로 넘기면 Array.Sort는 요소의 값을 비교하기 위해 IComparer.Compare 메서드에 2개의 값을 전달한다. 즉, Compare 메서드는 Array.Sort 메서드가 한번 호출될 때 내부에서는 요소의 수에 비례해 여러 번에 걸쳐 호출된다.

델리게이트로 구현했던 정렬 예제인 예제 4.23과 인터페이스를 이용한 정렬 예제인 예제 4.24를 비교해 보면 구현상 큰 차이가 없다는 사실을 알게 될 것이다.

### IEnumerable 인터페이스

인터페이스를 알아본 김에 foreach 문법을 좀 더 깊이 있게 설명하기 위해 IEnumerable 인터페이스를 짚고 넘어가자.

IEnumerable은 닷넷 내부에서 제공되며, 다음과 같이 정의돼 있다.

```
// 닷넷에 정의돼 있는 IEnumerable 인터페이스
namespace System.Collections;

public interface IEnumerable
{
    IEnumerator GetEnumerator();
}
```

인터페이스에 정의된 유일한 메서드인 GetEnumerator는 열거자(enumerator)라고 하는 객체를 반환하도록 약속돼 있다. 열거자란 IEnumerator 인터페이스를 구현한 객체를 일컫는데, 다시 IEnumerator 인터페이스의 정의를 살펴보면 다음과 같다.

```
// 닷넷에 정의돼 있는 IEnumerator 인터페이스
namespace System.Collections;

public interface IEnumerator
{
    object Current { get; } // 현재 요소를 반환하도록 약속된 get 프로퍼티
    bool MoveNext(); // 다음 순서의 요소로 넘어가도록 약속된 메서드
    void Reset();    // 열거 순서를 처음으로 되돌릴 때 호출하면 되는 메서드
}
```

IEnumerable 인터페이스를 구현한 전형적인 예는 System.Array다. 지금까지 만든 배열은 모두 System.Array를 상속받는다고 설명한 바 있으므로 배열은 다음과 같이 요소를 열람하는 것이 가능하다.

**예제 4.25** IEnumerable 인터페이스를 구현한 객체의 요소를 열거하는 방법

```
int[] intArray = new int[] { 1, 2, 3, 4, 5 };

IEnumerator enumerator = intArray.GetEnumerator();

while (enumerator.MoveNext()) // 더 이상 열거할 수 없을 때 false를 반환
{
    Console.Write(enumerator.Current + ", ");
}
```

```
// 출력 결과
1, 2, 3, 4, 5,
```

배열 요소를 열람하는 데 뭔가 대단히 복잡하지 않은가? C#에서는 IEnumerable 인터페이스를 구현하고 있는 객체에 대해 좀 더 쉽게 열람할 수 있는 열거 문법을 제공한다. 제어 구문에서 설명한 foreach가 바로 그것이다. C#은 foreach로 열거되는 문법을 컴파일 시점에 자동으로 예제 4.25와 동일한 코드로 변형한다. 따라서 다음 코드는 예제 4.25와 완전히 같다.

```
foreach (int elem in intArray)
{
    Console.Write(elem + ", ");
}
```

foreach 제어문은 배열과 컬렉션의 요소를 열거하긴 하지만, 더 정확하게 말하자면 foreach의 in 다음에 오는 객체가 IEnumerable 인터페이스를 구현하고 있다면 어떤 객체든 요소를 열거할 수 있다.

지금까지 사용해 온 string 타입도 IEnumerable 인터페이스를 구현한 사례 중 하나다.

```
string name = "Korea";
foreach (char ch in name)
{
```

```
    Console.Write(ch + ", ");
}
```

```
// 출력 결과
K, o, r, e, a,
```

물론 여러분이 만드는 클래스도 foreach를 통해 열거할 수 있게 IEnumerable 인터페이스를 구현할 수 있다. 인터페이스의 내부 구현은 다양할 수 있지만, 결국 메서드의 '약속된 작업'만 보장해 준다면 인터페이스를 사용하는 측에서는 동일한 방식으로 여러분이 만든 객체를 다룰 수 있다. 다음은 그러한 예를 보여준다.

```
class Hardware { }

class USB
{
    string name;

    public USB(string name) { this.name = name; }

    public override string ToString()
    {
        return name;
    }
}

class Notebook : Hardware, IEnumerable // IEnumerable 인터페이스 구현
{
    USB[] usbList = new USB[] { new USB("USB1"), new USB("USB2") };

    public IEnumerator GetEnumerator() // IEnumerator를 구현한 열거자 인스턴스 반환
    {
        return new USBEnumerator(usbList);
    }

    public class USBEnumerator : IEnumerator // 중첩 클래스로 정의된 열거자 타입
    {
        int pos = -1;
        int length = 0;
```

```
        object[] list;

        public USBEnumerator(USB[] usb)
        {
            list = usb;
            length = usb.Length;
        }

        public object Current // 현재 요소를 반환하도록 약속된 접근자 메서드
        {
            get { return list[pos]; }
        }

        public bool MoveNext() // 다음 순서의 요소를 지정하도록 약속된 메서드
        {
            if (pos >= length - 1)
            {
                return false;
            }

            pos++;
            return true;
        }

        public void Reset() // 처음부터 열거하고 싶을 때 호출하면 되는 메서드
        {
            pos = -1;
        }
    }
}
```

Notebook 타입은 Hardware 타입으로부터 상속받으면서 동시에 IEnumerable 인터페이스를 구현한다. 인터페이스가 다중 상속을 지원하지 않았다면 가능하지 않은 구문이다. 상속과 함께 IEnumerable 타입을 구현함으로써 스스로 '열거 가능한 타입'이라는 약속을 지키고 있다. 그 혜택으로 foreach 구문을 사용할 수 있다.

```
Notebook notebook = new Notebook();
foreach (USB usb in notebook)
```

```
{
    Console.WriteLine(usb);
}
```

```
// 출력 결과
USB1
USB2
```

## 느슨한 결합

느슨한 결합(loose coupling)은 인터페이스의 사용 사례로 절대 빼놓을 수 없는 중요한 특징 중 하나다. 느슨한 결합을 이해하려면 우선 강력한 결합(tight coupling)이 무엇인지 이해할 필요가 있다. 사실 용어가 낯설기는 하지만 여러분이 보통 정의하는 클래스 간의 호출이 강력한 결합에 속한다. 예를 들어, 다음 코드의 Computer와 Switch 타입은 강력한 결합 관계를 맺고 있다.

```
class Computer
{
    public void TurnOn()
    {
        Console.WriteLine("Computer: TurnOn");
    }
}

class Switch
{
    public void PowerOn(Computer machine) // Computer 타입을 직접 사용한다.
    {
        machine.TurnOn();
    }
}
```

그런데 왜 이 두 클래스를 강력한 결합 관계에 있다고 하는 걸까? 도대체 강력한 결합에는 어떤 특징이 있는 걸까? 상식적으로 생각해 보면 결합이 강력하게 돼 있으면 반대로 유연성이 떨어진다는 약점이 있다. 만약 Switch에 Monitor를 연결한다고 가정해 보자. 그러면 금방 이 말의 의미를 깨달을 수 있다.

```
class Monitor
{
    public void TurnOn()
    {
        Console.WriteLine("Monitor: TurnOn");
    }
}

class Switch
{
    public void PowerOn(Monitor machine) // Computer를 Monitor로 교체
    {
        machine.TurnOn();
    }
}
```

단지 Computer에서 Monitor로 바꿨는데 Switch의 코드가 바뀌는 것이 당연한 걸까? 소프트웨어 공학을 하는 이들에게는 이것이 당연하게 여겨지지 않는다. 위의 프로그램은 간단해서 Switch 타입에 대한 변경 사항을 추적하기가 쉬웠지만, 만약 수천/수만 줄의 코드로 이뤄진 소프트웨어에서 저런 변화가 발생하면 어떻게 될까?

이것의 보완책으로 나온 것이 느슨한 결합이고, 느슨한 결합을 달성하는 수단이 바로 인터페이스를 사용하는 것이다.

```
interface IPower
{
    void TurnOn();
}

class Monitor : IPower
{
    public void TurnOn()
    {
        Console.WriteLine("Monitor: TurnOn");
    }
}

class Switch
{
```

```
    public void PowerOn(IPower machine) // 특정 타입 → 인터페이스
    {
        machine.TurnOn();
    }
}
```

이로써 결합에 대한 문제가 간단하게 해결됐다. 위의 코드를 Monitor에서 다시 Computer로 바꾸더라도, 또는 아예 새롭게 LCD 타입을 정의해 PowerOn 메서드에 전달한다 해도 IPower 인터페이스를 상속받는다는 약속만 지킨다면 내부의 코드는 전혀 변경할 필요가 없다.

물론 여러분이 정의하는 모든 타입에 인터페이스를 적용해 느슨한 결합이 되도록 만들 필요는 없다. 게다가 그렇게 만들 강제성도 없다. 이에 대한 균형과 조화는 순전히 개발자의 몫이다.

> Note 구현 클래스를 영어로 Concrete 타입이라고 한다. 굳이 번역하자면 구현 타입 또는 실체화된 타입 등으로 불린다. 느슨한 결합이란 클래스 간에 구현 타입의 정보 없이 인터페이스 등의 방법을 이용해 상호 간에 맺은 계약만으로 동작하는 것을 의미한다.

#### 4.5.1.5 구조체

그림 4.9 'object로부터 파생된 타입 관계'를 다시 한번 살펴보자. 기본 타입에서 숫자형과 char, bool 타입이 값 형식에 속한다. 참조 형식은 string, object와 class로 정의되는 모든 타입이 포함된다. 그런데 값 형식에도 class처럼 사용자 정의 형식을 둘 수는 없을까? 이에 대한 해답이 바로 구조체(struct)다.

구조체는 클래스를 정의하는 문법과 매우 유사하다. 단지 class 예약어를 struct 예약어로 대체한다는 것과 함께 다음의 차이점이 있을 뿐이다.

1. 인스턴스 생성을 new로 해도 되고, 안 해도 된다.
2. 기본 생성자[7]는 명시적으로 정의할 수 없다.
3. 매개변수를 갖는 생성자를 정의해도 마치 기본 생성자가 있는 것처럼 C# 컴파일러에 의해 자동으로 지원된다(클래스의 경우에는 포함되지 않는다).
4. 매개변수를 받는 생성자의 경우, 반드시 해당 코드 내에서 구조체의 모든 필드에 값을 할당해야 한다.

7 C# 10부터 구조체에도 기본 생성자를 정의할 수 있다.

따라서 다음과 같이 struct를 정의해서 사용할 수 있다.

```
namespace ConsoleApp1;

struct Vector
{
    public int X;
    public int Y;

    public Vector(int x, int y) // 매개변수를 가진 생성자 정의
    {
        this.X = x; // 구조체가 가진 모든 필드를 초기화
        this.Y = y;
    }

    public override string ToString() // System.Object의 ToString을 재정의
    {
        return "X: " + X + ", Y = " + Y;
    }
}

class Program
{
    static void Main(string[] args)
    {
        Vector v1 = new Vector(); // new를 사용해 인스턴스 생성 가능
        Vector v2;                // new가 없어도 인스턴스 생성 가능

        Vector v3 = new Vector(5, 10); // 명시적으로 생성자 지정 가능

        Console.WriteLine(v3);
    }
}
```

```
// 출력 결과
X = 5, Y = 10
```

구조체 인스턴스를 new로 생성하는 것은 어떤 의미가 있을까? 값 형식의 변수를 new로 생성하면 해당 변수의 모든 값을 0으로 할당하는 것과 동일한 효과를 갖는다. 따라서 다음의 v1, v2, v3 변수는 같은 의미의 서로 다른 표현일 뿐이다.

```
Vector v1 = new Vector();

Vector v2;
v2.X = 0;
v2.Y = 0;

Vector v3 = new Vector(0, 0);
```

이 규칙은 구조체에만 해당하는 것은 아니다. 기본형도 동일하게 new로 할당할 수 있는데, 이 역시 같은 방식으로 해석될 수 있다.

```
// n1, n2, n3는 같은 표현
int n1 = new int();

int n2;
n2 = 0;

int n3 = 0;
```

그런데 여기서 한 가지 의문을 갖는 독자도 있을 것이다. 앞에서 값 형식의 변수를 다루면서 값 형식에 속하는 모든 타입은 기본적으로 메모리 상태가 0으로 초기화된다고 설명한 적이 있다. 그렇다면 개발자가 값을 명시적으로 할당하든 하지 않든 new로 생성한 인스턴스와 같은 상태일 텐데 왜 굳이 명시적으로 0을 할당해야 하는 것일까? 이는 C# 컴파일러의 규칙으로 발생하는 차이점 때문이다. C# 컴파일러는 개발자가 직접 코드상에서 값을 할당하지 않는 변수를 사용하는 것을 '오류'라고 판단한다. 이 때문에 다음 코드는 C# 컴파일러가 빌드할 때 오류를 발생시킨다.

```
int n; // n은 0의 값을 갖고 있지만 개발자가 할당한 것은 아니다.

Console.WriteLine(n); // 컴파일 오류 발생!
```

클래스를 잘 공부했다면 구조체는 덤으로 따라온다. 하지만 구조체가 클래스와 너무 유사하다 보니 그 둘의 차이를 간과할 때가 종종 있다. 클래스는 참조형이고 구조체는 값 형식이라는 점을 잊어서는 안 된다.

## 깊은 복사와 얕은 복사

값 형식과 참조 형식의 결정적인 차이점은 인스턴스의 대입이 일어날 때 뚜렷해진다. 가령 다음과 같은 두 가지 사용자 정의 타입이 있다고 하자.

```
struct Vector
{
    public int X;
    public int Y;
}

class Point
{
    public int X;
    public int Y;
}
```

이를 각각 사용하는 경우를 예로 들어보자.

```
Vector v1;

v1.X = 5;
v1.Y = 10;

Vector v2 = v1; // 값 형식의 대입

Point pt1 = new Point();
pt1.X = 6;
pt1.Y = 12;

Point pt2 = pt1; // 참조 형식의 대입
```

Vector 구조체는 값 형식이고, Point 클래스는 참조 형식이다. v1과 pt1이 대입된 v2, pt2의 변수 상태는 어떻게 변할까? 그림 3.6 '값 형식과 참조 형식의 차이점'을 struct와 class에 그대로 적용해 볼 수 있다.

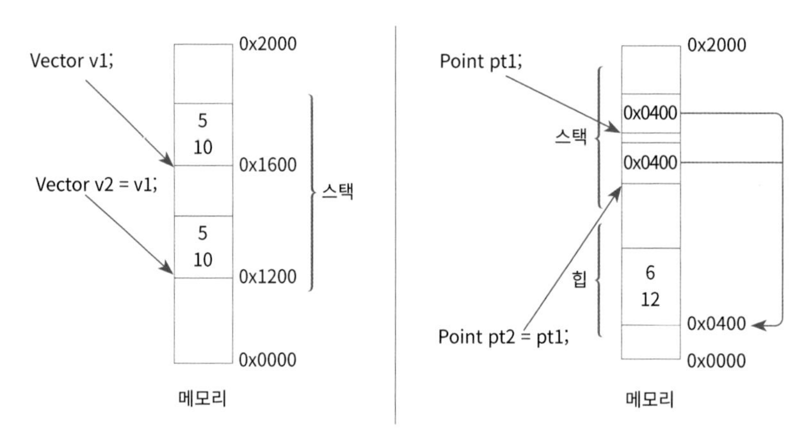


그림 4.13 구조체와 클래스의 차이점

그림 4.13에서 구조체는 인스턴스가 가진 메모리 자체가 복사되어 새로운 변수에 대입되는 것을 볼 수 있는데, 이를 다른 말로 깊은 복사(deep copy)라고 한다. 반면 참조 형식의 변수가 대입되는 방식을 일컬어 얕은 복사(shallow copy)라고 한다.

깊은 복사와 얕은 복사의 차이점은 다음의 코드를 통해 더욱 확연하게 나타난다.

```
Vector v1;

v1.X = 5;
v1.Y = 10;

Vector v2 = v1; // 값 형식의 대입은 인스턴스의 메모리 자체가 복사됨.

v2.X = 7;
v2.Y = 14;

Console.WriteLine("v1: X = " + v1.X + ", Y = " + v1.Y);
Console.WriteLine("v2: X = " + v2.X + ", Y = " + v2.Y);
```

```
// 출력 결과
v1: X = 5, Y = 10
v2: X = 7, Y = 14
```

v1의 값을 v2에 대입하면 메모리상에서 깊은 복사가 일어나고 v2는 새로운 인스턴스를 가리키게 된다. 따라서 v2의 값을 바꿔도 그 변화가 v1과는 전혀 무관하게 이뤄진다. 하지만 얕은 복사가 일어나는 참조 형식은 이와는 다른 결과를 낳는다.

```
Point pt1 = new Point();

pt1.X = 5;
pt1.Y = 10;

Point pt2 = pt1; // 참조 형식의 대입은 참조 주소만 복사됨.

pt2.X = 7;
pt2.Y = 14;

Console.WriteLine("pt1: X = " + pt1.X + ", Y = " + pt1.Y);
Console.WriteLine("pt2: X = " + pt2.X + ", Y = " + pt2.Y);
```

```
// 출력 결과
pt1: X = 7, Y = 14
pt2: X = 7, Y = 14
```

pt1과 pt2는 같은 메모리상의 인스턴스를 가리키고 있으므로 둘 중 어느 하나라도 해당 필드의 값을 변경하면 변수의 결괏값이 함께 변경된 것처럼 보인다.

이런 규칙은 메서드에 인자로 넘길 때도 동일하게 적용된다. 다음은 값 형식을 Change 메서드에 인자로 전달한 결과를 보여준다.

```
class Program
{
    static void Main(string[] args)
    {
        Vector v1;
```

```
        v1.X = 5;
        v1.Y = 10;

        Change(v1); // 메서드 호출 후 v1의 값에는 변함이 없음.
        Console.WriteLine("v1: X = " + v1.X + ", Y = " + v1.Y);
    }

    static void Change(Vector vt)
    {
        vt.X = 7;
        vt.Y = 14;
    }
}
```

```
// 출력 결과
v1: X = 5, Y = 10
```

값 형식의 v1 인스턴스는 메서드로 전달될 때 복제되어 또 다른 인스턴스가 생성되고 해당 인스턴스를 새롭게 vt 변수가 가리킨다. 따라서 Change 메서드 내에서 vt의 변수 값을 변경하는 것은 원래의 v1 변수에 영향을 미치지 않는다. 반면 참조 형식을 메서드에 전달하는 경우를 생각해 보자.

```
class Program
{
    static void Main(string[] args)
    {
        Point pt1 = new Point();

        pt1.X = 5;
        pt1.Y = 10;

        Change(pt1); // 메서드 호출 후 pt1의 값이 변함.
        Console.WriteLine("pt1: X = " + pt1.X + ", Y = " + pt1.Y);
    }

    static void Change(Point pt)
    {
        pt.X = 7;
        pt.Y = 14;
```

```
    }
}
```

```
// 출력 결과
pt1: X = 7, Y = 14
```

이 경우 pt1과 pt 변수는 동일한 인스턴스를 가리킨다. 즉, 메서드에 넘겨지는 것은 변수가 가진 참조 주소일 뿐이다. 이 때문에 메서드에서 값을 변경하면 그 영향이 메서드를 호출한 측의 참조 변수에도 미친다.

깊은 복사의 장점은 값의 변경에 대한 간섭을 일으키지 않음으로써 개발자가 당연히 원했던 동작을 한다는 것이다. 이 말은 곧 참조 주소만을 전달함으로써 때때로 원치 않는 값의 변경이 발생하는 얕은 복사의 단점을 설명해 준다. 하지만 때로는 그런 깊은 복사의 장점이 단점으로 바뀔 수 있다. 예를 들어, 구조체가 내부에 많은 필드를 담게 되어 크기가 1,024바이트까지 커졌다고 가정해 보자. 해당 구조체 변수를 메서드에 전달할 때마다 컴퓨터는 1KB의 메모리 영역을 매번 복사하는 작업을 해야 한다는 부담이 있다. 반면 그와 같은 내용을 클래스로 정의했다면 메서드를 호출할 때마다 참조 주솟값만 복사하면 되므로 구조체와 비교해 월등한 성능 향상을 가져올 수 있다.

이쯤에서 구조체와 클래스를 선택하는 기준을 알아보자.

1. 일반적으로 모든 사용자 정의 타입은 클래스로 구현한다.
2. 깊은/얕은 복사의 차이가 민감한 타입은 선택적으로 구조체로 구현한다.
3. 참조 형식은 나중에 배울 GC(가비지 수집기: Garbage Collector)에 의해 관리받게 된다. 따라서 참조 형식을 사용하는 경우 GC에 부담이 되는데, 이런 부하를 피해야 하는 경우에는 구조체를 선택한다.

절대적인 기준, 다시 말해 강제적인 기준은 없다. 즉, 구조체로 정의하면 좋은 것을 클래스로 정의했다고 해서 C# 컴파일러가 오류를 발생시키지는 않는다. 따라서 적절한 선택은 결국 개발자의 몫으로 남는다.

### ref 예약어[8]

그림 4.13은 얕은 복사와 깊은 복사의 차이점을 설명하고 있다. 하지만 자세히 보면 그 둘 간의 동작 방식에 공통점이 하나 있는데, 다름 아닌 변수의 스택 값은 여전히 복사된다는 점이다. 값 형식의 변수는 해당 변수가 실제 값을 가리키고 있고, 따라서 그 값이 복사되어 전달된다. 반면 참조 형식의 변수는 힙에 존재하는 실제 데이터의 주솟값을 가리키고 있으며 따라서 그 주솟값이 복사되어 전달된다.

이렇게 '변수의 스택 값'이 복사되는 상황을 특별히 메서드의 인자 전달과 관련해 값에 의한 호출(CBV: call by value)이라 한다.

이와 구분해서 참조에 의한 호출(CBR: call by reference)이라는 방법도 있다. 이 방식으로 메서드에 인자를 전달하면 변수의 스택 값이 복사되는 것이 아니라 해당 변수의 스택 값을 담고 있는 주소 자체가 전달된다. C#에서는 '참조에 의한 호출'을 지원하기 위해 두 가지 예약어를 추가했는데, 바로 ref와 out이다.[9]

> Note '값에 의한 호출'을 다른 말로 '값에 의한 전달(PBV: pass by value)'이라고 하며, '참조에 의한 호출' 역시 '참조에 의한 전달(PBR: pass by reference)'이라고도 한다.

'참조에 의한 호출'이 어떤 의미를 갖는지 ref 예약어를 사용한 예제와 함께 알아보자. ref 예약어는 두 군데에서 사용해야 하는데, 1) 메서드의 매개변수를 선언할 때 함께 표기해야 하고 2) 해당 메서드를 호출하는 측에서도 명시해야 한다. 다음은 값 형식의 구조체에 ref 예약어를 사용한 예제인데, 출력 결과를 자세히 볼 필요가 있다.

```
class Program
{
    static void Main(string[] args)
    {
        Vector v1;

        v1.X = 5;
        v1.Y = 10;

        Change(ref v1); // 메서드 호출 시 ref 예약어 사용
```

8 C# 7.0에서는 ref 예약어를 지역 변수와 반환값에도 적용할 수 있다(12.2절 참고).

9 C# 7.2에서 in 예약어가 추가된다(14.2절 참고).

```
        Console.WriteLine("v1: X = " + v1.X + ", Y = " + v1.Y);
    }

    void Change(ref Vector vt) // 메서드 측에도 해당 매개변수에 ref 예약어 사용
    {
        vt.X = 7;
        vt.Y = 14;
    }
}
```

```
// 출력 결과
v1: X = 7, Y = 14
```

얼핏 보면 ref 예약어는 구조체를 클래스처럼 '얕은 복사'로 전달한 것과 동일한 효과를 낸다. 하지만 얕은 복사와 ref 예약어는 분명하게 동작 방식에 차이가 있다. ref를 사용하지 않았을 때는 전형적인 값 형식의 스택 복사가 있었지만, 이를 사용하게 되면 메서드의 vt 변수가 호출 측의 v1 변수와 동일한 주소를 가리키게 된다. 다음은 이해를 돕기 위해 ref를 사용하는 예를 도식화한 것이다.

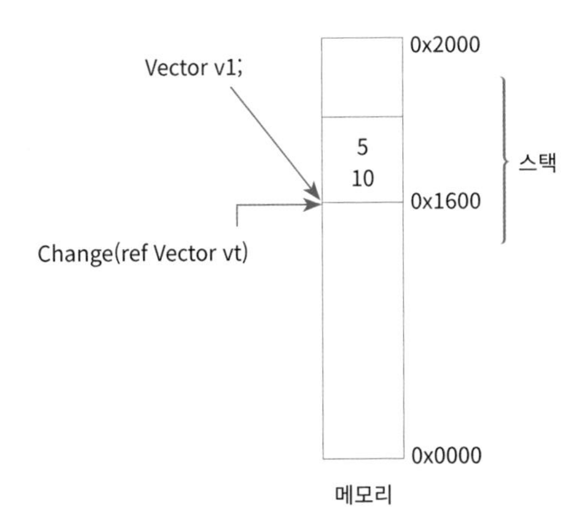


그림 4.14 값 형식에 대한 ref의 동작 방식

기존의 얕은 복사와 깊은 복사는 변수의 스택 값이 복사되어 전달됐지만, 위의 그림에서는 v1 변수가 가리키고 있는 데이터의 주솟값(0x1600)이 vt에도 그대로 전달되어 결국 같은 메모리의 주소를 가리키는 것을 볼 수 있다.

ref 예약어는 참조형 변수에도 사용할 수 있다. 그런데 값 형식에 대해 얕은 복사 효과를 내는 ref 예약어가 참조형 변수에 대해서는 어떤 동작을 하는 것일까? 그림 4.14의 규칙을 그대로 참조 변수에 적용해 보면 그 해답을 짐작할 수 있다.

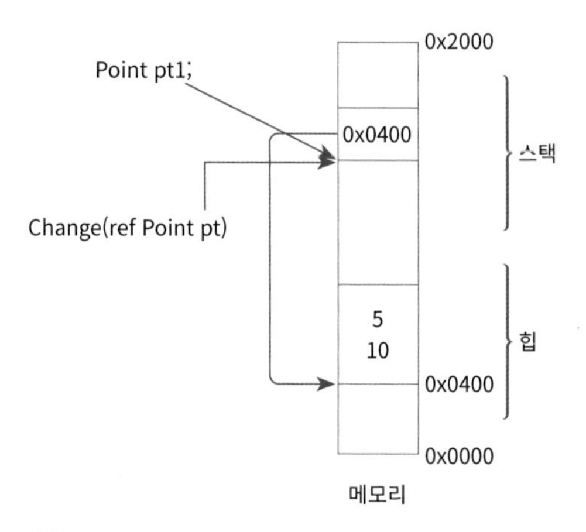


**그림 4.15** ref 예약어로 전달된 참조 변수

위의 그림을 그림 4.13과 비교하면 참조형 변수가 ref 예약어 때문에 동작 방식이 달라졌음을 알 수 있다. 하지만 일반적인 예제로는 그 차이를 느낄 수 없는데, 실제로 다음의 실행 결과는 원래의 참조형 변수가 얕은 복사로 전달된 것과 동일한 결과를 보여준다.

```
class Program
{
    static void Main(string[] args)
    {
        Point pt1 = new Point();

        pt1.X = 5;
        pt1.Y = 10;

        Change(ref pt1); // 메서드 호출: ref 예약어 사용
        Console.WriteLine("pt1: X = " + pt1.X + ", Y = " + pt1.Y);
}

    static void Change(ref Point pt) // 첫 번째 매개변수에 ref 예약어 사용
    {
        pt.X = 7;
```

```
        pt.Y = 14;
    }
}
```

```
// 출력 결과
pt1: X = 7, Y = 14
```

참조형 변수를 ref 예약어로 전달한 효과를 구분하려면 좀 더 특수한 예제가 필요하다. 이를 위해 기존 코드를 다음과 같이 변경해 보자.

```
class Program
{
    static void Main(string[] args)
    {
        Point pt1 = null;

        Change1(pt1); // 메서드 호출: 얕은 복사
        Console.WriteLine("pt1: " + pt1);

        Change2(ref pt1); // 메서드 호출: ref 사용
        Console.WriteLine("pt1: X = " + pt1.X + ", Y = " + pt1.Y);
    }

    static void Change1(Point pt) // 얕은 복사
    {
        pt = new Point();

        pt.X = 6;
        pt.Y = 12;
    }

    static void Change2(ref Point pt) // ref를 이용한 참조에 의한 호출
    {
        pt = new Point();

        pt.X = 7;
        pt.Y = 14;
    }
}
```

```
// 출력 결과
pt1:
pt1: X = 7, Y = 14
```

Change1 메서드와 Change2 메서드의 호출 결과가 왜 달라지는지 역시 그림으로 설명하면 확실히 알 수 있다. Change1 메서드를 호출하면 참조값이 또 다른 메모리에 복사되어 전달되므로 메서드 내에서의 new 메모리 할당이 원래의 pt1 변수에 영향을 미치지 않는다.

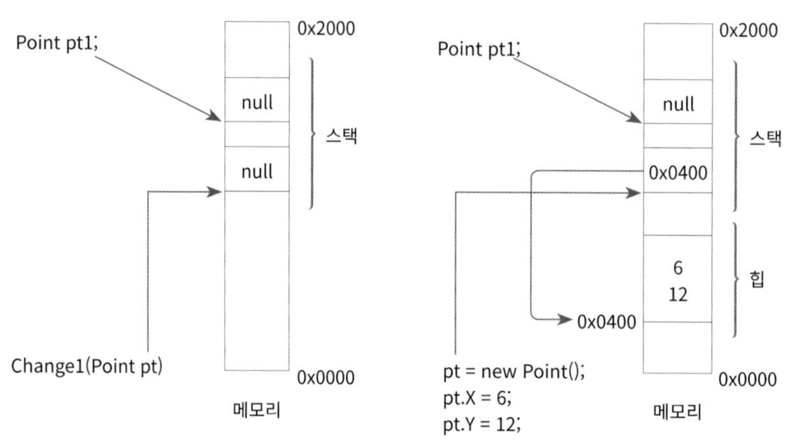


그림 4.16 얕은 복사로 전달된 참조값

하지만 ref 예약어와 함께 전달하는 경우에는 결과가 달라진다. pt1 변수의 스택 주솟값이 직접 전달되므로 pt1과 pt 변수는 같은 곳을 가리키게 되고 Change2의 메서드 내에서의 new 할당이 그대로 원본 pt1 변수에도 반영된다.

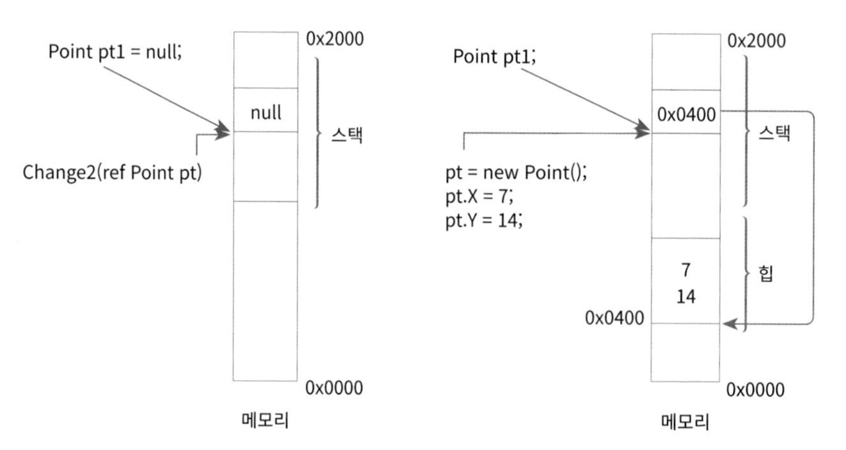


그림 4.17 ref 예약어로 같은 주소를 가리키는 변수

구조체와 클래스가 아닌 기본 자료형에도 '참조에 의한 호출'을 사용할 수 있다. 예를 들어, 다음 예제는 ref 예약어를 사용해 메서드를 호출한 측의 두 변수의 값을 바꾸는 동작을 보여준다.

```
class Program
{
    static void Main(string[] args)
    {
        int value1 = 5;
        int value2 = 10;

        SwapValue(ref value1, ref value2);

        Console.WriteLine("value1 == " + value1 + ", value2 == " + value2);
    }

    private static void SwapValue(ref int value1, ref int value2)
    {
        int temp = value1;
        value1 = value2;
        value2 = temp;
    }
}
```

```
// 출력 결과
value1 == 10, value2 == 5
```

예상했겠지만, 위의 SwapValue 메서드에서 ref 예약어를 빼면 내부에서만 값이 바뀔 뿐 외부의 변수에 대해서는 값이 바뀌지 않는다.

마지막으로 메서드에 ref 인자로 전달되는 변수는 호출하는 측에서 반드시 값을 할당해야만 한다는 것을 알아두자. 할당될 값은 null이든 new든 상관없이 어떤 값이든 개발자가 지정하기만 하면 된다.

```
int value1;           // 값이 없으므로 ref 인자로 전달할 수 없음
string text = null;   // null 값을 가지므로 ref 인자로 전달 가능
int value2;
value2 = 5;           // 메서드 호출 전에 값을 가진다면 ref 인자로 전달 가능

Vector vt;
```

```
vt.X = 5; // X, Y가 포함된 Vector 구조체에 Y 값이 초기화되지 않았으므로 ref 인자로 부적절

Vector vt2 = new Vector(); // X, Y 필드가 0으로 초기화됐으므로 ref 인자로 전달 가능
```

### out 예약어[10]

참조에 의한 호출을 가능하게 하는 또 하나의 예약어가 out이다. 하지만 out은 ref와 비교했을 때 몇 가지 차이점이 있다.

1. out으로 지정된 인자에 넘길 변수는 초기화되지 않아도 된다. 초기화돼 있더라도 out 인자를 받는 메서드에서는 그 값을 사용할 수 없다.
2. out으로 지정된 인자를 받는 메서드는 반드시 변수에 값을 넣어서 반환해야 한다.

사실 out 예약어가 사용되는 곳에 ref 예약어를 사용해 구현하는 것도 가능하다. 즉, out 예약어는 ref 예약어의 기능 가운데 몇 가지를 강제로 제한함으로써 개발자가 좀 더 특별한 용도로 사용하게끔 일부러 제공된 것이다. 그렇다면 어떤 용도가 out 예약어를 사용하는 데 적합할까?

예를 들어, 메서드는 단 1개의 반환값만 가질 수 있지만 out으로 지정된 매개변수를 사용함으로써 여러 개의 값을 반환할 수 있다. 한 예로 나눗셈을 수행하는 메서드를 구현해 보자. 특이하게도 사칙 연산 가운데 오직 나눗셈만 제약이 하나 있는데, 그것은 절대로 분자를 0으로 나눌 수 없다는 규칙이다. 따라서 나눗셈을 구현하는 메서드가 있다면 분모가 0인 경우에 대해 나눗셈 결과를 따로 반환하도록 코드를 작성해야 한다.

```
int Divide(int n1, int n2)
{
    if (n2 == 0) // 분모가 0이면 나눗셈 결과로 0을 반환
    {
        return 0;
    }

    return n1 / n2;
}
```

10 C# 7.0에서 개선됐으며, 12.1절 '더욱 편리해진 out 매개변수 사용'을 참고한다.

얼핏 보면 위의 메서드가 타당할 것 같지만, 0으로 나올 수 있는 올바른 연산 결과가 있다는 점을 감안했을 때 분모가 0인 경우도 동일한 값을 반환하는 것은 분명 잘못된 구현이다. 이를 더 나은 코드로 개선하려면 나누기를 할 수 있는지 여부를 함께 불린형으로 반환해야 한다. 이는 구조체를 통해 구현할 수 있다.

```
struct DivideResult
{
    public bool Success;
    public int Result;
}

DivideResult Divide(int n1, int n2)
{
    DivideResult ret = new DivideResult();

    if (n2 == 0) // 분모가 0이면 Success 필드를 false로 설정
    {
        ret.Success = false;
        return ret;
    }

    ret.Success = true;
    ret.Result = n1 / n2;
    return ret;
}
```

하지만 확실히 코드가 지저분해 보인다. 이런 상황을 out 예약어로 개선하면 다음과 같이 깔끔하게 정리된다.

```
1: bool Divide(int n1, int n2, out int result)
2: {
3:     if (n2 == 0)
4:     {
5:         result = 0;
6:         return false;
7:     }
8:
```

```
 9:     result = n1 / n2;
10:     return true;
11: }
12:
13:  // Divide 메서드 사용 예제
14: int quotient;
15: if (Divide(15, 3, out quotient) == true)
16: {
17:     Console.WriteLine(quotient); // 출력 결과: 5
18: }
```

out 예약어가 '참조에 의한 호출'로 값을 넘기지 않는다면 위와 같은 구현은 가능하지 않다는 점을 상기하자. out으로 지정된 result 변수는 메서드가 return하기 전에 반드시 초기화돼 있어야 한다. 만약 5번째 줄의 result = 0;을 제거하면 C# 컴파일러는 6번째 줄의 return 시점에 초기화되지 않았다는 이유로 오류를 발생시킨다.

이와 유사한 용도로 닷넷에서는 각 기본 타입에 TryParse라는 메서드를 제공한다.

```
// System.Int32 타입에 정의된 TryParse 정적 메서드
public static bool TryParse(string s, out int result);
```

이 메서드는 변환이 성공했는지 여부를 true/false로 반환하고, 변환이 성공했다면 out으로 지정된 result 변수에 값을 반환한다. 다음은 TryParse의 다양한 사용 예를 보여준다.

```
int n;
if (int.TryParse("1234567", out n) == true) // System.Int32의 TryParse를 호출
{
    Console.WriteLine(n); // 출력 결과: 1234567
}

double d;
if (double.TryParse("12E3", out d) == true) // double은 지수 표기법의 문자열도 지원
{
    Console.WriteLine(d); // 출력 결과: 12000
}

bool b;
```

```
if (bool.TryParse("true", out b) == true) // bool 타입도 관련된 문자열 해석
{
    Console.WriteLine(b); // 출력 결과: True
}

short s;
if (short.TryParse("123456789", out s) == true) // short의 범위를 초과: false를 반환
{
    Console.WriteLine(s); // false가 반환됐으므로 실행되지 않음
}

if (short.TryParse("Not_a_number", out s) == true) // 숫자가 아니므로 false를 반환
{
    Console.WriteLine(s); // false가 반환됐으므로 실행되지 않음
}
```

Note TryParse와 System.Object로부터 재정의된 ToString은 문자열과 타입 간의 변환에 있어 쌍을 이룬다. 가령 다음과 같이 타입을 문자열로 변환하고, 그로부터 값을 복원하는 것이 가능하다.

```
int n = 500;
string txt = n.ToString(); // int 형 값을 문자열로 반환
int result;
int.TryParse(txt, out result); // 문자열로부터 int 형 값을 복원
```

이 원리를 이용하면 타입의 값을 프로그램 외부에 저장하고 복원할 수 있다.

ref와 out을 정리해 보자. ref는 메서드를 호출하는 측에서 변수의 값을 초기화함으로써 메서드 측에 의미 있는 값을 전달한다. 반면 out은 메서드 측에서 반드시 값을 할당해서 반환함으로써 메서드를 호출한 측에 의미 있는 값을 반환한다. 하지만 ref도 out처럼 참조에 의한 전달이기 때문에 메서드 측에서 의미 있는 값을 호출하는 측에 전달할 수 있다.

Note ref와 out의 특성을 IN, OUT이라는 표현으로 간단하게 나타내기도 한다. ref는 값을 메서드 측에 전달(IN)하고 전달받기(OUT)도 하기 때문에 [IN, OUT] 특성을 띤다고 한다. 반면 out은 메서드 측으로부터 전달받기(OUT)만 가능하므로 [OUT] 특성을 띤다.

### 4.5.1.6 열거형

열거형(enumeration type)도 값 형식의 하나로 byte, sbyte, short, ushort, int, uint, long, ulong 만을 상속받아 정의할 수 있는 제한된 사용자 정의 타입이다.

```
[접근_제한자] enum 타입명
{
    // 숫자를 대표하는 식별자 이름 나열
}
```

**설명**: enum 타입은 숫자형 값에 사람이 인식하기 쉬운 문자열 이름을 부여한다. 상속 타입을 지정하지 않는 경우 기본적으로 System.Int32가 된다.

예제 코드를 보면 쉽게 사용법을 이해할 수 있다.

예제 4.26 enum 타입의 사용

```
enum Days
{
    Sunday, Monday, Tuesday, Wednesday, Thursday, Friday, Saturday
}

class Program
{
    static void Main(string[] args)
    {
        Days today = Days.Sunday;
        Console.WriteLine(today); // 출력 결과: Sunday
    }
}
```

enum은 내부에 정의된 식별자 순서에 따라 각각 0부터 시작해 1씩 값을 증가시키며 대응시킨다. 따라서 예제 코드의 Sunday는 숫자 0이고, 그 이후로 1, 2, 3, ……과 같은 식으로 증가해 Saturday는 6이 되어 결국 상속받은 System.Int32 타입에 해당하는 값이 된다. 그런데 enum 변수를 출력했을 때 숫자 0이 아닌 Sunday라는 문자열이 출력된 이유는 뭘까? enum의 조상이 System.Object임을 감안하면 당연히 enum은 ToString 메서드를 재정의했고, 그것의 내부 코드에서 숫자값보다는 문자열로 반환하는 역할을 하기 때문이다.

System.Int32를 부모로 두기 때문에 당연히 Days 타입은 int를 비롯해 각종 숫자형 타입과 형 변환하는 것이 가능하고 그 반대도 마찬가지다. 제약이라면 암시적 형 변환이 아닌 명시적 형 변환을 해야 한다는 것뿐이다.

```
Days today = Days.Sunday;

int n = (int)today;         // enum에서 int 형으로 명시적 변환
short s = (short)today;     // enum에서 short 형으로 명시적 변환

today = (Days)5;            // 숫자형에서 enum 형으로 명시적 변환
Console.WriteLine(today); // 출력 결과: Friday
```

enum의 시작 요소 값에 0이 아닌 다른 정수를 지정할 수도 있다. 아울러 그 이후의 요소에 대해서도 1씩 자동으로 증가하는 것이 아닌 개발자가 임의로 값을 지정할 수 있다.

```
enum Days
{
    Sunday = 5, Monday = 10, Tuesday, Wednesday, Thursday = 15, Friday, Saturday
}
```

위의 경우 각 요소별로 Sunday = 5, Monday = 10, Tuesday = 11, Wednesday = 12, Thursday = 15, Friday = 16, Saturday = 17로 값이 할당된다. 개발자가 값을 할당할 때 주의할 점은 enum이 상속받은 부모의 숫자 타입 범위에 있는 값을 지정해야 한다는 점이다. 예를 들어, Days 타입은 int가 부모이므로 long 형에 해당하는 값을 지정하면 컴파일할 때 오류가 발생한다.

그 밖에 enum을 값의 조합으로 사용하는 것도 가능하다. 예를 들어, Days 인스턴스가 '작업일'이라는 것을 나타내기 위해 Monday부터 Friday까지의 값을 담을 수 있다. 이때 각 요소에 대한 값을 2의 배수로 지정한다.

```
enum Days
{
    Sunday = 1, Monday = 2, Tuesday = 4,
    Wednesday = 8, Thursday = 16, Friday = 32, Saturday = 64
}
```

이렇게 정의하면 다음과 같이 |(OR) 연산자를 사용해 정수형 값을 겹칠 수 있고, HasFlag 메서드를 사용해 특정 요소 값을 포함하고 있는지도 판단할 수 있다.

예제 4.27 다중 값을 포함하는 enum 인스턴스

```
Days workingDays = Days.Monday | Days.Tuesday | Days.Wednesday | Days.Thursday | Days.Friday;

Console.WriteLine(workingDays.HasFlag(Days.Sunday)); // Sunday를 포함하고 있는가?

Days today = Days.Friday;
Console.WriteLine(workingDays.HasFlag(today));       // today를 포함하고 있는가?

Console.WriteLine(workingDays);
```

```
// 출력 결과
False
True
62
```

그런데 마지막 workingDays의 출력이 62라고 나오는 것이 올바른 결과일까? 물론 정수 연산이라고 보면 2 + 4 + 8 + 16 + 32 = 62이기 때문에 맞는 결과지만, 개별 정수가 의미 있는 식별자로 묶는 것이 enum 타입이라는 점을 감안할 때 오히려 출력값은 'Monday, Tuesday, Wednesday, Thursday, Friday'가 돼야 맞다. 이런 식으로 enum 타입의 인스턴스가 여러 개의 값을 포함하는 용도로 사용된다는 것을 알리기 위해 [Flags] 특성을 지정할 수 있다.

Note C#에는 특성(Attribute)이라는 특별한 구문이 있다. 특성에 대해서는 나중에 자세히 설명할 것이므로 지금은 enum 타입을 정의할 때 [Flags]라는 특성을 지정할 수 있다는 점만 알아두자.

[Flags] 특성은 enum 타입에만 사용될 수 있고 다음과 같이 타입 정의를 할 때 함께 지정하면 된다.

```
[Flags]
enum Days
{
    Sunday = 1, Monday = 2, Tuesday = 4, Wednesday = 8, Thursday = 16,
    Friday = 32, Saturday = 64
}
```

이렇게 바꾸고 예제 4.27을 다시 실행하면 이번에는 62 대신 'Monday, Tuesday, Wednesday, Thursday, Friday' 문자열이 workingDays의 출력값으로 나타난다.

enum을 적절하게 사용하면 코드의 가독성 및 오류를 줄일 수 있다. 예를 들어, 사칙 연산을 수행하는 메서드를 만든다고 해보자. enum이 없다면 다음과 같은 식으로 메서드를 정의할 것이다.

```
int Calc(char opType, int operand1, int operand2)
{
    switch (opType)
    {
        case '+': return operand1 + operand2;
        case '-': return operand1 - operand2;
        case '*': return operand1 * operand2;
        case '/': return operand1 / operand2;
    }

    return 0;
}

Calc('+', 5, 6); // 더하기 연산을 수행하도록 '+'를 전달
```

결과적으로 위의 코드는 동작하는 데는 아무런 문제가 없지만 향후 유지보수하는 데 번거로움이 발생할 수 있다. Calc 메서드를 사용하는 측에서는 도대체 Calc 메서드에서 어떤 연산을 제공하는지 알 길이 없으므로 반드시 Calc 내부의 코드를 살펴보거나 제공되는 도움말을 참조해야만 한다. 또한 개발자가 실수로 오타라도 내면 프로그램이 실행될 때 정상적인 연산이 수행되지 않을 수 있고, 심지어 나중에 나머지(%: Remainder) 연산을 추가하는 경우에도 Calc 개발자는 이러한 사실을 반드시 다른 개발자에게 알려야 한다. 이와 같은 다양한 문제를 enum으로 쉽게 해결할 수 있다.

```
enum CalcType { Add, Minus, Multiply, Divide }

int Calc(CalcType opType, int operand1, int operand2)
{
    switch (opType)
    {
        case CalcType.Add: return operand1 + operand2;
        case CalcType.Minus: return operand1 - operand2;
        case CalcType.Multiply: return operand1 / operand2;
```

```
        case CalcType.Divide: return operand1 * operand2;
    }

    return 0;
}

Calc(CalcType.Add, 5, 6); // enum 인스턴스로 전달
```

이제 개발자는 CalcType enum 정의만 봐도 지원되는 연산을 짐작할 수 있고, 오타가 발생하더라도 컴파일러가 오류를 발생시킬 것이므로 그에 대한 걱정도 할 필요가 없다. 물론 향후 연산이 추가되더라도 CalcType을 참조하는 어떤 개발자라도 쉽게 그 사실을 인지할 수 있다.

## 4.5.2 멤버 유형 확장

클래스에서 기본으로 제공되는 멤버 유형은 필드와 메서드다. 그 밖에 여러분이 알고 있는 멤버가 또 있을까? 만약 프로퍼티를 이야기한다면 그것은 메서드의 변형일 뿐이고 델리게이트를 말한다면 중첩 클래스의 변형이라고 할 수 있다. 물론 아직 배우지 않았을 뿐 C# 클래스에는 기본적인 필드, 메서드 외에 다양한 구성요소가 있다. 이제부터 그러한 나머지 유형을 하나씩 살펴보자.

### 4.5.2.1 읽기 전용 필드

프로퍼티를 이용하면 필드의 값을 읽기만 가능하도록 외부에 노출할 수 있다. 하지만 클래스 내부에서도 읽기만 가능하도록 만들고 싶다면 어떻게 해야 할까? 또는 한 번만 값을 쓴 후 다시 값을 설정하지 못하게 만들고 싶을 수도 있다. 바로 이런 경우에 readonly 예약어를 사용해 읽기 전용 필드(read-only field)를 정의하면 된다.

```
public class Scheduler
{
    readonly int second = 1; // 읽기 전용 필드 정의 및 값을 대입
    readonly string name;    // 읽기 전용 필드 정의

    public Scheduler()
    {
        this.name ="일정관리"; // 읽기 전용 필드는 생성자에서도 대입 가능
    }
```

```
    public void Run()
    {
        this.second = 5; // 컴파일 오류 발생! 일반 메서드에서 값을 대입할 수 없다.
    }
}
```

이처럼 읽기 전용 필드는 변수를 정의할 때와 생성자 내부를 제외하고는 그 값을 바꾸는 시도를 할 수 없다.

기본적으로 모든 필드는 값이 변할 수 있다. 다른 말로 하면 객체의 '상태가 변할 수 있다'고 하는데, 이런 객체를 가변 객체(mutable object)라고 한다. 반면 객체의 상태가 한번 지정되면 다시 바뀔 수 없는 경우 이를 구분해서 특별히 불변 객체(immutable object)라고 한다. 예를 들어, 다음의 Point 클래스는 불변 타입에 속한다.

```
public class Point
{
    int x, y;

    public int X { get { return x; } }
    public int Y { get { return y; } }

    public Point(int x, int y)
    {
        this.x = x;
        this.y = y;
    }
}
```

왜 불변 타입이라고 불리는지 이 클래스를 사용하는 코드를 보면 쉽게 이해할 수 있다.

```
Point pt = new Point(5, 10);
Point pt2 = new Point(pt.X + 1, pt.Y + 1);
```

기존 pt 값에서 X, Y 방향으로 1씩 증가한 상태를 얻고 싶은데, 내부 값을 변경할 수 없으므로 새롭게 별도의 Point 객체를 만들어야만 한다. 즉, 불변이므로 객체의 내부 값을 변경할 수 없는 것이다.

불변 타입을 만들 때 readonly 예약어가 도움[11]될 수 있다. 왜냐하면 Point 클래스가 외부적으로는 불변이라고 약속될 수 있지만, 그렇다고 내부적으로 불변 상태가 보장되는 것은 아니기 때문이다. 코드를 유지보수하다 보면 실수할 수 있고, 거기에는 x, y에 값을 쓰는 작업도 포함될 수 있다. 이를 미연에 방지하기 위해 readonly 예약어를 x, y 필드 각각에 적용할 수 있다.

참고로 mutable과 immutable에 대해서는 나중에 string 타입을 다루는 시점에 다시 언급하겠다.

#### 4.5.2.2 상수

상수(constant)를 간단하게 표현하면 리터럴에 식별자를 붙인 것이라고 할 수 있다. 변하는 값을 고정된 식별자로 가리키는 것이 변수라면 상수는 변하지 않는 값인 리터럴을 식별자로 재사용할 수 있게 만들어준다. 일례로, 프로그래밍하다 보면 중복되는 리터럴을 쓰는 경우가 빈번하게 발생한다.

```
int x = 5;
int y = 10;

Console.WriteLine("x 변수의 값: " + x);
Console.WriteLine("y 변수의 값: " + y);
```

위의 코드에서 문자열 리터럴로 "x 변수의 값", "y 변수의 값"이 사용되고 있는데, "변수의 값: "이라는 문자열이 중복되는 것을 볼 수 있다. 만약 나중에 요구사항이 변경되어 문자열을 "변수 값 == "이라고 바꿔야 한다면 어떻게 될까? 당연히 해당 문자열이 사용된 모든 코드를 찾아서 수정해야 한다. 이런 경우 상수를 사용해 표현하면 변경해야 할 문자열이 한 군데에 있으므로 소스코드를 유지보수하기가 더 쉬워진다.

```
class Program
{
    const string TEXT = " 변수의 값: ";

    static void Main(string[] args)
    {
        int x = 5;
        int y = 10;
```

11 C# 9.0에서 불변 타입을 위한 속성 정의에 사용할 수 있는 init 설정자가 추가됐다. (17.1.1절 'init 설정자 추가' 참고)

```
        System.Console.WriteLine("x" + TEXT + x);
        System.Console.WriteLine("y" + TEXT + y);
    }
}
```

```
class 클래스_명
{
    접근_제한자 const 상수타입 식별자 = 값;
}
```

어찌 보면 상수는 readonly 변수와 유사하지만 몇 가지 점에서 분명한 차이가 있다.

1. 상수는 static 예약어가 허용되지 않는다(의미상으로는 이미 static에 해당한다).
2. 3.1절 '기본 자료형'에서 다룬 형식에 대해서만 상수 정의가 허용된다.
3. 반드시 상수 정의와 함께 값을 대입해야 한다. 즉, 생성자에서 접근할 수 없다.
4. 상수는 컴파일할 때 해당 소스코드에 값이 직접 치환되는 방식으로 구현된다.

참고로 기본 자료형의 숫자 형식은 그것들이 표현할 수 있는 수의 상한값과 하한값에 대해 MaxValue, MinValue라는 공통된 상수를 제공한다.

```
Console.WriteLine("sbyte: " + sbyte.MinValue + " ~ " + sbyte.MaxValue);
Console.WriteLine("byte: " + byte.MinValue + " ~ " + byte.MaxValue);
Console.WriteLine("short: " + short.MinValue + " ~ " + short.MaxValue);
Console.WriteLine("ushort: " + ushort.MinValue + " ~ " + ushort.MaxValue);
Console.WriteLine("char: " + (int)char.MinValue + " ~ " + (int)char.MaxValue);
Console.WriteLine("int: " + int.MinValue + " ~ " + int.MaxValue);
Console.WriteLine("uint: " + uint.MinValue + " ~ " + uint.MaxValue);
Console.WriteLine("long: " + long.MinValue + " ~ " + long.MaxValue);
Console.WriteLine("ulong: " + ulong.MinValue + " ~ " + ulong.MaxValue);
Console.WriteLine("float: " + float.MinValue + " ~ " + float.MaxValue);
Console.WriteLine("double: " + double.MinValue + " ~ " + double.MaxValue);
Console.WriteLine("decimal: " + decimal.MinValue + " ~ " + decimal.MaxValue);
```

```
// 출력값
sbyte: -128 ~ 127
byte: 0 ~ 255
short: -32768 ~ 32767
ushort: 0 ~ 65535
char: 0 ~ 65535
sbyte: -128 ~ 127
int: -2147483648 ~ 2147483647
uint: 0 ~ 4294967295
long: -9223372036854775808 ~ 9223372036854775807
ulong: 0 ~ 18446744073709551615
float: -3.402823E+38 ~ 3.402823E+38
double: -1.79769313486232E+308 ~ 1.79769313486232E+308
decimal: -79228162514264337593543950335 ~ 79228162514264337593543950335
```

숫자형 상수는 서로 연관된 것들끼리 모아서 enum 타입으로 정리할 수 있다. 예를 들어, enum 타입에서 배운 예제 4.26의 Days 타입은 숫자형 상수의 묶음을 표현한 것과 같다.

```
// 개별적인 상수로 표현
const int Sunday = 0;
const int Monday = 1;
const int Tuesday = 2;
const int Wednesday = 3;
const int Thursday = 4;
const int Friday = 5;
const int Saturday = 5;

// 상수를 enum 타입으로 묶어서 표현
enum Days
{
    Sunday, Monday, Tuesday, Wednesday, Thursday, Friday, Saturday
}
```

#### 4.5.2.3 이벤트

이전에 델리게이트를 설명하면서 델리게이트가 메서드를 가리킬 수 있는 타입의 간편 표기법이라고 설명한 바 있다. 이벤트(event)도 '간편 표기법'의 하나인데, 다음 조건을 만족하는 정형화된 콜백 패턴을 구현하려고 할 때 event 예약어를 사용하면 코드를 줄일 수 있다.

1. 클래스에서 이벤트(콜백)를 제공한다.
2. 외부에서 자유롭게 해당 이벤트(콜백)를 구독하거나 해지하는 것이 가능하다.
3. 외부에서 구독/해지는 가능하지만, 이벤트 발생은 오직 내부에서만 가능하다.
4. 이벤트(콜백)의 첫 번째 인자로는 이벤트를 발생시킨 타입의 인스턴스다.
5. 이벤트(콜백)의 두 번째 인자로는 해당 이벤트에 속한 의미 있는 값이 제공된다.

물론 클래스에서 이벤트 성격의 콜백 수단을 제공하는 것이 목적이므로 기존의 델리게이트를 사용해서도 동일하게 구현할 수 있다. 단지 그것이 위의 패턴에 부합한다면 event 예약어로 코드를 적게 사용하는 것이 해당 클래스를 만드는 개발자뿐 아니라 그 클래스를 사용하는 개발자에게도 편리한 방법이 된다.

예를 들어, 소수(prime number) 생성기를 구현해 보자. 1부터 n까지 값을 진행하면서 소수라고 판정될 때마다 콜백을 발생시키는 클래스를 event 예약어의 도움을 받지 않고 델리게이트만으로 구현해 보면 다음과 같다.

```
namespace ConsoleApp1;

class CallbackArg { } // 콜백의 값을 담는 클래스의 최상위 부모 클래스 역할

class PrimeCallbackArg : CallbackArg // 콜백 값을 담는 클래스 정의
{
    public int Prime;

    public PrimeCallbackArg(int prime)
    {
        this.Prime = prime;
    }
}

// 소수 생성기: 소수가 발생할 때마다 등록된 콜백 메서드를 호출
class PrimeGenerator
{
    // 콜백을 위한 델리게이트 타입 정의
    public delegate void PrimeDelegate(object sender, CallbackArg arg);
```

```
// 콜백 메서드를 보관하는 델리게이트 인스턴스 필드
PrimeDelegate callbacks;

// 콜백 메서드를 추가
public void AddDelegate(PrimeDelegate callback)
{
    callbacks = Delegate.Combine(callbacks, callback) as PrimeDelegate;
}

// 콜백 메서드를 삭제
public void RemoveDelegate(PrimeDelegate callback)
{
    callbacks = Delegate.Remove(callbacks, callback) as PrimeDelegate;
}

// 주어진 수까지 루프를 돌면서 소수가 발견되면 콜백 메서드 호출
public void Run(int limit)
{
    for (int i = 2; i <= limit; i++)
    {
        if (IsPrime(i) == true && callbacks != null)
        {
            // 콜백을 발생시킨 측의 인스턴스와 발견된 소수를 콜백 메서드에 전달
            callbacks(this, new PrimeCallbackArg(i));
        }
    }
}

// 소수 판정 메서드. 이해하지 못해도 상관없음
private bool IsPrime(int candidate)
{
    if ((candidate & 1) == 0)
    {
        return candidate == 2;
    }

    for (int i = 3; (i * i) <= candidate; i += 2)
    {
        if ((candidate % i) == 0) return false;
    }
```

```
        return candidate != 1;
    }
}

class Program
{
    // 콜백으로 등록될 메서드 1
    static void PrintPrime(object sender, CallbackArg arg)
    {
        Console.Write((arg as PrimeCallbackArg).Prime + ", ");
    }

    static int Sum;

    // 콜백으로 등록될 메서드 2
    static void SumPrime(object sender, CallbackArg arg)
    {
        Sum += (arg as PrimeCallbackArg).Prime;
    }

    static void Main(string[] args)
    {
        PrimeGenerator gen = new PrimeGenerator();

        // PrintPrime 콜백 메서드 추가
        PrimeGenerator.PrimeDelegate callprint = PrintPrime;
        gen.AddDelegate(callprint);

        // SumPrime 콜백 메서드 추가
        PrimeGenerator.PrimeDelegate callsum = SumPrime;
        gen.AddDelegate(callsum);

        // 1 ~ 10까지 소수를 구하고,
        gen.Run(10);
        Console.WriteLine();
        Console.WriteLine(Sum);

        // SumPrime 콜백 메서드를 제거한 후 다시 1 ~ 15까지 소수를 구하는 메서드 호출
        gen.RemoveDelegate(callsum);
```

```
        gen.Run(15);
    }
}
```

```
// 출력값
2, 3, 5, 7,
17
2, 3, 5, 7, 11, 13,
```

PrimeGenerator 타입은 소수가 발견될 때마다 콜백을 발생시키며, 외부에서 이 콜백에 관심이 있다면 구독하고, 필요 없어지면 다시 해지할 수 있는 수단을 제공한다.

이제 event를 사용해 예제를 간결하게 만들어 보자. 우선 PrimeCallbackArg 타입이 상속받는 CallbackArg 타입이 필요없다. 여기에 대응되는 System.EventArgs라는 타입이 이미 닷넷에서 제공되고 있으므로 곧바로 EventArgs에서 상속받는 것으로 처리할 수 있다.

```
class PrimeCallbackArg : EventArgs // 콜백 값을 담는 클래스 정의
{
    public int Prime;

    public PrimeCallbackArg(int prime)
    {
        this.Prime = prime;
    }
}
```

따라서 콜백 메서드에 전달되는 인자를 기존의 CallbackArg에서 EventArg로 변경해야 한다.

```
static void PrintPrime(object sender, EventArgs arg)
{
    Console.Write((arg as PrimeCallbackArg).Prime + ", ");
}

static void SumPrime(object sender, EventArgs arg)
{
    Sum += (arg as PrimeCallbackArg).Prime;
}
```

다음으로 event 예약어의 위력이 발휘될 차례다. PrimeGenerator 타입에 구현돼 있는 PrimeDelegate, AddDelegate, RemoveDelegate 멤버를 제거하고 다음의 한 줄로 정의하면 된다.

```
public event EventHandler PrimeGenerated;
```

callbacks 인자의 이름이 이벤트의 PrimeGenerated로 바뀌었으므로 Run 메서드의 코드도 변경한다.

```
public void Run(int limit)
{
    for (int i = 2; i < limit; i++)
    {
        if (IsPrime(i) == true && PrimeGenerated != null)
        {
            PrimeGenerated(this, new PrimeCallbackArg(i));
        }
    }
}
```

여기까지가 PrimeGenerator에서 이벤트를 제공하기 위한 코드의 전부다. 그리고 이렇게 제공되는 이벤트를 사용하는 측은 이전보다 더욱 간결하게 이벤트를 구독/해지할 수 있다.

```
PrimeGenerator gen = new PrimeGenerator();

gen.PrimeGenerated += PrintPrime; // PrintPrime 메서드로 이벤트 구독
gen.PrimeGenerated += SumPrime;   // SumPrime 메서드로 이벤트 구독

gen.Run(10);
Console.WriteLine();
Console.WriteLine(Sum);

gen.PrimeGenerated -= SumPrime; // SumPrime 메서드의 이벤트 해지
gen.Run(15);
```

최종 소스코드를 비교하면 delegate와 event의 차이점과 동시에 유사점을 볼 수 있다.

예제 4.28 delegate 대신 event 예약어를 사용한 예제

```
namespace ConsoleApp1;

class PrimeCallbackArg : EventArgs // 콜백 값을 담는 클래스 정의
{
    public int Prime;

    public PrimeCallbackArg(int prime)
    {
        this.Prime = prime;
    }
}

// 소수 생성기: 소수가 발생할 때마다 등록된 콜백 메서드를 호출
class PrimeGenerator
{
    public event EventHandler PrimeGenerated;

    // 주어진 수까지 루프를 돌면서 소수가 발견되면 콜백 메서드 호출
    public void Run(int limit)
    {
        for (int i = 2; i <= limit; i++)
        {
            if (IsPrime(i) == true && PrimeGenerated != null)
            {
                // 콜백을 발생시킨 측의 인스턴스와 발견된 소수를 콜백 메서드에 전달
                PrimeGenerated(this, new PrimeCallbackArg(i));
            }
        }
    }

    // 소수 판정 메서드. 이해하지 못해도 상관없음.
    private bool IsPrime(int candidate)
    {
        if ((candidate & 1) == 0)
        {
            return candidate == 2;
        }
```

```
        for (int i = 3; (i * i) <= candidate; i += 2)
        {
            if ((candidate % i) == 0) return false;
        }

        return candidate != 1;
    }
}

class Program
{
    // 콜백으로 등록될 메서드 1
    static void PrintPrime(object sender, EventArgs arg)
    {
        Console.Write((arg as PrimeCallbackArg).Prime + ", ");
    }

    static int Sum;

    // 콜백으로 등록될 메서드 2
    static void SumPrime(object sender, EventArgs arg)
    {
        Sum += (arg as PrimeCallbackArg).Prime;
    }

    static void Main(string[] args)
    {
        PrimeGenerator gen = new PrimeGenerator();

        // PrintPrime 콜백 메서드 추가
        gen.PrimeGenerated += PrintPrime;
         // SumPrime 콜백 메서드 추가
        gen.PrimeGenerated += SumPrime;

        // 1 ~ 10까지 소수를 구하고,
        gen.Run(10);
        Console.WriteLine();
        Console.WriteLine(Sum);
```

```
        // SumPrime 콜백 메서드를 제거한 후 다시 1 ~ 15까지 소수를 구하는 메서드 호출
        gen.PrimeGenerated -= SumPrime;
        gen.Run(15);
    }
}
```

결국 이벤트는 델리게이트의 사용 패턴을 좀 더 일반화해서 제공하는 것으로 다음과 같이 간단하게 구문이 요약된다.

```
class 클래스_명
{
    접근_제한자 event EventHandler 식별자;
}
```

**설명**: 클래스의 멤버로 이벤트를 정의한다. 이벤트는 외부에서 구독/해지가 가능하고 내부에서 이벤트를 발생시키면 외부에서 다중으로 이벤트에 대한 콜백이 발생할 수 있다.

이벤트는 그래픽 사용자 인터페이스(GUI: Graphic User Interface)를 제공하는 응용 프로그램에서 매우 일반적으로 사용된다. 예를 들어, 윈도우에 포함된 버튼이 있고, 버튼을 눌렀을 때 파일을 생성하는 작업을 한다고 가정해 보자. Button 클래스 제작자는 당연히 Click이라는 이벤트를 구현해 둘 것이고, 버튼을 이용하는 개발자는 Click 이벤트를 구독하는 메서드 내에서 파일 작업을 수행하는 코드를 작성하면 된다.

#### 4.5.2.4 인덱서

배열의 요소에 접근할 때 다음과 같은 구문을 사용할 수 있다.

```
int[] intArray = new int[5];
intArray[0] = 6; // 0번째 요소 접근
```

intArray[0]과 같이 배열의 0번째 요소에 접근할 때 대괄호 연산자를 사용하는데, 배열이 아닌 일반 클래스에서 이런 구문을 사용할 수는 없을까? 앞에서 설명한 대로 대괄호 연산자는 사용자가 직접 정의할 수 없다. 이를 보완하기 위해 C# 언어에서는 this 예약어를 이용한 인덱서(indexer)라고 하는 특별한 구문을 제공한다.

```
class 클래스_명
{
    접근_제한자 반환타입 this[인덱스타입 인덱스식별자]
    {
        접근_제한자 get
        {
            // ......[코드]......
            return 반환타입과_일치하는_유형의_표현식;
        }
        접근_제한자 set
        {
            // 인덱스식별자로 구분되는 값에 value를 대입
        }
    }
}
```

**설명**: 인덱서를 이용하면 클래스의 인스턴스 변수에 배열처럼 접근하는 방식의 대괄호 연산자를 사용할 수 있다. 프로퍼티를 정의하는 구문과 유사하며, 단지 프로퍼티명이 this 예약어로 대체된다는 점과 인덱스로 별도의 타입을 지정할 수 있다는 점이 다르다.

이렇게 클래스 내부에 인덱서를 제공하면 배열을 접근할 때의 대괄호 연산자 사용을 클래스의 인스턴스에 대해서도 동일하게 사용할 수 있다. 다음은 Int32 정수형 데이터의 특정 자릿수를 인덱서를 사용해 문자(char) 데이터로 다루는 예제다.

```
class IntegerText
{
    char [] txtNumber;

    public IntegerText(int number)
    {
        // Int32 타입을 System.String으로 변환, 다시 String에서 char 배열로 변환
        this.txtNumber = number.ToString().ToCharArray();
    }

    // 인덱서를 사용해 숫자의 자릿수에 따른 문자를 반환하거나 치환
    public char this[int index]
```

```
    {
        get
        {
          // 1의 자릿수는 숫자에서 가장 마지막 단어를 뜻하므로 역으로 인덱스를 다시 계산
            return txtNumber[txtNumber.Length - index - 1];
        }
        set
        {
            // 특정 자릿수를 숫자에 해당하는 문자로 치환 가능
            txtNumber[txtNumber.Length - index - 1] = value;
        }
    }

    public override string ToString()
    {
        return new string(txtNumber);
    }

    public int ToInt32()
    {
        return Int32.Parse(ToString());
    }
}

class Program
{
    static void Main(string[] args)
    {
        IntegerText aInt = new IntegerText(123456);

        int step = 1;
        for (int i = 0; i < aInt.ToString().Length; i++)
        {
            Console.WriteLine(step + "의 자릿수: " + aInt[i]);
            step *= 10;
        }

        aInt[3] = '5';
```

```
            Console.WriteLine(aInt.ToInt32());
        }
    }
```

```
// 출력값
1의 자리수: 6
10의 자리수: 5
100의 자리수: 4
1000의 자리수: 3
10000의 자리수: 2
100000의 자리수: 1
125456
```

위의 코드에 사용된 인덱서 구문에는 index 변수의 타입이 int로 돼 있는데, 프로그램에서 필요하다면 다른 타입으로 지정하는 것이 가능하다. 또한 프로퍼티처럼 set 구문을 제거하면 읽기 전용으로 만드는 것도 가능하다. 다음은 이에 대한 예를 보여준다.

```
class Notebook
{
    int inch;
    int memoryGB;

    public Notebook(int inch, int memoryGB)
    {
        this.inch = inch;
        this.memoryGB = memoryGB;
    }

    public int this[string propertyName] // 문자열로 인덱스를 지정
    {
        get
        {
            switch (propertyName)
            {
                case "인치":
                    return inch;

                case "메모리크기":
```

```
                    return memoryGB;
                }

                return -1;
            }
        }
    }

    class Program
    {
        static void Main(string[] args)
        {
            Notebook normal = new Notebook(13, 4);

            Console.WriteLine("모니터 인치: " + normal["인치"] + "\"");
            Console.WriteLine("메모리 크기: " + normal["메모리크기"] + "GB");
        }
    }
```

```
// 출력값
모니터 인치: 13"
메모리 크기: 4GB
```

인덱서는 클래스를 직관적으로 배열처럼 다룰 수 있을 때 사용하기 쉽도록 제공되는 구문이다. 하지만 아이러니하게도 많은 개발자는 클래스가 배열처럼 다뤄질 수 있다는 사실을 직관적으로 받아들이지는 않는다. 이 때문에 편리한 구문임에도 인덱서를 잘 사용하지 않는 경향이 있다.

어찌됐든 인덱서를 언제 구현해야 하느냐에 대한 답은 간단하다. 즉, 여러분이 구현하려는 클래스에 배열과 같은 식으로 접근할 필요가 있을 때 제공하는 것이 바람직하다. 클래스를 사용하는 입장에서 직관적으로 인덱스를 사용하는 것이 좋겠다고 판단되지 않는다면 구현 노력에 비해 사용 빈도가 다소 떨어진다는 점을 기억해 두자.

# 정리

사실 클래스는 C# 언어의 전유물이 아니다. C++, 자바, 파이썬 등의 객체지향 언어에는 모두 클래스라는 개념이 있으며, 심지어 예약어까지도 class로 동일하다. 이쯤에서 클래스의 탄생 배경을 다시 한 번 짚어보자. 현실 세계의 객체를 프로그래밍 세계에 표현한다는 객체지향 개념을 토대로 그것을 프로그래밍 언어 차원에서 지원하기 위해 만든 일반적인 개념이 클래스다. 이번 장에서 배운 모든 클래스 문법은 여러분이 앞으로 구현해야 할 현실 세계의 문제를 프로그램으로 적절하게 표현해 낼 수 있는 도구이므로 상황에 맞게 적절한 수준으로 사용하면 된다. 너무 기법을 현란하게 남용하지도 말고, 쉬운 문법을 몰라서 필요 이상으로 어렵게 구현하는 것도 바람직하지 않다.

이번 장에서 추가로 배운 예약어를 나열해 보자. 기억나지 않는 문법이 있다면 다시 앞으로 되돌아가서 학습하기 바란다.

| | |
|---|---|
| **예약어** | ▪ using, namespace<br>▪ class, interface, struct, enum<br>▪ private, protected, public, internal<br>▪ return<br>▪ this, base<br>▪ typeof<br>▪ delegate, event<br>▪ virtual, override<br>▪ as, is<br>▪ sealed, abstract<br>▪ operator, implicit, explicit<br>▪ static, const, readonly<br>▪ ref, out |
| **문맥 예약어** | get, set, value |

특이하게 get/set/value를 문맥 예약어(contextual keywords)로 분류했다. 이것은 C# 언어의 또 다른 특징으로, 일반 예약어와 한 가지 점에서 차이가 있다. 기본적으로 일반 예약어는 C#으로 작성한 모든 영역의 코드에서 식별자로 사용할 수 없지만, 문맥 예약어는 특정한 상황을 제외하고는 식별자로 쓰는 것이 가능하다. 즉, '특정한 상황'이라는 문맥 조건이 적용되기 때문에 그런 이름이 붙은 것인데, 이를테면 get/set/value 예약어는 오직 프로퍼티 구문에서만 예약어로 처리된다. 그 밖의 코드에서는 여전히 식별자로 사용할 수 있다. 다음 코드를 보자.

```
int set = 5;
int get = 6;
int value = set + get;
```

이 코드가 Main 메서드 내에 있다면 정상적으로 컴파일되지만 프로퍼티 구문의 get/set 내에 사용되면 예약어가 변수의 식별자로 사용됐으므로 컴파일 오류가 발생한다. 그런데 왜 이런 문맥 예약어를 만들었을까? 예를 들어, C# 5.0에 추가된 await 문맥 예약어를 C# 4.0으로 이미 만들어 놓은 기존 프로그램에서 변수로 사용한다고 가정해 보자. 문맥 예약어의 개념이 없었다면 C# 5.0에서 기존의 4.0 소스를 컴파일하면 오류가 발생한다. 왜냐하면 4.0 소스코드에서 await라는 이름의 변수는 C# 5.0에서 예약어로 바뀌었기 때문이다. C#에서는 이런 문제를 방지하기 위해 문맥 예약어라는 특수한 키워드를 추가했고, C# 2.0부터 이런 식으로 확장해서 하위 버전의 소스코드를 문제 없이 컴파일하도록 돕고 있다.

지금까지 3장의 기본 문법을 기반으로 4장에서 객체지향 언어로서의 C# 구문을 알아봤다. 사실상 C#의 핵심 구문인 class를 이해했다면 이제 남은 5장의 부수적인 문법이나 프로그래밍 패턴은 좀 더 쉽게 공부할 수 있을 것이다.

# 05

# C# 1.0 완성하기

프로그래밍 언어는 버전이 올라가면서 이전의 소스코드와 호환되지 않는 경우가 종종 있다. 그래서 낮은 버전의 언어를 배우는 것에 회의적일 수 있으나, 다행히 C#은 그런 언어에 속하지 않는다. C#의 전체적인 기본 문법은 1.0에서 완성됐고, 이후의 버전은 C# 1.0을 바탕으로 보완/발전시켰기 때문에 C# 12 버전이 나온 지금도 여전히 C# 1.0과 관련된 지식은 유효하다.

3장과 4장에서는 C# 1.0의 일부를 배웠고, 이번 장에서 비로소 완성된 모습의 C# 1.0과 그와 관련된 주변 지식을 배울 것이다.

설명의 편의를 위해 3장과 4장에서 C# 2.0 이상의 문법을 일부 다루긴 했다.

## 5.1 문법 요소

이 절에서는 그동안 다루지 않았던 연산자와 예약어, 구문을 마저 소개한다.

### 5.1.1 구문

#### 5.1.1.1 전처리기 지시문

C#의 전처리기 지시문(preprocessor directive)은 특정 소스코드를 상황에 따라 컴파일 과정에서 추가/제거하고 싶을 때 사용한다. 예를 들어, 다음의 Program.cs 파일을 보자.

```
class Program
{
    static void Main(string[] args)
    {
        string txt = Console.ReadLine();

        if (string.IsNullOrEmpty(txt) == false)
        {
            Console.WriteLine("사용자 입력: " + txt);
        }
    }
}
```

Console.ReadLine 메서드는 엔터(Enter) 키가 눌릴 때까지의 키보드 입력을 받는 역할을 한다. 즉, Console.ReadLine 메서드가 실행되면 콘솔 화면에는 입력을 기다리는 프롬프트가 깜빡이고 키보드로 입력된 내용을 내부적으로 저장해 뒀다가 엔터 키가 눌리면 반환값으로 돌려준다. 이어서 string.IsNullOrEmpty 메서드는 인자로 들어온 string 객체가 null이거나 빈 문자열("")을 담고 있으면 true를 반환하고 1개 이상의 문자를 담고 있다면 false를 반환한다. 따라서 위의 코드는 사용자에게서 입력받은 내용이 'test'라면 화면에 '사용자 입력: test'라는 문자열을 출력하고, 그냥 아무 내용 없이 엔터 키만 눌렀다면 아무것도 하지 않고 종료한다.

그런데 위 프로그램을 사용하는 특정 고객으로부터 아무 입력도 받지 않은 경우에 '입력되지 않음'이라는 메시지를 출력해 달라는 요청을 받았다고 가정해 보자. 이 요청을 반영하려면 소스코드를 다음과 같이 고쳐야 한다.

```
if (string.IsNullOrEmpty(txt) == false)
{
    Console.WriteLine("사용자 입력: " + txt);
}
else
{
    Console.WriteLine("입력되지 않음");
}
```

문제는 모든 고객이 이런 변경을 찬성하지 않았을 때 발생한다. 그렇다면 원본 Program.cs를 복사해서 Program2.cs 파일을 만들어 위의 변경사항을 관리해야 한다. 그래서 Program.cs와 Program2.cs로부터 각각 program.exe를 만들어서 원하는 고객에게 전달하게 된다.

이렇게 소스코드 파일이 나뉘면 여러 가지 문제가 발생한다. 하나의 소스코드에서 변경된 사항을 다른 소스코드에 반영해야 하는 관리상의 부담이 생긴다. 메서드를 통해 중복 코드를 방지한 것처럼 소스코드 파일 역시 중복되는 것은 지양해야 한다.

바로 이럴 때 사용할 수 있는 기법이 #if/#endif 전처리기 지시문이다.

```
class Program
{
    static void Main(string[] args)
    {
        string txt = Console.ReadLine();
        if (string.IsNullOrEmpty(txt) == false)
        {
            Console.WriteLine("사용자 입력: " + txt);
        }
#if OUTPUT_LOG
        else
        {
            Console.WriteLine("입력되지 않음");
        }
#endif
    }
}
```

위 예제에서는 OUTPUT_LOG 전처리 상수(preprocessor constant)가 정의돼 있으면 #if/#endif 사이의 소스코드를 포함해서 컴파일하게 만들고, 정의돼 있지 않으면 컴파일 과정에서 해당 부분을 제거한다. 이를 위해 개발자는 dotnet build 시 /p:DefineConstants 옵션을 통해 전처리 상수를 설정할 수 있다.

**[OUTPUT_LOG가 정의되지 않은 컴파일]**

dotnet build

**[OUTPUT_LOG가 정의된 컴파일]**

dotnet build "/p:DefineConstants=OUTPUT_LOG"

비주얼 스튜디오 환경에서는 솔루션 탐색기에서 프로젝트 항목을 선택한 후 마우스 오른쪽 버튼을 누르면 나오는 메뉴에서 [속성(Properties)]을 선택한다.

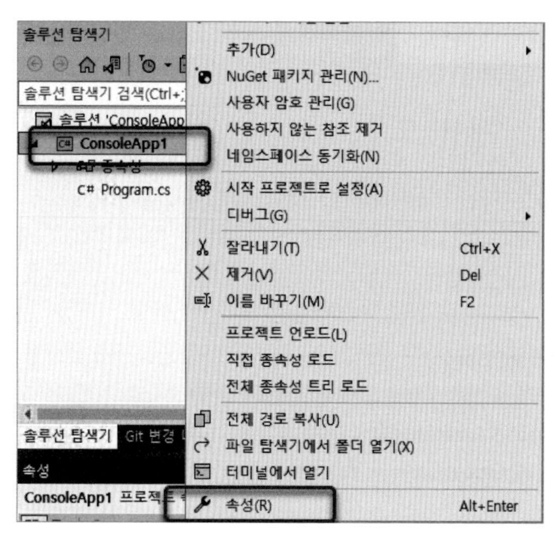


그림 5.1 프로젝트 속성 창을 띄우는 방법

잠시 후 '프로젝트 속성' 창이 나타나면 [빌드(Build)] → [일반(General)] 항목을 선택하고 '조건부 컴파일 기호(Conditional compilation symbols)' 입력 상자에 'OUTPUT_LOG'를 입력하고 우측의 [추가] 버튼을 누른다.

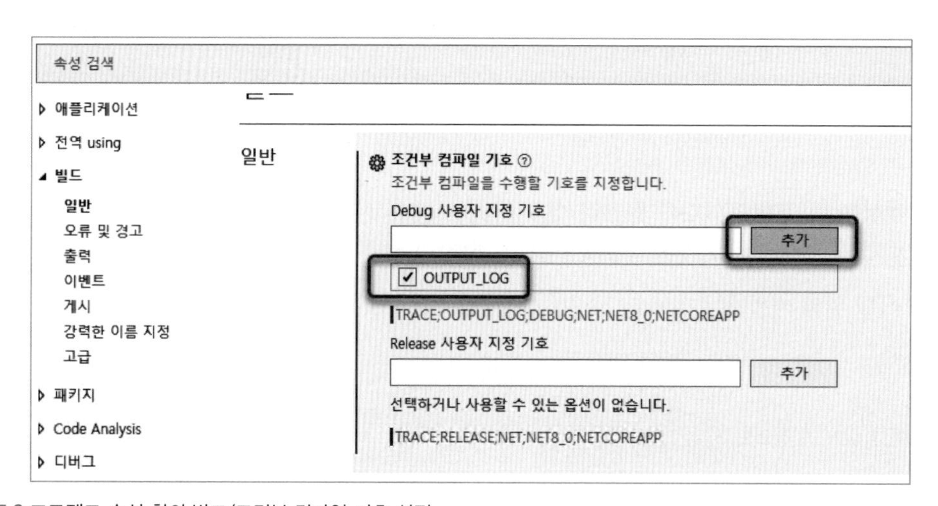


그림 5.2 프로젝트 속성 창의 빌드/조건부 컴파일 기호 설정

Note

프로젝트 속성 창에는 이 밖에도 여러 부가 옵션이 있는데, 지면 관계상 이 책에서 모든 옵션을 다루지는 않는다.

이렇게 전처리기를 이용하면 하나의 소스코드 파일로 여러 가지 상황을 만족하는 프로그램을 만들 수 있다.

#if, #endif가 조건문이기에 이를 보완하기 위한 #else, #elif 지시자도 있다. 그리고 전처리기 기호를 dotnet build의 옵션으로 지정하는 방법 이외에 소스코드에서 직접 지정할 수 있도록 #define 문도 제공되며, 반대로 정의를 취소할 수 있는 #undef 문도 있다. 다음은 이를 사용한 간단한 예제 코드다.

```
#define __X86__
#undef OUTPUT_LOG

class Program
{
    static void Main(string[] args)
    {
#if OUTPUT_LOG
        Console.WriteLine("OUTPUT_LOG가 정의됨");
#else
        Console.WriteLine("OUTPUT_LOG가 정의 안 됨");
#endif

#if __X86__
        Console.WriteLine("__X86__ 정의됨");
#elif __X64__
        Console.WriteLine("__X64__ 정의됨");
#else
        Console.WriteLine("아무것도 정의 안 됨");
#endif
    }
}
```

Note #define/#undef 문은 반드시 소스코드보다 먼저 나타나야 한다. 일례로, 위의 소스코드에서 #define 구문을 using 문 다음으로 옮기면 컴파일할 때 'Cannot define/undefined preprocessor symbols after first token in file' 오류가 발생한다.

이 밖에도 #warning, #error, #line, #region, #endregion, #pragma 지시문이 있지만 지면 관계상 설명을 생략한다.

### 5.1.1.2 지역 변수의 유효 범위

지역 변수가 정의되면 그것의 유효 범위는 변수를 포함하고 있는 블록과 일치한다. 예를 들어, 아래와 같이 변수가 선언된 블록이 닫히고 나서 코드에서 접근하려고 시도하면 컴파일 시점에 오류가 발생한다.

```
static void Main(string[] args)
{
    if (true)
    {
        int i = 5;
    }

    Console.WriteLine(i); // error CS0103: 'i' 이름이 현재 컨텍스트에 없습니다.
}
```

블록은 개발자가 자유롭게 열고 닫을 수 있으며, 중첩된 블록의 경우 부모 블록은 자식 블록의 유효 범위를 포함한다. 따라서 다음 코드에서도 컴파일 오류가 발생한다.

```
static void Main(string[] args)
{
    int i = 5;

    {
        int i = 10; // error CS0136: 'i'(이)라는 지역 변수는 'i'에 다른 의미를 주기 때문에
                    // 이 범위에 선언할 수 없습니다. 이 변수는 이미 '부모 또는
                    // 현재' 범위에서 다른 의미를 나타내도록 사용되었습니다.
    }
}
```

대신 같은 수준의 블록에서는 서로의 유효 범위를 넘어서지 않으므로 다음의 경우는 오류가 발생하지 않는다.

```
static void Main(string[] args)
{
    {
        int i = 5;
```

```
    }

    {
        int i = 10;
    }
}
```

### 5.1.1.3 리터럴에도 적용되는 타입

코드 내에서 사용되는 리터럴도 그에 해당하는 타입이 적용된다. 예를 들어, 숫자 5는 int 형의 인스턴스이고 값이 고정된 변수처럼 사용될 수 있다. 즉, 숫자 5를 통해서도 System.Int32 타입의 멤버를 그대로 사용할 수 있다.

```
Console.WriteLine(5.ToString() + 6.ToString()); // 출력 결과: 56
```

마찬가지로, 문자열도 string 타입의 인스턴스로 취급되어 다음과 같은 호출이 가능하다.

```
Console.WriteLine("test".ToUpper()); // 출력 결과: TEST
```

### 5.1.1.4 특성

개발자는 소스코드에 주석을 이용해 원하는 정보를 남길 수 있다. 예를 들어, 소스코드 작성자를 다음과 같이 기입할 수 있다.

```
/*
개발자: 홍길동
*/
public class Dummy { }
```

하지만 이 정보는 소스코드 파일에만 존재할 뿐, 컴파일러에 의해 빌드된 후 생성되는 EXE/DLL 파일에는 남지 않는다. 이 문제를 해결할 수 있는 것이 바로 특성(attribute)이다.

닷넷의 어셈블리 파일에는 해당 어셈블리 스스로를 기술하는 메타데이터가 포함돼 있다. 예를 들어, 어셈블리 내에서 구현하고 있는 타입, 그 타입 내에 구현된 멤버 등의 정보가 메타데이터에 해당한다. 특성은 이런 메타데이터에 함께 포함되며, 원하는 데이터를 보관하는 특성을 자유롭게 정의해서 사용할 수 있다.

이미 앞에서 enum 타입을 정의하면서 [Flags]라는 특성을 배웠다. 재미있는 점은 특성 자체도 클래스라는 것이다. [Flags] 특성은 FlagsAttribute라는 클래스로서 마이크로소프트에서 미리 만들어 BCL에 포함해둔 것이다. 그리고 당연히 외부 개발자도 특성을 만들 수 있다.

### 사용자 정의 특성

특성은 System.Attribute를 상속받았다는 점을 제외하고는 여느 클래스와 차이점이 없다. 관례상 특성 클래스의 이름에는 Attribute라는 접미사를 붙인다. 예를 들어, 다음은 Author라는 특성을 정의한 예다.

```
class AuthorAttribute : System.Attribute
{
}
```

특성을 정의하는 클래스도 여느 클래스와 다름없이 new 연산자로 인스턴스를 만들 수 있다. 하지만 그렇게 쓰는 경우는 거의 없다. 대신 특성 클래스를 인스턴스화할 수 있는 독특한 구문이 제공되는데, 바로 대괄호다. 특성은 세 가지 방식으로 적용할 수 있다.

```
[AuthorAttribute]
class Dummy1
{
}

[Author]  // C#에서는 Attribute 접미사를 생략해도 된다.
class Dummy1
{
}

[Author()] // 마치 new Author()처럼 생성자를 표현하는 듯한 구문도 사용할 수 있다.
class Dummy1
{
}
```

물론 특성 클래스에 매개변수가 포함된 생성자를 추가할 수도 있다. Author 특성을 좀 더 확장해 보자.

예제 5.1 Author 특성

```
class AuthorAttribute : System.Attribute
{
    string name;

    public AuthorAttribute(string name)
    {
        this.name = name;
    }
}
```

string 타입의 매개변수를 하나 받는 생성자를 정의했기 때문에 Author 특성을 사용할 때도 문자열을 전달해야 한다.

```
[Author("Anders")]  // new Author("Anders");와 같은 사용 구문을 연상하면 된다.
class Program
{
    static void Main(string[] args)
    {
    }
}
```

선택적으로 값을 지정하고 싶다면 특성 클래스의 속성으로 정의하는 편이 좋다. 예를 들어, 버전 기록을 위해 int 속성을 다음과 같이 추가한다.

```
class AuthorAttribute : System.Attribute
{
    // ...... [생략] ......
    int _version;
    public int Version
    {
        get { return _version; }
        set { _version = value; }
    }
}
```

그리고 특성을 사용하는 대괄호 구문에서는 Version 속성이 생성자에 명시된 것은 아니므로 별도로 '이름 = 값' 형식으로 전달해야 한다.

```
[Author("Anders", Version = 1)]
class Program
{
    // ...... [생략] ......
}
```

이제 코드를 빌드한 후 생성되는 EXE 파일을 JustDecompile 프로그램에서 열어 확인해 보자.

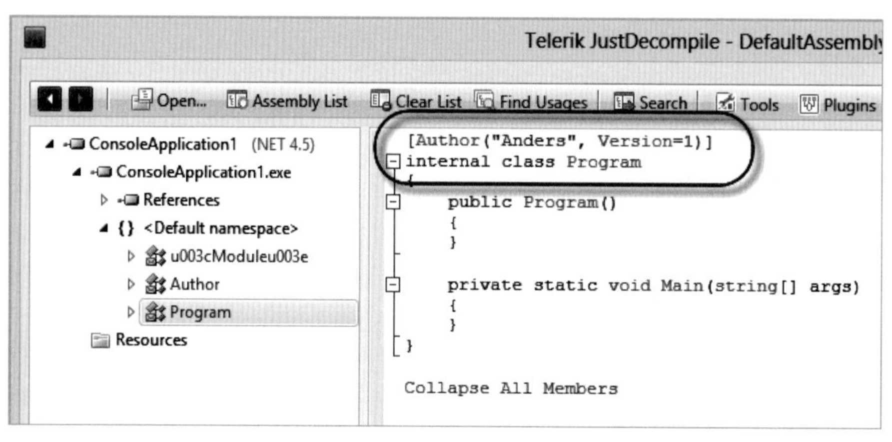


그림 5.3 컴파일된 결과물에도 남아 있는 특성 정보

이렇게 특성은 프로그램의 흐름에 직접적인 영향을 끼치지 않으면서 개발자로 하여금 정보를 남길 수 있는 기능을 제공한다.

> 비록 특성 스스로는 프로그램의 동작 방식에 관여할 수 없지만 나중에 배울 Reflection 기술과 결합되면 응용 범위가 확장된다.

### 특성이 적용될 대상을 제한

앞에서 배운 [Flags] 특성을 다음과 같이 클래스에 설정하고 컴파일해 보자.

```
[Flags()]
class Program
```

```
{
// ...... [생략] ......
}
```

그럼 "'Flags' 특성은 이 선언 형식에서 사용할 수 없습니다. 'enum' 선언에만 사용할 수 있습니다."와 같은 오류 메시지가 발생할 것이다. Flags 특성은 enum 타입의 동작 방식을 바꾸는 용도로 사용되기 때문에 class 정의에 사용될 이유가 없다.

닷넷에서는 특성의 용도를 제한할 목적으로 System.AttributeUsageAttribute라는 또 다른 특성을 제공한다. AttributeUsage 특성에는 enum 타입의 AttributeTargets 값을 인자로 받는 생성자가 정의돼 있는데, 바로 이 AttributeTargets에 정의된 값을 보면 특성을 적용될 수 있는 대상을 확인할 수 있다.

표 5.1 특성을 적용할 수 있는 대상 목록

| AttributeTargets 값 | 의미 |
|---|---|
| Assembly | 어셈블리가 대상인 특성 |
| Module | 모듈이 대상인 특성 |
| Class | class가 대상인 특성 |
| Struct | struct가 대상인 특성 |
| Enum | enum이 대상인 특성 |
| Constructor | 타입의 생성자가 대상인 특성 |
| Method | 타입의 메서드가 대상인 특성 |
| Property | 타입의 속성이 대상인 특성 |
| Field | 타입의 필드가 대상인 특성 |
| Event | 타입의 이벤트가 대상인 특성 |
| Interface | interface가 대상인 특성 |
| Parameter | 메서드의 매개변수가 대상인 특성 |
| Delegate | delegate가 대상인 특성 |
| ReturnValue | 메서드의 반환값에 지정되는 특성 |
| GenericParameter | C# 2.0에 추가된 제네릭 매개변수에 지정되는 특성 |
| All | AttributeTargets에 정의된 모든 대상을 포함 |

보다시피 메서드 내부의 코드를 제외한 C#의 모든 소스코드에 특성을 부여하는 것이 가능하다.

특성을 정의할 때 AttributeUsage를 지정하지 않으면 기본값으로 AttributeTargets.All이 지정된 것과 같다. 따라서 예제 5.1에서 만든 Author 특성은 표 5.1에 지정된 모든 대상에 적용할 수 있다. 만약 Author 특성의 적용 대상을 클래스와 메서드로 제한하고 싶다면 다음과 같이 AttributeUsage 특성을 사용할 수 있다.

```
[AttributeUsage(AttributeTargets.Class ¦ AttributeTargets.Method)]
class AuthorAttribute : System.Attribute
{
    // ...... [생략] ......
}
```

특성을 사용하는 대괄호 구문에는 특성이 적용될 대상(target)을 명시하는 것이 가능하다. 예를 들어, Author 특성을 다음과 같이 사용할 수 있다.

```
[type: Author("Tester")]
class Program
{
    [method: Author("Tester")]
    static void Main(string[] args)
    {
    }
}
```

AttributeTargets의 값에 따라 대괄호 안의 대상이 달라지는데, 다음의 표는 이러한 관계를 보여준다.

표 5.2 AttributeTargets와 대상 지정

| AttributeTargets 값 | [*target*: ······] |
| --- | --- |
| Assembly | assembly |
| Module | module |
| Class | type |
| Struct | type |
| Enum | type |
| Constructor | method |

| AttributeTargets 값 | [*target*: ……] |
|---|---|
| Method | method |
| Property | property |
| Field | field |
| Event | event |
| Interface | type |
| Parameter | param |
| Delegate | type |
| ReturnValue | return |
| GenericParameter | typevar |

일반적으로 대상을 생략하면 특성이 명시된 코드의 유형에 따라 표 5.2의 대상이 자동으로 선택된다. 하지만 경우에 따라서 반드시 명시해야 하는 특성도 있다. 예를 들어, BCL의 MarshalAs라는 특성은 적용 대상이 Field, Parameter, ReturnValue로 돼 있다. 이 중에서 MarshalAs를 ReturnValue 대상으로 적용하는 경우를 보자. 이런 경우 다음과 같이 대상을 생략하고 MarshalAs 특성을 지정했다고 하자.

```
[MarshalAs(UnmanagedType.I4)]
static int Main(string[] args)
{
    return 0;
}
```

그러면 컴파일할 때 "'MarshalAs' 특성은 이 선언 형식에서 사용할 수 없습니다. 'field, param, return' 선언에만 사용할 수 있습니다."라는 오류가 발생한다. 왜냐하면 특성이 적용된 코드가 Main 메서드이기 때문에 자동으로 [method: MarshalAs(……)]로 지정되고, method는 MarshalAs의 대상인 Field, Parameter, ReturnValue에 속하지 않기 때문이다. 따라서 이런 경우에는 명시적으로 return 값에 적용된다는 의미로 대상을 설정해야 한다.

```
[return: MarshalAs(UnmanagedType.I4)]
static int Main(string[] args)
{
    return 0;
}
```

## 다중 적용과 상속

AttributeUsage 특성에는 생성자로 입력받는 AttributeTargets 말고도 두 가지 속성이 더 제공된다.

표 5.3 AttributeTargets의 두 가지 속성

| 속성 타입 | 속성 이름 | 의미 |
|---|---|---|
| bool | AllowMultiple | 대상에 동일한 특성이 다중으로 정의 가능(기본값: false) |
| bool | Inherited | 특성이 지정된 대상을 상속받는 타입도 자동으로 부모의 특성을 물려받음. 일반적으로 잘 사용되지 않는다(기본값: true). |

AllowMultiple, Inherited 속성은 AttributeUsage 클래스의 생성자에 매개변수로 정의돼 있지 않고 속성으로만 정의돼 있기 때문에 특성을 적용하는 대괄호 구문에서 '이름 = 값'의 쌍으로 전달한다.

예제 5.1의 Author 특성을 다음과 같이 다중으로 지정하면 "특성이 중복되었습니다."라는 컴파일 오류가 발생한다.

```
[Author("Anders", Version = 1)]
[Author("Brad", Version = 2)]
class Program
{
}
```

이렇게 동일한 특성을 두 개 이상 지정하려면 Author 클래스의 AttributeUsage 설정에 AllowMultiple 속성을 true로 지정해야 한다.

```
[AttributeUsage(AttributeTargets.All, AllowMultiple = true)]
class AuthorAttribute : System.Attribute
{
// ...... [생략] ......
}
```

참고로 같은 특성이 아니라면 AllowMultiple 여부에 상관없이 대상 코드에 여러 개의 특성을 지정하는 것이 가능하다. 예를 들어, enum 타입에 Flags와 Author 특성을 지정하면 다음과 같다.

```
[Flags]
[Author("Anders")]
enum Days { /* ...... [생략] ...... */ }
```

또는 대괄호 내에 연속해서 정의하는 것도 가능하다.

```
[Flags, Author("Anders")]
enum Days { /* ...... [생략] ...... */ }
```

### 5.1.2 연산자

#### 5.1.2.1 시프트 연산자

시프트(shift) 연산자는 비트 단위로 데이터를 제어할 때 사용한다. 이를 이해하려면 데이터가 표현되는 2진수를 먼저 알아야 한다. 예를 들어, 정수형으로 숫자 38은 2진수로 100110에 해당한다.

10진수 38

- 32비트 2진수 00000000 00000000 00000000 00100110

시프트 연산자는 2진수 상태의 값을 좌/우로 비트를 밀어내는 연산자다. 다음은 숫자 38에 각각 좌측/우측 시프트 연산자를 사용한 결과를 보여준다.

숫자 38: 2진수(00000000 00000000 00000000 00100110)

좌측으로 비트를 2번 시프트: 38 《 2
00000000 00000000 00000000 10011000: 결괏값 152

우측으로 비트를 2번 시프트: 38 》 2
00000000 00000000 00000000 00001001: 결괏값 9

C# 코드로는 다음과 같이 확인할 수 있다.

```
int n = 38;

int leftShiftResult = n << 2;
int rightShiftResult = n >> 2;

Console.WriteLine(leftShiftResult);  // 출력 결과: 152
Console.WriteLine(rightShiftResult); // 출력 결과: 9
```

고급 언어에서는 비트 연산이 그다지 자주 쓰이는 편은 아니지만 그래도 일부 상황에서 유용할 때가 있다.

- 좌측 시프트를 한 번 할 때마다 2를 곱하는 효과가 있다. 따라서 숫자 38을 좌측으로 2번 시프트하면 4를 곱하는 것과 같으므로 38 * 4 == 38 << 2 == 152가 된다.
- 우측 시프트를 한 번 할 때마다 2로 나누는 효과가 있다. 따라서 숫자 38을 우측으로 2번 시프트하면 4로 나누는 것과 같으므로 38 / 4 == 38 >> 2 == 9.5가 되지만 정수로는 9가 된다.
- 시프트는 하위 바이트의 숫자를 잘라내는 역할도 한다. 예를 들어 4바이트 정수에서 상위 2바이트의 값을 알아내기 위해 다음과 같이 16번의 우측 시프트 연산을 할 수 있다.

```
int n = 1207967792;
int high2BytesResult = n >> 16;
```

우측 시프트 연산에서 주의할 점이 있다면 최상위 비트(MSB: most significant bit)가 부호의 유무에 따라 처리 방식이 달라진다는 점이다. 예를 들어, −38이 부호 있는 32비트 정수 타입에 담겨 있을 때를 살펴보자.

```
숫자 –38: 2진수(11111111 11111111 11111111 11011010)
부호 있는 32비트 정수의 최상위 비트는 부호를 나타내므로 시프트 연산을 할 때 보존돼야 한다.

–38 >> 2 결과: 11111111 11111111 11111111 11110110
```

반면 숫자 2281709616을 부호 없는 32비트 정수 타입에 담아 시프트 연산을 하면 처리 결과가 달라진다.

```
숫자 2281709616: 2진수(1000100 000000000 00100000 00110000)
부호 없는 32비트 정수의 최상위 비트는 데이터의 일부이므로 시프트 연산에서 보존되지 않는다.

2281709616 >> 2 결과: 00100010 00000000 00001000 00001100
```

좌측 시프트 연산은 이를 고려가 필요가 없지만 우측 시프트 연산을 할 때는 반드시 대상의 부호 유무를 고려해야 의도한 결과를 올바르게 얻을 수 있다.

#### 5.1.2.2 비트 논리 연산자

3장에서 배운 조건 논리 연산자(&&, ||, ^)는 피연산자가 bool 타입이고 연산의 결과도 bool 타입이었다. 여기서 배우는 비트 논리 연산자는 피연산자와 연산 결과가 숫자형이다. 즉, 피연산자의 숫자값을 2진수 상태로 비트 연산을 수행한다.

조건 논리 연산자에 대응하는 비트 논리 연산자는 각각 다음과 같다.

표 5.4 비트 논리 연산자

| 조건 논리 연산자 | 비트 논리 연산자 | 의미 |
|---|---|---|
| && | & | 논리곱 |
| \|\| | \| | 논리합 |
| ^ | ^ | 논리 XOR(연산자가 동일하다.) |
| ! | ~ | 비트 보수 연산자 |

비트 논리 연산자가 사용되는 대표적인 경우는 각 비트의 값을 특정 상태를 나타내는 의미로 사용할 때다. 예를 들어, 8비트 부호 없는 정수(byte) 타입은 각 비트에 On/Off로 나타낼 수 있으므로 총 8개의 상태를 지정할 수 있다. 다음은 사칙 연산을 각 비트에 대응시켜 지정하는 예제다.

```
class Program
{
    static void Main(string[] args)
    {
        Calc(0x01, 10, 5); // 더하기만 수행
        Calc(0x02 | 0x04 | 0x08, 10, 5); // 빼기, 곱하기, 나누기를 함께 수행
    }

    private static void Calc(int op, int operand1, int operand2)
    {
        if ((op & 0x01) == 0x01) // 비트 1: 더하기
        {
            Console.WriteLine(operand1 + operand2);
        }

        if ((op & 0x02) == 0x02) // 비트 2: 빼기
        {
```

```
            Console.WriteLine(operand1 - operand2);
        }

        if ((op & 0x04) == 0x04) // 비트 3: 곱하기
        {
            Console.WriteLine(operand1 * operand2);
        }

        if ((op & 0x08) == 0x08) // 비트 4: 나누기
        {
            Console.WriteLine(operand1 / operand2);
        }
    }
}
```

Note C#에서는 위와 같은 상태값 처리를 굳이 비트 연산으로 하기보다는 [Flags] 특성이 지정된 enum 타입으로 대체하는 것이 일반적이다.

### 5.1.2.3 연산자 우선순위

수학에서도 곱하기 연산자가 더하기 연산자보다 우선순위가 높게 매겨진 것처럼 C# 언어에서 사용하는 연산자 간에도 우선순위가 책정돼 있다. 예를 들어, 다음 코드의 실행 결과를 예상해 보자.

```
if (true || false && false)
{
    Console.WriteLine("evaluated.");
}
```

|| 연산자가 && 연산자보다 우선순위가 높다면 ((true || false) && false)의 단계로 실행되므로 결과는 false가 된다. 하지만 C#에서는 && 연산자의 우선순위가 더 높으므로 식의 평가 순서는 (true || (false && false))가 되어 true가 된다.

따라서 연산자를 한 줄에 연속으로 쓰는 경우에는 우선순위를 따져보는 것이 좋지만, 그보다는 개발자의 의도를 확실히 전달하기 위해 괄호 연산자를 사용해 명시적으로 연산 우선순위를 지정해 주는 것이 가독성을 위해서도 바람직하다.

자세한 사항은 부록의 'C# 12 연산자와 문장 부호' 내의 표를 참고한다.

## 5.1.3 예약어

### 5.1.3.1 연산 범위 확인: checked, unchecked

정수 계열 타입의 산술 연산을 하거나 서로 다른 정수 타입 간의 형 변환을 하게 되면 표현 가능한 숫자의 범위를 넘어서는 경우가 발생한다. 예를 들어, 2바이트 정수인 short 타입은 −32,768 ~ +32,767 사이의 값을 표현할 수 있는데 그 수를 넘어서는 상황이 되면 어떻게 처리해야 할까?

예제 5.2 타입의 범위를 넘어서는 연산

```
short c = 32767;
c++;
Console.WriteLine(c); // 출력 결과: -32768

int n = 32768;
c = (short)n;
Console.WriteLine(c); // 출력 결과: -32768
```

32,767에 1을 더한 결과가 −32768이 됐다. 그 이유는 2진수로 놓고 보면 알 수 있다.

> 숫자 32767: 2진수(01111111 11111111)
>
> 01111111 11111111 + 1 = 10000000 00000000
> 최상위 비트가 1로 바뀌어서 음수 값이 되며, C#은 음수를 2의 보수(complement)로 표현하기 때문에 값이 −32,768이 된다.

반대의 경우도 동일한 현상이 발생한다.

```
short c = -32768;
c--;
Console.WriteLine(c); // 출력 결과: 32767

int n = -32769;
c = (short)n;
Console.WriteLine(c); // 출력 결과: 32767
```

이런 식으로 데이터가 상한값을 넘어 하한값으로, 반대로 하한값에서 상한값으로 넘는 것을 오버플로(overflow)라고 한다.

> Note 특별히 부동 소수점 연산에서 0에 가깝지만 정밀도의 한계로 표현할 수 없을 때 아예 0으로 만들어 버리는 것을 언더플로(underflow)라고 한다. 닷넷에서는 언더플로에 대한 예외 처리는 제공하지 않는다.

그런데 오버플로가 과연 개발자가 의도한 동작일까? 산술 연산은 경우에 따라 결괏값이 매우 민감하게 받아들여질 수 있다. 가령 화폐 연산에서 이런 식의 연산 결과가 나왔는데 이 사실을 모르고 계속 진행하면 분명 문제가 될 수 있다. 이 때문에 개발자는 연산식에서 오버플로가 발생한 경우 C#으로 하여금 오류를 발생시키라고 명시할 수 있는데, 이때 checked 예약어가 사용된다.

```
short c = 32767;
int n = 32768;

checked
{
    c++; // 예외 발생
}

// 실행 결과
Unhandled Exception: System.OverflowException: Arithmetic operation resulted in an overflow.
   at Program.Main(String[] args) in c:\temp\ConsoleApp\Program.cs:line 12
```

산술 연산 코드에 checked를 적용하면 타입이 지정한 범위를 넘어서는 연산을 시도하는 경우 System.OverflowException 오류가 발생하면서 프로그램 실행이 멈춘다.

경우에 따라 checked 예약어의 명시적인 사용은 개발자로 하여금 실수할 수 있는 여지를 남긴다. 이 때문에 C#은 컴파일러 수준에서 checked 상황을 전체 소스코드에 걸쳐 강제로 적용할 수 있는 '산술 오버플로 확인(Check for arithmetic overflow)' 옵션을 제공한다.

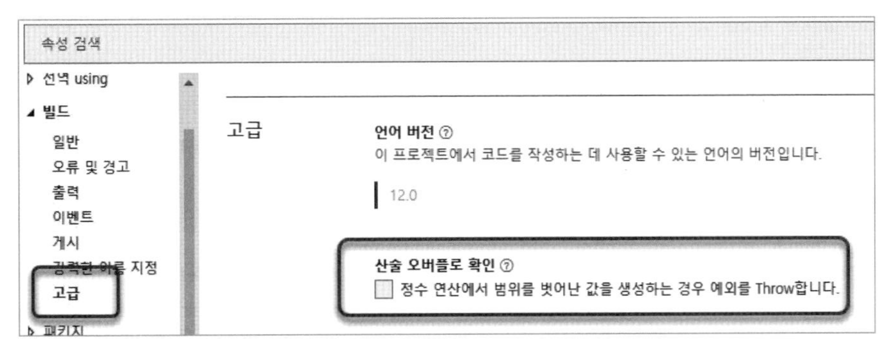


그림 5.4 프로젝트 속성 창의 빌드/산술 오버플로 확인 설정

따라서 checked를 명시하지 않은 예제 5.2를 '산술 오버플로 확인' 옵션을 적용해 컴파일하면 실행 시에 OverflowException이 발생한다.

이처럼 '산술 오버플로 확인' 옵션과 함께 컴파일된 경우, 반대로 특정 영역의 산술 연산에 대해서는 오버플로가 발생해도 오류를 내지 말라고 개발자가 unchecked 예약어를 지정할 수 있다.

```
short c = 32767;

unchecked
{
    c++; // '산술 오버플로 확인' 옵션을 적용한 경우에도 오류가 발생하지 않는다.
}
```

### 5.1.3.2 가변 매개변수: params

메서드를 정의할 때 몇 개의 인자를 받아야 할지 정할 수 없을 때가 있다. 예를 들어, Add 메서드를 2개의 인자만 입력받는 것으로 정의했다고 가정해 보자. 하지만 메서드를 사용하다 보니 인자가 더 필요해져서 다음과 같은 식으로 메서드를 추가했다.

```
static int Add(int a, int b)
{
    return a + b;
}

static int Add(int a, int b, int c)
{
```

```
    return a + b + c;
}
```

그런데 이게 끝이 아니라면 어떻게 될까? 4개, 5개, 6개, ……의 인자를 받게 해야 한다면 그때마다 일일이 그에 상응하는 메서드를 정의해야 할까?

다행히 이런 상황에서 params 예약어를 사용해 가변 인자를 지정할 수 있다.

```
class Program
{
    static void Main(string[] args)
    {
        Console.WriteLine(Add(1, 2, 3, 4, 5));                  // 출력값: 15
        Console.WriteLine(Add(1, 2, 3, 4, 5, 6, 7, 8, 9, 10)); // 출력값: 55
    }

    static int Add(params int[] values)
    {
        int result = 0;

        for (int i = 0; i < values.Length; i++)
        {
            result += values[i];
        }

        return result;
    }
}
```

params 매개변수를 정의할 때는 입력받을 인자의 타입에 해당하는 배열을 선언한 다음 params 예약어를 붙이면 된다. 예제의 Add 메서드는 정수를 입력받으므로 int의 배열로 선언했고 params 예약어를 추가했다.

입력 타입을 지정할 수 없다면 모든 타입의 부모인 object를 사용할 수 있다.

```
class Program
{
    static void Main(string[] args)
```

```
    {
        PrintAll(1.05, "Result", 3);
    }

    private static void PrintAll(params object[] values)
    {
        foreach (object value in values)
        {
            Console.WriteLine(value);
        }
    }
}
```

```
// 출력 결과
1.05
Result
3
```

### 5.1.3.3 Win32 API 호출: extern

Note 이 구문은 C/C++ 언어와의 호환성을 위해 제공된다. 따라서 C/C++ 언어를 모르는 독자는 가볍게 읽고 지나가거나 건너뛰어도 좋다.

닷넷 호환 언어로 만들어진 관리 코드(managed code)에서 C/C++ 같은 언어로 만들어진 비관리 코드(unmanaged code)의 기능을 사용하는 수단으로 플랫폼 호출(P/Invoke: platform invocation)이 있다. extern 예약어는 C#에서 PInvoke 호출을 정의하는 구문에 사용된다.

extern 구문을 작성하려면 다음과 같은 세 가지 정보가 필요하다.

- 비관리 코드를 제공하는 DLL 이름
- 비관리 코드의 함수 이름
- 비관리 코드의 함수 형식(signature)

한 예로 윈도우에서 제공되는 MessageBeep 함수를 C#에서 호출해 볼 텐데, 필요한 정보는 마이크로소프트의 문서에서 찾을 수 있다.

MessageBeep function (Windows)
https://learn.microsoft.com/en-us/windows/win32/api/winuser/nf-winuser-messagebeep
함수 이름 및 형식: BOOL MessageBeep([in] UINT uType);
함수가 제공되는 DLL 이름: User32.dll

이 정보를 토대로 extern 예약어를 사용하는 방법은 일반적인 정적 메서드를 정의하는 방법과 유사하다.

```
using System.Runtime.InteropServices;

class Program
{
    [DllImport("user32.dll")]
    static extern int MessageBeep(uint uType);

    static int TestMethod(uint type) // 비교를 위한 정적 메서드
    {
        return 0;
    }
}
```

사실 extern 예약어 자체는 메서드에 코드가 없어도 컴파일되게 하는 역할만 한다. 해당 Win32 API와 C# 코드를 연결하는 역할은 DllImport 특성을 적용해야만 이용할 수 있다. 닷넷 CLR은 DllImport 특성으로 전달된 DLL 파일명에 extern 예약어가 지정된 메서드와 시그니처가 동일한 Win32 API를 연결한다. 이렇게 정의된 extern 정적 메서드를 사용하는 방법은 일반적인 정적 메서드를 사용하는 방법과 동일하다.

```
class Program
{
    // 생략: DllImport MessageBeep

    static void Main(string[] args)
    {
        MessageBeep(0);
    }
}
```

위의 코드를 실행하면 컴퓨터에서 간단한 경고음(Beep)이 발생한다.

extern 구문 자체는 어렵지 않지만 현업에서 extern 정적 메서드를 사용하는 것은 그다지 쉽다고 볼 수는 없다. 왜냐하면 C/C++에서 복잡한 자료형을 쓴다거나 포인터 구문을 사용하면 이를 C#의 자료형과 맞춰야 하기 때문이다. 이와 관련된 내용을 모두 설명하는 것은 이 책의 범위를 넘어서므로 생략한다. 참고로 잘 알려진 Win32 API에 대한 PInvoke 구문이 필요하다면 www.pinvoke.net 웹 사이트를 먼저 이용해 보자. 이곳에서는 Win32 API를 검색하면 그에 대응되는 C# 및 VB.NET 언어로 금방 가져다 쓸 수 있는 extern 구문을 제공한다.

### 5.1.3.4 안전하지 않은 컨텍스트: unsafe

> Note 이 구문은 C/C++ 언어와의 호환성을 위해 제공된다. 따라서 C/C++ 언어를 모르는 독자는 가볍게 읽고 지나가거나 건너뛰어도 좋다.

관리 언어인 C#의 독특한 특징 중 하나는 기존 네이티브 C/C++ 언어와의 호환성을 위한 기능이 추가됐다는 점이다. Win32 API를 직접 호출할 수 있는 extern 예약어도 그러한 사례 중 하나다. C/C++와의 호환성을 높이기 위해 존재하는 또 한 가지 사례가 바로 안전하지 않은 컨텍스트(unsafe context)에 대한 지원이다. 안전하지 않은 컨텍스트(문맥)란 안전하지 않은 코드를 포함한 영역을 의미하며, 안전하지 않은 코드란 포인터(pointer)를 사용하는 것을 의미한다.

간단히 말해서 C#은 C/C++ 언어의 포인터를 지원하며 unsafe 예약어는 포인터를 쓰는 코드를 포함하는 클래스나 그것의 멤버 또는 블록에 사용한다. 다음은 포인터 연산자(*, &)와 unsafe를 사용한 간단한 예제다.

```
class Program
{
    unsafe static void GetAddResult(int* p, int a, int b)
    {
        *p = a + b;
    }

    static void Main(string[] args)
    {
        int i;
```

```
        unsafe
        {
            GetAddResult(&i, 5, 10);
        }

        Console.WriteLine(i);
    }
}
```

포인터 연산자(*, &)가 사용된 곳에는 반드시 unsafe 예약어를 지정해야 한다. 코드를 보면 GetAddResult 메서드는 포인터 형식의 인자를 받고 내부에 포인터 연산자(*)를 사용하는 코드가 있으므로 메서드 자체를 unsafe로 지정했다. 반면 Main 메서드에는 GetAddResult를 호출하는 부분에만 포인터 연산자(&)를 사용하므로 블록을 지정해 unsafe를 적용한다.

unsafe 예약어를 사용한 소스코드는 반드시 컴파일러 옵션으로 AllowUnsafeBlocks를 지정해야 한다.

```
dotnet build /p:AllowUnsafeBlocks=true
```

또는, 비주얼 스튜디오 환경이라면 프로젝트 속성 창의 [빌드(Build)] → [일반(General)] 항목의 '안전하지 않은 코드(Unsafe code)' 옵션을 설정하면 csproj 프로젝트 파일에 그에 대한 속성이 정의된다.

```
<Project Sdk="Microsoft.NET.Sdk">
    <PropertyGroup>
        <!-- 생략 -->
        <AllowUnsafeBlocks>true</AllowUnsafeBlocks>
    </PropertyGroup>
</Project>
```

### 5.13.5 참조 형식의 멤버에 대한 포인터: fixed

Note 이 구문은 C/C++ 언어와의 호환성을 위해 제공된다. 따라서 C/C++ 언어를 모르는 독자는 가볍게 읽고 지나가거나 건너뛰어도 좋다.

unsafe 문맥에서 포인터는 스택에 데이터가 저장된 변수에 한해 사용할 수 있다. 즉, 지역 변수나 메서드의 매개변수 타입이 값 형식인 경우에만 포인터 연산자(*, &)를 사용할 수 있다.

반면 참조 형식의 데이터는 직접적인 포인터 연산을 지원할 수 없다. 왜냐하면 참조 형식의 인스턴스는 힙에 할당되고 그 데이터는 가비지 수집기가 동작할 때마다 위치가 바뀔 수 있기 때문이다. 이로 인해 포인터를 이용해 그 위치를 가리키면 가비지 수집 이후 엉뚱한 메모리를 가리킬 수 있다는 위험이 따른다. 바로 이런 문제를 해결하기 위해 C#에는 fixed라는 예약어를 도입했다. fixed 예약어가 하는 정확한 역할은 힙에 할당된 참조 형식의 인스턴스를 가비지 수집기가 움직이지 못하도록 고정시킴으로써 포인터가 가리키는 메모리를 유효하게 만드는 것이다. 다음은 이를 보여주는 예제다.

```
class Managed
{
    public int Count;
    public string Name;
}

class Program
{
    unsafe static void Main(string[] args)
    {
        Managed inst = new Managed();

        inst.Count = 5;
        inst.Name = "text";

        fixed (int* pValue = &inst.Count)
        {
            *pValue = 6;
        }

        fixed (char* pChar = inst.Name.ToCharArray())
        {
            for (int i = 0; i < inst.Name.Length; i++)
            {
                Console.WriteLine(*(pChar + i));
            }
        }
    }
}
```

여기서 Managed 타입의 객체인 inst 변수에 대해 직접 포인터를 가져오지 않았다는 점에 유의할 필요가 있다. C#은 객체 인스턴스의 포인터를 가져오는 것을 허용하지 않는다. 대신 해당 객체가 가진 멤버 데이터가 값 형식이거나 값 형식의 배열인 경우에만 포인터 연산을 할 수 있다. 하지만 fixed되는 대상은 해당 필드를 포함한 객체가 된다. 따라서 프로그램 실행이 fixed 블록의 끝에 다다를 때까지는 가비지 수집기가 해당 객체를 이동시킬 수 없다.

보통 fixed된 포인터는 관리 프로그램의 힙에 할당된 데이터를 관리되지 않은 프로그램에 넘기는 용도로 쓰인다.

#### 5.1.3.6 고정 크기 버퍼: fixed

> Note 이 구문은 C/C++ 언어와의 호환성을 위해 제공된다. 따라서 C/C++ 언어를 모르는 독자는 가볍게 읽고 지나가거나 건너뛰어도 좋다.

이번 절의 fixed는 이전 절의 예약어와 이름은 같지만, 그 용도는 다르다. 이 구문을 이해하기 위해서는 C/C++ 지식이 요구된다. 가령 다음과 같은 C++ 구조체가 있다고 하자.

```
// C/C++로 정의한 구조체
struct CppStructType
{
public:
    int fields[2];
    __int64 dummy[3];
};
```

그리고 이것을 인자로 받아들이는 C++ DLL 함수가 있다고 가정해 보자.

```
// C/C++로 정의한 함수
__declspec(dllexport) void __stdcall ProcessItem(CppStructType *value)
{
    for (int i = 0; i < 2; i++)
    {
        value->fields[i] = (i + 1) * 2;
    }
```

```
    for (int i = 0; i < 3; i++)
    {
        value->dummy[i] = (i + 1) * 20;
    }
}
```

위의 C++ 함수를 extern 예약어를 통해 C#에서 호출하려면 우선 CppStructType에 맞는 구조체를 정의해야 한다. 그런데 이 구조체를 다음과 같이 정의할 수 있을까?

```
class Program
{
    // C#의 struct
    struct CSharpStructType
    {
        public int[] fields;
        public long[] dummy;
    }

    static void Main(string[] args)
    {
        CSharpStructType item = new CSharpStructType();
        item.fields = new int[2];
        item.dummy = new long[3];
    }
}
```

CppStructType과 CSharpStructType이 어떻게 메모리에 할당되는지 살펴보면 그 답을 알 수 있다.

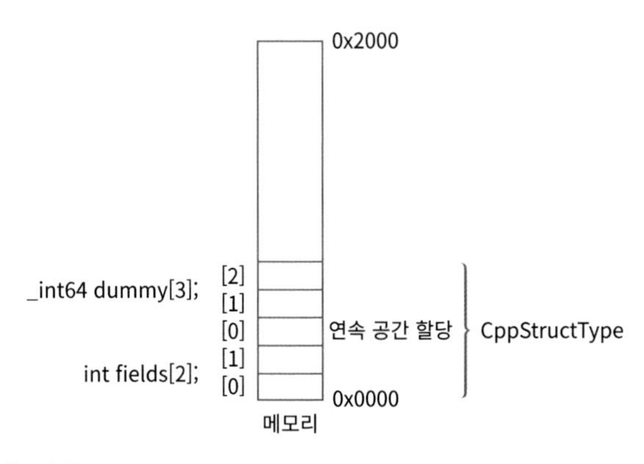


그림 5.5 CppStructType의 메모리 구조

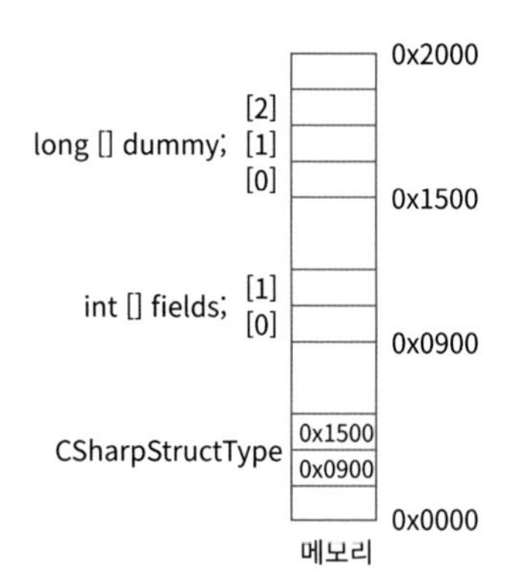


그림 5.6 CSharpStructType의 메모리 구조

CppStructType의 메모리 할당은 연속적인 반면, C#의 경우 필드마다 배열이 별도의 메모리를 할당받는다. 즉, CSharpStructType의 필드는 타입 내의 메모리 공간에 배열 공간을 품지 못하고 별도로 할당된 배열 공간에 대한 참조 주소를 갖는 메모리 배치가 이뤄진다. 따라서 C++의 ProcessItem 함수를 다음과 같이 호출하면,

```
using System.Runtime.InteropServices;

struct CSharpStructType
{
    public int[] fields;
    public long[] dummy;
}

class Program
{
    [DllImport("...C/C++ processItem 구현.dll...")]
    internal static unsafe extern int ProcessItem(CSharpStructType value);

    unsafe static void Main(string[] args)
    {
        CSharpStructType item = new CSharpStructType();
        item.fields = new int[10];
        item.dummy = new long[20];

        ProcessItem(item); // 프로세스 비정상 종료
    }
}
```

C++ DLL 측에서 참조 오류 예외가 발생하면서 프로그램이 비정상 종료하게 된다. 이런 문제를 해결하기 위해 특별히 메모리 배열을 타입 내에 담을 수 있도록 지원하는 구문이 fixed 배열이다.

```
// fixed 배열 필드는 unsafe 문맥에서 정의
unsafe struct CSharpStructType
{
    public fixed int fields[2];
    public fixed long dummy[3];
}
```

이렇게 정의한 CSharpStructType은 CppStructType과 동일한 메모리 구조로 인스턴스가 생성되므로 다음과 같이 C++ 측의 함수에 인자로 전달할 수 있다.

```
class Program
{
    [DllImport("...C/C++ processItem 구현.dll...")]
    internal static unsafe extern int ProcessItem(CSharpStructType* value);

    static unsafe void Main(string[] args)
    {
        CSharpStructType item = new CSharpStructType();

        CSharpStructType* ptItem = &item;
        ProcessItem(ptItem);

        for (int i = 0; i < 2; i++)
        {
            Console.WriteLine(item.fields[i]);
        }

        Console.WriteLine();
        for (int i = 0; i < 3; i++)
        {
            Console.WriteLine(item.dummy[i]);
        }
    }
}
```

#### 5.1.3.7 스택을 이용한 값 형식 배열: stackalloc

> Note 이 구문은 C/C++ 언어와의 호환성을 위해 제공된다. 따라서 C/C++ 언어를 모르는 독자는 가볍게 읽고 지나가거나 건너뛰어도 좋다.

값 형식은 스택에 할당되고 참조 형식은 힙에 할당된다. 그런데 값 형식임에도 그것이 배열로 선언되면 힙에 할당된다. stackalloc 예약어는 값 형식의 배열을 힙이 아닌 스택에 할당하게 만든다.

```
int* pArray = stackalloc int[1024]; // int 4byte * 1024 == 4KB 용량을 스택에 할당
```

포인터 연산을 사용하기 때문에 stackalloc도 unsafe 문맥에서 사용해야 한다.

그런데 왜 스택에 배열을 만들고 싶을까? 이유는 간단하다. 힙을 사용하지 않으므로 가비지 수집기의 부하가 없다는 장점 때문이다. 이는 게임 프로그램을 만들 때 유용할 수 있는데, 끊임없이 호출되는 메서드 내에서 힙에 메모리를 할당하면 가비지 수집기로 인해 끊김 현상이 발생할 수 있다. 이럴 때 stackalloc을 사용하면 가비지 수집기의 호출 빈도를 조금이라도 낮출 수 있어 좀 더 원활한 게임 실행이 가능해진다.

그럼 반대로 왜 스택에 배열을 만들고 싶지 않을까? 스택은 스레드마다 할당되는 메모리로 윈도우의 경우 (32비트 프로세스 기준) 기본값으로 1MB 규모의 크기를 갖는다. 이처럼 제한된 자원을 남용하면 자칫 프로그램의 실행에 오류를 발생시킬 수 있으므로 사용할 때 신중을 기해야 한다.

이 때문에 일부 특수한 용도를 제외하고는 stackalloc 예약어가 사용되는 경우는 거의 없다.

## 정리

아직도 다뤄야 할 C# 1.0의 예약어가 남았는데, 나머지 예약어에 대해 간략하게 살펴보자.

- volatile, lock: 스레드와 함께 사용된다. lock의 경우 6장에서 스레드 타입을 설명할 때 함께 다룬다.
- internal: 접근 제한자의 하나로서 잠시 후에 '프로젝트 구성' 절에서 함께 다룬다.
- try, catch, throw, finally: 예외 처리를 위해 사용되며, 잠시 후에 '예외'라는 절에서 함께 다룬다.
- using: 네임스페이스를 선언하는 using이 아닌 IDisposable 인터페이스를 다루는 예약어다. '자원 해제' 절에서 함께 설명한다.

## 5.2 프로젝트 구성

프로젝트(project)는 비주얼 스튜디오의 소스코드 관리를 위해 도입된 개념이다. 한 프로젝트는 여러 개의 소스코드를 담을 수 있고, 해당 프로젝트를 빌드하면 하나의 EXE 또는 DLL 파일이 만들어진다.

프로젝트를 생성하면 그 프로젝트에서 관리하는 모든 정보를 담는 '프로젝트 파일'이 만들어진다. 프로젝트 파일은 언어마다 확장자가 다르다. 이 책에서 배우는 C# 언어의 경우 비주얼 스튜디오가 생성하는 프로젝트 파일의 확장자는 'csproj'다. 프로젝트 이름이 'ConsoleApp1'이라면 프로젝트 파일은 'ConsoleApp1.csproj'가 되고 파일 탐색기를 통해 프로젝트가 있는 디렉터리에서 이 파일을 찾을 수 있다. 프로젝트 파일은 텍스트를 담고 있기 때문에 윈도우의 메모장 등으로 내용을 볼 수 있지만 보통은 비주얼 스튜디오에서 프로젝트 노드를 선택해 편집 창으로 열어 볼 수 있다.

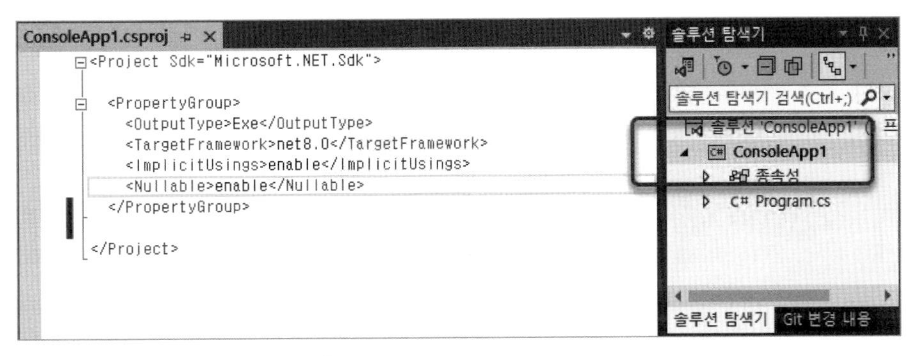


그림 5.7 솔루션 탐색기의 프로젝트 노드를 마우스로 클릭

```
<Project Sdk="Microsoft.NET.Sdk">

  <PropertyGroup>
    <OutputType>Exe</OutputType>
    <TargetFramework>net8.0</TargetFramework>
    <ImplicitUsings>enable</ImplicitUsings>
    <Nullable>enable</Nullable>
  </PropertyGroup>
</Project>
```

> 프로젝트(csproj) 파일의 내용은 XML(eXtensible Markup Language) 형식을 따른다. 닷넷 전반적으로 XML이 많이 사용되므로 이쯤에서 간략하게 XML을 설명하고 넘어가겠다.
>
> XML에서 꺾쇠 괄호(〈, 〉)를 사용해 의미를 나타내는 문자열을 둘러싼 것을 '태그(tag)'라고 한다. 즉, 〈Project〉와 〈/Project〉는 태그인데, 전자는 열림 태그, 후자는 닫힘 태그라고 하며, 반드시 쌍으로 존재해야 한다. 태그 사이에는 또 다른 태그가 올 수 있는데, 이를 자식 태그라고 한다. 위에서 PropertyGroup은 Project 태그의 자식이다.
>
> 또한 태그 사이에 값을 넣는 것도 가능하다. 예를 들어, 〈OutputType〉Exe〈/OutputType〉은 OutputType 태그에 Exe라는 값을 넣은 것이다. 값을 담고 있지 않는 태그는 열림 태그와 닫힘 태그를 합쳐서 〈OutputType /〉과 같이 표현하는 것도 가능하다.
>
> 태그 사이가 아닌, 태그 안에 값을 넣는 것도 가능하다. 예를 들어, 〈Project Sdk="Microsoft.Net.Sdk"〉에서 Project 태그는 Sdk 속성을 포함한다고 말한다. Sdk 속성의 값은 "Microsoft.Net.Sdk"다.

비주얼 스튜디오에서 프로젝트의 속성 창을 통해 설정을 바꾸는 경우 변경 사항은 모두 프로젝트 파일에 보관된다. 지금까지 이 책에서 실습한 비주얼 스튜디오의 프로젝트 유형은 2.3절 '비주얼 스튜디오 개발 환경'에서 생성한 '콘솔 앱(Console App)'에 해당한다. 그 밖의 프로젝트 유형들도 기본 구조는 콘솔 앱과 비슷하며, 단지 상황에 따라 csproj 파일 내부의 옵션이 변경되는 정도에 불과하다.

프로젝트보다 큰 단위가 솔루션(Solution)이다. 일반적으로 프로그램을 한 개의 프로젝트로 만드는 경우는 거의 없다. 여러 개의 프로젝트가 모여 하나의 솔루션을 구성한다. 비주얼 스튜디오에서 '솔루션 탐색기'를 통해 보여주는 내용이 바로 '솔루션'으로, 이 역시 파일로 저장된다. 솔루션 탐색기에서 최상단의 솔루션 항목을 대상으로 마우스 오른쪽 버튼을 누르면 [파일 탐색기에서 폴더 열기(Open Folder in File Explorer)] 메뉴가 나오고, 이를 선택하면 확장자가 sln인 파일이 들어 있는 폴더를 보여준다. 메모장으로 솔루션 파일을 열면 솔루션에 등록된 프로젝트의 경로가 포함된 것을 확인할 수 있다.

예를 들어, 솔루션과 프로젝트의 관계를 마이크로소프트 오피스 제품으로 비교해 보면 다음과 같다.

**표 5.5 솔루션과 프로젝트의 관계**

| 솔루션 | 프로젝트 |
|---|---|
| 오피스(Office) | 워드(Word) |
| | 엑셀(Excel) |
| | 파워포인트(PowerPoint) |
| | 아웃룩(Outlook) |

위의 제품 구조를 비주얼 스튜디오로 표현해 보자. 우선 [파일(File)] → [새로 만들기(New)] → [프로젝트(Project…)] 메뉴를 선택하면 나타나는 대화상자에서 필터 기준을 각각 '모든 언어', '모든 플랫폼', '기타(Other)'로 설정하면 '빈 솔루션(Blank Solution)'[1] 유형이 나타나는데, 이를 선택하고 [다음(Next)] 버튼을 누른다. 입력 화면이 나오면 이름으로 'Office'를, 폴더 위치는 원하는 경로로 적당하게 입력한 다음 [만들기(Create)] 버튼을 누른다.

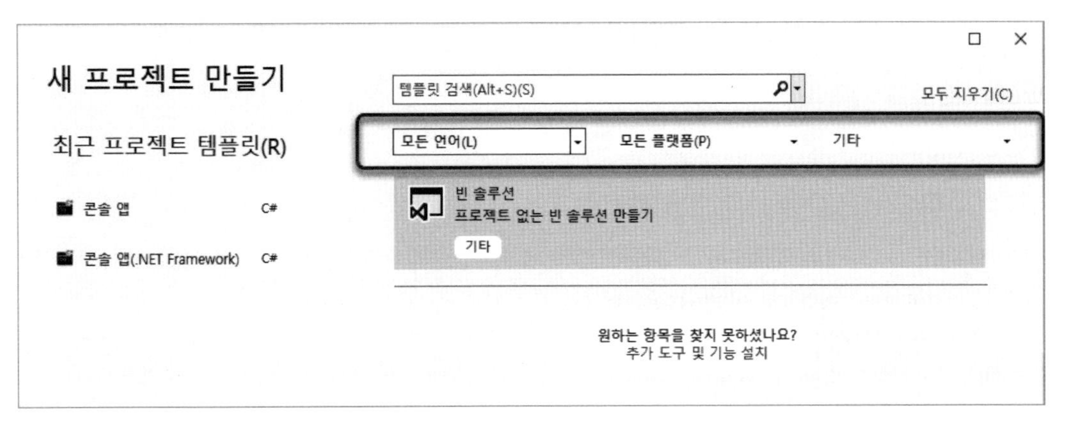

그림 5.8 솔루션 생성

그다음 [파일(File)] → [새로 만들기(New)] → [프로젝트(Project…)] 메뉴를 선택해 차례대로 4개의 콘솔 앱 형식의 프로젝트를 솔루션 아래에 추가한다. 최종적으로 다음과 같은 구조의 솔루션이 만들어진다.

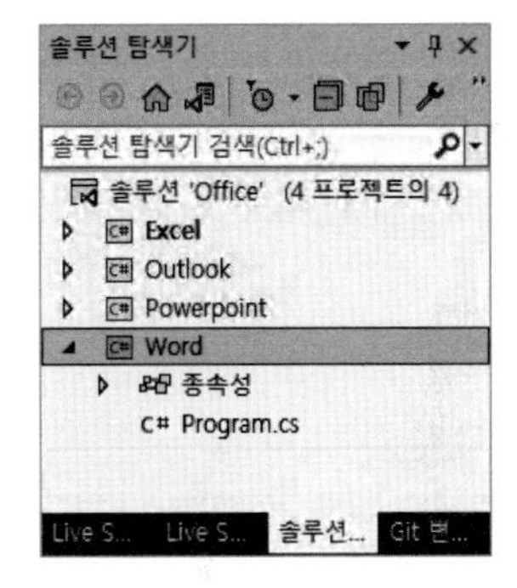

그림 5.9 4개의 프로젝트를 소유한 솔루션

이처럼 비주얼 스튜디오를 이용해 프로그램을 만들 때 맨 먼저 하는 작업이 솔루션을 만드는 것[2]이다. 그리고 그 아래에 제품을 구성하기 위한 프로젝트를 만든다. 따라서 비주얼 스튜디오로 만들어진 프로그램의 소스코드를 보관하려면 프로젝트 파일과 솔루션 파일까지 함께 저장해야 한다.

이제 비주얼 스튜디오를 종료하고, 파일 탐색기에서 솔루션 파일(Office.sln)을 마우스로 두 번 눌러 보자. 그럼 비주얼 스튜디오가 다시 실행되면서 솔루션 탐색기가 재구성되는 것을 볼 수 있다.

1 이미 프로젝트를 로드한 상태라면 '빈 솔루션' 유형은 보이지 않는다. 새롭게 비주얼 스튜디오를 실행해 프로젝트가 로드되지 않은 상태에서 실행해야 한다.

2 비주얼 스튜디오를 실행하고 처음 프로젝트를 만드는 경우라면 솔루션 파일이 자동으로 만들어진다. 따라서 보통은 솔루션을 먼저 만들지 않고 프로젝트를 통해 만든 후 솔루션의 이름을 변경하는 식으로 진행한다.

이어지는 절에서는 프로젝트와 관련된 사항을 좀 더 자세하게 설명한다.

### 5.2.1 다중 소스코드 파일

지금까지는 실행 파일을 만들기 위해 Program.cs 파일 하나만 가지고 실습했다. 당연히 여러 개의 파일을 이용하는 것이 가능하며 이를 위한 특별한 문법이 필요한 것은 아니다. 단지 코드 파일을 원하는 만큼 만들면 되는데, 다음은 2개의 소스코드 파일로 하나의 실행 파일을 만드는 예제다.

예제 5.3 Program.cs 파일의 내용

```
class Program
{
    static void Main(string[] args)
    {
        LogWriter logWriter = new LogWriter();
        logWriter.Write("start");
    }
}
```

예제 5.4 LogWriter.cs 파일의 내용

```
class LogWriter
{
    public void Write(string txt)
    {
        Console.WriteLine(txt);
    }
}
```

콘솔 유형의 프로젝트를 생성하면 기본적으로 Program.cs 파일을 포함하므로 위 코드는 별도로 LogWriter.cs 파일을 프로젝트 디렉터리에 추가한 경우다.

비주얼 스튜디오를 사용하고 있다면 솔루션 탐색기에서 프로젝트 항목을 대상으로 마우스 오른쪽 버튼을 눌렀을 때 나오는 메뉴에서 [추가(Add)] → [클래스(Class)…]를 차례로 선택해 새 코드 파일을 추가할 수 있다.

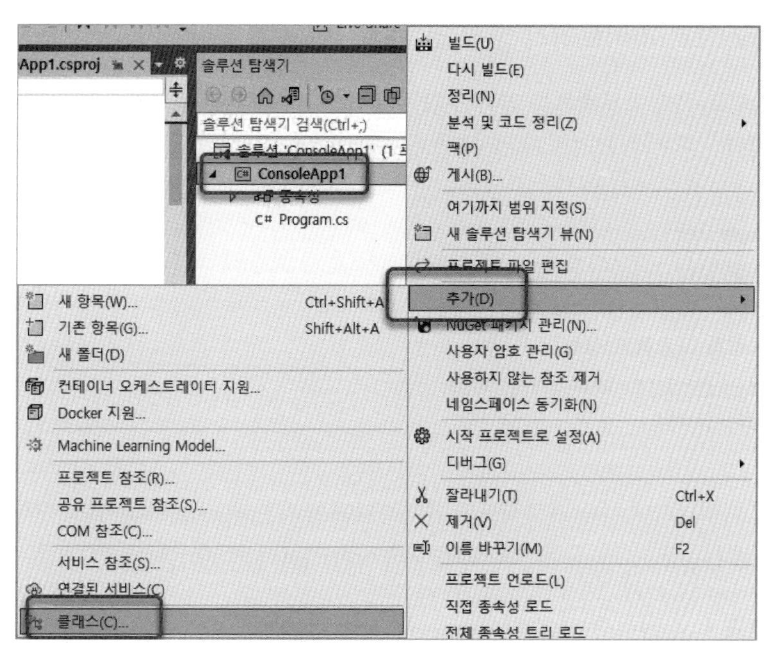


그림 5.10 비주얼 스튜디오에서 새로운 코드 파일 추가

다중 소스코드 파일을 구성하는 데 있어 강제성은 없지만 관례는 있다. 보통 클래스 하나당 파일 하나를 만드는 것을 권장한다. 또한 유사한 기능으로 묶을 수 있는 파일은 폴더를 이용해 정리한다.

### 5.2.2 라이브러리

프로그래밍 언어에서 라이브러리(library)는 일반적으로 재사용 가능한 단위를 의미한다. 그리고 그것이 파일로 저장될 때는 확장자로 DLL이 붙는다. 지금까지 예제에서 사용했던 Console.WriteLine의 Console 타입은 System.Console.dll 파일에 포함된 것으로서, 여러분은 그동안 알게 모르게 라이브러리를 사용해 온 셈이다. 닷넷 런타임이 설치되면 일부 라이브러리가 함께 컴퓨터에 설치되는데, 바로 이것들을 가리켜 BCL(Base Class Library) 또는 FCL(Framework Class Library)이라고 한다. 이것들은 모두 마이크로소프트에서 미리 만들어 둔 라이브러리인 셈이다.

이렇게 한번 만들어 둔 라이브러리는 다른 프로그램을 만들 때 쉽게 가져다 쓸 수 있어서 좋다. 그렇다면 이런 라이브러리를 우리도 만들 수 있지 않을까? 앞에서 만들어 둔 LogWriter 타입을 이번에는 라이브러리로 분리해서 만들어 보자.

#### 5.2.2.1 dotnet으로 라이브러리 생성 및 사용

dotnet 실행 파일로 콘솔 프로젝트를 만든 것과 유사하게 라이브러리 프로젝트를 다음과 같은 명령어로 만들 수 있다.

```
c:\temp> md LogWriter
c:\temp> cd LogWriter
c:\temp\LogWriter> dotnet new classlib
…[생략: 라이브러리 프로젝트 생성]…
// 생성된 파일: Class1.cs, LogWriter.csproj
// 생성된 디렉터리: obj
```

생성된 파일 및 디렉터리도 콘솔 프로젝트와 유사하지만 단지 Program.cs 파일명 대신 Class1.cs 파일이 생성된 것과 LogWriter.csproj 파일의 내용이 약간 다르다는 차이만 있다.

이 상태에서 Class1.cs 파일의 이름을 LogWriter.cs로 변경하고 예제 5.4 파일의 내용을 복사한 후 LogWriter 클래스의 접근 제한자만 public으로 변경해 준다.

예제 5.5 public 접근 제한자의 LogWriter 타입 정의

```
public class LogWriter
{
    public void Write(string txt)
    {
        Console.WriteLine(txt);
    }
}
```

class의 경우 접근 제한자를 생략하면 기본값이 internal이다. internal은 4.2.1 '접근 제한자' 절에서 설명하지 않고 넘어간 유형인데, 같은 어셈블리(EXE 또는 DLL) 내에서만 그 기능을 사용할 수 있게 제한하는 역할을 한다. 따라서 LogWriter.cs와 그 타입을 사용하는 Program.cs 파일이 같은 EXE/DLL로 묶일 때는 문제가 안 되지만, 별도의 DLL에 담길 때는 다른 EXE/DLL에서 그 기능을 가져다 쓸 수 없다.

따라서 라이브러리에서 특정 기능을 노출하고 싶다면 그것의 접근 제한자를 public으로 바꿔야 한다. 마지막으로 DLL 파일 생성은 콘솔 응용 프로그램을 빌드할 때와 마찬가지로 dotnet build 명령어를 수행하면 된다.

```
c:\temp\LogWriter> dotnet build
```

위와 같이 명령어를 실행하면 .\bin\Debug\net8.0\LogWriter.dll 파일이 만들어지고 그 단위로 재사용이 가능하다.

라이브러리를 만들었으니 이제 그것을 사용해 보자. 예를 들기 위해 LogWriter 디렉터리가 있는 c:\temp 기준으로 콘솔 프로젝트를 생성한다.

```
c:\temp> md ConsoleApp1
c:\temp> cd ConsoleApp1
c:\temp\ConsoleApp1> dotnet new console
…[생략: 콘솔 프로젝트 생성]…
// 생성된 파일: Progarm.cs, ConsoleApp1.csproj
// 생성된 디렉터리: obj
```

새로 생성한 Program.cs 파일의 내용을 예제 5.3의 Program.cs 코드로 채워준다. LogWriter.dll 기능을 사용할 때 소스코드상으로 바뀌는 것은 없다. 대신 이전에는 LogWriter.cs 파일을 같은 프로젝트에서 포함하고 있었지만, 이번에는 LogWriter.dll 파일로 분리되어 있으므로 Program.cs가 포함된 프로젝트를 빌드할 때 LogWriter.dll의 위치를 알려야 한다.

이를 위해 Program.cs 파일이 속한 ConsoleApp1.csproj 프로젝트 파일에 다음과 같이 Reference 항목과 함께 HintPath를 이용해 DLL의 위치를 명시해야 한다.

```
<Project Sdk="Microsoft.NET.Sdk">

  <PropertyGroup>
    <OutputType>Exe</OutputType>
    <TargetFramework>net8.0</TargetFramework>
    <ImplicitUsings>enable</ImplicitUsings>
    <Nullable>enable</Nullable>
  </PropertyGroup>

  <ItemGroup>
    <Reference Include="LogWriter">
      <HintPath>..\LogWriter\bin\Debug\net8.0\LogWriter.dll</HintPath>
    </Reference>
```

```
  </ItemGroup>

</Project>
```

이제 dotnet run으로 확인하면 프로그램이 정상적으로 실행된다.

```
// dotnet run 명령어는 dotnet build 과정을 포함하므로 빌드 후 곧바로 프로그램을 실행

c:\temp\ConsoleApp1> dotnet run
```

DLL을 다른 프로그램에서 사용하는 것을 일반적으로 '참조(reference)한다'라고 표현한다. 따라서 위의 경우에는 ConsoleApp1 프로젝트가 LogWriter.dll을 참조하는 셈이다. 그런데 Console 타입이 정의된 System.Console.dll에 대해서는 참조하지 않았는데 그동안 우리가 실습한 예제 파일은 어떻게 컴파일된 것일까? dotnet build 명령어는 csproj 파일의 내용에 따라 미리 정해진 닷넷 어셈블리를 자동으로 참조해 주기 때문이다. 하지만 우리가 만든 LogWriter.dll 파일은 C# 컴파일러가 알 수 없으니 직접 명시해야 한다는 차이점이 있다.

마지막으로 한 가지 의문이 더 남는다. 왜 소스코드 파일을 직접 포함하지 않고 굳이 DLL을 만들어서 참조하는 것일까? 이는 프로그램의 규모가 제법 커져야만 그 필요성을 체감할 수 있다. 프로그램 하나를 만들기 위해 수백 개의 소스코드 파일이 생성되고 그중에서 수십 개의 파일이 다른 프로그램에서도 재사용할 수 있다는 상황을 가정해 보자. 다른 프로그램을 만들 때 기존의 프로젝트로부터 수십 개의 파일을 골라서 재사용하는 것은 여간 불편한 일이 아닐 수 없다. 차라리 그 수십 개의 소스코드 파일을 담은 1개의 DLL 파일을 재사용하는 것이 낫다. 그 밖에 컴파일 시간도 문제가 된다. 매번 수십 개의 파일을 함께 컴파일하기보다 이미 컴파일된 DLL 파일을 참조하는 것이 개발 생산성 측면에서도 좋다.

### 5.2.2.2 비주얼 스튜디오에서 라이브러리 생성 및 사용

다음은 2.3절 '비주얼 스튜디오 개발 환경'에서 '새 프로젝트'를 만들 때 제공되던 프로젝트 템플릿 유형을 일부 설명한 것이다.

표 5.6 C# 프로젝트 템플릿

| 프로젝트 템플릿 이름 | 유형 | 의미 |
| --- | --- | --- |
| Windows Forms 앱 (Windows Forms App) | EXE | 윈도우 폼 응용 프로그램을 만들기 위한 기본 설정이 포함된 프로젝트를 생성한다. 자세한 사항은 3부에서 설명한다. |

| 프로젝트 템플릿 이름 | 유형 | 의미 |
|---|---|---|
| WPF 애플리케이션<br>(WPF Application) | EXE | Windows Presentation Foundation 응용 프로그램을 위한 템플릿으로서 자세한 사항은 3부에서 설명한다. |
| 콘솔 앱<br>(Console App) | EXE | 지금까지 이 책에서 실습한 프로젝트 유형이다. 실행 시 '명령 프롬프트'에서 실행되는 응용 프로그램을 만들도록 옵션이 설정돼 있다. |
| 클래스 라이브러리<br>(Class Library) | DLL | 라이브러리(DLL) 유형의 프로젝트 템플릿 |

Note 같은 프로젝트 템플릿 이름인데 '(.NET Framework)' 접미사 유무에 따라 나뉜다.

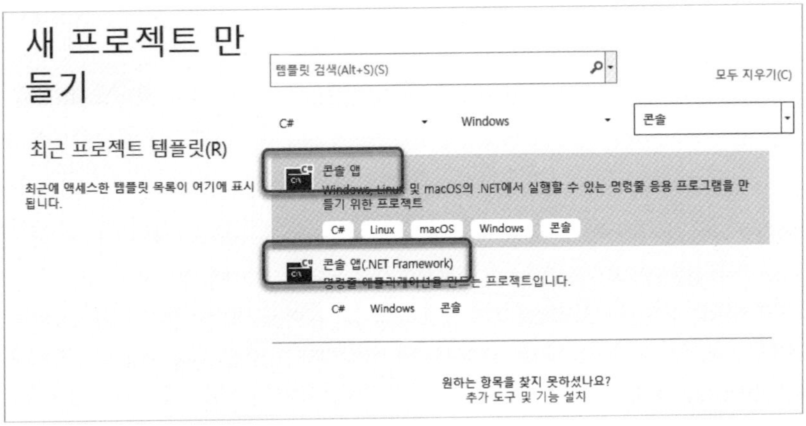

해당 접미사가 없으면 다중 플랫폼 지원[3]이 가능한 바이너리를 생성하는 .NET Core/5+ 유형의 프로젝트를 만든다. 반면, '(.NET Framework)' 유형은 윈도우 운영체제에서만 실행 가능한 바이너리를 생성한다.

각 템플릿은 해당 유형의 응용 프로그램을 만드는 데 필요한 기본 설정을 담고 있다. 하지만 결국 프로젝트를 생성하고 나면 동일한 포맷의 csproj 파일로 생성되고 그 안의 옵션 값이 일부 다른 것에 불과하다.

Note 나중에 좀 더 익숙해지면 'Console App'으로 만들어진 프로젝트일지라도 일부 옵션을 변경해 'Class Library'로 바꿀 수 있다.

3 현재 Windows Forms 앱이나 WPF 애플리케이션처럼 윈도우를 띄우는 응용 프로그램들은 .NET Core/5+로 만든다고 해도 윈도우 운영체제에서만 실행할 수 있다.

비주얼 스튜디오를 이용해 라이브러리를 만들려면 새 프로젝트 대화상자에서 '클래스 라이브러리(Class Library)' 유형의 프로젝트 템플릿을 선택하면 된다. 기본적으로 생성되는 Class1.cs 파일을 삭제하고 LogWriter.cs라는 이름의 코드 파일을 새로 추가한 후 예제 5.5의 내용을 입력한다. 마지막으로 [빌드(Build)] → [솔루션 빌드(Build Solution)] 메뉴를 선택해서 빌드하면 DLL 파일이 생성된다.

이제 비주얼 스튜디오에서 DLL을 참조하는 방법을 살펴보자. 이를 위해 LogWriter 라이브러리를 사용하는 콘솔 앱을 솔루션에 추가한다. [파일(File)] → [추가(Add)] → [새 프로젝트(New Project…)] 메뉴를 선택하고 '콘솔 앱(Console App)' 유형의 프로젝트를 선택하면 현재의 솔루션에 새로운 프로젝트가 추가된다.

그림 5.11 같은 솔루션에 포함된 라이브러리와 콘솔 프로젝트

> Note
>
> 비주얼 스튜디오 내에서는 [디버그(Debug)] → [디버깅 시작(Start Debugging)] 메뉴 또는 [디버그하지 않고 시작(Start Without Debugging)] 메뉴를 선택하면 솔루션의 대표 응용 프로그램을 곧바로 실행할 수 있다. 이처럼 개발 환경에서 직접 실행할 수 있는 프로젝트를 '시작 프로젝트(Startup Project)'라고 한다. 이를 구분하는 방법이 그림 5.11에 나와 있다. 'ClassLibrary1' 프로젝트는 굵게 표시돼 있어 '시작 프로젝트'임을 의미하고 'ConsoleApp1' 프로젝트는 일반 글씨체로 표시돼 있다.
>
> 그런데 현재 ClassLibrary1 프로젝트는 DLL을 생성하는 라이브러리 유형이기 때문에 실행할 수 없다. 따라서 실행 가능한 파일인 EXE를 생성하는 ConsoleApp1 프로젝트를 대상으로 마우스 오른쪽 버튼을 눌러 [시작 프로젝트로 설정(Set as Startup Project)] 메뉴를 선택해야 한다. 이렇게 하지 않고 F5 키를 눌러 실행하면 비주얼 스튜디오는 '출력 형식이 클래스 라이브러리인 프로젝트는 직접 시작할 수 없습니다(A project with an Output Type of Class Library cannot be started directly).'라는 오류 메시지를 띄우고 진행을 멈춘다.

참조 방법은 크게 파일 참조와 프로젝트 참조로 나뉜다. 5.2.2.1 'dotnet으로 라이브러리 생성 및 사용' 절에서 설명한 방법이 바로 파일 참조인데, 말 그대로 DLL의 위치를 직접 지정해 빌드에 포함하는 방식이다.

반면 그림 5.11처럼 참조하려는 프로젝트와 참조되는 프로젝트가 같은 솔루션 내에 함께 있다면 '프로젝트 참조'를 사용할 수 있다. 'ConsoleApp1' 프로젝트의 하위에 있는 '종속성(Dependencies)' 항목을 대상으로 마우스 오른쪽 버튼을 눌러 [프로젝트 참조 추가(Add Project Reference)…] 메뉴를 선택하면 참조 관리자(Reference Manager) 대화상자가 나타난다. 그림 5.12와 같이 좌측의 '솔루션

(Solution)' 범주를 선택하면 현재 솔루션에 포함된 프로젝트 목록이 우측에 나오고 원하는 프로젝트의 체크박스를 설정하고 [확인(OK)] 버튼을 누른다. 이것이 프로젝트 참조다.

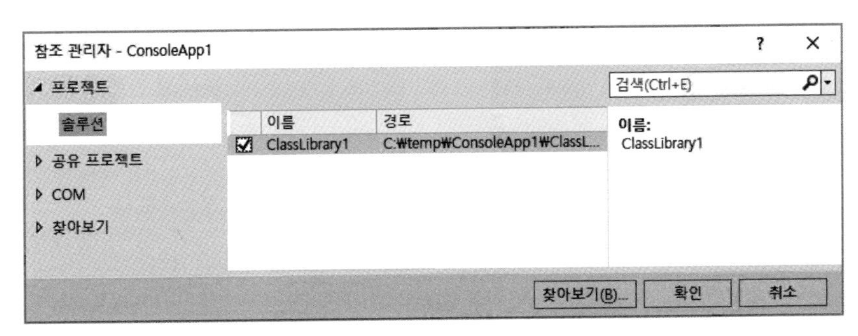


그림 5.12 같은 솔루션에 있는 라이브러리 프로젝트 참조

프로젝트 참조를 하면 csproj에 (파일 참조와는 다르게) ProjectReference 노드로 기록된다.

```
<Project Sdk="Microsoft.NET.Sdk">

  <PropertyGroup>
    <OutputType>Exe</OutputType>
    <TargetFramework>net7.0</TargetFramework>
    <ImplicitUsings>enable</ImplicitUsings>
    <Nullable>enable</Nullable>
  </PropertyGroup>

  <ItemGroup>
    <ProjectReference Include="..\ClassLibrary1\ClassLibrary1.csproj" />
  </ItemGroup>

</Project>
```

결국 프로젝트 참조와 파일 참조는 csproj 파일에 Reference로 기록되느냐 ProjectReference로 기록되느냐의 차이다.

가능하다면 파일 참조보다 프로젝트 참조를 하는 것이 더 좋다. 왜냐하면 프로젝트 참조의 경우 대상 프로젝트의 소스코드 파일이 변경되면 자동으로 프로젝트를 다시 빌드하고 그 결과 파일을 반영해 주기 때문이다.

현재 어떤 프로젝트 또는 DLL을 참조하고 있는지 확인하고 싶다면 솔루션 탐색기의 프로젝트 항목에서 '종속성(Dependencies)'을 펼치면 된다. 그림 5.13에서는 ConsoleApp1 프로젝트가 ClassLibrary1 프로젝트 외에도 Microsoft.NETCore.App을 의존하고 있음을 확인할 수 있다.

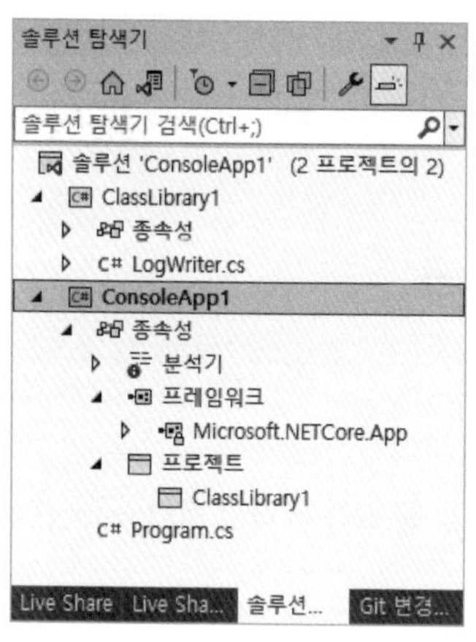

그림 5.13 프로젝트 하위의 종속성에서 참조 목록 확인

### 5.2.2.3 NuGet 패키지 참조

닷넷은 라이브러리 재사용을 높이기 위해 DLL 파일 및 기타 설명 파일을 추가한 패키지 규약을 만들었다. 이 패키지는 nuget 확장자를 가지며 좀 더 편리하게 재사용할 수 있도록 www.nuget.org 사이트가 운영되고 있다.

따라서 특정 기능의 라이브러리가 필요하다면 nuget 사이트에 방문해 검색한 다음 라이선스만 맞다면 누구나 그 패키지를 다운로드해 사용할 수 있다. 지금까지 배운 지식과 함께 nuget 패키지의 도움을 받아 간단한 MP3 음악 파일을 재생하는 프로그램을 만들어 보자.

비주얼 스튜디오를 이용해 간단한 콘솔 프로젝트를 생성한 후, 솔루션 탐색기의 프로젝트 항목 하위에 있는 '종속성(Dependencies)' 노드를 우클릭해 [NuGet 패키지 관리(Manage NuGet Packages)] 메뉴를 선택한다. 그럼 다음과 같이 'NuGet 패키지 관리자' 창이 뜬다. 이어서 [찾아보기] 탭을 누른 후 검색어로 'NAudio'를 입력한다.

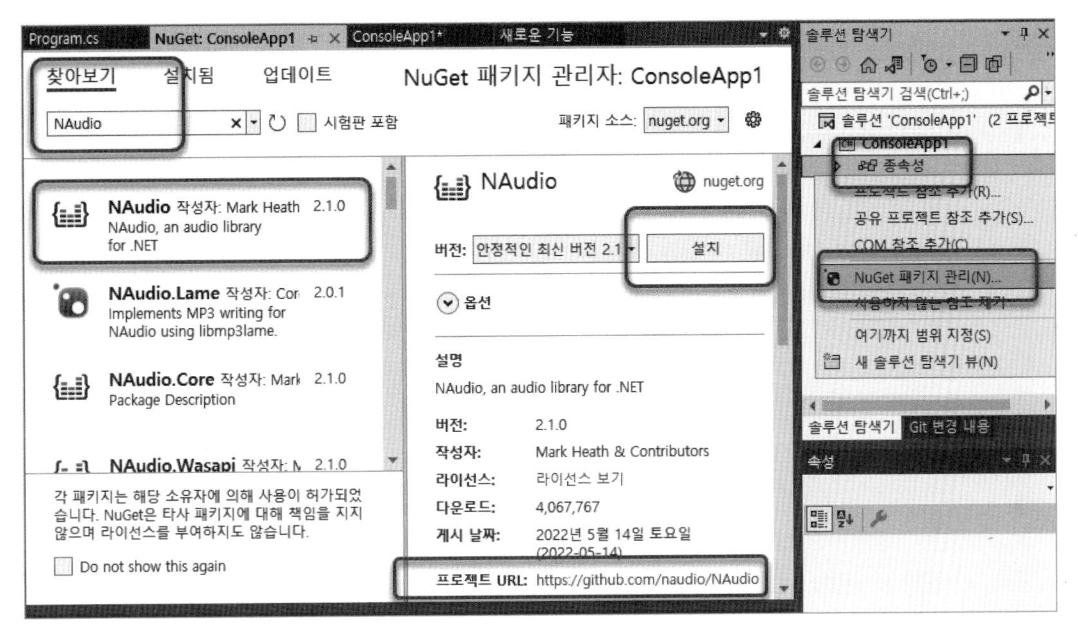


그림 5.14 NuGet 패키지 관리자

검색된 목록을 보면 위의 화면처럼 가장 상단에 'NAudio' 패키지가 나오는데, 우측의 [설치] 버튼을 눌러 프로젝트에 패키지 참조를 추가한다.

NuGet에 배포된 많은 프로젝트가 오픈 소스이며 그 위치를 '프로젝트 URL'로 공개하고 있다. NAudio도 위의 화면에서 보듯이 'https://github.com/naudio/NAudio'로 경로를 밝혔고 웹 브라우저에서 링크를 방문하면 해당 패키지를 만든 전체 소스코드와 함께 패키지의 사용법까지 찾아볼 수 있다. 여기서는 'Play an Audio File from a Console application[4]'라고 써 있는 문서에 따라 다음과 같이 NAudio를 사용하는 코드를 추가한다.

예제 5.6 NAudio 패키지를 이용한 mp3 재생

```
using NAudio.Wave;

namespace ConsoleApp1;

internal class Program
{
    static void Main(string[] args)
```

4 https://github.com/naudio/NAudio/blob/master/Docs/PlayAudioFileConsoleApp.md

```
    {
        string mp3Path = @"C:\temp\Suddenly.mp3";

        AudioFileReader audioFile = new AudioFileReader(mp3Path);
        WaveOutEvent outputDevice = new WaveOutEvent();

        outputDevice.Init(audioFile);
        outputDevice.Play();
        while (outputDevice.PlaybackState == PlaybackState.Playing)
        {
            Thread.Sleep(1000);
        }
    }
}
```

실습 삼아 위의 소스코드에서 mp3Path 변수만 여러분의 PC에 있는 MP3 파일로 교체한 다음 실행해 보자. 그럼 정상적으로 음악 파일이 재생되는 것을 확인할 수 있다.

정리해 보면, DLL을 직접 참조하는 경우는 점점 줄어들고 있는 추세다. 팀 내에서 만든 프로젝트라면 당연히 '프로젝트 참조'를 할 것이고, 외부 개발자가 만들었다면 대개의 경우 NuGet에 올라와 있으므로 패키지를 참조하게 된다.

Note 당연히 여러분이 만든 라이브러리도 NuGet 사이트에 배포할 수 있다. 또한 팀 내에서만 공유하고 싶은 라이브러리가 있다면 사내에서 직접 전용 NuGet 사이트를 호스팅할 수 있다.

### 5.2.3 디버그 빌드와 릴리스 빌드

프로그램을 만들다 보면 크게 두 가지 오류를 접할 수 있다.

- **컴파일 시 오류(Compile-time error)**: 문법 오류(syntax error)이며, 컴파일러의 오류 메시지 내용에 따라 올바른 문법으로 변경하면 해결된다.
- **실행 시 오류(Run-time error)**: 정상적으로 컴파일된 프로그램이지만 실행되는 시점에 오류가 발생하는 것으로 논리 오류(logical error) 등의 원인으로 발생한다.

프로그램을 컴파일하는 시점에 발생하는 오류의 경우 근래에는 통합 개발 환경(예: 비주얼 스튜디오)의 도움으로 컴파일하기 전에 이미 편집 창에서 오류를 파악할 수 있다. 그뿐만 아니라 설령 컴파일 오류가 발생하더라도 문법상으로 오류가 발생한 위치를 쉽게 알 수 있어 원인을 수정하기가 굉장히 쉽다. 문제는 실행 시 오류다. 실행 시에 발생하는 오류는 대개 예상치 못한 상황이며, 자칫 프로그램의 실행에 심각한 영향을 끼칠 수 있다. 예를 들어 다음과 같은 코드를 보자.

예제 5.7 실행 시 오류가 발생하는 유형

```
class Program
{
    static void Main(string[] args)
    {
        int [] nArray = new int [] { 0, 1, 2, 3, 4 };
        nArray[5] = 0; // 예외 발생
    }
}
```

예제 5.7의 코드는 5개의 요소가 담긴 배열의 6번째 요소에 접근하려고 했기 때문에 System.IndexOutOfRangeException 오류가 발생한다.

이런 오류를 버그(bug)라고 부르며, 해당 버그를 수정하는 작업을 디버깅(debugging)이라 한다. 디버깅의 핵심은 버그의 원인을 파악하는 것인데, 이때 원인 파악을 도와주는 용도의 전문적인 프로그램을 디버거(debugger)[5]라고 한다. 일반적으로 비주얼 스튜디오와 이클립스 등의 통합 개발 환경에는 디버거 기능까지 포함돼 있다. 예제 5.7처럼 소스코드의 양이 적은 경우에는 이러한 오류를 찾기가 매우 쉽지만 수천~수만 줄의 코드에서 디버거의 도움 없이 정확한 오류의 원인을 찾기란 쉽지 않다.

그런데 여기서 한 가지 알아둬야 할 점은 여러분이 작성한 코드가 그대로 기계어로 생성되지는 않는다는 점이다. 왜냐하면 컴파일러 제작자들은 개발자가 작성한 코드를 가능한 한 가장 빠른 속도 또는 가장 작은 용량의 프로그램으로 번역하는 최적화(optimization) 처리를 하기 때문이다.

이런 식으로 최적화를 허용하는 빌드를 릴리스(Release) 빌드라 하고 그렇지 않은 경우를 디버그(Debug) 빌드라고 한다. 보통 디버그 빌드로 출력한 EXE/DLL은 디버깅을 위한 정보를 함께 포함하고 있기 때문에 프로그램을 개발하는 단계에서 주로 사용한다. 이후 프로그램이 완성돼 배포할 때가 되면 성능을 위해 릴리스 빌드를 사용한다.

5 비주얼 스튜디오의 기본적인 디버깅 사용법을 유튜브 영상으로 제작했으니 참고하자. (https://www.sysnet.pe.kr/go/debug)

디버그와 릴리스 빌드는 명령행에서 각각 다음과 같이 수행할 수 있다.

```
[디버그 빌드]
D:\temp\ConsoleApp1> dotnet build

[릴리스 빌드]
D:\temp\ConsoleApp1> dotnet build -c Release
```

비주얼 스튜디오에서는 다음과 같이 도구 바를 통해 Debug와 Release를 선택한다.

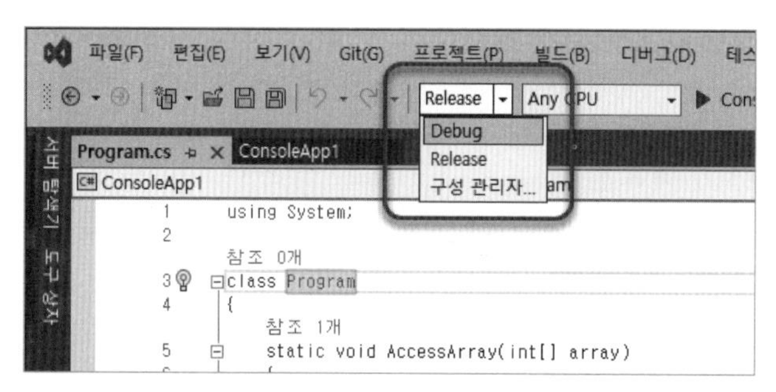


그림 5.15 프로젝트의 구성(Configuration) 설정: Debug, Release

참고로, 디버그와 릴리스 빌드에 따라 생성되는 파일의 경로가 다르다는 점을 기억해 두자.

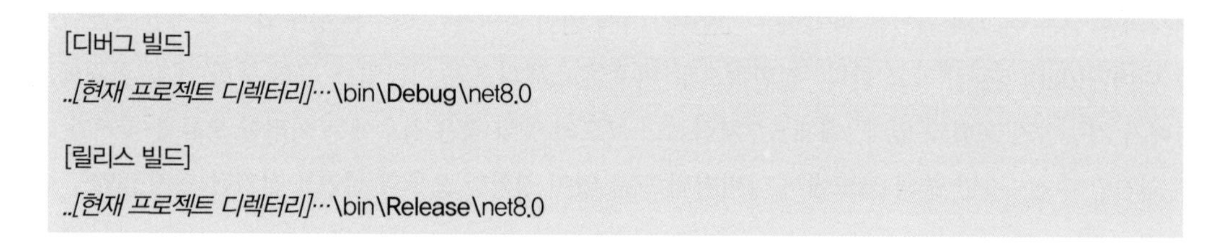

[디버그 빌드]

..*[현재 프로젝트 디렉터리]*…\bin\Debug\net8.0

[릴리스 빌드]

..*[현재 프로젝트 디렉터리]*…\bin\Release\net8.0

### 5.2.4.1 DEBUG, TRACE 전처리 상수

디버그 빌드와 릴리스 빌드를 할 때 비주얼 스튜디오에서는 자동으로 관리되는 전처리 상수가 있다.

표 5.7 빌드에 따라 정의되는 기본 전처리 상수 값

| 빌드 옵션 | 전처리 상수 | |
|---|---|---|
| | DEBUG | TRACE |
| 디버그 | O | O |
| 릴리스 | X | O |

차이점은 TRACE 상수는 항상 정의되지만 DEBUG 상수는 오직 디버그 빌드에서만 정의된다는 점이다. 이런 차이를 이용하면 프로그램을 디버그 빌드로 생성했을 때만 동작하는 코드를 만들 수 있다.

예제 5.8 DEBUG 전처리 상수 활용

```
class Program
{
    static void Main(string[] args)
    {
#if DEBUG
        Console.WriteLine("디버그 빌드");
#endif
    }
}
```

위의 코드를 비주얼 스튜디오에서 디버그 구성으로 빌드하면 화면에 문자열이 출력되지만, 릴리스로 빌드하면 전처리기에 의해 코드가 제거되어 화면에는 아무런 문자열도 출력되지 않는다.

유사한 기능을 Conditional 특성으로 구현할 수 있다. 이 특성은 클래스와 메서드에 적용할 수 있고, 적용된 클래스와 메서드를 사용하는 코드는 Conditional 특성의 생성자로 전달된 전처리 상수가 정의돼 있는 경우에만 EXE/DLL 실행 파일에 포함된다. 즉, #if/#endif 전처리 지시자가 필요없다. 예를 들어, 예제 5.8은 Conditional 특성을 이용해 다음과 같이 동일한 동작으로 바꿀 수 있다.

예제 5.9 #if/#endif 전처리기 대신 Conditional 특성 사용

```
using System.Diagnostics;

class Program
{
    static void Main(string[] args)
    {
        OutputText();
    }

    [Conditional("DEBUG")]
    static void OutputText()
    {
        Console.WriteLine("디버그 빌드");
```

```
    }
}
```

위의 코드 역시 비주얼 스튜디오에서 디버그 모드로 빌드할 때만 문자열이 출력되고, 릴리스 빌드에서는 Main 메서드 내에서 OutputText 메서드 호출이 제거되어 아무런 문자열도 출력되지 않는다. 물론 원한다면 DEBUG/TRACE 말고도 직접 전처리 상수를 정의해 이를 Conditional 특성에 전달할 수 있다.

#### 5.2.4.2 Debug 타입과 Trace 타입

BCL의 하나인 System.Runtime.dll과 System.Diagnostics.TraceSource.dll에는 System.Diagnostics 네임스페이스 아래에 Debug와 Trace 타입이 각각 정의돼 있다. 이 타입들에는 대표적으로 WriteLine 메서드가 함께 제공되는데, 이것들은 모두 각 이름에 해당하는 DEBUG, TRACE 전처리 상수가 Conditional 특성으로 적용돼 있다. 각각 어떤 효과가 있는지 간단한 예제 코드로 확인해 보자.

**예제 5.10** Console, Debug, Trace 타입을 사용한 출력 예제

```
using System.Diagnostics;

class Program
{
    static void Main(string[] args)
    {
        Console.WriteLine("사용자 화면 출력");
        Debug.WriteLine("디버그 화면 출력 - Debug");
        Trace.WriteLine("디버그 화면 출력 - Trace");
    }
}
```

비주얼 스튜디오에서 콘솔 프로젝트를 하나 만들고 예제 5.10의 프로그램을 실행하면 화면에는 '사용자 화면 출력'이라는 문자열만 출력된다. 그럼 Debug와 Trace의 WriteLine은 어디에 문자열을 전송한 것일까? 이 결과를 확인하려면 비주얼 스튜디오에서 [F5] 단축키(Start Debugging)를 이용해 실행해야 한다. 그럼 프로그램이 실행되자마자 종료되고 하단의 출력(Output) 창에 Debug와 Trace에서 전송한 결과를 확인할 수 있다.

그림 5.16 Debug/Trace 타입의 출력 확인

위의 화면은 'Debug' 빌드로 실행했기 때문에 두 가지 출력 결과가 나왔지만 릴리스 빌드로 실행하면 '디버그 화면 출력 - Trace' 문자열만 출력 창에 보인다.

정리하면, Console.WriteLine은 사용자 프로그램의 콘솔 창에 문자열을 출력하는 반면 Debug와 Trace 타입의 WriteLine은 디버거로 문자열을 전송한다. 따라서 사용자의 콘솔 화면을 어지럽히지 않고 내부 프로그램 상태를 추적하기 위한 특별한 목적으로 사용할 수 있다. 출력 내용이 오직 개발자에게만 의미 있는 것이다.

그런데 비주얼 스튜디오가 설치되지 않은 컴퓨터에서 Debug/Trace의 WriteLine 출력을 확인하려면 어떻게 해야 할까? 다행히 마이크로소프트에서는 이런 상황에서도 가볍게 쓸 수 있는 DebugView라는 프로그램을 배포하고 있다.

DebugView

- https://learn.microsoft.com/en-us/sysinternals/downloads/debugview

위의 프로그램을 내려받아 압축을 풀면 Dbgview.exe 파일이 나오고 설치 과정 없이 곧바로 실행할 수 있다. Dbgview.exe를 실행한 상태에서 예제 5.10의 프로그램을 [Ctrl]+[F5] 단축키(Start Without Debugging)로 실행해 보자. 그러면 DebugView의 화면에서 비주얼 스튜디오의 Output 창에서 본 것과 동일한 출력 결과를 얻을 수 있다.

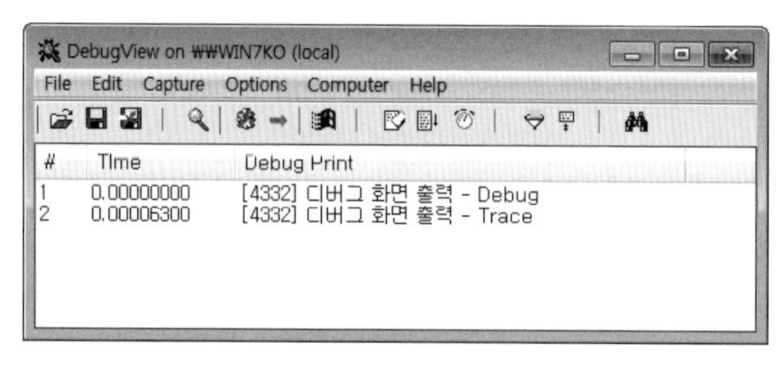


그림 5.17 DebugView로 확인한 Debug, Trace 타입의 WriteLine 출력

DebugView가 실행된 상태에서 비주얼 스튜디오의 프로그램을 [F5] 단축키로 실행하면 출력 결과가 비주얼 스튜디오의 Output 창에 나타난다.

## 5.2.4 플랫폼(x86, x64, ARM32, ARM64, AnyCPU) 선택

닷넷 런타임이 인텔/AMD CPU와 ARM CPU를 지원하기 때문에 각각 32비트, 64비트 지정을 x86/x64, ARM32/ARM64로 나눌 수 있고 그 외 플랫폼에 상관없는 AnyCPU를 추가로 두고 있다. 비주얼 스튜디오의 경우 다음 그림에서 보듯이 프로젝트 속성 창에서 [빌드(Build)] 탭의 '플랫폼 대상(Platform target)'에서 EXE/DLL이 실행될 대상 플랫폼을 선택할 수 있다.

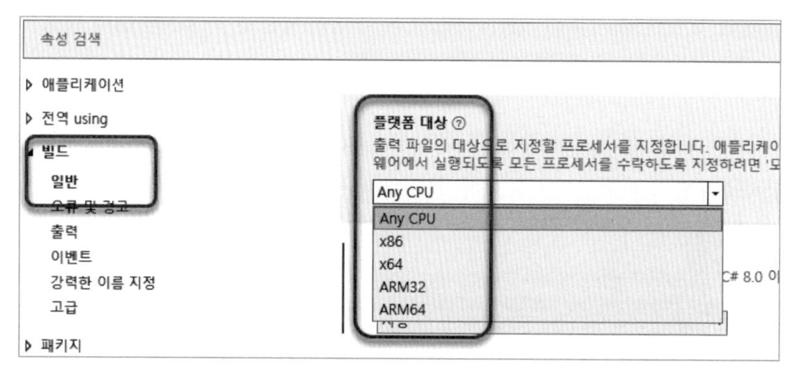


그림 5.18 프로젝트의 플랫폼 지정

이 옵션을 x86으로 설정하고 프로젝트를 빌드하면 인텔/AMD용 CPU로 운영되는 32비트/64비트 윈도우에서 32비트 프로세스로 실행된다. 반면 x64로 설정하고 빌드하면 32비트 윈도우에서는 실행이 불가능하고 오직 64비트 윈도우에서만 64비트 프로세스로 실행된다. 동일한 규칙이 ARM32와 ARM64에 대해서도 적용된다.

AnyCPU의 경우 32비트 윈도우에서는 32비트로, 64비트 윈도우에서는 64비트 프로세스로 실행된다. 비주얼 스튜디오에서 프로젝트를 생성하면 기본값은 AnyCPU다.

**표 5.8** 플랫폼 설정에 따른 프로세스 유형

<table>
<tr><th rowspan="2">플랫폼</th><th colspan="2">인텔/AMD CPU</th><th colspan="2">ARM CPU</th></tr>
<tr><th>32비트 운영체제</th><th>64비트 운영체제</th><th>32비트 운영체제</th><th>64비트 운영체제</th></tr>
<tr><td>x86</td><td>32비트 EXE로 실행</td><td>32비트 EXE로 실행</td><td colspan="2" rowspan="2">실행 불가</td></tr>
<tr><td>x64</td><td rowspan="3">실행 불가</td><td>64비트 EXE로 실행</td></tr>
<tr><td>ARM32</td><td rowspan="2">실행 불가</td><td>32비트 EXE로 실행</td><td>32비트 EXE로 실행</td></tr>
<tr><td>ARM64</td><td>실행 불가</td><td>64비트 EXE로 실행</td></tr>
<tr><td>AnyCPU</td><td>32비트 EXE로 실행</td><td>64비트 EXE로 실행</td><td>32비트 EXE로 실행</td><td>64비트 EXE로 실행</td></tr>
</table>

여기서 한 가지 의문이 들 수 있다. 가장 이상적인 AnyCPU만으로 구성하는 것이 좋을 텐데 왜 혼란스럽게 32비트를 고려해야 하는 걸까? 그 이유는 아직도 많은 수의 공개된 DLL이 32비트로만 만들어져 있어 그 DLL을 사용하려면 32비트 프로세스로 실행해야 하기 때문이다.

Note 32비트용 DLL은 64비트 프로세스(EXE)에 사용될 수 없다. 64비트 프로세스에 로드되기 위해서는 반드시 AnyCPU 또는 x64로 빌드돼야 한다.

프로세스가 32비트로 실행되는지 64비트로 실행되는지 파악하려면 Environment 타입의 Is64BitProcess 속성을 이용하면 된다.

```
Console.WriteLine("64 bit process: " + Environment.Is64BitProcess);

// 실행된 EXE가 32비트 프로세스이면 False, 64비트 프로세스이면 True 반환
```

정리하면, 32비트 네이티브 DLL(예: ActiveX)을 사용하는 경우에 한해 x86 옵션을 사용하고, 그렇지 않은 대부분의 경우에는 기본값인 AnyCPU로 만드는 것을 권장한다.

## 5.3 예외

프로그램을 실행했을 때 비정상적으로 종료하는 것을 지금까지는 오류(error)라고 설명해 왔으나, 이제 그것의 실체가 예외(exception)였음을 밝혀야겠다.

예외의 실체를 코드를 통해 먼저 확인한 후 이야기를 계속 이어나가자.

```
string txt = null;

string upper = txt.ToUpper();
```

이 코드를 실행하면 항상 다음과 같은 오류 메시지가 화면에 나오면서 프로그램 실행이 멈춘다.

**[영문 오류]**

Unhandled Exception: **System.NullReferenceException:** Object reference not set to an instance of an object.

at Program.Main(String[] args) in c:\temp\ConsoleApp1\Program.cs:line 7

**[한글 오류]**

처리되지 않은 예외: **System.NullReferenceException:** 개체 참조가 개체의 인스턴스로 설정되지 않았습니다.

위치: Program.Main(String[] args) 파일 c:\temp\ConsoleApp1\Program.cs:줄 7

string 타입의 변수 txt에는 null 값이 들어 있는데, 아무 값도 담기지 않은 이 변수에 ToUpper 멤버 메서드를 호출하니 예외가 발생한 것이다. 위의 코드에서는 일부러 예외를 유도했지만 현업에서 프로그램을 만들다 보면 의도치 않게 인스턴스 변수에 값이 할당되지 않는 경우가 발생한다. 특별히 이런 상황에서 CLR은 System.NullReferenceException이라는 예외를 생성해서 프로그램에 알린다.

예상할 수 있겠지만, 예외적인 상황은 이 밖에도 다양하게 존재한다. 요소가 10개인 배열 변수를 대상으로 11번째 요소에 접근하는 것도 예기치 않은 상황이며, 이를 설명하기 위해 CLR은 다른 종류의 예외로 알린다.

예제 5.11 IndexOutOfRangeException 예외가 발생하는 코드

```
1: class Program
2: {
3:     static void Main(string [] args)
```

```
4:     {
5:         int[] intArray = new int[10];
6:
7:         int lastElem = intArray[11];
8:     }
9: }
```

```
처리되지 않은 예외: System.IndexOutOfRangeException: 인덱스가 배열 범위를 벗어났습니다. (Unhandled
Exception: System.IndexOutOfRangeException: Index was outside the bounds of the array.)
at Program.Main(String[] args) in c:\temp\ConsoleApp1\Program.cs:line 7
```

예외가 발생하면 개발자는 예외 메시지로부터 오류의 원인을 찾을 수 있다. 위의 예외 메시지에서 마지막 줄에 보면 c:\temp\ConsoleApp1\Program.cs 파일의 7번째 줄에서 System.IndexOutOfRangeException 예외가 발생했음을 알 수 있고, 실제로 해당 소스코드 파일을 편집기에서 열어 7번째 줄에 있는 int lastElem = intArray[11]; 코드를 확인할 수 있다.

## 5.3.1 예외 타입

CLR에 의해 전달되는 예외는 그 자체도 타입(Type)의 인스턴스다. System.NullReferenceException과 System.IndexOutOfRangeException 예외는 다름 아닌 클래스의 이름이고, 이 두 예외는 BCL의 하나인 System.Runtime.dll 파일에 정의돼 있다.

나중에 살펴보겠지만, 여러분이 직접 새로운 예외 타입을 만드는 것도 가능하다. 이를 위한 최소한의 조건은 System.Exception을 상속받는 것이다. 단지 관례상 다음과 같은 기준이 제시된다.

- 응용 프로그램 개발자가 정의하는 예외는 System.Exception을 상속받은 System.ApplicationException을 상속받는다.
- 접미사로 Exception을 클래스명에 추가한다.
- CLR에서 미리 정의된 예외는 System.SystemException을 상속받는다.

하지만 이 규칙에 강제성이 부여된 것은 아니어서 마이크로소프트에서도 내부적으로 CLR의 일부 예외를 ApplicationException 타입에서 상속받아 정의했다. 이 때문에 나중에는 ApplicationException의 의미가 퇴색되어 최근의 닷넷 가이드라인 문서에는 응용 프로그램 개발자가 만드는 예외를 System.Exception에서 직접 상속받도록 권장하고 있다.

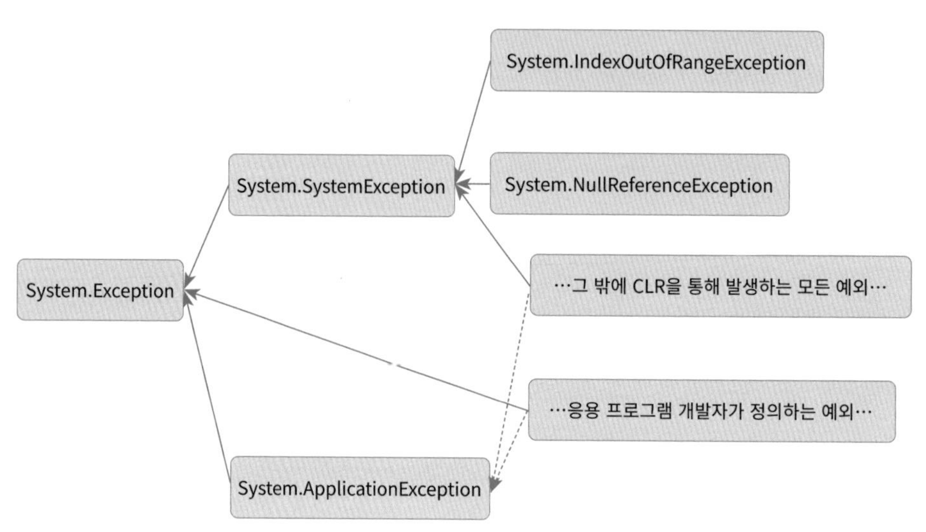

그림 5.19 예외 타입의 상속 구조

System.Exception 타입은 기본적으로 예외 정보를 구할 수 있는 속성과 메서드를 제공한다.

표 5.9 System.Exception 타입의 주요 멤버

| 멤버 | 타입 | 설명 |
|---|---|---|
| Message | 인스턴스 프로퍼티 | 예외를 설명하는 메시지를 반환한다. |
| Source | 인스턴스 프로퍼티 | 예외를 발생시킨 응용 프로그램의 이름을 반환한다. |
| StackTrace | 인스턴스 프로퍼티 | 예외가 발생된 메서드의 호출 스택을 반환한다. |
| ToString | 인스턴스 메서드 | Message, StackTrace 내용을 포함하는 문자열을 반환한다. |

예제 5.11에서 발생했던 예외 메시지와 System.Exception의 멤버를 대응시키면 다음과 같다.

표 5.10 System.IndexOutOfRangeException에서의 멤버 값

| 멤버 | 대응 사례 |
|---|---|
| Message | "Index was outside the bounds of the array." |
| Source | "ConsoleApp1" |
| StackTrace | at Program.Main(String[] args) in c:\temp\ConsoleApp1\Program.cs:line 9 |
| ToString | System.IndexOutOfRangeException: Index was outside the bounds of the array.<br>at Program.Main(String[] args) in c:\temp\ConsoleApp1\Program.cs:line 9 |

위의 대응 사례를 보면 Exception 타입의 ToString() 결과가 예제 5.11를 실행했을 때 출력되는 예외 메시지와 동일한 것을 확인할 수 있다. 이는 CLR이 콘솔 응용 프로그램을 실행하다가 처리되지 않은 예외(Unhandled Exception)를 만난 경우 예외 타입의 ToString 메서드로부터 반환받은 문자열을 화면에 출력하기 때문이다.

초보 시절에는 가능한 한 많은 예외 타입을 경험하고, 그 상황에 대한 기록을 남기거나 기억해 두는 것이 좋다. 그렇게 함으로써 다음에 예외가 발생했을 때 좀 더 빠르게 오류 상황을 해결할 수 있다.

### 5.3.2 예외 처리기[6]

예외가 발생한 경우 CLR의 기본 처리 과정은 예외 메시지를 출력하고 프로그램을 종료하는 것이다. 하지만 이는 개발자가 의도한 동작이 아닐 수 있다. 대부분의 경우 프로그램이 강제로 종료되기보다는 예외 상황을 사용자에게 알리고 프로그램은 여전히 계속 실행되기를 원할 것이다. 그러자면 개발자는 예외가 발생할 수 있는 코드를 미리 try/catch로 묶어 둬야 한다.

예제 5.12 try/catch 예약어 사용

```
int divisor = 0;

try
{
    int quotient = 10 / divisor;
}
catch { }
```

위의 코드에서는 10을 0으로 나누려 했기 때문에 CLR에서는 System.DivideByZeroException을 발생시키지만 개발자가 try/catch 예약어를 사용해 예외를 처리하겠다고 지정했으므로 프로그램이 종료되지 않고 실행 흐름이 catch 블록으로 넘어간다. 즉, 개발자는 try/catch 구문을 사용해 예외 처리기(exception handler)를 제공할 수 있다.

Note CLR에서는 예외가 감지된 경우 예외를 유발한 코드에 예외 처리기가 있는지 검사한다. 예외 처리기가 있다면 처리를 해당 예외 처리기로 넘기고, 없다면 예외 메시지를 출력하고 프로그램을 종료한다. 예외 처리기가 제공되지 않은 경우가 바로 '처리되지 않은 예외(unhandled exception)'다.

6 C# 6.0에서는 예외 처리뿐만 아니라 필터 기능도 지원한다. (11.8절 '예외 필터' 참고)

try 블록은 예외가 발생할 수 있는 코드를 묶는 데 사용된다. 예외가 발생하지 않는다면 try 블록의 모든 코드가 실행되지만, 예외가 발생한다면 원인이 되는 코드부터 try 블록의 마지막 코드까지는 실행되지 않는다. 반면 catch 블록 내의 코드는 오직 예외가 발생한 경우에만 실행된다.

그런데 catch 블록 내에 넣어둔 코드에서도 예외가 발생할 수 있지 않을까? 마찬가지로 해당 코드 역시 try/catch로 중첩시켜 묶는 것이 가능하다.

```
int divisor = 0;

try
{
    int quotient = 10 / divisor;
}
catch
{
    try
    {
        // ...... [사용자 코드] ......
    }
    catch { }
}
```

try/catch 말고도 finally 예약어를 사용하는 블록도 있다. finally 블록은 try 블록 내에서 예외가 발생하는 것과 상관없이 언제나 실행된다는 특징이 있다. 즉, 예외가 발생하지 않으면 try 블록의 코드가 실행된 다음 finally 블록의 코드가 실행되고, 예외가 발생하면 try 블록의 일부 코드가 실행된 다음 catch 블록의 코드가 실행되고, 이어서 finally 블록의 코드가 실행된다.

```
try
{
    int quotient = 10 / divisor;
    Console.WriteLine("예외가 발생하지 않으면 실행됨!");
}
catch
{
    Console.WriteLine("예외가 발생하면 실행됨!");
}
finally
```

```
{
    Console.WriteLine("언제나 실행됨!");
}
```

이 같은 finally 블록의 특성 때문에 일반적으로 finally 블록은 자원을 해제하는 코드를 넣어두는 용도로 적합하다. 예를 들어, try 블록에서 파일을 열었다고 가정해 보자. finally 블록이 없다면 열린 파일을 닫기 위해서 try와 catch 블록에 모두 파일을 닫는 코드를 넣어야 한다.

```
FileStream file = null;
try
{
    file = ……[파일 열기]……;
    // …… 열린 파일로 작업, 이 과정에서 예외가 발생할 수 있음.
    file.Close();
}
catch
{
    file.Close();
}
```

하지만 finally 블록을 사용하면 코드를 좀 더 간결하게 작성할 수 있다.

```
FileStream file = null;
try
{
    file = ……[파일 열기]……;
    // …… 열린 파일로 작업, 이 과정에서 예외가 발생할 수 있음.
}
finally
{
    file.Close();
}
```

예외 처리기에서 유일하게 다중 블록을 허용하는 catch 블록에 대해 좀 더 알아보자. 예제 5.12에서는 catch 블록에서 try 블록의 모든 예외를 잡는다. 하지만 catch에서는 개발자가 원하는 예외만 잡을 수도 있는데, 그러자면 catch 구문에 예외 타입을 지정해야 한다.

```
int divisor = 0;

try
{
    int quotient = 10 / divisor;
}
catch (System.DivideByZeroException)
{
}
```

위의 코드는 catch 절에서 System.DivideByZeroException 타입을 명시하고 있으므로 그 밖의 예외가 발생한 경우에는 CLR의 기본 예외 처리 작업을 거친다. 따라서 다음 코드를 실행하면 프로그램이 비정상적으로 종료된다.

```
int divisor = 0;
string txt = null;

try
{
    Console.WriteLine(txt.ToUpper()); // System.NullReferenceException 예외 발생
    int quotient = 10 / divisor;
}
catch (System.DivideByZeroException) { }
```

이처럼 다양한 유형의 예외가 try 블록에서 발생할 수 있다면 catch 블록도 다중으로 구성할 수 있다.

```
int divisor = 0;
string txt = null;

try
{
    Console.WriteLine(txt.ToUpper()); // System.NullReferenceException 예외 발생
    int quotient = 10 / divisor;
}
catch (System.NullReferenceException) { }
catch (System.DivideByZeroException) { }
catch (System.Exception) { }
```

CLR은 catch 구문의 타입을 발생한 예외와 순서대로 비교하므로 상속 관계를 고려해 예외 타입을 지정해야 한다. 예제 5.13의 경우처럼 System.Exception이 맨 위에 있으면 모든 예외가 System.Exception으로 형 변환 가능하므로 다음의 catch 블록에 있는 코드는 결코 실행되지 않는다.

예제 5.13 catch 순서가 잘못된 예

```
int divisor = 0;
string txt = null;

try
{
    Console.WriteLine(txt.ToUpper()); // System.NullReferenceException 예외 발생
    int quotient = 10 / divisor;
}
catch (System.Exception)
{
    Console.WriteLine("예외가 발생하면 언제나 실행된다.");
}
catch (System.NullReferenceException) // 컴파일 오류 발생
{
    Console.WriteLine("어떤 예외가 발생해도 실행되지 않는다.");
}
catch (System.DivideByZeroException) // 컴파일 오류 발생
{
    Console.WriteLine("어떤 예외가 발생해도 실행되지 않는다.");
}
```

catch 구문에는 예외 타입뿐만 아니라 예외의 인스턴스를 변수로 받는 것도 가능하다. 이 변수를 이용하면 해당 예외 타입에서 제공되는 모든 멤버에 접근해서 정보를 가져올 수 있다. 다음 코드에서는 표 5.10의 멤버를 출력한다.

```
int divisor = 0;

try
{
    int quotient = 10 / divisor;
}
catch (System.DivideByZeroException e)
```

```
{
    Console.WriteLine(e.Message);
    Console.WriteLine(e.Source);
    Console.WriteLine(e.StackTrace);
    Console.WriteLine("----------------");
    Console.WriteLine(e.ToString());
}
```

```
// 출력 결과
Attempted to divide by zero.
ConsoleApp1
   at Program.<Main>$(String[] args) in c:\temp\ConsoleApp1\Program.cs:line 5
----------------
System.DivideByZeroException: Attempted to divide by zero.
   at Program.<Main>$(String[] args) in c:\temp\ConsoleApp1\Program.cs:line 5
```

위의 방법을 이용하면 프로그램이 실행되는 도중 발생하는 예외에 대한 기록을 남길 수 있다. 그리고 이 기록을 잘 활용하면 사용자 컴퓨터에서 발생한 오류의 원인을 쉽게 찾을 수 있다.

### 5.3.3 호출 스택

System.Exception 타입에는 StackTrace라는 string 타입의 멤버가 있다. 단어 그대로 보면 스택 트레이스(stack trace)는 자료구조의 일종인 스택에 저장된 데이터를 추적하는 것이다. 프로그램이 실행될 때 내부적으로는 스택 자료구조가 사용되고 그 안에 메서드의 호출 과정과 메서드에 정의된 지역 변수의 데이터가 담긴다. 하지만 일반적으로 스택 트레이스라고 하면 메서드의 호출 과정만 포함하고 이 때문에 '(메서드의) 호출 스택을 얻는다'와 '스택 트레이스를 얻는다'는 표현은 동일한 의미로 사용된다.

호출 스택이 중요한 이유는 문제가 발생한 경우 호출 스택 정보의 유무에 따라 원인 파악의 난이도가 결정되기 때문이다. 쉬운 예로, 이전 절에서 살펴본 0으로 나눈 프로그램에서 단순히 'System.DivideByZeroException: Attempted to divide by zero.'라는 예외 메시지만이 출력됐다고 가정해 보자. 이 오류의 원인을 찾으려면 가능성이 있는 모든 코드를 일일이 확인해야 할지도 모른다. 이와 마찬가지로 예외가 발생한 경우 단순히 해당 예외가 발생한 메서드의 이름만 알고 있으면 문제를 해결하는 데 그다지 도움이 안 될 때가 많다. 예를 들어, 다음의 코드를 보자.

```
class Program
{
    static void Main(string[] args)
    {
        HasNoProblem();

        HasProblem(); // NullReferenceException 발생
    }

    private static void HasNoProblem()
    {
        WriteText("Argument is not NULL");
    }

    private static void HasProblem()
    {
        WriteText(null); // NullReferenceException 발생
    }

    private static void WriteText(string txt)
    {
        Console.WriteLine(txt.ToLower());
    }
}
```

이 코드에서 예외는 WriteText 메서드에서 발생하지만, 이 메서드는 두 군데에서 사용되고 있다. 오류의 원인이 된 메서드의 이름만 알아도 분명 문제를 해결하는 데 도움이 되지만, 원인을 파악하려면 해당 메서드를 사용한 곳을 모두 검사해야 한다.

이 같은 문제는 호출 스택을 알게 되면 자연스럽게 해결된다. 다행히 CLR은 예외 객체에서 StackTrace 속성을 통해 호출 스택을 제공하며, 위의 코드에서 NULL 참조 예외가 발생한 경우 그 속성에는 다음과 같은 값이 담긴다.

```
at Program.WriteText(String txt) in c:\temp\ConsoleApp1\Program.cs:line 24
at Program.HasProblem() in c:\temp\ConsoleApp1\Program.cs:line 19
at Program.Main(String[] args) in c:\temp\ConsoleApp1\Program.cs:line 9
```

호출 스택을 볼 때는 아래에서 위로 실행된 메서드의 단계를 확인하면 된다. 즉, Main 메서드 내에서 HasProblem 메서드가 호출됐고, HasProblem 내에서 다시 WriteText 메서드가 호출된 것으로 해석할 수 있다.

### 5.3.4 예외 발생

예외를 처리하는 것도 가능하지만 임의로 발생시키는 것 또한 가능하다. 이를 위해 C#은 throw 예약어를 제공한다. throw를 사용하는 법은 간단하다. 예외 타입의 인스턴스를 생성한 후 그것을 throw에 전달하면 된다.

예제 5.14 throw를 이용한 예외 발생

```
class Program
{
    static void Main(string[] args)
    {
        string txt = Console.ReadLine();

        if (txt != "123")
        {
            ApplicationException ex = new ApplicationException("틀린 암호");
            throw ex;
        }

        Console.WriteLine("올바른 암호");
    }
}
```

위의 코드에서는 사용자가 '123'이 아닌 문자열을 입력하면 직접 System.ApplicationException 객체를 생성해 예외를 발생시킨다.

또 다른 예로 CLR로부터 전달받은 예외 객체를 throw에 전달하는 것도 가능하다.

```
try
{
    string txt = null;

    Console.WriteLine(txt.ToUpper());
```

```
}
catch (System.Exception ex)
{
    throw ex;
}
```

특이하게도 catch 블록 내에 있는 throw는 예외 객체 없이 단독으로 사용할 수도 있다.

```
try
{
    // ...... [생략] ......
}
catch (System.Exception)
{
    throw;
}
```

그런데 throw ex와 throw의 표현에는 어떤 차이가 있을까? 결론적으로 말하면 throw 단독으로 사용하는 것이 좋다. 이 차이를 이해하려면 예외를 발생시킨 코드를 별도의 메서드로 정의해 보면 된다.

예제 5.15 throw와 throw ex의 차이

```
class Program
{
    static void Main(string[] args)
    {
        try
        {
            HasProblem();
        }
        catch (System.Exception ex)
        {
            throw; // 또는 throw ex;
        }
    }

    static void HasProblem()
    {
```

```
            string txt = null;

            Console.WriteLine(txt.ToUpper());
        }
    }
```

위의 코드로 throw와 throw ex를 테스트해 보면 각각 다음과 같은 예외 메시지가 발생한다.

**throw인 경우**

Unhandled Exception: System.NullReferenceException: Object reference not set to an instance of an object.

at Program.HasProblem() in `d:\temp\ConsoleApp1\Program.cs:line 23`

at Program.Main(String[] args) in `d:\temp\ConsoleApp1\Program.cs:line 17`

**throw ex인 경우**

Unhandled Exception: System.NullReferenceException: Object reference not set to an instance of an object.

at Program.Main(String[] args) in `d:\temp\ConsoleApp1\Program.cs:line 17`

보다시피 throw를 단독으로 사용한 경우 예외를 발생시킨 호출 스택이 모두 출력된다. 반면 throw ex를 한 경우에는 실제 예외가 발생한 호출 스택은 없어지고 throw ex 코드가 발생한 지점부터 호출 스택이 남는다는 차이가 발생한다. 따라서 throw를 단독으로 사용해야만 오류의 원인을 좀 더 쉽게 파악할 수 있다.

### 5.3.5 사용자 정의 예외 타입

예외는 타입이다. 따라서 원한다면 별도로 클래스를 만들어 사용할 수 있다. 그림 5.19에서 볼 수 있듯이 사용자 정의 예외는 System.Exception을 부모로 두는 것을 권장한다.

예를 들어, 예제 5.14의 경우 좀 더 의미 있는 예외를 전달하기 위해 예제 5.16처럼 개선할 수 있다.

예제 5.16 사용자 정의 예외를 사용

```
class InvalidPasswordException : Exception
{
    public InvalidPasswordException(string msg) : base(msg) { }
}
```

```
class Program
{
    static void Main(string[] args)
    {
        string txt = Console.ReadLine();

        if (txt != "123")
        {
          InvalidPasswordException ex = new InvalidPasswordException("틀린 암호");
          throw ex;
        }

        Console.WriteLine("올바른 암호");
    }
}
```

```
// 예외 발생시 출력 결과
Unhandled Exception: InvalidPasswordException: 틀린 암호
   at Program.Main(String[] args) in d:\temp\ConsoleApp1\Program.cs:line 26
```

이렇게 사용자 정의 예외를 지원하긴 하지만 현실적으로 사용 빈도는 그리 높지 않다. 규모가 큰 프로젝트에서 내부 규정에 의해 체계적인 예외를 강제화하는 상황에서나 겨우 사용되는 정도다. 왜냐하면 예제 5.16과 예제 5.14의 효과가 그다지 다르지 않기 때문이다. 두 예제 모두 오류가 발생한 상황을 문자열 인자로 전달할 수 있기 때문에 굳이 별도의 예외 타입을 정의해서 사용하면 번거롭기만 할 수 있다.

### 5.3.6 올바른 예외 처리

프로그램의 오동작을 방지하기 위해 예외를 발생시켜야 할까? 아니면 동작을 하지 않았다는 결과를 알리는 것으로 만족해야 할까? 다음의 두 메서드를 보자.

```
bool LogText(string txt)
{
    if (txt == null)
    {
        return false; // 잘못된 txt 인자이므로 false 반환
```

```
    }

    Console.WriteLine(txt.ToUpper());
    return true; // 정상 동작을 했다는 의미에서 true 반환
}

void LogTextWithException(string txt)
{
    if (txt == null)
    {
        // txt 인자가 null이면 안 되므로 예외 발생
        throw new ArgumentNullException("txt");
    }

    Console.WriteLine(txt.ToUpper());
}
```

첫 번째 메서드는 전달된 인자가 null이면 더는 아무런 동작도 하지 않고 제어를 반환한다. 반면 두 번째 메서드에서는 예외를 발생시키는데, 호출 스택의 상위 메서드에서 try/catch를 수행하지 않고 있다면 프로그램이 비정상적으로 종료된다는 위험이 있다. 즉, 프로그램을 계속 실행되게 하려면 반드시 try/catch를 지정해야 한다는 번거로움이 있다.

더 나아가 위의 두 메서드를 사용하는 측면을 살펴보면 차이점을 실감할 수 있다. 앞서 실행된 메서드의 반환값이 false이면 더는 실행하지 못하게 막아야 한다는 상황을 가정해 보자. LogText 메서드를 사용했다면 다음과 같이 코드를 작성해야 한다.

```
if (LogText(aText) == false)
{
    return;
}

if (LogText(bText) == false)
{
    return;
}

if (LogText(cText) == false)
```

```
{
    return;
}
```

반면 예외를 발생시키는 코드의 경우 좀 더 간결하게 사용할 수 있다.

```
try
{
    LogTextWithException(aText); // 여기서 예외가 발생하면 곧바로 catch 문으로 이동
    LogTextWithException(bText); // 여기서 예외가 발생해도 곧바로 catch 문으로 이동
    LogTextWithException(cText);
} catch (ArgumentNullException)
{
}
```

이 밖에 중요한 차이점이 하나 더 있다. 개발자는 사람이고, 사람은 실수할 수 있다. LogText 메서드는 false 반환값을 무시해도 쓰는 데 아무런 지장이 없다. 즉, 강제성이 없기 때문에 개발자가 무심코 다음과 같이 사용하더라도 이를 막을 수 있는 방법이 없다.

```
LogText(aText);
LogText(bText);
LogText(cText);
```

위와 같은 실수가 전자상거래 사이트에서 물건을 결제하는 코드에 발생했다고 가정해 보자. 결제 과정에서 실패했는데도 반환값 처리를 소홀히 해서 물건을 발송하는 코드가 실행될 수도 있다. 차라리 결제 과정에서 예외가 발생하도록 설계했다면 물건이 무료로 발송되는 최악의 경우는 막을 수 있었을 것이다.

그렇다고 예외를 사용하라는 규칙만으로 만족할 수 있을까? 그런 규칙을 세워 자칫 예외 발생을 남용하다 보면 어느새 개발자는 습관적으로 try/catch를 작성해 버린다.

```
try {
    LogTextWithException(aText);
    LogTextWithException(bText);
    LogTextWithException(cText);
}
```

```
catch
{
}
```

습관적인 예외 처리가 낳는 부정적인 결과로는 '예외를 먹는(swallowing exceptions)' 상황이 있다. 이 표현은 프로그램에 분명 문제가 발생했는데, 예외 처리로 인해 외부에 아무런 문제 현상이 나타나지 않는 것을 의미한다. 예외 처리를 이렇게 해버리면 결국 오류를 나타내는 반환값을 무시하는 방식과 다를 게 없다. 따라서 try/catch는 스레드 단위마다 단 한 번만 전역적으로 적용해야 한다.

아직 스레드에 관해 배우지 않았으므로 지금은 프로그램의 Main 메서드에서 try/catch를 건다고 생각하면 된다.

그 밖의 코드에서 예외 처리가 필요하다면 try/catch를 하더라도 catch에 정확한 예외 타입을 지정하는 것을 원칙으로 한다. 그리고 자원 수거가 목적인 try/finally 절은 자유롭게 사용할 수 있다.

이런 원칙에서 한 가지 문제가 있다면 예외가 발생한 경우의 처리가 매우 무겁다는 점이다. 예를 들어, 문자열로부터 정수를 반환하는 int.Parse 메서드를 다음과 같이 사용해 보자.

```
for (int i = 0; i < 100000; i++)
{
    try
    {
        int j = int.Parse("53");
    }
    catch (System.FormatException)
    {
    }
}
```

위의 코드에서는 "53"이 정상적인 문자열이므로 예외가 발생하지 않는다. 10만 번 반복되는 수행 시간을 측정해 보면 10밀리초도 안 되어 완료되는 것을 확인할 수 있다. 그런데 이 메서드는 문자열이 숫자 형식이 아닌 경우 System.FormatException 예외를 발생시킨다. 따라서 "53"을 "5T"로 바꾸고 다시 실행하면 10만 번의 예외가 발생하게 되고 프로그램이 실행되는 데 3초가 넘게 걸린다.

여기서 측정한 수행 시간은 필자의 노트북 사양에 따른 것이므로 실행 환경에 따라 값이 다를 수 있다.

왜냐하면 예외 처리를 할 때 CLR 입장에서는 실행해야 할 내부 코드가 늘어나기 때문에 처리 시간이 그만큼 늘어나는 것이다.

이러한 문제점을 인식한 마이크로소프트는 Parse 메서드를 out 인자를 사용해 개선한 TryParse 메서드를 BCL에 포함시켰다. 이 메서드는 문자열이 숫자로 바꿀 수 있는 경우에만 out 형식의 인자에 숫자값을 담고, 메서드 실행이 성공했는지 여부만 반환할 뿐 예외는 발생시키지 않는다.

```
for (int i = 0; i < 100000; i++)
{
    int j;
    bool success = int.TryParse("5T", out j);
}
```

따라서 TryParse로 바뀐 메서드는 문자열 값에 상관없이 10밀리초 내로 수행된다.

정리하자면, 예외 처리를 할 때 다음과 같은 규칙을 지키는 것이 좋다.

- 적어도 공용(public) 메서드에 한해서는 인자값이 올바른지 확인하고, 올바른 인자가 아니라면 예외를 발생시킨다.
- 예외를 범용적으로 catch하는 것은 스레드마다 하나만 둔다. 그 외에는 catch 구문에 반드시 예외 타입을 적용한다.
- try/finally의 조합은 언제든 사용할 수 있다.
- 성능상 문제가 발생할 수 있는 경우, 즉 호출 시 예외가 대량으로 발생하는 메서드가 있다면 예외 처리가 없는 메서드를 함께 제공한다.

## 5.4 힙과 스택

일반적으로 프로그램을 실행하면 프로그램의 코드는 메모리에 적재된다. 메모리상의 코드는 CPU에 의해 하나씩 읽히면서 실행되는데, 이 과정에서 프로그램은 자연스럽게 데이터를 위한 메모리가 필요해진다. 그에 따라 메모리는 코드(Code)와 데이터(Data)로 채워진다.

힙과 스택은 데이터를 위한 메모리라는 점에서 같은 성질을 띤다. 단지 메모리의 용도에 따라 구분된다.

### 5.4.1 스택

스택(stack)은 스레드가 생성되면 기본적으로 1MB[7]의 용량으로 스레드마다 할당되고, 이름에서 알 수 있듯이 자료구조에서 다루는 스택과 동작 방식이 같다. 이 스택 공간을 활용해서 스레드는 메서드의 실행, 해당 메서드로 전달하는 인자, 메서드 내에서 사용되는 지역 변수를 처리한다. 예를 들어, 다음의 간단한 프로그램을 통해 스레드가 Sum 메서드를 실행하면서 스택이 어떻게 바뀌는지 보자.

예제 5.17 스택 사용

```
class Program
{
    static void Main(string[] args)
    {
        int result = Sum(5, 6);
        Console.WriteLine(result);
    }

    static int Sum(int v1, int v2)
    {
        int v3 = v1 + v2;
        return v3;
    }
}
```

스레드가 Sum 메서드를 호출하는 과정에서 스레드에 할당된 스택에 5와 6의 4바이트 정숫값과 Sum 메서드를 호출한 후 실행이 재개될 Main 메서드의 코드 주소를 넣어둔다.

7 닷넷의 경우 보통 1MB를 쓰지만 사용자 정의가 가능하다.

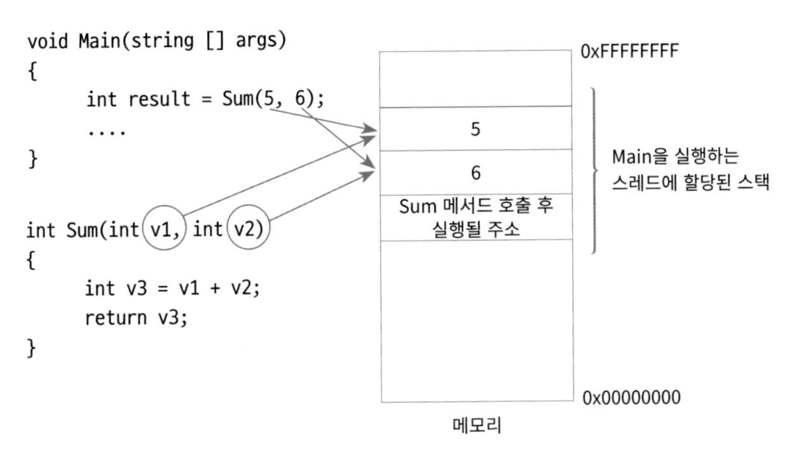


그림 5.20 Sum 메서드를 호출했을 때의 스레드 스택

> 그림에서 스택 연산을 순서대로 표현하면 다음과 같다.
>
> PUSH 5
>
> PUSH 6
>
> PUSH [Sum 메서드 호출 후 실행될 주소]
>
> 그런데 메모리상의 표현으로 보면 거꾸로 쌓여 있다는 점이 혼란스러울 수 있다. 스레드의 스택은 상위 주소에서 하위 주소로 자라기 때문에 먼저 PUSH한 값일수록 상위 주소에 위치한다.

스레드는 메서드의 코드를 실행하기 전에 지역 변수를 위한 메모리를 추가로 스택에 할당하는 과정을 거친다. 지역 변수에 필요한 메모리의 양은 C# 컴파일러가 Sum 메서드를 컴파일하는 과정에서 알 수 있고, 위의 예제에서는 int v3 하나이므로 4바이트 공간을 확보해 둔다.

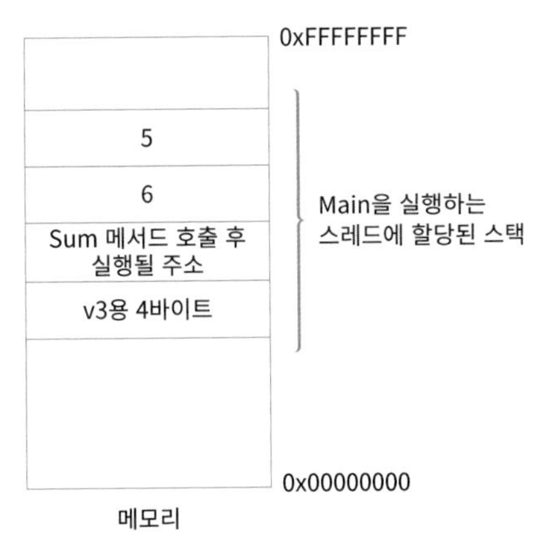


그림 5.21 int v3 지역 변수가 스택에 확보된 상태

Sum 메서드의 실행이 완료되면 이제 차례대로 스택에서 값들이 제거되는 과정을 거친다. C# 컴파일러는 지역 변수로 할당된 공간이 4바이트임을 알고 있기 때문에 이를 다시 제거하는 명령어를 이미 컴파일 과정에서 넣어두었다. Sum 메서드의 실행을 완료한 CPU는 'Sum 메서드를 호출한 후 실행될 주소' 값을 스택에서 꺼낸 후 실행을 이어간다. 또한 Sum 메서드에 전달된 인자가 2개라는 사실도 C# 컴파일러는 알고 있었기 때문에 Sum 메서드를 실행한 후에 5와 6을 위해 할당된 2개의 4바이트 스택을 제거하는 명령어도 컴파일 과정에서 넣어둔 상태다.

결과적으로, Sum 메서드를 호출하기 전과 호출 후의 스택에는 변함이 없다. 이처럼 스택은 그것이 속한 스레드가 메서드를 호출할 때마다 증가하고 줄어드는 과정을 반복한다. 스택 자료구조 하나만으로 인자 전달과 지역 변수, 메서드의 실행 흐름을 제어할 수 있게 된 것이다.

> Note 이 절에서 설명한 메서드 호출과 스택의 관계는 실제 동작과는 다소 차이가 있다. 단지 개념적으로 그렇게 동작한다는 것으로만 이해해 두자.[8]

### 5.4.1.1 스택 오버플로

스택은 기본적으로 1MB 공간만 스레드에 할당한다. 1MB 용량은 경우에 따라 매우 클 수도 있고 작을 수도 있다. 예제 5.17에서 예로 든 Sum 메서드는 한번 호출할 때마다 16바이트 정도의 스택이 사용된다. 다소 억지스러운 예지만, 예제 5.17을 다음과 같이 수정해 보자.

**예제 5.18 Sum과 InnerSum의 스택 사용**

```
class Program
{
    static void Main(string[] args)
    {
        int result = Sum(5, 6);
        Console.WriteLine(result);
    }

    private static int Sum(int v1, int v2)
    {
        int sum = InnerSum(v1, v2);
        return sum;
```

8 또한 C# 컴파일러는 적절한 IL 코드만 구성할 뿐 실제 스택 처리와 같은 기계어 코드는 JIT 컴파일러에 의해 생성된다.

```
    }

    private static int InnerSum(int v1, int v2)
    {
        int sum = v1 + v2;
        return sum;
    }
}
```

Sum은 또 다시 InnerSum 메서드를 호출하고 있다. 2개의 메서드 모두 2개의 인자를 받고, 1개의 지역 변수를 사용하고 있으므로 각 호출마다 16바이트의 스택 메모리를 소비한다. Main → Sum → InnerSum 호출이 중첩됐기 때문에 InnerSum 코드를 실행하는 동안 스택에 32바이트가 점유된 것이다.

이처럼 스택은 메서드 호출이 깊어질수록 그와 함께 스택 사용량도 늘어난다. 그런데 메서드 콜 스택이 많이 쌓여서 1MB 용량을 넘는 상황도 있지 않을까? 바로 그런 상황을 가리켜 '스택 오버플로(stack overflow)가 발생했다'라고 표현한다. 이 예외가 발생하면 프로그램은 try/catch 유무에 상관없이 비정상적으로 종료된다.

다행히 1MB라는 용량은 일반적인 메서드 호출 상황에서 스택 오버플로를 발생시키기에는 꽤나 여유가 있는 공간이다. 하지만 재귀 호출을 사용하는 프로그램에서는 문제가 발생할 수 있다.

#### 5.4.1.2 재귀 호출

재귀 호출(recursive call)이란 메서드 내에서 자기 자신을 다시 호출하는 것을 말한다. 재귀 호출을 이야기할 때 흔히 드는 예가 바로 계승(factorial)을 구하는 코드다.

```
class Program
{
    static void Main(string[] args)
    {
        Console.WriteLine(factorial(5)); // 출력 결과: 120 (계승: 5 * 4 * 3 * 2 * 1 = 120)
    }

    static long factorial(long n)
    {
```

```
        if (n == 0) return 1;

        return n * factorial(n - 1);
    }
}
```

보다시피 factorial 메서드 내에서 다시 factorial을 호출한다. 이때 메서드의 호출 과정을 짚어 보자.

1. 최초 factorial(5) 호출 시, n == 0이 아니므로 다시 factorial(5 - 1)을 호출한다.
2. factorial(4) 호출 시, n == 0이 아니므로 다시 factorial(4 - 1)을 호출한다.
3. factorial(3) 호출 시, n == 0이 아니므로 factorial(3 - 1)을 호출한다.
4. factorial(2) 호출 시, n == 0이 아니므로 factorial(2 - 1)을 호출한다.
5. factorial(1) 호출 시, n == 0이 아니므로 factorial(1 - 1)을 호출한다.
6. 마침내 factorial(0) 호출 시, n == 0이므로 1을 반환한다.

프로그램 제어는 6번부터 거슬러서 올라간다. 즉, 6번 과정에서 호출된 factorial(0)은 1을 반환하고, 5번 호출이 수행된 시점으로 프로그램 실행이 넘어간다.

- 5번의 호출 평가: return 1 * factorial(1 - 1) 코드가 수행된다. factorial(1 - 1)은 1을 반환하므로 return 1 * 1이 된다.
- 4번의 호출 평가: return 2 * factorial(2 - 1) 코드가 수행된다. factorial(2 - 1)은 5번의 호출 평가에 따라 1이 반환된다. 따라서 2 * 1이 되어 2가 반환된다.
- 3번의 호출 평가: return 3 * factorial(3 - 1) 코드가 수행된다. factorial(3 - 1)은 4번의 호출 평가에 따라 2가 반환된다. 따라서 3 * 2가 되어 6이 반환된다.
- 2번의 호출 평가: return 4 * factorial(4 - 1) 코드가 수행된다. factorial(4 - 1)은 3번의 호출 평가에 따라 6이 반환된다. 따라서 4 * 6이 되어 24가 반환된다.
- 1번의 호출 평가: return 5 * factorial(5 - 1) 코드가 수행된다. factorial(5 - 1)은 2번의 호출 평가에 따라 24가 반환된다. 따라서 5 * 24가 되어 120이 반환된다.

처음에는 재귀 호출이 복잡해 보일 수 있지만 어떤 경우에는 재귀 호출을 사용하지 않으면 오히려 더 복잡해지는 경우가 있다.

재귀 호출의 단점은 콜 스택이 과다하게 쌓이는 경우 1MB의 스택 용량을 넘어설 수 있다는 것이다. 예를 들어, 다음과 같은 코드로 테스트해 보자.

```
// 반드시 Debug 빌드로 테스트한다.[9]

class Program
{
    static void Main(string[] args)
    {
        RecursiveCall(1);
    }

    private static void RecursiveCall(long n)
    {
        Console.WriteLine(n);
        RecursiveCall(n + 1);
    }
}
```

각자 상황이 약간 다를 수 있지만, 필자는 51,524번까지 출력하고 스택 오버플로(Stack overflow)가 발생했다.

```
Stack overflow.
   at System.Text.ASCIIUtility.NarrowUtf16ToAscii(Char*, Byte*, UIntPtr)
   at System.Text.Unicode.Utf8Utility.TranscodeToUtf8(Char*, Int32, Byte*, Int32, Char* ByRef, Byte* ByRef)
   at System.Text.Encoding.GetBytes(Char*, Int32, Byte*, Int32, System.Text.EncoderNLS)
   at System.Text.EncoderNLS.GetBytes(Char*, Int32, Byte*, Int32, Boolean)
   at System.IO.StreamWriter.Flush(Boolean, Boolean)
   at System.IO.StreamWriter.Write(System.String)
   at System.IO.TextWriter.Write(Int64)
   at System.IO.TextWriter.WriteLine(Int64)
   at System.IO.TextWriter+SyncTextWriter.WriteLine(Int64)
   at System.Console.WriteLine(Int64)
   at Program.RecursiveCall(Int64)
   …[반복]…
   at Program.Main(System.String[])
```

9 Release 빌드로 하면 tail call 최적화로 예외가 발생하지 않는다. (참고: https://www.sysnet.pe.kr/2/0/11205)

즉, 51,524번까지의 콜 스택이 발생하면 1MB 용량을 넘어서 문제가 된 것이다. 테스트를 위해 RecursiveCall의 지역 변수를 3개 추가해서 소비하는 스택의 양을 더 늘려보자.

```
private static void RecursiveCall(long n)
{
    int i = 5, j = 6, k = 7; // 지역 변수로 인해 12바이트 스택 소비
    Console.WriteLine(n);
    RecursiveCall(n + 1);
}
```

다시 실행하면 이번에는 19,256번까지 수행되고 스택 오버플로 예외가 발생하는 것을 볼 수 있다.

스택 오버플로 예외가 발생했을 때 소스코드의 라인 정보가 출력되지 않았다는 점이 눈여겨볼 만하다. 왜냐하면 이미 스택 메모리가 모두 소비됐기 때문에 그 상황에서 오류 상황을 알리는 메서드를 호출할 수 없기 때문이다. 그 메서드조차도 호출하는 데 스택을 소비하므로 정확한 오류 상황을 보고할 수 없다. 이 때문에 스택 오버플로 예외는 한번 발생하면 그 원인을 파악하기가 매우 어렵다.

한 가지 다행인 점은 웬만큼 특이한 상황이 아니고서는 상용 프로그램에서조차 콜 스택이 깊어져서 1MB 용량을 소진하는 경우는 거의 없다는 것이다. 보통 스택 오버플로 예외는 재귀 호출을 잘못 만들었거나 재귀 호출을 너무 많이 발생시키는 상황이 주된 원인이다. 재귀 호출이 스택 오버플로 문제를 겪는다면 스택 용량을 늘리거나, 아니면 기존의 재귀 호출 코드를 재귀를 사용하지 않는 코드로 바꾸는 방법을 고려해 볼 수 있다.

### 5.4.2 힙

힙(heap)의 경우 별도로 명시하지 않는 한 CLR에서는 관리 힙(managed heap)을 가리킨다. 관리 힙이란 CLR의 가비지 수집기(GC: Garbage Collector)가 할당/해제를 관리하기 때문에 붙여진 이름이다. C#에서 new로 할당되는 모든 참조형 객체는 힙에 할당된다. 이전에 설명한 대로 C#에서 new로 할당된 메모리를 직접 해제하는 명령어는 없다. 왜냐하면 해제는 GC가 자동으로 해주기 때문이다.

네이티브 응용 프로그램에서는 개발자가 주의 깊게 할당과 해제 쌍을 맞춰야 한다. 할당만 하고 해제를 잊어버리면 점차 해제되지 않은 메모리가 누적되어 나중에는 메모리 부족 현상이 발생할 수 있다. 이를 메모리 누수 현상(memory leak)이라 한다. 관리 응용 프로그램에서는 GC 덕분에 메모리 누수 현상을 겪을 위험은 많이 줄어들었다. 하지만 여전히 힙의 특성을 아는 것이 중요하다.

C# 프로그램은 코드가 실행되면서 new로 필요한 객체를 힙에 할당한다. 물론 메모리는 무한대로 쓸 수 있는 자원이 아니다. 따라서 일정 수준의 메모리 할당이 발생하면 GC가 동작한다. GC는 힙에 있는 객체 중에서 현재 사용되지 않는 객체는 제거해 버림으로써 여유 공간을 확보한다. 아쉽게도 GC의 동작은 프로그램의 다른 동작을 중지시킨다는 것을 염두에 둬야 한다. 즉, 힙을 많이 사용할수록 GC는 더 자주 동작하고 그만큼 프로그램은 빈번하게 실행이 중지되어 심각한 성능 문제를 겪을 수 있다.

### 5.4.2.1 박싱/언박싱

값 형식을 참조 형식으로 변환하는 것을 박싱(boxing)이라고 하며, 그 반대를 언박싱(unboxing)이라고 한다. 이런 변환 과정은 object 타입과 System.ValueType을 상속받은 값 형식의 인스턴스를 섞어 쓰는 경우에 발생한다.

```
class Program
{
    static void Main(string[] args)
    {
        int a = 5;

        object obj = a; // 박싱: 값 형식인 int를 참조 형식인 object에 대입

        int b = (int)obj; // 언박싱: 참조 형식인 object를 값 형식인 int에 대입
    }
}
```

그런데 박싱과 언박싱이 별도로 언급될 만큼 중요한 이유는 뭘까? 위의 코드가 실행되는 과정을 천천히 짚어보자.

1. int a = 5; 코드에서 a는 지역 변수다. 따라서 스택 메모리에 5라는 값이 들어간다.
2. object obj = a; 코드에서 obj는 지역 변수고 스택에 할당된다. 하지만 object가 참조형이기 때문에 힙에도 메모리가 할당되고 변수 a의 값이 들어간다. 즉, 박싱이 발생한 것이다. obj 지역 변수는 힙에 할당된 주소를 가리킨다.
3. int b = (int)obj; 코드에서 b는 지역 변수다. 따라서 스택 메모리에 b 영역이 있고, 힙 메모리에 있는 값을 스택 메모리로 복사한다. (언박싱)

보다시피 값 형식을 object로 형 변환하는 것은 힙에 메모리를 할당하는 작업을 동반한다. 이와 유사한 경우가 메서드에 인자를 전달할 때 발생한다.

```
class Program
{
    static void Main(string[] args)
    {
        int a = 5;
        int b = 6;

        int c = GetMaxValue(a, b);
    }

    static int GetMaxValue(object v1, object v2)
    {
        int a = (int)v1;
        int b = (int)v2;

        if (a >= b)
        {
            return a;
        }

        return b;
    }
}
```

GetMaxValue의 v1, v2 매개변수는 object 참조형이므로 힙에 메모리를 할당하고, 전달된 a, b의 값을 복사한다. 박싱이 발생한 것이다. 만약 GetMaxValue의 v1, v2 매개변수가 int 형이었다면 스택의 값 복사만으로 끝날 수 있는 문제였지만, 박싱으로 인해 관리 힙을 사용하게 됐고, 이는 GC에게 일을 시키게 만든다. 즉, 박싱이 빈번할수록 GC는 바빠지고 프로그램의 수행 성능은 그만큼 떨어진다. 따라서 박싱을 과다하게 발생시킬 수 있는 코드는 최대한 줄이는 것을 권장한다.

닷넷의 BCL 중에서도 박싱으로 인한 성능 손실을 없애기 위한 노력의 흔적을 어렵지 않게 찾아볼 수 있다. 지금까지 자주 쓰이던 Console.WriteLine 메서드가 한 가지 좋은 사례다. Console.WriteLine은 다음과 같은 다양한 타입의 매개변수를 받도록 정의돼 있다.

```
public static void WriteLine(bool value);
public static void WriteLine(char value);
public static void WriteLine(decimal value);
```

```
public static void WriteLine(double value);
public static void WriteLine(float value);
public static void WriteLine(int value);
public static void WriteLine(long value);
public static void WriteLine(uint value);
public static void WriteLine(ulong value);

public static void WriteLine(char[] buffer);
public static void WriteLine(string value);
public static void WriteLine(object value);
```

#### 5.4.2.2 가비지 수집기

CLR의 힙은 세대(generation)로 나뉘어 관리된다. 처음 new로 할당된 객체는 0세대(generation 0)에 속한다. 이는 GC 타입을 이용해 코드로도 알아낼 수 있다.

```
class Program
{
    static void Main(string[] args)
    {
        Program pg = new Program();
        Console.WriteLine(GC.GetGeneration(pg)); // 출력 결과: 0
    }
}
```

처음 할당되는 객체는 모두 0세대에 속한다. 0세대 객체의 총 용량이 일정 크기를 넘어가면 GC는 가비지 수집을 한다. 사용되지 않는 0세대 객체가 있으면 없애고, 그 시점에도 사용되고 있는 객체는 1세대(generation 1)로 승격한다. 프로그램이 실행되면서 이런 가비지 수집 작업은 반복되고 1세대로 승격된 객체의 총 용량도 일정 크기를 넘어가게 된다. 그럼 GC는 0세대와 1세대에 모두 가비지 수집을 한다. 1세대의 객체가 그 시점에도 사용되고 있으면 2세대(generation 2)로 승격한다. 프로그램이 실행되면서 역시 2세대로 승격된 객체의 총 용량도 일정 크기를 넘어가게 된다. 그럼 GC는 0세대부터 2세대에 걸쳐 모든 객체를 가비지 수집한다. 하지만 이번에는 2세대의 객체가 계속 사용된다고 해서 3세대로 승격되는 것은 아니다. CLR의 세대는 2세대가 끝이다. 이후 2세대의 메모리 공간은 시스템이 허용하는 한 계속 커지게 된다.

이 과정을 실제로 재현해 보자. GC가 수행되기 위한 조건을 만족시키는 것이 어려우므로 직접 GC.Collect 메서드를 이용해 가비지 수집을 강제로 발생시키면서 테스트할 수 있다.

```
class Program
{
    static void Main(string[] args)
    {
        object pg = new object();
        Console.WriteLine(GC.GetGeneration(pg)); // 출력 결과: 0

        GC.Collect(); // GC 수집을 수행
        Console.WriteLine(GC.GetGeneration(pg)); // 출력 결과: 1

        GC.Collect(); // GC 수집을 수행
        Console.WriteLine(GC.GetGeneration(pg)); // 출력 결과: 2

        GC.Collect(); // GC 수집을 수행
        Console.WriteLine(GC.GetGeneration(pg)); // 출력 결과: 2
    }
}
```

Main 메서드 내에서 힙에 object 객체를 생성하고 스택의 지역 변수 pg는 힙의 object 메모리 주소를 가리키고 있다. 지역 변수는 명시적으로 null을 대입하지 않는 한 메서드가 끝날 때까지는 유효하므로 Main 메서드가 반환될 때까지는 살아 있게 된다. 따라서 처음 pg 객체의 세대는 0을 가리키고 있다가 GC.Collect의 호출로 가비지 수집이 된 이후부터는 승격해서 그다음 세대로 넘어가는 것을 볼 수 있다. 그리고 2세대 이후부터는 여전히 같은 세대를 유지한다.

이번에는 좀 더 복잡한 예제로 GC의 동작을 이해해 보자.

```
01: class Program
02: {
03:     static void Main(string[] args)
04:     {
05:         object a = new object();
06:         object b = new object();
07:         object c = new object();
08:
```

```
09:         DoMethod();
10:         GC.Collect();
11:     }
12:
13:     private static void DoMethod()
14:     {
15:         object d = new object();
16:         object e = new object();
17:
18:         object f = new object();
19:         object g = new object();
20:
21:         d = null;
22:         e = null;
23:
24:         GC.Collect();
25:
26:         object h = new object();
27:         object i = new object();
28:
29:         object j = new object();
30:         object k = new object();
31:
32:         j = null;
33:         k = null;
34:
35:         GC.Collect();
36:     }
37: }
```

관리 힙의 입장에서 세대를 구분하는 것은 단지 메모리의 위치를 가리키는 내부 포인터에 의해 이뤄진다. 일단 프로그램이 실행되면 GC는 관리 힙을 하나 만든다.

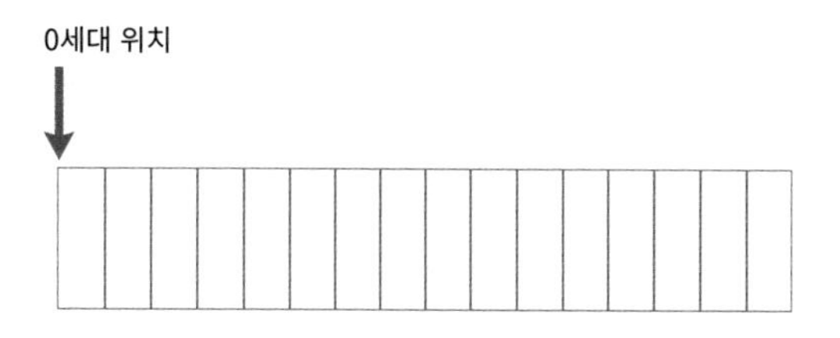

이 상태에서 5번째 줄까지 코드가 실행되면 0세대를 가리키는 포인터에 a 객체를 생성하고 0세대 위치를 가리키는 포인터를 증가시킨다.

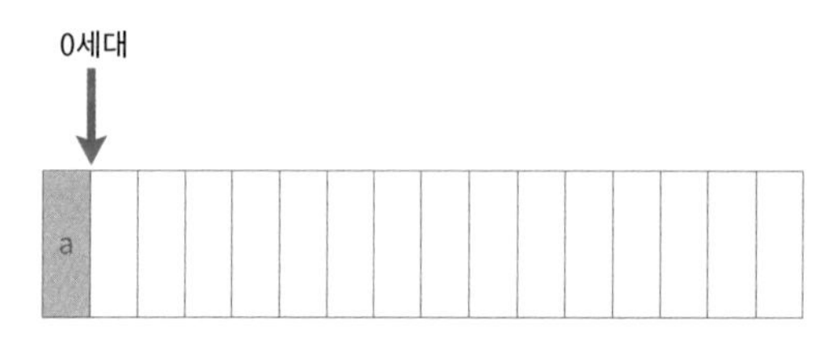


이렇게 7번째 줄까지 실행되면 b, c 객체가 같은 방식으로 차례대로 힙에 생성된다. 즉 0 세대에 해당하는 객체가 늘고 있는 것이다. 가비지 수집이 발생하지 않고 DoMethod가 실행되어 19번째 줄까지 실행되면 힙의 구조는 다음과 같이 바뀐다.

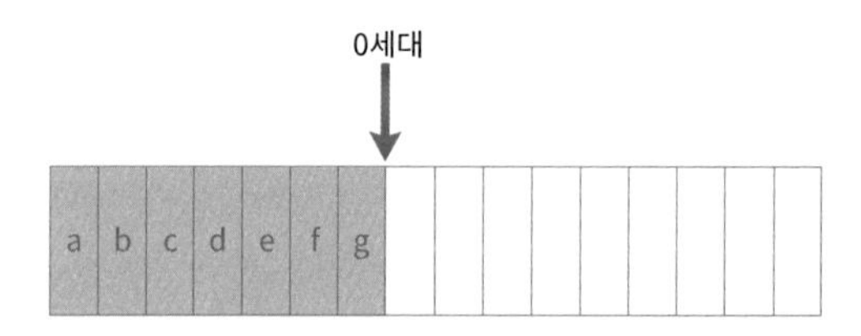


현재, 힙에 있는 a ~ g 객체는 모두 스택에 있는 변수가 그 위치를 참조하고 있다. 즉, 사용 중인 것이다. 하지만 이 상태에서 22번째 줄까지 실행되면 어떻게 될까? 힙에 할당된 d, e 객체를 가리키는 스택 변수가 더는 존재하지 않는다. 왜냐하면 스택 변수 d, e 값에 힙의 주소가 아닌 null 값을 대입했기 때문이다. 이 상태에서 24번째 줄의 GC.Collect로 가비지 수집을 하면 GC는 참조 고리가 끊긴 d, e 객체를 힙에서 제거한다. 또한 그와 함께 살아남은 객체를 1세대로 승격시킨다. 승격의 기준은 1세대 포인터가 가리키는 것에 불과하다.

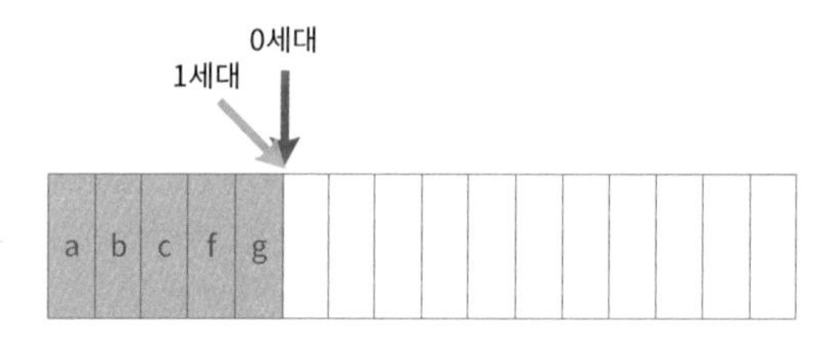


GC 후의 메모리를 보면 d, e 객체가 가진 메모리가 비워지고, f, g 객체가 그만큼 당겨졌다. 즉, 가비지 수집이 발생하면 기존 객체의 주소가 바뀐다. 바뀐 주솟값은 이들을 참조하는 스택 변수에 그대로 반영된다. 따라서 가비지 수집 이전에 스택 변수 f의 힙 메모리 주소가 0x00500010이었다면 가비지 수집 이후에는 f의 힙 메모리 주소가 수집된 객체의 양만큼 당겨진 주소로 바뀐다.

이어서 30번째 줄까지 실행하면 새롭게 h, i, j, k 객체가 0세대 힙이 가리키는 포인터 위치부터 차례대로 할당된다.

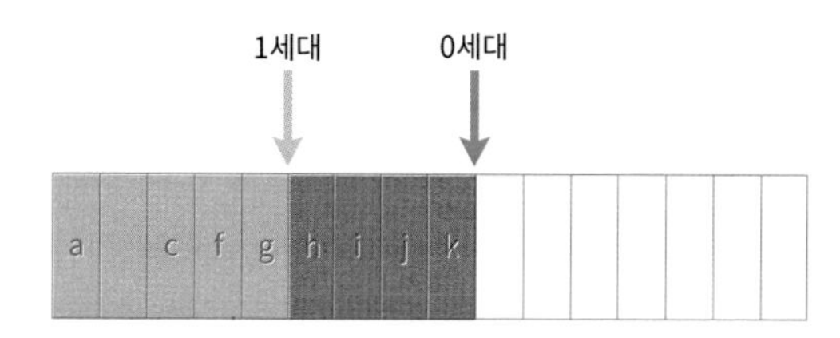


다시 33번째 줄까지 실행되면 j, k 객체는 더는 스택 변수로부터 참조되고 있지 않으므로 가비지 수집 대상이 된다. 따라서 35번째 줄의 GC.Collect가 호출되면 j, k 객체는 힙에서 제거된다. 그와 동시에 살아남은 객체는 모두 1세대씩 승격된다. 역시 이 승격의 기준은 세대를 가리키는 포인터의 위치가 된다.

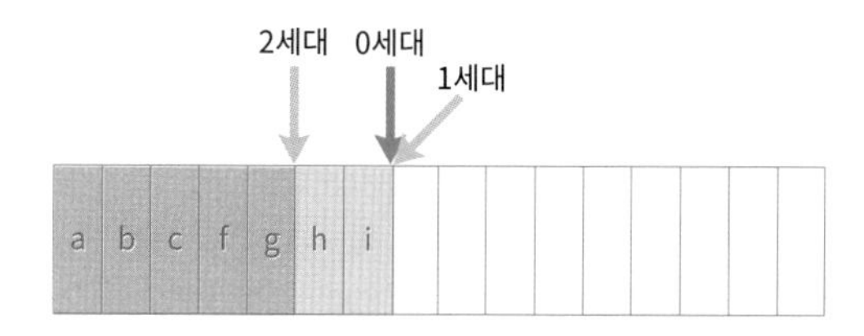


그다음으로 메서드를 벗어나서 10번째 줄의 GC.Collect가 수행되면 어떻게 될까? DoMethod가 실행될 때 할당됐던 스택 변수 f, g, h, i가 메서드 실행의 종료와 함께 스택에서 제거되므로 힙에 있는 f, g, h, i 객체에 대한 참조 또한 사라진다. 따라서 이 상태에서 GC가 수행되면 Main 메서드의 지역 변수가 참조하는 a, b, c를 제외하고 모든 객체가 사라진다. 또한 a, b, c는 가비지 수집 이후에도 여전히 2세대 객체로 남아 있게 된다.

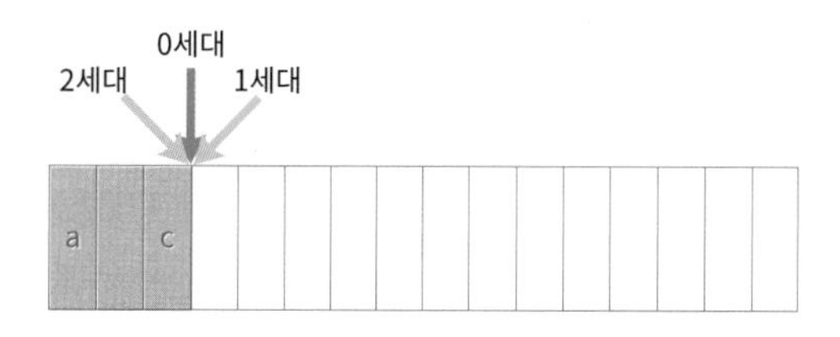


지금까지 예제에서는 스택 변수가 힙 객체를 참조하는 것을 예로 들었지만, 사실 힙 객체를 참조하는 것은 다양하게 존재한다. 예를 들어, CPU 레지스터 중의 하나가 힙 객체를 가리킬 수 있고, 심지어 다른 힙 객체로부터 참조되는 경우도 있다. 이처럼 힙 객체를 참조하는 스택 변수, 레지스터, 또 다른 힙

객체를 루트 참조(root reference)라고 한다. 가비지 수집에서 살아남을 수 있는 객체란 다른 말로 루트 참조가 있는 것을 의미한다. 루트 참조가 사라지면 다음번 GC에서 해당 객체는 제거된다.

### 5.4.2.3 전체 가비지 수집

GC가 세대를 구분한 이유는 프로그램 실행 도중 0세대에 할당되고 수집되는 비율이 매우 높다는 통계적인 근거를 기반으로 한다. 따라서 0세대 객체가 꾸준히 할당되어 가비지 수집이 될 기준을 넘어서면 GC는 모든 세대에 걸쳐 가비지 수집을 하지 않고 우선 0세대 힙에 대해서만 빠르게 수행한다. 0세대만 가비지 수집을 하다 보면 점점 더 1세대 힙이 필연적으로 자라게 된다. 그래서 0세대 가비지 수집만으로 메모리 확보가 부족해지면 GC는 1세대 힙까지 가비지 수집을 하게 된다. 이런 현상이 계속되면 전체 세대에 걸쳐 가비지 수집을 하는 경우도 발생한다. 이를 전체 가비지 수집(Full GC)이라 한다. GC.Collect 메서드는 가비지 수집을 할 수 있는 세대를 입력받는 메서드를 별도로 제공한다.

표 5.11 GC.Collect의 세대별 가비지 수집 기능

| 메서드 | 인자 | 수집 대상 |
|---|---|---|
| GC.Collect(int generation) | 0 | 0세대 힙만을 가비지 수집 |
| | 1 | 0과 1세대 힙만을 가비지 수집 |
| | 2 | 0, 1, 2세대 전체에 걸쳐 가비지 수집 |

마이크로소프트는 개발자가 GC.Collect 메서드를 명시적으로 호출해 가비지 수집하는 것을 권장하지 않는다. 하지만 가끔은 많은 메모리 공간을 차지하는 객체를 생성한 경우 그것을 강제로 가비지 수집하는 목적으로 사용되기도 한다.

### 5.4.2.4 대용량 객체 힙

앞에서 가비지 수집으로 인해 살아남은 객체가 이동한다고 설명했다. 이런 식의 가비지 수집은 대용량 객체에게는 부담이 된다. 예를 들어, 개발자가 20MB 크기의 객체를 생성했는데, 가비지 수집마다 20MB 메모리를 이동하는 것은 GC 입장에서는 매우 큰 성능 손실에 해당한다. 이 때문에 CLR은 일정 크기 이상의 객체는 별도로 대용량 객체 힙(LOH: Large Object Heap)이라는 특별한 힙에 생성한다.

Note 객체의 크기가 85,000바이트 이상인 경우 LOH에 할당된다. 이 크기는 내부적으로 정의된 것이므로 마이크로소프트에 의해 언제든 바뀔 수 있다.

LOH에 할당된 객체는 가비지 수집이 발생해도 메모리 주소가 바뀌지 않는다.[10] 이 때문에 LOH에 객체를 생성/해제하다 보면 필연적으로 메모리 파편화(fragmentation) 현상이 발생한다. 예를 들어, 총 100MB 용량의 LOH가 만들어졌다고 가정해 보자. 이때 각각 20MB, 40MB에 해당하는 객체가 생성되면 힙은 다음과 같은 상태가 된다.

시간이 흘러 20MB 객체가 필요 없어지고 GC가 발생하면 다음과 같이 객체의 위치가 변하지 않은 채로 파편화가 진행된다.

총 60MB의 여유 공간이 있음에도 불구하고 응용 프로그램이 50MB 객체를 생성하려고 시도하면 연속적으로 할당할 수 있는 공간이 없으므로 메모리가 부족하다는 오류가 발생한다. 따라서 용량을 크게 차지하는 객체는 주의 깊게 사용해야 한다.

LOH의 또 다른 특징으로는 그 힙에 생성된 객체는 초기부터 2세대에 해당한다는 점이다. 이 때문에 Full GC가 발생하지 않는 한 LOH의 객체는 수집 과정을 거치지 않는다.

#### 5.4.2.5 자원 해제

지금까지 설명한 GC의 동작으로 알 수 있는 사실은 객체가 소멸되는 시점을 개발자가 알 수 없다는 것이다. GC가 언제 동작할지는 CLR 내부에 의해 결정된다. 경우에 따라서는 관리 힙에 객체들이 자주 생성되지 않는다면 오랜 시간 동안 객체가 소멸되지 않을 수도 있다.

자원 해제와 관련해서 흔한 예는 파일을 처리하는 것과 관련이 있다. 닷넷에서 파일은 FileStream 객체를 통해 조작할 수 있는데, 다음은 EXE 실행 파일과 같은 폴더에 output.log 파일을 생성하는 코드다.

예제 5.19 열려 있는 파일 자원

```
class Program
{
```

10 LOH 힙의 객체를 이동시켜 축약하는 기능이 옵션으로 제공된다.

```
    static void Main(string[] args)
    {
        FileCreate();

        Console.WriteLine("파일이 열려 있습니다.");
        Console.ReadLine();
    }

    private static void FileCreate()
    {
        FileStream fs = new FileStream("output.log", FileMode.Create);
    }
}
```

이 프로그램이 실행된 상태에서 윈도우 탐색기를 이용해 output.log 파일을 지워보자. 분명히 FileCreate 메서드를 벗어났는데도 output.log 파일이 삭제되지 않는다. 왜냐하면 FileStream 객체가 여전히 관리 힙에 남아 있는 상태이고 그 파일을 독점적으로 소유하고 있어 잠겨 있기 때문이다.

이처럼 닷넷에서도 GC만 믿고 자원 해제를 소홀히 하는 것은 프로그램 운영에 장애를 가져올 수 있다. 이 때문에 명시적인 자원 해제가 필요한 클래스를 만드는 개발자의 경우 Close 같은 이름의 멤버 메서드를 함께 제공한다. FileStream도 예외는 아니어서 다음과 같이 코드를 작성할 수 있다.

```
private static void FileCreate()
{
    FileStream fs = new FileStream("output.log", FileMode.Create);
    fs.Close();
}
```

하지만 Close라는 이름이 자원 해제를 대표할 수 있을까? 바로 이 시점에서 인터페이스를 통한 계약을 활용할 수 있다. 마이크로소프트는 자원 해제가 필요하다고 판단되는 모든 객체는 개발자로 하여금 IDisposable 인터페이스를 상속받도록 권장하고 있다. 이 인터페이스에 정의된 메서드는 단 하나다.

```
public interface IDisposable
{
    void Dispose();
}
```

FileStream 객체도 IDisposable을 상속받고 있으며, 따라서 Dispose 메서드를 구현하고 있다. 이 때문에 Close 대신 Dispose 메서드를 호출해도 동일하게 파일이 닫힌다.

```
private static void FileCreate()
{
    FileStream fs = new FileStream("output.log", FileMode.Create);
    fs.Dispose();
}
```

이것은 인터페이스를 통한 약속이다. 여러분도 자원 해제를 명시해야 할 것이 있다면 IDisposable 인터페이스를 구현하는 것이 좋다. 예를 들어, FileStream을 내부적으로 사용하는 FileLogger 클래스를 만들어 보자.

예제 5.20 IDisposable을 상속받는 FileLogger 타입

```
class Program
{
    static void Main(string[] args)
    {
        FileLogger log = new FileLogger("sample.log");

        log.Write("Start");
        log.Write("End");

        log.Dispose();
    }
}

class FileLogger : IDisposable
{
    FileStream _fs;

    public FileLogger(string fileName)
    {
        _fs = new FileStream(fileName, FileMode.Create);
    }

    public void Write(string txt)
```

```
    {
        // ......구현 생략......
    }

    public void Dispose()
    {
        _fs.Close();
    }
}
```

이 FileLogger 클래스를 사용하는 개발자는 IDisposable 인터페이스가 구현돼 있다는 사실로 미루어 해당 객체의 사용이 끝나면 Dispose 메서드를 호출해야 한다는 것을 직관적으로 알 수 있다.

그런데 예제 5.20에는 한 가지 문제가 있다. FileLogger 인스턴스를 Dispose하기 전에 예외가 발생한다면 어떻게 될까? 그로 인해 Dispose 메서드가 호출되지 않으므로 정상적으로 자원 회수가 안 된다.

> Note 물론 예제 5.20은 프로그램이 종료되면서 프로세스가 가진 모든 자원이 강제로 회수되기 때문에 파일 잠금도 프로세스가 종료되면서 함께 해제된다.

따라서 IDisposable을 구현하는 객체라면 보통 try/finally를 이용해 Dispose를 호출하는 것이 관례다.

예제 5.21 try/finally를 이용한 Dispose 메서드 호출

```
FileLogger log = null;
try
{
    log = new FileLogger("sample.log");
    log.Write("Start");
    log.Write("End");
}
finally
{
    log.Dispose();
}
```

위의 코드가 다소 번거롭기 때문에 C#은 부가적으로 try/finally를 대신하는 using 예약어를 제공한다.

> 여기서의 using은 네임스페이스를 선언하는 using과 이름만 같을 뿐 전혀 다른 역할을 한다.

예제 5.21의 코드를 using 문을 사용해 다음과 같이 변경할 수 있다.

```
using (FileLogger log = new FileLogger("sample.log"))
{
    log.Write("Start");
    log.Write("End");
}
```

보다시피 Dispose 메서드의 호출이 생략됐다. using은 괄호 안에서 생성된 객체의 Dispose 메서드를 블록이 끝나는 시점에 자동으로 호출하는 역할을 한다. 실제로 using을 이용한 코드는 C# 컴파일러에 의해 내부적으로 예제 5.21와 완전히 동일하게 번역된다. 즉, using 예약어는 try/finally/Dispose에 대한 간편 표기법에 해당한다.

#### 5.4.2.6 종료자

종료자(finalizer)란 객체가 관리 힙에서 제거될 때 호출되는 메서드다. 종료자를 만들려면 클래스와 동일한 이름으로 ~(틸드: tilde) 기호만 붙이면 된다.

```
class UnmanagedMemoryManager
{
    ~UnmanagedMemoryManager() // 종료자
    {
        Console.WriteLine("수행됨"); // 관리 힙에서 제거될 때 수행
    }
}
```

그런데 언제 종료자를 정의해야 할까?

관리 힙에 할당된 객체의 루트 참조가 없어지면 언젠가는 GC의 실행으로 메모리가 반드시 해제된다. 이것은 '관리 힙'인 경우에 한해서다. '비관리 메모리'에 할당되는 메모리 자원, 또는 윈도우 운영체제와 연동되는 핸들(HANDLE)과 같은 자원은 GC의 관리 범위를 벗어나므로 개발자가 직접 해제를 담당해야 한다.

테스트 삼아 닷넷에서 비관리 메모리 자원을 할당하는 메서드를 사용해 보자.

예제 5.22 잘못된 비관리 메모리 사용 예

```
// 이 테스트는 반드시 x86 옵션으로 빌드한다.
// 만약 x64/AnyCPU로 빌드하고 64비트로 실행하면 컴퓨터 실행이 한참 동안 느려질 수 있다.

using System.Diagnostics;
using System.Runtime.InteropServices;

class Program
{
    static void Main(string[] args)
    {
        while (true)
        {
            UnmanagedMemoryManager m = new UnmanagedMemoryManager();
            m = null;
            GC.Collect(); // GC를 강제로 수행

            // 현재 프로세스가 사용하는 메모리 크기 출력
            Console.WriteLine(Process.GetCurrentProcess().PrivateMemorySize64);
        }
    }
}

class UnmanagedMemoryManager
{
    IntPtr pBuffer;

    public UnmanagedMemoryManager()
    {
        // AllocCoTaskMem 메서드는 비관리 메모리를 할당한다.
```

```
        pBuffer = Marshal.AllocCoTaskMem[11](4096 * 1024); // 의도적으로 4MB 할당
    }
}
```

UnmanagedMemoryManager 클래스는 생성자에서 4MB 크기의 비관리 메모리를 할당한다. 이렇게 할당된 메모리는 GC의 관리 힙에 위치하지 않기 때문에 Main 메서드의 while 무한 루프에서 강제로 GC.Collect를 호출하더라도 수거되지 않는다. 따라서 위의 프로그램을 실행하면 얼마 지나지 않아 32비트 프로세스의 사용 가능한 2GB 메모리 용량을 모두 소진해서 OutOfMemoryException 예외가 발생한다.

따라서 비관리 메모리를 사용하는 프로그램은 반드시 해당 자원을 해제하는 코드도 클래스에 구현해야만 한다. AllocCoTaskMem으로 할당한 메모리는 반드시 개발자가 FreeCoTaskMem 메서드를 통해 해제해야 한다. 이를 반영해서 예제 5.22를 개선하면 다음과 같다.

예제 5.23 명시적으로 비관리 자원을 해제

```
        // ...... [생략] ......
        while (true)
        {
            using (UnmanagedMemoryManager m = new UnmanagedMemoryManager())
            {
            }

            Console.WriteLine(Process.GetCurrentProcess().PrivateMemorySize64);
        }
    }
}

class UnmanagedMemoryManager : IDisposable
{
    // ...... [생략] ......

    public void Dispose()
    {
        Marshal.FreeCoTaskMem(pBuffer);
```

11 AllocCoTaskMem의 도움을 받으면 .NET에서도 4GB 이상의 배열을 다룰 수 있다. (참고: https://www.sysnet.pe.kr/2/0/11142)

```
    }
}
```

예제 5.23의 경우처럼 개발자가 명시적으로 Dispose 메서드를 호출해 준다는 보장만 있다면 여기서 클래스 구현을 마무리해도 좋다. 하지만 개발자는 언제든 실수할 수 있다. 이 때문에 좀 더 안정적인 클래스 구현을 위해 종료자가 필요한 것이다. 다음 코드는 개발자가 Dispose를 호출하지 않았음에도 클래스에 포함된 종료자 덕분에 메모리 부족 현상을 겪지 않는다.

예제 5.24 종료자에서 자원 해제를 추가로 담당

```
using System.Diagnostics;
using System.Runtime.InteropServices;

class Program
{
  static void Main(string[] args)
  {
      while (true)
      {
         UnmanagedMemoryManager m = new UnmanagedMemoryManager();
         m = null;

         GC.Collect(); // GC로 인해 종료자가 호출되므로 비관리 메모리도 해제됨.
         Console.WriteLine(Process.GetCurrentProcess().PrivateMemorySize64);
      }
  }
}

class UnmanagedMemoryManager : IDisposable
{
    IntPtr pBuffer;
    bool _disposed;

    public UnmanagedMemoryManager()
    {
        pBuffer = Marshal.AllocCoTaskMem(4096 * 1024);
    }

    public void Dispose()
    {
```

```
        if (_disposed == false)
        {
            Marshal.FreeCoTaskMem(pBuffer);
            _disposed = true;
        }
    }

    ~UnmanagedMemoryManager() // 종료자: 가비지 수집이 되면 호출된다.
    {
        Dispose();
    }
}
```

종료자는 GC가 동작한다면 호출되는 것이 보장된다. 예제 5.24에서 ~Unmanaged MemoryManager로 정의된 종료자는 가비지 수집이 발생하면 호출될 수 있는 기회를 얻는다. 이 때문에 개발자가 Dispose 메서드의 호출 코드를 잊어버렸더라도 GC가 발생할 때까지 시간은 걸리겠지만 종료자에 정의된 자원 해제 코드가 언젠가 실행되므로 메모리 누수 현상이 사라진다. 즉, 클래스를 만든 개발자가 해당 클래스를 사용하는 개발자의 실수를 예상하고 방어적인 차원에서 자원 해제 코드를 넣어 두는 곳이 종료자다.

기본적인 종료자 정의는 여기서 완료되지만 효율을 개선하는 작업이 추가될 수 있다. 종료자를 좀 더 효과적으로 구현하기 위해서는 GC가 종료자를 어떻게 다루는지 알아야 한다. 예를 들기 위해 다음과 같은 코드에서,

```
class Program
{
    static void Main(string[] args)
    {
        CreateProgramInstance();

        // A 지점: 이 시점에 첫 번째 GC가 수행되었다고 가정

        Console.ReadLine();

        // B 지점: 이 시점에 두 번째 GC가 수행되었다고 가정

        Console.ReadLine();
```

```
        }

        private static void CreateProgramInstance()
        {
            Program pg = new Program();
        }

        ~Program()
        {
            Console.WriteLine("GCed");
        }
    }
```

CreateProgramInstance 메서드 내의 Program 타입의 생성자 호출 시 CLR은 pg 객체를 관리 힙에 생성하는 것과 함께 특별히 종료 큐(finalization queue)라는 내부 자료구조에 객체를 함께 등록한다. 왜냐하면 ~Program() 종료자를 정의해 두었기 때문이다.

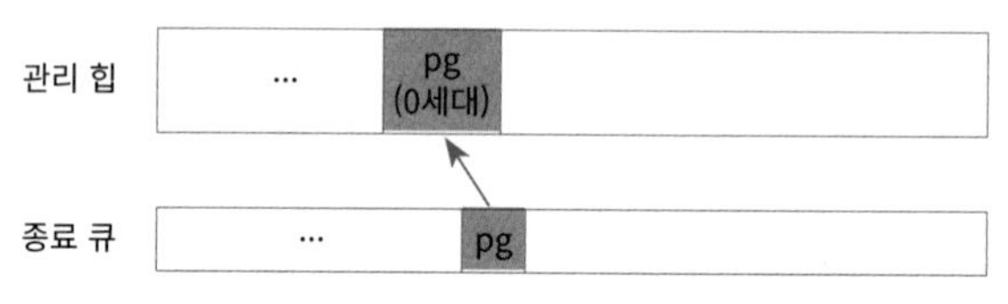


그림 5.22 종료자를 구현한 객체 pg가 new로 할당되는 경우

이후 CreateProgramInstance 메서드를 벗어나 실행이 A 지점에 왔을 때 GC가 수행되었다고 가정해 보자. 이때 객체 pg는 메서드의 범위를 벗어났으므로 정리 대상이 된다. 실제로 객체 pg가 종료자가 없는 객체였다면 GC에 의해 곧바로 관리 힙에서 없어진다. 하지만 종료자가 있기 때문에 객체 생성 시에 종료 큐에 등록되었던 참조로 인해 GC는 A 지점에서 다음과 같이 pg 객체를 처리한다.

01. 0 세대 관리 힙에 있던 pg 객체가 종료 큐의 루트 참조로 인해 정리되지 못하고 살아남아 GC 세대가 +1 된다.

02. 종료 큐에 있던 pg 객체의 참조를 제거하고 별도의 Freachable 큐에 또 다시 객체를 보관해 둔다.

따라서 첫 번째 GC 수행으로 인해 그림 5.23의 상황으로 바뀌게 된다.

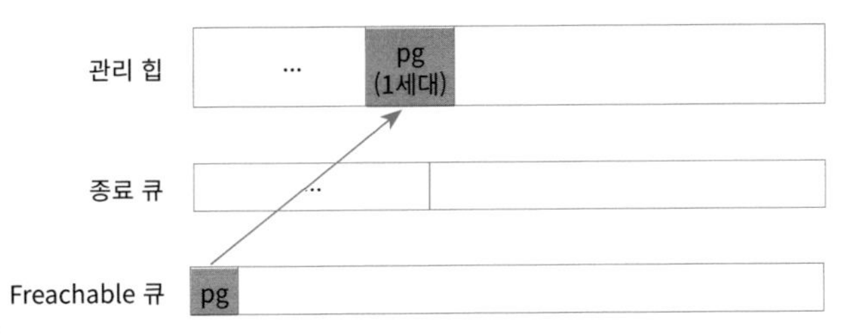


그림 5.23 GC가 한번 수행된 후의 종료자를 가진 객체 상황

이와 동시에 Freachable 큐에 들어온 객체를 CLR에 의해 미리 생성해 둔 스레드가 꺼내고 그것의 종료자 메서드를 호출해 준다. 이 스레드는 Freachable 큐에 항목이 들어올 때마다 해당 객체를 꺼내서 종료자를 실행하는 역할만 담당하는 특수한 목적의 스레드다. 따라서 대개의 경우 그림 5.23의 상황이 되면 곧바로 Freachable 큐는 다시 비어있는 상태로 바뀐다.

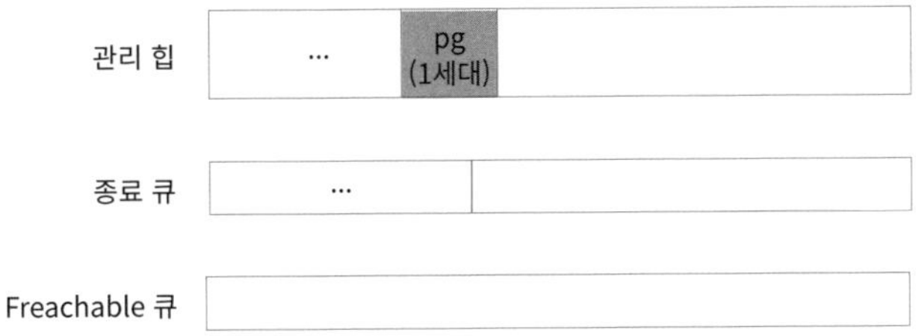

관리 힙
…
pg
(1세대)
종료 큐
…
Freachable 큐

그림 5.24 종료자가 실행된 후 객체 pg의 상황

그림 5.24의 상태가 되고서야 비로소 종료자를 가졌던 객체는 종료자를 가지지 않았던 일반 객체와 같은 상황으로 바뀐다. 이후 B 지점에서 다시 한번 GC가 동작하면 객체 pg는 관리 힙에서 제거된다.

간단하게 정리하면, 종료자가 구현된 클래스는 GC에게 더 많은 일을 시킨다. 이 때문에 특별한 이유가 없다면 종료자를 추가하지 않는 것을 권장한다.

그런데 가만히 생각해 보면 종료자는 개발자가 Dispose 메서드를 명시적으로 호출했다면 굳이 호출될 필요가 없다. 즉, Dispose가 호출된 객체는 GC가 그 객체를 관리 힙에서 제거하는 과정에서 종료 큐에 대한 고려를 하지 않아도 된다. 마이크로소프트에서는 이처럼 명시적인 자원 해제가 됐다면 종료 큐에서 객체를 제거하는 GC.SuppressFinalize 메서드를 제공한다. 이 메서드를 이용해 Dispose와 종료자를 다음과 같이 재정의할 수 있다.

예제 5.25 Dispose를 호출한 경우 종료자가 불리지 않도록 변경한 객체

```
class UnmanagedMemoryManager : IDisposable
{
    // ...... [생략] ......
    void Dispose(bool disposing)
    {
        if (_disposed == false)
        {
            Marshal.FreeCoTaskMem(pBuffer);
            _disposed = true;
        }

        if (disposing == false)
        {
            // disposing이 false인 경우란 명시적으로 Dispose()를 호출한 경우다.
            // 따라서 종료 큐에서 자신을 제거해 GC의 부담을 줄인다.
            GC.SuppressFinalize(this);
        }
    }

    public void Dispose()
    {
        Dispose(false);
    }

    ~UnmanagedMemoryManager()
    {
        Dispose(true);
    }
}
```

예제 5.25에 구현된 객체를 new로 생성하면 종료 큐에 객체가 추가된다. 하지만 개발자가 Dispose 메서드를 호출한 경우에는 GC.SuppressFinalize가 실행됨으로써 종료 큐에서 제거된다. 따라서 종료자가 정의되지 않은 객체와 동일한 상태로 바뀌기 때문에 결과적으로는 GC의 부담을 덜어준다. 예제 5.25의 코드를 너무 복잡하다고 생각할 필요는 없다. 왜냐하면 코드 자체가 재사용할 수 있는 패턴이기 때문이다. 나중에 비관리 자원을 해제해야 할 상황이 생긴다면 예제 5.25의 코드에서 Marshal.FreeCoTaskMem 메서드를 호출하는 부분만 여러분의 코드로 교체해서 사용하면 된다.

# 정리

5장에서는 C# 1.0의 기본적인 문법을 모두 마무리했다.

| | |
|---|---|
| 전처리기 지시문 | #if / #else / #elif / #endif<br>#define<br>#undef |
| 연산자 | 시프트 연산자: <<, >><br>비트 논리 연산자: &, \|, ^, ~<br>포인터 연산자: &, * |
| 예약어 | ▪ checked, unchecked<br>▪ params<br>▪ extern, unsafe, fixed<br>▪ stackalloc<br>▪ internal<br>▪ try, catch, throw, finally<br>▪ using |

그리고 C# 문법의 영역을 벗어나 이제 서서히 닷넷 환경을 위한 프로그램을 만드는 데 필요한 내용을 다루기 시작했다.

- 라이브러리 프로젝트 생성
- 디버그/릴리스 모드와 플랫폼(x86, x64, ARM32, ARM64, AnyCPU) 구분
- 예외
- 힙과 스택의 차이
- 가비지 수집기의 이해

이 중에서 스택과 힙, 가비지 수집기 정도는 지금 당장은 몰라도 상관없다. 이 부분을 이해하지 못했다고 해서 크게 걱정할 필요는 없다는 의미다. 필자의 경험상 이런 지식을 몰라도 일반적인 프로그램 정도는 무리 없이 만들 수 있다. 하지만 프로그램이 복잡해지거나 저수준의 운영체제와 연동하게 되면 이와 관련된 지식이 있느냐 없느냐가 여러분이 만든 프로그램의 안정성을 좌지우지하게 된다. 지금 수준에서는 마음 편히 6장으로 넘어가자. 대신 C# 프로그래머로 경험을 쌓고 나면 다시 이번 장의 내용을 읽어보길 권장한다.

# 06
# BCL (Base Class Library)

C#의 기본적인 문법은 5장으로 모두 끝났다. 하지만 여전히 프로그램을 만들기 위한 지식이 부족하다. 왜 그럴까? 일반적으로 프로그램이란 입력 → 처리 → 출력이라는 과정을 거친다. 지금까지 배운 C# 문법은 '처리'를 위한 단계에서 사용될 수 있다. 입력/출력은 C# 문법의 어디에도 나와 있지 않다.

입력과 출력은 운영체제와 밀접하게 관련돼 있다. 닷넷은 C#과 같은 언어로 만들어진 프로그램에서 운영체제와 연동할 수 있게 관련 기능을 모아서 BCL 안에 담아 뒀다. 일례로 지금까지의 예제에서 사용했던 Console 타입이 한 예다. BCL은 운영체제에서 제공되는 입출력 기능에 의존해서 Console 타입을 만들어 제공하고, C# 응용 프로그램에서는 Console 타입을 이용해 입출력 기능을 수행한다.

BCL은 Console 타입 외에도 닷넷 응용 프로그램과 운영체제 사이를 중계하는 다양한 클래스를 미리 만들어 제공하고 있다. 즉, 운영체제의 소켓(Socket), 스레드(Thread), 파일(File), 레지스트리(Registry) 등에 접근하고 싶다면 BCL에서 제공하는 클래스를 사용하면 된다.

하지만 BCL이 반드시 운영체제와의 중계 역할만 담당하는 것은 아니다. 프로그램의 '처리'에 해당하는 과정에서 자주 사용되는 것을 함께 포함시키기도 한다. 예를 들어, 개발자들은 데이터의 '처리' 과정 중에 다양한 수학적인 연산을 포함시키는 경우가 있다. Log(자연로그), Cos(코사인) 등의 메서드는 C#으로 직접 만들어 쓸 수도 있지만, 이런 기능은 자주 사용되기 때문에 마이크로소프트에서 BCL에 이미 Math 타입을 만들어 제공하고 있다.

닷넷의 버전이 올라가면서 BCL에도 꾸준히 새로운 기능이 추가되고 있다. 예를 들어, 초창기 닷넷 시절에는 string 변수가 값을 가지고 있는지 확인하기 위해 다음과 같이 코드를 작성해야 했다.

```
string text = ......;

if (text == null || text == "")
{
}
```

이후 마이크로소프트에서는 이런 표현이 자주 사용된다는 것을 알고 string 타입에 IsNullOrEmpty 메서드를 추가했다. 따라서 코드를 다음과 같이 바꿔 쓸 수 있다.

```
string text = ......;

if (string.IsNullOrEmpty(text) == true)
{
}
```

당연한 이야기겠지만 IsNullOrEmpty 메서드를 사용한 프로그램은 첫 버전의 닷넷 환경에서는 동작하지 않는다. 따라서 C#으로 응용 프로그램을 만들 때는 우선 여러분이 만든 프로그램이 어떤 버전의 닷넷부터 지원할지 결정해야 한다. 예를 들어, 닷넷 코어 3.1 이상의 환경에서 동작하는 프로그램을 만들기로 했다면 절대로 닷넷 5 이상에서만 제공되는 BCL 기능을 사용해서는 안 된다.[1]

6장에 소개할 BCL 타입들은 수많은 기능 중 일부에 불과하다. 또한 지면 관계상 여기서 소개하는 타입의 모든 메서드/속성/이벤트를 설명하기보다는 주요 멤버만 다룬다. 따라서 BCL에서 제공되는 클래스들을 틈날 때마다 익혀두는 것이 좋다. 가끔 애써 구현한 기능이 BCL에 이미 들어 있는 경우를 경험하는 것은 필자 한 명으로도 충분할 듯싶다.

## 6.1 시간

이 절에서는 자주 사용되는 시간 관련 타입을 다룬다.

1 닷넷 코어/5+ 환경으로 바뀌면서 이러한 제약이 많이 약화됐다. 왜냐하면 닷넷 프레임워크 시절에는 여러분이 만든 프로그램을 실행할 수 있는 버전의 프레임워크가 반드시 사용자 컴퓨터에 설치돼 있어야 했기 때문이다. 다행히 닷넷 코어/5+에서는 프로그램과 런타임을 함께 배포할 수 있어 사용자의 컴퓨터 환경에 구애받는 제약이 없어졌다.

### 6.1.1 System.DateTime

DateTime은 struct로 정의된 값 형식이다. 자주 사용되는 생성자는 다음과 같다.

```
public DateTime(int year, int month, int day);
public DateTime(int year, int month, int day, int hour, int minute, int second);
public DateTime(int year, int month, int day, int hour, int minute, int second, int millisecond);
```

속성 중에서는 Now와 Year, Month, Day, Hour, Minute, Second, Millisecond가 자주 사용된다.

```
public static DateTime Now { get; }

public int Year { get; }
public int Month { get; }
public int Day { get; }
public int Hour { get; }
public int Minute { get; }
public int Second { get; }
public int Millisecond { get; }
```

정적 속성인 Now를 통해 현재 날짜/시간을 알아낼 수 있다. 다음은 이를 이용한 간단한 예제다.

```
DateTime now = DateTime.Now;
Console.WriteLine(now);

DateTime dayForChildren = new DateTime(now.Year, 5, 5);
Console.WriteLine(dayForChildren);
```

```
// 출력 결과
2023-02-17 오전 11:57:47
2023-05-05 오전 12:00:00
```

1초(Second)는 1,000밀리초(Millisecond)인데, 이보다 정밀도가 더 높은 시간 값이 필요하다면 Ticks 속성을 이용하면 된다. 이 값은 1년 1월 1일 12시 자정을 기준으로 현재까지 100나노초 간격으로 흐른 숫자값이다. 즉, 1밀리초의 10,000분의 1에 해당하는 정밀도[2]를 보인다. 다음은 메서드가 실행되는 데 걸린 시간을 Ticks를 이용해 계산하는 예제다.

2 하지만 Ticks 값은 타이머 디바이스의 주기로 업데이트가 되므로 정확하진 않다. (참고: https://www.sysnet.pe.kr/2/0/11063)

예제 6.1 DateTime을 이용한 시간차 계산

```
class Program
{
    static void Main(string[] args)
    {
        DateTime before = DateTime.Now;
        Sum();
        DateTime after = DateTime.Now;

        long gap = after.Ticks - before.Ticks;
        Console.WriteLine("Total Ticks: " + gap);
        Console.WriteLine("Millisecond: " + (gap / 10000));
        Console.WriteLine("Second: " + (gap / 10000 / 1000));
    }

    static long Sum()
    {
        long sum = 0;

        for (int i = 0; i < 1000000; i++)
        {
            sum += i;
        }

        return sum;
    }
}
```

```
// 출력 결과
Total Ticks: 29991
Millisecond: 2
Second: 0
```

시간을 이야기하면서 협정 세계시(UTC: Universal Time, Coordinated)를 빼놓을 수 없다. UTC는 예전의 그리니치 평균시(GMT: Greenwich Mean Time)를 제치고 근래에 새롭게 '세계 표준시'로 인정받고 있다. 하지만 GMT와 UTC의 시간차가 초의 소수점 아래에 있기 때문에 일반인 입장에서는 크게 영향이 없다. 지구의 자전으로 인해 시간차가 발생하는 지역은 '시간대(Time Zone)'를 두어 상대적인 차이를 조정한다. 따라서 영국의 그리니치 천문대가 위치한 경도 0도를 0시로 정하고 동쪽으로 날짜 분기선(International Date Line)까지 시간대가 증가하고, 서쪽으로는 날짜 분기선까지 시간대가 감소한다. 영국의 동쪽에 위치하고 날짜 분기선 이전에 있는 대한민국은 시간대가 UTC +9에 해당한다. 즉, 영국이 0시일 때 대한민국은 9시를 가리키고 있는 것이다. 이 때문에 UTC +9를 한국 표준시(KST: Korea Standard Time)라고도 한다.

시간대가 반영된 것을 지역 시간(local time)이라 한다. 영국의 경우 UTC와 지역 시간이 동일하지만 시간대가 UTC +9인 대한민국은 영국이 한밤 중일 때 지역 시간은 오전 9시가 된다. 따라서 영국을 제외하고는 거의 모든 나라에서 시간을 나타낼 때 UTC인지 지역 시간인지를 명시해야만 정확한 시간을 알 수 있다. 닷넷의 DateTime 타입은 이 구분을 열거형 타입인 Kind 속성으로 알려준다.

표 6.1 DateTimeKind

| 열거형 값 | 설명 |
|---|---|
| Unspecified | 어떤 형식인지 지정되지 않은 시간 |
| Utc | 동시간의 그리니치 천문대 시간 |
| Local | 시간대를 반영한 지역시간 |

```
DateTime now = DateTime.Now;
Console.WriteLine(now + ": " + now.Kind);

DateTime utcNow = DateTime.UtcNow;
Console.WriteLine(utcNow + ": " + utcNow.Kind);

DateTime worldcup2002 = new DateTime(2002, 5, 31);
Console.WriteLine(worldcup2002 + ": " + worldcup2002.Kind);

worldcup2002 = new DateTime(2002, 5, 31, 0, 0, 0, DateTimeKind.Local);
Console.WriteLine(worldcup2002 + ": " + worldcup2002.Kind);
```

```
// 출력 결과
2023-02-17 오후 1:38:03: Local
2023-02-17 오전 4:38:03: Utc
2022-05-31 오전 12:00:00: Unspecified
2022-05-31 오전 12:00:00: Local
```

한국의 경우 DateTime.Now는 지역 시간을 반환하기 때문에 UTC +9에 해당하는 값을 가지고 있지만, DateTime.UtcNow는 그리니치 천문대가 위치한 곳의 협정 세계시를 반환하므로 9시간 뺀 값을 출력한다. 반면, 첫 번째 worldcup2002 변수에 담긴 2002년 5월 31일의 경우 시간대가 정해지지 않았으므로 이 값은 지구의 경도마다 제각기 해석될 수 있는 여지를 남긴다. 따라서 DateTime 타입의 인스턴스를 생성자를 통해 직접 만들 때는 반드시 그 시간이 UTC 기준인지, 지역 시간 기준인지 명시하는 것을 권장한다.

자바스크립트나 자바 플랫폼과 관련해서 호환상의 이유로 알아둬야 할 용어가 하나 더 있다. 닷넷의 DateTime은 시간의 기준값이 1년 1월 1일이지만, 유닉스 및 자바 관련 플랫폼에서는 1970년 1월 1일을 기준으로 한다. 그 시간을 가리켜 Epoch Time이라 하고 다른 말로는 Unix Time, Unix Timestamp, POSIX time이라고도 한다. 예를 들어, 자바에서는 System.currentTimeMillis 메서드를 제공하는데, 이 메서드는 현재 시간을 UTC 기준의 밀리초 단위로 Epoch 시간 이후로 흐른 값을 반환한다.

```
// 자바 코드
System.println(System.currentTimeMillis()); // 출력 결과: 1361077426483
```

닷넷의 경우 밀리초 단위의 시간은 다음과 같이 구할 수 있다.

```
Console.WriteLine(DateTime.UtcNow.Ticks / 10000); // 출력 결과: 63496674226482
```

그런데 각 코드에 대한 출력값을 보면 너무 심한 차이를 보인다. 바로 그 차이가 닷넷의 기준 시간인 1년 1월 1일과 자바의 기준 시간인 1970년 1월 1일 사이의 시간 간격에 해당하는 밀리초(millisecond)다. 따라서 자바/자바스크립트에서 구한 밀리초 값을 닷넷에서 구한 값과 정상적으로 비교하려면 다음과 같이 1970년에 해당하는 고정 밀리초 값을 빼야 한다.

```
long javaMillis = (DateTime.UtcNow.Ticks - 621355968000000000) / 10000;
```

### 6.1.2 System.TimeSpan

DateTime 타입에 대해 사칙 연산 중에서 유일하게 허용되는 것이 '빼기'다. 그리고 빼기의 연산 결괏값은 2개의 DateTime 사이의 시간 간격을 나타내는 TimeSpan으로 나온다.

```
DateTime endOfYear = new DateTime(DateTime.Now.Year, 12, 31);
DateTime now = DateTime.Now;

Console.WriteLine("오늘 날짜: " + now);

TimeSpan gap = endOfYear - now;
Console.WriteLine("올해의 남은 날짜: " + gap.TotalDays);
```

```
// 출력 결과
오늘 날짜: 2023-02-23 오후 10:22:08
올해의 남은 날짜: 310.06795556154975
```

TotalDays 말고도, TotalHours, TotalMilliseconds, TotalMinutes, TotalSeconds 등의 속성을 통해 손쉽게 해당하는 단위의 시간 간격을 알 수 있다.

### 6.1.3 System.Diagnostics.Stopwatch

시간차에 대해 DateTime과 TimeSpan을 쓰는 것도 가능하지만, 닷넷에서는 더 정확한 시간차 계산을 위해 Stopwatch 타입을 제공한다. 예제 6.1의 동작을 Stopwatch로 동일하게 구현하면 다음과 같다.

```
Stopwatch st = new Stopwatch();

st.Start();
Sum();
st.Stop();

// st.ElapsedTicks 속성은 구간 사이에 흐른 타이머의 틱(tick) 수
Console.WriteLine("Total Ticks: " + st.ElapsedTicks);

// st.ElapsedMilliseconds 속성은 구간 사이에 흐른 시간을 밀리초로 반환
Console.WriteLine("Millisecond: " + st.ElapsedMilliseconds);

// 밀리초로 흐른 시간을 초로 환산
Console.WriteLine("Second: " + st.ElapsedMilliseconds / 1000);

// Stop.Frequency 속성이 초당 흐른 틱수를 반환하므로,
```

```
// ElapsedTicks에 대해 나눠주면 초 단위의 시간을 잴 수 있음
Console.WriteLine("Second: " + st.ElapsedTicks / Stopwatch.Frequency);
```

실제로 Stopwatch 타입은 코드의 특정 구간에 대한 성능을 측정할 때 자주 사용된다.

# 6.2 문자열 처리

이 절에서는 자주 사용되는 문자열 관련 타입을 다룬다.

## 6.2.1 System.String

문자열 처리는 대부분 string 타입에서 제공된다. 자주 사용되는 메서드를 정리하면 다음과 같다.

표 6.2 string 타입의 멤버

| 멤버 | 유형 | 설명 |
|---|---|---|
| Contains | 인스턴스 메서드 | 인자로 전달된 문자열을 포함하고 있는지 여부를 true/false로 반환 |
| EndsWith | 인스턴스 메서드 | 인자로 전달된 문자열로 끝나는지 여부를 true/false로 반환 |
| Format | 정적 메서드 | 형식에 맞는 문자열을 생성해 반환 |
| GetHashCode | 인스턴스 메서드 | 문자열의 해시값을 반환 |
| IndexOf | 인스턴스 메서드 | 문자 또는 문자열을 포함하는 경우 그 위치를 반환하고 없으면 -1을 반환 |
| Split | 인스턴스 메서드 | 주어진 문자 또는 문자열을 구분자로 나눈 문자열의 배열을 반환 |
| StartsWith | 인스턴스 메서드 | 인자로 전달된 문자열로 시작하는지 여부를 true/false로 반환 |
| Substring | 인스턴스 메서드 | 시작과 길이에 해당하는 만큼의 문자열을 반환 |
| ToLower | 인스턴스 메서드 | 문자열을 소문자로 변환해서 반환 |
| ToUpper | 인스턴스 메서드 | 문자열을 대문자로 변환해서 반환 |
| Trim | 인스턴스 메서드 | 문자열의 앞뒤에 주어진 문자가 있는 경우 삭제한 문자열을 반환. 문자가 지정되지 않으면 기본적으로 공백 문자를 제거해서 반환 |
| Length | 인스턴스 속성 | 문자열의 길이를 정수로 반환 |
| != | 정적 연산자 | 문자열이 같지 않다면 true를 반환 |
| == | 정적 연산자 | 문자열이 같다면 true를 반환 |
| 인덱서 [] | 인스턴스 속성 | 주어진 정수 위치에 해당하는 문자를 반환 |

이 중에서 Format 메서드를 제외하고 각 메서드를 사용한 예제를 예제 6.2에 실어 뒀으니 참고하자.

예제 6.2 string 관련 메서드의 사용 예

```
string txt = "Hello World";

Console.WriteLine(txt + " Contains(\"Hello\"): " + txt.Contains("Hello"));
Console.WriteLine(txt + " Contains(\"Halo\"): " + txt.Contains("Halo"));
Console.WriteLine();

Console.WriteLine(txt + " EndsWith(\"World\"): " + txt.EndsWith("World"));
Console.WriteLine(txt + " EndsWith(\"ello\"): " + txt.EndsWith("ello"));
Console.WriteLine();

Console.WriteLine(txt + " GetHashCode(): " + txt.GetHashCode());
Console.WriteLine("Hello GetHashCode(): " + "Hello".GetHashCode());
Console.WriteLine();

Console.WriteLine(txt + " IndexOf(\"World\"): " + txt.IndexOf("World"));
Console.WriteLine(txt + " IndexOf(\"Halo\"): " + txt.IndexOf("Halo"));
Console.WriteLine();

Console.Write(txt + " Split('o'): ");
OutputArrayString(txt.Split('o'));
Console.Write(txt + " Split(' '): ");
OutputArrayString(txt.Split(' '));
Console.WriteLine();

Console.WriteLine(txt + " StartsWith(\"Hello\"): " + txt.StartsWith("Hello"));
Console.WriteLine(txt + " StartsWith(\"ello\"): " + txt.StartsWith("ello"));
Console.WriteLine();

Console.WriteLine(txt + " Substring(1): " + txt.Substring(1));
Console.WriteLine(txt + " Substring(2, 3): " + txt.Substring(2, 3));
Console.WriteLine();

Console.WriteLine(txt + " ToLower(): " + txt.ToLower());
Console.WriteLine(txt + " ToUpper(): " + txt.ToUpper());
Console.WriteLine();
```

```
Console.WriteLine("\" Hello World \" Trim(): " + " Hello World ".Trim());
Console.WriteLine(txt + " Trim('H'): " + txt.Trim('H'));
Console.WriteLine(txt + " Trim('d'): " + txt.Trim('d'));
Console.WriteLine(txt + " Trim('H', 'd'): " + txt.Trim('H', 'd'));
Console.WriteLine();

Console.WriteLine(txt + " Length: " + txt.Length);
Console.WriteLine("Hello Length: " + "Hello".Length);
Console.WriteLine();

Console.WriteLine("Hello != World: " + ("Hello" != "World"));
Console.WriteLine("Hello == World: " + ("Hello" == "World"));
Console.WriteLine("Hello == HELLO: " + ("Hello" == "HELLO"));
Console.WriteLine();

static void OutputArrayString(string [] arr)
{
    foreach (string txt in arr)
    {
        Console.Write(txt + ", ");
    }

    Console.WriteLine();
}
```

```
// 출력 결과
Hello World Contains("Hello"): True
Hello World Contains("Halo"): False

Hello World EndsWith("World"): True
Hello World EndsWith("ello"): False

Hello World GetHashCode(): 1411332840
Hello GetHashCode(): -694847

Hello World IndexOf("World"): 6
Hello World IndexOf("Halo"): -1

Hello World Replace("World", ""): Hello
```

```
Hello World Replace('o', 't'): Hellt Wtrld

Hello World Split('o'): Hell,  W, rld,
Hello World Split(' '): Hello, World,

Hello World StartsWith("Hello"): True
Hello World StartsWith("ello"): False

Hello World Substring(1): ello World  // 1번째부터 마지막까지의 문자열을 반환
Hello World Substring(2, 3): llo      // 2번째부터 3개의 문자까지 취한 문자열을 반환

Hello World ToLower(): hello world
Hello World ToUpper(): HELLO WORLD

" Hello World " Trim(): Hello World
Hello World Trim('H'): ello World
Hello World Trim('d'): Hello Worl
Hello World Trim('H', 'd'): ello Worl

Hello World Length: 11
Hello Length: 5

Hello != World: True
Hello == World: False
Hello == HELLO: False
```

영문자를 다루면서 빠질 수 없는 사항이 바로 대소문자 구분이다. 표 6.2에 나열된 메서드 가운데 대소문자 구분의 오버로드 버전을 제공하는 메서드로 EndsWith, IndexOf, StartsWith가 있다. 이 메서드들은 각각 StringComparison 열거형 인자를 추가로 받을 수 있다. 이 인자를 생략하면 기본적으로 대소문자 구분을 하고, 대소문자 구분을 하고 싶지 않다면 StringComparision.OrdinalIgnoreCase 인자를 함께 전달하면 된다.

```
Console.WriteLine(txt + " EndsWith(\"WORLD\"): " + txt.EndsWith("WORLD", StringComparison.
OrdinalIgnoreCase));
Console.WriteLine();

Console.WriteLine(txt + " IndexOf(\"WORLD\"): " + txt.IndexOf("WORLD", StringComparison.
OrdinalIgnoreCase));
```

```
Console.WriteLine();

Console.WriteLine(txt + " StartsWith(\"HELLO\"): " + txt.StartsWith("HELLO", StringComparison.
OrdinalIgnoreCase));
Console.WriteLine();
```

```
// 출력 결과
Hello World EndsWith("WORLD"): True

Hello World IndexOf("WORLD"): 6

Hello World StartsWith("HELLO"): True
```

문자열의 '==' 비교 연산자는 대소문자를 무시하는 기능이 없지만, 대신 Equals 메서드로 바꾸면 대소문자를 무시한 연산이 가능하다.

```
string txt = "Hello";

Console.WriteLine(txt + " == HELLO: " + (txt == "HELLO")); // 출력 결과: False
Console.WriteLine(txt + " == HELLO: " + txt.Equals("HELLO",
                        StringComparison.OrdinalIgnoreCase)); // 출력 결과: True
Console.WriteLine();
```

마지막으로 Format 메서드[3]에 대해 알아보자. 이 메서드의 주된 기능은 인자를 형식 문자열에 포함된 번호와 맞춰서 치환하는 기능이다. 다음 코드를 보면 쉽게 그 기능을 이해할 수 있다.

**예제 6.3** string.Format 사용 예

```
string txt = "Hello {0}: {1}";

string output = string.Format(txt, "World", "Anderson");

Console.WriteLine(output);
```

```
// 출력 결과
Hello World: Anderson
```

3 C# 6.0에 개선된 문법이 추가됐다. (11.5절 '문자열 내에서 식을 포함' 참고)

string.Format의 첫 번째 인자에는 중괄호로 둘러싼 번호를 포함할 수 있다. 여기서 사용된 번호는 그림 6.1에 보다시피 뒤이어 나오는 인자의 위치와 대응되어 치환된다.

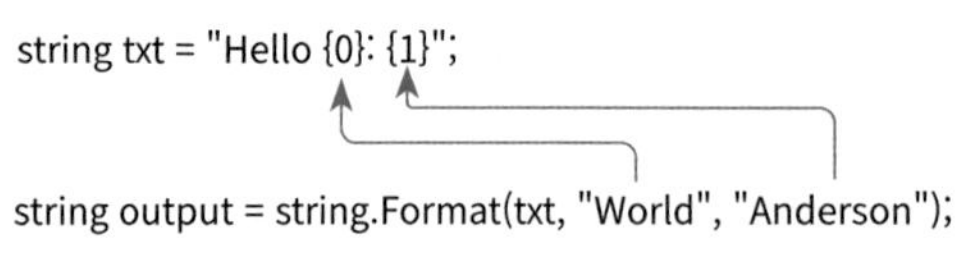


그림 6.1 번호와 대응되는 인자

이런 식의 string.Format은 다른 곳에도 적용되어 사용되는데, 대표적인 사례가 Console.WriteLine 메서드다. 다음은 예제 6.3과 동일한 출력 결과를 내는 Console.WriteLine의 사용 예다.

```
string txt = "Hello {0}: {1}";
Console.WriteLine(txt, "World", "Anderson");
```

또한 형식 문자열의 번호는 중복 사용이 가능하고 순서에도 제약이 없다.

```
string txt = "{2} {0} == {0}: {1}";
Console.WriteLine(txt, "Hello", "World", "Hi");
```

```
// 출력 결과
Hi Hello == Hello: World
```

번호와 대응되는 인자가 반드시 string 형식일 필요는 없다. 닷넷의 모든 타입은 object를 상속받기 때문에 ToString 메서드가 제공되므로 string.Format은 string 형식이 아닌 타입의 인스턴스가 인자로 대응되면 그것의 ToString 메서드를 호출한 결과를 출력한다.

```
string txt = "{0} * {1} == {2}";
Console.WriteLine(txt, 5, 6, 5 * 6);
```

```
// 출력 결과
5 * 6 == 30
```

string.Format의 인자를 지정할 때는 해당 문자열을 어떻게 형식화할 것인지에 대한 표현도 함께 제공된다. 이에 대한 정확한 형식은 다음과 같다.

{*번호*[,*정렬*][:*형식문자열*]}

*번호*(필수): 지금까지의 예에서 본 것처럼 숫자 0부터 시작하는 번호를 지정

*정렬*(선택): *번호*와 대응되는 문자열의 최소 너비를 지정. 대응 문자열의 길이는 5인데 *정렬*로 지정된 숫자가 10이라면 나머지 너비는 공백으로 채워짐. *정렬*값이 음수이면 왼쪽, 양수이면 우측 정렬이 된다. *정렬*값이 생략되면 대응되는 문자열의 길이대로 출력됨.

*형식문자열*(선택): 대응되는 인자의 타입에서 직접 구현하는 형식 문자열이 사용됨. 따라서 Int32, Double 등의 타입에 따라 그에 맞는 형식 문자열을 찾아서 지정.

먼저 다음은 간단하게 정렬 옵션까지 지정된 string.Format을 사용하는 예다.

```
string txt = "{0,-10} * {1} == {2,10}";
Console.WriteLine(txt, 5, 6, 5 * 6);
```

```
// 출력 결과
5          * 6 ==         30
```

첫 번째 대응되는 인자의 정렬값은 음수 10이므로 좌측 정렬 기준으로 5가 출력되고 나머지 9칸은 공백으로 출력된다. 두 번째 대응 인자는 정렬 숫자값이 생략됐으므로 정확히 숫자 6에 대한 ToString 결과 문자열만 출력된다. 마지막 세 번째 대응 인자는 양수 10이므로 우측 정렬 기준으로 10이 출력되고 나머지 8칸은 공백으로 출력된다.

```
string txt = "{0,-10} * {1} == {2,10}";

srting output = string.Format(txt, 5, 6, 5 * 6);

5          * 6 ==         30
```

10개의 공백 - 좌측정렬 10개의 공백 - 우측정렬

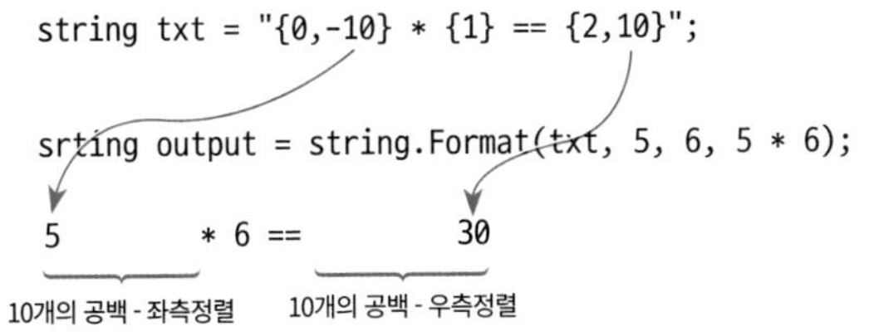

그림 6.2 정렬 옵션까지 지정된 형식 문자열

형식 문자열을 적용하려면 타입에서 제공되는 형식 문자열을 미리 알고 있어야 한다. 다음은 각 타입별로 제공되는 대표적인 형식 문자열을 보여준다.

표 6.3 형식 문자열 종류

| 타입 | 유형 | 의미 | Format 예제 | 한글 윈도우 출력 |
|---|---|---|---|---|
| 숫자형 | C | 통화 | "{0:C}", -123 | -₩123 |
| | D | 10진수 | "{0:D}", -123 | -123 |
| | E | 공학 | "{0:E}", -123.45f | -1.234500E+002 |
| | F | 고정 소수점 | "{0:F}", -123.45f | -123.45 |
| | G | 일반(기본값) | "{0:G}", -123 | -123 |
| | N | 숫자 | "{0:N}", -123 | -123.00 |
| | P | 백분율 | "{0:P}", -123.45f | -12,345.00 % |
| | R | 반올림 숫자 | "{0:R}", -123.45f | -123.45 |
| | X | 16진수 | "{0:X}", -123 | FFFFFF85 |
| 날짜형 | DateTime now = DateTime.Now | | | |
| | d | 단축 날짜 | "{0:d}", now | 2023-02-13 |
| | D | 상세 날짜 | "{0:D}", now | 2023년 2월 13일 수요일 |
| | t | 단축 시간 | "{0:t}", now | 오후 1:27 |
| | T | 상세 시간 | "{0:T}", now | 오후 1:27:52 |
| | f | 전체날짜/단축시간 | "{0:f}", now | 2023년 2월 13일 수요일 오후 1:27 |
| | F | 전체날짜/상세시간 | "{0:F}", now | 2023년 2월 13일 수요일 오후 1:27:52 |
| | g | 일반날짜/단축시간 | "{0:g}", now | 2023-02-13 오후 1:27 |
| | G | 일반날짜/상세시간 | "{0:G}", now | 2023-02-13 오후 1:27:52 |
| | M | 달 | "{0:M}", now | 2월 13일 |
| | Y | 년 | "{0:Y}", now | 2023년 2월 |

다음은 인자 번호, 정렬, 형식 문자열을 모두 사용한 예를 보여준다.

```
string txt = "날짜: {0,-20:D}, 판매 수량: {1,15:N}";
Console.WriteLine(txt, DateTime.Now, 267);
```

```
// 출력 결과
날짜: 2023년 2월 22일 수요일     , 판매 수량:          267.00
```

### 6.2.2 System.Text.StringBuilder

string을 다루면 반드시 함께 설명되는 클래스가 바로 StringBuilder다. string 타입은 불변 객체(immutable object)이기 때문에 string에 대한 모든 변환은 새로운 메모리 할당을 발생시킨다. 예를 들어 string.ToLower 메서드를 보자.

```
string txt = "Hello World";
string lwrText = txt.ToLower();
```

txt 변수는 힙에 있는 'Hello World'를 가리킨다. 그 상태에서 ToLower 메서드를 호출하면 txt 변수에 담긴 문자열이 소문자로 변경되는 것이 아니라 원문이 통째로 복사된 다음 그것이 소문자로 변경되어 반환되는 절차를 거친다.

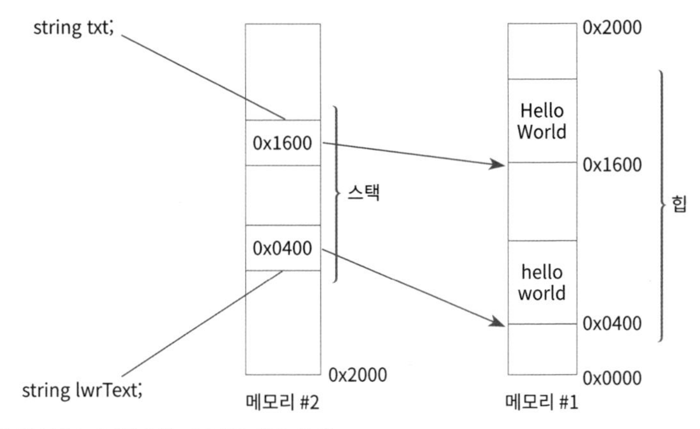


**그림 6.3** 완전히 다른 인스턴스가 생성되는 문자열 타입 연산

불변 타입의 string 클래스가 발생시키는 가장 큰 문제는 문자열을 더할 때다. 예를 들어, 다음 코드를 실행해 보자.

**예제 6.4** 비효율적인 문자열 연산

```
string txt = "Hello World";

for (int i = 0; i < 300000; i++)
{
    txt = txt + "1";
}
```

필자의 컴퓨터에서 위의 코드를 실행하는 데 약 27초가 걸렸다. 왜 이렇게 오래 걸렸는지 내부 동작을 살펴보면 쉽게 이해할 수 있다.

1. 힙에 "Hello World" 문자열을 담은 공간을 할당한다.
2. 스택에 있는 txt 변수에 1번 과정에서 할당된 힙의 주소를 저장한다.
3. txt + "1" 동작을 수행하기 위해 txt.Length + "1".Length에 해당하는 크기의 메모리를 힙에 할당한다. 그 메모리에 txt 변수가 가리키는 힙의 문자열과 "1" 문자열을 복사한다.
4. 다시 스택에 있는 txt 변수에 3번 과정에서 새롭게 할당된 힙의 주소를 저장한다.
5. 3번과 4번의 과정을 30만 번 반복한다.

문제는 3번 과정에 있다. 끊임없이 메모리를 할당하고 이전의 문자열을 다시 복사하는 과정을 거치기 때문에 실행 시간이 27초나 걸린 것이다.

바로 이런 문제를 해결하기 위해 BCL에 추가된 클래스가 StringBuilder다. StringBuilder는 Append 메서드를 제공하는데, 예제 6.4를 StringBuilder를 이용해 개선하면 다음과 같다.

```
string txt = "Hello World";

StringBuilder sb = new StringBuilder();
sb.Append(txt);

for (int i = 0; i < 300000; i++)
{
    sb.Append("1");
}

string newText = sb.ToString();
```

이 코드를 실행하는 데는 3ms가 채 걸리지 않는다. 예제 6.4의 실행에 27초씩이나 걸린 것과 비교하면 획기적인 성능 향상이다. 이번에도 내부 연산 과정을 보면 그 이유를 알 수 있다.

1. StringBuilder는 내부적으로 일정한 양의 메모리를 미리 할당한다.
2. Append 메서드에 들어온 인자를 미리 할당한 메모리에 복사한다.

3. 2번 과정을 30만 번 반복한다. Append로 추가된 문자열이 미리 할당한 메모리보다 많아지면 새롭게 여유분의 메모리를 할당한다.
4. ToString 메서드를 호출하면 연속적으로 연결된 하나의 문자열을 반환한다.

즉, 잦은 메모리 할당과 복사가 없어졌기 때문에 그만큼 성능이 향상된 것이다. 이 때문에 문자열을 연결하는 작업이 많을 때는 반드시 StringBuilder를 사용하는 것을 권장한다.

### 6.2.3 System.Text.Encoding

'A', 'B', 'C'라는 문자는 시스템에 내장된 폰트를 기반으로 출력된 일종의 '그림'에 불과하다. 내부적으로 이런 문자는 숫자에 대응된다. 이처럼 문자가 숫자로 표현되는 것을 인코딩(encoding: 부호화)이라 한다.

여러분은 필자와의 약속을 통해 문자를 인코딩할 수 있다. 'A'는 1, 'B'는 2, 'C'는 3, ……과 같은 식으로 영문자를 숫자 코드로 대응시키는 것이다. 이렇게 대응된 방식에 이름을 붙여 'JST 코드'라고 하자. 그런데 누군가는 또 다른 방식의 숫자 코드를 사용할 수 있다. 'A'는 65, 'B'는 66, 'C'는 67, ……이 될 수 있다. 실제로 미국에서는 이런 식으로 숫자 코드를 대응시켜 ASCII라는 표준을 마련했다.

Note

부록 D에 ASCII 코드 표를 실었으니 참고하자.

이렇게 문자 데이터 자체는 그대로지만 그것을 어떤 코드에 대응시키느냐에 따라 'A' 문자가 1이 될 수도 있고, 65가 될 수도 있다. 또한 서로 다른 인코딩 방식끼리 데이터를 호환하려면 별도의 변환 과정을 거쳐야 한다. 예를 들어, 'JST 코드'를 따르는 'A' 문자를 'ASCII 코드'로 변환하려면 코드값을 1에서 65로 바꿔줘야 하는 것이다.

'JST 코드'는 설명을 위해 이 책에서 임의로 만들어 낸 것에 불과하지만 사실상 코드 체계는 필요에 의해 만들면 되기 때문에 현재 다양한 인코딩 방식이 산재한다. 우선 초기의 ASCII 코드는 7비트(0 ~ 127)만 사용했기 때문에 알파벳 대소문자, 숫자, 일부 통신용 제어 코드를 포함하는 수준에서 결정됐다. 물론 7비트의 ASCII 코드로는 한글, 한자, 일본어 등의 언어를 표현할 수 없었기 때문에 전 세계에서 자국의 언어를 표현하기 위해 코드를 확장하기 시작했다. 한글도 이 과정에서 EUC-KR, CP949, KS_C_5601-1987 등의 다양한 인코딩 방식이 나온다.

시간이 지나면서 유니코드라는 산업 표준이 나오긴 했지만, 이것마저도 부호화를 어떻게 하느냐에 따라 UTF-7, UTF-8, UTF-16, UTF-32로 나뉘게 된다. 이렇게 복잡해진 코드 체계를 쉽게 사용할 수 있도록 BCL에서는 Encoding 타입을 제공한다. 다음은 Encoding 타입의 대표적인 정적 속성을 보여준다.

표 6.4 자주 사용되는 Encoding 유형

| 정적 속성 | 설명 |
|---|---|
| ASCII | 7비트 ASCII 문자셋을 위한 인코딩 |
| Default | 시스템 기본 문자셋을 위한 인코딩<br>(한글 윈도우의 경우 ks_c_5601-1987, 영문 윈도우의 경우 iso-8859-1) |
| Unicode | 유니코드 문자셋의 UTF-16 인코딩 |
| UTF32 | 유니코드 문자셋의 UTF-32 인코딩 |
| UTF8 | 유니코드 문자셋의 UTF-8 인코딩 |

예를 들어, 자바와 C# 간의 문자열 교환을 UTF-8 인코딩으로 합의했다고 가정해 보자. 그럼 상호 주고받은 문자열 데이터를 다음과 같이 UTF-8로 변환/복원하는 과정을 거쳐야 한다.

```
string textData = "Hello World";

byte[] buf = Encoding.UTF8.GetBytes(textData);
// 생략: buf 바이트 배열을 자바 프로그램에 전달

byte [] received = ...... // 생략: 자바 프로그램으로부터 전달받은 바이트 배열 데이터
string data = Encoding.UTF8.GetString(received);
```

효율상의 이유로 최근에는 UTF-8 인코딩 방식을 자주 쓰는 추세다.

### 6.2.4 System.Text.RegularExpressions.Regex

정규 표현식(regular expression)은 문자열 처리에 대한 일반적인 규칙을 표현하는 형식 언어다. 즉, 그 자체가 하나의 언어로서 다뤄질 수 있는데, 지면상 모든 내용을 다룰 수는 없고 C#에서 간단하게 정규 표현식을 사용하는 방법을 살펴보자.

웹 사이트에 회원 가입을 하다 보면 전자 메일 주소를 입력하곤 한다. 그런 경우 입력된 문자열이 전자 메일 형식에 어긋나면 정상적인 메일 주소를 입력하라는 메시지 창이 뜨는데, 이 기능은 어떻게 구현한 것일까? 이를 위해 우선 허용되는 전자 메일의 규칙을 정리해야 한다.

- 반드시 @ 문자를 한번 포함해야 한다.
- @ 문자 이전의 문자열에는 문자와 숫자만 허용된다(특수문자를 포함해서는 안 된다).
- @ 문자 이후의 문자열에는 문자와 숫자만 허용되지만 반드시 하나 이상의 점(Dot)을 포함해야 한다.

이런 규칙에 따라 코드를 만들면 다음과 같다.

예제 6.5 주어진 문자열이 전자 메일 형식인지 확인

```
class Program
{
    static void Main(string[] args)
    {
        string email = "tester@test.com";
        Console.WriteLine(IsEmail(email)); // 출력 결과: True
    }

    static bool IsEmail(string email)
    {
        string[] parts = email.Split('@');
        if (parts.Length != 2)
        {
            return false;
        }

        if (IsAlphaNumeric(parts[0]) == false)
        {
            return false;
        }

        parts = parts[1].Split('.');
        if (parts.Length == 1)
        {
            return false;
        }
```

```
        foreach (string part in parts)
        {
            if (IsAlphaNumeric(part) == false)
            {
                return false;
            }
        }

        return true;
    }

    static bool IsAlphaNumeric(string text)
    {
        foreach (char ch in text)
        {
            if (char.IsLetterOrDigit(ch) == false)
            {
                return false;
            }
        }

        return true;
    }
}
```

비교를 위해 이와 동일한 기능을 정규 표현식으로 구현해 보자. 전자 메일 형식을 만족하는 정규 표현식은 다음과 같다.

**^([0-9a-zA-Z]+)@([0-9a-zA-Z]+)( \.[0-9a-zA-Z]+){1,}$**

^: 문장의 시작이 다음 규칙을 만족해야 함.

([0-9a-zA-Z]+): 영숫자가 1개 이상

@: 반드시 '@' 문자가 있음

([0-9a-zA-Z]+): 영숫자가 1개 이상

(₩.[0-9a-zA-Z]+): 점(.)과 1개 이상의 영숫자

{1,}: 이전의 규칙이 1번 이상 반복(즉, 점과 1개 이상의 영숫자가 반복)

$: 이전의 규칙을 만족하면서 끝남(즉, 점과 1개 이상의 영숫자가 1번 이상 반복되면서 끝남)

정규 표현식에 해당하는 문자열을 뽑아내기 위한 준비 학습이 필요하긴 하지만, 일단 이렇게 추출된 문자열로 코드를 만들면 예제 6.5에 비해 확실히 간결하게 문제를 해결할 수 있다.

```
// 예제에서 사용하는 Regex 타입은 System.Text.RegularExpressions 네임스페이스에
// 정의돼 있다. 해당 네임스페이스는 기본적으로 C# 컴파일러가 포함하지 않으므로
// 이렇게 using 문으로 명시해야 한다.

using System.Text.RegularExpressions;

class Program
{
    static void Main(string[] args)
    {
        string email = "tester@test.com";
        Console.WriteLine(IsEmail2(email)); // 출력 결과: True
    }

    static bool IsEmail2(string email)
    {
        Regex regex =
              new Regex(@"^([0-9a-zA-Z]+)@([0-9a-zA-Z]+)(\.[0-9a-zA-Z]+){1,}$");
        return regex.IsMatch(email);
    }
}
```

Regex 타입에는 패턴 일치를 판단하는 IsMatch 메서드뿐 아니라 패턴과 일치하는 문장을 다른 문장으로 치환하는 Replace 메서드도 제공된다.

```
using System.Text.RegularExpressions;

class Program
{
    static void Main(string[] args)
    {
        string txt = "Hello, World! Welcome to my world!";

        Regex regex = new Regex("world", RegexOptions.IgnoreCase);
        string result = regex.Replace(txt, funcMatch);
```

```
        Console.WriteLine(result);
    }

    static string funcMatch(Match match)
    {
        return "Universe";
    }
}
```

```
// 출력 결과
Hello, Universe! Welcome to my Universe!
```

Regex 타입의 Replace 메서드는 생성자에서 미리 입력받은 패턴을 첫 번째 인자로 전달된 문자열에서 찾는다. 위의 예제에서는 'Hello, World! Welcome to my world!' 문장에서 대소문자 구분 없이 'world' 단어를 찾는 것이다. 패턴에 부합하는 문자열을 찾으면 Replace 메서드는 두 번째 인자로 전달된 델리게이트 메서드를 호출해서 결과를 알린다. Replace 메서드는 치환 기능을 하기 때문에 델리게이트 메서드가 반환하는 문자열로 패턴에 해당하는 문자열을 교체한다. 따라서 위의 코드에서는 funcMatch 메서드에서 대소문자 구분 없이 'world' 단어가 검색될 때마다 'Universe' 문자열을 반환하기 때문에 결국 'Hello, Universe! Welcome to my Universe!'로 바뀌는 것이다.

참고로, String 타입의 Replace 메서드도 동일한 기능을 제공하므로 간단한 유형의 패턴인 경우라면 굳이 Regex를 쓸 필요는 없다.

```
class Program
{
    static void Main(string[] args)
    {
        string txt = "Hello, World! Welcome to my world!";

        // 대소문자 구분하여 치환
        string result = txt.Replace("world", "Universe");
        Console.WriteLine(result);

        // 대소문자 구분 없이 치환
        result = txt.Replace("world", "Universe",
                             StringComparison.OrdinalIgnoreCase);
        Console.WriteLine(result);
```

```
    }
}
```

```
// 출력 결과
Hello, World! Welcome to my Universe!
Hello, Universe! Welcome to my Universe!
```

## 6.3 직렬화/역직렬화

프로그램에서 다뤄지는 모든 데이터는 엄밀히 말하면 byte 데이터다. 익히 잘 알고 있는 string 타입도 C# 언어의 소스코드 내에서 다뤄질 때만 그것이 겹따옴표를 가진 문자열로 표현되는 것이지, 파일에 저장되거나 네트워크 선을 타고 이동하는 단위는 결국 byte 데이터다. 이전에 배운 Encoding 타입은 string 타입을 바이트 배열로 변환하거나 그 역에 해당하는 작업을 할 수 있었다.

좁은 의미에서 볼 때 일련의 바이트 배열로 변환하는 그 작업을 가리켜 직렬화(serialization)라고 하고, 그 바이트로부터 원래의 데이터를 복원하는 작업을 역직렬화(deserialization)라고 한다. 이를 string 데이터로 비유하면 다음과 같다.

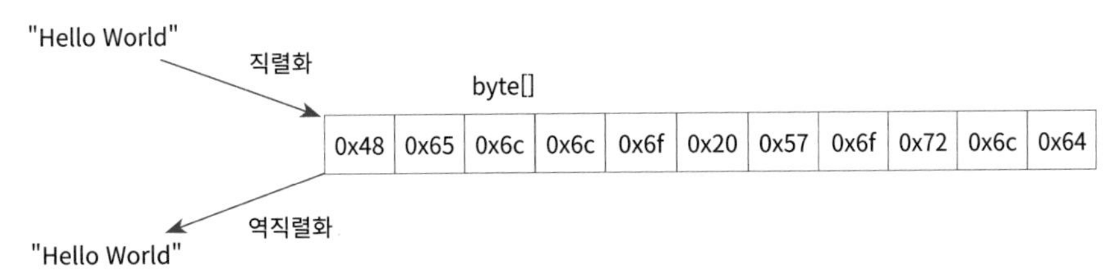


그림 6.4 string 데이터의 직렬화/역직렬화

엄밀히 말해서 여기서 바이트 배열은 직렬화 수단에 불과하다. 데이터를 어떤 것에 보관하고, 그것으로부터 복원만 할 수 있다면 그 모든 작업을 넓은 의미에서 직렬화/역직렬화라고 정의할 수 있다.

이 절에서는 직렬화/역직렬화와 관련된 BCL의 클래스를 설명한다.

### 6.3.1 System.BitConverter

문자열은 인코딩 방식에 따라 같은 문자열이라도 바이트 배열로의 변환이 달라질 수 있다. 하지만 그 밖의 기본 타입(byte, short, int, ……)은 변환 방법이 고정돼 있다. 그래서 간단하게 BitConverter 타입에서는 GetBytes 메서드를 통해 이런 기능을 제공한다.

예제 6.6 기본 타입의 값을 바이트 배열로 변환 및 복원

```
// 기본 타입을 바이트 배열로 변환
byte[] boolBytes = BitConverter.GetBytes(true);
byte[] shortBytes = BitConverter.GetBytes((short)32000);
byte[] intBytes = BitConverter.GetBytes(1652300);

// 바이트 배열을 기본 타입으로 복원
bool boolResult = BitConverter.ToBoolean(boolBytes, 0);
short shortResult = BitConverter.ToInt16(shortBytes, 0);
int intResult = BitConverter.ToInt32(intBytes, 0);
```

그리고 바이트 배열의 값을 16진수 문자열로 표현하는 ToString 메서드를 함께 제공한다. 이를 이용해 예제 6.6의 바이트 배열 값을 확인할 수 있다.

예제 6.7 바이트 배열을 16진수로 출력

```
Console.WriteLine(BitConverter.ToString(boolBytes));
Console.WriteLine(BitConverter.ToString(shortBytes));
Console.WriteLine(BitConverter.ToString(intBytes));
```

```
// 출력 결과
01
00-7D
4C-36-19-00
```

불린형 true 값은 byte 값으로 1로 바뀌고, false 값은 0으로 바뀐다. 그런데 short와 int의 바이트 배열 값이 다소 흥미롭다. 숫자 32,000과 1,652,300 값의 2진수와 16진수는 원래 다음과 같다.

```
32000
→ 2바이트 2진수: 0111 1101  0000 0000
→ 2바이트 16진수: 7D        00

1652300
→ 2진수: 0000 0000  0001 1001  0011 0110  0100 1100
→ 16진수: 00        19         36         4C
```

그런데 BitConverter로 변환된 바이트 배열은 그 순서가 거꾸로 돼 있다. 그 이유는 리틀 엔디언(little endian)과 빅 엔디언(big endian)의 바이트 순서(byte ordering) 차이 때문[4]이다. 예제 6.7의 결과처럼 거꾸로 표현하는 방식을 리틀 엔디언이라 하고, 차례대로 표현하는 방식을 빅 엔디언이라 한다.

인텔 호환 CPU에서는 모두 리틀 엔디언을 사용한다. 반면 RISC 프로세서 계열에서는 빅 엔디언을 사용한다. 그렇게 나뉜 이유는 아주 단순하다. 단지 서로 다른 CPU 제조사들이 표준이 없던 시절 각자의 방식대로 구현했고 하위 호환성으로 인해 그 이후의 모든 CPU는 정해진 방식을 고수하면서 만들어졌기 때문이다. 따라서 2바이트 이상으로 표현되는 short, ushort, int, uint, long, ulong, float, double에서는 엔디언 정렬에 주의해서 데이터를 확인해야 한다.

엔디언 정렬을 고려했을 때 바이트 배열에 4c, 36, 19, 00 값이 들어 있다면 int 값으로는 숫자 1,652,300에 대응된다는 것을 알 수 있다.

```
byte[] buf = new byte[4];
buf[0] = 0x4c;
buf[1] = 0x36;
buf[2] = 0x19;
buf[3] = 0x00;

int result = BitConverter.ToInt32(buf, 0);
Console.WriteLine(result); // 출력 결과: 1652300
```

이처럼 데이터가 바이트로 표현된 것을 가리켜 특별히 '2진 데이터(바이너리 데이터: binary data)'라고 한다.

숫자 1,652,300이 바이트로 0x4c, 0x36, 0x19, 0x00으로 바뀌는 것을 직렬화, 복원하면 역직렬화가 된다. 숫자의 경우에는 이렇게 바이트 배열로 직렬화되는 것 말고도 '문자열'로 직렬화되는 방법이 하나 더 제공된다. 즉, 다음의 경우도 직렬화/역직렬화에 해당한다.

```
int n = 1652300;
string text = n.ToString(); // 숫자 1652300을 문자열로 직렬화

int result = int.Parse(text); // 문자열로부터 숫자를 역직렬화해서 복원
```

4 참고: https://www.sysnet.pe.kr/2/0/13202

따라서 직렬화 수단이 바이트 배열이 아닌 문자열이 된 것이다.

### 6.3.2 System.IO.MemoryStream

MemoryStream은 Stream 추상 클래스를 상속받은 타입이다. 여기서 Stream 타입은 일련의 바이트를 일관성 있게 다루는 공통 기반을 제공한다.

Stream의 사전적 의미는 '흐름'인데, 프로그래밍에서 사용될 때는 일반적으로 '바이트 데이터의 흐름'을 의미한다. 흐름이라는 단어에서 의미하듯이 Stream에는 데이터를 쓰거나 읽는 작업을 순서대로 하는 것이 기본 정책이다. MemoryStream 타입은 이름 그대로 메모리에 바이트 데이터를 순서대로 읽고 쓰는 작업을 수행하는 클래스다. 또한 이를 이용하면 데이터를 메모리에 직렬화/역직렬화하는 것이 가능하다. 다음은 MemoryStream을 사용한 간단한 예제다.

예제 6.8 MemoryStream 사용 예

```
// short와 int 데이터를 순서대로 MemoryStream에 직렬화
byte[] shortBytes = BitConverter.GetBytes((short)32000);
byte[] intBytes = BitConverter.GetBytes(1652300);

MemoryStream ms = new MemoryStream();
ms.Write(shortBytes, 0, shortBytes.Length);
ms.Write(intBytes, 0, intBytes.Length);

ms.Position = 0;

// MemoryStream으로부터 short 데이터를 역직렬화
byte[] outBytes = new byte[2];
ms.Read(outBytes, 0, 2);
int shortResult = BitConverter.ToInt16(outBytes, 0);
Console.WriteLine(shortResult); // 출력 결과: 32000

// 이어서 int 데이터를 역직렬화
outBytes = new byte[4];
ms.Read(outBytes, 0, 4);
int intRsult = BitConverter.ToInt32(outBytes, 0);
Console.WriteLine(intRsult); // 출력 결과: 1652300
```

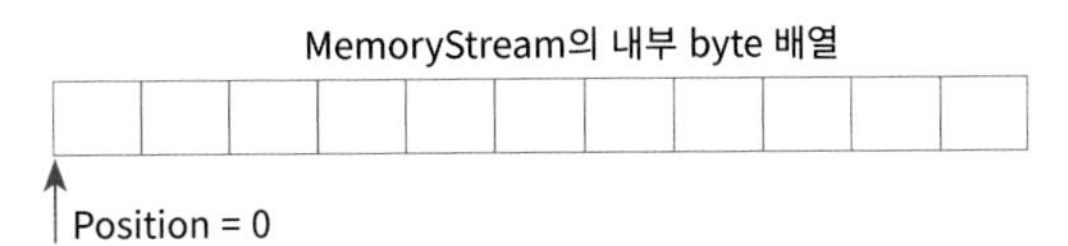


**예제 6.8의** MemoryStream 객체가 생성되는 시점에는 데이터를 읽고 쓸 Position의 위치가 0이다.

이 상태에서 변수 shortBytes에 있는 2바이트의 데이터를 Write 메서드로 기록하면 다음과 같이 Position의 위치가 변한다.

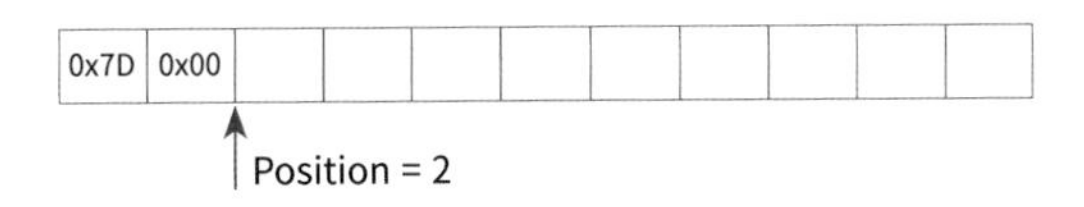


데이터가 써지면 내부 Position의 위치가 그만큼 이동한다. 이 시점에서 변수 intBytes에 있는 4바이트의 데이터를 Write 메서드로 기록하면 현재 위치한 Position으로부터 차례대로 써진다.

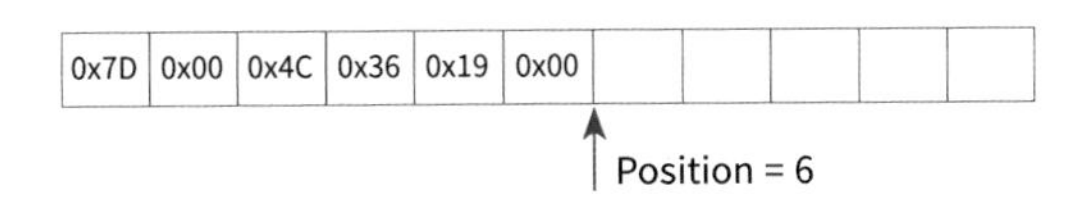


예제 6.8에서 직렬화 작업은 이것으로 끝난다. 이후에 Read 메서드를 이용해 역직렬화를 수행하는데, 이를 위해 Position을 0으로 설정하는 코드를 볼 수 있다. 이렇게 해야만 내부적인 읽기/쓰기 위치가 이동한다.

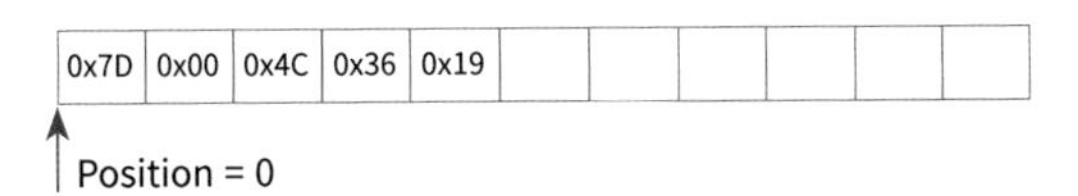


이후 Read 메서드를 호출해 2바이트가 읽히면 다시 Position은 2만큼 이동하게 되고, 4바이트를 읽으면 4만큼 이동하게 된다.

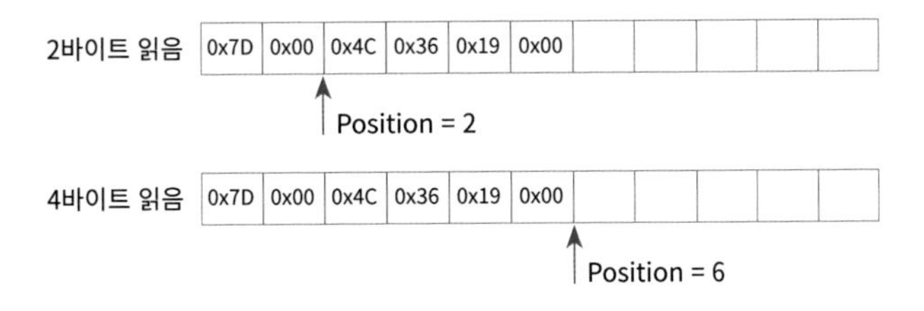

이런 식으로 Position 멤버의 위치가 읽고 쓰는 작업에 따라 증가해 순서대로 바이트 배열이 다뤄지는 것이 Stream의 특징이다. 용어가 낯설어서 그럴 뿐 사실 알고 보면 별것 아니다. 닷넷에서 Stream을 상속받은 모든 타입의 기본 동작이 이렇다는 것도 기억해 두자.

마지막으로 MemoryStream이 내부적으로 유지하고 있는 바이트 배열을 얻기 위해 ToArray 메서드를 호출할 수 있다. 예제 6.8의 역직렬화 부분을 ToArray를 사용해 다음과 같이 구현할 수도 있다.

```
// short와 int 데이터를 순서대로 MemoryStream에 직렬화
byte[] shortBytes = BitConverter.GetBytes((short)32000);
byte[] intBytes = BitConverter.GetBytes(1652300);

MemoryStream ms = new MemoryStream();
ms.Write(shortBytes, 0, shortBytes.Length);
ms.Write(intBytes, 0, intBytes.Length);

byte[] buf = ms.ToArray(); // MemoryStream에 담긴 바이트 배열을 반환

// 바이트 배열로부터 short 데이터를 역직렬화
int shortResult = BitConverter.ToInt16(buf, 0);
Console.WriteLine(shortResult); // 출력 결과: 32000

// 이어서 int 데이터를 역직렬화
int intRsult = BitConverter.ToInt32(buf, 2);
Console.WriteLine(intRsult); // 출력 결과: 1652300
```

BitConverter.ToInt32의 두 번째 인자에 2를 지정한 것이 눈에 띈다. Stream은 읽을 때마다 자동으로 Position이 이동하므로 항상 0을 주면 됐지만, byte 배열에는 Position의 기능이 없으므로 ToInt32 메서드가 취해야 할 바이트의 위치를 직접 알려줘야 한다.

### 6.3.3 System.IO.StreamWriter / System.IO.StreamReader

Stream에 문자열 데이터를 쓰려면 반드시 그 전에 Encoding 타입을 이용해 바이트 배열로 변환해야 한다.

```
MemoryStream ms = new MemoryStream();

byte [] buf = Encoding.UTF8.GetBytes("Hello World");
ms.Write(buf, 0, buf.Length);
```

문자열을 쓸 때마다 매번 이런 식으로 변환을 거쳐야 하는 것은 번거롭다. 이런 불편함을 해소하기 위해 마이크로소프트에서는 문자열 데이터를 Stream에 쉽게 쓸 수 있는 용도로 StreamWriter 타입을 BCL에 포함시켰다.

예제 6.9 StreamWriter 사용 예

```
MemoryStream ms = new MemoryStream();

StreamWriter sw = new StreamWriter(ms, Encoding.UTF8);
sw.WriteLine("Hello World");
sw.WriteLine("Anderson");
sw.Write(32000);
sw.Flush();
```

보다시피 StreamWriter 타입은 생성자로 Stream과 문자열 인코딩 방식을 받는다. 이후 Write 계열의 메서드가 호출되면 인자로 입력된 문자열을 인코딩 방식에 따라 자동으로 바이트 배열로 변환한 후 Stream에 쓴다. 인자가 문자열이 아니어도 ToString 메서드를 이용해 변환한 문자열을 쓴다. 따라서 sw.Write(32000)은 MemoryStream에 문자열 '32000'을 기록한다.

마지막의 sw.Flush() 메서드 호출에 유의할 필요가 있다. StreamWriter는 내부적으로 속도 향상을 위한 바이트 배열 버퍼를 가지고 있다. 짧은 데이터를 Write 메서드를 호출할 때마다 Stream에 쓰는 것은 때로는 비효율적이기 때문이다. StreamWriter는 Write로 들어온 문자열을 내부 버퍼에 보관하고 있다가 일정 크기에 다다르면 한꺼번에 Stream으로 쓰기 작업을 한다. Flush 메서드는 그 크기까지 문자열이 채워지지 않아도 현재 보유하고 있는 문자열을 무조건 Stream에 쓰는 역할을 한다. 일반적으로 Stream에 써야 할 데이터를 모두 Write로 썼으면 마지막에 한 번 호출해 준다.

쓰기 작업에 StreamWriter가 있다면, 문자열 읽기 작업에는 StreamReader가 있다. 예제 6.9의 StreamWriter로 MemoryStream에 기록된 문자열 데이터를 StreamReader로 읽어오면 다음과 같다.

```
ms.Position = 0; // Position을 돌려 놓는 것을 잊으면 안 된다.

StreamReader sr = new StreamReader(ms, Encoding.UTF8);
string txt = sr.ReadToEnd();
Console.WriteLine(txt);
```

```
// 출력 결과
Hello World
Anderson
32000
```

StreamReader의 두 번째 인자에 지정된 인코딩은 StreamWriter에 지정했던 인코딩과 동일해야 한다. 한 줄씩 읽어들이는 ReadLine 메서드도 있다는 것을 기억해 두자.

### 6.3.4 System.IO.BinaryWriter / System.IO.BinaryReader

StreamWriter/StreamReader가 Stream에 문자열 데이터를 쓰고 읽는 데 편리함을 준다면 BinaryWriter/BinaryReader는 Stream에 2진 데이터를 쓰고 읽는 데 특화된 기능을 제공한다. 예제 6.9의 동작을 2진 데이터로 입출력하는 코드로 바꾸면 다음과 같다.

예제 6.10 BinaryWriter/BinaryReader 사용 예

```
MemoryStream ms = new MemoryStream();

BinaryWriter bw = new BinaryWriter(ms);
bw.Write("Hello World" + Environment.NewLine);
bw.Write("Anderson" + Environment.NewLine);
bw.Write(32000);
bw.Flush();

ms.Position = 0;

BinaryReader br = new BinaryReader(ms);
string first = br.ReadString();
string second = br.ReadString();
int result = br.ReadInt32();

Console.Write("{0}{1}{2}", first, second, result);
```

```
// 출력 결과
Hello World
Anderson
32000
```

구체적인 StreamWriter와 BinaryWriter의 차이점은 MemoryStream에 저장된 바이트 배열의 내용을 보면 알 수 있다. 우선 예제 6.9의 MemoryStream의 바이트 내용을 ToArray로 살펴보면 다음과 같다.

**표 6.5** StreamWriter로 출력된 바이트 데이터

| EF BB BF 48 65 6C 6C 6F 20 57 6F 72 6C 64 0D 0A 41 6E 64 65 72 73 6F 6E 0D 0A 33 32 30 30 30 | |
|---|---|
| EF BB BF | 인코딩이 UTF-8로 돼 있음을 표시하는 BOM(Byte Order Mark) 데이터 |
| 48 65 6C 6C 6F 20 57 6F 72 6C 64 | Hello World 문자열 |
| 0D 0A | 개행(New Line)을 나타내는 2바이트 문자. Environment.NewLine의 값과 동일 |
| 41 6E 64 65 72 73 6F 6E | Anderson 문자열 |
| 0D 0A | 개행(New Line) |
| 33 32 30 30 30 | 32000 문자열 |

반면 예제 6.10의 MemoryStream에는 다음과 같은 내용이 들어 있다.

**표 6.6** BinaryWriter로 출력된 바이트 데이터

| 0D 48 65 6C 6C 6F 20 57 6F 72 6C 64 0D 0A 0A 41 6E 64 65 72 73 6F 6E 0D 0A 00 7D 00 00 | |
|---|---|
| 0D | 다음에 이어지는 의미 있는 데이터의 길이. 0x0D는 10진수로 13이므로 다음의 13바이트가 데이터에 해당 |
| 48 65 6C 6C 6F 20 57 6F 72 6C 64 0D 0A | Hello World 문자열과 Environment.NewLine에 해당하는 0D 0A 값 |
| 0A | 다음에 이어지는 의미 있는 데이터의 길이. 0x0A는 10진수로 10이므로 다음의 10바이트가 데이터에 해당 |
| 41 6E 64 65 72 73 6F 6E 0D 0A | Anderson 문자열과 Environment.NewLine에 해당하는 0D 0A 값 |
| 00 7D 00 00 | 리틀 엔디언으로 쓰여진 32비트 정수. 따라서 실제 데이터는 0x00007D00이고 10진수로는 32000 |

이런 차이점으로 인해 일반적으로 사람이 쉽게 읽을 수 있는 데이터를 원하는 경우 StreamWriter/StreamReader를 사용한다. 반면 BinaryWriter/Reader는 기록된 데이터의 가독성은 떨어지더라도 규격이 정해진 데이터를 입출력할 때 사용된다.

### 6.3.5 System.Xml.Serialization.XmlSerializer

지금까지 C#의 기본 타입을 직렬화/역직렬화하는 주제를 다뤘다. 그렇다면 다음과 같은 사용자 정의 클래스는 어떻게 직렬화할 수 있을까?

예제 6.11 직렬화 예제 클래스 - Person

```
class Person
{
    public int Age;
    public string Name;

    public Person(int age, string name)
    {
        this.Age = age;
        this.Name = name;
    }

    public override string ToString()
    {
        return string.Format("{0} {1}", this.Age, this.Name);
    }
}
```

물론 Age 값은 BitConverter 타입, Name 값은 Encoding 타입을 이용해 각각 바이트 배열로 바꾼 다음 Stream에 쓰면 된다. 복원은 Person 객체를 만든 다음 마찬가지 방법으로 Age, Name 속성에 값을 대입해 주면 된다.

하지만 당연히 그런 절차는 번거로울 수밖에 없다. 마이크로소프트에서는 이런 불편함을 없애기 위해 별도의 직렬화 클래스를 제공하는데, 그중 하나가 바로 XmlSerializer 타입이다.

XmlSerializer는 이름에서 의미하는 것처럼 클래스의 내용을 XML 문자열로 직렬화한다. 편리한 직렬화 수단이긴 하지만 대신 다음과 같은 제약 사항이 있다.

- public 접근 제한자의 클래스여야 한다.
- 기본 생성자를 포함하고 있어야 한다.
- public 접근 제한자가 적용된 필드만 직렬화/역직렬화한다.

따라서 예제 6.11의 Person 클래스에 public 접근 제한자 및 기본 생성자를 추가해서 구현해야 한다.

```
public class Person
{
    public Person()
    {
    }

    // ……[생략]……
}
```

이후 다음과 같이 XmlSerializer 타입을 사용해 클래스의 정보를 XML 문자열로 바꿀 수 있다.

```
MemoryStream ms = new MemoryStream();
XmlSerializer xs = new XmlSerializer(typeof(Person));

Person person = new Person(36, "Anderson");

// MemoryStream에 문자열로 person 객체를 직렬화
xs.Serialize(ms, person);

ms.Position = 0;

// MemoryStream로부터 객체를 역직렬화해서 복원
Person clone = xs.Deserialize(ms) as Person;

Console.WriteLine(clone); // 출력 결과: 36 Anderson
```

XmlSerializer는 기본적으로 UTF-8 인코딩으로 객체를 문자열로 직렬화한다. 따라서 MemoryStream의 내용을 문자열로 변환해 그 내용을 확인할 수 있다.

```
byte [] buf = ms.ToArray();
Console.WriteLine(Encoding.UTF8.GetString(buf));
```

```
// 출력 결과
<?xml version="1.0"?>
<Person xmlns:xsi="http://www.w3.org/2001/XMLSchema-instance" xmlns:xsd="http://www.w3.org/2001/
XMLSchema">
  <Age>36</Age>
  <Name>Anderson</Name>
</Person>
```

이것이 바로 XmlSerializer의 장점이다. 위의 출력 결과에서 Person 객체의 Age와 Name의 값을 쉽게 구별할 수 있다. 이 때문에 위의 텍스트를 닷넷 환경이 아닌 다른 플랫폼의 응용 프로그램과 쉽게 주고받을 수 있다. 예를 들어, 자바 프로그램으로부터 닷넷 응용 프로그램 측에 Person 객체의 값을 Age = 27, Name = Ted라고 설정할 필요가 있다면 다음과 같은 문자열을 생성해서 닷넷에 전송하면 된다.

```
<?xml version="1.0"?>
<Person xmlns:xsi="http://www.w3.org/2001/XMLSchema-instance" xmlns:xsd="http://www.w3.org/2001/
XMLSchema">
  <Age>27</Age>
  <Name>Ted</Name>
</Person>
```

이런 텍스트를 전송받은 C# 프로그램은 XmlSerializer를 이용해 데이터를 역직렬화하면 된다.

```
string text = @"<?xml version='1.0'?>
<Person xmlns:xsi='http://www.w3.org/2001/XMLSchema-instance' xmlns:xsd='http://www.w3.org/2001/
XMLSchema'>
<Age>27</Age>
<Name>Ted</Name>
</Person>
";

byte [] buf = Encoding.UTF8.GetBytes(text);
MemoryStream ms = new MemoryStream(buf);
```

```
XmlSerializer xs = new XmlSerializer(typeof(Person));
Person clone = xs.Deserialize(ms) as Person;

Console.WriteLine(clone); // 출력 결과: 27 Ted
```

이런 의미에서 XmlSerializer는 상호운영성이 높은 직렬화 방식이다. 물론 이로 인한 반대급부도 있다. 보다시피 겨우 Age = 27, Name = "Ted" 정도의 데이터를 주고받기 위한 문자열의 크기만 해도 무려 176자다.

### 6.3.6 System.Text.Json.JsonSerializer

이전에 설명한 XmlSerializer는 편리하긴 해도 직렬화 문자열이 다소 길어진다는 단점이 있었다. 바로 이런 문제를 극복하기 위해 System.Text.Json.JsonSerializer 타입이 제공된다. 타입의 이름에 포함된 Json은 JavaScript Object Notation의 약어로, 그것의 탄생 배경에는 웹에서 널리 사용되는 자바스크립트 언어가 있다. 즉, JsonSerializer는 자바스크립트의 객체 직렬화 방식을 닷넷에서 동일하게 구현한다.

사용법도 매우 단순해서 이전의 XmlSerializer를 사용한 코드를 JsonSerializer로 다음과 같이 간단하게 바꿀 수 있다.

```
Person person = new Person(36, "Anderson");

JsonSerializerOptions options = new JsonSerializerOptions { IncludeFields = true };
string text = JsonSerializer.Serialize(person, options);
Console.WriteLine(text);

// 아래의 코드는 생소한 <Person> 구문을 사용하는데, 이는 7.1 '제네릭' 절에서 다룬다.
Person clone = JsonSerializer.Deserialize<Person>(text, options);
Console.WriteLine(clone);
```

```
// 출력 결과
{"Age":36,"Name":"Anderson"}
36 Anderson
```

같은 기능을 하는 XmlSerializer는 문자열 크기가 176글자였지만, JsonSerializer는 28자에 불과하다. 게다가 형식도 단순해서 닷넷 이외의 플랫폼과도 쉽게 데이터를 주고받아 해석할 수 있다. 이런 장점으로 인해 최근에는 객체 직렬화를 위한 방법으로 JsonSerializer를 선호하는 추세다.

## 6.4 컬렉션

지금까지 배운 배열은 크기가 고정돼 있다는 특징이 있다. 물론, 변수 자체에 대해서는 재할당을 통해 크기를 바꾸는 것이 가능하지만 이전의 데이터가 보존되지는 않는다.

```
int [] arr = new int[40];
arr[0] = 50;

arr = new int[60]; // arr[0]에는 50이 보존되지 않는다.
```

프로그래밍하다 보면 정해지지 않은 크기의 배열을 다뤄야 할 필요가 있는데, 이런 기능을 편리하게 구현한 것을 컬렉션(collection)이라 한다. BCL에서는 System.Collections 네임스페이스 하위에 이와 관련된 타입을 묶어서 제공한다.

### 6.4.1 System.Collections.ArrayList

ArrayList는 object 타입 및 그와 형 변환할 수 있는 모든 타입을 인자로 받아 컬렉션에 추가/삭제/변경/조회할 수 있는 기능을 구현한 타입이다. 간단하게 생각해서 크기가 자유롭게 변할 수 있는 배열이라고 보면 된다.

예제 6.12 ArrayList 사용 예

```
using System.Collections;

ArrayList ar = new ArrayList();

// 4개의 요소를 컬렉션에 추가
ar.Add("Hello");
ar.Add(6);
ar.Add("World");
ar.Add(true);
```

```
// 숫자 6을 포함하고 있는지 판단
Console.WriteLine("Contains(6): " + ar.Contains(6));

// "World" 문자열을 컬렉션에서 삭제
ar.Remove("World");

// 2번째 요소의 값을 false로 변경
ar[2] = false;

Console.WriteLine();

// 컬렉션의 요소를 모두 출력
foreach (object obj in ar)
{
    Console.WriteLine(obj);
}
```

```
// 출력 결과
Contains(6): True

Hello
6
False
```

ArrayList는 object를 인자로 갖기 때문에 닷넷의 모든 타입을 담을 수 있다는 장점이 있지만, 반대로 이로 인해 박싱이 발생한다는 단점이 있다. 따라서 System.ValueType을 상속받는 값 형식을 위한 컬렉션으로는 적당하지 않다. 이를 해결하기 위해서는 닷넷 2.0부터 지원되는 제네릭(Generic)이 적용된 List〈T〉 타입을 사용하는 것이 권장된다.

ArrayList는 요소를 정렬할 수 있는 메서드도 제공한다. 배열의 경우에는 Array.Sort 정적 메서드를 이용했지만 ArrayList에는 인스턴스 메서드로 Sort가 제공된다. Sort 메서드를 호출할 때 제약사항이 있다면 ArrayList 안에 있는 요소가 모두 같은 타입이어야 한다는 것이다. 예제 6.12처럼 서로 다른 타입이 섞여 있으면 ArgumentException 예외가 발생한다. 다음은 Sort 메서드를 사용하는 간단한 예제다.

```
using System.Collections;

ArrayList ar = new ArrayList();

ar.Add("Hello");
ar.Add("World");
ar.Add("My");
ar.Add("Sample");

ar.Sort();

foreach (string txt in ar)
{
    Console.WriteLine(txt);
}
```

```
// 출력 결과
Hello
My
Sample
World
```

그런데 만약 사용자 정의 타입을 요소로 가지고 있다면 어떻게 Sort를 해야 할까? 이전의 4.5.1.4절 '인터페이스'에서 다룬 IComparer 인터페이스를 이번에도 동일하게 적용할 수 있다. 즉, IComparer 인터페이스를 구현한 타입의 객체를 Sort 메서드의 2번째 인자로 전달하면 된다.

하지만 IComparer를 이용해 구현하는 것은 여러분의 몫으로 남기고, 이번에는 IComparable이라는 또 다른 인터페이스를 이용한 방법을 설명하겠다. ArrayList.Sort 메서드는 기본적으로 요소의 객체가 IComparable 인터페이스를 구현하고 있는지 확인한다. 만약 그렇다면 해당 메서드의 CompareTo 메서드를 호출해 그 결과로 정렬 작업을 수행한다. 다음 예제에서는 Person 타입이 스스로 IComparable 인터페이스를 구현하고 있다. 따라서 ArrayList에서 단순히 Sort를 호출하기만 해도 요소가 정렬된다.

예제 6.13 사용자 정의 클래스에 정렬 기능을 추가

```
using System.Collections;

public class Person : IComparable
```

```
{
    public int Age;
    public string Name;

    public Person(int age, string name)
    {
        this.Age = age;
        this.Name = name;
    }

    public int CompareTo(object obj) // 나이 순서로 정렬한다.
    {
        Person target = (Person)obj;

        if (this.Age > target.Age) return 1;
        else if (this.Age == target.Age) return 0;

        return -1;
    }

    public override string ToString()
    {
        return string.Format("{0}({1})", this.Name, this.Age);
    }
}

class Program
{
    static void Main(string[] args)
    {
        ArrayList ar = new ArrayList();

        ar.Add(new Person(32, "Cooper"));
        ar.Add(new Person(56, "Anderson"));
        ar.Add(new Person(17, "Sammy"));
        ar.Add(new Person(27, "Paul"));

        ar.Sort();

        foreach (Person person in ar)
```

```
            {
                Console.WriteLine(person);
            }
        }
    }
```

```
// 출력 결과
Sammy(17)
Paul(27)
Cooper(32)
Anderson(56)
```

### 6.4.2 System.Collections.Hashtable

ArrayList와 함께 자주 사용되는 컬렉션으로 Hashtable이 있다. 이 컬렉션은 값(value)뿐만 아니라 해시에 사용되는 키(key)가 추가되어 빠른 검색 속도를 자랑한다. 따라서 검색 속도의 중요도에 따라 ArrayList 또는 Hashtable 중 어느 것을 선택할지 결정한다.

Hashtable의 검색 속도가 ArrayList에 비해 어떻게 빨라질 수 있는지 2개의 컬렉션에서 함께 제공되는 Remove 메서드를 예로 들어 보자. 우선 ArrayList.Remove는 다음과 같은 방식으로 동작한다.

1. 0번째 요소의 값과 Remove 인자의 값을 비교한다. 같으면 삭제하고 return 문을 수행한다.
2. 1번째 단계에서 값을 찾지 못하면 그다음 요소의 값과 비교한다. 값이 같으면 삭제하고 return 문을 수행한다.
3. 값을 찾을 때까지 2번 단계의 동작을 반복한다. 값이 ArrayList에 존재하지 않는 경우 전체 요소의 값을 열람할 수밖에 없다.

반면 Hashtable.Remove를 수행한 경우를 보자.

1. Remove 인자로 들어온 Key 값을 해시(hash)한다. 예를 들어, "key1" 문자열이 키 값인 경우 "key1". GetHashCode() 메서드가 호출된다.
2. GetHashCode 메서드 호출의 결괏값은 정수다. 그 정수는 내부 데이터 저장소에 대해 곧바로 접근할 수 있는 인덱스로 사용된다. 따라서 값을 검색하는 과정 없이 곧바로 저장된 값의 위치를 알 수 있다.
3. 해시에 해당하는 위치에 동일한 값이 있다면 삭제하고, 없다면 더는 추가적인 동작을 수행하지 않고 메서드 실행을 마친다.

이런 검색 과정의 차이를 빅-오 표기법(Big O Notation)으로 나타내면 ArrayList는 O(N), Hashtable은 O(1)이 된다. 이를 토대로 컬렉션의 크기와 검색 속도의 관계를 단순하게 나타내면 다음과 같다.

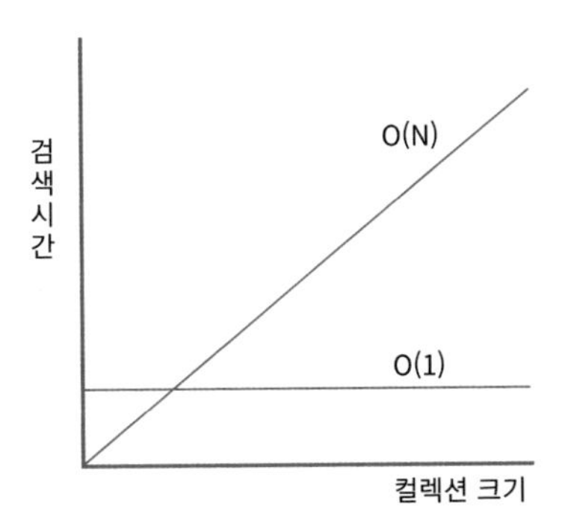


그림 6.5 O(N)과 O(1)의 성능 비교

컬렉션에 담긴 항목 수가 많아질수록 Hashtable의 검색 속도가 ArrayList와 비교해서 더욱 빨라진다는 사실을 알 수 있다. 단지 그래프의 왼쪽 하단을 보면 컬렉션의 크기가 작을 때 O(N)의 성능이 더 좋은 것을 볼 수 있다. 이 때문에 작은 크기의 컬렉션인 경우에는 ArrayList를 선택해도 무방하다.

다음 예제는 예제 6.12의 동작과 대응되는 Hashtable 사용법을 보여준다.

```
using System.Collections;

Hashtable ht = new Hashtable();

// 4개의 요소를 컬렉션에 추가
ht.Add("key1", "add");
ht.Add("key2", "remove");
ht.Add("key3", "update");
ht.Add("key4", "search");

// "key4" 키 값에 해당하는 값을 출력
Console.WriteLine(ht["key4"]);

// "key3" 키 값에 해당하는 요소를 컬렉션에서 삭제
ht.Remove("key3");

// "key2" 키 값에 해당하는 값을 "delete"로 변경
```

```
ht["key2"] = "delete";

Console.WriteLine();

// 컬렉션의 모든 키 값을 열람하고, 그 키에 대응되는 값을 출력
foreach (object key in ht.Keys)
{
    Console.WriteLine("{0} ==> {1}", key, ht[key]);
}
```

```
// 출력 결과
search

key2 ==> delete
key1 ==> add
key4 ==> search
```

Hashtable을 사용할 때 한 가지 주의할 점이 있다면 키 값이 중복되는 경우 Add 메서드에서 ArgumentException 예외가 발생하므로 중복 키에 주의를 기울여야 한다는 것이다. 또한 Hashtable은 ArrayList와는 달리 키 값도 내부적으로 보관하고 있기 때문에 그만큼의 메모리가 낭비된다는 단점이 있다. 게다가 키와 값이 모두 object 타입으로 다뤄지기 때문에 Hashtable에서도 박싱 문제가 발생한다.

### 6.4.3 System.Collections.SortedList

이름으로 보면 SortedList는 ArrayList와 비슷할 것 같지만 의외로 Hashtable 타입과 사용법이 유사하다. 단지 Hashtable에서는 키가 해시되어 데이터를 가리키는 인덱스 용도로 사용됐던 반면 SortedList의 키는 그 자체가 정렬되어 값의 순서에 영향을 준다.

예제 6.13에서 Person 객체를 사용하지 않고 Age를 키(key)로, Name을 값으로 사용하면 다음과 같이 작성할 수 있다.

```
using System.Collections;

SortedList sl = new SortedList();
```

```
sl.Add(32, "Cooper");
sl.Add(56, "Anderson");
sl.Add(17, "Sammy");
sl.Add(27, "Paul");

foreach (int key in sl.GetKeyList())
{
    Console.WriteLine(string.Format("{0} {1}", key, sl[key]));
}
```

```
// 출력 결과
17 Sammy
27 Paul
32 Cooper
56 Anderson
```

보다시피 SortedList는 명시적으로 Sort 메서드를 호출할 필요 없이 Add 메서드에 요소가 삽입될 때마다 바로 정렬된다. 정렬은 키로 전달되는 첫 번째 인자를 기준으로 하고 두 번째 인자로 전달된 값은 키의 정렬에 따라 순서가 바뀐다. 그 밖에 Hashtable과 마찬가지로 키 값이 중복되는 경우 예외가 발생한다.

### 6.4.4 System.Collections.Stack

Stack 타입은 자료구조의 스택을 그대로 구현한다. 간단하게 선입후출(FILO: First-In Last-Out)이라고 하는데, Stack에 먼저 넣은 데이터는 가장 나중에 나온다는 특징이 있다. 대표적인 메서드로 Push와 Pop을 지원하며, 다음은 이 두 가지 연산에 대한 동작 방식을 보여준다.

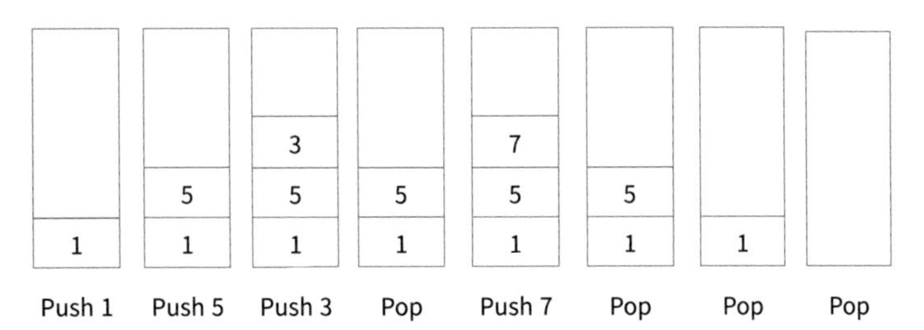


그림 6.6 스택의 동작 방식

즉, 스택에 데이터를 추가할 때는 Push 메서드를 사용하고 데이터를 꺼낼 때는 Pop 메서드를 사용한다. 이전의 5.4절 '힙과 스택'에서 배운 스택 역시 이런 방식으로 동작한다.

이 과정을 System.Collections.Stack으로 작성하면 다음과 같다.

예제 6.14 Stack 사용 예

```
using System.Collections;

Stack st = new Stack();

st.Push(1);
st.Push(5);
st.Push(3);

int last = (int)st.Pop();

st.Push(7);

while (st.Count > 0)
{
    Console.Write(st.Pop() + ", ");
} // 스택을 Pop 과정 없이 비우고 싶다면 st.Clear() 메서드를 호출해도 된다.
```

```
// 출력 결과
7, 5, 1,
```

Stack 타입 역시 object를 인자로 다루기 때문에 박싱 문제가 발생한다.

### 6.4.5 System.Collections.Queue

Queue 타입은 자료구조의 큐를 그대로 구현한다. 간단하게 선입선출(FIFO: First-In First-Out)이라고 하는데, 큐에 먼저 넣은 데이터는 가장 먼저 나온다는 특징이 있다. 대표적인 메서드로 Enqueue와 Dequeue를 지원하며, 다음은 이 두 가지 연산에 대한 동작 방식을 보여준다.

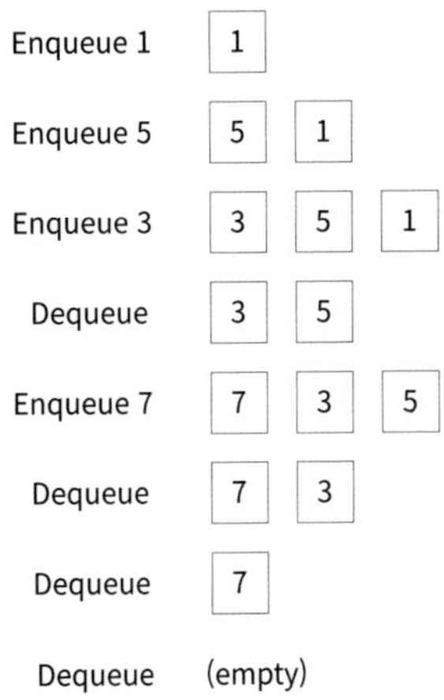

| | |
|---|---|
| Enqueue 1 | 1 |
| Enqueue 5 | 5 1 |
| Enqueue 3 | 3 5 1 |
| Dequeue | 3 5 |
| Enqueue 7 | 7 3 5 |
| Dequeue | 7 3 |
| Dequeue | 7 |
| Dequeue | (empty) |

그림 6.7 큐의 동작 방식

즉, 큐에 데이터를 추가할 때는 Enqueue 메서드를 사용하고 데이터를 꺼낼 때는 Dequeue 메서드를 사용한다.

이 과정을 System.Collections.Queue로 작성하면 다음과 같다.

예제 6.15 Queue 사용 예

```
using System.Collections;

Queue q = new Queue();

q.Enqueue(1);
q.Enqueue(5);
q.Enqueue(3);

int first = (int)q.Dequeue();

q.Enqueue(7);

while (q.Count > 0)
{
    Console.Write(q.Dequeue() + ", ");
} // 큐를 Dequeue 과정 없이 비우고 싶다면 q.Clear() 메서드를 호출해도 된다.
```

```
// 출력 결과
5, 3, 7,
```

Queue 타입 역시 object를 인자로 다루기 때문에 박싱 문제가 발생한다.

## 6.5 파일

데이터를 영구 저장한다는 의미에서 파일은 컴퓨터의 발전 과정에서 매우 중요한 역할을 해왔다. 심지어 윈도우가 나오기 이전의 운영체제를 DOS(Disk Operating System)라고 불렀는데, 그 이름에 디스크(Disk)가 들어갈 정도로 파일 관리는 이미 핵심적인 위치를 차지하고 있었다.

BCL에도 파일 입출력을 위한 클래스가 제공되고 있으며 이 절에서 그 사용법을 설명한다.

### 6.5.1 System.IO.FileStream

FileStream은 파일을 다루기 위한 BCL의 가장 기본적인 타입이다. 이름에서 짐작하겠지만 MemoryStream의 부모 클래스와 동일한 Stream 타입을 상속받았고 전체적인 동작 방식도 MemoryStream과 유사하다. 다른 점이 있다면 MemoryStream은 메모리에 할당한 바이트 배열을 대상으로 읽기/쓰기 작업을 했지만, FileStream은 디스크의 파일을 대상으로 읽기/쓰기 작업을 한다. 실제로 6.3절 '직렬화/역직렬화'에서 다룬 각종 직렬화 예제에서 MemoryStream을 FileStream으로 교체해서 실행할 수 있다. 예를 들어, 예제 6.9의 FileStream 버전은 다음과 같다.

**예제 6.16** FileStream에 텍스트를 쓰는 예제

```
using (FileStream fs = new FileStream("test.log", FileMode.Create))
{
    StreamWriter sw = new StreamWriter(fs, Encoding.UTF8);
    sw.WriteLine("Hello World");
    sw.WriteLine("Anderson");
    sw.Write(32000);
    sw.Flush();
}
```

보다시피 StreamWriter의 사용법은 달라진 것이 없다. 단지 MemoryStream 타입의 객체 대신 FileStream 타입의 객체를 받은 것뿐이다. 예제 6.16을 실행한 후 EXE 파일이 있는 폴더를 보면 test.log 파일이 생성돼 있다. StreamWriter로 썼기 때문에 메모장으로 바로 열어 내용을 확인할 수 있다.

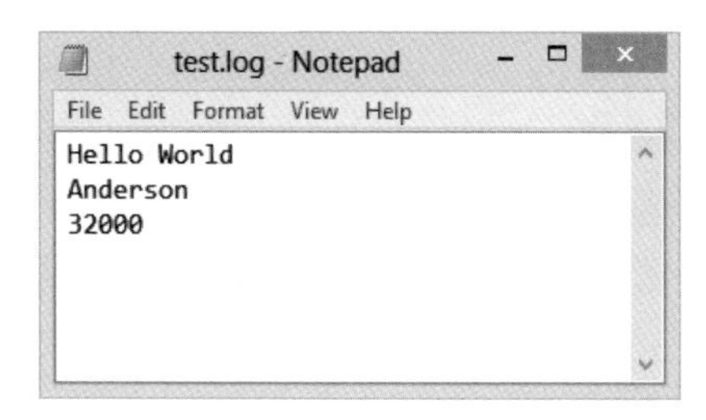


**그림 6.8** 메모장으로 열어본 test.log 파일

그림 6.8은 결국 메모장 프로그램이 표 6.5의 바이트 내용을 읽어서 보여준 것과 같다. 이번에는 StreamWriter가 아닌 BinaryWriter를 사용한 예제 6.10의 FileStream 버전을 작성해 보자.

```
using (FileStream fs = new FileStream("test.log", FileMode.Create))
{
    BinaryWriter bw = new BinaryWriter(fs);
    bw.Write("Hello World" + Environment.NewLine);
    bw.Write("Anderson" + Environment.NewLine);
    bw.Write(32000);
    bw.Flush();
}
```

이번에도 프로그램을 실행하면 EXE와 같은 폴더에 test.log 파일이 생성되고, 메모장으로 확인하면 다음과 같다.

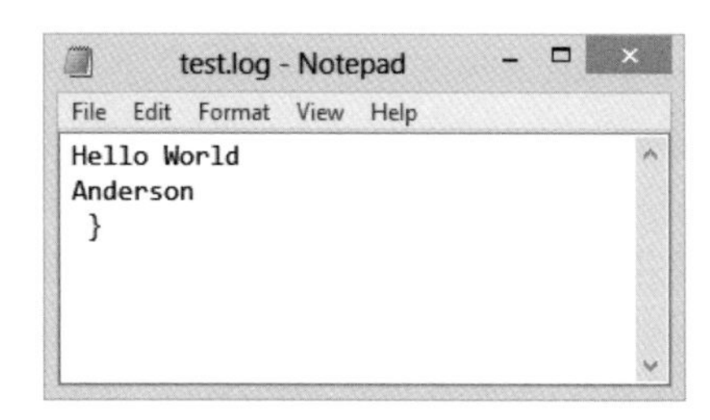


**그림 6.9** 메모장으로 열어본 test.log 파일

32000에 대한 값이 메모장으로 열어 보면 공백과 } 문자로 출력되는 것을 볼 수 있다. 이는 표 6.6의 바이트 내용을 보여주는데, 2진 데이터로 출력된 '00 7D 00 00' 부분을 문자열로 취급하기 때문에 발생하는 현상이다.

여기서도 다시 한번 확인되지만, FileStream을 이용해 파일을 읽고 쓸 때 사람이 읽을 수 있게 하려면 StreamWriter를 사용하고, 가독성을 무시하고 효율적으로 데이터를 기록하려면 BinaryWriter를 사용하면 된다.

FileStream에 대해 알아야 할 나머지 사항으로는 생성자의 인자로 전달되는 FileMode, FileAccess, FileShare가 있다. 이 세 가지 모두 열거형이며, 각 인자의 사용법은 다음과 같다.

표 6.7 FileMode

| 열거형 값 | 설명 |
|---|---|
| CreateNew | 파일을 항상 새롭게 생성한다. 같은 이름의 파일이 이미 있다면 IOException 예외가 발생한다. |
| Create | 파일을 무조건 생성한다. 같은 이름의 파일이 이미 있다면 기존 데이터가 모두 삭제된다. |
| Open | 이미 있는 파일을 연다. 만약 지정된 이름의 파일이 존재하지 않는다면 FileNotFoundException 예외가 발생한다. |
| OpenOrCreate | 같은 이름의 파일이 이미 있다면 열고, 없다면 생성한다. |
| Truncate | 이미 있는 파일을 열고 기존 데이터는 모두 삭제한다. 같은 이름의 파일이 존재하지 않는다면 FileNotFoundException 예외가 발생한다. |
| Append | 파일을 무조건 연다. 같은 이름의 파일이 있다면 FileStream의 Position 값을 마지막 위치로 자동으로 이동시킨다. 같은 이름의 파일이 없다면 새롭게 생성한다. |

표 6.8 FileAccess

| 열거형 값 | 설명 |
|---|---|
| Read | 파일을 읽기 목적으로 연다. |
| Write | 파일을 쓰기 목적으로 연다. |
| ReadWrite | 파일을 읽기 및 쓰기 목적으로 연다. 이 모드는 FileAccess.Read \| FileAccess.Write로 지정한 것과 같다. |

표 6.9 FileShare

| 열거형 값 | 설명 |
|---|---|
| None | 같은 파일에 대해 두 번 이상 여는 경우 무조건 실패한다. 즉, 맨 처음 파일을 열고 있는 FileStream만이 해당 파일을 사용할 수 있다. |
| Read | 같은 파일에 대해 FileAccess.Read로 여는 것만 허용한다. 맨 처음 파일을 여는 FileStream은 모든 동작을 할 수 있지만, 이후에 그 파일을 열려는 시도는 오직 읽기 모드로만 허용된다. |
| Write | 같은 파일에 대해 FileAccess.Write로 여는 것만 허용한다. 맨 처음 파일을 여는 FileStream은 모든 동작을 할 수 있지만, 이후에 그 파일을 열려는 시도는 오직 쓰기 모드로만 허용된다. |
| ReadWrite | 같은 파일에 대해 FileAccess.Read 또는 FileAccess.Write, 또는 그 두 가지 모두 지정된 목적으로 여는 것을 허용한다. 즉, 같은 파일에 대해 서로 다른 FileStream에서 읽고 쓰는 것이 가능하다. |

선택 옵션이 많기는 하지만, 주로 사용되는 조합은 거의 정해져 있다.

표 6.10 자주 사용되는 옵션 조합

| 옵션 조합 | 설명 |
|---|---|
| FileMode.Append | 로깅(logging) 목적의 파일 쓰기를 하는 경우 사용한다.<br>(FileMode.Append인 경우 FileAccess는 Write만 허용한다. 또한 FileShare의 기본값은 Read이므로 굳이 지정할 필요가 없다.) |
| FileMode.OpenOrCreate,<br>FileAccess.ReadWrite,<br>FileShare.None | 재사용되는 전용 데이터를 입/출력하는 목적인 경우 사용한다. |
| FileMode.Create,<br>FileAccess.ReadWrite,<br>FileShare.None | 임시로 사용되는 데이터를 입/출력하는 목적인 경우 사용한다. |

각 옵션을 적용한 코드 예제는 다음과 같다.

```
// 로깅 목적의 파일 열기
using (FileStream fs = new FileStream("......", FileMode.Append))
{
    // 쓰기 작업
}

// 전용 데이터 입출력
using (FileStream fs = new FileStream("......", FileMode.OpenOrCreate,
                                        FileAccess.ReadWrite, FileShare.None))
{
```

```
    // 읽기/쓰기 작업
}

// 임시 데이터 입출력
using (FileStream fs = new FileStream("……", FileMode.Create,
                                      FileAccess.ReadWrite, FileShare.None))
{
    // 읽기 쓰기 작업
}
```

이들의 공유 옵션에 대한 차이점을 간단히 테스트해 보자. 이를 위해 다음과 같이 코드를 만들고 실행한다.

```
using (FileStream fs = new FileStream("test.log", FileMode.Append))
using (StreamWriter sw = new StreamWriter(fs, Encoding.UTF8))
{
    sw.WriteLine("Hello World");
    Console.ReadLine();
}
```

FileMode.Append로 파일을 열고 Console.ReadLine을 사용해 프로그램이 종료되는 것을 막고 있다. 이 상태에서 test.log 파일을 메모장으로 열면 정상적으로 열리는 것을 볼 수 있다. 이제 프로그램을 종료하고 다음과 같이 옵션을 바꿔서 다시 실행해 본다.

```
using (FileStream fs =
  new FileStream("test.log", FileMode.Append, FileAccess.Write, FileShare.None))
using (StreamWriter sw = new StreamWriter(fs, Encoding.UTF8))
{
    sw.WriteLine("Hello World");
    Console.ReadLine();
}
```

Console.ReadLine으로 중지된 상태에서 test.log 파일을 메모장으로 열면 이번에는 파일을 열 수 없다는 오류 메시지가 발생할 것이다. 왜냐하면 메모장은 해당 파일을 로드할 때 FileAccess.Read 모드로 열기 때문에 공유를 허용하지 않는 FileShare.None과 충돌이 발생했기 때문이다.

마지막으로 파일 처리와 관련해서 알아둬야 할 사항으로 '기본 경로'가 있다. 대개의 경우 기본 경로는 EXE 폴더와 같다고 보면 된다. 하지만 좀 더 정확하게 설명하면 기본 경로는 Environment.CurrentDirectory의 값을 따른다. 예제 6.16의 경우처럼 FileStream의 생성자에 "test.log"와 같이 경로가 생략되어 파일 이름만 지정하면 결국 다음과 같은 코드를 실행한 것과 같다.

```
using (FileStream fs
 = new FileStream(Environment.CurrentDirectory + @"\test.log", FileMode.Create))
{
    // ...... [생략] ......
}
```

CurrentDirectory를 변경하는 것도 가능하다. 한 가지 주의해야 할 사항은 반드시 존재하는 디렉터리 경로를 지정해야 한다는 점이다. 그렇지 않으면 DirectoryNotFoundException 예외가 발생한다. 다음 코드는 c:\temp 폴더로 기본 경로를 변경한다.

```
Environment.CurrentDirectory = "C:\\temp";

using (FileStream fs = new FileStream("test.log", FileMode.Create))
{
    // ...... [생략] ......
}
```

이 코드를 실행하면 test.log 파일은 c:₩temp 폴더에 생성된다. 이 밖에도 기본 경로는 FileStream뿐 아니라 경로를 다루는 모든 클래스에 적용된다.

### 6.5.2 System.IO.File / System.IO.FileInfo

File 타입은 자주 사용되는 파일 조작 기능을 담은 정적 클래스다. 따라서 File 타입에서 제공되는 모든 메서드는 정적 메서드다. 여기서 모든 메서드를 설명할 수는 없고, 그중에서 자주 사용되는 기능을 나열해 보면 다음과 같다.

표 6.11 File 타입의 정적 메서드

| 정적 메서드 | 설명 |
|---|---|
| Copy | 파일을 복사한다. |
| Exists | 파일이 존재하는지 여부를 true/false로 반환한다. |

| 정적 메서드 | 설명 |
|---|---|
| Move | 파일을 이동한다. |
| ReadAllBytes | 파일의 모든 내용을 읽어 byte 배열로 반환한다. |
| ReadAllLines | 텍스트 파일의 모든 내용을 string 배열로 반환한다. 한 줄당 문자열 하나로 대응된다. |
| ReadAllText | 텍스트 파일의 모든 내용을 읽어 string 객체로 반환한다. |
| WriteAllBytes | 지정된 byte 배열을 모두 파일에 쓴다. |
| WriteAllLines | 지정된 string 배열의 모든 내용을 개행 문자와 함께 파일에 쓴다. |
| WriteAllText | 지정된 string 인자의 값을 모두 파일에 쓴다. |

File.Copy 메서드는 복사되는 위치에 이미 파일이 있으면 IOException이 발생한다. 만약 덮어쓰고 싶다면 3개의 인자를 갖는 Copy 메서드를 사용하면 된다.

```
// 경로가 지정되지 않으면 Environment.CurrentDirectory가 기본 경로로 사용됨.
// 대상 폴더에 파일이 없다면
File.Copy("test.log", "test.dat");

// 대상 폴더에 파일이 있고 덮어 쓸 의도라면
File.Copy("test.log", "test.dat", true);
```

3번째 인자의 불린 값이 true이면 대상 경로에 이미 파일이 있어도 덮어쓰기를 한다.

File.Move 메서드는 원본과 대상을 가리키는 2개의 인자만 갖는다. 파일의 위치를 옮기는 목적 말고도 Move의 특성상 폴더가 같은 경우 파일명을 변경(rename)하는 용도로도 사용된다.

```
// 폴더가 동일하다면 파일명 변경
File.Move("test.log", "test.dat");

// 폴더가 다르다면 파일 이동
File.Move("test.log", "c:\\temp\\test.dat");
```

File.Move 메서드에서 주의해야 할 점은 대상이 되는 경로에 같은 이름의 파일이 이미 존재하면 IOException 예외가 발생한다는 것이다. File.Copy처럼 덮어쓰는 옵션이 없기 때문에 그런 경우에는 파일 유무를 먼저 확인하고 삭제하는 작업을 진행해야 한다.

예제 6.17 Move의 덮어쓰기 구현

```
string target = "c:\\temp\\test.dat";
if (File.Exists(target) == true)
{
    File.Delete(target);
}
File.Move("test.log", target);
```

그 밖에 파일의 내용을 한번에 읽고 쓰는 메서드도 알아두면 유용할 것이다.

```
string text = new string('c', 20); // 문자 c를 20개 반복한 문자열을 생성
File.WriteAllText("test.log", text);

string clone = File.ReadAllText("test.log");
Console.WriteLine(clone);
```

```
// 출력 결과
cccccccccccccccccccc
```

File 타입은 정적 클래스다. 반면 FileInfo 타입은 File 타입의 기능을 인스턴스 멤버로 일부 구현하고 있다는 차이점을 제외하고 거의 모든 면에서 사용법이 같다. 예를 들어, 예제 6.17의 기능을 동일하게 FileInfo로 구현하면 다음과 같다.

```
FileInfo source = new FileInfo("test.log");
FileInfo target = new FileInfo("c:\\temp\\test.dat");

if (target.Exists == true)
{
    target.Delete();
}

source.MoveTo(target.FullName);
```

### 6.5.3 System.IO.Directory/System.IO.DirectoryInfo

Directory 타입과 DirectoryInfo 타입의 관계도 File/FileInfo의 관계와 동일하다. Directory 타입은 정적 멤버로 구성된 정적 타입이고 DirectoryInfo는 Directory의 일부 기능을 인스턴스 멤버로 가지고 있다.

표 6.12 Directory 타입의 정적 메서드

| 정적 메서드 | 설명 |
|---|---|
| CreateDirectory | 디렉터리를 생성한다. 이미 디렉터리가 존재한다면 아무런 작업도 하지 않는다. |
| Delete | 디렉터리를 삭제한다. 존재하지 않는 디렉터리를 삭제하는 경우 DirectoryNotFoundException 예외가 발생한다. |
| Exists | 디렉터리가 존재하는지 여부를 true/false로 반환한다. |
| GetDirectories | 지정된 경로의 하위 디렉터리 목록을 문자열 배열로 반환한다. |
| GetFiles | 지정된 경로에 있는 파일을 문자열 배열로 반환한다. |
| GetLogicalDrives | 시스템에 설치된 디스크의 드라이브 문자 목록을 string 배열로 반환한다. |
| Move | 디렉터리를 이동한다. |

Directory 타입을 이용하면 '윈도우 탐색기'와 유사한 프로그램을 만들 수 있다. 예를 들어, 다음과 같은 목표를 두고 프로그램을 만들어 보자.

1. 컴퓨터의 모든 디스크 드라이브를 나열한다.
2. 특정 폴더의 파일 목록을 나열한다.
3. 특정 폴더의 디렉터리 목록을 나열한다.
4. 특정 폴더 및 그 폴더의 모든 하위 폴더를 검색해서 파일을 찾는다.

우선 1번 기능은 GetLogicalDrives 메서드를 이용하면 쉽게 구현할 수 있다.

```
foreach (string txt in Directory.GetLogicalDrives())
{
    Console.WriteLine(txt);
}
```

```
// 출력 결과 (필자의 경우 하드디스크로 C, D가 있고 DVD-ROM으로 F가 있다.)
C:\
D:\
F:\
```

다음으로 2번 기능은 GetFiles 메서드를 이용하면 된다.

```
string targetPath = @"C:\Windows\Microsoft.NET\Framework";
foreach (string txt in Directory.GetFiles(targetPath))
{
    Console.WriteLine(txt);
}
```

```
// 출력 결과
C:\Windows\Microsoft.NET\Framework\NETFXSBS10.exe
C:\Windows\Microsoft.NET\Framework\netfxsbs12.hkf
......[생략]......
C:\Windows\Microsoft.NET\Framework\SharedReg12.dll
```

3번 기능도 그런 목적으로 만들어진 GetDirectories 메서드를 이용해 쉽게 구현할 수 있다.

```
string targetPath = @"C:\Windows\Microsoft.NET\Framework";
foreach (string txt in Directory.GetDirectories(targetPath))
{
    Console.WriteLine(txt);
}
```

```
// 출력 결과
C:\Windows\Microsoft.NET\Framework\v2.0.50727
C:\Windows\Microsoft.NET\Framework\v3.0
C:\Windows\Microsoft.NET\Framework\v3.5
C:\Windows\Microsoft.NET\Framework\v4.0.30319
```

마지막으로 4번은 GetFiles의 또 다른 오버로드 버전으로 해결할 수 있다.

```
string targetPath = @"C:\Windows\Microsoft.NET\Framework";
foreach (string txt in Directory.GetFiles(targetPath,
```

```
                                    "*.exe", SearchOption.AllDirectories))
{
    Console.WriteLine(txt);
}
```

```
// 출력 결과
C:\Windows\Microsoft.NET\Framework\NETFXSBS10.exe
......[생략]......
C:\Windows\Microsoft.NET\Framework\v4.0.30319\WsatConfig.exe
```

GetFiles의 두 번째 인자인 "*.exe"에서 사용된 별표(asterisk) 문자를 가리켜 와일드카드 문자(wildcard character)라고 한다. 별표 문자는 문자열에 0개 이상의 문자를 나타내는 데 사용되고, 또 다른 와일드카드 문자인 '?'는 어떤 하나의 문자를 나타낸다. 따라서 "*.exe"는 파일명 중에서 확장자가 EXE에 해당하는 파일을 의미한다. 다음은 몇 가지 와일드카드에 대한 사용 예를 보여준다.

표 6.13 와일드카드 예

| 문자열 | 의미 | 사례 |
|---|---|---|
| net*.* | 확장자는 상관없고, 파일명이 'net'으로 시작하는 모든 파일 | netframework.dll<br>net_.dat<br>nettest.exe |
| net?.* | 확장자는 상관없고, 'net'으로 시작하는 총 4글자로 된 파일명을 가진 모든 파일 | net1.dll<br>net_.exe<br>netp.dat |
| ???.dll | 확장자가 DLL이고, 파일명이 3글자인 모든 파일 | tes.dll<br>fra.dll<br>kor.dll |
| *. | 확장자가 없는 모든 파일 | netfx |
| *script.* | 확장자는 상관없고, 파일명이 script로 끝나는 모든 파일 | Microsoft.JScript.dll<br>VBScript.tlb |

이번 사례에서도 알 수 있듯이 BCL을 많이 알수록 여러분이 작성해야 할 코드의 양은 그만큼 줄어들 수 있다.

### 6.5.4 System.IO.Path

Path 타입은 파일 경로와 관련해서 유용한 정적 메서드를 제공하므로 알아둘 필요가 있다.

표 6.14 Path 정적 메서드

| 정적 메서드 | 설명 |
|---|---|
| ChangeExtension | 첫 번째 인자로 주어진 경로에서 확장자 부분을 두 번째 인자로 전달된 문자열로 바꿔준다. |
| Combine | 전달된 문자열 인자를 모두 합쳐서 하나의 경로로 만든다. |
| GetDirectoryName | 전달된 문자열에서 파일 이름이 포함된 경우 그 파일의 부모 디렉터리 이름을 반환한다. 반면 디렉터리 이름이 포함된 경우 그 부모 디렉터리 이름을 반환한다. |
| GetExtension | 전달된 문자열의 확장자를 반환한다. |
| GetFileName | 전달된 문자열의 파일명을 반환한다. |
| GetFileNameWithoutExtension | 전달된 문자열의 파일명을 확장자를 제외시켜 반환한다. |
| GetFullPath | 전달된 문자열의 파일명을 제외한 경로를 반환한다. |
| GetInvalidFileNameChars | 파일 이름으로 부적절한 문자의 배열을 반환한다. |
| GetInvalidPathChars | 경로 이름으로 부적절한 문자의 배열을 반환한다. |
| GetPathRoot | 전달된 문자열의 루트 드라이브 문자열을 반환한다. |
| GetRandomFileName | 임의의 파일명을 반환한다. |
| GetTempFileName | 윈도우의 임시 폴더 경로에 임의의 파일을 생성하고 그 경로를 반환한다. |
| GetTempPath | 윈도우의 임시 폴더 경로를 반환한다. |

파일 경로를 다룰 때는 은근히 신경 써야 할 부분이 많다. 예를 들어, 디렉터리명이 'C:\temp'인 경우에는 이것을 test.exe 파일명과 연결하기 위해 중간에 디렉터리 구분 문자 '\'를 추가해 "C:\temp" + "\test.exe"라고 작성해야 한다. 그런데 디렉터리 이름이 "C:\temp\"로 입력될 수 있다는 점도 간과할 수 없다. 이런 복잡한 경로 연결 문제를 Path.Combine 메서드가 해결해 준다.

```
string filePath = Path.Combine(@"C:\temp", "test", "myfile.dat");
Console.WriteLine(filePath); // 출력 결과: C:\temp\test\myfile.dat
```

Combine 메서드는 params 유형의 string 배열 인자를 취하기 때문에 몇 개의 인자를 전달해도 상관없다. 단지 그것들을 모아서 적절한 위치에 디렉터리 구분 문자를 넣어 경로를 완성한다.

GetInvalidFileNameChars나 GetInvalidPathChars 메서드는 생성해야 할 파일이나 디렉터리 이름이 올바른지 확인하는 데 도움을 준다. 예를 들어, 여러분이 직접 만든 탐색기 프로그램에서 '새 폴더'를 생성하기 위해 사용자에게서 폴더명을 입력받았다고 가정해 보자. 만약 사용자가 폴더명으로 "my<new"와 같은 이름을 지정했다면 폴더명에 부적합한 '<' 문자를 포함하고 있으므로 Directory.CreateDirectory를 실행할 때 예외가 발생한다. 따라서 이런 경우 예외가 발생하는 동작을 수행하기 전에 미리 사용자에게 알려서 적절한 폴더명을 입력하도록 유도하는 것이 좋다. 이를 위한 기본적인 코드는 다음과 같이 작성할 수 있다.

```
string newDirName = "my<new"; // 폴더명에 '<' 문자는 허용되지 않는다.

int include = newDirName.IndexOfAny(Path.GetInvalidPathChars());
if (include != -1)
{
    Console.WriteLine("폴더명에 적절하지 않은 문자가 있음.");
}
```

윈도우에는 '임시 폴더(temporary folder)'라는 것이 있다. 말 그대로 프로그램에서 임시 목적의 파일을 생성하기에 적당한 폴더인데, Path.GetTempPath 메서드를 통해 그 경로를 구할 수 있다. 또는 아예 임시 폴더에 크기가 0인 임시 파일을 생성해서 반환하는 Path.GetTempFileName 메서드도 있다. 만약 임시 파일이 생성되는 것이 싫다면 GetRandomFileName 메서드를 이용해 중복될 확률이 거의 없는 파일명을 얻을 수 있다.

```
// 크기가 0인 임시 파일을 생성하고 그 경로를 반환한다.
string createdTempFilePath = Path.GetTempFileName();
Console.WriteLine(createdTempFilePath);

// 임시 파일을 생성하지 않고 중복될 확률이 낮은 임시 파일 경로를 구한다.
string tempFilePath
            = Path.Combine(Path.GetTempPath(), Path.GetRandomFileName());
Console.WriteLine(tempFilePath);
```

```
// 출력 결과
C:\Users\[......사용자 계정......]\AppData\Local\Temp\tmpB099.tmp
C:\Users\[......사용자 계정......]\AppData\Local\Temp\ozyeygnu.les
```

마지막으로 Path 타입의 나머지 메서드의 사용법은 다음 예제 코드를 보면 쉽게 이해할 수 있을 것이다.

```
string samplePath = @"c:\temp\bin\Debug\app.exe";

Console.WriteLine("ChangeExtension ==> "
                  + Path.ChangeExtension(samplePath, ".dll"));
Console.WriteLine("GetDirectoryName ==> " + Path.GetDirectoryName(samplePath));
Console.WriteLine("GetFullPath ==> " + Path.GetFullPath(samplePath));
Console.WriteLine("GetFileName ==> " + Path.GetFileName(samplePath));
Console.WriteLine("GetFileNameWithoutExtension ==> "
                  + Path.GetFileNameWithoutExtension(samplePath));
Console.WriteLine("GetExtension ==> " + Path.GetExtension(samplePath));
Console.WriteLine("GetPathRoot ==> " + Path.GetPathRoot(samplePath));
```

```
// 출력 결과
ChangeExtension ==> c:\temp\bin\Debug\app.dll
GetDirectoryName ==> c:\temp\bin\Debug
GetFullPath ==> c:\temp\bin\Debug\app.exe
GetFileName ==> app.exe
GetFileNameWithoutExtension ==> app
GetExtension ==> .exe
GetPathRoot ==> c:\
```

## 6.6 스레딩

스레드(thread)는 명령어를 실행하기 위한 스케줄링 단위이며, 프로세스 내부에서 생성할 수 있다. 이는 운영체제에서 멀티 스레딩을 지원한다면 하나의 프로세스가 여러 개의 스레드 자원을 가질 수 있음을 의미한다.

윈도우 사용자라면 지금 [Ctrl] + [Shift] + [ESC] 키를 눌러 작업 관리자를 실행해 보자. [자세히(Details)] 탭을 누르고 프로세스 목록을 보여주는 리스트 컨트롤의 헤더 영역(이름, PID, 상태,…)을 대상으로 마우스 오른쪽 버튼을 눌러 [열 선택(Select columns)] 메뉴를 실행한다.

그러면 '열 선택' 대화상자가 나오는데, '스레드' 항목을 선택한 후 [확인(OK)] 버튼을 누른다. 윈도우는 멀티 스레딩을 지원하는 운영체제이므로 다음과 같이 프로세스당 여러 개의 스레드가 생성돼 있는 것을 확인할 수 있다.

작업 관리자 | 검색할 이름, 게시자 또는 PID를 입력하세요.

성능
앱 기록
시작 앱
사용자
자세히
서비스
설정

자세히 | 새 작업 실행 | 작업 끝내기

| 이름 | PID | 상태 | 사용자 이름 | CPU | 메모리(활... | 스레드 |
|---|---|---|---|---|---|---|
| msedge.exe | 14300 | 실행 중 | kevin | 00 | 1,00 K | 7 |
| msedge.exe | 13732 | 실행 중 | kevin | 00 | 5,68 K | 22 |
| msedge.exe | 8700 | 실행 중 | kevin | 00 | 5,03 K | 20 |
| msedge.exe | 13632 | 실행 중 | kevin | 00 | 2,55 K | 10 |
| msedge.exe | 2752 | 실행 중 | kevin | 00 | 30,32 K | 21 |
| msedge.exe | 10692 | 실행 중 | kevin | 00 | 5,34 K | 15 |
| msedgewebview2.exe | 5832 | 실행 중 | kevin | 00 | 12,21 K | 45 |
| msedgewebview2.exe | 6304 | 실행 중 | kevin | 00 | 20 K | 7 |
| msedgewebview2.exe | 9728 | 실행 중 | kevin | 00 | 1,55 K | 23 |
| msedgewebview2.exe | 8944 | 실행 중 | kevin | 00 | 3,85 K | 17 |
| msedgewebview2.exe | 8208 | 실행 중 | kevin | 00 | 1,69 K | 9 |
| msedgewebview2.exe | 12484 | 실행 중 | kevin | 00 | 28,84 K | 22 |
| MsMpEng.exe | 5924 | 실행 중 | SYSTEM | 00 | 153,26 K | 38 |

그림 6.10 작업 관리자로 살펴본 스레드 수

윈도우는 프로세스를 생성할 때 기본적으로 한 개의 스레드를 함께 생성하며, 이를 주 스레드(main thread, primary thread)라고 한다.

스레드는 CPU의 명령어 실행과 관련된 정보를 보관하고 있는데, 이를 스레드 문맥(thread context)이라 한다. 운영체제의 스케줄러는 실행돼야 할 적절한 스레드를 골라서 CPU로 하여금 실행되게 만드는데, 이때 두 가지 동작을 수행한다. CPU는 현재 실행 중인 스레드를 다음에 다시 이어서 실행할 수 있게 CPU의 환경 정보를 스레드 문맥에 보관한다. 그리고 운영체제로부터 할당받은 스레드의 문맥 정보를 다시 CPU 내부로 로드해서 마치 해당 스레드가 실행되고 있었던 상태인 것처럼 복원한 다음, 일정 시간 동안 실행을 계속한다.

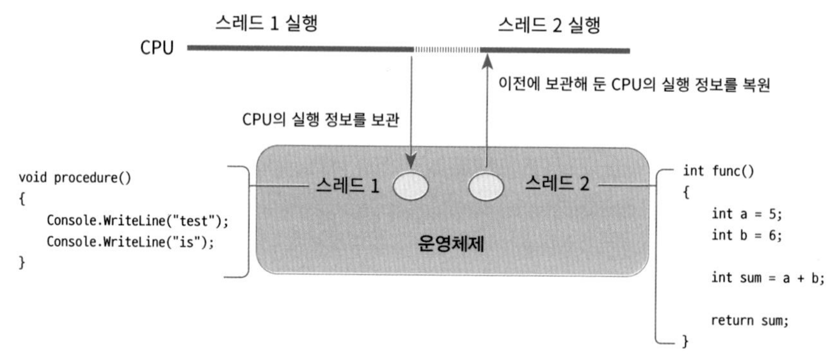


그림 6.11 스레드의 문맥 교환(context switching)

이때 CPU가 기존에 실행하던 스레드가 test.exe에 속해 있다고 하고, 새롭게 할당된 스레드도 test.exe에 속했다고 가정해 보자. 그런 경우 운영체제는 프로세스가 바뀐 것은 아니므로 프로세스의 문맥 정보를 바꾸지는 않는다. 하지만 다른 프로세스에 속한 스레드로 실행이 변경되면 프로세스의 문맥 정보까지 바뀌게 되고 이 작업은 더 많은 CPU 자원을 소모한다.

그런데 멀티 스레딩이 어떤 의미가 있을까? 예를 들어, 프로그램에서 버튼을 눌러 시간이 걸리는 계산을 시작했다고 가정해 보자. 프로세스에 오직 1개의 스레드만 할당되어 작업을 하고 있다면 그 스레드가 계산하는 동안 사용자는 다른 작업을 전혀 할 수 없게 된다. 심지어 작업을 취소하겠다는 버튼조차 누를 수 없다. 취소 버튼의 누르기 동작에 지정된 코드를 실행하려면 스레드가 있어야 하는데, 이미 프로세스의 주 스레드는 계산 작업에 사용되고 있기 때문이다. 이런 상황에서 멀티 스레딩이 지원된다면 문제는 쉽게 해결된다. 별도의 스레드를 하나 더 만들어 계산 작업을 전담시키고 버튼에 반응할 수 있는 스레드는 유휴 상태로 남겨두면 된다.

초기 개인용 컴퓨터 시장에서는 단일 CPU가 지배적이었기 때문에 다중 스레드는 1개의 CPU에서 조금씩 시간을 나누어 실행되는 형태였다. 즉, 2개의 스레드가 같은 시간대에 함께 실행되는 경우는 없었다. 멀티 CPU/코어 시대로 오면서 비로소 다중 스레드가 동시에 실행되는 것이 가능해졌다.

C#은 다중 스레드 응용 프로그램을 만들 수 있고, 멀티 CPU/코어의 기능을 충분히 활용할 수 있게 병렬 라이브러리를 지원한다. 이번 절에서는 스레딩과 관련된 타입을 알아본다.

### 6.6.1 System.Threading.Thread

프로그램이 실행되면 주 스레드 하나가 기본적으로 생성된다. 주 스레드는 컴파일된 C# 코드를 순차적으로 실행해 나간다. 즉, 지금까지 실습한 모든 예제는 주 스레드가 하나 생성되어 실행된 것이다. 그 스레드의 존재를 확인할 수 있을까? Thread 타입에는 현재 명령어를 실행 중인 스레드 자원에 접근할 수 있는 정적 속성을 제공한다. 이를 활용하면 다음의 코드처럼 프로그램을 실행하고 있는 스레드의 상태를 알 수 있다.

```
Thread thread = Thread.CurrentThread;
Console.WriteLine(thread.ThreadState); // 출력 결과: Running
```

결국 위의 프로그램조차도 스레드에 의해 순차적으로 실행되고 있는 것이다.

자주 사용되는 Thread의 정적 메서드로는 Sleep 메서드가 있다. 이를 이용하면 현재 Running 상태인 스레드의 실행을 지정된 밀리초만큼 ThreadState.WaitSleepJoin 상태로 변경할 수 있다. 쉽게 말해, 실행이 중단되는 것이다. 중단된 스레드는 지정된 시간이 지난 후 다시 Running 상태로 돌아온다.

```
Console.WriteLine(DateTime.Now); // 출력 결과: 2023-02-17 오후 11:02:33
Thread.Sleep(1000); // 1초 동안 스레드 중지
Console.WriteLine(DateTime.Now); // 출력 결과: 2023-02-17 오후 11:02:34
```

보다시피 거의 1초(1,000ms) 동안 멈춘 후 다시 실행을 재개했다.

이제 새로운 스레드를 하나 생성해 보자. 스레드는 실행될 명령어가 필요하므로 명령어의 묶음인 메서드를 Thread 생성자에 전달해야 한다. 일단 스레드 개체가 생성되면 Start 메서드를 호출하는 것으로 스레드를 시작할 수 있다.

```
class Program
{
    static void Main(string[] args)
    {
        Thread t = new Thread(threadFunc);
        t.Start();
    }

    static void threadFunc()
    {
        Console.WriteLine("threadFunc run!");
    }
}
```

위의 동작을 그림으로 설명하면 다음과 같다.

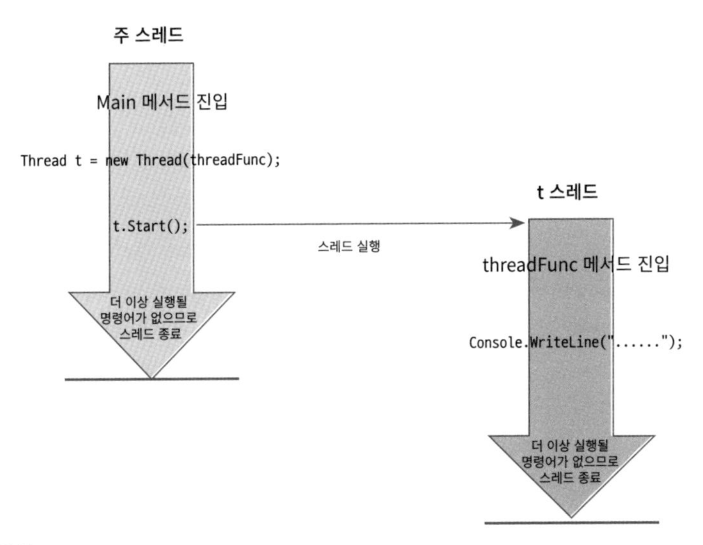


그림 6.12 스레드 생성

보다시피 새롭게 생성된 스레드는 별도로 명령어를 실행해 나간다. 최근의 다중 코어 CPU에서는 실제로 주 스레드와 t 스레드의 코드를 동시에 실행할 수 있다.

스레드의 종료는 결국 프로그램의 종료에 해당한다. 기본적으로 프로그램은 생성된 모든 스레드가 실행을 종료해야만 프로그램도 종료할 수 있다. 따라서 다음과 같이 새롭게 생성된 스레드에서 실행을 계속하면 EXE 프로세스는 해당 스레드가 끝날 때까지 종료하지 않는다.

예제 6.18 2개의 스레드 실행이 완료된 후 프로그램 종료

```
class Program
{
    static void Main(string[] args)
    {
        Thread t = new Thread(threadFunc);
        t.Start();
        // 더는 주 스레드가 실행할 명령어가 없으므로 주 스레드는 제거됨
    }

    static void threadFunc()
    {
        Console.WriteLine("60초 후에 프로그램 종료");
        Thread.Sleep(1000 * 60); // 60초 동안 실행 중지
                                 // 현재 주 스레드는 종료됐어도 t 스레드는 존속한다.
```

```
        Console.WriteLine("스레드 종료!");
    }
}
```

이처럼 프로그램의 실행 종료에 영향을 미치는 스레드를 가리켜 전경 스레드(foreground thread)라고 한다. 이름에서 유추할 수 있듯이 배경 스레드(background thread)도 있으며, 이 유형은 실행 종료에 영향을 미치지 않는다. Thread 타입의 IsBackground 속성을 true로 바꿔 전경 스레드 동작을 배경 스레드로 바꿀 수 있다.

```
Thread t = new Thread(threadFunc);
t.IsBackground = true;
t.Start();
```

이 코드를 예제 6.18에 반영해서 다시 한번 실행해 보자. 그럼 화면에 아무것도 출력되지 않고 종료되거나 아주 낮은 확률로 threadFunc 메서드의 첫 번째 Console.WriteLine 메서드가 수행되는 것을 볼 수 있다. 왜냐하면 새롭게 생성된 스레드의 종료 여부에 상관없이 Main 메서드를 실행하는 스레드가 완료되면 프로세스 자체가 종료되기 때문이다. 여기서 한 가지 의문이 생길 수 있다. 주 스레드에서 분명히 스레드 객체의 Start 메서드를 실행했는데 어째서 threadFunc에 있는 단 한 줄의 코드조차도 실행이 안 되느냐는 점이다. 그 이유는 스레드가 CPU에 의해 선택되어 실행될 수 있는 단계까지 시간이 걸리기 때문이다. 즉, threadFunc을 실행해야 할 스레드가 운영체제의 스케줄러에 의해 선택되기도 전에 Main 메서드를 실행하는 스레드가 종료됐으므로 그런 현상이 발생한 것이다.

때로는 다른 스레드의 실행이 종료되기까지 기다려야 할 수도 있다. 이를 위해 Thread 타입의 Join 메서드를 사용할 수 있다. 다음 코드는 새로운 스레드(t)가 배경 스레드임에도 주 스레드가 Join 메서드를 호출해 t 스레드의 실행이 종료될 때까지 기다린다. 결과적으로 예제 6.18과 동일한 출력을 얻게 된다.

예제 6.19 Join 메서드 사용 예

```
class Program
{
    static void Main(string[] args)
    {
        Thread t = new Thread(threadFunc);
        t.IsBackground = true;
```

```
        t.Start();

        t.Join(); // t 스레드가 종료할 때까지 현재 스레드를 무한 대기
        Console.WriteLine("주 스레드 종료!");
    }

    static void threadFunc()
    {
        Console.WriteLine("60초 후에 프로그램 종료");
        Thread.Sleep(1000 * 60); // 60초 동안 실행 중지
        Console.WriteLine("스레드 종료!");
    }
}
```

```
// 출력 결과
60초 후에 프로그램 종료
스레드 종료!
주 스레드 종료!
```

이를 그림으로 표현하면 다음과 같다.

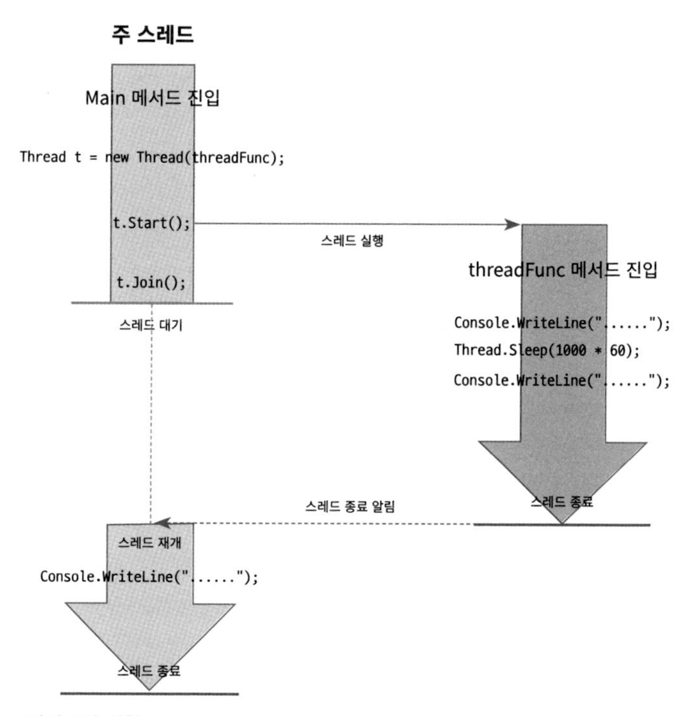


그림 6.13 Thread.Join 메서드의 역할

스레드를 시작하는 측에서 인자를 전달하는 것도 가능하다. 이를 위해 object 타입의 인자를 하나 전달받는 스레드 메서드를 준비하고 Thread.Start 메서드에 직접 값을 넣으면 된다.

```
class Program
{
    static void Main(string[] args)
    {
        // 인자가 있는 메서드의 경우 Thread 생성자는
        // ParameterizedThreadStart 델리게이트 타입을 허용한다.
        Thread t = new Thread(threadFunc);
            // 따라서 C# 컴파일러는 위의 코드를 다음과 같이 번역해 컴파일한다.
            // new Thread(new ParameterizedThreadStart(threadFunc));
        t.Start(10);
    }

    static void threadFunc(object initialValue)
    {
        int intValue = (int)initialValue;
        Console.WriteLine(intValue); // 출력 결과: 10
    }
}
```

위의 예제에서는 하나의 값만 전달하고 있는데, 만약 여러 개의 값이라면 어떻게 해야 할까? threadFunc 메서드의 인자 타입이 object인 것을 감안하면 전달할 값의 수만큼 필드를 포함한 클래스를 만들어 그 객체를 전달하면 된다.

```
class ThreadParam
{
  public int Value1;
  public int Value2;
}

class Program
{
  static void Main(string[] args)
  {
      Thread t = new Thread(threadFunc);
```

```
        ThreadParam param = new ThreadParam();
        param.Value1 = 10;
        param.Value2 = 20;

        t.Start(param);
    }

    static void threadFunc(object initialValue)
    {
      ThreadParam value = (ThreadParam)initialValue;
      Console.WriteLine("{0}, {1}", value.Value1, value.Value2); // 출력 결과: 10, 20
    }
}
```

마지막으로 스레드 사용의 이점을 경험할 수 있는 예제를 작성해 보자. 간단하게 사용자가 입력한 수까지 루프를 돌면서 소수의 개수를 세는 프로그램을 만들 텐데, 우선 스레드를 사용하지 않은 예제부터 보자.

예제 6.20 스레드를 사용하지 않는 계산 프로그램

```
class Program
{
    static void Main(string[] args)
    {
        Console.WriteLine("입력한 숫자까지의 소수 개수 출력 (종료: 'x' + Enter)");

        while (true)
        {
          Console.WriteLine("숫자를 입력하세요.");
          string userNumber = Console.ReadLine();

          if (userNumber.Equals("x", StringComparison.OrdinalIgnoreCase) == true)
          {
              Console.WriteLine("프로그램 종료!");
              break;
          }

          CountPrimeNumbers(userNumber);
        }
```

```
    }

    static void CountPrimeNumbers(object initialValue)
    {
        string value = (string)initialValue;

        int primeCandidate = int.Parse(value);

        int totalPrimes = 0;

        for (int i = 2; i <= primeCandidate; i++)
        {
            if (IsPrime(i) == true)
            {
                totalPrimes++;
            }
        }

        Console.WriteLine("숫자 {0}까지의 소수 개수? {1}", value, totalPrimes);
    }

    // 소수 판정 메서드, 이해하지 못해도 상관없음.
    static bool IsPrime(int candidate)
    {
        if ((candidate & 1) == 0)
        {
            return candidate == 2;
        }

        for (int i = 3; (i * i) <= candidate; i += 2)
        {
            if ((candidate % i) == 0) return false;
        }

        return candidate != 1;
    }
}
```

이 프로그램을 실행하고, 다음과 같은 식으로 숫자를 크게 입력해 테스트해 보자.

```
c:\temp>Program.exe
입력한 숫자까지의 소수 개수 출력 (종료: 'x' + 엔터)
숫자를 입력하세요.
100000
숫자 100000까지의 소수 개수? 9592
숫자를 입력하세요.
10000000
숫자 10000000까지의 소수 개수? 664579
숫자를 입력하세요.
100000000
```

100000000 정도 되면 CPU가 한참 동안 일을 한 다음에야 5761455라는 답을 낼 것이다. 스레드를 사용하지 않았기 때문에 주 스레드가 계산 작업에 매달리는 동안 사용자는 다른 어떤 키도 입력할 수 없다. 심지어 결과를 기다리지 않고 프로그램을 종료하기 위한 "x + Enter" 키를 입력하는 작업조차 할 수 없다. 오직 기다려야만 한다.

이 프로그램을 스레드를 사용하는 버전으로 바꿔보자. 간단하게 Main 메서드의 일부만 변경하면 된다.

예제 6.21 스레드를 사용한 계산 프로그램

```
class Program
{
    static void Main(string[] args)
    {
        Console.WriteLine("입력한 숫자까지의 소수 개수 출력 (종료: 'x' + Enter)");

        while (true)
        {
            Console.WriteLine("숫자를 입력하세요.");
            string userNumber = Console.ReadLine();

          if (userNumber.Equals("x", StringComparison.OrdinalIgnoreCase) == true)
          {
            Console.WriteLine("프로그램 종료!");
            break;
          }
```

```
            Thread t = new Thread(CountPrimeNumbers);
            t.IsBackground = true;
            t.Start(userNumber);
        }
    }

    // 생략: CountPrimeNumbers, IsPrime
}
```

프로그램을 실행하고 숫자 100000000을 입력해 보자. 이번에는 결과를 기다리지 않고 "x + Enter" 키를 입력할 수 있어 프로그램이 자연스럽게 종료되는 것을 확인할 수 있다.

```
c:\temp>Program.exe
입력한 숫자까지의 소수 개수 출력 (종료: 'x' + 엔터)
숫자를 입력하세요.
100000000
숫자를 입력하세요.
x
프로그램 종료!

c:\temp>
```

차이점은 명확하다. 스레드를 사용하지 않았을 때는 프로그램의 명령을 실행할 수 있는 유일한 주 스레드가 계산 작업을 하느라 바빴다. 스레드는 순차적으로만 작업을 처리할 수 있기 때문에 계산 작업이 완료되기 전에는 그다음 명령어를 실행할 수 없다. 따라서 예제 6.20은 CountPrimeNumbers 메서드의 코드를 주 스레드가 실행을 마치기 전에는 Console.ReadLine 명령어를 실행할 수 없으므로 사용자 입력을 전혀 받을 수 없었던 것이다.

반면 계산 작업을 별도의 스레드에 맡겼을 때는 상황이 달라진다. 계산 작업을 할 필요가 없는 주 스레드는 Thread.Start 메서드를 실행한 후 곧바로 다음 명령어를 실행한다. 결국 Console.ReadLine이 실행되기 때문에 사용자는 프로그램에 값을 입력할 수 있다.

### 6.6.2 System.Threading.Monitor

스레드는 메모리가 허용하는 한 원하는 만큼 생성할 수 있다. 이전에 한 개의 스레드에 할당된 스택의 용량이 1MB라고 설명한 바 있다. 32비트 윈도우에서 32비트 프로세스는 2GB의 사용자 메모리가 허용되므로 오로지 스레드에만 메모리가 사용된다고 가정해도 2,000개(1MB * 2048 = 2GB)를 넘을 수 없다. 하지만 64비트 시대가 열리면서 사용자 메모리에 테라(tera) 바이트 단위로 할당이 가능하므로 사실상 이제는 컴퓨터 성능만 받쳐준다면 스레드 수에 제한이 풀렸다고 봐도 무방하다.

다중 스레드 생성은 다음과 같이 Thread 개체를 여러 번 생성하면 된다.

```
class Program
{
    static void Main(string[] args)
    {
        for (int i = 0; i < 10; i++)
        {
            Thread t = new Thread(threadFunc);
            t.Start(i);
        }
    }

    static void threadFunc(object value)
    {
        Console.WriteLine(value + "번째 스레드");
    }
}
```

이 프로그램을 실행한 결과를 보자.

```
0번째 스레드
3번째 스레드
4번째 스레드
5번째 스레드
7번째 스레드
2번째 스레드
1번째 스레드
8번째 스레드
9번째 스레드
6번째 스레드
```

실행 환경에 따라 정확히 위의 순서는 아닐지라도 스레드의 실행 순서가 불규칙한 것은 마찬가지일 것이다. 그리고 위의 결과는 실행할 때마다 달라진다. 이처럼 스레드는 실행 순서를 장담할 수 없다.

다중 스레드를 사용할 때 주의할 점은 이것뿐만이 아니다. 일례로 다음과 같이 2개의 스레드를 생성하는 프로그램을 만들고 실행해 보자.

예제 6.22 다중 스레드에서 단일 변수 사용

```
class Program
{
    int number = 0;

    static void Main(string[] args)
    {
        Program pg = new Program();

        Thread t1 = new Thread(threadFunc);
        Thread t2 = new Thread(threadFunc);

        t1.Start(pg);
        t2.Start(pg); // 2개의 스레드를 시작하고

        t1.Join();
        t2.Join(); // 2개의 스레드 실행이 끝날 때까지 대기한다.

        Console.WriteLine(pg.number); // 스레드 실행 완료 후 number 필드 값을 출력
    }

    static void threadFunc(object inst)
    {
        Program pg = inst as Program;

        for (int i = 0; i < 10; i++)
        {
            pg.number = pg.number + 1; // Program 객체의 number 필드 값을 증가
        }
    }
}
```

```
// 출력 결과
20
```

2개의 스레드가 Program 객체의 number 필드 값을 10번의 루프를 돌면서 1씩 증가시키고 있다. 이 프로그램을 실행하면 대부분 20이 출력된다. 필자가 여기서 '대부분'이라는 표현을 쓴 것에 유의하자. 그렇긴 해도 필자의 경우 10번 실행한 경우 10번 모두 출력값은 동일하게 20이었다. 이제 threadFunc 메서드의 루프 횟수를 100, 1000, 10000씩 단계적으로 늘려보자.

필자의 경우 루프 수를 100으로 놓아도 실행할 때마다 출력값은 언제나 200으로 동일했다. 하지만 루프 수를 1000으로 놓자 출력은 예측할 수 없는 값이 나왔다. 10번 실행하면 6번 정도는 2000이 나왔지만 그 외에는 1309, 1675, 1952, 1284 값이 출력됐다. 급기야 루프 수가 10000으로 설정되면서부터는 매번 실행할 때마다 예측할 수 없는 값이 나오는 현상이 발생했다. 왜 이런 결과가 나오게 됐을까?

잠시 여러분과 필자의 CPU를 확인해 보자. 필자의 노트북에는 쿼드코어 CPU가 장착돼 있다. 따라서 총 4개의 스레드를 동시에 실행할 수 있다. 그런데 윈도우의 작업 관리자를 띄워보면 몇 개의 프로세스(EXE)가 실행되고 있는지 굳이 세어보지 않아도 4개 이상임을 쉽게 알 수 있다. 윈도우에서 프로세스는 기본적으로 한 개의 스레드를 갖고 실행한다고 했던 것을 감안하면 필자의 컴퓨터에서는 최소 80개 이상의 스레드가 생성돼 있는 셈이다. 그런데 쿼드코어 CPU는 동시에 실행할 수 있는 스레드가 4개인데, 어떻게 80개 이상의 스레드가 동작하고 있는 것일까? 그 이유는 CPU가 하나의 스레드를 짧은 시간 동안 실행한 후 그 스레드를 멈추고 다음 스레드를 선택해서 실행하는 과정을 반복하기 때문이다. 결과적으로 필자의 CPU는 동시에 4개의 스레드를 수행하지만, 각 코어마다 끊임없이 개별 스레드를 순간적으로 선택하면서 실행 → 중단 → 실행 → ……을 반복하고 있는 것이다.

Core 1번: 스레드 A 실행 · 스레드 A 실행 · 스레드 A 실행
Core 2번: 스레드 B 실행 · 스레드 C 실행 · 스레드 B 실행
Core 3번: 스레드 D 실행 · 스레드 D 실행 · 스레드 E 실행
Core 4번: 스레드 F 실행 · 스레드 G 실행 · 스레드 H 실행

그림 6.14 쿼드코어 CPU의 스레드 실행

예제 6.22의 오동작을 이해하려면 이 밖에도 한 가지 사실을 더 알아야 한다. 바로 CPU의 명령어 해석에 대해서다. 코드에서 사용된 pg.number = pg.number + 1의 명령어를 CPU 입장에서 이해해 보자.

1. 메모리의 힙 영역에서 number 변수에 해당하는 값을 가져온다.
2. 가져온 값에 1을 더한다.
3. 1이 더해진 새로운 값을 메모리의 힙 영역에 저장한다.

즉, 우리가 C# 코드로 작성한 한 줄의 코드는 CPU 입장에서 보면 3개의 작업으로 나뉜다. 이 규칙을 그림 6.14의 스레드 실행 방식과 결합해서 예제 6.22의 문제를 생각해 보면 다음과 같이 해석할 수 있다.

1. number 변수는 0으로 초기화돼 있다.
2. CPU 1번에서 t1 스레드를 실행한다. t1은 메모리로부터 number 변수의 값을 가져온다.
3. t1 스레드는 number 변수의 값에 1을 더한다(아직 저장을 하지 못했다).
4. CPU 1번에서 t1 스레드의 실행이 멈추고 t2 스레드를 선택해 실행한다.
5. t2 스레드는 메모리에서 number 변수의 값을 가져온다. 현재 number 변수가 가리키는 주소의 메모리에 있는 값은 0이다.
6. t2 스레드는 number 변수의 값에 1을 더한다.
7. t2 스레드는 1로 증가된 number 변수의 값을 메모리에 저장한다.
8. CPU 1번에서 t2 스레드의 실행이 멈추고 다시 t1 스레드를 선택해 실행한다.
9. t1 스레드는 마지막으로 3번 작업까지 수행했다. 따라서 1만큼 증가시켰던 number 변수의 값 1을 메모리에 저장한다.

t2 스레드가 7번 단계에서 메모리에 1을 기록하고, t1 스레드가 9번 단계에서 다시 메모리에 1을 기록한다. t1, t2 스레드에서 하나의 변수에 대해 2번의 더하기를 했지만 CPU가 스레드를 선택해서 실행하는 특성으로 인해 1번의 더하기 결과가 돼 버린 것이다. 바로 이것이 예제 6.22의 출력값이 언제나 예상했던 것보다 더 작은 수로 나오게 된 원인이다.

이런 상황을 일반적으로 '공유 리소스(shared resource)에 대한 스레드의 동기화(synchronization) 처리가 되지 않았다.'라고 표현한다. 예제 6.22에서 보면 공유 리소스에 해당하는 것은 number 필드다. 즉, 2개의 스레드가 number 필드에 동시에 접근하기 때문에 오동작이 발생한 것이다. 이를 해결하려면 공유 리소스에 대한 적절한 '동기화 처리'를 해야 한다. 동기화를 처리하는 데는 여러 가지 방법이 있지만, 이런 경우에는 number 필드를 한 순간에 오직 한 개의 스레드만 접근할 수 있게 만드는 수단이 필요하다.

바로 그러한 목적으로 BCL에서 제공하는 클래스가 Monitor다. 이를 이용해 예제 6.22에서 공유 자원에 접근하는 코드 앞뒤로 Monitor를 사용하면 문제가 해결된다.

**예제 6.23** Monitor 타입 사용 예

```
static void threadFunc(object inst)
{
    Program pg = inst as Program;

    for (int i = 0; i < 100000; i++)
    {
        Monitor.Enter(pg);

        try
        {
            pg.number = pg.number + 1;
        }
        finally
        {
            Monitor.Exit(pg);
        }
    }
}
```

Monitor.Enter/Exit 코드는 반드시 이런 패턴으로 사용하면 된다. Enter와 Exit 코드 사이에 위치한 모든 코드는 한 순간에 스레드 하나만 진입해서 실행할 수 있다는 점을 기억하자. 또한 Enter와 Exit 메서드의 인자로 전달하는 값은 반드시 참조형 타입의 인스턴스여야 한다. 이렇게 바뀐 후 스레드의 동작을 분석해 보면 문제가 해결된 이유를 알 수 있다.

1. number 변수는 0으로 초기화돼 있다.
2. CPU 1번에서 t1 스레드를 실행한다.
3. **Monitor.Enter 코드를 실행한다.** 이로 인한 결과로 t1은 pg 객체로부터 **잠금을 획득한다**(아직 pg에 대해 이전에 잠금을 획득한 스레드가 없었으므로 성공적으로 pg의 잠금을 획득한다).

4. t1은 메모리에서 number 변수의 값을 가져온다.

5. t1 스레드는 number 변수의 값에 1을 더한다(아직 저장하지 못했다).

6. CPU 1번에서 t1 스레드의 실행이 멈추고 t2 스레드를 선택해 실행한다.

7. **t2 스레드는 Monitor.Enter 코드를 실행한다.** 그런데 pg 객체의 잠금이 이미 t1에 의해 점유되고 있으므로 **t2 스레드는 잠금을 얻지 못한다.** 잠금을 얻지 못했기 때문에 t1 스레드가 잠금을 풀 때까지 스레드는 **대기 상태로 들어간다.**

8. CPU 1번에서 t2 스레드를 더는 실행할 수 없으므로 t1 스레드를 선택해 실행한다.

9. t1 스레드는 마지막으로 5번 작업까지 수행했다. 1만큼 증가시켰던 number 변수의 값을 메모리에 저장한다.

10. t1 스레드는 **Monitor.Exit 코드를 실행하면서 지정된 pg 객체의 잠금을 해제**한다.

11. CPU 1번에서 t1 스레드의 실행이 멈추고 t2 스레드를 선택해 실행한다.

12. t2 스레드는 t1 스레드가 pg 객체의 잠금을 해제했으므로 이제는 **Monitor.Enter에서 pg 객체의 잠금을 얻어서 진입**할 수 있다.

13. 메모리로부터 number 변수의 값을 가져오고 증가시킨 후 다시 메모리에 저장한다.

14. **Monitor.Exit 코드를 실행**한다. 이렇게 **pg 객체의 잠금을 해제**함으로써 다른 스레드가 pg 객체의 잠금을 얻을 수 있게 한다.

결과적으로 공유 객체에 대한 접근 코드가 스레드 하나에만 허용되기 때문에 정상적인 더하기 작업이 수행됐고, 이제는 예제 6.22에서 루프 수를 아무리 증가시켜도 정확히 그 수만큼의 정수가 출력되는 것을 확인할 수 있다.

부가적으로 C# 언어에서는 try/finally + Monitor.Enter/Exit 코드와 동일한 역할을 하는 lock 예약어를 제공한다. 예제 6.23의 Monitor 예제를 lock을 이용해 바꾸면 다음과 같다.

```
static void threadFunc(object inst)
{
    Program pg = inst as Program;

    for (int i = 0; i < 100000; i++)
    {
        lock (pg)
        {
            pg.number = pg.number + 1;
        }
    }
}
```

구문은 바뀌었지만 lock 예약어를 사용한 블록은 C# 컴파일러에 의해 최종적으로는 try/finally + Monitor.Enter/Exit 코드로 바뀌기 때문에 완전히 동일하다. 대개의 경우 코드가 간결하다는 이유로 lock 예약어를 이용한 구문이 더 선호된다.

예제 6.22의 코드를 다음과 같이 약간만 변경해 보자. 같은 기능을 하지만 단지 number 필드를 담은 별도의 클래스를 생성하고 캡슐화 원칙에 맞게 number 필드를 객체 외부에서 직접 접근하지 못하게 하고 있다.

```
class MyData
{
    int number = 0;

    public int Number { get { return number; } }

    public void Increment()
    {
        number++;
    }
}

class Program
{
    static void Main(string[] args)
    {
        MyData data = new MyData();

        Thread t1 = new Thread(threadFunc);
        Thread t2 = new Thread(threadFunc);

        t1.Start(data);
        t2.Start(data);

        t1.Join();
        t2.Join();

        Console.WriteLine(data.Number);
    }
```

```
    static void threadFunc(object inst)
    {
        MyData data = inst as MyData;

        for (int i = 0; i < 100000; i++)
        {
            data.Increment();
        }
    }
}
```

보다시피 Increment 메서드에는 아무런 동기화 기능도 제공하지 않았다. 많은 문서에서 이런 메서드를 일컬어 '스레드에 안전하지 않은(not thread-safe) 메서드'라고 표현한다. 물론 Increment가 '스레드에 안전한(thread-safe) 메서드'가 되려면 앞에서 설명한 대로 동기화 코드를 추가해야 한다.

예제 6.24 스레드에 안전한 메서드

```
class MyData
{
    int number = 0;

    public object _numberLock = new object();

    public int Number { get { return number; } }

    public void Increment()
    {
        lock (_numberLock)
        {
            number++;
        }
    }
}
```

여러분이 사용하는 특정 타입의 메서드가 스레드에 안전하지 않게 구현됐다고 가정해 보자. 그런데 여러 스레드에서 그 타입에 동시에 접근해서 메서드를 호출한다면 어떻게 될까? 당연히 예제 6.22와 유사한 동기화 문제가 발생한다. 스레드에 안전하지 않은 메서드를 다중 스레드에서 접근한다면 반드시 동기화 처리를 해야 한다. 처리 방법은 그 타입의 소스코드를 변경할 수 있느냐에 따라 달라진다. 만약 그 타입에 대한 소스코드를 가지고 있다면 예제 6.24처럼 lock 예약어를 사용해 코드를 직접 수정할 수 있다. 반면 이런 식으로 소스코드를 고치지 못한다면 그 타입을 사용하는 외부에서 스레드에 안전하지 않은 메서드를 호출할 때마다 예제 6.25의 경우처럼 동기화 코드를 수행하는 수밖에 없다.

**예제 6.25 스레드에 안전하지 않은 메서드를 외부에서 안전하게 사용하는 방법**

```
static void threadFunc(object inst)
{
    MyData data = inst as MyData;

    for (int i = 0; i < 100000; i++)
    {
        lock (data)
        {
            data.Increment();
        }
    }
}
```

마이크로소프트의 모든 BCL 도움말에는 해당 타입의 메서드에 대한 스레드 안전성(thread safety) 여부를 명시하고 있다. 예를 들어, ArrayList에 대한 타입의 도움말을 마이크로소프트의 docs 웹 사이트에서 찾아보면 다음과 같은 설명이 나온다.

ArrayList

https://learn.microsoft.com/en-us/dotnet/api/system.collections.arraylist

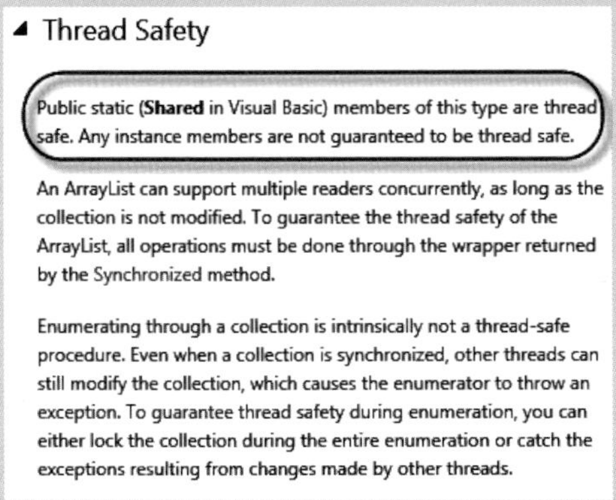

◢ Thread Safety

Public static (**Shared** in Visual Basic) members of this type are thread safe. Any instance members are not guaranteed to be thread safe.

An ArrayList can support multiple readers concurrently, as long as the collection is not modified. To guarantee the thread safety of the ArrayList, all operations must be done through the wrapper returned by the Synchronized method.

Enumerating through a collection is intrinsically not a thread-safe procedure. Even when a collection is synchronized, other threads can still modify the collection, which causes the enumerator to throw an exception. To guarantee thread safety during enumeration, you can either lock the collection during the entire enumeration or catch the exceptions resulting from changes made by other threads.

간단하게 해석하자면 ArrayList 타입의 모든 정적 멤버는 다중 스레드 접근에 안전하지만, 인스턴스 멤버는 다중 스레드로 접근했을 때 안전하지 않다는 의미다. 사실 ArrayList만 그런 것이 아니다. 마이크로소프트에서 만든 거의 모든 BCL에 대해 이와 동일한 정책이 적용된다.

그런데 왜 모든 메서드를 처음부터 스레드에 안전한 방식으로 만들지 않는 걸까? 그 이유는 성능 문제 때문이다. ArrayList의 객체를 다중 스레드에서 사용하는 경우라면 당연히 lock 보호 장치가 들어가야 하겠지만, 대부분의 경우 단일 스레드에서만 접근하기 때문에 부수적인 lock 보호 장치는 성능상 좋지 않다. 결국 BCL의 모든 타입을 사용할 때는 인스턴스 멤버에 대해 기본적으로 스레드에 안전하지 않다는 점을 염두에 두고, 동기화가 필요할 때는 개발자가 직접 예제 6.25처럼 외부에서 처리해야 한다.

### 6.6.3 System.Threading.Interlocked

Interlocked 타입은 정적 클래스다. 다중 스레드에서 공유자원을 사용하는 몇몇 패턴에 대해서는 명시적인 동기화 작업을 필요 없게 만드는 정적 메서드를 제공한다. 예를 들어, 32비트/64비트 숫자형 타입의 더하기 및 증가/감소와 같은 일부 연산에 대해서는 lock(또는 Monitor)을 사용하지 않고도 Interlocked 타입을 이용해 처리할 수 있다. 따라서 예제 6.24는 Interlocked를 이용해 더욱 간단하게 구현할 수 있다.

```
class MyData
{
    int number = 0;

    public int Number { get { return number; } }

    public void Increment()
    {
        Interlocked.Increment(ref number);
    }
}
```

Interlocked 타입의 정적 메서드로 제공되는 연산의 단위를 '원자적 연산(atomic operation)'이라 한다. 일반적으로 '원자'란 더 이상 쪼갤 수 없는 단위를 일컫는데, 원자적 연산도 같은 맥락으로 이해할 수 있다. 즉, 원자적 연산이란 하나의 스레드가 그 연산 상태에 들어갔을 때 그 연산은 더는 나뉠 수 없는 단일 연산으로 취급받기 때문에 다른 스레드가 중간에 개입할 수 없음을 의미한다.

예를 들어 보자. 다음 코드는 원자적일까? 아닐까?

```
n = 1; // n은 Int32 타입
```

답은 원자적 연산이다. 하나의 스레드가 메모리에 1이라는 값을 쓰는 동안 다른 스레드가 그 중간에 끼어들 수 없다. 그렇다면 다음 코드는 32비트 운영체제에서 원자적일까? 아닐까?

```
n = 5; // n은 Int64 타입
```

답은 원자적 연산이 아니다. 왜냐하면 32비트 운영체제에서는 한 번에 32비트 단위만큼의 연산만 수행할 수 있기 때문이다. Int64 타입에 5를 대입하면 다음과 같이 2번의 연산으로 나뉜다.

1. 메모리의 하위 32비트에 0x00000000을 쓴다.
2. 메모리의 상위 32비트에 0x05000000을 쓴다.

따라서 A 스레드가 1번 연산을 수행하고 2번 연산으로 들어가기 전에 운영체제에 의해 실행이 중단되고, 이어서 B 스레드가 변수 n에서 값을 읽는다면 5가 아닌 값을 얻게 된다. Interlocked 타입은 이러한 대입 연산을 원자적 단위로 수행할 수 있는 정적 메서드를 제공한다.

```
long n = 0;

Interlocked.Exchange(ref n, 5);
```

위의 코드는 n = 5를 수행하는 것과 같다. 단지 32비트/64비트 컴퓨터에 상관없이 64비트의 long 타입에 값을 대입하는 작업을 원자적 단위로 수행할 뿐이다.

정리하면, lock 구문의 블록에 있는 모든 연산은 논리적으로 원자적 연산에 속한다. 스레드 입장에서 lock 블록의 코드가 실행되는 동안 다른 스레드가 절대 그 연산의 중간에 끼어들 수 없다. 그리고 몇몇 단순한 유형의 연산에 대해서는 복잡한 lock 구문 대신 Interlocked 타입으로 대체할 수 있다.

### 6.6.4 System.Threading.ThreadPool

스레드의 동작 방식은 Thread 타입의 생성자에 전달되는 메서드의 코드 유형에 따라 크게 두 가지로 나뉜다.

1. 상시 실행

   스레드가 일단 생성되면 비교적 오랜 시간 동안 생성돼 있는 유형이다. 예를 들어, 특정 디렉터리의 변화를 감시하는 스레드가 필요하다면 이는 그 동작이 필요 없어질 때까지 스레드가 유지돼야 한다. 대개의 경우 무한 루프를 가지고 있다.

2. 일회성의 임시 실행

   특정 연산만을 수행하고 바로 종료하는 유형이다. 예제 6.21, 예제 6.22의 경우가 좋은 예다.

1번 유형을 위해 스레드를 생성하고 유지하는 것은 당연하겠지만, 2번 유형 때문에 매번 스레드를 생성하는 것은 다소 불편할 수 있다. 임시적인 목적으로 언제든 원하는 때에 스레드를 사용할 수 있다면 좋을 텐데, CLR은 이런 용도로 사용할 수 있는 기본적인 스레드 풀(thread pool)을 마련해 뒀다. 프로그래밍에서 풀(pool)이라는 용어는 일반적으로 '재사용할 수 있는 자원의 집합'을 의미한다. 따라서 스레드 풀이라고 하면 필요할 때마다 스레드를 꺼내 쓰고 필요없어지면 다시 풀에 스레드가 반환되는 기능을 일컫는다.

CLR은 닷넷 응용 프로그램에서 기본적으로 사용될 수 있는 스레드 풀의 기능을 ThreadPool 타입을 통해 제공한다. 이를 이용해 예제 6.22의 코드를 다음과 같이 바꿀 수 있다.

**예제 6.26** ThreadPool을 이용한 예

```
// 생략: MyData

class Program
{
    static void Main(string[] args)
    {
        MyData data = new MyData();

        ThreadPool.QueueUserWorkItem(threadFunc, data);
        ThreadPool.QueueUserWorkItem(threadFunc, data);

        Thread.Sleep(1000);

        Console.WriteLine(data.Number);
    }

    // threadFunc 생략
}
```

보다시피 스레드 생성 코드가 생략됐다. 대신 스레드 생성자에 전달됐던 메서드를 곧바로 ThreadPool 타입의 QueueUserWorkItem 메서드에 전달하고 있다. 이렇게 두 번을 호출했기 때문에 스레드 풀에는 2개의 스레드가 자동으로 생성되고 각 스레드에 threadFunc 메서드가 할당되어 실행된다.

그렇다면 일회성으로 스레드가 필요한 경우 직접 Thread 객체를 만들어 실행할지, 아니면 ThreadPool에 맡겨서 실행할지 결정할 때의 기준은 무엇일까? 사실 일반적인 상황에서는 스레드 객체를 생성하는 귀찮음만 감수한다면 어떤 방식으로 사용해도 무방하다. 특별히 ThreadPool이 더욱 효율적이라고 판단되는 상황을 가려내자면 내부 동작 방식을 이해하는 것이 도움이 된다. 예제 6.26의 경우를 예로 들어보자.

1. ThreadPool은 프로그램 시작과 함께 0개의 스레드를 가지며 생성된다.
2. 첫 번째 QueueUserWorkItem을 호출했을 때 ThreadPool에 자동으로 1개의 스레드를 생성해 threadFunc을 할당해 실행한다.
3. 두 번째 QueueUserWorkItem을 호출했을 때 ThreadPool에 일하고 있지 않은 스레드가 있는지 확인한다. 그런 스레드가 있다면 threadFunc을 할당해서 수행시킨다. 없다면 새롭게 스레드를 생성하고 threadFunc을 할당해 실행한다. 예제 6.26의 경우 여유 스레드가 없기 때문에 새로운 스레드가 생성된다.
4. 현재 2개의 스레드가 생성됐고 각 스레드에 할당된 threadFunc 작업이 수행된다.
5. threadFunc 메서드의 실행을 마친 스레드는 곧바로 종료되지 않고 스레드 풀에 일정 시간 동안 보관된다. 보관돼 있는 시간 동안 다시 QueueUserWorkItem이 실행되어 스레드가 필요해지면 곧바로 활성화되어 주어진 메서드를 실행한다.
6. 일정 시간 동안 재사용되지 않는다면 스레드는 풀로부터 제거되어 완전히 종료된다.

즉, 한번 생성된 스레드는 일정 시간 동안 재사용된다는 점이 ThreadPool의 주요 특징 중 하나다. 여기서 스레드가 운영체제의 커널 자원으로 생성된다는 점을 염두에 둘 필요가 있다. 이는 스레드 하나를 생성/종료하는 데 소비되는 CPU 사용량이 크다는 것을 의미한다. 따라서 스레드를 자주 생성해서 사용하는 프로그램이 있다면 매번 Thread 객체를 생성하기보다는 ThreadPool로부터 재사용했을 때 더 나은 성능을 보인다.

### 6.6.5 System.Threading.EventWaitHandle

EventWaitHandle은 Monitor 타입처럼 스레드 동기화 수단의 하나다. 스레드로 하여금 이벤트(event)를 기다리게 만들 수 있고, 다른 스레드에서는 원하는 이벤트를 발생시키는 시나리오에 적합하다. 이때 이벤트 객체는 딱 두 가지 상태만 갖는데, Signal과 Non-Signal로 나뉘고 서로 간의 상태 변화는 Set, Reset 메서드로 전환할 수 있다.

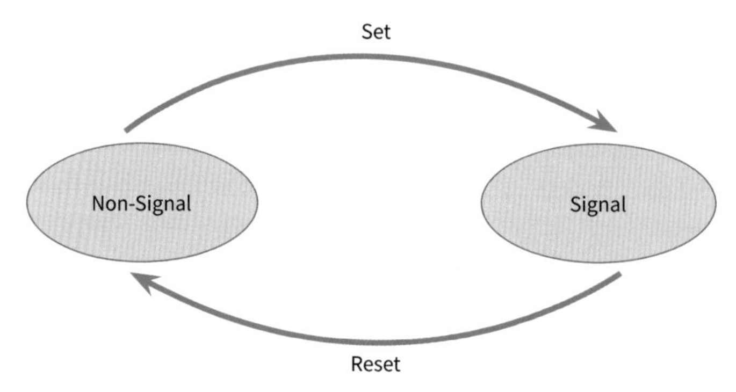


그림 6.15 이벤트 객체의 상태 변화

이와 함께 이벤트 객체는 WaitOne 메서드를 제공한다. 어떤 스레드가 WaitOne 메서드를 호출하는 시점에 이벤트 객체가 Signal 상태이면 메서드에서 곧바로 제어가 반환되지만, Non-Signal 상태였다면 이벤트 객체가 Signal 상태로 바뀔 때까지 WaitOne 메서드는 제어를 반환하지 않는다. 즉, 스레드는 더는 실행하지 못하고 대기 상태로 빠진다.

이 같은 이벤트 객체의 동작 방식을 어떻게 활용할 수 있을까? 한 가지 예를 들면, 앞에서 배운 Thread 객체의 Join 메서드가 하는 동작을 유사하게 구현할 수 있다. 다음은 예제 6.19에서 Join 메서드를 제거하고 EventWaitHandle로 대체한 예제다.

```
class Program
{
    static void Main(string[] args)
    {
        // Non-Signal 상태의 이벤트 객체 생성
        // 생성자의 첫 번째 인자가 false이면 Non-Signal 상태로 시작
        //                         true이면 Signal 상태로 시작
        EventWaitHandle ewh =
                        new EventWaitHandle(false, EventResetMode.ManualReset);

        Thread t = new Thread(threadFunc);
        t.IsBackground = true;
        t.Start(ewh);
```

```
        // Non-Signal 상태에서 WaitOne을 호출했으므로 Signal 상태로 바뀔 때까지 대기
        ewh.WaitOne();
        Console.WriteLine("주 스레드 종료!");
    }

    static void threadFunc(object state)
    {
        EventWaitHandle ewh = state as EventWaitHandle;

        Console.WriteLine("60초 후에 프로그램 종료");
        Thread.Sleep(1000 * 60); // 60초 동안 실행 중지
        Console.WriteLine("스레드 종료!");

        // Non-Signal 상태의 이벤트를 Signal 상태로 전환
        ewh.Set();
    }
}
```

Main 메서드를 실행하고 있는 스레드는 ewh.WaitOne을 호출하면서 해당 이벤트 객체가 Signal 상태로 바뀌기를 기다린다. 다른 스레드에서 실행되던 threadFunc 메서드가 시간이 지나 ewh.Set 메서드를 호출해 이벤트의 상태를 Signal로 바꾸면 Main 메서드를 실행하던 스레드는 대기 상태에서 깨어나 실행을 계속하게 된다. 말 그대로 스레드 간에 신호를 전달하는 역할을 담당한다.

Join 메서드의 역할을 EventWaitHandle 객체로 우회해서 구현할 수 있기 때문에 이를 응용해 ThreadPool의 단점을 보완할 수 있다. 예제 6.26을 보면 스레드의 Join 메서드를 호출할 수 없었기 때문에 동작의 완료 여부를 알 수 없어 임시로 Thread.Sleep 메서드를 이용했던 것을 EventWaitHandle을 이용하면 완전하게 개선할 수 있다.

예제 6.27 개선된 ThreadPool의 사용 예

```
using System.Collections;

// 생략: MyData

class Program
{
    static void Main(string[] args)
    {
```

```
        MyData data = new MyData();

        Hashtable ht1 = new Hashtable();
        ht1["data"] = data;
        ht1["evt"] = new EventWaitHandle(false, EventResetMode.ManualReset);
        // 데이터와 함께 이벤트 객체를 스레드 풀의 스레드에 전달한다.
        ThreadPool.QueueUserWorkItem(threadFunc, ht1);

        Hashtable ht2 = new Hashtable();
        ht2["data"] = data;
        ht2["evt"] = new EventWaitHandle(false, EventResetMode.ManualReset);
        // 데이터와 함께 이벤트 객체를 스레드 풀의 스레드에 전달한다.
        ThreadPool.QueueUserWorkItem(threadFunc, ht2);

        // 2개의 이벤트 객체가 Signal 상태로 바뀔 때까지 대기한다.
        (ht1["evt"] as EventWaitHandle).WaitOne();
        (ht2["evt"] as EventWaitHandle).WaitOne();

        Console.WriteLine(data.Number);
    }

    static void threadFunc(object inst)
    {
        Hashtable ht = inst as Hashtable;

        MyData data = ht["data"] as MyData;

        for (int i = 0; i < 100000; i++)
        {
            data.Increment();
        }

        // 주어진 이벤트 객체를 Signal 상태로 전환한다.
        (ht["evt"] as EventWaitHandle).Set();
    }
}
```

QueueUserWorkItem이 1개의 인자만을 스레드 메서드에 전달하도록 허용하기 때문에 Hashtable을 이용해 인자를 담아 전달하는 식으로 바뀌어 소스코드가 좀 복잡해졌다. 그런 차이를 제외한다면 동작은 예제 6.26과 완전히 동일하다.

이벤트는 크게 수동 리셋(manual reset) 이벤트와 자동 리셋(auto reset) 이벤트로 나뉜다. 두 리셋 방식의 차이점을 간단하게 설명하면 EventWaitHandle.Set 메서드를 호출해 Signal 상태로 전환된 이벤트가 Non-Signal 상태로 자동으로 전환되느냐 아니냐에 있다. 즉, Set을 호출한 후 자동으로 Non-Signal로 돌아오면 자동 리셋 이벤트이고, 명시적으로 개발자가 Reset 메서드를 호출해야 Non-Signal로 돌아오면 수동 리셋 이벤트다. 예제 6.27에서는 EventWaitHandle 생성자의 2번째 인자에 ManualReset을 전달함으로써 수동 리셋 이벤트를 생성하고 있다. 이 때문에 한번 Set이 호출된 이후로 항상 Signal 상태에 머문다. 다행히 예제 6.27의 경우 작업의 종료 여부를 판단하는 목적으로만 이벤트를 사용하는 것이므로 수동 리셋 이벤트가 적합하다. 하지만 한번 생성된 이벤트를 재사용해야 한다면 다시 Non-Signal 상태로 바꿔야 하므로 상황에 따라 자동 또는 수동 리셋을 적절하게 선택해야 한다.

자동 리셋과 수동 리셋의 차이점을 정확하게 이해하기 위해 3개의 스레드가 같은 이벤트를 사용해 동기화되는 상황을 가정해 보자.

1. A 스레드는 이벤트에 대해 WaitOne을 호출해서 대기한다.
2. B 스레드도 이벤트에 대해 WaitOne을 호출해서 대기한다.
   (현재 2개의 스레드가 같은 이벤트를 이용해 Signal 상태로 바뀌기만을 기다리고 있다.)
3. C 스레드는 이벤트 객체의 Set 메서드를 호출함으로써 Signal 상태로 바꾼다.

이 상황에서 사용된 이벤트가 자동 리셋 이벤트라면 3번의 Set 메서드로 인해 깨어나는 스레드는 A 또는 B 중 하나가 된다. 즉, 대기하고 있던 단 1개의 스레드만을 깨운 후 곧바로 Non-Signal 상태로 바꿔어 버리는 특성이 있다. 대기하고 있던 스레드가 없다면 그에 상관없이 Non-Signal 상태로 바뀐다. 그런데 수동 리셋 이벤트라면 상황이 바뀐다. Set 메서드는 이벤트를 Signal 상태로 바꾸고 A 스레드와 B 스레드가 모두 깨어날 수 있게 한다. 여기서 관건은 얼마나 빨리 EventWaitHandle 타입의 Reset 메서드를 호출하느냐다. 만약 C 스레드가 Set 메서드를 호출한 후 곧바로 Reset 메서드를 이어서 호출했다면 확률적으로 A 또는 B 스레드 중 하나만 깨어날 수도 있고 모두 깨어날 수도 있다. 즉, 수동 리셋 이벤트의 특징은 명시적인 Reset 메서드를 호출하기까지 이벤트의 Signal 상태를 지속시킨다는 점이다.

### 6.6.6 비동기 호출

비동기 호출(asynchronous call)이란 '동기 호출(synchronous call)'과 대비되는 개념이다. 일반적으로 비동기 호출은 입출력(I/O) 장치와 연계되어 설명할 때가 많다. 예를 들어, 파일의 데이터를 읽는 작업을 보자.

예제 6.28 동기 방식의 파일 읽기

```
// HOSTS 파일을 읽어서 내용을 출력한다.
using (FileStream fs =
        new FileStream(@"C:\windows\system32\drivers\etc\HOSTS", FileMode.Open, FileAccess.Read,
FileShare.ReadWrite))
{
    byte[] buf = new byte[fs.Length];
    fs.Read(buf, 0, buf.Length);

    string txt = Encoding.UTF8.GetString(buf);
    Console.WriteLine(txt);
}
```

여기서 FileStream.Read 메서드는 동기 호출에 속한다. 즉, Read 메서드는 디스크의 파일로부터 데이터를 모두 읽기 전까진 제어를 반환하지 않는다. 이 때문에 다른 말로 동기 호출을 블로킹 호출(blocking call)이라고도 한다. 그림 6.16에서 볼 수 있듯이 스레드가 메서드를 호출한 다음 디스크 I/O가 완료될 때까지는 실행이 차단(block)되므로 그런 이름이 붙은 것이다.

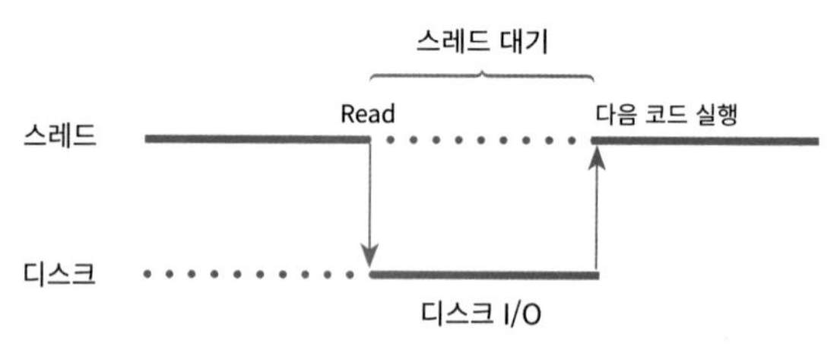


그림 6.16 동기 호출 - 파일 읽기

쉽게 말해서 느린 디스크 I/O가 끝날 때까지 스레드는 아무 일도 못하고 놀게 된다는 것을 의미한다.

이런 동기 호출의 단점을 해결하기 위해 비동기 호출이 제공된다. FileStream은 비동기 호출을 위해 Read/Write 메서드에 대해 각각 BeginRead/EndRead, BeginWrite/EndWrite 메서드를 쌍으로 제공한다. 예제 6.28의 동기 호출을 비동기로 바꾸면 다음과 같다.

예제 6.29 비동기 방식의 파일 읽기

```
using System.Text;

class FileState
{
    public byte[] Buffer;
    public FileStream File;
}

class Program
{
    static void Main(string[] args)
    {
        FileStream fs =
         new FileStream(@"C:\windows\system32\drivers\etc\HOSTS", FileMode.Open, FileAccess.Read,
FileShare.ReadWrite, 4096, true);

        FileState state = new FileState();
        state.Buffer = new byte[fs.Length];
        state.File = fs;

        fs.BeginRead(state.Buffer, 0, state.Buffer.Length, readCompleted, state);

        // BeginRead 비동기 메서드 호출은 스레드로 곧바로 제어를 반환하기 때문에
        // 이곳에서 자유롭게 다른 연산을 동시에 진행할 수 있다.

        Console.ReadLine();
        fs.Close();
    }

    // 읽기 작업이 완료되면 메서드가 호출된다.
    static void readCompleted(IAsyncResult ar)
    {
        FileState state = ar.AsyncState as FileState;
        state.File.EndRead(ar);

        string txt = Encoding.UTF8.GetString(state.Buffer);
        Console.WriteLine(txt);
    }
}
```

BeginRead 메서드는 디스크로부터 파일 데이터를 읽어낼 때까지 기다리지 않고 곧바로 스레드에 제어를 반환한다. 따라서 스레드는 이후의 코드를 끊김 없이 실행할 수 있다. 원하던 대로 스레드가 쉬지 않고 다른 일을 할 수 있게 된 것이다. 그리고 읽기 작업이 완료되면 CLR은 ThreadPool로부터 유휴 스레드를 하나 얻어와 그 스레드에 readCompleted 메서드의 실행을 맡긴다. 여기서 중요한 것은 BeginRead를 호출한 스레드를 전혀 방해하지 않는다는 점이다.

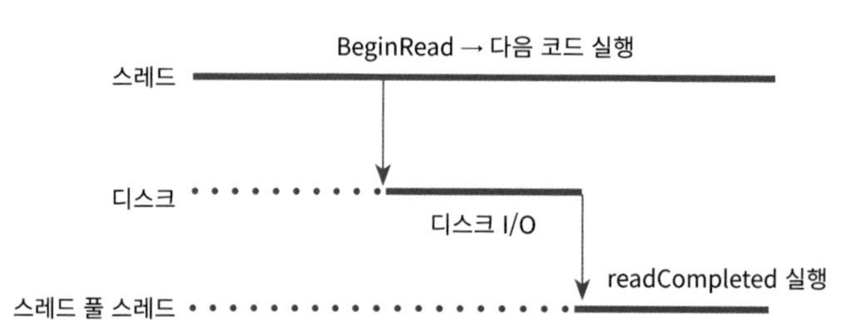


그림 6.17 비동기 호출 - 파일 읽기

비동기 호출은 I/O 연산이 끝날 때까지 차단되지 않으므로 논블로킹 호출(non-blocking call)이라고도 한다.

그런데 비동기 호출이 그동안 배웠던 스레드를 직접 사용한 방식이나 ThreadPool.QueueUserWorkItem을 사용한 것과는 어떤 차이가 있을까? 비교를 위해 예제 6.29를 스레드 풀을 직접 사용하는 예제로 바꾸면 다음과 같다.

```
using System.Text;

class Program
{
    static void Main(string[] args)
    {
        ThreadPool.QueueUserWorkItem(readCompleted);

        // QueueUserWorkItem 메서드 호출은 곧바로 제어를 반환하기 때문에
        // 이곳에서 자유롭게 다른 연산을 동시에 진행할 수 있다.

        Console.ReadLine();
    }

    // 읽기 작업을 스레드 풀에 대행한다.
    static void readCompleted(object state)
```

```
    {
        using (FileStream fs =
        new FileStream(@"C:\windows\system32\drivers\etc\HOSTS", FileMode.Open, FileAccess.Read,
FileShare.ReadWrite))
        {
            byte[] buf = new byte[fs.Length];
            fs.Read(buf, 0, buf.Length);

            string txt = Encoding.UTF8.GetString(buf);
            Console.WriteLine(txt);
        }
    }
}
```

얼핏 보면 효과는 동일하다. 읽기 작업을 동기 호출로 ThreadPool의 스레드에 대행했으므로 QueueUserWorkItem 메서드를 호출한 측의 스레드는 다른 작업을 할 수 있다. 하지만 이를 자세히 보면 분명한 차이가 있다.

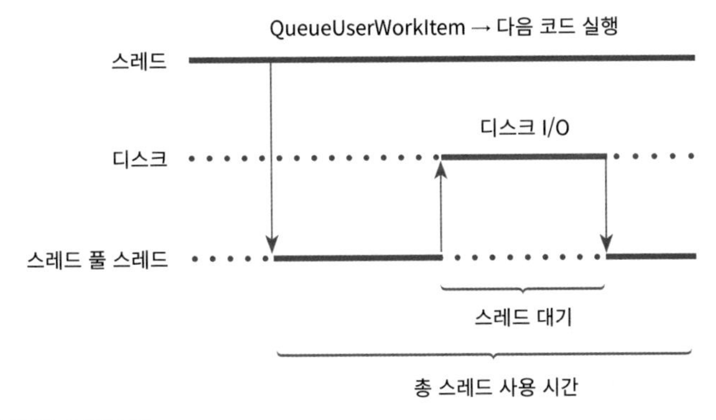


그림 6.18 동기 호출을 사용한 스레드 풀

최초의 스레드가 자유롭게 된 상황은 같지만, 스레드 풀로부터 빌려온 스레드의 사용 시간이 그림 6.17보다 길어졌다. 그런데 정말 이것이 크게 의미가 있는 걸까?

결론부터 말하면, 일반적인 목적의 응용 프로그램에서 QueueUserWorkItem과 비교했을 때 비동기 호출로 얻는 이득은 크지 않다. 이 정도의 차이가 의미가 있는 경우는 동시 접속자 수가 많은 게임 서버나 웹 서버 등이 있다. 당분간 여러분이 만들게 될 프로그램은 이런 부류에 속하지 않으므로 비동기 호출의 개념만 이해하고 이 절을 넘어가도 좋다.

### 6.6.7 System.Delegate의 비동기 호출

일반적으로 비동기 호출은 입출력 장치와의 속도 차이에서 오는 비효율적인 스레드 사용 문제를 극복하는 데 사용된다. 그런데 닷넷에서는 특이하게도 입출력 장치뿐만 아니라 일반 메서드에 대해서도 비동기 호출을 할 수 있는 수단을 제공하는데, 다름 아닌 델리게이트가 그런 역할을 한다. 즉, 메서드를 델리게이트로 연결해 두면 이미 비동기 호출을 위한 기반이 마련된 것이나 다름없다.

예를 들기 위해 누적합을 구하는 메서드에 대한 델리게이트를 보자.

```
public class Calc
{
    public static long Cumsum(int start, int end)
    {
        long sum = 0;

        for (int i = start; i <= end; i++)
        {
            sum += i;
        }

        return sum;
    }
}

class Program
{
    public delegate long CalcMethod(int start, int end);

    static void Main(string[] args)
    {
        CalcMethod calc = new CalcMethod(Calc.Cumsum);

        long result = calc(1, 100);
        Console.WriteLine(result); // 출력 결과: 5050
    }
}
```

위의 코드에서 calc 델리게이트 수행은 당연히 현재의 스레드에서 수행된다.

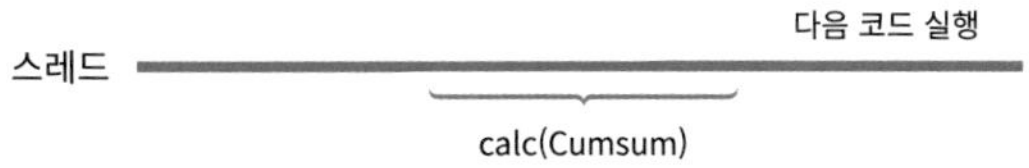

다음 코드 실행

스레드

calc(Cumsum)

그림 6.19 단일 스레드에서 수행되는 메서드 호출

하지만 델리게이트의 비동기 호출을 위한 메서드(BeginInvoke/EndInvoke)를 사용하면 calc 인스턴스에 할당된 Calc.Cumsum 메서드의 수행을 ThreadPool의 스레드에서 실행할 수 있다. 다음은 이러한 사용법을 보여준다.

```
// 생략: Calc 타입

class Program
{
    public delegate long CalcMethod(int start, int end);

    static void Main(string[] args)
    {
        CalcMethod calc = new CalcMethod(Calc.Cumsum);

        // Delegate 타입의 BeginInvoke 메서드를 호출한다.
        // 이 때문에 Calc.Cumsum 메서드는 ThreadPool의 스레드에서 실행된다.
        IAsyncResult ar = calc.BeginInvoke(1, 100, null, null);

        // BeginInvoke로 반환받은 IAsyncResult 타입의 AsyncWaitHandle 속성은 EventWaitHandle 타입
이다.
        // AsyncWaitHandle 객체는 스레드 풀에서 실행된 Calc.Cumsum의 동작이 완료됐을 때 Signal 상
태로 바뀐다.
        // 따라서 아래와 같이 호출하면 Calc.Cumsum 메서드 수행이 완료될 때까지 현재 스레드를 대기
시킨다.
        ar.AsyncWaitHandle.WaitOne();

        // Calc.Cumsum의 반환값을 얻기 위해 EndInvoke 메서드를 호출한다.
        // 반환값이 없어도 EndInvoke는 반드시 호출하는 것을 권장한다.
        long result = calc.EndInvoke(ar);

        Console.WriteLine(result);
    }
}
```

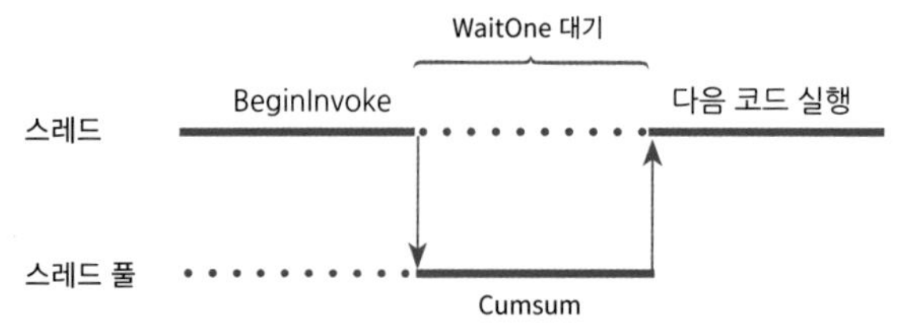


그림 6.20 ThreadPool의 스레드에서 실행되는 델리게이트

얼핏 보면 BeginInvoke와 EndInvoke의 사용이 복잡해 보일 수 있다. 하지만 동일한 기능을 Thread 타입이나 EventWaitHandle과 ThreadPool의 조합으로 구현했던 것과 비교하면 소스코드가 더 간결하다는 사실을 알 수 있다.

Delegate를 이용한 비동기 코드는 FileStream.BeginRead를 사용했던 예제 6.29와 같은 방식도 지원한다. 방법도 매우 유사한데 BeginInvoke의 3번째 인자에 콜백 메서드를 지정해 주면 된다.

예제 6.30 FileStream의 비동기 호출과 유사한 Delegate의 비동기 호출

```
// 생략: Calc 타입

class Program
{
    public delegate long CalcMethod(int start, int end);

    static void Main(string[] args)
    {
        CalcMethod calc = new CalcMethod(Calc.Cumsum);

        calc.BeginInvoke(1, 100, calcCompleted, calc);

        Console.ReadLine();
    }

    static void calcCompleted(IAsyncResult ar)
    {
        CalcMethod calc = ar.AsyncState as CalcMethod;
        long result = calc.EndInvoke(ar);

        Console.WriteLine(result);
    }
}
```

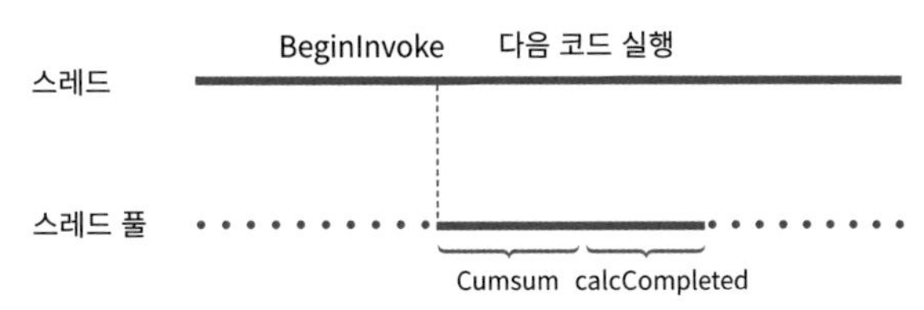


그림 6.21 콜백 메서드를 지정한 Delegate의 비동기 호출

닷넷 BCL에서 제공되는 클래스 중에 Begin/End 접두사가 있는 메서드가 함께 제공된다면 비동기 호출을 의미하는 것이며, 그에 대한 사용법은 이번 절에서 배운 Delegate의 사용법에 준한다.[5]

## 6.7 네트워크 통신

사람과 사람 사이도 예전부터 '전화'라는 통신 수단을 통해 네트워크에 연결돼 있었다. 개인이 소유한 전화는 고유한 '전화번호'가 할당돼 있고, 따라서 상대방과 통화하려면 그 사람이 소유한 전화기의 전화번호를 누르면 된다. 그런데 일반적으로 사람들은 전화번호를 외우는 것보다 '사람 이름'을 기억하는 것이 더 쉽다. 그래서 '전화번호부'를 가지고 있으면서 특정인에게 전화를 걸어야 할 때 전화번호부에서 통화하려는 사람에 대응되는 전화번호를 찾아 전화를 걸게 된다. 이 과정을 도식화하면 다음과 같다.

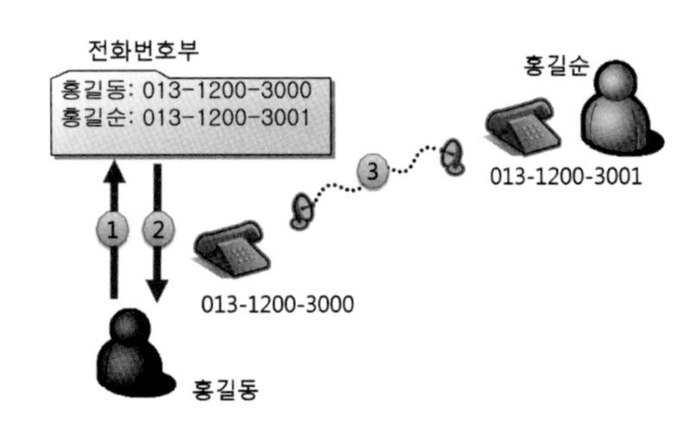


그림 6.22 전화를 이용한 사람 간의 통신

1. 홍길동은 홍길순에게 전화를 걸기 위해 전화번호부에서 홍길순을 찾는다.
2. 홍길순의 전화번호가 013-1200-3001임을 알아낸다.
3. 전화기를 이용해 013-1200-3001 번호를 눌러 홍길순과 통화한다.

5 C# 5부터 async/await 구문이 제공되면서 현재는 Delegate를 이용한 비동기 호출은 거의 사용하지 않게 되었다.

재미있게도 이 방법은 컴퓨터 간의 통신에도 그대로 적용된다. 대신 용어만 다음과 같이 바뀐다.

표 6.15 전화 통신과 컴퓨터 통신의 비교

| 전화 통신 | 컴퓨터 통신 | 설명 |
|---|---|---|
| **전화기** | 네트워크 어댑터 (Network Adapter) | 컴퓨터에 보통 LAN 카드라고 내장돼 있는 것이 네트워크 어댑터에 해당한다. |
| **전화번호** | IP 주소 (IP Address) | IP 주소는 4바이트의 숫자다. 하지만 4바이트 숫자를 표기하는 것은 인간 입장에서 쉽게 인식할 수 없으므로 1바이트씩 점(.)을 이용해 나눠서 표기한다. 예를 들어, 10.10.10.200과 같은 식이다(각 자리의 수가 1바이트이므로 0 ~ 255 사이의 값을 갖는다). |
| **사람 이름** | 도메인 이름 (Domain Name) | 4개의 숫자로 나눠서 IP 주소를 표기하는 것도 인간 입장에서는 쉽게 기억할 수 없다. 따라서 IP 주소마다 이름을 부여해서 관리한다. |
| **전화번호부** | 도메인 네임 서버 (Domain Name Server) | 도메인 이름과 그에 대응되는 IP 주소 정보를 보관하고 있는 컴퓨터 |

따라서 그림 6.22의 상황은 컴퓨터 간의 통신에서 다음과 같이 바뀐다.

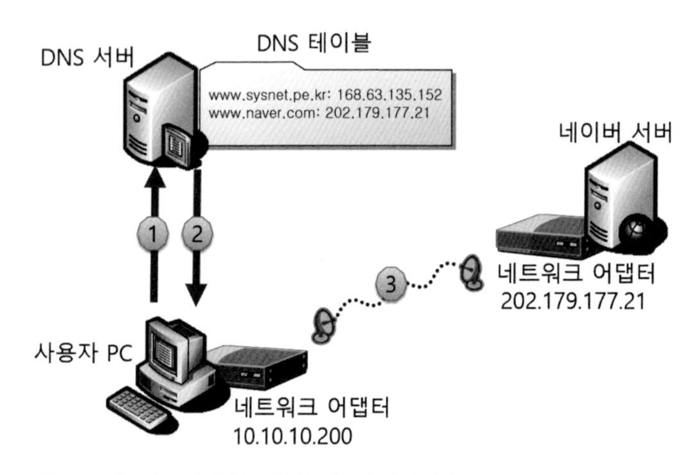


그림 6.23 네트워크 어댑터를 이용한 컴퓨터 간의 통신

1. 사용자 PC는 네이버에 접속하고자 한다. 이때 사용자는 네이버의 도메인 네임이 www.naver.com인 것을 알고 있으며, DNS 서버에 그에 해당하는 IP 주소를 요청한다.
2. DNS 서버는 내부 저장소(DNS 테이블)로부터 www.naver.com의 IP 주소를 찾아서 사용자 PC에 전달한다.
3. 네트워크 어댑터는 대상 IP 주소가 네이버에 해당하는 202.179.177.21로 통신을 시작한다.

컴퓨터 간의 통신에서 서로의 주소(address)를 아는 것과 함께 중요한 것이 어떤 절차를 거쳐 통신을 주고받을 것이냐에 대한 규칙을 정하는 것이다. 이를 프로토콜(protocol)이라고 하는데, 현재 인터넷에서 가장 많이 사용하는 프로토콜은 TCP/IP(Transmission Control Protocol/Internet Protocol)다. 이번 장에서 배우는 네트워크 통신에서도 TCP/IP를 사용한다.

### 6.7.1 System.Net.IPAddress

현재 널리 사용되는 TCP/IP의 IP(Internet Protocol)는 4번째 버전에 해당하는 기술로서, 이를 줄여서 IPv4(Internet Protocol version 4)라고 한다. IPv4 통신을 위해 네트워크 어댑터에 고유 주솟값이 부여되는데, 이를 'IP 주소'라고 한다. 요즘의 전화번호가 010-xxxx-xxxx 형식을 띠는 것처럼, IP 주소 자체에 할당된 크기는 4바이트이지만 관리상의 편의를 위해 xxx.xxx.xxx.xxx 형식으로 표기하며, 각 xxx는 0 ~ 255 범위(1바이트)의 숫자에 해당한다.

IP 주소가 4바이트라는 점은 표현할 수 있는 수의 범위가 약 42억으로 제한된다는 것을 의미한다. 전 세계의 인터넷 주소를 관리하는 국제 인터넷 번호관리기관(IANA: Internet Assigned Numbers Authority)은 2011년 초에 이미 모든 IP 주소가 고갈됐다고 발표했다. 물론 이를 대비한 새로운 IP 통신 표준이 나와 있는 상태이며, 개정된 버전 값에 따라 IPv6(Internet Protocol version 6)라고 한다. IPv6의 주소 용량은 총 128비트(16바이트)로 3.4 * 1038에 해당하는 천문학적인 주소 영역을 가지고 있으므로 인터넷 환경이 IPv6로 성공적으로 이전한다면 한동안 IP 주소 걱정은 없을 것으로 전망하고 있다.

문제는 여전히 IPv4가 전 세계에서 가장 많이 쓰이고 있고 향후에도 쉽게 없어질 것 같지 않다는 점이다. 실제로 IPv4 주소가 이미 바닥났음에도 불구하고 우리는 일상 생활에서 크게 불편함을 느끼진 않는다. 그 이유는 무엇일까? 이해를 돕기 위해 다시 전화 통신과 비교해 보자. 일반적으로 회사에서는 대표 전화번호를 보유하고 내부 사원들에게는 내선 번호라는 것을 이용해 전화 통신을 허용한다. 이처럼 IP 통신에서도 외부에서 접근할 수 있는 공용(public) IP를 하나 가지고 있으면서 내부적으로는 사원들의 PC에 개인(private, 사설) IP를 부여해 인터넷을 사용할 수 있게 해준다.

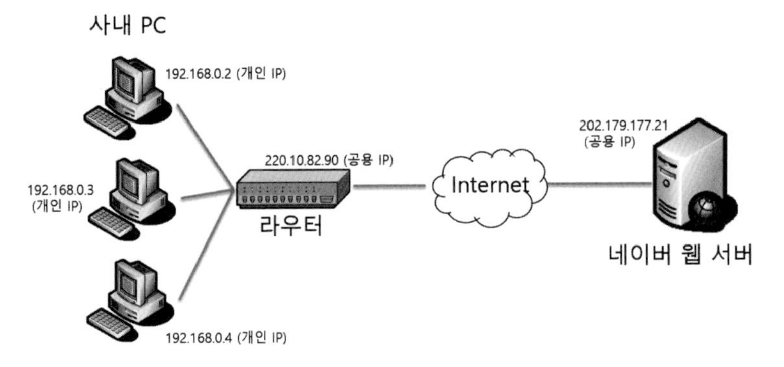


그림 6.24 공용 IP와 개인 IP

공용 IP와 개인 IP의 차이는 간단하다. 인터넷에 직접 노출되지 않는다면 어떤 IP든 컴퓨터에 설정할 수 있고 이것이 바로 개인 IP가 된다. 그림 6.24에서 사내 PC에 할당된 192.168.0.2 ~ 192.168.0.4라는 주소가 개인 IP이며, 이런 IP는 공식적인 인터넷 기관에 사용 여부가 등록되지 않았기 때문에 외부에서 해당 IP로 접근할 수 없다. 물론 사내 PC 간에는 서로의 개인 IP 주소를 알고 있으므로 통신하는 데 문제가 없다. 또한 공용 IP가 설정된 라우터를 통해 인터넷에 연결되기 때문에 사내 PC에서는 외부의 공용 IP가 부여된 기기에 자유롭게 접근할 수 있다. 만약 지금 근무 중인 회사에서 인터넷을 사용하고 있다면 대부분은 자신의 컴퓨터에 개인 IP가 할당돼 있다고 보면 된다. 반면 공용 IP는 인터넷 기관에 공식적으로 등록한 후 사용한다. 이 때문에 인터넷상에서 해당 IP로 접속해 들어오는 것이 가능하다.

그런데 집에서 인터넷을 사용하는 경우라면 어떨까? 인터넷 서비스 업체(ISP: Internet Service Provider, 예를 들면 KT)에서는 미리 대량의 공용 IP를 보유하고 있는 상태다. 이 때문에 각 가정에 필요할 때마다 공용 IP를 대여해 주고 회수한다. 즉, 집 컴퓨터에 할당된 IP는 공용이긴 하지만 컴퓨터를 끄면 해당 IP는 ISP 업체에 회수되고 다시 켜면 또 다른 가용한 공용 IP가 할당된다. 만약 집에서 액세스 포인트(AP: Access Point) 같은 공유 기기를 사용하고 있다면 ISP에서 제공받은 공용 IP는 AP에 할당되고, AP에 연결된 다른 장비는 모두 개인 IP를 갖게 된다.

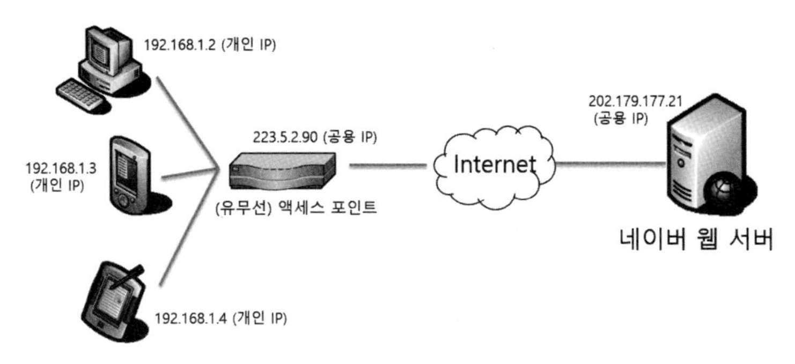


그림 6.25 가정의 인터넷 접속 구조

공용 IP가 모두 소진되어 제한된 수의 장비에만 할당될 수 있지만 이처럼 다양한 내부 IP 활용 덕분에 IPv6의 도움 없이 IPv4가 여전히 살아남을 수 있는 것이다.

IP 주소의 개념을 이해했다면 이제 프로그램으로 직접 IP 주소를 다뤄보자. C#에서 IP는 System.Net.IPAddress 타입으로 표현된다. Parse 정적 메서드가 제공되므로 문자열로부터 IPAddress 인스턴스로 변환하거나, 직접 숫자에 해당하는 바이트 값을 생성자에 전달하는 것도 가능하다.

```
IPAddress ipAddr = IPAddress.Parse("202.179.177.21");
Console.WriteLine(ipAddr); // 출력 결과: 202.179.177.21

IPAddress ipAddr2 = new IPAddress(new byte[] { 202, 179, 177, 21 });
Console.WriteLine(ipAddr2); // 출력 결과: 202.179.177.21
```

위의 주소 형식은 IPv4 주소에 해당하고, 16바이트(128비트)로 확장된 IPv6의 주소 체계는 좀 더 복잡하다. 기본적으로는 2바이트씩 16진수로 표현하고 콜론(:)으로 구분해서 나타낸다.

예) 2001:0db8:85a3:0042:1000:8a2e:0370:7334

만약 중간에 0으로 채워져 있으면 2개의 콜론을 사용해 줄이는 것도 가능하다.

예 1) 2001:0000:85a3:0042:1000:8a2e:0370:7334 → 2001::85a3:0042:1000:8a2e:0370:7334
예 2) 2001:0000:0000:0042:1000:8a2e:0370:7334 → 2001::0042:1000:8a2e:0370:7334
예 3) 2001:0000:0000:0000:0000:0000:0000:7334 → 2001::7334
예 4) 0000:0000:0000:0042:1000:8a2e:0370:7334 → ::0042:1000:8a2e:0370:7334
예 5) 0000:0000:0000:0000:0000:0000:0000:7334 → ::7334

올바른 형식의 주소를 담은 문자열이라면 어떤 값이든 IPAddress.Parse 메서드로 IPv4/IPv6에 상관없이 모두 해석할 수 있다.

```
IPAddress ipAddr = IPAddress.Parse("2001:0000:85a3:0042:1000:8a2e:0370:7334");
Console.WriteLine(ipAddr); // 출력 결과: 2001:0:85a3:42:1000:8a2e:370:7334

IPAddress ipAddr2 = IPAddress.Parse("2001::7334");
Console.WriteLine(ipAddr2); // 출력 결과: 2001::7334IPAddress ipAddr = IPAddress.Parse("2001:0000:
85a3:0042:1000:8a2e:0370:7334");
Console.WriteLine(ipAddr); // 출력 결과: 2001:0:85a3:42:1000:8a2e:370:7334

IPAddress ipAddr2 = IPAddress.Parse("2001::7334");
Console.WriteLine(ipAddr2); // 출력 결과: 2001::7334
```

### 6.7.2 포트

네트워크 통신은 일반적으로 '서비스를 열고 있는 측(server)'과 '서비스에 접속하는 측(client)'으로 나뉜다. 이름하여 클라이언트(client)/서버(server) 구조라고 하며, 줄여서 C/S라고도 한다.

서버가 통신을 열었을 때 클라이언트는 서버를 구분해서 접속을 시도해야 한다. 여기서 서버란 실제로 TCP/IP 통신을 하는 '프로그램'을 의미하는데, 한 대의 컴퓨터에서 실행되는 서버 프로그램의 종류는 매우 다양할 수 있다. 예를 들어, 어떤 프로그램은 '웹 서버' 기능을 구현할 수도 있고, 어떤 프로그램은 '메일 서버'를 구현할 수 있다. 그런데 여러분이 지금까지 배운 TCP/IP 통신의 식별자는 IP 주소다. 문제는 IP 주소가 컴퓨터에 장착된 네트워크 어댑터는 식별해 주지만, 운영체제상에서 실행 중인 프로그램까지는 구분할 수 없다는 점이다. 즉, 여러 개의 프로그램이 TCP/IP를 사용한다면 운영체제 입장에서 네트워크 어댑터로 들어온 통신 데이터를 어디에 보내야 할지 판단할 수 없다. 만약 IP로만 구분해야 한다면 컴퓨터마다 1개의 프로그램만 TCP/IP 통신 서비스를 할 수 있게 제한하거나, 아니면 그림 6.26처럼 여러 개의 IP를 컴퓨터가 가져서 각 IP로 프로그램이 점유해 사용할 수 있게만 할 수 있다.

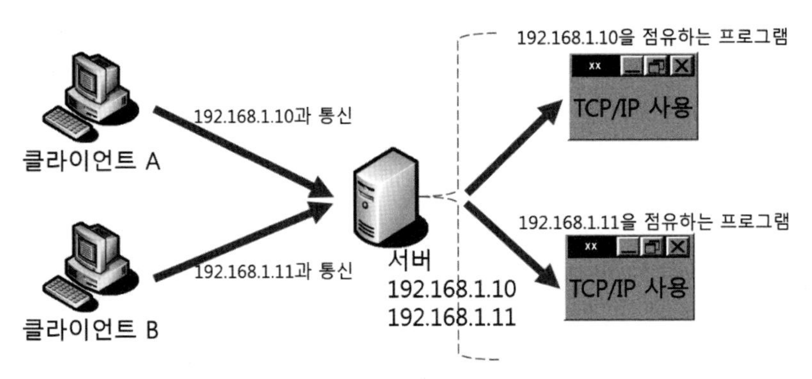


그림 6.26 IP 주소로만 통신해야 한다면

이런 제약을 극복하기 위해 TCP/IP는 '포트(port)'라는 개념을 추가한다. 포트는 단순히 0 ~ 65535 범위에 해당하는 값이므로 BCL에서 별도의 타입으로 정의되진 않았고 단지 ushort(부호 없는 2바이트 정수)로 표현한다.

포트가 도입됨으로써 서버 측 프로그램에서는 IP와 함께 포트를 이용해 통신을 대기할 수 있다. 따라서 원하는 포트 번호를 미리 선점해서 통신을 대기해 두면 클라이언트 측에서는 그 번호에 해당하는 포트를 지정해 서버와 연결할 수 있다. 이전의 그림 6.26에서는 2개의 TCP/IP 프로그램이 한 대의 컴퓨터에서 실행되기 위해 2개의 IP가 할당됐지만 이제는 포트 덕분에 그림 6.27처럼 1개의 IP로 65535개의 TCP/IP 응용 프로그램이 실행될 수 있다.

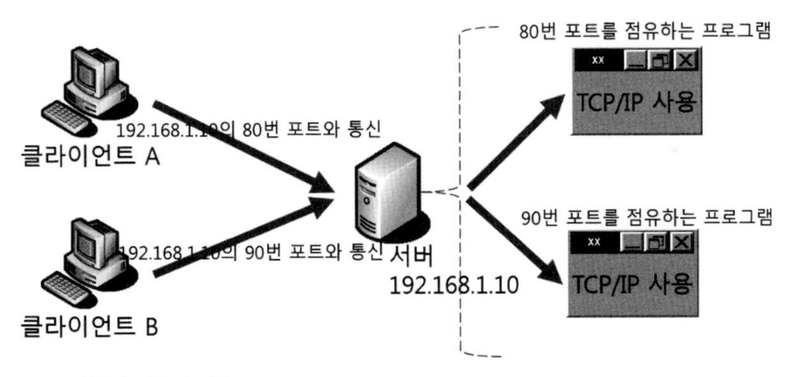


그림 6.27 IP와 포트가 함께 적용된 경우

포트 번호 중에는 이미 용도를 전 세계적으로 합의한 것도 있다. 예를 들어, 21번 포트는 FTP 서버, 25번 포트는 SMTP 서버, 80번 포트는 웹 서버라는 식으로 1024번까지 예약돼 있다. 물론 이것은 강제사항은 아니다. 원한다면 여러분이 만든 프로그램을 25번 포트로 사용해도 되지만 굳이 충돌의 위험성을 감수할 필요는 없기 때문에 일반적으로 1025 ~ 65535 범위의 포트 번호로 결정하는 것을 권장한다.

### 6.7.3 System.Net.IPEndPoint

EndPoint는 '접점', '종점' 또는 '종단점' 등으로 해석할 수 있는데, TCP/IP 통신에서 접점이란 'IP 주소' + '포트'를 일컬으며, BCL에서는 이 정보를 묶는 단일 클래스로 IPEndPoint 타입을 제공한다.

예를 들어, 현재 컴퓨터에 192.168.1.10이라는 주소가 할당돼 있고 여기에 9000번 포트를 지정한 IPEndPoint 정보는 다음과 같이 만들 수 있다.

```
IPAddress ipAddr = IPAddress.Parse("192.168.1.10");
IPEndPoint endpoint = new IPEndPoint(ipAddr, 9000);
```

접점 정보를 콜론(:)을 사용해 다음과 같이 축약해서 표현한다는 것도 함께 알아두자.

> [IP주소]:[포트번호]
>
> 예제)
> IP 주소가 192.168.1.10이고, 9000번 포트인 경우 → 192.168.1.10:9000

### 6.7.4 System.Net.Dns

마이크로소프트의 공식 웹 사이트를 방문하기 위해 웹 브라우저의 주소란에 'http://104.74.211.221'라고 입력할 사람은 아무도 없을 것이다. 검색 엔진을 이용하거나, 아니면 웹 브라우저에 'http://www.microsoft.com'을 입력하는 식으로 방문할 것이다. 이 하나의 예에서 도메인 네임(domain name)의 유용성이 드러난다. 마치 여러분의 전화기에서 친구와 통화하기 위해 직접 전화번호를 입력하기보다는 주소록에 미리 등록해둔 친구의 이름을 찾는 편이 더 쉬운 것과 같은 이치다.

여러분이 웹 브라우저를 만든다고 가정해 보자. 사용자로부터 'http://www.microsoft.com'이라는 문자열을 입력받으면 TCP/IP 통신을 하기 위해 반드시 대응되는 IP 주소로 변경해야 한다. 이때 사용할 수 있는 방법이 Dns 타입이다.

```
IPHostEntry entry = Dns.GetHostEntry("www.microsoft.com");
foreach (IPAddress ipAddress in entry.AddressList)
```

```
{
    Console.WriteLine(ipAddress);
}
```

```
// 출력 결과
104.74.211.221
```

GetHostEntry 정적 메서드는 도메인 이름을 입력받으면 시스템에 설정된 도메인 네임 서버(DNS: Domain Name Server)로 해당 이름의 IP를 조회한다. 결과로 돌려 받은 IPHostEntry 타입은 도메인 이름에 설정된 IP 목록을 IPAddress 타입의 배열인 AddressList 속성으로 제공한다. 그런데 왜 하나의 도메인 이름에 여러 개의 IP 주소일까? 간단하게 설명해서 여러분의 핸드폰에 저장된 친구가 여러 개의 전화번호를 가지고 있는 것과 같은 식으로 생각하면 된다. 집전화, 핸드폰, 회사 전화 등이 하나의 이름으로 묶여 있는 경우처럼 도메인 네임 하나에 여러 개의 IP가 묶인 것이다. 실제로 www.naver.com으로 테스트해 보면 2개 이상의 IP가 할당된 것을 확인할 수 있다.

부가적으로 윈도우 운영체제는 컴퓨터 이름을 자체적인 도메인 이름처럼 해석하는 기능을 제공한다. 따라서 사용 중인 컴퓨터의 이름을 GetHostEntry에 전달하면 실행 중인 컴퓨터에 할당된 IP 주소 목록을 얻을 수 있다.

예제 6.31 현재 컴퓨터에 할당된 IP 주소 출력

```
string myComputer = Dns.GetHostName();

Console.WriteLine("컴퓨터 이름: " + myComputer);

IPHostEntry entry = Dns.GetHostEntry(myComputer);
foreach (IPAddress ipAddress in entry.AddressList)
{
    Console.WriteLine(ipAddress.AddressFamily + ": " + ipAddress);
}
```

```
// 출력 결과
컴퓨터 이름: TESTPC
InterNetworkV6: fe80::bcae:bc0f:10d5:4ec4%12
InterNetwork: 192.168.100.95
InterNetwork: 192.168.50.64
```

예제 6.31의 실행 정보를 통해 여러분의 컴퓨터에 공용 IP가 할당돼 있는지, 또는 개인 IP가 할당돼 있는지 어느 정도는 짐작할 수 있다. 'InterNetwork' 항목으로 출력된 주소가 10.0.0.0 ~ 10.255.255.255, 172.16.0.0 ~ 172.31.255.255, 192.168.0.0 ~ 192.168.255.255 범위에 포함된다면 개인 IP가 맞고, 그 밖의 경우라면 공용 IP일 가능성이 크다. 예제 6.31의 출력 결과에서는 192.168.100.95와 192.168.50.64 모두 192.168.x.x 영역에 포함되므로 사설 IP가 할당된 경우다.

도메인명과 IP 주소의 가능한 조합을 표 6.16에 정리했으니 참고하자.

표 6.16 도메인명과 IP 관계

| 관계 | 예제 | |
|---|---|---|
| | 도메인 | IP |
| 1:1 | www.microsoft.com | 104.74.211.221 |
| 1:N | www.naver.com | 223.130.195.95<br>223.130.200.104 |
| N:1 | www.sysnet.pe.kr<br>sysnet.cloudapp.net | 52.141.62.248 |
| N:N | www.naver.co.kr<br>www.naver.net | 223.130.195.200<br>223.130.195.95 |

도메인 이름을 사용할 때의 단 한 가지 단점이라면 DNS로부터 IP 주소를 조회해야 하기 때문에 그만큼 속도가 저하된다는 것이다. 이 때문에 윈도우 운영체제에는 내부적으로 한번 조회된 적이 있는 도메인명과 IP 주소는 일정 시간 동안 저장해 두는 기능이 있다. 그래서 다음번에 동일한 DNS 조회 요청이 오면 서버와의 통신 없이 미리 저장해 둔 IP 주소를 곧바로 반환함으로써 속도를 향상시킨다.

도메인 이름의 이런 특징은 1개의 도메인명에 N개의 IP가 묶인 경우 일종의 부하 분산(load balance) 역할을 하기도 한다. 예를 들어, 다음과 같이 2개의 웹 서버에 각각 IP를 할당하고 동일한 도메인명으로 묶었다고 가정해 보자.

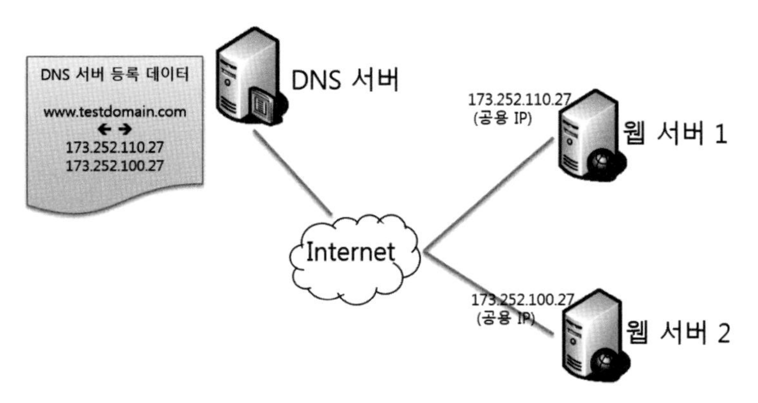


그림 6.28 도메인 이름의 부하 분산 역할

이렇게 구성된 상태에서 사용자의 컴퓨터에서 www.testdomain.com을 조회하면 어떤 사용자는 173.252.110.27을 내려받을 수도 있고 또 다른 사용자는 173.252.100.27을 내려받을 수도 있다. 실제로 여러분의 컴퓨터에서 이를 직접 테스트하는 것이 가능하다. IP 주소를 가진 기기로의 통신 속도를 재는 ping 프로그램을 이용해 www.twitter.com을 조회해 보자.

```
C:\Windows\system32>ping www.twitter.com

Pinging twitter.com [104.244.42.193] with 32 bytes of data:
Reply from 104.244.42.193: bytes=32 time=205ms TTL=236
Reply from 104.244.42.193: bytes=32 time=205ms TTL=236
Reply from 104.244.42.193: bytes=32 time=204ms TTL=236
Reply from 104.244.42.193: bytes=32 time=204ms TTL=236

Ping statistics for 104.244.42.193:
    Packets: Sent = 4, Received = 4, Lost = 0 (0% loss),
Approximate round trip times in milli-seconds:
    Minimum = 204ms, Maximum = 205ms, Average = 204ms
```

www.twitter.com이라는 도메인 이름에 대해 104.244.42.193이라는 주소를 DNS 서버로부터 받았음을 알 수 있다. 이후 동일한 명령을 내리면 IP 주소는 바뀌지 않는다. 왜냐하면 이전에 이야기했던 것처럼 여러분의 시스템에 주소가 저장돼 있기 때문이다. 저장된 목록을 비우기 위해 다음과 같이

ipconfig 명령을 내릴 수 있다(주의: 윈도우 비스타[6] 이상의 경우 반드시 '관리자 권한으로 실행'해야 한다).

```
C:\Windows\system32>ipconfig /flushdns

Windows IP Configuration

Successfully flushed the DNS Resolver Cache.
```

이제 다시 www.twitter.com으로 ping 명령어를 실행해 보자. 이번에도 같은 IP가 나왔다면 다시 한 번 ipconfig 명령어 실행을 반복한다. 확률적으로 해당 도메인명에 지정된 IP 중에서 하나를 얻어올 수 있기 때문에 같은 것이 여러 차례 반복될 수 있다. 대개의 경우 이렇게 DNS를 이용한 부하 분산을 하는 방법은 전 세계를 대상으로 하는 웹 서비스에 사용된다.

기술적으로는 IP 주소가 근간에 있어 중요하긴 하지만 사람들을 대상으로 웹 서비스를 만드는 경우에는 도메인명처럼 중요한 것은 없다. 적절한 도메인명은 사람들의 뇌리에 각인되기 쉽고 자연스럽게 홍보 효과도 얻을 수 있다. 실제로 과거에 korea.com 웹 포털 사이트가 'korea.com' 도메인 이름을 선점했던 사람으로부터 50억 원을 들여 구입했던 유명한 일화가 있다. 필자가 www.sysnet.pe.kr 도메인명을 소유한 것처럼 여러분도 비용만 지불하면 유일한 도메인명을 소유할 수 있다. 뭔가 독특한 아이디어를 가진 서비스를 개발한다면 가장 먼저 해야 할 일은 그 아이디어와 어울리는 도메인명을 선점하는 것이다. 절대로 IP 주소만으로 서비스를 시작해서는 안 된다.

### 6.7.5 System.Net.Sockets.Socket

도메인명과 IP 주소를 알았으니 이제 다른 컴퓨터와 통신하는 단계로 넘어가자. 운영체제는 TCP/IP 통신을 위해 소켓(socket)이라는 기능을 만들어 두고 있으며, 닷넷 응용 프로그램도 소켓을 이용해 다른 컴퓨터와 TCP/IP 통신을 할 수 있다. BCL에서 소켓은 말 그대로 Socket 타입으로 제공된다.

Socket 생성자는 3개의 인자를 받는다.

```
public Socket(
  AddressFamily addressFamily,
  SocketType socketType,
```

6 윈도우 10부터는 관리자 권한 없이 실행이 가능하다.

```
    ProtocolType protocolType
)
```

모든 인자가 enum 형식인데, 각 정의에 따르면 AddressFamily는 31개, SocketType은 6개, ProtocolType은 25개의 값을 갖는다. 순수하게 조합의 수로만 봤을 때 4650개의 사용법이 있지만 현실적으로 사용하는 방법은 딱 두 가지 조합만 있으므로 걱정하지 말자.

```
Socket(AddressFamily.InterNetwork, SocketType.Stream, ProtocolType.Tcp);
Socket(AddressFamily.InterNetwork, SocketType.Dgram, ProtocolType.Udp);
```

* IPv6용 소켓을 생성하려면 첫 번째 인자에 AddressFamily.InterNetworkV6 값을 주면 된다.

우선, 첫 번째 조합인 'SocketType.Stream + Protocol.Tcp'로 생성된 소켓을 이름하여 '스트림 소켓' 또는 'TCP 소켓'이라고 한다. 그리고 두 번째인 'SocketType.Dgram + ProtocolType.Udp' 조합으로 생성된 소켓을 '데이터그램 소켓' 또는 'UDP 소켓'이라 한다(이하 줄여서 'TCP 소켓', 'UDP 소켓'이라고 부르겠다). 계층상으로 보면 다음과 같은 관계로 구현되는데, TCP와 UDP(user datagram protocol)가 모두 IP 프로토콜을 기반으로 동작한다.

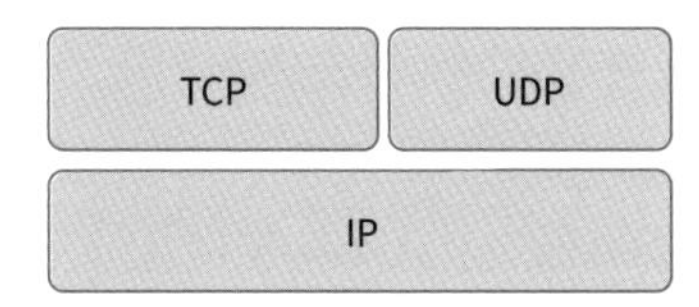


그림 6.29 IP를 기반으로 한 TCP/UDP 구현

어떤 유형의 소켓을 생성했느냐에 따라 이후의 프로그래밍 방식도 달라진다. 따라서 만들려는 프로그램에 적합한 방식의 소켓을 미리 정해놓고 사용해야 한다. 간단하게 두 방식의 차이점을 정리하면 다음과 같다.

표 6.17 TCP와 UDP 방식의 차이점

| 기준 | 소켓 | |
|---|---|---|
| | TCP | UDP |
| 연결성 | 통신 전에 반드시 서버로 연결(연결 지향성: connection-oriented) | 연결되지 않고 동작 가능(비연결 지향성: connectionless) |
| 신뢰성 | 데이터를 보냈을 때 반드시 상대방은 받았다는 신호를 보내줌(신뢰성 보장) | 데이터를 보낸 측은 상대방이 정상적으로 데이터를 받았는지 알 수 없음 |

| 기준 | 소켓 | |
|---|---|---|
| | TCP | UDP |
| 순서 | 상대방은 데이터를 보낸 순서대로 받게 됨 | 데이터를 보낸 순서와 상관없이 먼저 도착한 데이터를 받을 수 있음 |
| 속도 | 신뢰성 및 순서를 확보하기 위한 부가적인 통신이 필요하므로 UDP에 비해 다소 느림 | 부가적인 작업을 하지 않으므로 TCP보다 빠름 |

예를 들어, 파일을 전송하는 프로그램이 있다면 어떤 소켓을 사용해야 할까? UDP를 사용한다면 파일이 정상적으로 서버에 전송되지 않을 수 있다. 따라서 그런 경우에는 TCP 소켓을 사용하는 것이 이상적이다. 물론 UDP 소켓을 사용하더라도 개발자가 직접 신뢰성을 확보하기 위한 데이터 검증 절차를 추가할 수 있다. 하지만 그렇게 만든 코드 자체의 안정성을 위한 테스트가 추가로 필요하다는 점과 결국 신뢰성 확보를 위한 코드를 추가하다 보면 TCP 소켓에서 자동으로 해주는 기능과 크게 다를 바 없을 수 있다. 이런저런 이유로 인해 대부분의 인터넷 통신 프로그램에서는 TCP 소켓을 사용한다.

두 가지 소켓 유형에 따른 프로그래밍 방식은 잠시 후 살펴볼 텐데, 그 전에 Socket 타입이 IDisposable을 상속받았음을 알아두자. 따라서 소켓을 생성한 후 필요가 없어지면 반드시 자원을 해제해야 한다.

```
// 소켓 자원 생성
Socket socket =
 new Socket(AddressFamily.InterNetworkV6, SocketType.Stream, ProtocolType.Tcp);

// ......[소켓을 사용해 통신]......

// 반드시 소켓 자원 해제
socket.Close();
```

마지막으로, 이번 절의 코드를 실습하기 위해 환경을 구축할 수 있다면 다음과 같은 조건을 고려하는 것이 좋다.

1. 지리적으로 서로 다른 위치에 있는 컴퓨터 한 대를 더 구한다.
2. 1번이 어렵다면, 별도의 컴퓨터 한 대를 더 구한다.
3. 2번도 어렵다면, 현재의 컴퓨터에 가상 환경을 구축하고 가상 머신을 설치한다.

4. 3번도 어렵다면, 한 대의 PC에서 소켓 서버용 EXE와 클라이언트용 EXE로 나눠서 실행한다.

5. 4번이 귀찮다면, 하나의 프로그램(EXE)에서 소켓 서버와 클라이언트 코드를 함께 실행한다.

가능하다면 당연히 1번 환경이 권장된다. 왜냐하면 5번에 가까울수록 통신 속도도 빠르고 통신 자체도 안정적으로 이뤄지므로 TCP/IP 통신의 다양한 불확실성을 경험하지 못할 수 있다. 단지 이 책에서 실습할 예제 코드는 편의상 5번 환경에서 실행하며, 프로그램의 뼈대는 다음과 같다.

**예제 6.32 소켓 프로그램 실습을 위한 기본 코드**

```
using System.Net;
using System.Net.Sockets;

class Program
{
    static void Main(string[] args)
    {
        // 서버 소켓이 동작하는 스레드
        Thread serverThread = new Thread(serverFunc);
        serverThread.IsBackground = true;
        serverThread.Start();

        Thread.Sleep(500); // 서버 소켓 스레드가 실행될 시간을 주기 위해

        // 클라이언트 소켓이 동작하는 스레드
        Thread clientThread = new Thread(clientFunc);
        clientThread.IsBackground = true;
        clientThread.Start();

        Console.WriteLine("종료하려면 아무 키나 누르세요...");
        Console.ReadLine();
    }

    private static void serverFunc(object obj)
    {
        // ...... [서버 소켓 코드 작성] ......
    }

    private static void clientFunc(object obj)
    {
```

```
        // ...... [클라이언트 소켓 코드 작성] ......
    }
}
```

만약 5번이 아닌 1~4번 환경에서 실습하고 싶다면 2개의 C# 프로젝트를 만들고 한 프로젝트에서는 예제 6.32의 serverFunc 내에 있는 코드를, 다른 프로젝트에서는 예제 6.32의 clientFunc 내에 있는 코드를 실행하게 만들면 각각 서버와 클라이언트 프로그램으로 동작한다. 이렇게 만든 두 개의 프로그램을 각기 다른 컴퓨터에 복사하고 테스트를 진행하면 된다.

#### 6.7.5.1 UDP 소켓

소켓 통신의 기본은 접속을 받아들이는 서버와 그에 연결하는 클라이언트를 작성하는 것이다. 먼저 서버를 생각해 보자. 서버 컴퓨터에는 여러 개의 어댑터와 여러 개의 IP가 묶여 있을 수 있다. 즉, 컴퓨터와 어댑터는 1:N 관계이고, 어댑터와 IP 주소도 1:N 관계다.

그림 6.30 컴퓨터, 네트워크 어댑터, IP 주소

클라이언트 소켓은 데이터가 전송돼야 할 대상을 지정하기 위해 접점 정보(IP 주소와 포트)가 필요하다. 따라서 서버 소켓은 컴퓨터에 할당된 IP 주소 중에서 어떤 것과 연결될지 결정해야 하고 이 과정을 바인딩(binding)이라 한다. 간단히 말해서 소켓이 특정 IP와 포트에 묶이면 바인딩이 성공했다고 볼 수 있다. 일단 이렇게 바인딩되고 나면 다른 소켓에서는 절대로 동일한 접점 정보로 바인딩할 수 없다.

UDP 서버 소켓도 바인딩을 지원하며, 코드는 다음과 같이 작성한다.

예제 6.33 UDP 소켓: 서버 측 바인딩

```
private static void serverFunc(object obj)
{
    Socket socket =
      new Socket(AddressFamily.InterNetwork, SocketType.Dgram, ProtocolType.Udp);

    IPAddress ipAddress = GetCurrentIPAddress();
    if (ipAddress == null)
```

```
    {
        Console.WriteLine("IPv4용 랜 카드가 없습니다.");
        return;
    }
    IPEndPoint endPoint = new IPEndPoint(ipAddress, 10200);

    socket.Bind(endPoint);
}

// 현재 컴퓨터에 장착된 네트워크 어댑터의 IPv4 주소를 반환
private static IPAddress GetCurrentIPAddress()
{
    IPAddress[] addrs = Dns.GetHostEntry(Dns.GetHostName()).AddressList;

    foreach (IPAddress ipAddr in addrs)
    {
        if (ipAddr.AddressFamily == AddressFamily.InterNetwork)
        {
            return ipAddr;
        }
    }

    return null;
}
```

IP 주소를 반환하는 GetCurrentIPAddress의 코드를 좀 더 살펴보자. 현재 컴퓨터에 할당된 IPv4 주소 중에서 첫 번째 것을 반환하고 있다. 그런데 이 코드에는 분명 문제가 발생할 여지가 있다. 가령 예제 6.33을 다음과 같은 상황에서 사용한다고 가정해 보자.

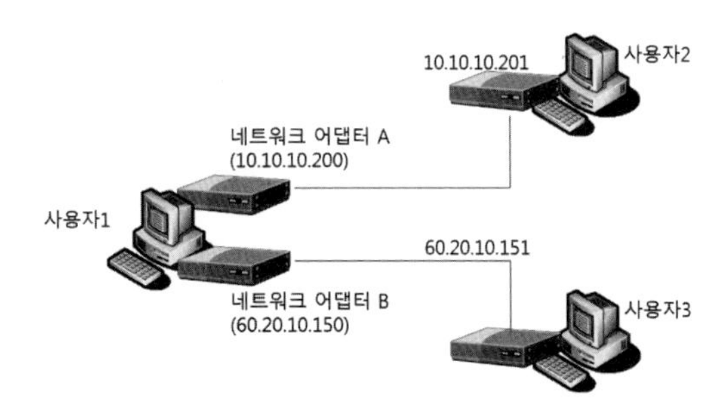


그림 6.31 다중 IP에서의 소켓 바인딩

*사용자1* 컴퓨터에서 UDP 소켓 서버를 실행한다면 GetCurrentIPAddress가 10.10.10.200 또는 60.20.10.150 중 하나를 반환할 것이다. 만약 10.10.10.200을 반환했다고 가정하면 UDP 소켓 서버는 접점이 10.10.10.200:10200으로 묶인다(바인딩). 이렇게 특정 IP에 묶이면 해당 IP를 소유한 네트워크 어댑터와 연결된 PC인 *사용자2*는 **사용자***1*과 통신할 수 있지만 별도의 네트워크 어댑터와 연결된 *사용자3*은 통신이 불가능하다. 상황에 따라 이렇게 동작하는 것을 원할 수도 있지만 일반적인 소켓 프로그램은 모든 IP에 대해 바인딩되기를 바랄 것이다.

이런 문제를 해결하기 위해 각 IP에 바인딩되도록 여러 개의 소켓을 생성하는 것도 가능하다. 물론 그런 식의 해법은 코드 작성을 번거롭게 만든다는 단점이 있다. 다행히 소켓은 모든 IP에 대해 바인딩할 수 있는 방법을 제공하는데, 이때 사용하는 특별한 주소가 "0.0.0.0"이다. 따라서 예제 6.33을 다음과 같이 바꾸면,

```
Socket socket = ……;

IPAddress ipAddress = IPAddress.Parse("0.0.0.0");
IPEndPoint endPoint = new IPEndPoint(ipAddress, 10200);

socket.Bind(endPoint);
```

컴퓨터에 할당된 모든 IP 주소에 바인딩되므로 이제부터 소켓 프로그램은 *사용자2*, *사용자3* 모두에서 접근할 수 있다. 0.0.0.0이라는 주소는 흔히 사용되기 때문에 IPAddress 타입에는 그 주소를 나타내는 정적 공용 속성으로 Any 값을 직접 노출하고 있으므로 다음과 같이 코드를 줄일 수 있다.

```
Socket socket = ……;

IPEndPoint endPoint = new IPEndPoint(IPAddress.Any, 10200);

socket.Bind(endPoint);
```

일단 이렇게 UDP 소켓이 바인딩되면 이후의 사용법은 매우 간단하다. 서버 측의 준비가 완료됐으므로 클라이언트는 언제든지 데이터를 송수신할 수 있다.

간단한 예로 다음과 같은 기능을 하는 UDP 소켓 프로그램을 만들어 보자.

표 6.18 UDP 예제 프로그램의 기능

| | 서버 | 클라이언트 |
|---|---|---|
| 기능 | 1. 클라이언트로부터 데이터를 받는다.<br>2. 받은 데이터에 "HELLO:"를 앞에 붙여 클라이언트 측에 다시 전송한다. | 1. 1초 간격으로 현재 시간을 서버로 전송한다.<br>2. 서버로부터 데이터를 받는다.<br>3. 받은 데이터를 화면에 출력한다.<br>* 1~3 과정을 총 5번만 수행하고 종료한다. |
| 조건 | 1. 서버 포트는 10200으로 대기한다.<br>2. 데이터 인코딩은 양측 모두 UTF8로 정한다. | |

표 6.18의 사양으로 정해진 서버의 경우, Socket 타입의 ReceiveFrom 메서드를 이용해 클라이언트가 전송하는 데이터를 우선 받아야 한다.

```
byte[] recvBytes = new byte[1024];
EndPoint clientEP = new IPEndPoint(IPAddress.None, 0);

int nRecv = srvSocket.ReceiveFrom(recvBytes, ref clientEP);
```

ReceiveFrom의 첫 번째 인자는 클라이언트 측에서 전송한 데이터가 담길 버퍼를 준비해서 넘기고, 두 번째 인자인 EndPoint는 ref로 전달되긴 하지만 입력된 접점 정보는 의미가 없다. 즉, 아무 값이나 초기화해서 ReceiveFrom에 전달하면 되는데, 데이터가 수신되면 해당 데이터를 보낸 측의 접점 정보를 담아 반환하는 역할을 한다.

지금 여기서 만들려는 UDP 서버는 수신된 데이터에 "HELLO:"를 붙여서 다시 전송하는 것이므로 그렇게 가공한 후 Socket 타입의 SendTo 메서드를 사용하는 코드를 추가한다.

```
string txt = Encoding.UTF8.GetString(recvBytes, 0, nRecv);
byte[] sendBytes = Encoding.UTF8.GetBytes("HELLO: " + txt);

srvSocket.SendTo(sendBytes, clientEP);
```

SendTo 메서드의 첫 번째 인자로는 전송할 데이터를 담은 바이트 배열을 전달하면 된다. 그리고 두 번째 인자는 반드시 데이터를 받게 될 UDP 접점 정보가 들어 있어야 한다. 여기서는 ReceiveFrom을 통해 데이터를 보내온 클라이언트로 다시 전송할 것이므로 ReceiveFrom의 두 번째 인자로 받았던 EndPoint 객체를 그대로 전달하면 된다.

실습용 UDP 서버의 구현은 이것으로 끝난다. 보통 서버는 프로그램이 종료될 때까지 서비스하도록 구현되기 때문에 while 문을 써서 무한루프를 구현하게 된다. 다음은 UDP 서버의 최종 소스코드다.

예제 6.34 UDP 서버 측 소켓을 구현

```
private static void serverFunc(object obj)
{
    using (Socket srvSocket =
      new Socket(AddressFamily.InterNetwork, SocketType.Dgram, ProtocolType.Udp))
    {
        IPAddress ipAddress = IPAddress.Parse("0.0.0.0");
        IPEndPoint endPoint = new IPEndPoint(ipAddress, 10200);

        srvSocket.Bind(endPoint);

        byte[] recvBytes = new byte[1024];
        EndPoint clientEP = new IPEndPoint(IPAddress.None, 0);

        while (true)
        {
            int nRecv = srvSocket.ReceiveFrom(recvBytes, ref clientEP);
            string txt = Encoding.UTF8.GetString(recvBytes, 0, nRecv);

            byte[] sendBytes = Encoding.UTF8.GetBytes("Hello: " + txt);
            srvSocket.SendTo(sendBytes, clientEP);
        }
    }
}
```

이제 대응되는 클라이언트를 작성해 보자. 클라이언트 측은 서버에 데이터를 전송할 것이므로 별도의 바인딩 과정이 필요없다. 단지 UDP 서버의 접점 정보만 알고 있으면 되는데, 이 예제에서는 같은 컴퓨터에서 실행하는 것이므로 현재 컴퓨터에서 제공되는 IP로 아무거나 사용하면 된다. 따라서 이전에 만들어 둔 GetCurrentIPAddress 메서드를 이용해 다음과 같이 데이터를 서버로 전송할 수 있다.

예제 6.35 UDP 클라이언트 소켓

```
Socket clntSocket =
      new Socket(AddressFamily.InterNetwork, SocketType.Dgram, ProtocolType.Udp);
```

```
byte[] buf = Encoding.UTF8.GetBytes(DateTime.Now.ToString());
EndPoint serverEP = new IPEndPoint(GetCurrentIPAddress(), 10200);

clntSocket.SendTo(buf, serverEP);
```

Socket 객체의 생성은 UDP 서버와 다를 바 없다. 그리고 별다른 과정 없이 UDP 서버로 현재 시간 데이터를 UTF-8로 인코딩된 바이트 배열을 SendTo 메서드의 첫 번째 인자로 전달한다. 이어서 두 번째 인자에는 UDP 서버의 접점 정보를 전달한다.

여기서도 다시 한번 GetCurrentIPAddress 메서드를 사용해야 하는지 생각해 볼 필요가 있다. 만약 이 프로그램의 실습을 2대의 컴퓨터에서 하고 있다면 반드시 IP 정보를 UDP 서버가 실행 중인 컴퓨터로 지정해야 한다. 그런데 같은 컴퓨터에서 하는 경우에는 어떨까? 프로그램을 실행 중인 컴퓨터의 IP 주소를 의미하는 용도로 특별하게 "127.0.0.1" 주소가 예약돼 있다는 사실을 기억해 두자. 따라서 이번 예제를 한 대의 PC에서 실습하는 것이라면 UDP 서버 접점을 "127.0.0.1:10200"으로 지정해도 무방하다.

```
IPAddress localAddress = IPAddress.Parse("127.0.0.1");
EndPoint serverEP = new IPEndPoint(localAddress, 10200);
```

이 주소 역시 흔하게 쓰이므로 IPAddress 타입에는 Any와 마찬가지로 Loopback 정적 공용 속성을 마련해 뒀다. 이를 이용하면 코드는 더욱 간결해진다.

```
EndPoint serverEP = new IPEndPoint(IPAddress.Loopback, 10200);
```

예제 6.35의 마지막에서 UDP 클라이언트는 현재 시간 정보를 서버로 전송하고 있다. 이제 표 6.18에 있는 약속한 절차(protocol)에 따라 구현을 계속해 보자. 클라이언트가 보낸 시간 데이터를 받은 서버는 곧바로 "HELLO:" 문자열을 붙여서 응답할 것이므로 이어서 ReceiveFrom 메서드를 호출해야 한다.

```
byte[] recvBytes = new byte[1024];
int nRecv = clntSocket.ReceiveFrom(recvBytes, ref serverEP);
string txt = Encoding.UTF8.GetString(recvBytes, 0, nRecv);
```

여기서 사용된 ReceiveFrom 메서드는 UDP 서버에서 설명했던 내용과 동일하다. 첫 번째 인자는 수신된 데이터를 담게 될 바이트 배열이고, 두 번째 인자는 아무 값이나 상관없기 때문에 별도로 수고스럽게 변수를 정의해서 사용하지 않고 기존의 SendTo에서 사용했던 serverEP를 재사용한다. 만약 이런 식의 재사용이 혼란스럽다면 전용으로 다음과 같이 지정해서 사용해도 무방하다.

```
EndPoint senderEP = new IPEndPoint(IPAddress.None, 0);
byte[] recvBytes = new byte[1024];
int nRecv = clntSocket.ReceiveFrom(recvBytes, ref senderEP);
```

이것으로 UDP 클라이언트에 대한 핵심 기능은 모두 구현했다. 시간 데이터를 5번 보내기로 했으므로 다음과 같이 그 부분을 포함해서 코드를 만들면 클라이언트로서 완전하게 동작한다.

```
private static void clientFunc(object obj)
{
    Socket clntSocket =
      new Socket(AddressFamily.InterNetwork, SocketType.Dgram, ProtocolType.Udp);

    EndPoint serverEP = new IPEndPoint(IPAddress.Loopback, 10200);
    EndPoint senderEP = new IPEndPoint(IPAddress.None, 0);

    int nTimes = 5;

    while (nTimes-- > 0)
    {
        byte[] buf = Encoding.UTF8.GetBytes(DateTime.Now.ToString());
        clntSocket.SendTo(buf, serverEP);

        byte[] recvBytes = new byte[1024];
        int nRecv = clntSocket.ReceiveFrom(recvBytes, ref senderEP);
        string txt = Encoding.UTF8.GetString(recvBytes, 0, nRecv);

        Console.WriteLine(txt);
        Thread.Sleep(1000);
    }

    clntSocket.Close();
    Console.WriteLine("UDP Client socket: Closed");
}
```

위의 구현 코드에서는 서버와 클라이언트가 각각 일대일 통신을 구현하고 있지만 클라이언트 측의 수는 늘려도 상관없다. 일례로, 예제 6.32에서 clientFunc을 수행하는 스레드를 3개로 늘려 테스트해 보자.

예제 6.36 다중 UDP 클라이언트 실행

```
for (int i = 0; i < 3; i++)
{
    Thread clientThread = new Thread(clientFunc);
    clientThread.IsBackground = true;
    clientThread.Start();
}
```

이는 마치 하나의 UDP 서버가 여러 대의 UDP 클라이언트로부터 요청을 받아 서비스하는 것과 같다.

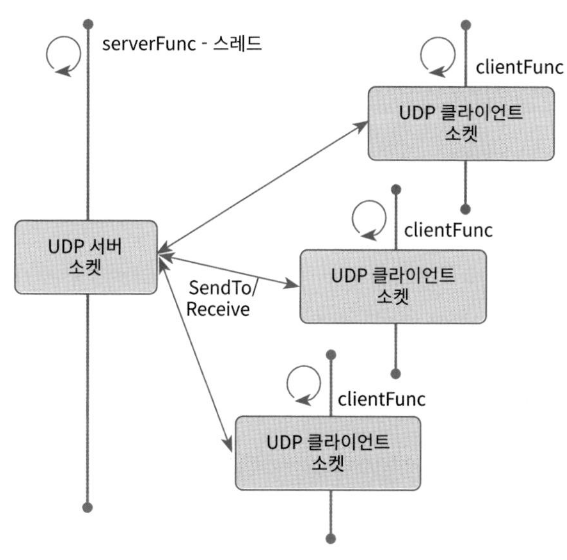


그림 6.32 3개의 스레드에 실행되는 UDP 클라이언트

이로써 UDP 소켓을 이용해 다중 클라이언트로부터 요청을 받아 처리하는 간단한 서버를 구현했다.

기본적인 UDP 서버/클라이언트 예제를 완성했으니 이제 UDP 소켓의 특성을 다시 한번 정리해 보자.

- 비연결성(Connectionless)

  UDP 클라이언트 측에서 명시적인 Connection 설정 과정이 필요 없다.

- 신뢰성 결여

  예제에서 작성한 UDP 서버/클라이언트 모두 SendTo를 하고 있는데, 그렇게 전달된 데이터가 상대방에게 반드시 도착한다는 보장이 없다. 같은 PC에서 테스트하는 경우 대부분 전달되는 것을 볼 수 있지만, 중간에 거쳐가는 네트워크 장치가 많아질수록 상대방에게 데이터가 전달되지 않을 수도 있다는 점을 염두에 둬야 한다.

- 순서 없음

  송신자가 SendTo 메서드를 순서대로 3번 호출하고 그에 따라 수신자가 ReceiveFrom을 3번 호출한 경우 송신자가 보낸 순서와 다르게 데이터를 받을 수도 있다. 물론, 같은 PC에서 테스트하는 경우에는 거의 올바르게 전달되지만 중간 네트워크 장치가 많아질수록 순서가 뒤바뀔 가능성이 있다.

- 최대 65,535바이트라는 한계

  SendTo 메서드에 전달하는 바이트의 크기는 65535를 넘을 수 없다. 좀 더 정확하게는 각종 데이터 패킷의 헤더로 인해 그 크기는 다소 줄어든다. 또한 UDP 데이터가 거쳐가는 네트워크 장비 중에는 32KB 정도만을 허용하도록 제약하는 경우도 있으므로 SendTo 메서드에 많은 데이터를 보내는 것은 권장하지 않는다.

- 파편화(fragmentation)

  UDP를 이용해 많은 데이터를 보내는 것은 좋지 않은 선택이다. 이론상 최대 64KB의 데이터를 SendTo로 보낸다고 해도 이더넷(Ethernet) 통신에서는 64KB가 약 1000바이트 정도로 분할되어 전송될 수 있다. 그렇게 되면 64번의 데이터를 전송하게 되는데, 이 중 하나라도 중간에 패킷이 유실되면 수신 측의 네트워크 장치가 받은 63개의 패킷은 폐기되어 버린다. 즉, 한 번에 보내는 UDP 데이터의 양이 많을수록 데이터가 폐기될 확률이 더 높아진다.

- 메시지 중심(message-oriented)

  송신 측에서 한 번의 SendTo 메서드 호출에 1000바이트의 데이터를 전송했다면 수신 측에서도 ReceiveFrom 메서드를 한 번 호출했을 때 1000바이트를 받는다. 즉, SendTo에 전달된 64KB 이내의 바이트 배열은 상대방에게 정상적으로 보내는 데 성공하기만 한다면 ReceiveFrom 메서드에서는 그 바이트 배열 데이터를 그대로 한 번에 받을 수 있다. 메시지 중심의 통신이란 이런 식으로 보내고 받는 메시지 경계(message boundary)가 지켜짐을 의미한다.

UDP 통신이 사용법은 간편하지만 결정적으로 '신뢰성의 결여'로 인해 잘 사용되지는 않는다. 안정성을 확보하는 코드를 개발자가 직접 구현해야 하는 것을 감안한다면 조금은 복잡하지만 TCP 소켓을 사용하는 편이 더 나은 선택이다.

### 6.7.5.2 TCP 소켓

TCP 소켓은 상대적으로 UDP의 구현 코드와 비교하면 좀 더 복잡하다. 코드를 직접 살펴보기에 앞서 대략적인 흐름을 먼저 정리해 보자.

우선, 서버 소켓의 경우 다음과 같은 생명 주기(lifecycle)를 갖는다.

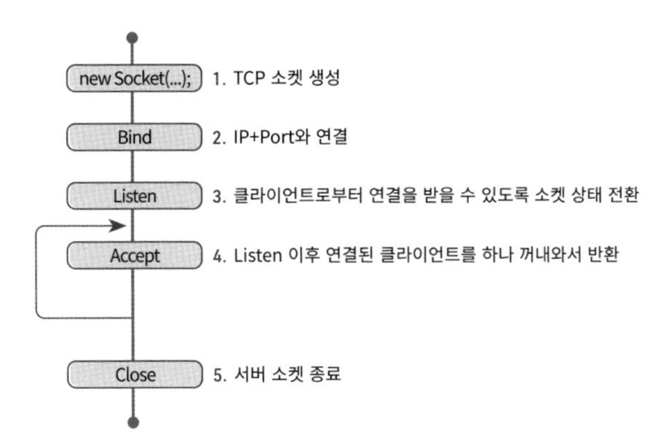


**그림 6.33** TCP 서버 소켓

Bind 단계까지는 UDP 서버 소켓을 사용하는 방법과 유사하다. 단지 Stream 유형의 소켓을 생성한 후 TCP 통신을 위한 접점(IP + Port)으로 Bind 메서드를 호출하면 된다.

```
Socket srvSocket =
    new Socket(AddressFamily.InterNetwork, SocketType.Stream, ProtocolType.Tcp);

IPEndPoint endPoint = new IPEndPoint(IPAddress.Any, 11200);

srvSocket.Bind(endPoint);
```

TCP 역시 일단 고유한 접점으로 바인딩되면 같은 운영체제에서 실행되는 어떠한 프로세스도 동일한 정보로 소켓 바인딩을 할 수 없다.

바인딩이 완료된 TCP 서버 소켓은 Listen 메서드를 호출하면서 클라이언트로부터의 접속을 허용한다.

```
srvSocket.Listen(10);
```

이때 Listen 메서드에 전달된 숫자값은 클라이언트의 접속을 보관할 수 있는 큐의 길이를 나타낸다. 위에서는 10이라고 지정했으므로 최대 10개의 클라이언트 접속을 큐에 보관할 수 있다. 보관된 클라이언트 연결을 꺼내는 것은 Accept 메서드를 호출함으로써 가능하다.

```
Socket clntSocket = srvSocket.Accept();
```

사실 이 부분이 UDP와 TCP의 가장 큰 차이점이다. TCP 서버용 소켓 인스턴스는 클라이언트와 직접 통신할 수 없고 오직 새로운 연결을 맺는 역할만 한다. 클라이언트와의 직접적인 통신은 서버 소켓의 Accept에서 반환된 소켓 인스턴스로만 할 수 있다.

데이터 송수신을 위해 UDP에서는 SendTo/ReceiveFrom을 사용했지만 TCP 통신에서는 반드시 Send/Receive 메서드를 사용해야 한다. 따라서 전체적인 서버 측의 소켓 사용은 다음과 같이 마무리된다.

```
byte[] recvBytes = new byte[1024];

int nRecv = clntSocket.Receive(recvBytes);
string txt = Encoding.UTF8.GetString(recvBytes, 0, nRecv);

byte[] sendBytes = Encoding.UTF8.GetBytes("Hello: " + txt);
clntSocket.Send(sendBytes);
clntSocket.Close(); // 클라이언트 대응 소켓을 종료하고,

srvSocket.Close(); // 서버용 소켓을 종료한다.
```

Accept로 반환된 소켓은 클라이언트 측 TCP 소켓과 일대일 대응하므로 Send/Receive 메서드를 호출할 때 굳이 접점 정보를 알아내기 위한 IPEndPoint 인자를 전달할 필요가 없다. 단순히 Send는 TCP 연결을 맺은 상대 측에 데이터를 전송하고, Receive는 상대편으로부터 전송된 데이터를 수신하는 역할만 한다.

만약 TCP 서버 측이 예제 6.34처럼 무한 루프를 돌면서 서비스하고 싶다면 최종적으로 다음과 같은 식으로 작성될 수 있다.

예제 6.37 TCP 서버 측 소켓을 구현

```
private static void serverFunc(object obj)
{
    using (Socket srvSocket =
    new Socket(AddressFamily.InterNetwork, SocketType.Stream, ProtocolType.Tcp))
    {
        IPEndPoint endPoint = new IPEndPoint(IPAddress.Any, 11200);

        srvSocket.Bind(endPoint);
```

```
        srvSocket.Listen(10);

        while (true)
        {
            Socket clntSocket = srvSocket.Accept();

            byte[] recvBytes = new byte[1024];

            int nRecv = clntSocket.Receive(recvBytes);
            string txt = Encoding.UTF8.GetString(recvBytes, 0, nRecv);

            byte[] sendBytes = Encoding.UTF8.GetBytes("Hello: " + txt);
            clntSocket.Send(sendBytes);
            clntSocket.Close();
        }
    }
}
```

이에 따라 TCP 클라이언트를 만드는 것은 이전 UDP 예제와 비교해 Connect 단계만 추가될 뿐 별반 다르지 않다.

예제 6.38 TCP 클라이언트 측 소켓을 구현

```
private static void clientFunc(object obj)
{
    Socket socket =     new Socket(AddressFamily.InterNetwork, SocketType.Stream, ProtocolType.
Tcp);
    EndPoint serverEP = new IPEndPoint(IPAddress.Loopback, 11200);

    socket.Connect(serverEP);

    byte[] buf = Encoding.UTF8.GetBytes(DateTime.Now.ToString());
    socket.Send(buf);

    byte[] recvBytes = new byte[1024];
    int nRecv = socket.Receive(recvBytes);
    string txt = Encoding.UTF8.GetString(recvBytes, 0, nRecv);

    Console.WriteLine(txt);
```

```
        socket.Close();
        Console.WriteLine("TCP Client socket: Closed");
    }
```

TCP 클라이언트 측에서 Connect를 호출하는 시점에 TCP 서버는 반드시 Listen을 호출한 상태여야만 한다. 그렇지 않으면 TCP 클라이언트의 Connect 호출은 예외를 일으키며 실패하고 만다. 연결이 정상적으로 이뤄지면 현재 시간 데이터를 UTF-8로 인코딩해 서버로 전송하고 결과를 받기 위해 Receive를 호출한다.

UDP 서버와 마찬가지로 TCP 서버도 다중 클라이언트의 연결을 허용하므로 clientFunc을 수행하는 스레드를 예제 6.36처럼 생성하면 된다.

이로써 기본적인 TCP 서버/클라이언트 예제를 완성했으니 이제 TCP 소켓의 특성을 다시 한번 정리해 보자.

- 연결성(connection-oriented)

  TCP 통신은 서버 측의 Listen/Accept와 클라이언트 측의 Connect를 이용해 반드시 연결이 이뤄진 다음 통신할 수 있다.

- 신뢰성

  Send 메서드를 통해 수신 측에 데이터가 전달되면 수신 측은 내부적으로 그에 대한 확인(ACK) 신호를 송신 측에 전달한다. 따라서 TCP 통신은 데이터가 수신 측에 정상적으로 전달됐는지 알 수 있고, 이 과정에서 ACK 신호가 오지 않으면 자동으로 데이터를 재전송함으로써 신뢰성을 확보한다.

- 스트림 중심(stream-oriented)

  UDP에서 제공된 메시지 간의 경계가 없다. 예를 들어, 10,000바이트의 데이터를 Send 메서드를 이용해 송신하는 경우 내부적인 통신 상황에 따라 2048, 2048, 5904바이트 단위로 잘라서 전송될 수 있다. 따라서 1번의 Send 메서드가 실행됐음에도 수신하는 측은 여러 번 Receive 메서드를 호출해야만 모든 데이터를 받을 수 있다. 이렇게 메시지 경계를 가지지 않고 전달되는 것을 스트림 방식이라 한다.

- 순서 보장

  데이터를 보낸 순서대로 수신 측에 전달된다. 예를 들어, 3번의 Send 메서드가 호출돼 각각 100, 105, 102바이트가 전송되는 경우, 수신 측의 첫 번째 Receive 메서드는 100바이트에 해당하는 데이터를 먼저 스트림 방식으로 수신하게 된다.

### 6.7.5.3 TCP 서버 개선 - 다중 스레드와 비동기 통신

앞에서 배운 TCP/UDP 통신의 기본 틀은 어느 프로그램에서나 그대로 사용할 수 있다. 단지 SendTo/ReceiveFrom, Send/Receive의 차례와 호출 횟수가 달라지는 정도의 차이만 있을 뿐이다. 그렇긴 해도 예제 6.37의 TCP 서버는 문제가 좀 있다. 왜냐하면 소켓 통신에 사용되는 모든 메서드가 기본적으로 동기 호출이라는 점 때문이다. 즉, I/O가 완료될 때까지 Send/Receive 메서드를 호출한 스레드는 블로킹되므로 서버 측에서 Accept를 빠르게 처리할 수 없다는 문제가 발생한다.

이런 문제를 해결하기 위해 서버 소켓이 Accept로 반환받은 클라이언트의 처리를 별도의 스레드에 맡겨서 처리하는 방법이 있다.

```
private static void serverFunc(object obj)
{
    using (Socket srvSocket =
    new Socket(AddressFamily.InterNetwork, SocketType.Stream, ProtocolType.Tcp))
    {
        IPEndPoint endPoint = new IPEndPoint(IPAddress.Any, 11200);

        srvSocket.Bind(endPoint);

        srvSocket.Listen(10);

        while (true)
        {
            Socket clntSocket = srvSocket.Accept();
            ThreadPool.QueueUserWorkItem((WaitCallback)clientSocketProcess, clntSocket);
        }
    }
}

private static void clientSocketProcess(object state)
{
    Socket clntSocket = state as Socket;

    byte[] recvBytes = new byte[1024];

    int nRecv = clntSocket.Receive(recvBytes);
    string txt = Encoding.UTF8.GetString(recvBytes, 0, nRecv);
```

```
        byte[] sendBytes = Encoding.UTF8.GetBytes("Hello: " + txt);
        clntSocket.Send(sendBytes);
        clntSocket.Close();
    }
```

이렇게 클라이언트 하나당 스레드를 대응시켜 처리하는 것은 구현하기 쉽다는 장점 덕분에 종종 사용된다. 하지만 단점으로 서버의 성능을 충분히 발휘할 수 없는 구조적 결함이 있다. 일례로 32비트 서버에서는 사용자 프로그램이 사용할 수 있는 메모리 용량이 2GB였고, 하나의 스레드가 필요로 하는 스택의 메모리 크기가 1MB였다는 점을 감안하면 많아야 2,000개 정도의 스레드만 생성할 수 있었다. 즉, 동시 접속 클라이언트가 2,000개로 제한된다는 것이다. 물론, 64비트 서버로 넘어오면서 2GB 제약이 없어졌지만 스레드가 많아진다는 것은 여전히 문제가 된다. 왜냐하면 그로 인해 '스레드 문맥 전환' 부하가 발생하기 때문이다. 가령 스레드를 60,000개 생성했다고 가정하면 CPU는 그 6만 개의 스레드를 동시에 실행하느라 오히려 부하가 가중되고 따라서 서버의 성능 저하로 이어진다.

그와 같은 문제를 비동기 통신을 사용함으로써 해결할 수 있다. 소켓 통신 역시 운영체제에게는 I/O에 속하기 때문에 Socket 타입에는 Send, Receive 메서드에 대해 각각 BeginSend/EndSend, BeginReceive/EndReceive의 비동기 메서드가 제공된다. 이를 사용해 예제 6.37을 개선하면 다음과 같다.

예제 6.39 TCP 서버의 비동기 통신

```
using System.Net;
using System.Net.Sockets;
using System.Text;

public class AsyncStateData
{
    public byte[] Buffer;
    public Socket Socket;
}

class Program
{
    static void Main(string[] args)
    {
        // ...... [생략] ......
    }
```

```
    private static void serverFunc(object obj)
    {
        using (Socket srvSocket = new Socket(AddressFamily.InterNetwork, SocketType.Stream,
ProtocolType.Tcp))
        {
            IPEndPoint endPoint = new IPEndPoint(IPAddress.Any, 11200);

            srvSocket.Bind(endPoint);

            srvSocket.Listen(10);

            while (true)
            {
                Socket clntSocket = srvSocket.Accept();

                AsyncStateData data = new AsyncStateData();
                data.Buffer = new byte[1024];
                data.Socket = clntSocket;

                clntSocket.BeginReceive(data.Buffer, 0, data.Buffer.Length,
                                    SocketFlags.None, asyncReceiveCallback, data);
            }
        }
    }

    private static void asyncReceiveCallback(IAsyncResult asyncResult)
    {
        AsyncStateData rcvData = asyncResult.AsyncState as AsyncStateData;

        int nRecv = rcvData.Socket.EndReceive(asyncResult);
        string txt = Encoding.UTF8.GetString(rcvData.Buffer, 0, nRecv);


        byte[] sendBytes = Encoding.UTF8.GetBytes("Hello: " + txt);
        rcvData.Socket.BeginSend(sendBytes, 0, sendBytes.Length,
                            SocketFlags.None, asyncSendCallback, rcvData.Socket);

    }

    private static void asyncSendCallback(IAsyncResult asyncResult)
```

```
    {
        Socket socket = asyncResult.AsyncState as Socket;
        socket.EndSend(asyncResult);

        socket.Close();
    }

    // ...... [생략] ......
}
```

소스코드가 복잡해졌지만 BeginReceive → EndReceive → BeginSend → EndSend로 이어지는 기본적인 비동기 호출 패턴을 염두에 두면 serverFunc → asyncReceiveCallback → asyncSendCallback으로의 흐름이 눈에 보일 것이다. serverFunc에서 호출된 BeginReceive 메서드는 비동기로 동작하기 때문에 곧바로 제어가 반환되어 while 루프의 처음으로 돌아가 Accept 호출을 이어서 실행하게 된다. 이 때문에 별도의 스레드를 생성하지 않고도 또 다른 클라이언트의 연결을 지연(delay) 없이 받아서 처리할 수 있다.

그런데 겨우 Send/Receive 메서드가 한 번씩 호출되는 정도의 간단한 프로그램이었음에도 비동기 호출로 바뀌면서 구현이 과다하게 복잡해졌다. 이것이 비동기 호출의 가장 큰 단점이다. 따라서 웬만한 고성능 TCP 서버를 구현하는 것이 아니라면 비동기 호출을 이용하기보다는 스레드와 클라이언트가 1:1로 대응되는 형식으로 만드는 방식이 선호된다.

마지막으로 UDP/TCP 통신 프로그램을 만들 때 개선해야 할 점이 있다면 바로 '예외 처리'다. 초고속 통신망의 혜택에도 불구하고 여전히 컴퓨터 통신에서는 예외적인 상황이 많다. Receive와 Send를 호출하는 도중 상대방의 네트워크 선이 뽑힐 수도 있고 컴퓨터가 꺼질 수도 있다. 이때는 Receive/Send를 호출할 때 예외가 발생한다. 예제 코드를 간결하게 보여주기 위해 예제 6.37 및 이번 절에서 보여준 모든 통신 관련 코드는 예외 처리가 생략돼 있음을 알아두자. 예를 들어, Receive 메서드를 호출하는 코드는 엄밀히 다음과 같이 만들어져야 한다.

```
try
{
    byte[] recvBytes = new byte[1024];
    int nRecv = socket.Receive(recvBytes);
    string txt = Encoding.UTF8.GetString(recvBytes, 0, nRecv);
```

```
        Console.WriteLine(txt);
    }
    catch (SocketException)
    {
    }

    socket.Close();
```

### 6.7.5.4 HTTP 통신

웹 브라우저를 사용해 봤다면 HTTP 통신이 낯설지는 않을 것이다. 인터넷 익스플로러/크롬 등의 브라우저가 하는 역할은 '웹 서버' 측에 'HTTP 프로토콜'을 사용해 데이터를 요청하고 받아와서 화면에 보여주는 것이다. 소켓에 대해 배운 지식을 근간으로 이제 HTTP 통신에 사용된 기술의 실체를 파악해 보자.

HTTP 통신은 TCP 서버/클라이언트의 한 사례다. 즉, 웹 서버는 TCP 서버이고, 웹 브라우저는 TCP 클라이언트다. 일반적으로 HTTP 서버는 80 포트를 사용하도록 약속돼 있다. 따라서 그동안 방문한 웹 사이트가 있다면 이미 EndPoint(접점) 정보를 알고 있는 것이나 다름없다. 예를 들어, 마이크로소프트 웹 서버라면 접점 정보가 'www.microsoft.com:80'이 된다. 그다음으로 웹 서버와 통신하려면 보내고 받는(Send/Receive) 절차(protocol)를 알아야 한다. HTTP 프로토콜의 기본은 '요청(request)'과 '응답(response)'이다. 접속한 클라이언트 측에서 먼저 요청을 보내면(send), 서버는 요청으로 받은 내용을 분석해 어떤 데이터를 넘겨줘야 할지를 판단하고 클라이언트 측으로 응답(response)을 보낸다. 따라서 예제 6.38처럼 클라이언트에서는 Send를 호출한 후, Receive만 호출하면 된다.

이제 남은 문제는 어떤 데이터를 주고받아야 하느냐다. 웹 브라우저를 사용해 봤다면 URL(Uniform Resource Locator)에 익숙할 것이다. URL을 영어 그대로 번역해 보면 '유일한 자원 지시자'가 될 텐데, HTTP 요청은 서버 측에 자원에 대한 위치를 포함해야만 한다. 예를 들어, 마이크로소프트 웹 서버로부터 첫 페이지를 가져오는 경우, HTTP 요청은 다음과 같은 형식을 띤다.

```
GET / HTTP/1.0(개행문자)
HOST: www.microsoft.com(개행문자)
(개행문자)
```

위의 요청은 실제로 웹 브라우저에서 URL을 'http://www.microsoft.com'으로 지정했을 때 전송되는 데이터와 유사하다. HTTP 프로토콜의 정의에 따르면 기본 문서(default document)를 요청하는 / 경로가 GET 문자열 다음으로 설정된다. 웹 브라우저의 이런 요청에 대응해서 서버는 / 경로에 해당하는 데이터를 보내준다.

이 시나리오를 그대로 TCP 소켓 통신으로 옮기는 것이 가능하다. 즉, 웹 문서의 HTML 소스를 그대로 보여주는 웹 브라우저를 만들 수 있다. 우선 기본적인 소스코드의 뼈대는 예제 6.38과 동일하다.

```
using System.Net.Sockets;
using System.Net;
using System.Text;

class Program
{
    static void Main(string[] args)
    {
        Socket socket =
    new Socket(AddressFamily.InterNetwork, SocketType.Stream, ProtocolType.Tcp);
        IPAddress ipAddr = Dns.GetHostEntry("www.microsoft.com").AddressList[0];

        EndPoint serverEP = new IPEndPoint(ipAddr, 80);

        socket.Connect(serverEP);

        // ...... HTTP 프로토콜 통신 ......

        socket.Close();
    }
}
```

그리고 Send와 Receive는 이전에 설명한 요청/응답 과정에 따라 구현한다.

예제 6.40 TCP 소켓을 이용한 HTTP 통신

```
// ...... Connect 이전 생략 ......

string request = "GET / HTTP/1.0\r\nHost: www.microsoft.com\r\n\r\n";
byte [] sendBuffer = Encoding.UTF8.GetBytes(request);
```

```
// Microsoft 웹 서버로 HTTP 요청을 전송
socket.Send(sendBuffer);

// HTTP 요청이 전달됐으므로 Microsoft 웹 서버로부터 응답을 수신
MemoryStream ms = new MemoryStream();
while (true)
{
    byte[] rcvBuffer = new byte[4096];

    int nRecv = socket.Receive(rcvBuffer);
    if (nRecv == 0)
    {
        // 서버 측으로부터 더 이상 받을 데이터가 없으면 0을 반환
        break;
    }

    ms.Write(rcvBuffer, 0, nRecv);
}

socket.Close();

string response = Encoding.UTF8.GetString(ms.GetBuffer(), 0, (int)ms.Length);

Console.WriteLine(response);
// 서버 측에서 받은 HTML 데이터를 파일로 저장
File.WriteAllText("page.html", response);
```

보다시피 구현된 코드는 의외로 간단하다. 코드의 첫 줄에서 request 변수의 문자열에 개행 문자(\r\n)를 이용해 HTTP 요청을 만들었고, 이렇게 완성된 HTTP 요청을 웹 서버로 전송하면 응답이 반환되어 최종적으로 그 결과를 파일로 저장한다.

저장된 page.html 파일을 메모장으로 읽어 보면 다음과 같은 형식을 갖추고 있다.

```
HTTP/1.1 200 OK(개행문자)
Accept-Ranges: bytes(개행문자)
Date: Fri, 24 Feb 2023 14:50:02 GMT(개행문자)
...... [생략] ...... (개행문자)
```

```
Content-Type: text/html(개행문자)
Connection: close(개행문자)
(개행문자)
<html>
<head>
...... [생략] ......
</head>
<body>
...... [생략] ......
</body>
</html>
```

IE Edge나 크롬과 같은 실제 웹 브라우저는 이렇게 받은 응답에서 개행 문자 2개가 연속으로 나온 이후의 내용을 분석해 화면에 보여주는 역할을 한다. HTTP 프로토콜은 요청과 응답에서 이렇게 2개의 개행 문자(\r\n\r\n)를 구분자로 해서 HTTP 헤더(Header)와 본문(Body)의 내용을 구성한다.

정리하자면 웹 브라우저란 단지 사용자가 주소란에 입력한 정보를 기반으로 HTTP 요청을 만들어 TCP 소켓으로 전송하고 그 응답으로 받은 텍스트 중에서 HTTP 본문에 해당하는 내용을 화면에 출력하는 프로그램인 것이다.

기왕 한 김에 아주 간단한 유형의 웹 서버도 만들어 보자. 이 소스코드 역시 기본 뼈대는 예제 6.37과 유사하고 단지 내부적으로 Send/Receive 영역의 코드만 변경할 것이다.

예제 6.41 TCP 소켓으로 구현한 HTTP 서버

```
using System.Net.Sockets;
using System.Net;
using System.Text;

class Program
{
    static void Main(string[] args)
    {
        using (Socket srvSocket = new Socket(AddressFamily.InterNetwork, SocketType.Stream,
ProtocolType.Tcp))
        {
            Console.WriteLine("http://localhost:8000 으로 방문해 보세요.");
```

```
            IPEndPoint endPoint = new IPEndPoint(IPAddress.Any, 8000);

            srvSocket.Bind(endPoint);
            srvSocket.Listen(10);

            while (true)
            {
                Socket clntSocket = srvSocket.Accept();
                ThreadPool.QueueUserWorkItem(httpProcessFunc, clntSocket);
            }
        }
    }

    private static void httpProcessFunc(object state)
    {
        Socket socket = state as Socket;

    // ...... [HTTP 프로토콜 통신에 따라 Send/Receive] ......

        socket.Close();
    }
}
```

httpProcessFunc 메서드 내에서는 클라이언트 측에서 먼저 보낸 HTTP 요청을 읽어야 하므로 Receive를 한 후 적당한 HTTP 응답을 구성해서 Send로 돌려주면 된다.

```
private static void httpProcessFunc(object state)
{
    Socket socket = state as Socket;

    byte [] reqBuf = new byte[4096];
    socket.Receive(reqBuf);

    string header =
            "HTTP/1.0 200 OK\nContent-Type: text/html; charset=UTF-8\r\n\r\n";
    string body =
            "<html><body><mark>테스트 HTML</mark> 웹 페이지입니다.</body></html>";
```

```
        byte[] respBuf = Encoding.UTF8.GetBytes(header + body);

        socket.Send(respBuf);

        socket.Close();
    }
```

이제 프로그램을 실행하고, 인터넷 익스플로러나 크롬 웹 브라우저를 이용해 주소 표시줄에 'http://localhost:8000'을 입력하고 방문해 보자.

> 127.0.0.1 주소가 컴퓨터의 루프백(loopback) 주소인 것처럼 localhost는 컴퓨터의 루프백 호스트명에 해당한다. 명령 프롬프트에서 'ping localhost'라고 입력했을 때 IPv4인 경우 127.0.0.1, IPv6인 경우는 ::1로 나오는 것은 이 때문이다.

그럼 다음과 같이 우리가 보내 준 HTML 페이지를 적절하게 화면에 보여주는 것을 확인할 수 있다.[7]

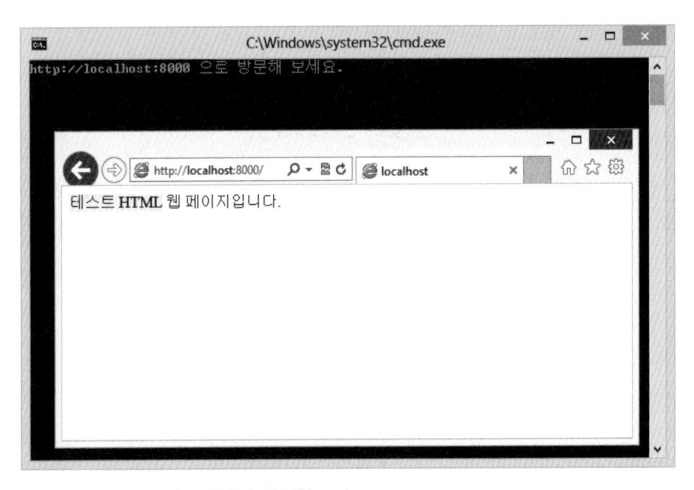


**그림 6.34** TCP로 구현한 웹 서버를 웹 브라우저에서 확인한 모습

이 밖에도 '프로토콜'이라 불리는 것들이 많다. 메일을 전송하는 SMTP 프로토콜, 메일을 수신하는 POP3 프로토콜, 파일을 송수신하는 FTP 프로토콜 등은 모두 HTTP 프로토콜과 유사한 방식으로 접근하면 된다. 즉, 기본적인 TCP 서버/클라이언트 구조는 같고 단지 내부적으로 Send/Receive를 수

7 여기서 보여준 예제는 HTTP 프로토콜의 단편적인 사용 예에 불과하다. 현실적인 수준의 웹 서버 또는 웹 브라우저를 만들고 싶다면 HTTP 프로토콜의 상세한 부분을 모두 구현해야 한다.

행하는 부분만 각자 고유한 프로토콜에 맞게 구현했을 뿐이다. 물론 여러분이 스스로 만든 TCP 클라이언트/서버의 통신 절차도 일종의 프로토콜에 해당한다.

### 6.7.6 System.Net.Http.HttpClient

BCL에는 HTTP 통신을 좀 더 쉽게 할 수 있는 HttpClient 타입이 제공된다. 이 타입을 이용하면 예제 6.40의 작업을 다음과 같이 간단하게 처리할 수 있다.

```
class Program
{
    static HttpClient _client = new HttpClient();

    static void Main(string[] args)
    {
        string text = _client.GetStringAsync("http://www.naver.com:80").Result;
        Console.WriteLine(text);
    }
}
```

화면에 출력된 내용을 확인해 보면 예제 6.40과는 달리 HTTP 헤더 영역이 제거되고 순수하게 HTTP 본문만 포함돼 있다. 이렇게 HttpClient 객체는 HTTP 통신과 관련된 요청/응답 데이터를 적절하게 해석하는 역할까지 대행하므로 TCP 소켓을 직접 사용해서 통신해야 하는 불편함이 줄어든다.

Note HttpClient의 GetStringAsync는 비동기 메서드이기 때문에 보통은 위와 같은 식으로 사용하지 않는다. C# 5.0부터 추가된 await 예약어를 이용한 호출을 할 텐데 이에 대해서는 10.2 '비동기 호출' 절에서 자세하게 설명한다.

## 6.8 데이터베이스

앞에서 6.5절 '파일'을 통해 원하는 데이터를 저장하고 다시 읽는 방법을 배웠다. 파일에 저장하는 데이터의 예로 웹 사이트의 '회원 정보'를 생각해 보자. 맨 먼저 회원 정보에 해당하는 필드를 정의해야 한다.

표 6.19 회원 정보

| 필드 | 의미 |
|---|---|
| Name | 이름 |
| Birth | 생년월일 |
| Email | 전자메일 주소 |
| Family | 가족 구성원 수 |

종이 문서로 보관돼 있는 회원 정보를 파일에 써 넣는 방법은 매우 다양하다. 쉬운 방법으로는 6.3절 '직렬화/역직렬화'에서 다룬 것처럼 2진 데이터, XML, JSON 직렬화를 이용할 수 있다.

그런데 직렬화를 이용해 데이터를 파일에 쓰는 방법에는 한 가지 단점이 있다. 정상적으로 회원 정보를 읽고 쓰려면 반드시 모든 데이터를 읽어서 회원 정보를 복원하고 가공한 다음 다시 모든 데이터를 파일에 써야만 한다. 간단한 데이터라면 이런 식으로 해도 무방하겠지만 데이터 규모가 메가바이트, 기가바이트까지 늘어나면 이 방법은 매우 비효율적이다.

직렬화 말고 생각해 볼 수 있는 방법이 파일에 읽고 쓰는 데이터에 대한 정형화된 패턴을 두는 것이다. 이를 간단히 표현하면 데이터 포맷(format)을 정의하는 것과 같은데, 가령 표 6.19의 데이터 포맷을 표 6.20처럼 정의할 수 있다.

표 6.20 포맷이 정해진 회원 정보

| 필드 | 의미 | 크기 | 근거 |
|---|---|---|---|
| Name | 이름 | 20바이트 | 한국인의 이름이 최대 10자를 넘지 않는다고 가정하고, 유니코드 2바이트로 산정했을 때 20바이트의 크기가 필요 |
| Birth | 생년월일 | 8바이트 | DateTime 데이터를 저장. DateTime.Ticks 필드의 타입이 long이므로 8바이트 |
| Email | 전자메일 주소 | 100바이트 | 영문자를 기준으로 100글자 이내일 것으로 가정 |
| Family | 가족 구성원 수 | 1바이트 | 1바이트는 0 ~ 255까지 표현 가능하므로 충분히 한 가정의 구성원 수를 담을 수 있다. |

일단 이렇게 포맷이 정해지면 파일에 회원 한 명의 정보당 129바이트가 소비된다. 각 필드로 이뤄진 하나의 회원 정보를 '레코드(record)'라고 한다. 즉, 표 6.20의 기준대로 회원 정보를 정의했다면 레코드 하나당 129바이트의 크기를 가진다. 이 상태에서는 129바이트의 배수대로 회원 정보를 검색해 나갈 수 있다. 예를 들어, n번째 회원의 정보를 가져오려면 FileStream.Position = 129 * (n - 1)로 지정해서 그로부터 129바이트의 값을 읽어낸다.

그런데 레코드를 이용한 파일 입출력을 하다 보면 또 다른 요구사항이 추가된다. 우선, 파일 검색을 좀 더 효율적으로 만들 필요가 있다. 예를 들어, 특정 이름으로 자주 검색한다면 Name 필드에 대해 정렬된 인덱스(index) 파일을 유지해야 한다. 또는 파일에 대해 2개 이상의 스레드, 2개 이상의 프로세스에서 동시에 접근하는 것도 고려해야 할 수 있다. 미리 말하자면 이런 작업을 안정적으로 구현하는 코드를 작성하기란 쉽지 않다. 다행히 이런 특징을 모아 구현한 소프트웨어가 나오게 됐는데, 그것이 바로 관계형 데이터베이스(RDB: relational database) 서버다.

### 6.8.1 마이크로소프트 SQL 서버

관계형 데이터베이스 소프트웨어는 종류가 많지만 여기서는 간단하게 마이크로소프트에서 개발한 SQL 서버를 다룬다. 하지만 대부분의 관계형 데이터베이스가 유사하게 구현돼 있기 때문에 SQL 서버를 이용하는 방법을 익히고 나면 그 밖의 오라클, MySQL, PostgreSQL 등의 데이터베이스도 쉽게 이해하고 사용할 수 있다. SQL 서버는 상용 데이터베이스지만 무료 버전에 해당하는 'Microsoft SQL Server 2022 Express' 버전이 제공되므로 이 버전을 사용해 실습하는 것이 가능하다.

설치를 위해 다음의 웹 페이지를 방문한다.

Microsoft® SQL Server® 2022 Express 에디션

- https://www.microsoft.com/ko-kr/sql-server/sql-server-downloads

Express 항목에 해당하는 [지금 다운로드] 버튼을 누르면 SQL2022-SSEI-Expr.exe 파일이 다운로드되며, 이 파일을 실행한 후 '사용자 지정(Custom)'의 설치 유형을 선택한다. 그러면 'SQL Server 미디어 다운로드 대상 위치 지정' 단계로 진행되는데, 디렉터리 위치를 정한 후 [설치(Install)] 버튼을 누른다. 그럼 'SQL Server 설치 센터'가 실행되고 다음과 같은 과정을 통해 SQL 서버를 설치할 수 있다.

01. 우측의 '새 SQL Server 독립 실행형 설치 또는 기존 설치에 기능 추가' 항목을 선택한다.

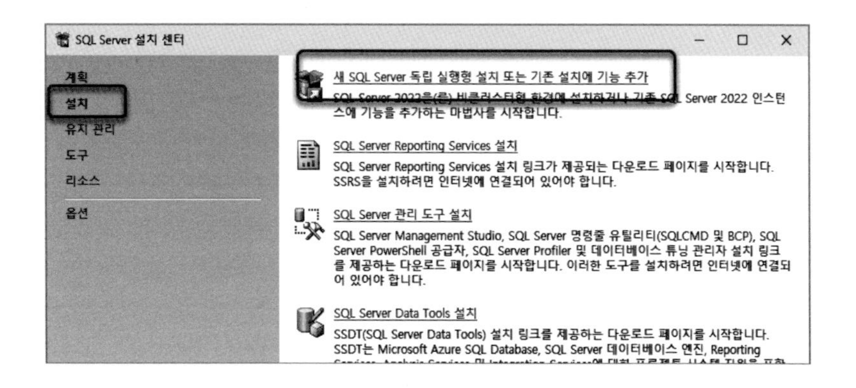

02. 그럼 'SQL Server 2022 설치' 창이 나타나고, 사용 조건에 동의한 후 [다음] 버튼을 눌러 'Microsoft 업데이트' 단계로 넘어간다. 'Microsoft 업데이트를 통해 업데이트 확인(권장)'을 선택한 후 [다음] 버튼을 눌러 진행한다.

03. '설치 규칙' 단계를 지나 'SQL Server에 대한 Azure 확장' 단계가 나오면 해당 옵션을 끄고 [다음] 버튼을 눌러 진행한다.

그럼 '기능 선택' 단계가 나오는데 최소한 '데이터베이스 엔진 서비스'와 'LocalDB'는 선택하고 [다음] 버튼을 누른다. (기타 서비스는 원한다면 체크해도 된다.)

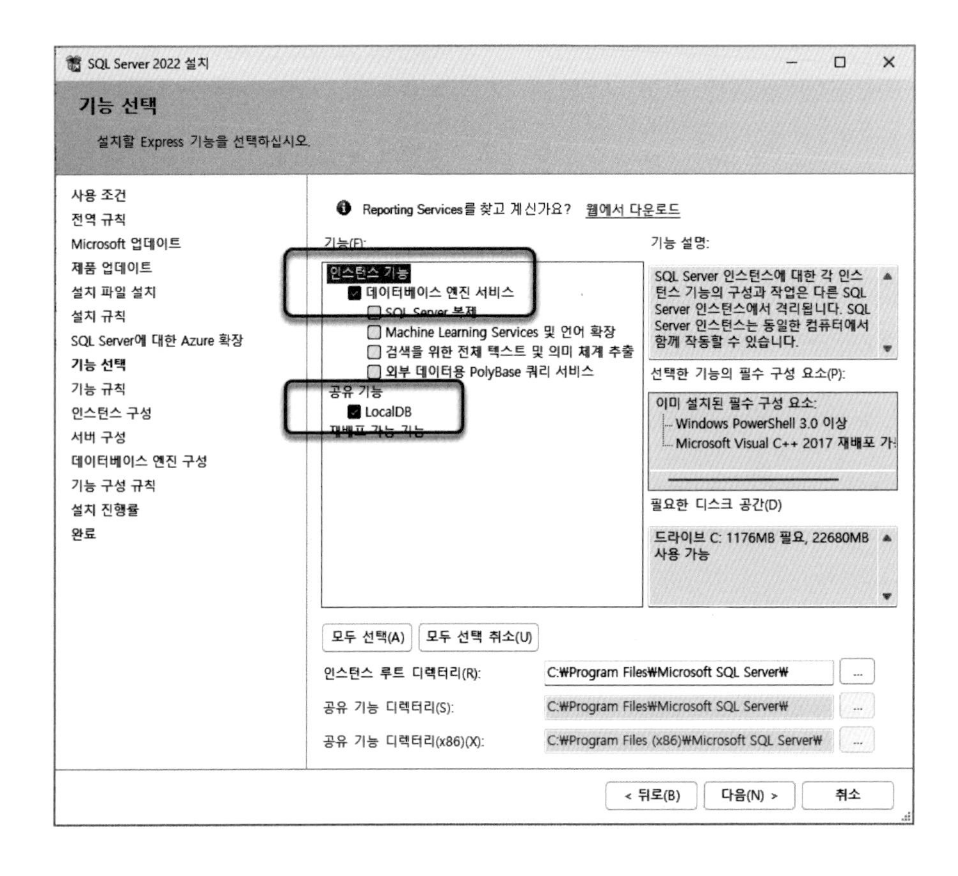

04. 인스턴스 구성이 나오면 기본값 그대로 두고 진행한다. 그 아래에 'SQLExpress'가 나오는데, 이 값을 변경한다면 반드시 기억하고 있어야 한다(물론, 잊어버린 경우 확인하는 방법은 있다).

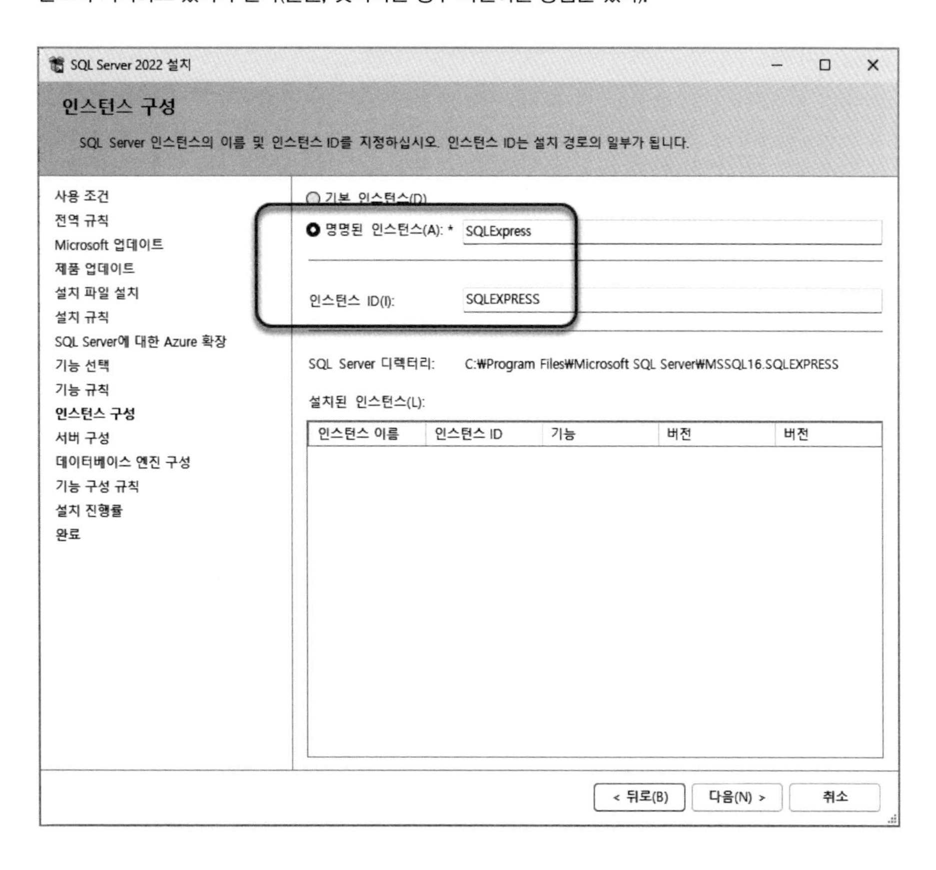

05. 다음은 SQL 서버가 실행되는 윈도우 계정을 지정할 차례다. 계정 이름은 기본값을 사용하고, 시작 유형을 모두 '자동'으로 설정하고 진행한다.

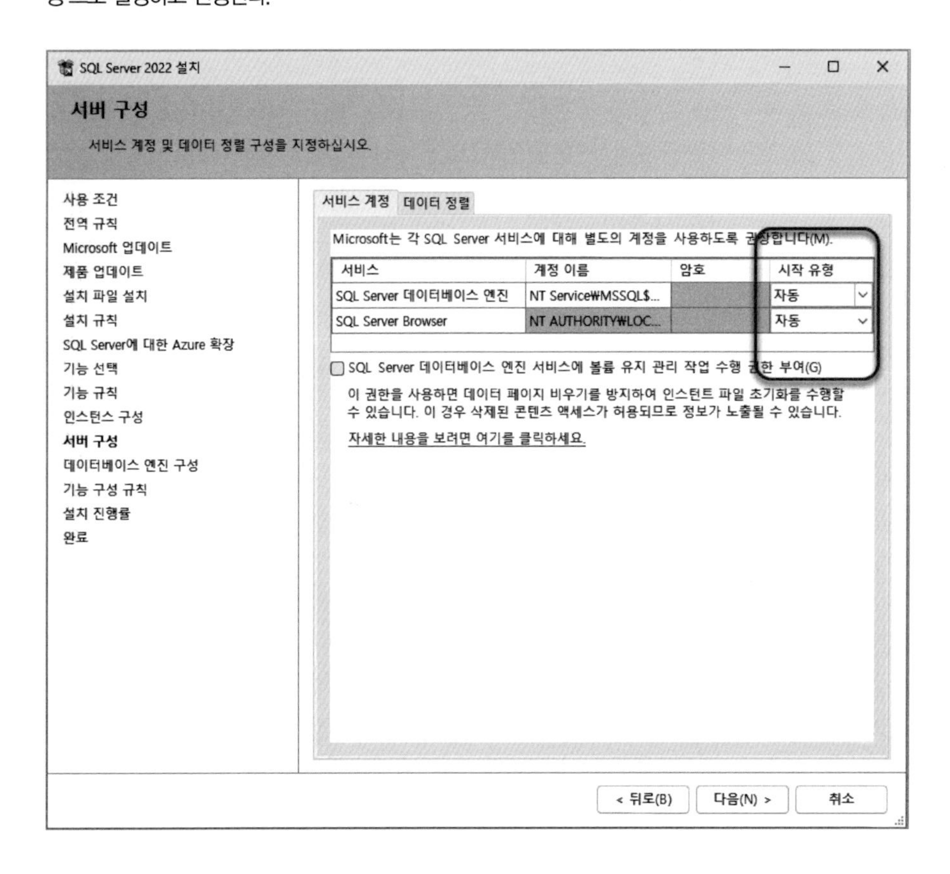

06. '데이터베이스 엔진 구성' → '서버 구성'에서는 '혼합 모드'를 선택한다. 그럼 SQL 서버의 시스템 관리자(sa: system administrator) 계정에 대한 암호를 묻는 영역이 활성화된다. 이 암호 역시 잊지 말고 기억해 둬야 한다(비주얼 스튜디오로 실습하는 컴퓨터와 동일한 컴퓨터에 SQL 서버를 설치하고 있다면 '혼합 모드'를 선택하지 않아도 된다).

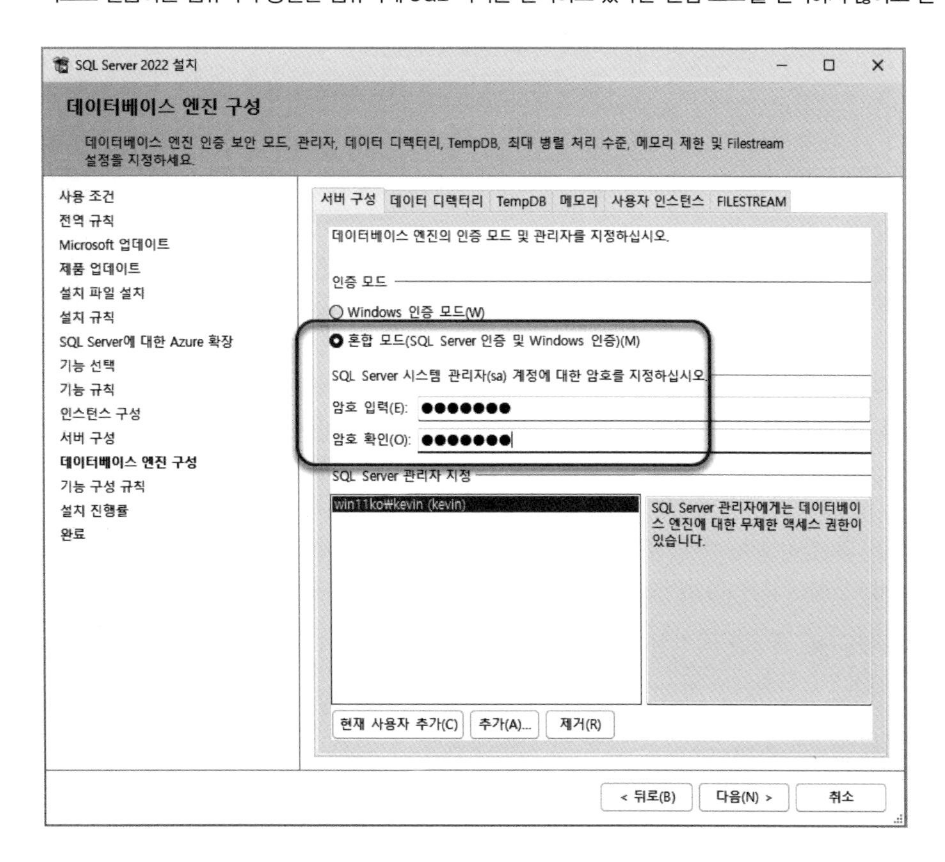


07. 이후의 설치 옵션에 대해서는 모두 [다음] 버튼을 눌러 마지막 '완료' 단계까지 진행하면 된다.

데이터베이스 설치가 완료되면 이제 관리 도구를 설치해야 한다. 이를 위해 'SQL Server 설치 센터'의 [SQL Server 관리 도구 설치] 메뉴를 선택한다.

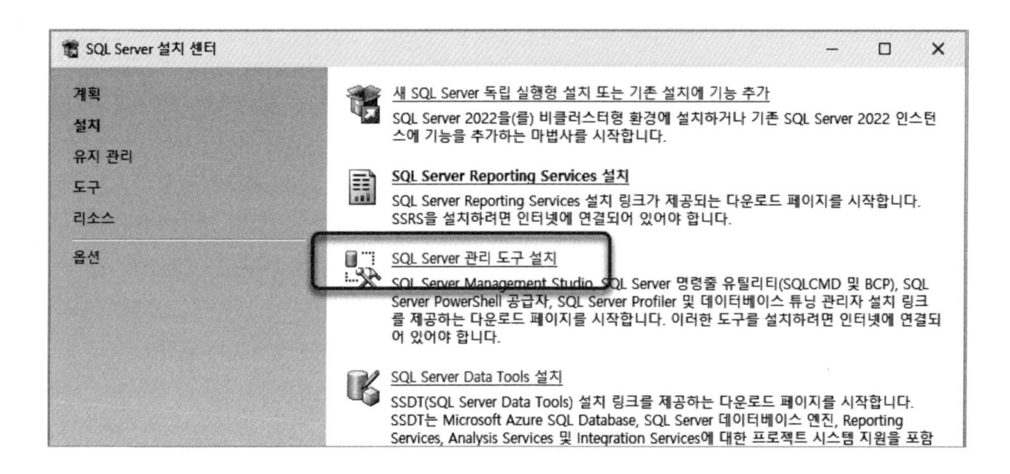


그럼 웹 브라우저가 뜨고 SSMS(SQL Server Management Studio) 도구를 다운로드하는 웹 페이지로 연결된다. 화면에서 제공되는 다운로드 링크를 누르면 SSMS-Setup으로 시작하는 exe 파일을 다운로드할 수 있고 이를 이용해 SSMS 도구 설치를 완료한다.

데이터베이스 및 관리 도구까지 성공적으로 설치하면 이제 약간의 후처리를 해야 한다. 기본적으로 SQL 서버 익스프레스는 TCP/IP 연결을 허용하지 않는다. 따라서 이 책의 코드를 실습하는 컴퓨터와 다른 컴퓨터에 SQL 서버를 설치했다면 원격 접속이 가능하도록 TCP/IP 연결을 활성화해야 한다(만약 같은 컴퓨터에 설치했다면 이 설정을 건너뛰어도 된다).

01. SQL 서버의 원격 접속을 허용하려면 우선 [시작] 메뉴를 통해 'SQL Server 2022 구성 관리자(Configuration Manager)'를 실행하고 'SQL Server 네트워크 구성' → 'SQLEXPRESS에 대한 프로토콜'의 'TCP/IP' 항목을 대상으로 마우스 오른쪽 버튼을 눌러 [사용] 메뉴를 선택한다.

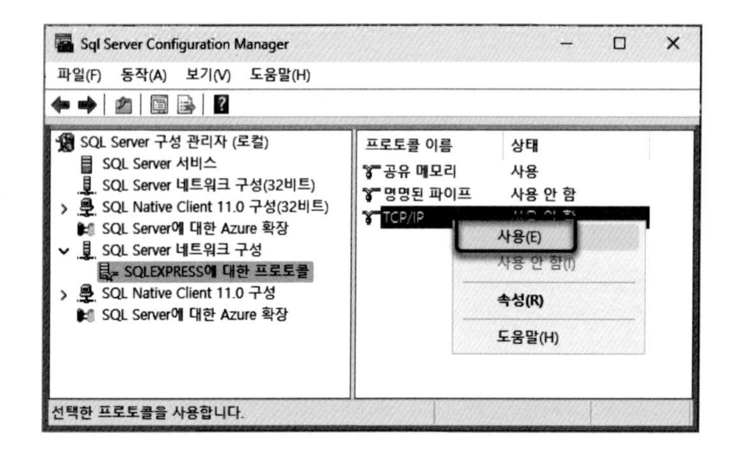

02. 그럼 '변경 내용은 모두 저장되지만 서비스를 중지한 다음 다시 시작해야 변경 내용이 적용됩니다.'라는 알림창이 나타나고 마찬가지로 [확인] 버튼을 눌러 진행한다.

03. 알림창의 내용대로 이제 'SQL 서버' 프로그램을 다시 시작해야 한다. [시작] 메뉴를 통해 '서비스' 항목을 실행한 후 'SQL Server (SQLEXPRESS)'를 대상으로 마우스 오른쪽 버튼을 누른 다음 [다시 시작] 메뉴를 선택한다.

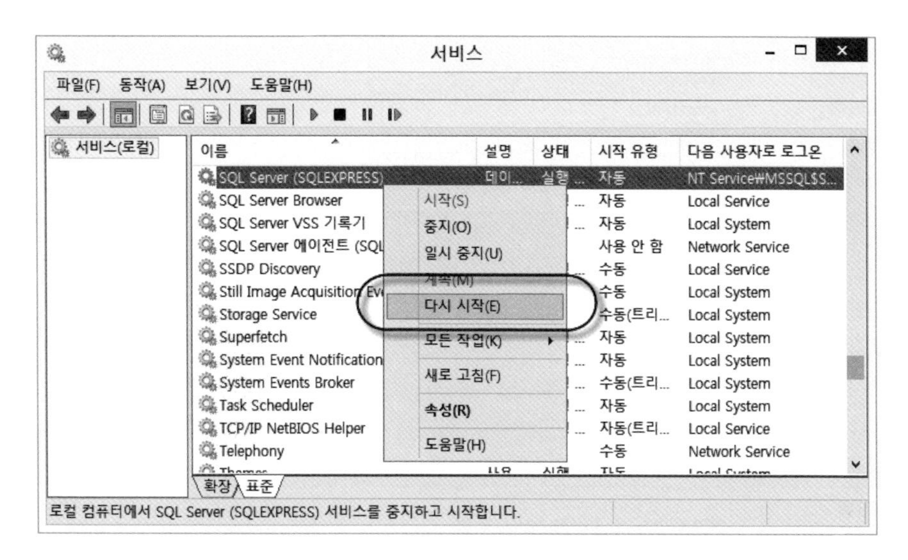


이로써 마이크로소프트 SQL 서버에 대한 준비가 모두 끝났다. 이제부터는 설치된 SQL 서버 프로그램을 이용해 데이터베이스 관리를 어떻게 하는지 배울 차례다.

#### 6.8.1.1 실습용 데이터베이스 준비

SQL 서버 프로그램의 프로세스는 sqlservr.exe이지만 사용자 입장에서 이 프로그램과 상호작용할 일은 없다. 대신 별도로 설치되는 관리 프로그램을 이용해 데이터베이스 설정을 하면 그것이 sqlservr.exe 프로세스에 반영되는 식으로 운영된다.

그럼 관리 프로그램을 이용해 앞서 표 6.20에서 정의한 데이터를 입출력할 수 있는 데이터베이스를 만들어 보자.

01. SQL 서버가 설치된 컴퓨터에서 [시작] 메뉴를 통해 'SQL Server Management Studio 19' 프로그램(이하 SSMS로 표기)을 실행하면 SQL 서버의 관리 권한을 소유한 계정을 입력받는 창이 나타난다.

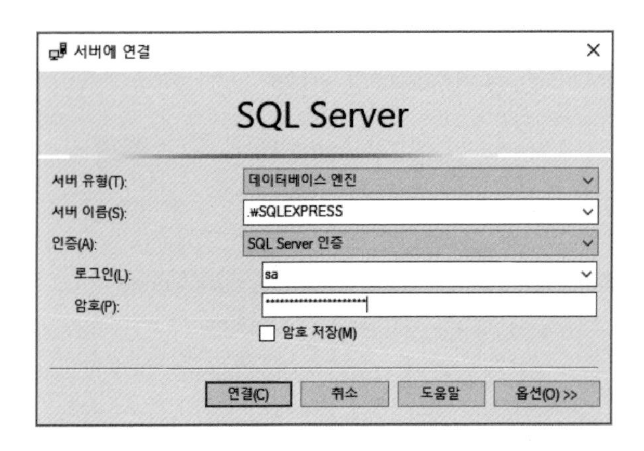


각 입력 항목 값의 의미는 다음과 같다.

| 입력 | 의미 | 값 |
|---|---|---|
| **서버 유형**<br>(Server type) | SSMS 도구로 관리할 서비스 유형 | 데이터베이스 엔진<br>(Database Engine) |
| **서버 이름**<br>(Server name) | **형식**: [컴퓨터 명]₩[인스턴스 명]<br>**컴퓨터명**: SQL 서버가 설치된 컴퓨터의 이름 또는 IP 주소. 만약 같은 컴퓨터라면 점(dot)으로 대체 가능<br>**인스턴스명**: SQL 서버를 설치하는 과정에서 입력했던 '명명된 인스턴스명' | .₩SQLEXPRESS |
| **인증**<br>(Authentication) | **Windows 인증**: 만약 같은 컴퓨터에 설치된 SQL 서버를 접근하는 것이라면 선택 가능[8]<br>**SQL Server 인증**: SQL 서버를 설치할 때 '인증 모드'를 '혼합 모드'로 선택한 경우에만 사용할 수 있고, SQL 서버가 설치된 위치에 상관없이 사용 가능. | SQL Server 인증 |
| **로그인**(User anem)<br>**암호**(Password) | 'SQL Server 인증'을 선택한 경우에만 입력 가능. SQL 서버를 설치할 때 입력했던 시스템 관리자(sa) 계정 정보를 입력 | [시스템 관리자 계정 정보] |

02. 인증 과정을 마치면 '개체 탐색기'에서 '데이터베이스' 항목을 선택하고 마우스 오른쪽 버튼을 눌러 [새 데이터베이스] 메뉴를 실행한다.

8 다른 컴퓨터도 가능하지만 현재 로그인 한 사용자의 계정 정보가 미리 연동되어 있어야 한다.

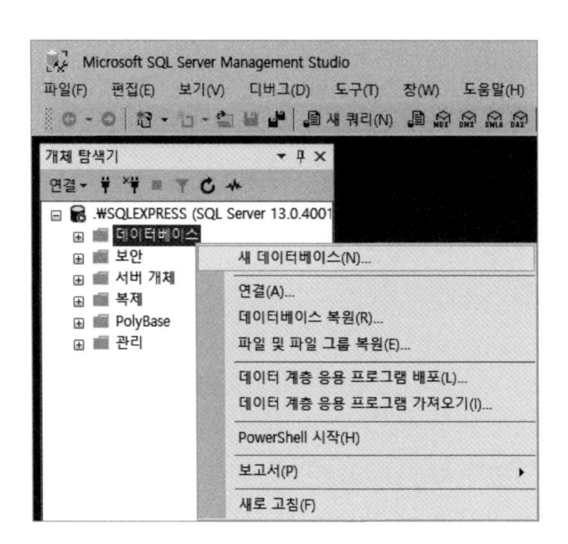


03. 만들어질 데이터베이스의 '이름'을 지정한다. 여기서는 TestDB라는 이름을 사용했다.

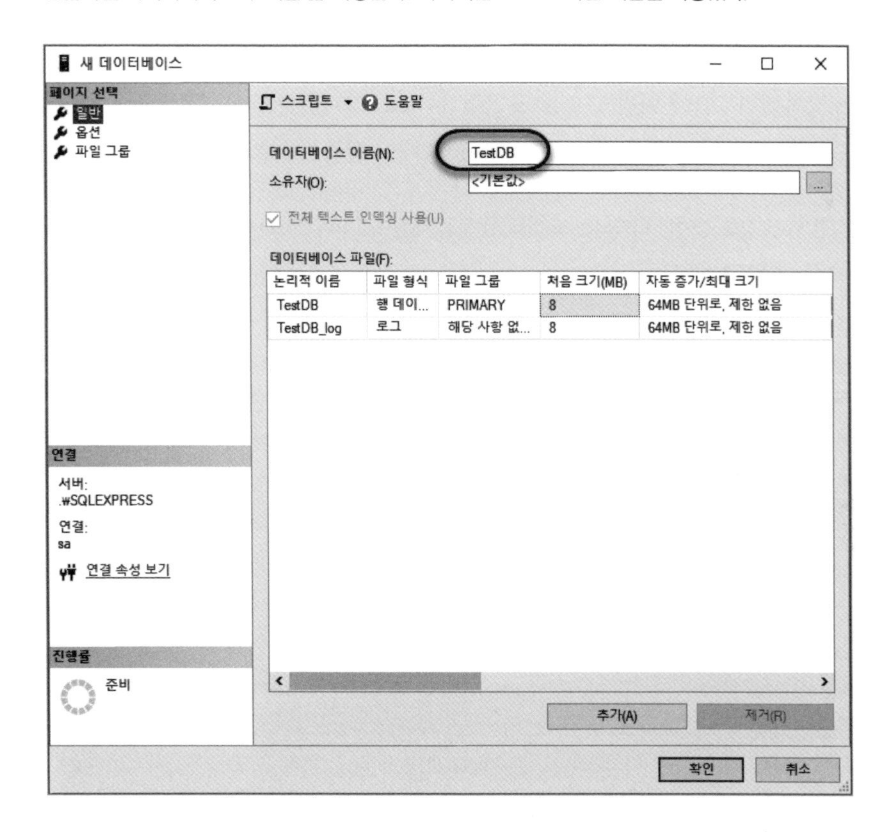

04. [확인] 버튼을 누르면 여러분이 생성한 데이터베이스가 개체 탐색기에 추가된다.

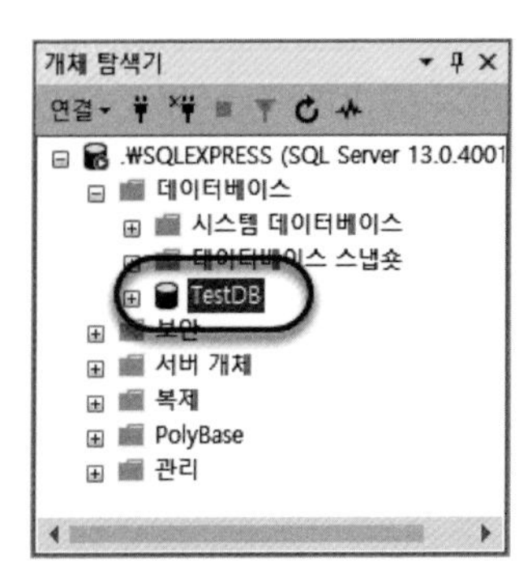


Microsoft SQL 서버에서 생성한 데이터베이스는 물리적으로 운영체제의 파일로 구현된다. 기본값으로 데이터베이스를 생성한 경우 'C:\Program Files\Microsoft SQL Server\MSSQL16.SQLEXPRESS\MSSQL\DATA' 폴더에 TestDB.mdf와 TestDB_log.ldf 파일이 각각 한 개씩 생성된 것을 확인할 수 있다.

이렇게 생성된 DB는 아직 여러분이 표 6.20에서 정의한 내용을 어떻게 저장하는지 알 수 없다. 그와 같은 데이터를 저장하려면 DB에 미리 구조를 알려줘야 하고, 그 단위가 '테이블(table)'이 된다. 따라서 이제는 표 6.20에 맞는 테이블을 방금 생성한 TestDB 내에 만들어줄 차례다.

01. 이전에 생성한 TestDB를 펼치면 나타나는 '테이블' 항목을 대상으로 마우스 오른쪽 버튼을 눌러 [새로 만들기] → [테이블] 메뉴를 선택한다.

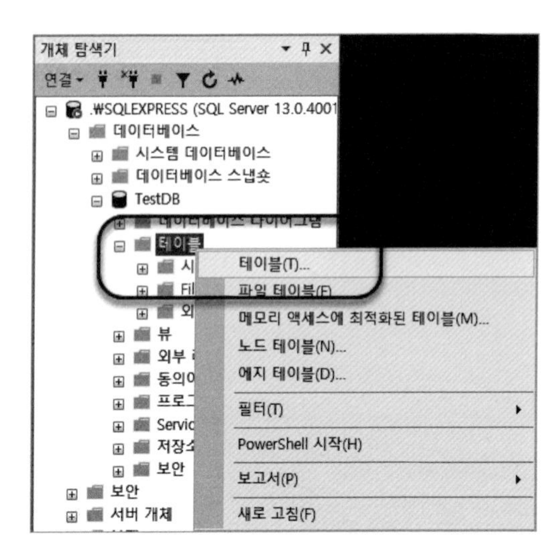

02. 표 6.20에 정의된 필드를 '열 이름'으로 사용하고 각 필드에 필요한 데이터 크기에 맞는 SQL 타입을 선택해 테이블 규격을 정한다. 이후 [Ctrl + S] 키를 눌러 테이블을 저장하는데 이때 이름을 묻게 된다. 여기서는 회원 정보이므로 'MemberInfo'라고 지정한다.

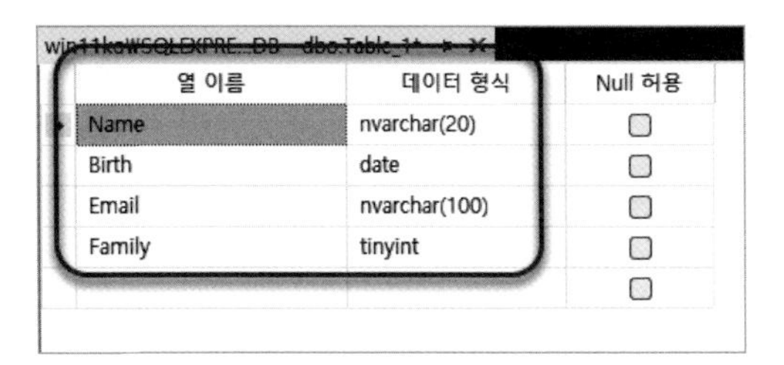

| 열 이름 | 데이터 형식 | Null 허용 |
|---|---|---|
| Name | nvarchar(20) | ☐ |
| Birth | date | ☐ |
| Email | nvarchar(100) | ☐ |
| Family | tinyint | ☐ |
| | | ☐ |

03. 다시 '개체 탐색기'의 '테이블' 항목을 선택하고 [F5 (Refresh)] 키를 누르면 방금 만든 테이블이 'dbo.' 접두사와 함께 추가된 것을 볼 수 있다.

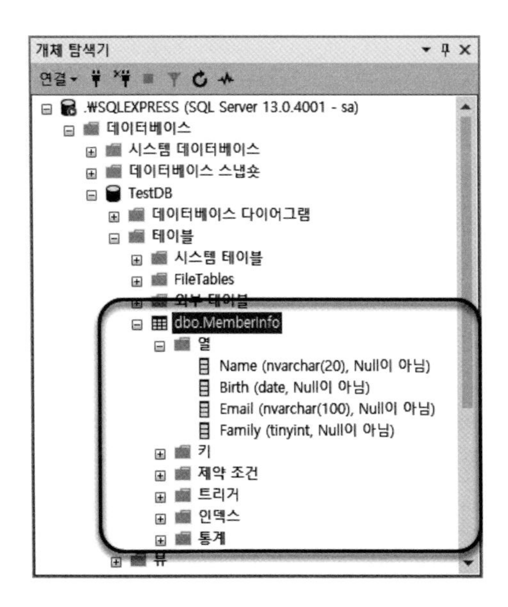


정리하자면, 테이블이야말로 실질적으로 데이터를 담을 수 있는 컨테이너(container)다. 데이터베이스는 단지 1개 이상의 테이블을 담을 수 있는 컨테이너이고, 그 데이터베이스를 외부 프로그램에 서비스하는 것이 바로 마이크로소프트 SQL 서버 같은 관계형 데이터베이스 소프트웨어다.

테이블을 생성할 때 한 가지 주의할 사항은 적절한 데이터 타입의 선택이다. 관계형 데이터베이스의 특성상 한번 정해진 칼럼의 데이터 타입을 향후 필요에 의해 다른 타입으로 바꾸는 것이 쉽지 않기 때문이다. 대표적으로 많이 사용되는 타입을 표 6.21에 나열했으니 참조하자.

표 6.21 SQL 서버 2022에서 제공되는 칼럼 데이터 타입

| 데이터 타입 | 설명 |
|---|---|
| char(크기) | 1개 이상의 문자를 담을 수 있도록 고정된 길이를 할당(최대 크기: 8,000) |
| nchar(크기) | 1개 이상의 다국어 문자를 담을 수 있도록 고정된 길이를 할당(최대 크기: 4,000) |
| varchar(크기) | 1개 이상의 문자를 담을 수 있지만, 지정된 수의 범위에서 가변적으로 할당(최대 크기: 8,000) |
| nvarchar(크기) | 1개 이상의 다국어 문자를 담을 수 있지만, 지정된 수의 범위에서 가변적으로 할당(최대 크기: 4,000) |
| varchar(max) | varchar의 최대 용량이 8,000이므로 그 이상의 문자열 데이터를 담을 때 사용하며, 기존 SQL 버전의 text 타입과 동일(최대 크기: 2GB) |
| nvarchar(max) | nvarchar의 최대 용량이 4,000이므로 그 이상의 다국어 문자열 데이터를 담을 때 사용하며, 기존 SQL 버전의 ntext 타입과 동일(최대 크기: 1GB) |
| bit | 0과 1의 데이터를 표현(불린형 데이터) |
| tinyint | 1바이트 범위의 숫자 |
| smallint | 2바이트 범위의 숫자 |
| int | 4바이트 범위의 숫자 |
| bigint | 8바이트 범위의 숫자 |
| date | 날짜 데이터만 포함 |
| datetime | 날짜와 시간 데이터를 포함 |
| decimal | –1038 + 1 ~ 1038 - 1의 숫자 |
| float | 단정도 실수 |
| real | 배정도 실수 |

문자열 타입의 경우 부연 설명이 필요하다. 우선 'n' 접두사가 붙은 것은 유니코드 문자(UCS-2)를 담는 것을 의미한다. 예를 들어, char(10) 형식은 10바이트를 예약하고 영문 10자, 한글 5자만 포함할 수 있다. 왜냐하면 한글은 한 글자당 2바이트를 차지하기 때문이다. 반면 nchar(10)으로 바꾸면 영문 10자, 한글 10자를 포함할 수 있다.

또한 char/nchar와 varchar/nvarchar에서 나오는 고정과 가변의 의미도 알아둘 필요가 있다. 예를 들어, char(10)으로 지정하면 해당 칼럼은 무조건 10바이트를 확보해 데이터를 담지만 varchar(10)으로 지정하면 들어온 데이터만큼의 바이트만 할당한다.

| | | | | | | | | | | |
|---|---|---|---|---|---|---|---|---|---|---|
| char(10) | H | e | l | l | o | | | | | |
| varchar(10) | H | e | l | l | o | | | | | |

그림 6.35 'Hello' 문자열을 char/varchar에 저장하는 경우

이 때문에 거의 비슷한 크기의 문자열을 담는 경우라면 고정 길이로 인해 속도가 빠른 char를 지정하고, 임의의 문자열을 담는 경우라면 약간의 속도 저하는 있지만 디스크 용량을 절약할 수 있는 varchar가 권장된다.

마치기 전에 이후의 실습을 위해 다음과 같은 Blog 테이블을 하나 더 만들어 둔다.

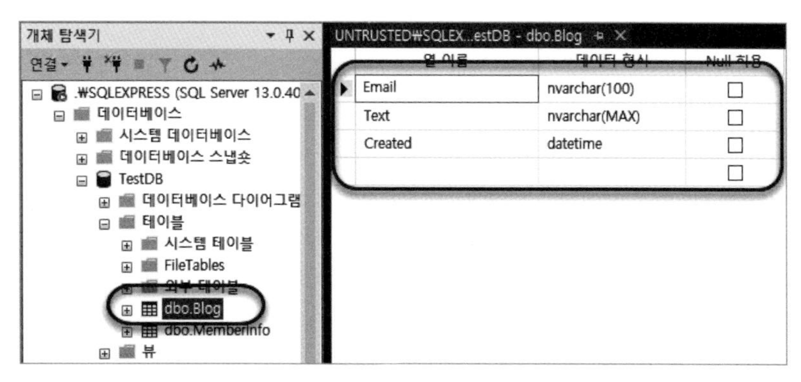


그림 6.36 Blog 테이블 생성

### 6.8.1.2 SQL 쿼리

모든 관계형 데이터베이스 소프트웨어는 데이터를 조작하는 방법으로 SQL 쿼리(query)라는 표준 언어를 지원한다. 즉, 마이크로소프트 SQL 서버에서 실행되는 SQL 쿼리는 오라클 DB 서버, MySQL 서버에서도 그대로 사용할 수 있다. 물론, 각 DB 제작사마다 나름대로 확장한 SQL 쿼리 구문을 지원하므로 그런 쿼리를 사용하면 다른 DB에서는 당연히 실행되지 않는다. 여기서 다룰 쿼리 구문은 가장 기본적인 유형에 속하므로 어떤 DB에서도 동일하게 실행될 수 있다.

데이터를 조작한다는 것은 엄밀히 말해 다음의 4가지 동작으로 나눌 수 있다.

- Create(생성)

  테이블에 데이터를 생성한다.

- Retrieve(조회)

  테이블에 있는 데이터를 조회한다.

- Update(갱신)

  테이블에 저장돼 있는 기존 데이터를 변경한다.

- Delete(삭제)

  테이블에 저장돼 있는 기존 데이터를 삭제한다.

이 때문에 영어의 앞 글자만 따서 간단하게 CRUD라고도 한다. 각각에 대응되는 SQL 쿼리를 간단하게 짚고 넘어가자.

### 자료 생성: INSERT

INSERT는 테이블에 자료를 생성하는 SQL 명령어로서, 구문은 다음과 같다.

```
INSERT INTO [테이블명] ([칼럼명], ...... ) VALUES ([값], ...... )
```

예를 들어, 이 구문을 이용해 실습용으로 생성해 둔 테이블에 자료를 넣으려면 다음과 같이 쿼리를 실행하면 된다.

```
INSERT INTO MemberInfo(Name, Birth, Email, Family)
    VALUES ('Anderson', '1950-05-20', 'anderson@gmail.com', 2)
```

*테이블명* 다음에 나오는 괄호 안에는 입력될 *칼럼* 이름을 나열한다. 그리고 VALUES 이후의 괄호 안에는 *테이블명*의 괄호에 있던 *칼럼*과 각각 일대일로 대응되는 값을 나열한다. 즉, 위의 쿼리 문에서는 다음과 같이 칼럼과 값이 연결된다.

표 6.22 INSERT INTO의 칼럼명과 값의 대응

| 칼럼명 | 데이터 형식 | 값 |
|---|---|---|
| Name | nvarchar(20) | 'Anderson' |
| Birth | date | '1950-05-20' |
| Email | nvarchar(100) | 'anderson@gmail.com' |
| Family | tinyint | 2 |

또한 문자열과 날짜 형식에 대해서는 작은 따옴표(')를 사용해 값을 감싸고, 숫자형은 그대로 기입한다는 차이점이 있다.

실제로 위의 구문을 실행해 보는 것도 가능하다. SSMS에서 데이터베이스 항목을 대상으로 마우스 오른쪽 버튼을 눌러 나오는 메뉴의 [새 쿼리]를 실행해 보자.

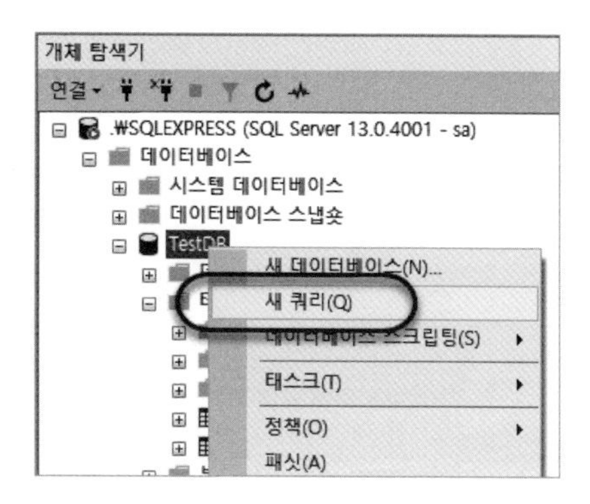


직접 해당 데이터베이스에 대해 SQL 쿼리를 수행할 수 있는 창이 나타나는데, 거기에 위의 INSERT …… 문자열을 입력한 후 툴바의 [실행] 버튼을 누르면 MemberInfo 테이블에 데이터가 추가되는 것을 확인할 수 있다.

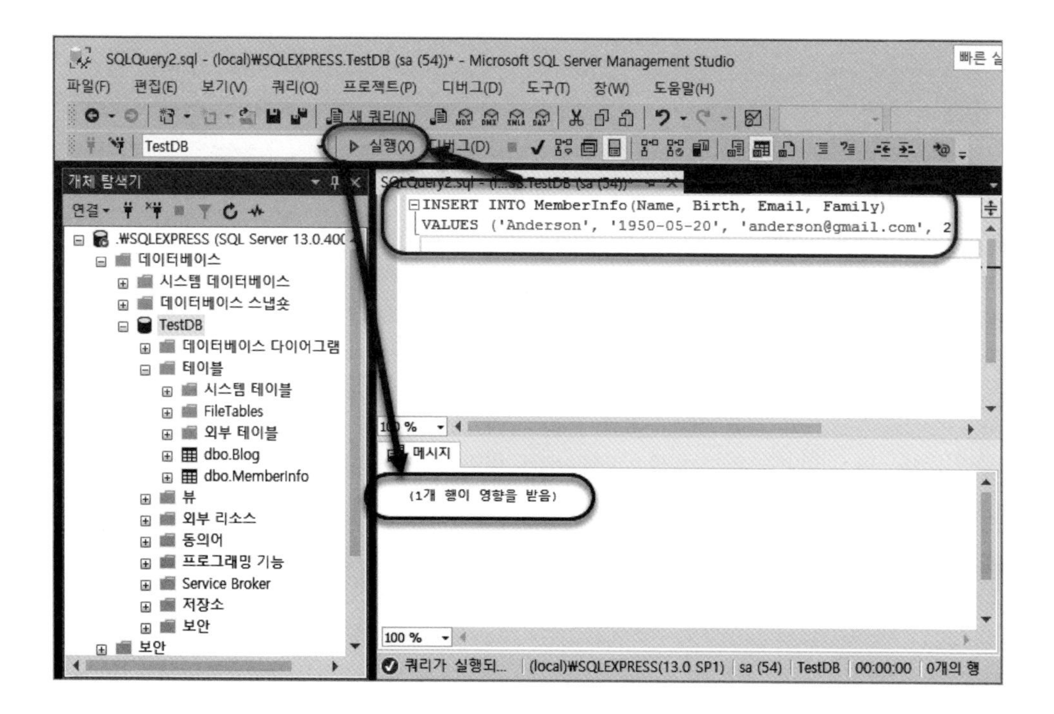


테이블에 있는 데이터를 확인하려면 '개체 탐색기'에서 'dbo.MemberInfo'를 대상으로 마우스 오른쪽 버튼을 눌렀을 때 나오는 [상위 1000개 행 선택] 메뉴를 선택한다.

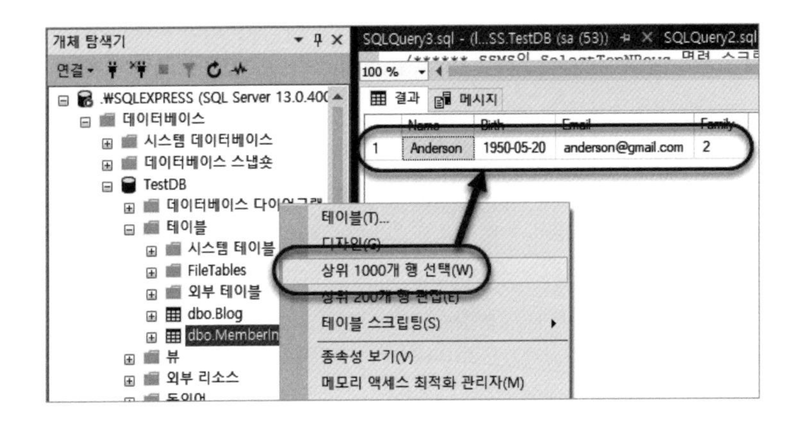


실습을 위해 데이터를 MemberInfo 테이블에 2개, Blog 테이블에 1개 정도 임의로 더 추가해 보고 다음으로 넘어가자.

```
INSERT INTO MemberInfo(Name, Birth, Email, Family)
    VALUES ('Jason', '1967-12-03', 'jason@gmail.com', 0)
INSERT INTO MemberInfo(Name, Birth, Email, Family)
    VALUES ('Mark', '1998-03-02', 'mark@naver.com', 1)
INSERT INTO Blog(Email, Text, Created)
    VALUES ('jason@gmail.com', '안녕하세요.', '2023-04-07 21:30:00')
```

### 자료 선택: SELECT

자료를 입력했으면 조회하는 기능도 필요하다. SQL 쿼리에서는 조회를 위한 명령어로 SELECT 구문을 제공한다.

- 테이블의 모든 데이터 조회

  SELECT * FROM [*테이블명*]

- 테이블의 특정 칼럼에 해당하는 데이터만 조회

  SELECT [*칼럼명*], …… FROM [*테이블명*]

- 선택되는 조건을 지정해서 조회

  SELECT …… FROM [*테이블명*] WHERE [*조건*]

SSMS의 '새 쿼리' 창에서 아래의 쿼리를 각각 실행해 보면 좀 더 쉽게 명령어를 이해할 수 있다.

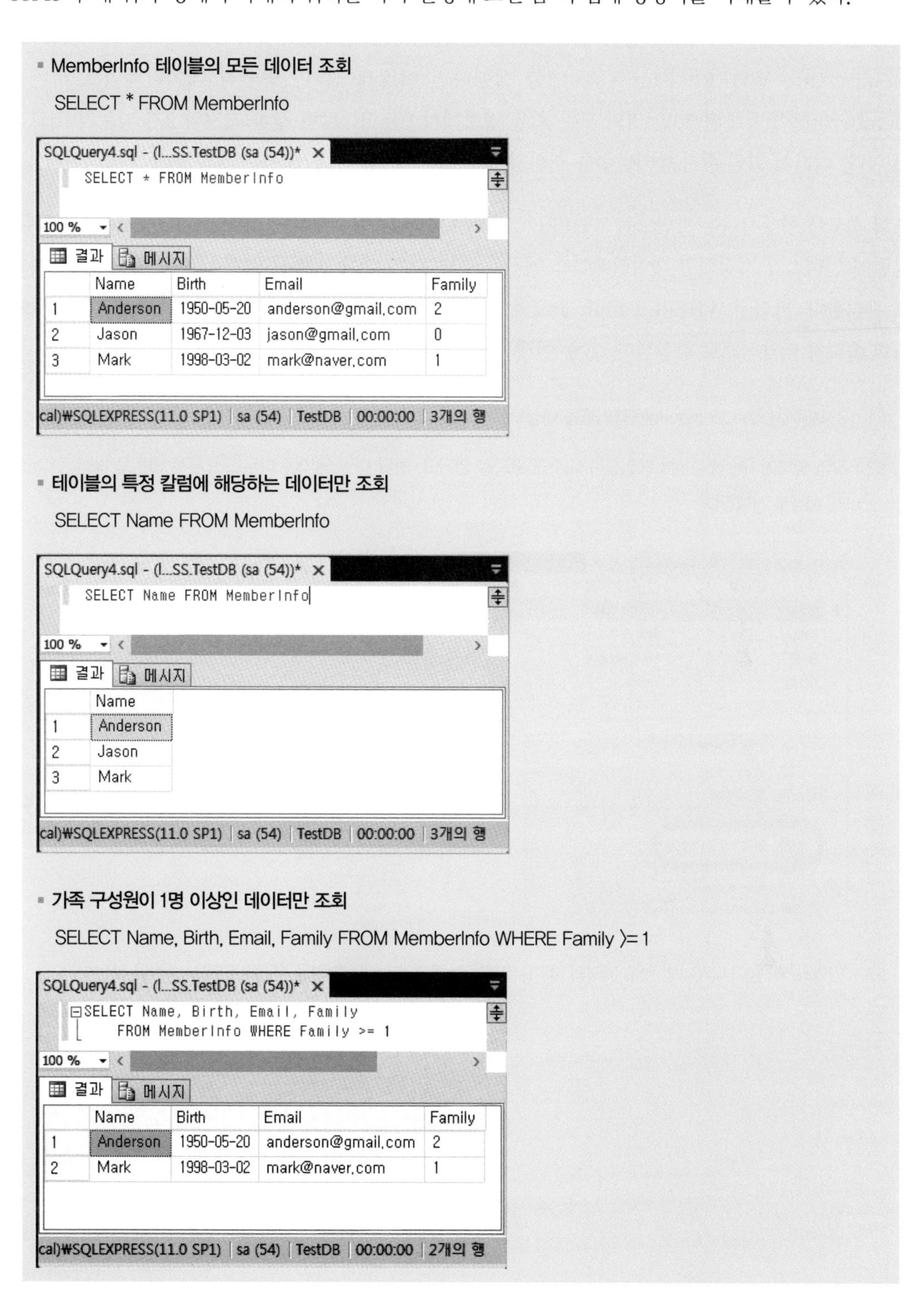

데이터 조회 속도는 데이터의 양이 많아질수록 느려진다. MemberInfo에 500,000명의 회원이 등록돼 있다고 했을 때 Family 칼럼 값이 2를 넘는 회원이 있는지 조회하기 위해 SELECT * FROM MemberInfo WHERE Family >= 2를 실행하면 어떻게 될까? 당연히 데이터베이스 서버는 MemberInfo에 등록된 50만 명의 모든 회원 정보에서 Family 칼럼 값을 가져와 2가 넘는지 비교해야 한다. 따라서 회원 수가 늘어날수록 조회 속도는 그에 비례해서 느려지는 성능 문제가 발생한다.

조회 속도를 향상시키는 방법으로 WHERE 조건에 나열되는 칼럼에 인덱스(index)를 설정할 수 있다. 칼럼에 인덱스가 지정되면 데이터베이스 엔진은 해당 값에 대한 정렬된 인덱스 자료구조를 내부적으로 관리한다. 따라서 WHERE Family >=2와 같은 조건이 수행되면 2 이상의 값을 쉽게 찾을 수 있어 조회 속도가 비약적으로 향상된다. 그럼 이제 실제로 Family 칼럼에 인덱스를 지정해 보자.

01. SSMS에서 dbo.MemberInfo 테이블을 대상으로 마우스 오른쪽 버튼을 눌러 [디자인] 메뉴를 선택한다.

02. 작업 영역에 MemberInfo 테이블이 디자인 모드로 열리고, 하위 바탕 영역에 마우스 오른쪽 버튼을 눌러 [인덱스/키] 메뉴를 선택한다.

03. '인덱스/키' 창이 나타나면 왼쪽 아래의 [추가] 버튼을 누른 후 Family 칼럼을 지정해 인덱스 속성을 부여한다.

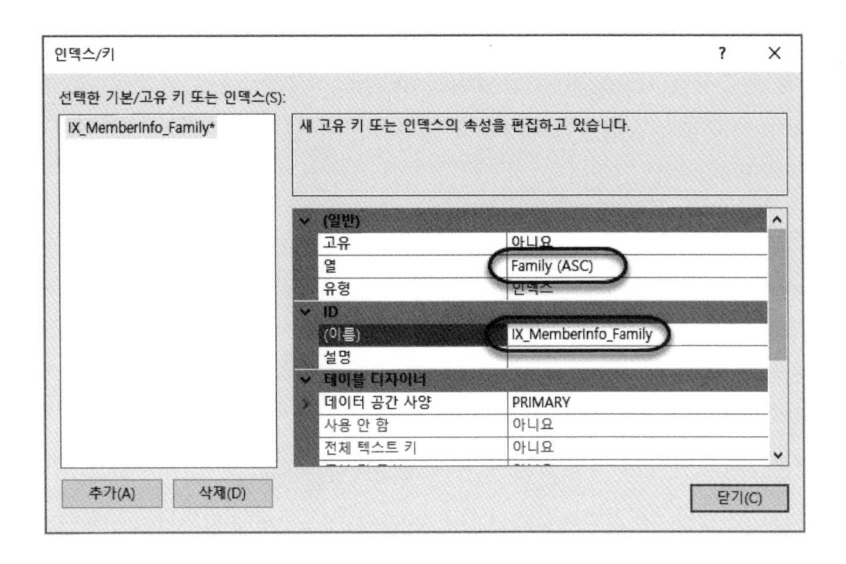


04. [닫기] 버튼을 누르고 테이블 디자인 창에서 [Ctrl + S]를 누르거나, 툴바의 저장 아이콘을 눌러 변경 사항을 저장한다.

이렇게 Family 칼럼에 인덱스가 부여되면 나중에 데이터 수가 늘어나도 전체 레코드를 열람하기보다는 정렬된 인덱스의 도움을 받게 되므로 검색 속도를 크게 향상시킬 수 있다.

테이블에는 인덱스 말고도 기본 키(PK: Primary Key)를 지정해 조회 속도를 향상시킬 수 있다. 기본 키와 인덱스의 차이점은 해당 칼럼의 값이 '고유(unique)'하느냐에 달려 있다. 즉, 고유한 값을 가진 칼럼이라면 기본 키로 지정하고, 고유한 값은 아니지만 조회 속도 향상을 위해 정렬될 필요가 있다면 인덱스로 지정한다. MemberInfo 테이블에서 Name, Birth, Family 칼럼은 값이 중복될 수 있으므로 Email 칼럼이 기본 키로 적당하다. 기본 키를 설정하는 방법은 테이블의 디자인 모드에서 해당 칼럼에 대해 마우스 오른쪽 버튼을 누른 다음 [기본 키 설정] 메뉴를 선택하고 저장하면 된다.

그림 6.37 MemberInfo 테이블에 기본 키(PK) 설정

참고로 기본 키로 지정된 칼럼은 자동으로 정렬된 내부 인덱스를 가지며, 특성상 기본 키가 있는 상태에서 다시 다른 칼럼을 기본 키로 지정할 수 없다. 예를 들어, MemberInfo 테이블에서 Email 칼럼을 기본 키로 부여했다면 다른 칼럼에 대해서는 기본 키로 지정할 수 없다.

### 자료 갱신: UPDATE

테이블의 특정 칼럼의 데이터를 변경하고 싶다면 UPDATE 구문을 사용할 수 있다.

```
UPDATE [테이블명] SET [칼럼명] = [값], …… WHERE [조건]
```

WHERE 문의 *조건*은 SELECT에서 사용했던 방식과 동일하다. 예를 들어, Email 칼럼의 값이 'anderson@gmail.com'인 레코드의 Birth 값을 '1950-06-20'으로 변경하고 싶다면 다음과 같이 쿼리 창에서 실행하면 된다.

```
UPDATE MemberInfo SET Birth='1950-06-20' WHERE Email = 'anderson@gmail.com'
```

UPDATE 역시 갱신해야 할 자료의 조건을 만족하는 데이터를 빠르게 찾을 수 있게 WHERE에 사용된 칼럼을 인덱스로 지정하는 것이 권장된다.

### 자료 삭제: DELETE

테이블의 데이터를 레코드 단위로 삭제하기 위해 DELETE 구문을 사용한다.

- **테이블의 모든 데이터를 삭제**

  ```
  DELETE FROM [테이블명]
  ```

- **선택되는 조건을 지정해서 삭제**

  ```
  DELETE FROM [테이블명] WHERE [조건]
  ```

예를 들어, 다음의 명령어를 실행하면 MemberInfo 테이블의 모든 데이터를 삭제한다.

```
DELETE FROM MemberInfo
```

다음의 명령어는 가족 구성원 수가 2 이상인 레코드만 삭제한다.

```
DELETE FROM MemberInfo WHERE Family >= 2
```

WHERE 문의 조건에는 논리 연산자 AND, OR도 제공된다는 사실을 기억해 두자.

- **가족 구성원 수가 1 또는 2인 경우에만 삭제**

```
DELETE FROM MemberInfo WHERE Family = 1 OR Family = 2
```

- **이름이 'Anderson'이고 가족 구성원이 1 이상인 경우에만 삭제**

```
DELETE FROM MemberInfo WHERE Name = 'Anderson' AND Family >= 1
```

이 밖에도 많은 SQL 구문이 있지만 지면 관계상 생략한다. 더 자세한 SQL 문의 사용법에 대해서는 별도로 데이터베이스 관련 서적을 참고하자.

### 6.8.2 ADO.NET 데이터 제공자

Note

이번 절에서 실습할 Microsoft.Data.SqlClient.dll 라이브러리는 닷넷 코어/5+ 환경에서 기본적으로 포함하고 있지 않다.

따라서 Microsoft.Data.SqlClient 패키지를 수동으로 프로젝트에 추가해야 한다. 이를 위해 [도구] → [NuGet 패키지 관리자] → [패키지 관리자 콘솔] 메뉴를 선택한 후 뜨는 '패키지 관리자 콘솔' 창에서 다음과 같은 명령어를 입력해 해당 패키지를 설치[9]한다.

```
Install-Package Microsoft.Data.SqlClient
```

데이터베이스 프로그램은 대부분 TCP 서버로 동작한다. 따라서 TCP 클라이언트 프로그램에서 데이터베이스를 사용하려면 서버의 IP 주소 또는 컴퓨터 이름과 함께 포트 번호가 필요하다. SQL 서버의 경우 기본적으로 1433 포트 번호를 사용하므로 만약 SQL 서버가 192.168.0.10 컴퓨터에서 실행 중이라면 그 접점 정보는 192.168.0.10:1433이 된다. SQL 서버와 통신하기 위해 그다음으로 알아야 할 것은 데이터를 주고받는 프로토콜 형식이다. 다행히 이 프로토콜 형식을 개발자가 알 필요는 없다. 왜냐하면 데이터베이스를 만든 업체에서 프로토콜을 가장 잘 알고 있기 때문에 데이터베이스 통신을 위한 전용 라이브러리를 제작해서 배포하기 때문이다. 결국 개발자가 알아야 할 것은 DB 서버와의 통신 프로토콜이 아니라 해당 라이브러리를 어떻게 사용하느냐다.

9 또는, 5.2.2.3 'NuGet 패키지 참조' 절의 방법으로 Microsoft.Data.SqlClient 패키지를 설치할 수 있다.

이러한 전용 라이브러리를 일컬어 'ADO.NET 데이터 제공자(data provider)'라고 하며, 모든 ADO.NET 데이터 제공자는 마이크로소프트에서 미리 정의해 둔 다음의 공통 인터페이스를 상속받아 구현한다.

- System.Data.IDbConnection
  데이터베이스 서버와의 연결을 담당하는 클래스가 구현해야 할 인터페이스 정의
- System.Data.IDbCommand
  데이터베이스 서버 측으로 실행될 SQL 문을 전달하는 클래스가 구현해야 할 인터페이스 정의
- System.Data.IDataReader
  실행된 SQL 문으로부터 반환받은 데이터를 열람하는 클래스가 구현해야 할 인터페이스
- System.Data.IDbDataParameter
  IDbCommand에 전달되는 SQL 문의 인자(Parameter) 값을 보관하는 클래스가 구현해야 할 인터페이스 정의
- System.Data.IDbDataAdapter
  System.Data.DataTable 개체와 상호작용하는 Data Adapter 클래스가 구현해야 할 인터페이스 정의

ADO.NET 데이터 제공자는 보통 데이터베이스 서버를 만든 업체에서 만들어서 배포한다. 앞서 NuGet 패키지 관리자를 통해 설치한 Microsoft.Data.SqlClient가 바로 ADO.NET 데이터 제공자의 한 사례다. 만약 여러분이 실습하는 데이터베이스 서버가 MySQL이라면 오라클 웹 사이트를 방문해 MySQL용 ADO.NET 데이터 제공자를 내려받아 사용하면 된다.

Microsoft.Data.SqlClient 네임스페이스 아래에 구현된 기능은 다음과 같이 분류된다.

**표 6.23** Microsoft SQL 서버 ADO.NET 데이터 제공자

| 인터페이스 | SQL 서버용 ADO.NET 구현 클래스 |
|---|---|
| System.Data.IDbConnection | Microsoft.Data.SqlClient.SqlConnection |
| System.Data.IDbCommand | Microsoft.Data.SqlClient.SqlCommand |
| System.Data.IDataReader | Microsoft.Data.SqlClient.SqlDataReader |
| System.Data.IDbDataParameter | Microsoft.Data.SqlClient.SqlParameter |
| System.Data.IDbDataAdapter | Microsoft.Data.SqlClient.SqlDataAdapter |

이론상 적어도 데이터베이스 수만큼 ADO.NET 데이터 제공자가 있을 테지만 모두 System.Data에서 제공되는 인터페이스를 상속받아 구현하고 있으므로 사용법을 한번 익혀두면 다른 데이터 제공자도 어렵지 않게 사용할 수 있다.

이 책에서는 마이크로소프트 SQL 서버를 대상으로 하므로 Microsoft.Data.SqlClient 네임스페이스에서 제공되는 ADO.NET 데이터 제공자의 사용법을 설명한다.

#### 6.8.2.1 Microsoft.Data.SqlClient.SqlConnection

데이터베이스를 사용하기 위해 맨 먼저 해야 할 일은 데이터베이스에 연결하는 것이다. 소켓 프로그래밍 단계에서 보면 Socket.Connect 메서드를 호출해 서버 프로그램에 연결하는 동작에 해당한다. 대신 일반적인 소켓 접속과 다른 점이 있다면 각 ADO.NET 데이터 제공자마다 정형화된 '연결 문자열(connection string)'이 정해져 있다는 것이다. SqlClient 데이터 제공자의 경우 다음과 같은 형식이다.

```
Data Source=[서버]\[인스턴스명];Initial Catalog=[DB명];User ID=[계정명];Password=[비밀번호]
```

예를 들어, 여러분이 설치한 데이터베이스와 접속 계정이 다음과 같다고 하자.

```
데이터베이스 서버 주소: 192.168.0.10
데이터베이스 인스턴스 이름: SQLEXPRESS
데이터베이스 이름: TestDB
SQL 서버 계정: sa[10]
SQL 서버 계정 비밀번호: pw@2023
```

그러면 SQL 서버에 접근하기 위한 연결 문자열은 이렇게 구성된다.

```
Data Source=192.168.0.10\SQLEXPRESS; Initial Catalog=TestDB;User ID=sa;Password=pw@2023
```

또는 SQL 서버의 주소가 여러분이 만든 프로그램이 실행될 컴퓨터와 동일하다면 다음과 같이 축약해서 쓸 수 있다(서버 주소가 점(dot)으로 대체됐다).

10 이 책에서는 단지 실습을 위해 sa 계정을 사용하지만, 현업에서는 반드시 별도의 계정을 생성해야 한다.

```
Data Source=.\SQLEXPRESS; Initial Catalog=TestDB;User ID=sa;Password=pw@2023
```

마지막으로 통신의 보안 강화로 인해 암호화 설정을 해야 한다. 기본적으로 Microsoft.Data.SqlClient는 서버와 암호화 통신을 하는데 이것이 정상적으로 동작하려면 서버에 인증서가 구성돼야 한다. 하지만 이 내용은 이 책의 범위를 벗어나므로 2가지 우회 방법으로 실습을 계속할 것이다.

우선, 아예 암호화 통신을 끄는 방법이 있다. 이를 위해 연결 문자열에 'Encrypt=False' 옵션을 추가할 수 있다.

```
Data Source=.\SQLEXPRESS; Initial Catalog=TestDB;User ID=sa;Password=pw@2023; Encrypt=False
```

또는 인증서 설정이 유효하지 않은 채로 그대로 암호화 통신을 진행하도록 'TrustServerCertificate=True' 설정을 추가해도 된다.

```
Data Source=.\SQLEXPRESS; Initial Catalog=TestDB;User ID=sa;Password=pw@2023;
TrustServerCertificate=True
```

이 책에서는 목적이 Microsoft.Data.SqlClient의 사용법을 알아보는 것이므로 암호화 통신을 끈 연결 문자열로 진행하겠지만 여러분은 어느 것을 선택해도 상관없다. 이렇게 데이터베이스 연결 문자열이 마련되면 다음과 같이 SqlConnection 개체를 사용해 DB에 접속하고 해제할 수 있다.

```
using Microsoft.Data.SqlClient;

class Program
{
    static void Main(string[] args)
    {
        SqlConnection sqlCon = new SqlConnection();
        string connectionString = @"Data Source=.\SQLEXPRESS; Initial Catalog=TestDB;User
ID=sa;Password=pw@2023; Encrypt=False";

        sqlCon.ConnectionString = connectionString;

        // DB에 연결하고,
        sqlCon.Open();
```

```
        // …… [DB에 연결된 동안 DB 쿼리 실행] ……

        // 연결을 닫는다.
        sqlCon.Close();
    }
}
```

### 6.8.2.2 Microsoft.Data.SqlClient.SqlCommand

일단 데이터베이스에 연결됐으면 이제부터 해당 DB가 소유한 모든 자원을 SqlCommand 타입을 이용해 조작할 수 있다. 따라서 이전에 SSMS 도구의 쿼리 창에서 실습했던 CRUD 쿼리(INSERT, SELECT, UPDATE, DELETE)를 SqlCommand를 이용해 실행할 수 있다.

SqlCommand는 쿼리를 실행하기 위해 대표적으로 3개의 메서드를 제공한다. 어떤 메서드를 사용하느냐는 쿼리 문의 수행 결과가 반환하는 값의 종류에 따라 달라진다.

표 6.24 SqlCommand의 쿼리 실행을 위한 메서드 종류

| 쿼리 종류 | SqlCommand 메서드 | 설명 |
|---|---|---|
| INSERT | ExecuteNonQuery | 영향받은 Row의 수를 반환 |
| UPDATE | | |
| DELETE | | |
| SELECT | ExecuteScalar | 1개의 값을 반환하는 쿼리를 수행 |
| | ExecuteReader | 다중 레코드를 반환하는 쿼리를 수행 |

INSERT, UPDATE, DELETE 구문은 값을 반환하기보다는 수행하는 것에 의미가 있는 반면, SELECT는 데이터를 조회해서 반환한다는 차이가 있음을 염두에 두면 표 6.24와 같이 나뉜 이유를 직관적으로 이해할 수 있다.

그럼 INSERT 쿼리를 먼저 실습해 보자. 어렵지 않게 다음과 같이 코드를 작성할 수 있다.

```
string connectionString = @"Data Source=.\SQLEXPRESS; Initial Catalog=TestDB;User
ID=sa;Password=pw@2023; Encrypt=False";

using (SqlConnection sqlCon = new SqlConnection())
{
```

```
    sqlCon.ConnectionString = connectionString;
    sqlCon.Open();

    SqlCommand cmd = new SqlCommand();
    cmd.Connection = sqlCon;
    cmd.CommandText = "INSERT INTO MemberInfo(Name, Birth, Email, Family) VALUES('Fox', '1970-01-
25', 'fox@gmail.com', 5)";
    int affectedCount = cmd.ExecuteNonQuery();
    Console.WriteLine(affectedCount); // 출력 결과: 1
}
```

SqlCommand의 Connection 속성에 SqlConnection 객체를 할당한 후 SQL 문을 CommandText에 넣어두고 ExecuteNonQuery 메서드를 호출한다. 반환값인 affectedCount에는 해당 SQL 문을 실행했을 때 테이블에 영향을 받는 레코드의 수가 구해진다. 여기서는 INSERT 구문으로 1개의 레코드가 추가됐으므로 1을 반환한 것이다.

UPDATE와 DELETE 쿼리도 사용법은 완전히 같다. 단지 SqlCommand.CommandText 속성에 해당 쿼리 문자열을 넣는 차이만 있을 뿐이다.

```
cmd = new SqlCommand();
cmd.Connection = sqlCon;
cmd.CommandText = "UPDATE MemberInfo SET Family=3 WHERE Email = 'fox@gmail.com'";
cmd.ExecuteNonQuery();

cmd = new SqlCommand();
cmd.Connection = sqlCon;
cmd.CommandText = "DELETE FROM MemberInfo WHERE Email = 'fox@gmail.com'";
cmd.ExecuteNonQuery();
```

마지막으로 값을 반환받는 SELECT 문은 2가지의 SqlCommand 메서드를 사용할 수 있다. 우선 값을 하나만 반환받는 ExecuteScalar 메서드를 설명하기 위해 SQL 문에서 지원되는 COUNT 함수의 사용법을 알아보자.

- **테이블에 있는 모든 레코드의 수를 반환**

  SELECT COUNT(*) FROM [*테이블명*]

▪ **조건을 만족하는 레코드의 수를 반환**

SELECT **COUNT(*)** FROM [*테이블명*] WHERE [조건]

예를 들어, 가족 구성원이 2명 이상인 회원의 수를 알고 싶다면 다음과 같이 쿼리를 수행할 수 있다.

```
SELECT COUNT(*) FROM MemberInfo WHERE Family >= 2
```

이 경우 SELECT는 조건을 만족하는 레코드의 수를 정수(Int32)로 반환한다. 따라서 SqlCommand로 이 값을 읽어 들이려면 ExecuteScalar를 사용한다.

```
SqlCommand cmd = new SqlCommand();
cmd.Connection = sqlCon;
cmd.CommandText = "SELECT COUNT(*) FROM MemberInfo WHERE Family >= 2";
object objValue = cmd.ExecuteScalar();

int countOfMember = (int)objValue;
```

SELECT가 단일 값을 반환하지 않는 그 밖의 모든 쿼리를 실행할 때는 ExecuteReader 메서드를 사용해야 한다. 이 메서드는 SELECT 결괏값을 직접 반환하지 않고, 대신 레코드를 차례대로 읽는 목적으로 별도 제공되는 SqlDataReader 타입의 인스턴스를 반환한다.

**예제 6.42** 모든 회원 정보를 반환하는 SQL 쿼리 실행

```
SqlCommand cmd = new SqlCommand();
cmd.Connection = sqlCon;
cmd.CommandText = "SELECT * FROM MemberInfo";
SqlDataReader reader = cmd.ExecuteReader();

// ...... [reader를 이용해 레코드를 하나씩 조회] ......
```

SqlDataReader에 대해서는 잠시 후에 더 살펴보기로 하고, 어쨌든 이로써 세 가지 메서드(ExecuteNonQuery, ExecuteScalar, ExecuteReader)의 용도를 모두 알아봤다. SqlCommand는 결국 SqlConnection 객체가 맺어놓은 연결 위에서 실행된다. 따라서 성능상의 이유로 SqlConnection.Open과 Close 구간은 가능한 한 빨리 실행될 수 있게 쿼리 실행 이외의 지연이 발생하는 다른 코드는 넣지 않는 것을 권장한다.

### 6.8.2.3 Microsoft.Data.SqlClient.SqlDataReader

ADO.NET 데이터 제공자는 명령을 실행할 수 있는 IDbCommand와 레코드를 읽어낼 수 있는 IDataReader 인터페이스를 별도로 구분해 놓았다. 따라서 이를 상속받는 모든 ADO.NET 데이터 제공자는 동일한 규칙을 따르고 있으며 SqlClient도 예외는 아니다.

DataReader는 SELECT 문을 수행한 결과를 한 행(Row)씩 차례대로 읽어내는 기능을 한다. 예를 들어, 모든 회원 정보를 가져오기 위해 SQL 문을 예제 6.42처럼 실행했다면 SqlDataReader는 데이터베이스 서버로부터 테이블의 내용을 한 행씩 차례대로 끝까지 읽어내는 역할을 담당한다.

예제 6.43 DataReader를 이용한 테이블 내용 조회

```
// ...... [생략: SELECT * FROM MemberInfo 쿼리를 수행하는 SqlCommand] ......
SqlDataReader reader = cmd.ExecuteReader();

while (reader.Read()) // 읽어야 할 데이터가 남아 있다면 true, 없다면 false를 반환
{
    string name = reader.GetString(0);
    DateTime birth = reader.GetDateTime(1);
    string email = reader.GetString(2);
    byte family = reader.GetByte(3);

    Console.WriteLine("{0}, {1}, {2}, {3}", name, birth, email, family);
}

reader.Close();
```

```
// 출력 결과: MemberInfo 테이블에 3개의 레코드가 있을 때
Anderson, 1950-06-20 오전 12:00:00, anderson@gmail.com, 2
Jason, 1967-12-03 오전 12:00:00, jason@gmail.com, 0
Mark, 1998-03-02 오전 12:00:00, mark@naver.com, 1
```

SqlDataReader를 이용한 조회 코드는 전형적으로 while 루프로 처리된다. 변수 reader는 최초에 아무것도 가리키지 않다가 Read를 호출하면서 다음 행의 레코드를 가리킨다. 더는 읽을 행이 없을 때 false를 반환하면서 while 루프를 벗어난다.

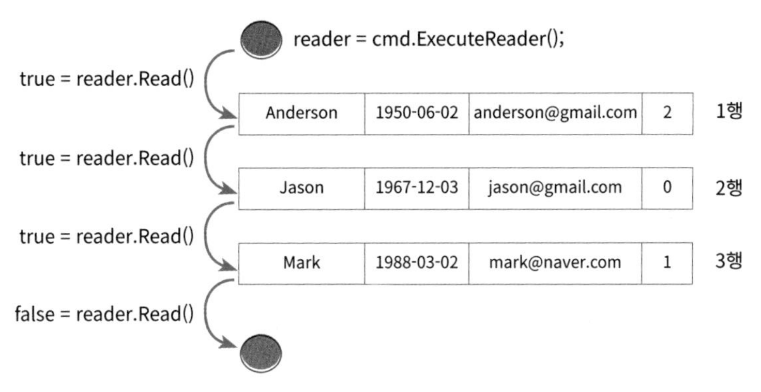


그림 6.38 Read 동작 방식

내부적으로 레코드를 가리키는 것을 커서(cursor)라고 부르며, 이 경우 커서가 전방향(Forward)으로 이동한다고 말한다. 기억해야 할 것은, SqlDataReader가 SELECT 결과물을 담고 있는 상태는 아니라는 점이다. 즉, 커서가 가리키는 위치는 SQL 서버의 데이터베이스와 연결된 상태에서 테이블로부터 반환될 데이터의 행이 된다. 따라서 Read 동작은 반드시 SqlConnection 객체가 데이터베이스 서버에 연결된 상태에서만 가능하다.

Read 메서드를 한번 호출하면 커서가 다음 행으로 이동하며, 각 행에 속한 칼럼별 데이터는 SqlDataReader에서 제공되는 Get…… 메서드를 이용해 구할 수 있다. 각각의 Get…… 메서드는 인자로 레코드의 칼럼 순서를 받고 반환값으로 그에 해당하는 데이터가 나온다. SQL 서버의 칼럼 타입에 대해 각각 대응되는 C# 데이터 타입은 표 6.25에 정리해 뒀으니 참고하자.

표 6.25 SQL 데이터 타입과 C# 데이터 타입

| 데이터 타입 | 닷넷 데이터 타입 | SqlDataReader 메서드 |
|---|---|---|
| char(크기) | string | GetString |
| nchar(크기) | | |
| varchar(크기) | | |
| nvarchar(크기) | | |
| varchar(max) | | |
| nvarchar(max) | | |
| bit | bool | GetBoolean |
| tinyint | byte | GetByte |
| smallint | short | GetInt16 |

| 데이터 타입 | 닷넷 데이터 타입 | SqlDataReader 메서드 |
|---|---|---|
| int | int | GetInt32 |
| bigint | long | GetInt64 |
| date | DateTime | GetDateTime |
| datetime | | |
| decimal | decimal | GetDecimal |
| float | float | GetFloat |
| real | double | GetDouble |

SqlDataReader를 사용하는 while 루프는 가능한 한 빨리 끝내는 것을 권장한다. 왜냐하면 DataReader가 열려 있는 동안 SQL 서버와 연결이 유지돼야 하고 이 시간이 길수록 SQL 서버의 처리 성능은 낮아지기 때문이다. 또한 DataReader를 사용한 후 반드시 Close 메서드를 호출하는 것을 잊지 말자. 그렇지 않으면 같은 연결 개체에서는 어떤 명령도 실행할 수 없다.

#### 6.8.2.4 Microsoft.Data.SqlClient.SqlParameter

보통 쿼리 문은 사용자로부터 입력된 데이터로 구성된다. 예를 들어, 웹 사이트에서 회원 정보를 입력받은 내용이 INSERT 쿼리 문의 인자로 전달되는 것이다. 이때 쿼리를 만드는 방법은 2가지다. 우선 단순히 다음과 같이 문자열을 연결해서 구성할 수 있다.

```
string connectionString = @"Data Source=.\SQLEXPRESS; Initial Catalog=TestDB;User
ID=sa;Password=pw@2023; Encrypt=False";

// 아래의 변수 4개는 사용자로부터 값을 입력받은 것으로 가정
string name = "Cooper";
DateTime birth = new DateTime(1990, 2, 7);
string email = "cooper@hotmail.com";
int family = 5;

using (SqlConnection sqlCon = new SqlConnection())
{
    sqlCon.ConnectionString = connectionString;
    sqlCon.Open();

    SqlCommand cmd = new SqlCommand();
```

```
    cmd.Connection = sqlCon;

    string text = string.Format("INSERT INTO MemberInfo(Name, Birth, Email, Family) VALUES('{0}', 
'{1}', '{2}', {3})", name, birth.ToShortDateString(), email, family);

    cmd.CommandText = text;
    cmd.ExecuteNonQuery();
}
```

이렇게 문자열 연산을 하는 데는 크게 두 가지 약점이 있다.

- **보안 취약**

  SQL 문법에 해당하는 문자열을 사용자가 입력하는 경우 수행되는 쿼리가 의도하지 않는 결과를 낳을 수 있다. 이를 'SQL 주입(injection)'이라고 하며 심각한 보안 결함에 해당한다.

- **서버 측의 쿼리 수행 성능 저하**

  SQL 서버는 수행되는 쿼리를 내부적인 컴파일 과정을 거쳐 실행 계획(execution plan)을 생성한다. 그리고 한 번 수행된 쿼리의 경우 실행 계획을 캐싱해서 다음에 동일한 쿼리가 수행되면 빠르게 수행할 수 있게 한다. 하지만 하나의 단일 쿼리 문으로 수행되는 경우 동일한 쿼리가 발생할 확률이 낮아지므로 캐시로 인한 성능이 좋지 않다.

이런 문제점은 매개변수화된 쿼리(parameterized query)를 사용하면 해결된다. 즉, 실행될 쿼리 문 중에서 변수처럼 사용될 영역을 별도로 구분해서 쿼리를 전달하는 것이다.

**예제 6.44** 매개변수화된 쿼리 사용

```
using System.Data;
using Microsoft.Data.SqlClient;

string connectionString = "…[생략: 연결 문자열]…";

string name = "Cooper";
DateTime birth = new DateTime(1990, 2, 7);
string email = "cooper@hotmail.com";
int family = 5;

using (SqlConnection sqlCon = new SqlConnection())
{
    sqlCon.ConnectionString = connectionString;
```

```
    sqlCon.Open();

    SqlCommand cmd = new SqlCommand();
    cmd.Connection = sqlCon;

    // @Name 파라미터 준비
    SqlParameter paramName = new SqlParameter("@Name", SqlDbType.NVarChar, 20);
    paramName.Value = name;

    // @Birth 파라미터 준비
    SqlParameter paramBirth = new SqlParameter("@Birth", SqlDbType.Date);
    paramBirth.Value = birth;

    // @Email 파라미터 준비
    SqlParameter paramEmail = new SqlParameter("@Email", SqlDbType.NVarChar, 100);
    paramEmail.Value = email;

    // @Family 파라미터 준비
    SqlParameter paramFamily = new SqlParameter("@Family", SqlDbType.TinyInt);
    paramFamily.Value = family;

    // cmd.Parameters 컬렉션에 SqlParameter 개체를 추가
    cmd.Parameters.Add(paramName);
    cmd.Parameters.Add(paramBirth);
    cmd.Parameters.Add(paramEmail);
    cmd.Parameters.Add(paramFamily);

    cmd.CommandText = "INSERT INTO MemberInfo(Name, Birth, Email, Family) VALUES(@Name, @Birth, @
Email, @Family)";
    cmd.ExecuteNonQuery();
}
```

CommandText에 지정된 쿼리에 기존의 값을 직접 포함하는 대신 @ 접두사와 함께 변수 이름을 지정했다. 마치 C# 코드에서 사용된 변수라고 봐도 무방하다. 이 쿼리가 SqlCommand에 의해 수행되면 각 변수는 SqlCommand.Parameters 컬렉션에 포함된 같은 이름의 SqlParameter 객체의 값이 대응되어 처리된다.

물론 보다시피 이 방법은 단순한 문자열 쿼리에 비해 코드가 복잡해진다는 단점이 있다. 그래서 간혹 이 문제 때문에 개발자들 사이에서 매개변수화된 쿼리를 사용하지 않는 경우를 볼 수 있는데, 이는 매우 잘못된 코드임을 확실히 알고 넘어가자. 최근 들어 보안이 점점 중요해지고 있기 때문에 이 문제는 더이상 개발자의 취향에 따른 선택의 문제가 아니다. 반드시 매개변수화된 쿼리를 사용해서 응용 프로그램을 만들어야 한다.

### 6.8.2.5 Microsoft.Data.SqlClient.SqlDataAdapter

데이터베이스 연동 프로그램을 만들다 보면 사실상 거의 모든 작업이 SELECT에 집중된다는 것을 알 수 있다. 그렇게 가장 많이 사용되는 쿼리이면서도 예제 6.43처럼 사용법은 INSERT/UPDATE/DELETE에 비하면 더 복잡하다. 또한 간혹 개발자의 실수로 SqlDataReader로 데이터를 읽으면서 while 루프 문에 많은 코드를 집어넣어 SqlConnection 객체의 연결이 장시간 지속되는 경우가 발생하기도 한다. 마이크로소프트에서는 이러한 문제점을 해결함과 동시에 일부 편의성 기능을 포함한 SqlDataAdapter라는 타입을 만들어 뒀다. 과연 사용법이 얼마나 단순해지는지 예제 6.43을 SqlDataAdapter 버전으로 변경해 보자.

**예제 6.45** SqlDataAdapter를 이용해 테이블 내용을 조회

```
using System.Data;
using Microsoft.Data.SqlClient;

string connectionString = @"Data Source=.\SQLEXPRESS; Initial Catalog=TestDB;User
ID=sa;Password=pw@2023; Encrypt=False";

DataSet ds = new DataSet();

using (SqlConnection sqlCon = new SqlConnection(connectionString))
{
    SqlDataAdapter sda = new SqlDataAdapter("SELECT * FROM MemberInfo", sqlCon);
    sda.Fill(ds, "MemberInfo");
}

ds.WriteXml(Console.Out); // DataSet이 가진 내용을 콘솔 화면에 출력한다.
```

SqlDataAdapter의 Fill 메서드는 예제 6.43에서 수행되는 while 루프의 코드를 대신 수행해 준다. 즉, 데이터를 최대한 빨리 읽어내어 DataSet 개체에 채워 넣고 곧바로 연결 개체의 사용을 중지한

다. 실제로 ds.WriteXml 메서드를 이용해 해당 변수에 담긴 내용을 화면에 출력하면 다음과 같이 SELECT 결과에 해당하는 모든 데이터를 포함하고 있음을 알 수 있다.

```
<NewDataSet>
  <MemberInfo>
    <Name>Anderson</Name>
    <Birth>1950-06-20T00:00:00+09:00</Birth>
    <Email>anderson@gmail.com</Email>
    <Family>2</Family>
  </MemberInfo>
……[생략]…..
  <MemberInfo>
    <Name>Mark</Name>
    <Birth>1998-03-02T00:00:00+09:00</Birth>
    <Email>mark@naver.com</Email>
    <Family>1</Family>
  </MemberInfo>
</NewDataSet>
```

DataSet을 어떻게 사용하는지는 잠시 설명을 미루고, 코드 자체의 효과만 봤을 때는 분명 그 편리성 때문에 사용할 만한 가치가 있다.

### 6.8.3 데이터 컨테이너

데이터 컨테이너(data container)란 단어 그대로 데이터를 담고 있는 용도의 타입을 의미한다. 이 타입은 여러분이 직접 만들 수도 있고, 닷넷에서 제공되는 타입을 사용할 수도 있다. 이번 절에서는 둘 간의 차이점을 통해 DataSet의 개념을 이해해 보자.

#### 6.8.3.1 일반 닷넷 클래스

데이터 컨테이너로서 '단순한 유형의 닷넷 클래스(POCO: Plain Old CLR Object)'를 사용할 수 있다. 데이터베이스에서 정의하는 테이블은 칼럼의 집합에 불과하기 때문에 이를 닷넷 클래스로 표현하는 방법은 매우 쉽다. 예를 들어, MemberInfo 테이블에 해당하는 데이터 컨테이너를 POCO로 정의하면 다음과 같다.

```
public class MemberInfo
{
    public string Name;
    public DateTime Birth;
    public string Email;
    public byte Family;
}
```

이를 기반으로 CRUD를 수행하는 데이터베이스 조작 클래스를 만들어 보자.

예제 6.46 POCO와 대응되는 MemberInfoDAC

```
// DAC(Data Access Component for MemberInfo)

using System.Collections;
using System.Data;
using Microsoft.Data.SqlClient;

public class MemberInfoDAC
{
    SqlConnection _sqlCon;

    public MemberInfoDAC(SqlConnection sqlCon)
    {
        _sqlCon = sqlCon;
    }

    void FillParameters(SqlCommand cmd, MemberInfo item)
    {
        SqlParameter paramName = new SqlParameter("@Name", SqlDbType.NVarChar, 20);
        paramName.Value = item.Name;

        SqlParameter paramBirth = new SqlParameter("@Birth", SqlDbType.Date);
        paramBirth.Value = item.Birth;

      SqlParameter paramEmail = new SqlParameter("@Email", SqlDbType.NVarChar, 100);
        paramEmail.Value = item.Email;

        SqlParameter paramFamily = new SqlParameter("@Family", SqlDbType.TinyInt);
```

```
            paramFamily.Value = item.Family;

            cmd.Parameters.Add(paramName);
            cmd.Parameters.Add(paramBirth);
            cmd.Parameters.Add(paramEmail);
            cmd.Parameters.Add(paramFamily);
        }

        public void Insert(MemberInfo item)
        {
            string txt = "INSERT INTO MemberInfo(Name, Birth, Email, Family) VALUES (@Name, @Birth, @
Email, @Family)";

            SqlCommand cmd = new SqlCommand(txt, _sqlCon);
            FillParameters(cmd, item);
            cmd.ExecuteNonQuery();
        }

        public void Update(MemberInfo item)
        {
            string txt = "UPDATE MemberInfo SET Name=@Name, Birth=@Birth, Family=@Family WHERE Email=@
Email";

            SqlCommand cmd = new SqlCommand(txt, _sqlCon);
            FillParameters(cmd, item);
            cmd.ExecuteNonQuery();
        }

        public void Delete(MemberInfo item)
        {
            string txt = "DELETE FROM MemberInfo WHERE Email=@Email";

            SqlCommand cmd = new SqlCommand(txt, _sqlCon);
            FillParameters(cmd, item);
            cmd.ExecuteNonQuery();
        }

        public MemberInfo[] SelectAll()
        {
            string txt = "SELECT * FROM MemberInfo";
```

```
        ArrayList list = new ArrayList();

        SqlCommand cmd = new SqlCommand(txt, _sqlCon);

        using (SqlDataReader reader = cmd.ExecuteReader())
        {
            while (reader.Read())
            {
                MemberInfo item = new MemberInfo();

                item.Name = reader.GetString(0);
                item.Birth = reader.GetDateTime(1);
                item.Email = reader.GetString(2);
                item.Family = reader.GetByte(3);

                list.Add(item);
            }
        }

        return list.ToArray(typeof(MemberInfo)) as MemberInfo[];
    }
}
```

MemberInfoDAC 타입은 일반 닷넷 클래스로 정의된 MemberInfo 타입을 기반으로 데이터베이스 테이블에 CRUD 연산을 모두 수행한다. 이렇게 정의된 데이터 컨테이너 타입과 그에 따른 DAC(Data Access Component) 클래스를 이용하면 매우 쉽게 데이터베이스와 연동할 수 있다.

예제 6.47 MemberInfoDAC + POCO를 이용한 데이터베이스 연동

```
using Microsoft.Data.SqlClient;

class Program
{
    static void Main(string[] args)
    {
        string connectionString = @"Data Source=.\SQLEXPRESS; Initial Catalog=TestDB;User
ID=sa;Password=pw@2023; Encrypt=False";

        MemberInfo item = new MemberInfo();
```

```
        item.Name = "Jennifer";
        item.Birth = new DateTime(1985, 5, 6);
        item.Email = "jennifer@jennifersoft.com";
        item.Family = 0;

        using (SqlConnection sqlCon = new SqlConnection(connectionString))
        {
            sqlCon.Open();

            MemberInfoDAC dac = new MemberInfoDAC(sqlCon);

            dac.Insert(item); // 신규 데이터를 추가하고

            item.Name = "Jenny";
            dac.Update(item); // 데이터 내용을 업데이트하고

            MemberInfo[] list = dac.SelectAll(); // 데이터를 조회하고
            foreach (MemberInfo member in list)
            {
                Console.WriteLine(member.Email);
            }

            dac.Delete(item); // 데이터를 삭제한다.
        }
    }
}
```

이 구조를 꼭 기억해 두자. 실무 프로젝트에서는 데이터베이스를 연동할 때 이런 방식을 사용한다. 즉, 응용 프로그램에서 직접 SqlCommand를 이용해 데이터베이스 조작을 하지 않고 테이블 단위로 CRUD 작업을 담당하는 DAC 클래스를 만들어 그것을 이용해 간접적으로 연동한다. 어떻게 보면 응용 프로그램과 데이터베이스 사이에 '층(Layer)'을 하나 두는 것과 같다.

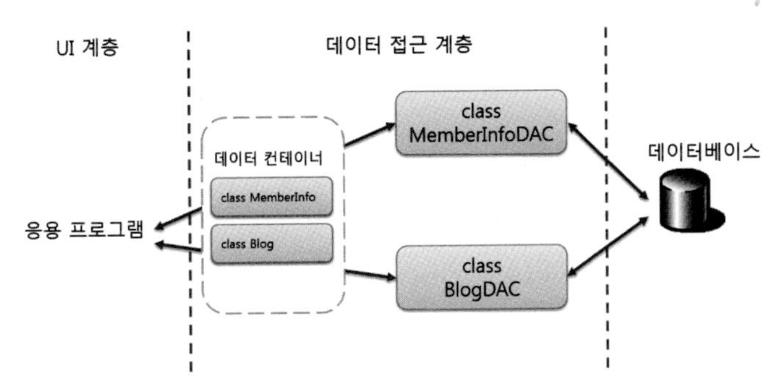


**그림 6.39** DAC, 데이터 컨테이너, 데이터베이스의 관계

실제로 MemberInfoDAC 클래스는 EXE 어셈블리를 생성하는 프로젝트로부터 분리해서 별도의 라이브러리 DLL에 담는 것이 일반적이다. 심지어 배포조차도 다른 컴퓨터로 분리[11]하기도 한다. 이런 식으로 프로그램의 로직을 논리적/물리적으로 분리하는 것을 계층(tier)을 나눈다고 표현한다.

층을 나눴을 때의 가장 큰 장점은 변화에 대한 수용력이 높아진다는 것이다. 예를 들어, 데이터베이스 관리자가 나중에 MemberInfo 테이블의 이름을 Members로 바꿨다고 가정해 보자. 응용 프로그램에서 SqlCommand를 직접 사용하는 방식으로 코드를 만들었다면 테이블명을 바꾸기 위해 전체 프로그램을 검토해야 한다. 하지만 DAC 계층을 나눠서 코드를 작성했다면 단순히 MemberInfoDAC 클래스의 쿼리 중에서 테이블 이름만 수정하면 된다. 물론 컴파일된 결과물을 업데이트하기도 쉽다. SqlCommand가 사용된 모든 EXE/DLL을 교체하는 것보다 MemberInfoDAC 클래스가 포함된 DLL만을 교체하는 편이 낫다.

나눠진 층의 수에 따라 2-tier, 3-tier라는 이름이 붙는다. 몇 단계로 나누는지에 대한 기준은 프로그램의 구조와 복잡성에 따라 달라진다. 너무 많이 나누는 경우 쓸데없는 코드의 중복 현상이나 호출되는 메서드 수의 증가로 성능 저하가 발생할 수 있다. 반대로 너무 작게 나누면 나중에 프로그램의 규모가 커졌을 때 유지보수하기가 힘들어질 수 있다. 해당 프로젝트를 이끄는 리더급 개발자가 갖춰야 할 소양 중 하나가 바로 이러한 규모를 산정할 수 있는 경험이다.

### 6.8.3.2 System.Data.DataSet

DataSet은 마이크로소프트에서 닷넷에 포함시킨 범용 데이터 컨테이너다. 어떻게 데이터 컨테이너를 일반화할 수 있을까? 사실 데이터베이스의 표현 자체는 매우 단순하다. n개의 칼럼이 모여 하나의 테

11 DAC 구성요소를 노출하는 Web API를 제공하는 방식으로 계층을 나눈다.

이블을 이루고, 그러한 테이블 n개가 모여 데이터베이스를 이루는 것이다. 닷넷의 System.Data 네임스페이스에는 이러한 데이터베이스의 표현을 그대로 일대일로 대응시킨 클래스가 정의돼 있다.

우선, 가장 작은 단위인 칼럼(column)부터 시작해 보자. 데이터베이스에 테이블을 정의하면서 칼럼을 지정한 것을 System.Data.DataColumn 타입을 이용해 동등하게 표현할 수 있다. 예를 들어, MemberInfo 테이블에 정의된 칼럼을 다음과 같이 생성할 수 있다.

예제 6.48 개별 칼럼 정보를 구성

```
DataColumn nameCol = new DataColumn("Name", typeof(string));
DataColumn birthCol = new DataColumn("Birth", typeof(DateTime));
DataColumn emailCol = new DataColumn("Email", typeof(string));
DataColumn familyCol = new DataColumn("Family", typeof(byte));
```

칼럼이 준비되면 이제 데이터베이스의 테이블도 정의할 수 있다. 칼럼이 모인 것이 테이블이므로 System.Data.DataTable을 이용해 데이터베이스의 MemberInfo 테이블과 동일한 상황을 재현할 수 있다.

예제 6.49 칼럼 정보를 포함하는 DataTable 정의

```
DataTable table = new DataTable("MemberInfo");

table.Columns.Add(nameCol);
table.Columns.Add(birthCol);
table.Columns.Add(emailCol);
table.Columns.Add(familyCol);
```

테이블이 정의됐으니 이제 데이터 조작(CRUD)을 하는 것도 가능하다. DataTable 객체가 SQL 문을 지원하지는 않지만 나름의 방법으로 Insert, Update, Delete, Select하는 수단을 제공한다.

```
// INSERT: 4개의 레코드를 생성
table.Rows.Add("Anderson", new DateTime(1950, 5, 20), "anderson@gmail.com", 2);
table.Rows.Add("Jason", new DateTime(1967, 12, 3), "jason@gmail.com", 0);
table.Rows.Add("Mark", new DateTime(1998, 3, 2), "mark@naver.com", 1);
table.Rows.Add("Jennifer",new DateTime(1985, 5, 6),"jennifer@jennifersoft.com",0);

// SELECT: 가족 구성원이 1명 이상인 레코드를 선택
```

```
DataRow [] members = table.Select("Family >= 1");
foreach (DataRow row in members)
{
    Console.WriteLine("{0}, {1}, {2}, {3}", row["Name"], row["Birth"], row["Email"],
row["Family"]);
}

// UPDATE: 4번째 레코드의 Name 칼럼의 값을 "Jennifer"에서 "Jenny"로 변경
table.Rows[3]["Name"] = "Jenny";

// DELETE: 4번째 레코드를 삭제
table.Rows.Remove(table.Rows[3]);
```

마지막으로, 테이블도 정의했다면 해당 테이블이 모인 데이터베이스도 나타낼 수 있다. 그것이 바로 System.Data.DataSet이다. DataSet은 단지 DataTable의 묶음을 보관하는 컨테이너 역할만 한다.

```
DataSet ds = new DataSet();
ds.Tables.Add(table);
```

DataSet의 구조를 알았으니, SqlDataAdapter 코드를 사용했던 예제 6.45에서 구한 ds 변수의 내용을 열람할 수 있다.

예제 6.50 DataSet과 연동되는 DataAdapter

```
string connectionString = @"Data Source=.\SQLEXPRESS; Initial Catalog=TestDB;User
ID=sa;Password=pw@2023; Encrypt=False";

DataSet ds = new DataSet();

using (SqlConnection sqlCon = new SqlConnection(connectionString))
{
    SqlDataAdapter sda = new SqlDataAdapter("SELECT * FROM MemberInfo", sqlCon);
    sda.Fill(ds, "MemberInfo"); // DataSet에 SELECT 결과를 담는다.
}

// DataSet에 포함된 테이블 중에서 "MemberInfo"를 찾고,
DataTable dt = ds.Tables["MemberInfo"];

// SELECT로 반환된 데이터 레코드를 열람한다.
```

```
foreach (DataRow row in dt.Rows)
{
    Console.WriteLine("{0}, {1}, {2}, {3}", row["Name"], row["Birth"], row["Email"],
row["Family"]);
}
```

DataSet의 이런 융통성 있는 구조는 기존에 데이터 컨테이너로써 POCO를 사용하던 것을 대체할 수 있다. 그림 6.39의 구조에서 DataSet이 도입되면 다음과 같이 간단하게 바뀐다.

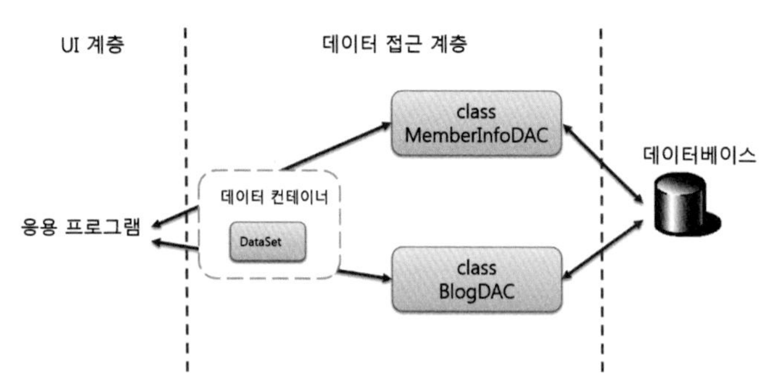


그림 6.40 DataSet으로 통합된 데이터 컨테이너

DataSet을 데이터 컨테이너로 사용하면 테이블마다 일일이 정의해야 했던 POCO 클래스를 생략할 수 있다는 장점이 있다. 다음은 예제 6.46의 MemberInfoDAC을 DataSet 타입으로 다시 작성한 코드다.

예제 6.51 DataSet 기반의 MemberInfoDAC 정의

```
using System.Data;
using Microsoft.Data.SqlClient;

public class MemberInfoDAC
{
    SqlConnection _sqlCon;
    DataTable _table;

    public MemberInfoDAC(SqlConnection sqlCon)
    {
        _sqlCon = sqlCon;

        DataColumn nameCol = new DataColumn("Name", typeof(string));
```

```
        DataColumn birthCol = new DataColumn("Birth", typeof(DateTime));
        DataColumn emailCol = new DataColumn("Email", typeof(string));
        DataColumn familyCol = new DataColumn("Family", typeof(byte));

        _table = new DataTable("MemberInfo");
        _table.Columns.Add(nameCol);
        _table.Columns.Add(birthCol);
        _table.Columns.Add(emailCol);
        _table.Columns.Add(familyCol);
    }

    public DataRow NewRow()
    {
        return _table.NewRow();
    }

    void FillParameters(SqlCommand cmd, DataRow item)
    {
        SqlParameter paramName = new SqlParameter("@Name", SqlDbType.NVarChar, 20);
        paramName.Value = item["Name"];

        SqlParameter paramBirth = new SqlParameter("@Birth", SqlDbType.Date);
        paramBirth.Value = item["Birth"];

        SqlParameter paramEmail = new SqlParameter("@Email", SqlDbType.NVarChar, 100);
        paramEmail.Value = item["Email"];

        SqlParameter paramFamily = new SqlParameter("@Family", SqlDbType.TinyInt);
        paramFamily.Value = item["Family"];

        cmd.Parameters.Add(paramName);
        cmd.Parameters.Add(paramBirth);
        cmd.Parameters.Add(paramEmail);
        cmd.Parameters.Add(paramFamily);
    }

    public void Insert(DataRow item)
    {
        string txt = "INSERT INTO MemberInfo(Name, Birth, Email, Family) VALUES (@Name, @Birth, @
Email, @Family)";
```

```
        SqlCommand cmd = new SqlCommand(txt, _sqlCon);
        FillParameters(cmd, item);
        cmd.ExecuteNonQuery();
    }

    public void Update(DataRow item)
    {
        string txt = "UPDATE MemberInfo SET Name=@Name, Birth=@Birth, Family=@Family WHERE Email=@
Email";

        SqlCommand cmd = new SqlCommand(txt, _sqlCon);
        FillParameters(cmd, item);
        cmd.ExecuteNonQuery();
    }

    public void Delete(DataRow item)
    {
        string txt = "DELETE FROM MemberInfo WHERE Email=@Email";

        SqlCommand cmd = new SqlCommand(txt, _sqlCon);
        FillParameters(cmd, item);
        cmd.ExecuteNonQuery();
    }

    public DataSet SelectAll()
    {
        DataSet ds = new DataSet();

        SqlDataAdapter sda = new SqlDataAdapter("SELECT * FROM MemberInfo", _sqlCon);
        sda.Fill(ds, "MemberInfo");

        return ds;
    }
}
```

마찬가지로 예제 6.47은 다음과 같이 바뀐다.

예제 6.52 DataSet을 사용한 데이터베이스 연동

```
using System.Data;
using Microsoft.Data.SqlClient;

class Program
{
    static void Main(string[] args)
    {
        string connectionString = "…[생략: 연결 문자열]…";

        using (SqlConnection sqlCon = new SqlConnection(connectionString))
        {
            sqlCon.Open();

            MemberInfoDAC dac = new MemberInfoDAC(sqlCon);

            DataRow newItem = dac.NewRow();
            newItem["Name"] = "Jennifer";
            newItem["Birth"] = new DateTime(1985, 5, 6);
            newItem["Email"] = "jennifer@jennifersoft.com";
            newItem["Family"] = 0;

            dac.Insert(newItem);

            newItem["Name"] = "Jenny";
            dac.Update(newItem);

            DataSet ds = dac.SelectAll();
            foreach (DataRow member in ds.Tables["MemberInfo"].Rows)
            {
                Console.WriteLine(member["Email"]);
            }

            dac.Delete(newItem);
        }
    }
}
```

보다시피 POCO를 정의하지 않아도 DAC 계층과 데이터를 주고받는 데 아무런 문제가 없다. 물론, DataSet에는 단점도 있다.

- **메모리 증가**

  POCO로 정의된 클래스는 정확히 그 데이터를 표현하기 위한 용량만큼의 메모리만을 사용하지만 범용적인 목적의 DataSet은 예제 6.51에서 본 것처럼 DataColumn, DataRow, DataTable 타입이 생성되고, 그에 따라 내부적으로 유지되는 메모리 용량이 증가한다. 그 밖에 직렬화할 때도 XML 형식으로 데이터를 표현함에 따라 메모리 부하는 더욱 증가한다.

- **형식 안전성 미지원**

  DataRow에서 값을 보관하는 단위는 object가 된다. 예를 들어, byte 타입인 Family 칼럼도 DataRow 객체에 보관될 때는 object로 변환되기 때문에 박싱/언박싱 문제가 발생한다. 또한 DataRow에 지정하는 칼럼명에 오타가 발생하면 컴파일할 때 그 사실을 알 수 없다. 마찬가지로 DataRow에 어떤 칼럼이 있는지 알기 힘들다. 반면 POCO의 경우 해당 클래스 정의를 찾는 것도 직관적이고, 비주얼 스튜디오 같은 도구에서는 인텔리센스의 도움으로 해당 객체에 포함된 멤버에 점(dot)을 찍으면 나열되는 기능이 제공되므로 코드를 작성하기도 편하고 오타가 생길 위험도 거의 없다.

정리하자면 데이터 컨테이너는 결국 데이터베이스에 정의된 '관계형 테이블 구조'를 프로그래밍 언어에 정의된 타입에 대응시킨 것을 의미한다. 이를 가리켜 'ORM(Object-Relational Mapping)', 흔히 OR 매핑이라고 하는데, OR 매핑과 관련된 기술 개선은 지금도 계속되고 있다. 예를 들어, '엔티티 프레임워크(Entity Framework)'나 'NHibernate 프레임워크'는 모두 OR 매핑이 가능한 라이브러리다. 두 프레임워크 모두 별도의 책으로 다뤄야 할 만큼 긴 설명이 필요하므로 여기서는 다루지 않는다.

### 6.8.4 데이터베이스 트랜잭션

데이터베이스 프로그래밍을 하면서 빼놓을 수 없는 것이 바로 트랜잭션(transaction)이다. 개발자 입장에서 트랜잭션을 간단히 이해하자면 다수의 쿼리 실행이 모두 실패하거나 모두 성공하는 논리적 단위라고 볼 수 있다. 트랜잭션을 설명하기 위한 흔한 예가 바로 은행의 송금 절차다. 예를 들어, A가 B에게 1,000원을 송금한다고 가정하면 다음과 같은 두 단계로 나뉜다.

1. 은행은 A의 계좌에 남은 금액에서 1,000원을 차감한다.

   UPDATE [계좌테이블] SET [잔액] = [잔액] - 1000 WHERE [계좌소유자] = 'A'

2. 은행은 B의 계좌에 1,000원을 증가시킨다.

   UPDATE [계좌테이블] SET [잔액] = [잔액] + 1000 WHERE [계좌소유자] = 'B'

이 과정에서 1번은 성공하고, 2번을 처리할 때 잠시 네트워크 회선이 끊겨 실패하면 어떻게 될까? 우리가 알고 있던 기존 상식대로라면 은행은 A 계좌의 금액만 차감시킨 데이터베이스 상태를 갖게 되는데, 이는 옳지 않으므로 응용 프로그램 개발자가 쿼리 실행에 따른 결과를 체크해서 다시 1번 과정을 취소하는 코드를 준비해 둬야 한다. 문제는 상황에 따라 모두 성공/실패시켜야 할 쿼리가 많아질 수도 있다는 점과 이런 식의 조치에는 개발자의 실수가 개입할 여지가 있다는 것이다.

다행히 트랜잭션의 도입으로 그와 같은 문제가 한번에 해결되는데, 트랜잭션을 사용할 경우 다음과 같은 4가지 특성이 보장되기 때문이다(다음의 4가지 특성을 앞 글자만 따서 ACID라고 하며, 설명은 한글 위키피디아(Wikipedia)에 실린 내용이다).

- **원자성(Atomicity)**

  트랜잭션과 관련된 작업이 모두 수행되거나 수행되지 않음을 보장한다.

- **일관성(Consistency)**

  트랜잭션이 실행을 성공적으로 완료하면 언제나 일관성 있는 데이터베이스 상태로 유지하는 것을 의미한다.

- **고립성(Isolation)**

  트랜잭션을 수행할 때 다른 트랜잭션의 연산 작업이 끼어들지 못하게 보장하는 것을 의미한다. 이것은 트랜잭션 밖에 있는 어떤 연산도 중간 단계의 데이터를 볼 수 없음을 의미한다.

- **지속성(Durability)**

  성공적으로 수행된 트랜잭션은 영원히 반영돼야 함을 의미한다. 또한 모든 트랜잭션은 로그가 남아 시스템 장애가 발생하기 전의 상태로 되돌릴 수 있다. 예를 들어, 데이터베이스의 내용을 실수로 삭제했다면 트랜잭션 로그를 통해 다시 복원할 수 있다.

위의 4가지 특성 가운데 데이터베이스를 사용하는 응용 프로그램 개발자에게 의미 있는 특징은 원자성이다. 이를 위해 트랜잭션의 처음과 끝을 소스코드에서 SqlTransaction 객체를 이용해 지정할 수 있다.

```
using Microsoft.Data.SqlClient;

class Program
{
    static void Main(string[] args)
    {
        string connectionString = @"Data Source=.\SQLEXPRESS; Initial Catalog=TestDB;User
ID=sa;Password=pw@2023; Encrypt=False";
```

```
        using (SqlConnection sqlCon = new SqlConnection(connectionString))
        {
            sqlCon.Open();
            using (SqlTransaction transaction = sqlCon.BeginTransaction())
            {

                // SqlCommand를 이용해 쿼리 수행

                transaction.Commit();
            }
        }
    }
}
```

Connection 개체를 열고(Open), BeginTransaction 메서드를 호출하는 순간부터 트랜잭션은 시작된다. 이후 수행되는 SqlCommand는 트랜잭션에 소속되고 Commit 메서드를 호출해야만 데이터베이스에 모두 반영된다. 만약 Commit 메서드를 호출하지 않거나 SqlTransaction.Abort 메서드를 호출한다면 해당 트랜잭션은 실패한 것이 되고 그 사이에 수행된 SqlCommand로 인한 데이터베이스 변경은 모두 원복(rollback)된다.

예를 들어, 트랜잭션 사이에 다음과 같은 코드를 실행해 보자.

예제 6.53 SqlCommand에 트랜잭션 적용

```
using (SqlTransaction transaction = sqlCon.BeginTransaction())
{
    string txt = "INSERT INTO MemberInfo(Name, Birth, Email, Family) VALUES('{0}', '{1}', '{2}',
{3})";

    SqlCommand cmd = new SqlCommand();
    cmd.Connection = sqlCon;
    cmd.Transaction = transaction;
    cmd.CommandText = string.Format(txt, "Fox", "1970-01-25", "fox@gmail.com", "5");
    cmd.ExecuteNonQuery();

    cmd.CommandText = string.Format(txt, "Dana", "1972-01-25", "fox@gmail.com", "1");
    cmd.ExecuteNonQuery(); // PK 중복으로 예외 발생
```

```
    transaction.Commit();
}
```

예제 6.53에 포함된 SqlCommand의 사용법이 기존과 달라진 점이 있다면 바로 SqlCommand.Transaction 속성에 transaction 변수가 대입된 것이다. 반드시 이렇게 해야만 트랜잭션에 참여하게 된다.

그림 6.37의 지시대로 Email 칼럼에 기본 키를 지정했다면 위의 코드는 "fox@gmail.com" 값이 중복됨으로써 두 번째 ExecuteNonQuery를 실행할 때 예외가 발생한다. 따라서 Commit 메서드가 호출되지 않게 되고 전체 트랜잭션은 실패한다. 실행 후, SSMS 도구를 이용해 MemberInfo 테이블의 내용을 보면 "fox@gmail.com" 값을 담은 레코드가 하나도 없는 것을 확인할 수 있다. 만약, 예제 6.53에서 트랜잭션 관련 코드가 없었다면 첫 번째 ExecuteNonQuery의 수행 결과는 데이터베이스에 반영됐을 것이다. 하지만 트랜잭션의 참여로 인해 Commit 메서드가 호출되지 않았으므로 모든 쿼리의 수행이 취소된다.

그런데 SqlTransaction을 사용할 때는 트랜잭션에 포함되는 SqlCommand마다 일일이 트랜잭션 변수를 대입해야 한다는 번거로움이 있다. 이런 불편함을 해소하기 위해 마이크로소프트는 닷넷 2.0에서 System.Transactions.TransactionScope 타입을 추가했다. 사용법도 간단해서 다음과 같이 트랜잭션 구역만 지정하면 된다.

```
using (SqlConnection sqlCon = new SqlConnection(connectionString))
using (TransactionScope tx = new TransactionScope())
{
    sqlCon.Open();
    string txt = "INSERT INTO MemberInfo(Name, Birth, Email, Family) VALUES('{0}', '{1}', '{2}',
{3})";

    SqlCommand cmd = new SqlCommand();
    cmd.Connection = sqlCon;
    cmd.CommandText = string.Format(txt, "Fox", "1970-01-25", "fox@gmail.com", "5");
    cmd.ExecuteNonQuery();

    cmd.CommandText = string.Format(txt, "Dana", "1972-01-25", "fox@gmail.com", "1");
    cmd.ExecuteNonQuery();

    tx.Complete();
}
```

TransactionScope와 SqlTransaction은 트랜잭션을 시작하는 지점에도 차이가 있다. SqlTransaction의 경우 연결 개체가 Open한 이후에만 BeginTransaction 메서드를 호출해 트랜잭션을 시작할 수 있었지만, TransanctionScope는 그 반대로 연결 개체가 Open하기 이전에 미리 생성돼 있어야 한다. 물론, 어느 쪽을 사용하든 상관없지만 직관성이나 기타 부가적인 기능상의 이유로 TransactionScope가 더 선호되는 추세다.

## 6.9 리플렉션

앞에서 닷넷 응용 프로그램의 어셈블리 파일 안에는 메타데이터(metadata)가 있다고 배웠다. 하지만 그 말의 의미를 실감할 수는 없었을 것이다. BCL에서 제공하는 리플렉션(reflection) 관련 클래스를 이용하면 메타데이터 정보를 얻는 것이 가능하므로 이제 그 유용성을 직접 코드로 확인해 보자.

리플렉션을 본격적으로 알아보기에 앞서 우선 닷넷 응용 프로그램의 프로세스 구조를 먼저 살펴볼 필요가 있다. 닷넷 프로세스는 운영체제에서 EXE 프로세스로 실행되고 그 내부에 CLR에 의해 '응용 프로그램 도메인(AppDomain: Application Domain)'이라는 구획이 생긴다. AppDomain은 CLR이 구현한 내부적인 격리 공간으로써 응용 프로그램마다 단 1개의 AppDomain이 존재한다.

AppDomain이 만들어지면 그 내부에 어셈블리들이 로드된다. 그림 6.41의 다이어그램은 이러한 관계를 잘 보여준다.

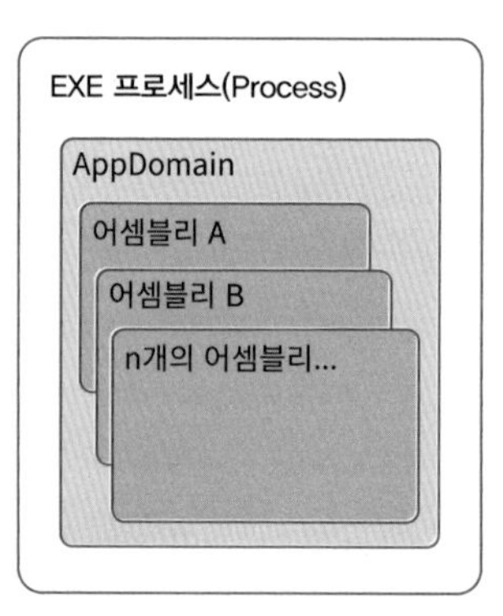


그림 6.41 프로세스 - AppDomain - 어셈블리의 관계

즉, 지금까지 실습한 ConsoleApp1.exe 어셈블리는 닷넷 EXE 프로세스가 시작하면서 생성된 기본 AppDomain에 로드되어 실행된 것이다. 리플렉션을 이용하면 현재 AppDomain의 이름과 그 안에 로드된 어셈블리 목록을 구할 수 있다.

예제 6.54 현재 AppDomain에 로드된 어셈블리 목록

```
using System.Reflection;

class Program
{
    static void Main(string[] args)
    {
        AppDomain currentDomain = AppDomain.CurrentDomain;
        Console.WriteLine("Current Domain Name: " + currentDomain.FriendlyName);
        foreach (Assembly asm in currentDomain.GetAssemblies())
        {
            Console.WriteLine("  " + asm.FullName);
        }
    }
}
```

```
// 출력 결과
Current Domain Name: ConsoleApp1.exe
  System.Private.CoreLib, Version=8.0.0.0, Culture=neutral, PublicKeyToken=7cec85d7bea7798e
  ConsoleApp1, Version=1.0.0.0, Culture=neutral, PublicKeyToken=null
…[이하 생략]…
```

1.1.6절 '어셈블리, 모듈, 매니페스트'에서 배운 내용을 기억하고 있다면 어셈블리는 모듈의 집합으로 구성돼 있다는 사실을 알고 있을 것이다. 따라서 어셈블리 내부의 메타데이터 정보는 그림 6.42에 나온 다이어그램에 따라 계층적으로 접근할 수 있다.

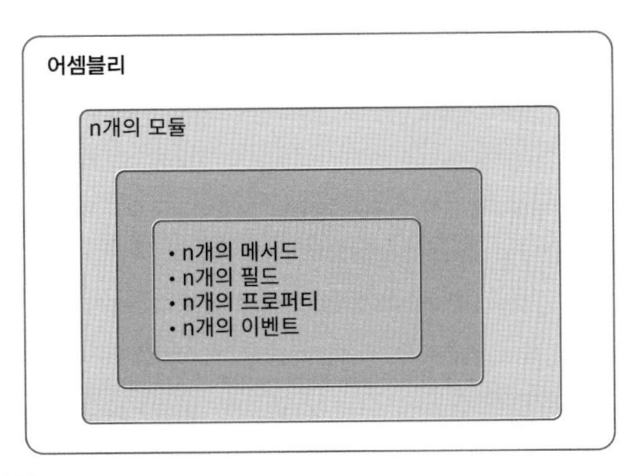


그림 6.42 어셈블리 내의 계층 구조

우선 어셈블리에 포함된 모듈은 다음과 같이 열람할 수 있다.

```
foreach (Assembly asm in currentDomain.GetAssemblies())
{
    Console.WriteLine("  " + asm.FullName);

    foreach (Module module in asm.GetModules())
    {
        Console.WriteLine("  " + module.FullyQualifiedName);
    }
}
```

그리고 각 모듈에 구현된 타입을 GetTypes 메서드를 이용해 열람할 수 있다.

```
foreach (Module module in asm.GetModules())
{
    Console.WriteLine("  " + module.FullyQualifiedName);

    foreach (Type type in module.GetTypes())
    {
        Console.WriteLine("      " + type.FullName);
    }
}
```

타입을 열거하는 것은 모듈 단위로도 가능하지만 어셈블리 레벨에서 열람하는 것도 가능하다. 이 경우 어셈블리에 포함된 모든 모듈의 타입을 조회하는 것과 같은데, 일반적으로 어셈블리 내에 모듈이 한 개만 포함돼 있는 경우가 대부분이므로 현실적으로는 다음과 같이 어셈블리에서 직접 타입을 구하는 방법을 더 선호한다.

예제 6.55 어셈블리에 포함된 모든 타입을 열거

```
foreach (Assembly asm in currentDomain.GetAssemblies())
{
    Console.WriteLine("  " + asm.FullName);

    foreach (Type type in asm.GetTypes())
    {
        Console.WriteLine("    " + type.FullName);
```

```
    }
}
```

타입은 각종 멤버(메서드, 프로퍼티, 이벤트, 필드, ……)를 가지므로 Type.GetMembers 메서드를 이용해 열람할 수 있다.

```
foreach (Type type in asm.GetTypes())
{
    Console.WriteLine("    " + type.FullName);

    foreach (MemberInfo memberInfo in type.GetMembers())
    {
        Console.WriteLine("        " + memberInfo.Name);
    }
}
```

원한다면 멤버를 유형별로 구하는 것도 가능하다.

```
foreach (Type type in asm.GetTypes())
{
    Console.WriteLine("    " + type.FullName);

    // 클래스에 정의된 생성자를 열거
    foreach (ConstructorInfo ctorInfo in type.GetConstructors())
    {
        Console.WriteLine("        Ctor: " + ctorInfo.Name);
    }

    // 클래스에 정의된 이벤트를 열거
    foreach (EventInfo eventInfo in type.GetEvents())
    {
        Console.WriteLine("        Event: " + eventInfo.Name);
    }

    // 클래스에 정의된 필드를 열거
    foreach (FieldInfo fieldInfo in type.GetFields())
    {
        Console.WriteLine("        Field: " + fieldInfo.Name);
```

```
        }

        // 클래스에 정의된 메서드를 열거
        foreach (MethodInfo methodInfo in type.GetMethods())
        {
            Console.WriteLine("        Method: " + methodInfo.Name);
        }

        // 클래스에 정의된 프로퍼티를 열거
        foreach (PropertyInfo propertyInfo in type.GetProperties())
        {
            Console.WriteLine("        Property: " + propertyInfo.Name);
        }
    }
```

이처럼 C# 코드가 빌드되어 어셈블리에 포함되는 경우 그에 대한 모든 정보를 조회할 수 있는 기술을 일컬어 리플렉션이라 한다.

### 6.9.1 AppDomain과 Assembly

AppDomain은 EXE 프로세스 내에서 CLR에 의해 구현된 격리 공간이라고 설명했다. 현재 스레드가 실행 중인 어셈블리가 속한 AppDomain 인스턴스는 예제 6.54에서 설명한 대로 CurrentDomain 정적 속성을 이용해 접근할 수 있다.

```
AppDomain currentDomain = AppDomain.CurrentDomain;
```

AppDomain 내에 로드되는 어셈블리들은 보통 참조한 라이브러리로 구성되지만 원한다면 직접 로드하는 것도 가능하다. AppDomain 내에 어셈블리를 로드하는 간단한 방법은 CreateInstanceFrom 메서드를 이용해 어셈블리 파일의 경로와 최초 생성될 객체의 타입명을 지정하는 것이다. 이를 실습하기 위해 콘솔 응용 프로그램 외에 별도로 DLL 라이브러리 프로젝트를 만들고 다음과 같은 클래스를 정의해 두자.

```
namespace ClassLibrary1;

public class Class1
{
```

```
        public Class1()
        {
            Console.WriteLine(typeof(Class1).FullName + ": Created");
        }
    }
```

DLL을 빌드하고 해당 DLL 파일의 경로명과 클래스의 완전한 이름(FQDN: 네임스페이스 경로까지 포함한 이름)을 알아야 한다. 실습하는 코드는 다음과 같다고 가정하고 진행한다.

**DLL 경로**: D:\Test\ClassLibrary1\bin\Debug\ClassLibrary1.dll
**Class1의 완전한 이름(FQDN)**: ClassLibrary1.Class1

이제 콘솔 EXE 프로젝트 내의 코드에서 CreateInstanceFrom 메서드를 사용해 이 값들을 전달하면 AppDomain에 어셈블리가 로드됨과 함께 클래스의 인스턴스가 하나 생성된다.

예제 6.56 AppDomain에 어셈블리를 로드하는 방법

```
using System.Runtime.Remoting;

class Program
{
    static void Main(string[] args)
    {
        AppDomain currentAppDomain = AppDomain.CurrentDomain;

        string dllPath = @"D:\Test\ClassLibrary1\bin\Debug\ClassLibrary1.dll";

        ObjectHandle objHandle =
            curerntAppDomain.CreateInstanceFrom(dllPath, "ClassLibrary1.Class1");
    }
}
```

예제 코드를 직접 실행해 보면 화면에 'ClassLibrary1.Class1: Created'라는 문자열이 출력되는 것을 확인할 수 있다. 즉, 해당 클래스의 생성자가 실행된 것이다.

C/C++로 윈도우 프로그램을 만들어 본 경험이 있는 개발자는 DLL 파일을 LoadLibrary API를 이용해 프로세스에 로드했다가 FreeLibrary API를 이용해 메모리로부터 해제할 수 있다는 사실을 알고 있을 것이다. 하지만 닷넷 응용 프로그램의 경우에는 한번 로드된 어셈블리는 절대로 다시 내릴 수 없다.

### 6.9.2 Type과 리플렉션

리플렉션으로 메타데이터를 조회만 할 수 있는 것은 아니다. 타입을 생성할 수 있고, 그 타입에 정의된 메서드를 호출할 수 있으며, 심지어 필드/프로퍼티의 값을 바꾸는 것도 가능하다.

이를 설명하기 위해 다음과 같은 간단한 예제를 준비하자.

예제 6.57 리플렉션 실습용 코드

```
using System.Reflection;

namespace ConsoleApp1;

public class SystemInfo
{
    bool _is64Bit;

    public SystemInfo()
    {
        _is64Bit = Environment.Is64BitOperatingSystem;
        Console.WriteLine("SystemInfo created.");
    }

    public void WriteInfo()
    {
        Console.WriteLine("OS == {0}bits", (_is64Bit == true) ? "64" : "32");
    }
}

class Program
{
    static void Main(string[] args)
    {
        SystemInfo sysInfo = new SystemInfo();
        sysInfo.WriteInfo();
    }
}
```

예제 6.57의 Main 메서드에 수행되는 작업을 리플렉션을 이용해 동일하게 수행하는 것이 가능하다. 우선 SystemInfo 객체를 다음과 같이 생성할 수 있다.

```
Type systemInfoType = Type.GetType("ConsoleApp1.SystemInfo");
object objInstnce = Activator.CreateInstance(systemInfoType);
```

Activator 타입의 CreateInstance 정적 메서드는 Type 정보만 가지고 해당 객체를 생성할 수 있게 만들어 준다. 또는 타입의 생성자를 리플렉션으로 구해서 직접 호출하는 것도 가능하다.

```
Type systemInfoType = Type.GetType("ConsoleApp1.SystemInfo");
ConstructorInfo ctorInfo = systemInfoType.GetConstructor(Type.EmptyTypes);
object objInstance = ctorInfo.Invoke(null);
```

GetConstructor 메서드는 Type.EmptyTypes 인자를 받는 경우 지정된 타입의 기본 생성자를 반환한다. 이어서 ConstructorInfo 타입은 Invoke 메서드를 제공하는데, 이름이 의미하는 것처럼 생성자를 호출(invocation)함으로써 객체를 만든다.

마찬가지로 생성자를 호출했던 것과 같은 방식을 이용하면 WriteInfo 메서드를 실행하는 것도 가능하다.

```
MethodInfo methodInfo = systemInfoType.GetMethod("WriteInfo");
methodInfo.Invoke(objInstance, null);
```

타입에 정의된 생성자 정보를 가져오기 위해 GetConstructor 메서드를 이용했듯이 메서드 정보를 가져오기 위해 GetMethod에 메서드의 이름을 전달하면 MethodInfo 객체가 반환된다. Invoke 메서드의 첫 번째 인자에는 호출될 객체의 인스턴스를 전달하고, 두 번째 인자에는 해당 메서드에 필요한 인자 목록을 전달하면 된다. WriteInfo 메서드의 경우 인자가 하나도 없기 때문에 null을 전달한 것이다.

정리해 보면, 다음 두 코드는 완전히 동일한 역할을 수행한다.

**[강력하게 결합된 코드(tightly coupling)]**

```
SystemInfo sysInfo = new SystemInfo();
sysInfo.WriteInfo();
```

**[리플렉션을 사용해 느슨하게 결합된 코드(loosely coupling)]**

```
Type systemInfoType = Type.GetType("ConsoleApp1.SystemInfo");
object objInstnce = Activator.CreateInstance(systemInfoType);
```

```
MethodInfo methodInfo = systemInfoType.GetMethod("WriteInfo");
methodInfo.Invoke(objInstance, null);
```

리플렉션을 이용한 타입 접근은 심지어 OOP의 캡슐화마저도 무시할 수 있는 위력을 발휘한다. 예를 들어, 일반적인 C# 코드로는 SystemInfo 타입에 정의된 _is64Bit 필드에 접근할 수 없지만 리플렉션을 이용하면 가능하다. 다음 예제는 실제로 _is64Bit 필드에 임의로 값을 할당하는 방법을 보여준다.

예제 6.58 private 속성 접근

```
FieldInfo fieldInfo = systemInfoType.GetField("_is64Bit", BindingFlags.NonPublic | BindingFlags.
Instance);

// 기존 값을 구하고,
object oldValue = fieldInfo.GetValue(objInstance);

// 새로운 값을 쓴다.
fieldInfo.SetValue(objInstance, !Environment.Is64BitOperatingSystem);

// 확인을 위해 WriteInfo 메서드 호출
methodInfo.Invoke(objInstance, null);
```

_is64Bit 필드는 private 접근자가 지정된 인스턴스 멤버이므로 GetField 메서드의 두 번째 인자에 BindingFlags 열거형으로 NonPublic과 Instance를 함께 전달하고 있다. 일단 FieldInfo 객체를 구하고 나면 GetValue 메서드와 SetValue 메서드를 이용해 필드의 값을 구하거나 가져올 수 있다. 물론 OOP의 캡슐화를 무너뜨리는 이런 식의 사용법은 관례상 권장하지 않는다. 그럼에도 불구하고 이것은 리플렉션의 강력함을 보여주는 한 사례가 될 수 있다.

리플렉션을 이용해 타입을 다루는 코드에서 한 가지 특이한 사항을 발견할 수 있다. 바로 해당 타입이 가진 코드의 멤버를 C# 코드에서 직접 접근하지 않았다는 점이다.

**[리플렉션을 사용하지 않은 코드 접근 - 멤버에 직접적으로 접근]**

```
SystemInfo sysInfo = new SystemInfo();
sysInfo.WriteInfo();
```

**[리플렉션을 사용한 코드 접근 - 멤버에 간접적으로 접근]**

```
Type systemInfoType = Type.GetType("ConsoleApp1.SystemInfo");
```

```
object objInstnce = Activator.CreateInstance(systemInfoType);

MethodInfo methodInfo = systemInfoType.GetMethod("WriteInfo");
methodInfo.Invoke(objInstance, null);
```

GetType, GetMethod, GetField의 인자에는 모두 문자열 이름이 사용됐기 때문에 사실상 리플렉션을 사용한 C# 코드는 컴파일러 입장에서 봤을 때 SystemInfo 타입을 몰라도 되는 셈이다. 이를 더욱 확실하게 체험할 수 있도록 실습을 위해 2개의 프로젝트로 소스코드를 분리해 보자.

- ConsoleApp1

  SystemInfo 클래스를 제외시킨 C# EXE 콘솔 프로젝트

- ClassLibrary1

  SystemInfo.cs 파일을 추가하고 예제 6.57의 SystemInfo 클래스를 포함하는 C# DLL 라이브러리 프로젝트

ConsoleApp1 프로젝트의 Main은 ClassLibrary1 DLL 파일을 Assembly 타입을 이용해 직접 로드해 리플렉션으로 사용하는 것이 가능하다.

예제 6.59 어셈블리를 참조하지 않고 다른 DLL의 클래스를 사용

```
using System.Reflection;

namespace ConsoleApp1;

class Program
{
    static void Main(string[] args)
    {
        Assembly asm = Assembly.LoadFrom("ClassLibrary1.dll");
        Type systemInfoType = asm.GetType("ClassLibrary1.SystemInfo");

        ConstructorInfo ctorInfo =                    systemInfoType.GetConstructor(Type.
EmptyTypes);
        object objInstance = ctorInfo.Invoke(null);

        MethodInfo methodInfo = systemInfoType.GetMethod("WriteInfo");
        methodInfo.Invoke(objInstance, null);
```

```
        FieldInfo fieldInfo = systemInfoType.GetField("_is64Bit", BindingFlags.NonPublic |
BindingFlags.Instance);
        object oldValue = fieldInfo.GetValue(objInstance);
        fieldInfo.SetValue(objInstance, !Environment.Is64BitOperatingSystem);

        methodInfo.Invoke(objInstance, null);
    }
}
```

Assembly.LoadFrom의 첫 번째 인자에는 현재의 AppDomain에 로드될 어셈블리의 파일 경로를 전달한다. 예제 6.59의 경우, DLL 파일 이름만 전달했으므로 ConsoleApp1.exe 파일과 같은 폴더에 DLL 파일이 있어야 하는데, 프로젝트 참조를 하지 않았으므로 비주얼 스튜디오는 ClassLibrary1.dll 파일을 ConsoleApp1.exe가 있는 폴더에 자동으로 복사해주지 않는다는 점을 주의해야 한다. 따라서 이런 경우에는 수동으로 직접 파일을 복사해서 EXE 파일과 같은 폴더에 넣어야 코드가 정상적으로 실행된다. 물론 파일 위치를 절대 경로로 전달하는 것도 가능하다. 실행해 보면 정상적으로 수행되는 것을 볼 수 있다.

이런 리플렉션의 특징을 이용하면 응용 프로그램에 확장 모듈(Plug-in, Add-in)을 구현하는 것이 가능하다. 이를 좀 더 자세히 알아보자.

### 6.9.3 리플렉션을 이용한 확장 모듈 구현

응용 프로그램 중에는 해당 소프트웨어를 개발한 업체가 아닌 다른 개발사에서 기능을 확장할 수 있게 '확장 인터페이스'를 제공하는 경우가 종종 있다. 인터넷 익스플로러나 크롬과 같은 웹 브라우저도 나름의 확장 방법을 공개해 성공시킨 한 사례인데, 이번 절에서는 여러분이 만드는 프로그램에 어떻게 플러그인(plug-in)을 구현할 수 있는지 살펴보자.

보통 플러그인을 구현한 소프트웨어의 동작 방식은 다음과 같다.

1. EXE 프로그램이 실행되는 경로 아래에 확장 모듈을 담도록 약속된 폴더가 있는지 확인한다.
2. 해당 폴더가 있다면 그 안에 DLL 파일이 있는지 검사하고 로드한다.
3. DLL이 로드됐으면 사전에 약속된 조건을 만족하는 타입이 있는지 살펴본다.
4. 조건에 부합하는 타입이 있다면 생성하고, 역시 사전에 약속된 메서드를 실행한다.

따라서 플러그인을 이용할 수 있는 응용 프로그램을 만드는 개발자는 위의 순서에 나열된 몇몇 조건을 확정짓고, 그 규칙을 공개하면 된다. 예를 들어, 우리가 만들 응용 프로그램은 다음과 같은 규칙을 만족하는 플러그인을 다룬다.

1. **확장 모듈이 담길 폴더명**: EXE 하위의 plugin
2. **플러그인 타입 조건**: 타입에 "PluginAttribute"라는 이름의 특성(Attribute)이 부여돼 있어야 한다.
3. **호출될 메서드**: 메서드에는 "StartupAttribute"라는 이름의 특성(Attribute)이 부여돼 있어야 한다. 또한 입력 인자도 없고, 반환값도 없어야 한다.

먼저, 1번 단계를 구현한 코드가 예제 6.60에 포함돼 있다.

예제 6.60 확장 모듈 로드

```
using System.Reflection;

namespace ConsoleApp1;

class Program
{
    static void Main(string[] args)
    {
        string pluginFolder = @".\plugin";
        if (Directory.Exists(pluginFolder) == true)
        {
            ProcessPlugIn(pluginFolder);
        }
    }

    private static void ProcessPlugIn(string rootPath)
    {
        foreach (string dllPath in Directory.EnumerateFiles(rootPath, "*.dll"))
        {
            // 확장 모듈을 현재의 AppDomain에 로드
            Assembly pluginDll = Assembly.LoadFrom(dllPath);
        }
    }
}
```

어셈블리를 성공적으로 로드했다면 이제 예제 6.55의 방법을 이용해 DLL에 포함된 모든 타입을 열거해야 한다. 이때 문제는 확장 모듈 개발자가 구현한 클래스 중에서 어떤 타입이 진입점에 해당하느냐다. 이를 결정하기 위해 여기서는 사전에 "PluginAttribute"이라는 이름의 특성이 적용돼 있어야 한다고 정의했다. 따라서 리플렉션을 이용해 그러한 특성이 정의된 타입을 찾아내면 된다.

```
private static void ProcessPlugIn(string rootPath)
{
    foreach (string dllPath in Directory.EnumerateFiles(rootPath, "*.dll"))
    {
        Assembly pluginDll = Assembly.LoadFrom(dllPath);

        Type entryType = FindEntryType(pluginDll);
    }
}

private static Type FindEntryType(Assembly pluginDll)
{
    foreach (Type type in pluginDll.GetTypes())
    {
        foreach (object objAttr in type.GetCustomAttributes(false))
        {
            if (objAttr.GetType().Name == "PluginAttribute")
            {
                return type;
            }
        }
    }

    return null;
}
```

Type 클래스는 GetCustomAttributes 메서드를 이용해 클래스에 부여된 특성(Attribute) 정보를 얻을 수 있다. 특성은 다중으로 적용될 수 있으므로 그중에서도 "PluginAttribute" 특성이 지정된 타입을 Type.Name 속성을 이용해 알아낼 수 있다. 그리고 이 방식을 비슷하게 도입해서 해당 클래스에 포함된 메서드 가운데 "StartupAttribute"가 지정된 메서드를 결정하는 것도 가능하다.

```
private static void ProcessPlugIn(string rootPath)
{
    foreach (string dllPath in Directory.EnumerateFiles(rootPath, "*.dll"))
    {
        Assembly pluginDll = Assembly.LoadFrom(dllPath);

        Type entryType = FindEntryType(pluginDll);
        if (entryType == null)
        {
            continue;
        }

        // 타입에 해당하는 객체를 생성하고,
        object instance = Activator.CreateInstance(entryType);

        // 약속된 메서드를 구하고,
        MethodInfo entryMethod = FindStartupMethod(entryType);
        if (entryMethod == null)
        {
            continue;
        }

        // 메서드를 호출한다.
        entryMethod.Invoke(instance, null);
    }
}

private static MethodInfo FindStartupMethod(Type entryType)
{
    foreach (MethodInfo methodInfo in entryType.GetMethods())
    {
        foreach (object objAttribute in methodInfo.GetCustomAttributes(false))
        {
            if (objAttribute.GetType().Name == "StartupAttribute")
            {
                return methodInfo;
            }
        }
    }
```

```
    return null;
}
```

여기까지가 플러그인 기능을 제공하는 응용 프로그램 개발자가 구현해야 할 코드의 전부다. 이제 외부 프로그램을 로드할 수 있는 방법을 제공했으므로 이를 공개하고 수많은 외부 개발자가 확장 모듈을 개발할 수 있도록 장려하면 된다.

그럼 이번에는 반대로 확장 모듈을 개발하는 측에서는 어떤 식으로 코드를 마련해야 할지 알아보자. DLL 프로젝트를 하나 만들고, 확장 모듈이 갖춰야 할 조건에 따라 하나씩 코드를 작성하면 된다.

예제 6.61 확장 모듈 제작

```
namespace ClassLibrary1;

[PluginAttribute]
public class SystemInfo
{
    bool _is64Bit;

    public SystemInfo()
    {
        _is64Bit = Environment.Is64BitOperatingSystem;
        Console.WriteLine("SystemInfo created.");
    }

    [StartupAttribute]
    public void WriteInfo()
    {
        Console.WriteLine("OS == {0}bits", (_is64Bit == true) ? "64" : "32");
    }
}

public class PluginAttribute : Attribute
{
}

public class StartupAttribute : Attribute
{
}
```

일반적인 코드와 동일하지만 확장 모듈의 조건을 만족시키기 위해 PluginAttribute와 StartupAttribute 클래스를 정의해 특성을 만들고 SystemInfo 클래스에 그러한 특성을 적용했다.

차이점을 알기 위해 우선 예제 6.60의 EXE 예제만 빌드해서 실행해 보자. 그러면 화면에는 아무것도 출력되지 않는다. 이제 EXE 파일의 경로 아래에 plugin 폴더를 만들고 예제 6.61을 빌드한 DLL을 복사해 넣고 다시 EXE를 실행해 본다. 그럼 이번에는 SystemInfo 클래스의 WriteInfo 메서드가 수행되는 것을 확인할 수 있다.

플러그인의 유용함이 어느 정도인지 몇 가지 더 테스트해보는 것도 좋다. 예를 들어, DLL의 코드를 변경해서 빌드한 후, 다시 plugin 폴더에 복사하면 이후 실행되는 응용 프로그램은 다시 빌드하지 않고도 새로운 코드가 반영된다. 또는 동일한 조건을 만족하는 또 다른 DLL을 개발해서 plugin 폴더에 넣어둘 수도 있다.

지금까지 살펴본 것처럼 플러그인은 해당 코드가 '컴파일 시점'에 서로에 대한 코드 정보가 없어도 만들 수 있다는 장점이 있다. 이렇게 개발되는 유형을 일컬어 '느슨한 결합'이라 하고, 반대로 예제 6.57처럼 직접 대상을 참조해 사용하는 것을 '강력한 결합'이라 한다. 과거에는 DLL 간의 느슨한 결합은 속도 저하라는 이유로 기피됐지만 근래에는 하드웨어의 발전과 함께 유연한 구조(flexible architecture)를 지향하는 분위기로 인해 권장되는 추세다. 현업에서 많이 사용하는 Spring.NET 프레임워크나 MEF 프레임워크, Unity 컨테이너 같은 유명한 라이브러리들도 결국 느슨한 결합을 위한 도구이며, 이들 모두 내부적으로는 리플렉션을 이용해 구현돼 있다. 여러분도 나중에 프레임워크 제작에 관심이 있다면 필수적으로 리플렉션을 알아야 한다. 즉, 리플렉션은 고급 개발자로 들어가는 관문임을 기억해 두자.

## 6.10 기타

이번 절에서는 닷넷 응용 프로그램에서 사용되는 몇 가지 부수적인 성격의 유용한 클래스를 설명한다.

### 6.10.1 윈도우 레지스트리

C/C++ 시절의 윈도우 응용 프로그램과는 달리 XCopy 배포가 선호되는 닷넷 응용 프로그램의 경우 레지스트리를 사용하는 것을 그다지 선호하지 않는다. 하지만 레지스트리에는 윈도우의 많은 정보가 저장돼 있으므로 때로는 접근해야 할 명백한 사유가 발생하곤 한다. 이럴 때 Win32 API를 직접 사용하기보다는 Microsoft.Win32 네임스페이스에서 제공되는 Registry, RegistryKey 타입을 이용하면 간단하게 코드를 작성할 수 있다.

예를 들어, 윈도우의 레지스트리 편집기(regedit.exe)에서 컴퓨터의 메인보드에 장착된 바이오스의 날짜와 제조사를 구할 수 있는 경로는 다음과 같다.

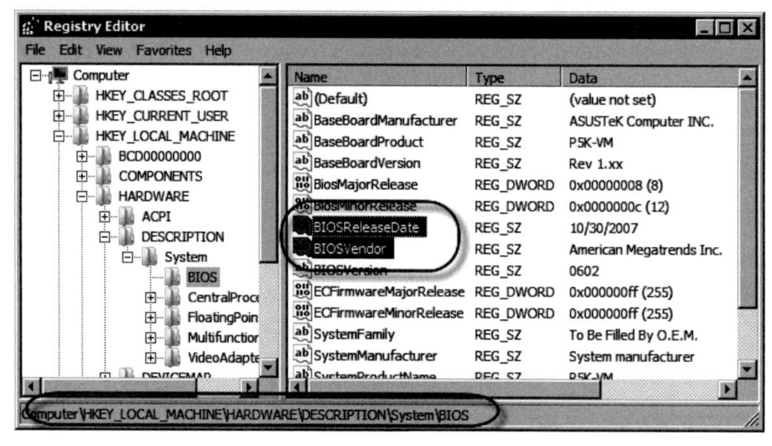


그림 6.43 바이오스 정보가 담긴 레지스트리 경로

그림 6.43 하단의 'HKEY_LOCAL_MACHINE\HARDWARE\DESCRIPTION\System\BIOS' 경로를 코드로 접근해 보자.

예제 6.62 레지스트리 값 읽기

```
using Microsoft.Win32;

class Program
{
    static void Main(string[] args)
    {
        string regPath = @"HARDWARE\DESCRIPTION\System\BIOS";

        using (RegistryKey systemKey = Registry.LocalMachine.OpenSubKey(regPath))
        {
            string biosDate = (string)systemKey.GetValue("BIOSReleaseDate");
            string biosMaker = (string)systemKey.GetValue("BIOSVendor");

            Console.WriteLine("BIOS 날짜: " + biosDate);
            Console.WriteLine("BIOS 제조사: " + biosMaker);
        }
    }
}
```

보다시피 regedit.exe에서 구한 경로에서 'HKEY_LOCAL_MACHINE'은 별도로 분리되어 Registry 타입의 정적 속성으로 제공되는 LocalMachine으로 연결하고 있다. 레지스트리의 이런 경로 관계를 표 6.26에 정리해 뒀으니 참고하자.

표 6.26 Registry 루트 경로에 대응되는 정적 속성

| Registry 정적 속성 | 대응되는 레지스트리 루트 경로 |
|---|---|
| ClassesRoot | HKEY_CLASSES_ROOT |
| CurrentUser | HKEY_CURRENT_USER |
| LocalMachine | HKEY_LOCAL_MACHINE |
| Users | HKEY_USERS |
| CurrentConfig | HKEY_CURRENT_CONFIG |

일단 OpenSubKey 메서드를 이용해 키의 경로에 해당하는 RegistryKey 인스턴스를 얻었으면 GetValue 메서드를 이용해 값을 가져올 수 있다. 이때 반환값의 타입은 그림 6.43의 BIOSReleaseDate와 BIOSVendor 이름의 우측에 있는 Type에 의해 결정되지만 GetValue 자체는 object 타입으로 통합해 반환한다. 따라서 다음과 같은 기준으로 적절한 타입으로 변환해서 사용할 수 있다.

표 6.27 레지스트리 값의 타입과 대응되는 C# 타입

| Registry 값 타입 | 대응되는 C# 타입 |
|---|---|
| REG_SZ | string |
| REG_BINARY | byte [ ] |
| REG_DWORD | int |
| REG_QWORD | long |
| REG_MULTI_SZ | string [ ] |

다음으로, 레지스트리에 값을 쓰는 작업을 해보자. 기본적으로 OpenSubKey 메서드는 읽기 전용 RegistryKey 인스턴스를 반환한다. 쓰기 작업을 하려면 OpenSubKey의 두 번째 인자에 true 값을 지정하면 된다.

```
using (RegistryKey regKey = Registry.LocalMachine.OpenSubKey(regPath, true))
{
    regKey.SetValue("TestValue1", 5);       // REG_DWORD로 기록됨
    regKey.SetValue("TestValue2", "Test");  // REG_SZ로 기록됨
}
```

그런데 위의 코드를 윈도우 비스타 이상의 사용자 계정 컨트롤(UAC: User Account Control)이 동작하는 환경에서 실행하면 System.Security.SecurityException이라는 보안 예외가 발생한다. 기본적으로 윈도우는 HKEY_LOCAL_SYSTEM 영역의 레지스트리는 '관리자 권한'에서만 쓸 수 있도록 허용하기 때문이다. 따라서 이 코드가 실행되려면 프로그램 자체를 '관리자 권한'으로 실행하거나 일반 사용자 계정으로도 쓰기가 가능한 HKEY_CURRENT_USER 영역에 쓰도록 키 경로를 변경해야만 한다.

### 6.10.2 BigInteger

C#에서 표현 가능한 최대 정수형은 8바이트($2^{64}$) long 형[12]으로 -9,223,372,036,854,775,808 ~ 9,223,372,036,854,775,807 범위의 값을 갖는다. 일반적인 환경에서는 이 정도 범위로 충분하겠지만, 암호화 같은 분야에서는 천문학적인 숫자를 다루므로 다른 방법을 찾아야 한다. BCL에서는 이 요구에 맞춰 BigInteger 구조체 타입을 추가했고 사용법도 일반적인 int/long 형과 유사하다.

예제 6.63 BigInteger 사용

```
using System.Numerics;

namespace ConsoleApp1;

class Program
{
    static void Main(string[] args)
    {
        BigInteger int1 = BigInteger.Parse("12345678901234567890");
        BigInteger int2 = BigInteger.Parse("98765432109876543210");

        Console.WriteLine(int1 + int2); // 출력 결과: 111111111011111111100
    }
}
```

특이하게 초기화를 위해 숫자를 문자열로 대체해서 BigInteger.Parse 메서드를 호출하고 있다. 왜냐하면 C# 코드에서 사용되는 숫자형 리터럴로는 여전히 64비트로 제한돼 있기 때문에 BigInteger 타

12 닷넷 7부터 추가된 Int128 타입을 사용하면 -170141183460469231731687303715884105728 ~ 170141183460469231731687303715884105727 범위를 다룰 수 있다.

입을 초기화하려면 문자열을 사용해야 한다. 만약 long 형 범위의 숫자라면 BigInteger에 그대로 대입하는 것도 가능하다.

```
BigInteger int3 = 9223372036854775807;
```

### 6.10.3 IntPtr

IntPtr은 정수형 포인터(integer pointer)를 의미하는 값 형식의 타입이다. 포인터는 메모리 주솟값을 보관하는 곳이므로 32비트 프로그램에서는 $2^{32}$ 주소 영역을 지정할 수 있어야 하고, 64비트 프로그램에서는 $2^{64}$ 주소 영역을 지정할 수 있어야 한다. 이 때문에 IntPtr 자료형은 32비트 프로그램에서는 4바이트, 64비트 프로그램에서는 8바이트로 동작하는 특징을 갖는다.

```
Console.WriteLine(IntPtr.Size);
```

```
// 출력 결과
// 32비트 프로그램인 경우: 4
// 64비트 프로그램인 경우: 8
```

IntPtr 타입은 메모리 주소를 가리키는 것 외에 윈도우 운영체제의 핸들(HANDLE) 값을 보관하는 용도로도 쓰인다. 핸들은 윈도우 운영체제가 특정 자원에 대한 식별자(identifier)로서 보관하는 값인데, 일례로 파일이 좋은 예다. 닷넷 BCL에서도 FileStream에서 핸들 값을 알 수 있는 속성이 제공된다.

```
using (FileStream fs = new FileStream("test.dat", FileMode.Create))
{
    Console.WriteLine(fs.Handle);
}
```

순수 닷넷 응용 프로그램을 작성한다면 IntPtr 타입을 사용할 기회가 거의 없다. 단지 윈도우 운영체제에서 제공되는 Win32 API를 호출하거나 기존 C/C++로 작성된 프로그램과 상호 연동해야 할 때는 IntPtr을 사용할 수밖에 없다.

# 02

# C# 고급 문법

C# 언어는 닷넷의 버전 업그레이드와 함께 꾸준히 발전해 왔고, 이를 간단하게 정리하면 다음과 같다.

| 닷넷 런타임 | C# 언어 | 주요 기능 |
|---|---|---|
| 1.0, 1.1 | C# 1.0 | |
| 2.0, 3.0 | C# 2.0 - 기존 문법 보완 | ▪ 제네릭<br>▪ 익명 함수<br>▪ 널(Null) 타입 |
| 3.5 | C# 3.0 - 함수형 언어의 장점 흡수 | ▪ 람다 표현식<br>▪ 확장 메서드<br>▪ LINQ, 익명 타입 |
| 4.0 | C# 4.0 - 동적 언어의 장점 흡수 | ▪ 지연 바인딩<br>▪ 선택적 매개변수, 명명된 인자<br>▪ COM 지원 확장 |
| 4.5 | C# 5.0 - 비동기 호출 추가 | ▪ async/await 비동기 예약어 |
| 4.6 | C# 6.0 - 간편 표기 문법 보강 | ▪ 프레임워크와 컴파일러의 분리<br>▪ 다수의 간편 표기 문법 |
| 4.7 ~ 4.7.2<br>4.8 | C# 7.0 ~ 7.1 - 패턴 매칭<br>C# 7.2 - 구조체 성능 향상<br>C# 7.3 - 문법 보강 | ▪ 패턴 매칭<br>▪ 튜플<br>▪ Span<T> |
| .NET Core 3.0 | C# 8.0 - 문법 보강 | ▪ 비동기 스트림<br>▪ 인덱스/범위 연산자<br>▪ 기본 인터페이스 메서드<br>▪ 다수의 간편 표기 문법 |
| .NET 5 | C# 9.0 - 문법 보강 | ▪ 레코드<br>▪ 함수 포인터<br>▪ 모듈 이니셜라이저<br>▪ 최상위 문 |
| .NET 6 | C# 10 - 문법 보강 | ▪ record의 구조체 지원<br>▪ 다수의 세부 문법 개선 |
| .NET 7 | C# 11 - 문법 보강 | ▪ 패턴 매칭 추가<br>▪ 원시 문자열 및 utf8 문자열 지원<br>▪ 다수의 세부 문법 개선 |
| .NET 8 | C# 12 - 문법 보강 | ▪ 기본 생성자, 기본 람다 매개변수<br>▪ 인라인 배열, 컬렉션 식<br>▪ 기타 문법 개선 |

C# 언어의 발전에서 특기할 만한 사항은 언어의 호환성이 잘 지켜졌다는 점이다. 가령 C# 1.0만을 공부해서 만든 소스코드라고 해도 C# 12에서 잘 컴파일되고 실행된다. 즉, 1부에서 배운 C# 1.0의 문법들이 절대 낡았거나 쓸모없는 지식이 아니라는 점이다.

C# 언어의 발전은 장점과 단점으로 작용한다. 언어의 지속적인 발전으로 익혀야 할 문법이 더욱 많아져 초반 학습 시간이 더 필요해졌다는 것이 단점이라면, C# 문법이 늘어날수록 그만큼 언어의 표현력이 풍부해졌다는 장점이 있다.

장단점을 적절하게 조절하는 것도 가능하다. 엄밀히 말해서 C# 2.0의 제네릭과 C# 5.0의 비동기 호출을 제외한 문법들은 프로그램을 개발하기 위한 필수적인 지식은 아니다. 따라서 만들고 싶은 프로그램이 있다면 'C# 1.0 + C# 2.0의 제네릭 + C# 5.0의 비동기 호출' 정도만 빠르게 공부하고 곧바로 개발 프로젝트를 시작해도 무방하다. 그 밖의 C# 문법은 시간이 날 때마다 한 번씩 봐두는 식으로 공부해도 좋다.

참고로 C# 언어의 향후 로드맵을 다음 URL에서 확인할 수 있다.

- https://github.com/dotnet/roslyn/blob/main/docs/Language%20Feature%20Status.md

# 07

# C# 2.0

## 7.1 제네릭

제네릭(Generics)을 쉽게 이해하려면 기존의 문제점을 먼저 알아보면 된다. C# 1.0의 문법에서는 기본 형식(primitive types)으로 컬렉션 객체를 사용하는 경우 박싱/언박싱 문제가 발생한다. 예를 들어, ArrayList에 int 타입의 데이터를 담는 코드를 보자.

```
int n = 5;
ArrayList ar = new ArrayList();
ar.Add(n);
```

ArrayList는 모든 타입의 컬렉션을 구성할 수 있도록 만들어졌기 때문에 Add 메서드는 인자로 object 타입을 받는다. 하지만 int는 값 형식이고, object는 참조 형식이므로 정수형 데이터 5는 박싱돼 힙에 object 인스턴스를 할당하고 그 참조 개체가 ArrayList의 Add 메서드에 전달된다.

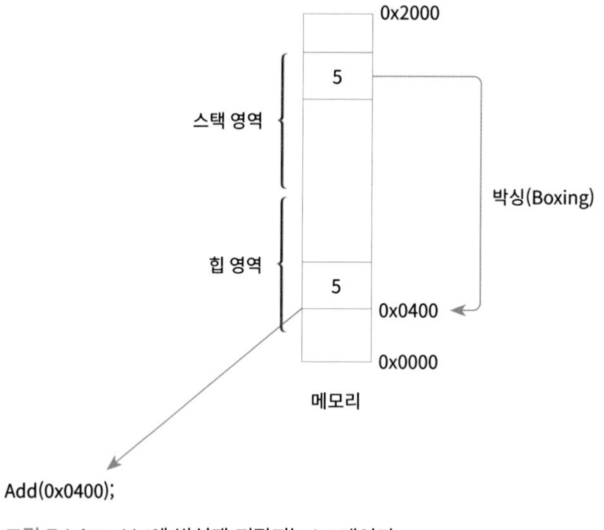


그림 7.1 ArrayList에 박싱돼 저장되는 int 데이터

이 문제를 해결하려면 ArrayList가 다루는 데이터 타입이 int로 고정돼야 한다. 그런데 문제는 이렇게 타입이 고정되면 각 타입마다 ArrayList 코드를 구현해야 한다는 단점이 생긴다. 즉, int를 받는 IntArrayList, long을 받는 LongArrayList와 같은 식이 된다.

C# 2.0과 함께 제네릭이 도입된 새로운 컬렉션 타입을 발표했는데, ArrayList를 보완한 List〈T〉 타입이 그것이다. 여기서 〈T〉는 제네릭을 위한 새로운 문법을 나타내는데, T는 타입으로 대체할 수 있다. 다음 코드는 정수형 타입을 보관하는 List〈T〉의 사용법을 보여준다.

```
int n = 5;
List<int> list = new List<int>();
list.Add(n);
```

List〈int〉의 Add 메서드는 object가 아닌 int를 받기 때문에 박싱 과정을 거치지 않고 컬렉션에 항목이 추가된다. 마찬가지로 어떤 타입이든 여러분이 원하는 타입을 List〈T〉에 대체해서 생성할 수 있다.

```
List<bool> boolList = new List<bool>();
List<byte> byteList = new List<byte>();
List<short> shortList = new List<short>();
List<double> doubleList = new List<double>();
```

물론 List〈T〉처럼 제네릭을 이용한 타입을 직접 만드는 것도 가능하다. 예를 들어, Stack 자료구조를 구현한다고 가정했을 때 C# 1.0 문법이었다면 다음과 같은 식으로 구현해야만 한다.

예제 7.1 박싱이 발생하는 Stack 구현

```
// 예제를 간단하게 하기 위해 최소한의 구현만 포함시킴.

public class OldStack
{
    object[] _objList;
    int _pos;

    public OldStack(int size)
    {
        _objList = new object[size];
    }
```

```
    public void Push(object newValue)
    {
        _objList[_pos] = newValue;
        _pos++;
    }

    public object Pop()
    {
        _pos--;
        return _objList[_pos];
    }
}

class Program
{
    static void Main(string[] args)
    {
        OldStack stack = new OldStack(10);
        stack.Push(1); // 박싱 발생
        stack.Push(2); // 박싱 발생
        stack.Push(3); // 박싱 발생

        Console.WriteLine(stack.Pop());
        Console.WriteLine(stack.Pop());
        Console.WriteLine(stack.Pop());
    }
}
```

물론 위의 코드는 박싱을 유발시켜 성능상 문제가 발생한다. 이 때문에 성능에 민감한 응용 프로그램을 작성하는 경우 예제 7.1은 필요한 타입마다 다음과 같이 나눠서 작성하는 방법을 권장하기도 했다.

```
public class IntStack
{
    int [] _list;

    public void Push(int item) { ...... }
    public int Pop() { ...... }
}
```

```
public class DoubleStack
{
    double [] _list;
    public void Push(double item) { ...... }
    public double Pop() { ...... }
}
```

보다시피 이런 식의 해결책은 코드 중복이라는 또 다른 부작용을 낳는다.

예제 7.1을 제네릭을 이용해 개선해 보자. 이를 위해 클래스명 다음에 〈T〉를 넣고, 내부 코드의 자료형을 T 문자로 대체한다.

예제 7.2 제네릭을 이용한 Stack 자료구조

```
namespace ConsoleApp1;

public class NewStack<T>
{
    T[] _objList;
    int _pos;

    public NewStack(int size)
    {
        _objList = new T[size];
    }

    public void Push(T newValue)
    {
        _objList[_pos] = newValue;
        _pos++;
    }

    public T Pop()
    {
        _pos--;
        return _objList[_pos];
    }
}
```

```
class Program
{
    static void Main(string[] args)
    {
        NewStack<int> intStack = new NewStack<int>(10);
        intStack.Push(1);
        intStack.Push(2);
        intStack.Push(3);

        Console.WriteLine(intStack.Pop());
        Console.WriteLine(intStack.Pop());
        Console.WriteLine(intStack.Pop());
    }
}
```

이 코드를 빌드하고 실행하면 CLR은 JIT 컴파일 시에 클래스가 타입에 따라 정의될 때마다 T에 대응되는 타입을 대체해서 확장한다. 즉, NewStack〈T〉에 int와 double을 전달한 코드가 사용된다면 다음과 같은 2개의 클래스에 해당하는 기계어 코드가 자동으로 만들어지는 것이다.

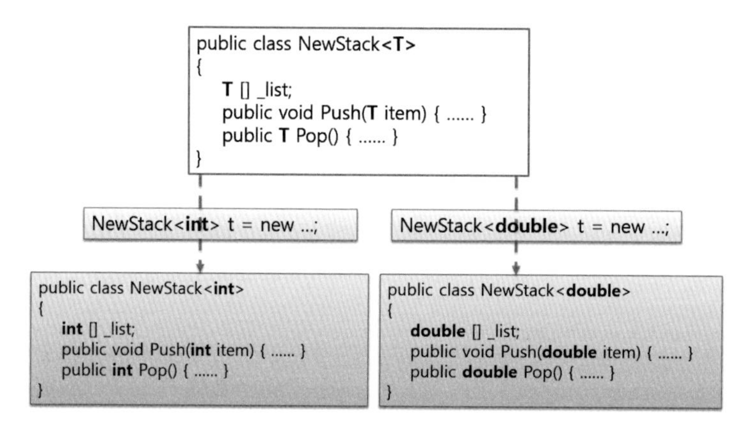


그림 7.2 타입에 따라 자동으로 확장되는 제네릭

이렇게 제네릭이 클래스 수준에서 지정된 것을 '제네릭 클래스(Generic class)'라고 하며 정식 문법은 다음과 같다.

```
class 클래스_명<형식매개변수[, ....]>
{
```

```
    // 형식 매개변수를 멤버의 타입 위치에 지정
}
```

**설명**: 1개 이상의 *형식 매개변수*를 〈 〉 안에 지정할 수 있다. 이때 사용되는 *형식 매개변수*의 이름은 임의로 지정할 수 있다.

다음의 모든 코드는 문법에 맞는 제네릭 클래스의 사용법을 보여준다.

```
public class GenericSample<Type> // 형식 매개변수의 이름은 임의로 줄 수 있다.
{
    Type _item;

    public GenericSample(Type value)
    {
        _item = value;
    }
}

public class TwoGeneric<K, V> // 2개 이상 지정하는 것도 가능하다.
{
    K _key;
    V _value;

    public void Set(K key, V value)
    {
        _key = key;
        _value = value;
    }
}
```

제네릭은 클래스뿐 아니라 메서드에도 직접 지정할 수 있다. 이를 가리켜 '제네릭 메서드(Generic method)'라고 하며, 형식 매개변수가 클래스 수준이 아닌 메서드 수준에서 부여되는 것이 특징이다.

```
class 클래스_명
{
    [접근제한자] 반환타입 메서드명<형식매개변수[, ....]>([타입명] [매개변수명], ....)
    {
```

```
        // 지역 변수
    }
}
```

**설명**: *메서드명* 다음에 *형식 매개변수*를 지정할 수 있으며, 이때 지정된 *형식 매개변수*는 *반환 타입*, *메서드의 매개변수 타입*, 메서드의 지역 변수 타입에 사용할 수 있다.

예를 들어, 로그를 출력하는 메서드를 C# 1.0 기준으로 다음과 같이 구현할 수 있다.

```
public class Utility
{
    public static void WriteLog(object item)
    {
        string output = string.Format("{0}: {1}", DateTime.Now, item);
        Console.WriteLine(output);
    }
}
```

명백히 위의 코드는 값 형식의 인자를 받는 경우 박싱 문제가 발생한다. 따라서 불필요한 힙 메모리 사용을 줄이기 위해 예상되는 값 형식마다 다음과 같이 중복해서 구현해야만 한다.

```
public static void WriteLog(bool item) { …… }
public static void WriteLog(byte item) { …… }
public static void WriteLog(short item) { …… }
public static void WriteLog(ushort item) { …… }
// …… [생략] ……
```

하지만 WriteLog 메서드에 제네릭을 적용하면 단 하나의 메서드만으로 구현이 완료된다.

```
public class Utility
{
    public static void WriteLog<T>(T item)
    {
        string output = string.Format("{0}: {1}", DateTime.Now, item);
        Console.WriteLine(output);
    }
}
```

```
// 사용 예
Utility.WriteLog<bool>(true);
Utility.WriteLog<int>(0x05);
Utility.WriteLog<float>(3.14159f);
Utility.WriteLog<string>("test");
```

위의 코드에서 WriteLog에 지정된 형식을 다음과 같이 생략할 수도 있다.

```
// 사용 예
Utility.WriteLog(true);
Utility.WriteLog(0x05);
Utility.WriteLog(3.14159f);
Utility.WriteLog("test");
```

이처럼 제네릭 타입을 명시하는 것을 생략할 수 있는 이유는 C# 컴파일러가 WriteLog 메서드의 인자로 T 타입이 전달된다는 사실을 알고 자동으로 유추해서 대신 처리해주기 때문이다.

간단하게 정리하면, 제네릭의 사용은 박싱/언박싱으로 발생하는 비효율적인 힙 메모리 사용 문제를 없앨뿐더러 데이터 타입에 따른 코드 중복 문제도 해결해 준다.

### 7.1.1 형식 매개변수에 대한 제약 조건

제네릭을 사용하다 보면 형식 매개변수로 받아들이는 타입이 특정 조건을 만족해야 할 때가 있다. 예를 들어, 2개의 입력 값 가운데 큰 값을 반환하는 Max 메서드를 다음과 같이 구현했다고 가정하자.

```
public class Utility
{
    public static int Max(int item1, int item2)
    {
        if (item1.CompareTo(item2) >= 0)
        {
            return item1;
        }

        return item2;
    }
}
```

이때 이 코드를 double 타입에도 사용할 수 있게 제네릭을 적용하면 어떻게 될까? 즉, 다음과 같이 코드를 작성한다면 컴파일할 때 'error CS1061: 'T'에 'CompareTo'에 대한 정의가 없고 'T' 형식의 첫 번째 인수를 허용하는 확장 메서드 'CompareTo'이(가) 없습니다. using 지시문 또는 어셈블리 참조가 있는지 확인하십시오.'라는 오류가 발생한다.

```
public static T Max<T>(T item1, T item2)
{
    if (item1.CompareTo(item2) >= 0) // 컴파일 오류 발생!
    {
        return item1;
    }

    return item2;
}
```

이것은 T로 대체될 타입이 모두 CompareTo 메서드를 지원하는 것은 아니므로 미리 컴파일 단계에서 오류를 발생시켜 잘못된 사용을 막는 것이다. 바로 이런 경우에 'T'에 입력될 수 있는 타입의 조건을 where 예약어를 사용해 제한할 수 있다.

예제 7.3 IComparable 인터페이스를 상속받은 타입만 T에 대입

```
namespace ConsoleApp1;

public class Utility
{
    public static T Max<T>(T item1, T item2) where T : IComparable
    {
        if (item1.CompareTo(item2) >= 0)
        {
            return item1;
        }

        return item2;
    }
}

class Program
{
```

```
    static void Main(string[] args)
    {
        Console.WriteLine(Utility.Max(5, 6)); // 출력 결과: 6
        Console.WriteLine(Utility.Max("Abc", "def")); // 출력 결과: def
    }
}
```

where 예약어 다음에 형식 매개변수를 지정하고 콜론(:)을 구분자로 써서 제약 조건을 걸 수 있다. 따라서 컴파일러는 T 타입으로 지정된 item1과 item2는 당연히 IComparable 인터페이스를 상속받은 타입의 인스턴스라고 가정하게 되고 코드에서 IComparable.CompareTo 메서드를 호출하는 것을 허용한다.

제약 조건에 대한 완전한 문법 형식은 다음과 같다.

where *형식매개변수* : *제약조건* [, ……]

**설명**: 제네릭 구문이 사용된 메서드와 클래스에 대해 모두 where 예약어를 사용해 *형식 매개변수*가 따라야 할 *제약 조건*을 1개 이상 지정할 수 있고, *형식 매개변수*의 수만큼 where 조건을 지정할 수 있다.

예 1) 제네릭 클래스에 사용된 형식 매개변수에 제약 조건을 명시한 경우

```
public class MyClass<T> where T: ICollection
{
}
```

예 2) 형식 매개변수에 2개 이상의 제약 조건을 명시한 경우

```
public class MyType<T> where T: ICollection, IConvertible
{
}
```

예 3) 형식 매개변수 2개에 대해 각각 제약 조건을 명시한 경우

```
public class Dict<K, V> where K: ICollection
                        where V: IComparable
{
}
```

제약 조건으로 명시되는 타입에는 인터페이스나 클래스가 올 수 있지만, 표 7.1처럼 특별한 제약 조건[1]도 가능하다.

1 C# 7.3부터 신규 제약 3가지가 추가된다. (15.1절 '신규 제네릭 제약 조건 – Delegate, Enum, unmanaged' 참고)

표 7.1 제네릭 형식 매개변수에 대한 특별한 제약 조건[2]

| 제약 조건 | 설명 |
|---|---|
| where T: struct | T 형식 매개변수는 반드시 값 형식만 가능하다. |
| where T: class | T 형식 매개변수는 반드시 참조 형식만 가능하다. |
| where T: new( ) | T 형식 매개변수의 타입에는 반드시 매개변수 없는 공용 생성자가 포함돼 있어야 한다. 즉, 기본 생성자가 정의돼 있어야 한다. |
| where T: U | T 형식 매개변수는 반드시 'U 형식 인수'에 해당하는 타입이거나 그것으로부터 상속받은 클래스만 가능하다. |

이해를 돕기 위해 각 사용법을 예제를 통해 설명하겠다.

우선, struct로 제약을 거는 경우 해당 형식 매개변수는 반드시 값 형식만 받을 수 있다. 예를 들어, System.Runtime.InteropServices 네임스페이스에 정의된 Marshal 타입은 값 형식의 바이트 크기를 반환하는 SizeOf 메서드를 제공한다. 이를 이용한 제네릭 메서드를 만들면 모든 값 형식의 크기를 구할 수 있다.

```
public static int GetSizeOf<T>(T item)
{
    return Marshal.SizeOf(item);
}
```

하지만 이렇게만 정의하면 메서드를 사용하는 측에서 실수할 수 있다. 즉, 참조형 변수를 무심코 GetSizeOf 메서드에 전달할 수 있기 때문에 자칫 실행 시 오류가 발생한다는 허점이 남는다.

```
class Program
{
    static void Main(string[] args)
    {
        Console.WriteLine(GetSizeOf(0.5f));  // float 타입이므로 4
        Console.WriteLine(GetSizeOf(4m));    // decimal 타입이므로 16
        Console.WriteLine(GetSizeOf("My"));  // 컴파일은 잘 되나, 실행 시 오류 발생
    }
}
```

2 C# 9.0부터 새롭게 default 제약 조건이 추가됐다. (17.15절 '제약 조건이 없는 형식 매개변수 주석(Unconstrained type parameter annotations)' 참고)

이러한 경우 실행 시점에 오류를 발생시키기보다는 컴파일 시점에 오류를 짚어 주는 편이 더 좋다. 따라서 GetSizeOf 메서드는 값 형식에만 사용할 수 있다고 다음과 같이 알려주면 이 메서드를 참조 형식에 사용할 경우 C# 컴파일러가 컴파일 시점에 오류를 발생시켜 개발자의 실수를 미연에 방지한다.

```
public static int GetSizeOf<T>(T item) where T: struct
{
    return Marshal.SizeOf(item);
}
```

where T: struct의 사용 예를 이해했다면 where T: class 제약 조건이 참조 형식을 대상으로 한다는 의미를 금방 이해할 수 있을 것이다. 예를 들어, 타입의 값이 null인 경우를 체크해서 예외를 발생시키는 메서드를 다음과 같이 만들 수도 있지만,

```
public static void CheckNull<T>(T item)
{
    if (item == null)
    {
        throw new ArgumentNullException();
    }
}

// CheckNull 사용 예제
int a = 5;
string b = "My";
CheckNull(a); // 컴파일: 정상
CheckNull(b); // 컴파일: 정상
```

모든 값 형식은 null 상태를 갖지 않으므로 이 메서드의 사용은 항상 참조 형식에 적용하는 것이 올바르다. 따라서 다음과 같이 코드를 작성하는 편이 더 낫다.

```
public static void CheckNull<T>(T item) where T: class
{
    if (item == null)
    {
        throw new ArgumentNullException();
    }
```

```
}

// CheckNull 사용 예제
int a = 5;
string b = "My";
CheckNull(a); // 컴파일: 오류
CheckNull(b); // 컴파일: 정상
```

그다음으로 where T: new() 조건은 T 타입의 객체를 제네릭 메서드/클래스 내부에서 new 연산자를 통해 생성할 때 사용한다. 예를 들어, 메서드에 전달된 인자가 null인 경우 새롭게 생성해서 반환하는 메서드를 만든다고 가정해 보자.

```
public static T AllocateIfNull<T>(T item) where T : class
{
    if (item == null)
    {
        item = new T();
    }

    return item;
}
```

이 코드를 C# 컴파일러 입장에서 보면 형식 매개변수 T로 대체되는 모든 타입이 기본 생성자를 가지고 있다고 장담할 수 없기 때문에 컴파일 시에 "'T' 변수 형식에 new() 제약 조건이 없으므로 이 변수 형식의 인스턴스를 만들 수 없습니다.'라는 오류가 발생한다. 따라서 T 형식에는 절대로 기본 생성자가 없는 타입을 지정해서는 안 된다고 알려줘야 하는데, 이것이 바로 new () 조건이다.

```
public static T AllocateIfNull<T>(T item) where T : class, new()
{
    if (item == null)
    {
        item = new T();
    }

    return item;
}
```

마지막으로 형식 매개변수 2개를 사용해 제약 조건을 설정한 것을 알아보자. 구문이 다소 낯설기는 하지만 결국 클래스나 인터페이스로 제약을 거는 것과 유사한데, 한 가지 차이점이라면 그 클래스나 인터페이스조차도 형식 매개변수로 받아서 처리한다는 것이다. 예를 들어, 다음과 같은 코드를 보자.

```
namespace ConsoleApp1;

public class BaseClass { }

public class DerivedClass : BaseClass { }

class Program
{
    static void Main(string[] args)
    {
        BaseClass dInst = new DerivedClass();
    }
}
```

전형적인 다형성을 이용한 인스턴스 할당 예제인데, Main 내부의 new 코드를 제네릭으로 처리하려면 다음과 같이 작성할 수 있다.

```
public class Utility
{
    public static T Allocate<T, V>() where V: T, new()
    {
        return new V();
    }
}
// 사용 예제
BaseClass dInst2 = Utility.Allocate<BaseClass, DerivedClass>();
```

여기서 T == BaseClass, V == DerivedClass가 되는데, 결과적으로 Allocate 메서드는 DerivedClass를 new로 할당해 BaseClass로 형 변환해서 반환하는 역할을 한다.

### 7.1.2 BCL에 적용된 제네릭

제네릭이 문법적으로 구현되면서 마이크로소프트는 기존의 컬렉션 타입에 박싱/언박싱 문제를 해결하는 타입을 닷넷 프레임워크 2.0의 BCL에 추가한다. 즉, 6.4절 '컬렉션'에서 다룬 타입의 문제점을 개선한 것이다. 단지 하위 호환성을 지키기 위해 기존의 컬렉션 타입은 그대로 유지하고, 각각에 대응되는 제네릭 타입을 새롭게 만들어 System.Collections.Generic 네임스페이스에 추가한 것이다.

표 7.2 기존 컬렉션에 대한 제네릭 버전

| .NET 1.0 컬렉션 | 대응되는 제네릭 버전의 컬렉션 |
|---|---|
| ArrayList | List〈T〉 |
| Hashtable | Dictionary〈TKey, TValue〉 |
| SortedList | SortedDictionary〈TKey, TValue〉 |
| Stack | Stack〈T〉 |
| Queue | Queue〈T〉 |

사용법은 기존의 컬렉션과 동일하지만 박싱/언박싱 문제가 발생하지 않으므로 힙 메모리의 부담이 적어 가비지 수집의 횟수가 줄어든다. 물론 참조 형식을 사용했을 때는 박싱/언박싱이 발생하지 않으므로 이러한 효과는 값 형식에서만 나타난다.

원칙상 제네릭을 지원하지 않는 기존 컬렉션은 단지 하위 호환성을 유지하기 위해 포함된 것일 뿐 더는 사용하지 않는 편이 좋다. 컬렉션 말고도 기존 인터페이스 가운데 박싱/언박싱 문제가 발생하는 경우 새롭게 제네릭 버전이 제공된다.

표 7.3 기존 인터페이스에 대한 제네릭 버전

| 기존 인터페이스 | 대응되는 제네릭 버전의 인터페이스 |
|---|---|
| IComparable | IComparable〈T〉 |
| IComparer | IComparer〈T〉 |
| IEnumerable | IEnumerable〈T〉 |
| IEnumerator | IEnumerator〈T〉 |
| ICollection | ICollection〈T〉 |

마찬가지로 이 경우에도 기존 인터페이스보다는 새롭게 제공되는 제네릭 인터페이스를 사용할 것을 권장한다.

## 7.2 ?? 연산자(null 병합 연산자)

*피연산자1* ?? *피연산자2*

**설명**: 참조 형식의 *피연산자1*이 null이 아니라면 그 값을 그대로 반환하고, null이라면 *피연산자2*의 값을 반환한다.

?? 연산자는 null 값을 가진 참조형 변수를 손쉽게 처리할 수 있는 연산자다. 기존 코드가 다음과 같이 구현돼 있다면

```
string txt = null;

if (txt == null)
{
    Console.WriteLine("(null)");
}
else
{
    Console.WriteLine(txt);
}
```

?? 연산자를 이용해 더욱 간단하게 처리할 수 있다.

```
string txt = null;
Console.WriteLine(txt ?? "(null)");
```

## 7.3 default 예약어[3]

변수를 초기화하지 않은 경우 값 형식은 0, 참조 형식은 null로 초기화된다는 것을 앞에서 설명한 바 있다. 타입을 알고 있다면 타입을 기준으로 초깃값을 결정할 수 있지만, 제네릭의 형식 매개변수로 전달된 경우에는 코드에서 미리 타입을 알 수 없기 때문에 그에 대응되는 초깃값도 결정할 수 없다.

3 C# 7.1부터 default 예약어에도 타입 추론 기능이 들어간다(13.2절 참고).

예를 하나 들어보자. 일반적으로 배열은 그 범위를 벗어나는 인덱스가 지정되면 System.IndexOutOfRangeException 예외가 발생한다. 이런 예외가 발생하지 않도록 배열을 감싼 자료구조를 만들어 보면 다음과 같다.

예제 7.4 인덱스를 벗어나도 예외가 발생하지 않는 배열

```
class ArrayNoException<T>
{
    int _size;
    T[] _items;

    public ArrayNoException(int size)
    {
        _size = size;
        _items = new T[size];
    }

    public T this[int index]
    {
        get
        {
            if (index >= _size)
            {
                return default(T);
            }

            return _items[index];
        }

        set
        {
            if (index >= _size)
            {
                return;
            }

            _items[index] = value;
        }
    }
}
```

```
class Program
{
    static void Main(string[] args)
    {
        // 0 ~ 9 범위의 인덱스를 사용하는 배열을 생성
        ArrayNoException<int> list = new ArrayNoException<int>(10);

        list[10] = 5; // 일반적인 배열이었다면 예외가 발생
        Console.WriteLine(list[10]);
    }
}
```

this 인덱서 내의 get 코드를 보면 배열의 범위를 벗어났으므로 초기화되지 않은 값을 반환해야 한다. 하지만 이 값이 T 형식에 따라 달라지므로 컴파일러가 자동으로 결정할 수 있도록 default 예약어를 사용한 것이다.

참고로 default 예약어는 타입을 인자로 받기 때문에 다음과 같이 임의로 타입을 지정하는 방식으로도 사용할 수 있다.

```
int intValue = default(int);
BigInteger bigIntValue = default(BigInteger);

Console.WriteLine(intValue);        // 출력 결과: 0
Console.WriteLine(bigIntValue);     // 출력 결과: 0

string txt = default(string);
Console.WriteLine(txt ?? "(null)"); // 출력 결과: (null)
```

## 7.4 yield return/break

yield return과 yield break 예약어를 이용하면 기존의 IEnumerable, IEnumerator 인터페이스를 이용해 구현했던 열거 기능을 쉽게 구현할 수 있다. 이해를 돕기 위해 간단한 예제를 들어 보자.

우선, 열거 기능에 대해 간단히 되짚어 보자. 예를 들어, 배열이나 List〈T〉 등은 데이터 요소를 열거하는 기능을 제공한다.

```
int[] intList = new int[] { 1, 2, 3, 4, 5 };
List<string> strings = new List<string>();
strings.Add("Anders");
strings.Add("Hejlsberg");

foreach (int n in intList)
{
    Console.Write(n + ",");
}
Console.WriteLine();

foreach (string txt in strings)
{
    Console.Write(txt + " ");
}
```

```
// 출력 결과
1,2,3,4,5,
Anders Hejlsberg
```

이처럼 배열과 List〈T〉에 담긴 요소가 foreach로 열거될 수 있는 이유는 기본적으로 해당 타입에서 IEnumerable, IEnumerator 인터페이스를 구현하고 있기 때문이다.

이런 식으로 자료구조에 포함된 요소를 열거하는 데 사용되는 IEnumerable에는 한 가지 독특한 특징이 더 있다. 바로 컴퓨터 프로그램에서 '무한 집합'을 표현할 수 있다는 점이다. 간단한 예를 들기 위해 수학에서 배운 자연수의 집합을 코드로 구현해 보자.

집합 N = { 1, 2, 3, 4, …… }

익히 알고 있듯이 자연수는 무한한 요소를 가지고 있는데, 과연 프로그램에서 자연수를 나타내기 위해 도대체 어느 정도의 요소를 담은 배열/리스트를 마련해야 할까? 이런 식의 무한 집합을 리소스가 한정적인 컴퓨터에서 표현하는 것은 애당초 가능하지 않다. 하지만 IEnumerable 인터페이스를 이용하면 자연수의 요소를 필요한 만큼만 구할 수 있어 무한 집합을 표현할 수 있다. 예제 7.5는 IEnumerable의 열거 특성을 이용해 자연수를 표현한 클래스다.

예제 7.5 IEnumerable 인터페이스를 이용한 자연수 표현

```
using System.Collections;

namespace ConsoleApp1;

// 물론 이 예제는 int 범위의 자연수만 표현한다.
// 좀 더 큰 자연수가 필요하다면 ulong을 쓰거나 BigInteger를 사용한다.

public class NaturalNumber : IEnumerable<int>
{
    public IEnumerator<int> GetEnumerator()
    {
        return new NaturalNumberEnumerator();
    }

    IEnumerator IEnumerable.GetEnumerator()
    {
        return new NaturalNumberEnumerator();
    }

    public class NaturalNumberEnumerator : IEnumerator<int>
    {
        int _current;

        public int Current
        {
            get { return _current; }
        }

        object IEnumerator.Current
        {
            get { return _current; }
        }

        public void Dispose() { }

        public bool MoveNext()
        {
            _current ++;
```

```
            return true;
        }

        public void Reset()
        {
            _current = 0;
        }
    }
}

class Program
{
    static void Main(string[] args)
    {
        NaturalNumber number = new NaturalNumber();
        foreach (int n in number) // 출력 결과: 1부터 자연수를 무한하게 출력
        {
            Console.WriteLine(n);
        }
    }
}
```

보다시피 IEnumerable과 IEnumerator의 조합으로 현재 존재하지 않는 요소를 필요할 때마다 열거할 수 있다. 하지만 필자를 비롯해 모두가 느끼는 것이겠지만 이를 구현하는 코드가 너무 번거롭다. 이런 단점을 보완하기 위해 yield return/break 예약어가 추가됐는데, 예제 7.5를 yield를 사용해 바꾸면 예제 7.6처럼 간단하게 표현할 수 있다.

예제 7.6 yield return을 이용한 자연수 표현

```
namespace ConsoleApp1;

class YieldNaturalNumber
{
    public static IEnumerable<int> Next()
    {
        int _start = 0;

        while (true)
        {
```

```
            _start++;
            yield return _start;
        }
    }
}

class Program
{
    static void Main(string[] args)
    {
        foreach (int n in YieldNaturalNumber.Next())
        {
            Console.WriteLine(n);
        }
    }
}
```

예제 7.6의 동작 방식을 코드 그대로 설명하면 이렇다. Next 메서드가 호출되면 yield return에서 값이 반환되면서 메서드의 실행을 중지한다. 하지만 내부적으로는 yield return이 실행된 코드의 위치를 기억해 뒀다가 다음에 다시 한번 메서드가 호출되면 처음부터 코드가 시작되지 않고 마지막 yield return 문이 호출됐던 코드의 다음 줄부터 실행을 재개한다. 애석하게도 이런 식의 설명은 개념적으로는 올바르지만 실제 내부 구현은 그렇지 않다. C# 컴파일러는 yield 문이 사용된 메서드를 컴파일 시에 예제 7.5와 유사한 코드로 치환해서 처리한다. 즉, yield는 IEnumerable/IEnumerator로 구현한 코드에 대한 간편 표기법(syntactic sugar)에 지나지 않는다.

예제 7.6에서는 yield return만 사용됐는데, yield break를 사용하면 열거를 끝낼 수 있다. 예를 들어, 자연수를 100,000까지만 출력하고 싶다면 다음과 같이 코드를 확장하면 된다.

```
using System.Collections;

namespace ConsoleApp1;

class YieldNaturalNumber
{
    public static IEnumerable<int> Next(int max)
    {
        int _start = 0;
```

```
        while (true)
        {
            _start++;
            if (max < _start)
            {
                yield break; // max만큼만 루프를 수행한 후 열거를 중지한다.
            }

            yield return _start;
        }
    }
}

class Program
{
    static void Main(string[] args)
    {
        foreach (int n in YieldNaturalNumber.Next(100000))
        {
            Console.WriteLine(n);
        }
    }
}
```

yield 문법을 필수적으로 사용해야 하는 것은 아니다. 단지 알아두면 코드를 좀 더 간결하게 작성하는 데 도움이 된다.

## 7.5 부분(partial) 클래스[4]

partial 예약어를 클래스에 적용하면 클래스의 소스코드를 2개 이상으로 나눌 수 있다. 예를 들어, 다음과 같이 정의된 클래스가 있다면

```
class Person
{
    string _name;
```

4 C# 3.0에서는 클래스뿐만 아니라 메서드에 대해서도 partial 기능을 추가했다. (8.6절 '부분 메서드' 참고)

```
    int _age;

    public string Name { get { return _name; } set { _name = value; } }
    public int Age { get { return _age; } set { _age = value; } }
}
```

partial 예약어를 적용하는 경우 다음과 같이 두 개의 클래스 정의로 나눌 수 있다.

```
partial class Person
{
    string _name;
    public string Name { get { return _name; } set { _name = value; } }
}

partial class Person
{
    int _age;
    public int Age { get { return _age; } set { _age = value; } }
}
```

클래스 정의가 나뉜 코드는 한 파일에 있어도 되고 다른 파일로 나누는 것도 가능하지만 반드시 같은 프로젝트에서 컴파일해야 한다. C# 컴파일러는 빌드 시에 같은 프로젝트에 있는 partial 클래스를 하나로 모아 단일 클래스로 빌드한다.[5]

## 7.6 nullable 형식

nullable 형식이란 System.Nullable〈T〉 구조체를 의미한다. 그런데 왜 Nullable〈T〉 타입이 필요한 것일까?

일반적으로 값 형식은 초깃값이 0으로 채워진다. 문제는 이러한 초깃값이 정말 0이라는 숫자값을 가지고 있는 것인지, 아니면 값이 없는 상태인지를 구분할 수 없다는 점이다. 예를 들어, 여러분이 만든 웹 사이트의 회원 가입란에 결혼 여부를 선택사항으로 묻는다고 가정해 보자. 아마도 이 회원 정보에 대한 클래스를 다음과 같이 정의할 것이다.

5 partial class의 진정한 가치는 3부의 윈도우 응용 프로그램과 웹 응용 프로그램을 배우면서 알 수 있다.

```
public class SiteMember
{
    bool _getMarried;
    public bool GetMarried
    {
        get { return _getMarried; } set { _getMarried = value; }
    }
}
```

bool 타입은 true/false 값만 가질 수 있는데, 여기서 전형적인 값 형식의 문제점이 발생한다. 즉, 사이트에 가입한 사람이 결혼 여부를 입력하지 않고 넘어갔다고 가정해 보자. 그렇다면 그 사람은 결혼한 것으로 판정해야 할까? 아니면 미혼으로 둬야 할까? 즉, 선택적으로 입력할 수 있는 결혼 여부에 대한 정보라면 '결혼/미혼/미정'과 같은 3가지 상태를 표현할 수 있어야 하지만 bool 타입으로는 이렇게 할 수 없다. 이런 문제는 값 형식의 모든 타입에서 동일하게 발생한다. 반면 참조 형식에서는 '미정'이라는 상태를 null로 표현할 수 있으므로 이런 문제가 발생하지 않는다.

Nullable〈T〉 타입은 일반적인 값 형식에 대해 null 표현이 가능하게 하는 역할을 한다. 따라서 GetMarried 필드를 다음과 같이 정의하면 문제가 해결된다.

```
Nullable<bool> _getMarried;
public Nullable<bool> GetMarried
{
    get { return _getMarried; } set { _getMarried = value; }
}
```

부가적으로 C#은 Nullable〈T〉 표기의 축약형으로 값 형식에 '?' 문자를 함께 붙이는 표현도 지원하므로 다음과 같이 표현해도 된다.

```
bool? _getMarried;
public bool? GetMarried
{
    get { return _getMarried; } set { _getMarried = value; }
}
```

'?' 문자를 값 형식에 붙이면 C# 컴파일러는 빌드 시에 자동으로 Nullable〈T〉로 바꾸기만 한다.

Nullable⟨T⟩ 타입은 HasValue, Value라는 두 가지 속성을 제공하는데, 값이 할당됐는지 여부를 HasValue 불린 값으로 반환하고, 값이 있다면 원래의 T 타입에 해당하는 값을 Value 속성으로 반환한다.

예제 7.7 Nullable⟨T⟩ 사용

```
class Program
{
    static void Main(string[] args)
    {
        Nullable<int> intValue = 10;

        // Nullable<T>에서 T로 대입
        int target = intValue.Value;

        // T에서 Nullable<T>로 대입
        intValue = target;

        // Nullable<T>에 null 값을 대입
        double? temp = null;

        Console.WriteLine(temp.HasValue); // 출력 결과: False

        temp = 3.141592;
        Console.WriteLine(temp.HasValue); // 출력 결과: True
        Console.WriteLine(temp.Value);    // 출력 결과: 3.141592
    }
}
```

## 7.7 익명 메서드[6]

익명 메서드(anonymous method)란 단어 그대로 이름이 없는 메서드로서 델리게이트에 전달되는 메서드가 일회성으로만 필요할 때 편의상 사용된다.

6 C# 3.0에서는 메서드뿐만 아니라 타입까지도 익명이 가능하도록 개선됐다. (8.5절 '익명 타입' 참고)

예를 들어, Thread 타입의 생성자는 스레드 실행 함수를 델리게이트로 전달받는데, C# 1.0에서는 다음과 같이 정의할 수 있다.

```
class Program
{
    static void Main(string[] args)
    {
        Thread thread = new Thread(ThreadFunc);
        thread.Start();

        thread.Join();
    }

    private static void ThreadFunc(object obj)
    {
        Console.WriteLine("ThreadFunc called!");
    }
}
```

익명 메서드를 이용하면 ThreadFunc 메서드의 코드를 직접 델리게이트가 필요한 곳에 전달할 수 있다.

예제 7.8 익명 메서드 사용

```
class Program
{
    static void Main(string[] args)
    {
        Thread thread = new Thread(
            delegate(object obj)
            {
                Console.WriteLine("ThreadFunc in anonymous method called!");
            });
        thread.Start();
        thread.Join();
    }
}
```

보다시피 ThreadFunc 메서드의 정의를 생략하고 Thread 생성자에 직접 delegate 예약어를 사용해 메서드의 코드를 전달한다. 이때 delegate 예약어의 괄호에는 원래의 델리게이트 형식에서 필요로 했던 매개변수를 전달해야 한다.

또 다른 사용 예로 익명 메서드를 델리게이트 타입의 변수에 담아 재사용하는 것도 가능하다.

예제 7.9 변수에 담은 익명 메서드

```
class Program
{
    delegate int? MyDivide(int a, int b);

    static void Main(string[] args)
    {
        MyDivide myFunc = delegate(int a, int b)
        {
            if (b == 0)
            {
                return null;
            }

            return a / b;
        };

        Console.WriteLine("10 / 2 == " + myFunc(10, 2)); // 출력 결과: 10 / 2 == 5
        Console.WriteLine("10 / 0 == " + myFunc(10, 0)); // 출력 결과: 10 / 2 ==
    }
}
```

내부적으로는 익명 메서드 역시 간편 표기법(syntactic sugar)에 불과하다. C# 컴파일러는 익명 메서드가 사용되면 빌드 시점에 중복되지 않을 특별한 문자열을 하나 생성해 메서드의 이름으로 사용하고 delegate 예약어 다음의 코드를 분리해 해당 메서드[7]의 본체로 넣는다.

7 C# 9.0에서 정적(static) 익명 메서드 유형을 지원한다. (17.5.1절 '정적 익명 함수(static anonymous functions)' 참고)

## 7.8 정적 클래스

C# 2.0부터 클래스의 정의에도 static 예약어를 사용할 수 있게 됐다. 이렇게 정의된 정적 클래스(static class)는 오직 정적 멤버만을 내부에 포함할 수 있다.

예제 7.10 정적 클래스 사용

```
namespace ConsoleApp1;

static class StaticOnly
{
    static string _name;       // 정적 필드
    public static string Name  // 정적 속성
    {
        get { return _name; }
        set { _name = value; }
    }

    public static void WriteNameAsync() // 정적 메서드
    {
        ThreadPool.QueueUserWorkItem(delegate(object objState)
            {
                Console.WriteLine(_name);
            }
        );
    }
}

class Program
{
    static void Main(string[] args)
    {
        StaticOnly.Name = "Anders";

        StaticOnly.WriteNameAsync();

        Thread.Sleep(1000);
    }
}
```

과연 이런 클래스가 필요할까? 좋은 예로, BCL 라이브러리에 포함된 System.Math 타입이 있다. 이 타입에 정의된 Abs, Max, Min, ……과 같은 모든 메서드는 Math 타입의 인스턴스가 필요 없고 독립적으로 호출할 수 있다. 따라서 인스턴스 멤버를 포함할 필요가 없다는 사실을 명시하기 위해 클래스 정의를 static으로 정한 것이다.

# 08

# C# 3.0

## 8.1 var 예약어

C# 3.0 컴파일러부터는 타입 추론(type inference) 기능이 추가되면서 메서드의 지역 변수 선언을 타입에 관계없이 var 예약어로 쓸 수 있게 됐다.

```
class Program
{
    static void Main(string[] args)
    {
        int i = 5;
        var j = 6;

        Console.WriteLine(i.GetType().FullName); // 출력 결과: System.Int32
        Console.WriteLine(j.GetType().FullName); // 출력 결과: System.Int32
    }
}
```

보다시피 변수 j에는 숫자 6이 대입됐고 C# 컴파일러는 빌드 시점에 j의 타입을 int로 결정하게 된다. 즉, var 키워드가 있는 자리는 결국 C# 컴파일러에 의해 실제 타입으로 치환되는 것뿐이다.

var 예약어를 남발하는 것은 코드의 가독성이 낮아지므로 그다지 권장되지 않는다. 하지만 복잡한 타입의 경우 오히려 var 예약어를 사용하면 코드가 간결해지는 장점이 있다. 예를 들어, Dictionary의 요소를 열람하는 코드를 보자.

```
using System.Text;

class Program
{
    static void Main(string[] args)
    {
        List<int> numbers1 = new List<int>(new int[] { 1, 2, 3, 4, 5 });
        List<int> numbers2 = new List<int>(new int[] { 6, 7, 8, 9, 10 });

        Dictionary<string, List<int>> dict = new Dictionary<string, List<int>>();

        dict["first"] = numbers1;
        dict["second"] = numbers2;

        foreach (KeyValuePair<string, List<int>> elem in dict)
        {
            Console.WriteLine(elem.Key + ": " + Output(elem.Value));
        }
    }

    // Output 메서드는 아래의 한 줄로 구현 가능
    // return string.Join(",", list);

    private static string Output(List<int> list)
    {
        StringBuilder sb = new StringBuilder();

        foreach (int elem in list)
        {
            sb.AppendFormat("{0},", elem);
        }

        return sb.ToString().TrimEnd(',');
    }
}
```

코드에서 사용된 두 foreach 문 가운데 전자는 후자보다 컬렉션의 요소 타입을 지정하는 것이 더 복잡하다. 이때 var 예약어를 이용하면 코드가 더 간결해질뿐더러 개발자는 dict의 요소가 정확히 어떤 타입인지 기억하지 않아도 된다.

```
foreach (var elem in dict) // C# 컴파일러는 var를 KeyValuePair<string, List<int>>로 대체
{
    // ......[생략]......
}
```

var 예약어는 컴파일 시에 변수의 형식이 고정된다는 점을 기억해 두자.

## 8.2 자동 구현 속성

클래스의 멤버인 속성(Property)을 구현하다 보면 단순히 내부 필드와 일대일로 대응시켜 정의하는 경우가 생기곤 한다.

```
class Person
{
    string _name;
    public string Name { get { return _name; } set { _name = value; } }
}
```

그런데 그냥 다음과 같이 간단하게 필드로 정의하는 방법이 더 편하지 않을까?

```
class Person
{
    public string Name;
}
```

get/set 내부에 별다른 코드가 없는 단순한 속성이라면 최초에는 필드로 구현하고 나중에 부가적인 처리가 필요한 시점에 필드를 private으로 변경하고 public 속성을 구현해도 무방하다.

하지만 개발자 중에는 이런 유연함을 허용하기보다는 무조건 OOP의 캡슐화를 따르기 위해 속성을 정의할 때 필드를 함께 대응시키는 작업을 하는 개발자도 있다. 그런 경우의 번거로움도 쉽게 해결하기 위해 C# 3.0에 추가된 기능이 '자동 구현 속성(auto-implemented properties)'[1]이다. 자동 구현 속성을 이용하면 구현이 얼마나 단순해지는지 다음 코드를 보자.

1 C# 6.0에서 초깃값까지 지정하는 것이 가능하다. (참고: 11.1절)

```
class Person
{
    public string Name { get; set; }
}
```

C# 컴파일러는 내부 코드 없이 get/set만 지정된 속성을 빌드 시 자동으로 다음과 같은 식으로 확장해서 컴파일한다.

```
class Person
{
    private string ......[Name 자동 속성에 대응되는 고유식별자]......;
    public string Name
    {
        get { return ......고유식별자......; }
        set { ......고유식별자...... = value; }
    }
}
```

개발자가 선호하는 OOP 캡슐화의 원칙을 지키면서 좀 더 간단하게 속성을 구현할 수 있는 절충안이 바로 '자동 구현 속성'인 것이다.

그래도 여전히 public 필드를 쓸지, 자동 구현 속성을 사용할지는 선택에 따른 문제다. 단지 필드로는 흉내 낼 수 없는 자동 구현 속성의 독특한 특징이 있다면 get/set에 서로 다른 접근 제한자를 지정하는 경우다.

```
class Person
{
    public string Name { get; protected set; }
}
```

이렇게 정의된 속성 Name은 외부에서는 오직 읽기만 가능하고, 내부에서는 읽기/쓰기 모두 가능하다.

## 8.3 개체 초기화(Object initializers)

일반적으로 인스턴스를 생성하는 시점에 내부의 상태를 원하는 값으로 초기화하고 싶다면 생성자의 인자에 값을 전달하는 방법으로 해결한다. 경우에 따라 달라질 수는 있겠지만 때로는 예제 8.1처럼 내부 상태 변수의 수만큼 다양하게 생성자를 마련해 둘 수 있다.

예제 8.1 생성자를 이용한 상태 변수 초기화

```
class Person
{
    string _name;
    int _age;

    public Person() // 기본 생성자
        : this(string.Empty, 0)
    {
    }

    public Person(string name) // name만 초깃값을 전달받는 생성자
        : this(name, 0)
    {
    }

    public Person(string name, int age) // name, age 모두 초깃값을 전달받는 생성자
    {
        _age = age;
        _name = name;
    }
}

class Program
{
    static void Main(string[] args)
    {
        Person p = new Person("Anders", 10);
    }
}
```

이렇게 생성자를 이용해 초기화하는 방식은 내부 상태 변수의 수가 늘어남에 따라 작성해야 할 코드의 양이 많아진다는 단점이 있다. 또한 초기화 변수의 조합도 발생할 수 있는데, 예제 8.1에서 age만을 받는 초기화가 필요하다면 다시 생성자를 추가해야 한다. 운이 나쁘다면 2의 n승만큼 생성자를 만들어야 할 수도 있는 것이다.

번거로운 초기화 문제를 해결하기 위해 C#에서는 public 접근자가 명시된 멤버 변수를 new 구문에서 이름과 값을 지정하는 형태로 초기화하는 구문을 지원한다. 예제 8.1을 객체 초기화 구문으로 바꾸면 다음과 같다.

```
class Person
{
    string _name;
    int _age;

    public string Name
    {
        get { return _name; }
        set { _name = value; }
    }

    public int Age
    {
        get { return _age; }
        set { _age = value; }
    }
}

class Program
{
    static void Main(string[] args)
    {
        // 두 멤버 변수에 대한 다양한 초기화를 지원
        Person p1 = new Person();
        Person p2 = new Person { Name = "Anders" };
        Person p3 = new Person { Age = 10 };
        Person p4 = new Person { Name = "Anders", Age = 10 };
    }
}
```

보다시피 new 구문에서 중괄호({, })를 사용해 공용 속성(property)의 이름과 값을 지정해 초기화할 수 있다. 물론 생성자와 함께 객체 초기화(object initializer)를 함께 사용할 수도 있고, 직접 public 멤버 필드를 초기화 시의 이름으로 지정하는 것도 가능하다.

```
class Person
{
    public string _name;
    int _age;

    public Person()
    {
    }

    public Person(int age)
    {
        _age = age;
    }
}

class Program
{
    static void Main(string[] args)
    {
        Person p1 = new Person();
        Person p2 = new Person(10) { _name = "Anders" }; // 생성자 + 객체 초기화
    }
}
```

## 8.4 컬렉션 초기화[2]

객체 초기화와 함께 컬렉션의 초깃값을 지정하는 방법도 C# 3.0에서 개선했다. 기존에는 다음과 같이 Add 메서드로 구현해야 했다.

2 C# 6.0에서는 확장 메서드를 이용한 컬렉션 추가를 지원한다(11.9절 '컬렉션 초기화 구문에 확장 메서드로 정의한 Add 지원' 참고). 또한, C# 12는 '컬렉션 식' 문법을 지원한다.

```
List<int> numbers = new List<int>();
numbers.Add(0);
numbers.Add(1);
numbers.Add(2);
numbers.Add(3);
numbers.Add(4);
```

이제 컬렉션 초기화 구문을 사용하면 new 구문과 함께 값을 설정하는 것이 가능하다.

```
List<int> numbers = new List<int> { 0, 1, 2, 3, 4 };
```

C# 컴파일러는 컬렉션 초기화 구문이 사용되면 빌드 시점에 Add 메서드를 이용해 코드를 확장한다. 즉, 위의 두 코드는 내부적으로 완전히 동일한 코드라고 볼 수 있다.

C# 컴파일러가 대신 Add 메서드를 호출하는 코드를 넣어주기 때문에 컬렉션 초기화 구문이 적용되려면 해당 타입이 반드시 ICollection〈T〉 인터페이스를 구현해야 한다. 예제에서 살펴본 List〈T〉 타입은 ICollection〈T〉 인터페이스를 구현하기 때문에 컬렉션 초기화가 가능했던 것이다.

> Note
> ICollection〈T〉 인터페이스는 Add 메서드를 포함한다.

마지막으로, 컬렉션 초기화에 객체 초기화 구문도 함께 적용할 수 있다는 점을 알아두자.

```
class Person
{
    public int Age { get; set; }
    public string Name { get; set; }
}

class Program
{
    static void Main(string[] args)
    {
        List<Person> list = new List<Person>
        {
            new Person { Name = "Ally", Age = 35 },
```

```
            new Person { Name = "Luis", Age = 40 },
        };

        foreach (var item in list)
        {
            Console.WriteLine(item.Name + ": " + item.Age);
        }
    }
}
```

## 8.5 익명 타입

C# 2.0에서 익명 메서드가 지원됐고, C# 3.0부터는 타입에도 이름을 지정하지 않는 방식을 지원한다. 사용법은 예제 8.2처럼 객체 초기화 구문에서 타입명을 제외하면 된다.

예제 8.2 익명 타입

```
class Program
{
    static void Main(string[] args)
    {
        var p = new { Count = 10, Title = "Anders" };

        Console.WriteLine(p.Title + ": " + p.Count); // 출력 결과: Anders: 10
    }
}
```

객체의 타입명이 없기 때문에 지역 변수를 선언할 때 타입명이 아닌 var 예약어를 지정한 것에 주목하자. C# 컴파일러는 예제 8.2와 같은 코드를 빌드하면 컴파일 시점에 임의의 고유 문자열을 생성해 타입명으로 사용하고 new 중괄호 내의 속성을 가진 클래스를 생성해 어셈블리에 포함시킨다. 따라서 실제로는 대략 다음과 같은 코드로 확장된다.

```
// 익명 타입 구문으로 C# 컴파일러에 의해 생성된 클래스
internal sealed class AnonymousType0<T1, T2>
{
    private readonly T1 V1Field;
```

```
    private readonly T2 V2Field;

    public AnonymousType0(T1 Count, T2 Title)
    {
        V1Field = Count;
        V2Field = Title;
    }

    public T1 Count { get { return V1Field; } }
    public T2 Title { get { return V2Field; } }
}

class Program
{
    static void Main(string[] args)
    {
        // 익명 클래스 구문은 C# 컴파일러가 생성한 타입을 사용하는 구문으로 확장됨
        var p = new AnonymousType0<int, string>(10, "test");
    }
}
```

즉, C# 컴파일러가 익명 메서드를 처리했던 것과 유사한 방식으로 익명 타입(anonymous type)을 다룬다.

## 8.6 부분 메서드

C# 2.0에서는 클래스에 대해서만 지원되던 partial 예약어가 메서드까지 확장된 것이 '부분 메서드(partial method)'다. 부분 메서드는 코드 분할은 하지 않고 단지 메서드의 선언과 구현부를 분리할 수 있게만 허용한다. 예를 들어, 기존에는 다음과 같이 메서드를 정의했다.

```
class MyTest
{
    public int Add(int a, int b)
    {
        return a + b;
    }
}
```

하지만 메서드에 partial을 적용하면 메서드의 시그니처를 정의한 파일과 실행될 코드가 담긴 구현부를 별도의 파일로 분리할 수 있다.

예제 8.3 부분 메서드를 구현

```
partial class MyTest
{
    // Log 메서드의 시그니처만 정의
    partial void Log(object obj);

    public void WriteTest()
    {
        // 시그니처만 정의됐지만 구현부의 존재에 상관없이 메서드 사용이 가능
        this.Log("call test!");
    }
}

// 다른 파일로 분리돼 있어도 되지만 반드시 동일한 프로젝트에 있어야 함
partial class MyTest
{
    // Log 메서드의 구현부 정의
    partial void Log(object obj)
    {
        Console.WriteLine(obj.ToString());
    }
}

class Program
{
    static void Main(string[] args)
    {
        MyTest t = new MyTest();
        t.WriteTest(); // 출력 결과: call test!
    }
}
```

부분 메서드의 특이한 점이라면 구현부가 정의돼 있지 않아도 컴파일에는 영향을 주지 않는다는 점이다. 내부적으로 보면 구현부가 없는 경우 해당 partial 메서드를 호출한 모든 코드는 컴파일 시점에 제거된다.

부분 메서드는 분리돼 정의되지만, 같은 클래스여야 하기 때문에 반드시 partial 클래스에서만 정의할 수 있다. 그 밖에도 부분 메서드의 특성으로 인한 몇 가지 제약 사항[3]이 있다.

- 부분 메서드는 반환값을 가질 수 없다.
- 부분 메서드에 ref 매개변수는 사용할 수 있지만 out 매개변수는 사용할 수 없다.
- 부분 메서드에는 private 접근자만 허용된다.

이렇게 제약이 심하다는 것도 하나의 이유겠지만, 아울러 partial 클래스 자체도 그다지 많이 사용되는 편은 아니기 때문에 부분 메서드를 활용하는 코드는 거의 없는 수준[4]이다.

## 8.7 확장 메서드

일반적으로 기존 클래스를 확장하는 방법으로 상속이 많이 쓰인다. 하지만 다음과 같은 일부 조건하에서는 상속이 좋은 선택은 아니다.

- sealed로 봉인된 클래스는 확장할 수 없다.
- 클래스를 상속받아 확장하면 기존 소스코드를 새롭게 상속받은 클래스명으로 바꿔야 한다.

단적인 예로, BCL의 System.String 타입은 sealed 클래스이므로 상속받을 수 없다. 이런 경우 기존 클래스의 내부 구조를 전혀 바꾸지 않고 마치 새로운 인스턴스 메서드를 정의하는 것처럼 추가할 수 있는데, 이를 확장 메서드(extension method)라고 한다.

예를 들어, string 타입에 공백 문자로 구분되는 단어의 수를 반환하는 WordCount 메서드를 구현한다고 가정해 보자. static 클래스에 static 메서드로 this 예약어를 매개변수에 지정하는 식으로 다음과 같이 확장 메서드를 구현할 수 있다.

예제 8.4 확장 메서드를 이용해 기존의 string 타입에 공용 메서드를 추가

```
// 확장 메서드는 static 클래스에 정의돼야 함
static class ExtensionMethodSample
```

3 C# 9.0에서 이러한 제약 사항을 없앤 부분 메서드(partial method)를 지원한다. (17.11절 '부분 메서드에 대한 새로운 기능(New features for partial methods)' 참고)

4 데이터베이스를 다루면서 잠깐 언급했던 마이크로소프트의 Entity Framework가 자동 생성하는 코드에 부분 메서드를 사용한다.

```
{
    // 확장 메서드는 반드시 static이어야 하고,
    // 확장하려는 타입의 매개변수를 this 예약어와 함께 명시
    public static int GetWordCount(this string txt)
    {
        return txt.Split(' ').Length;
    }
}

namespace ConsoleApp1
{
    class Program
    {
        static void Main(string[] args)
        {
            string text = "Hello, World!";

            // 마치 string 타입의 인스턴스 메서드를 호출하듯이 확장 메서드를 사용
            Console.WriteLine("Count: " + text.GetWordCount()); // 출력 결과: Count: 2
        }
    }
}
```

보다시피 확장 메서드의 장점은 그것을 마치 기존 타입에 이미 정의돼 있던 공용 메서드를 호출하는 것과 같이 사용할 수 있어 직관적인 코드를 작성하는 데 유용하다는 것이다.

확장 메서드 역시 C# 컴파일러가 빌드 시에 추가적인 작업을 해주는 것에 불과하다. 실제로 예제 8.4를 컴파일하면 다음과 같이 변경된다.

```
Console.WriteLine("Count: " + text.GetWordCount());

→ Console.WriteLine("Count: " + ExtensionMethodSample.GetWordCount(text));
```

결국 static 메서드 호출을 인스턴스 메서드를 호출하듯이 문법적인 지원을 해주는 것이 확장 메서드의 실체다. 따라서 클래스 상속에서는 가능했던 부모 클래스의 protected 멤버 호출이나 메서드 재정의(override)가 불가능하다.

예제 8.4에서는 ExtensionMethodSample 클래스가 네임스페이스를 가지고 있지 않지만, 네임스페이스하에 정의한다면 확장 메서드를 사용하는 소스코드에서는 반드시 해당 네임스페이스를 using 문으로 선언해야 한다. 예를 들어, System.Linq 네임스페이스에 정의된 Enumerable 타입에는 IEnumerable 인터페이스에 대한 각종 확장 메서드가 정의돼 있다. 이 중에서 Min 메서드는 목록에서 가장 낮은 값을 반환하는 확장 메서드다. 이 메서드를 사용하는 방법은 다음과 같다.

```
using System.Linq; // IEnumerable의 확장 메서드를 호출하기 위해 네임스페이스 추가
                   // using System.Linq는 컴파일러가 미리 포함해 주기 때문에 생략 가능

namespace ConsoleApp1;

class Program
{
    static void Main(string[] args)
    {
        List<int> list = new List<int>() { 5, 4, 3, 2, 1 };
        // IEnumerable의 Min 확장 메서드 호출
        Console.WriteLine(list.Min()); // 출력 결과: 1
    }
}
```

확장 메서드가 결정적으로 유용해진 것은 바로 비주얼 스튜디오의 인텔리센스가 확장 메서드를 인식해 목록에 포함시켜 주기 때문이다.

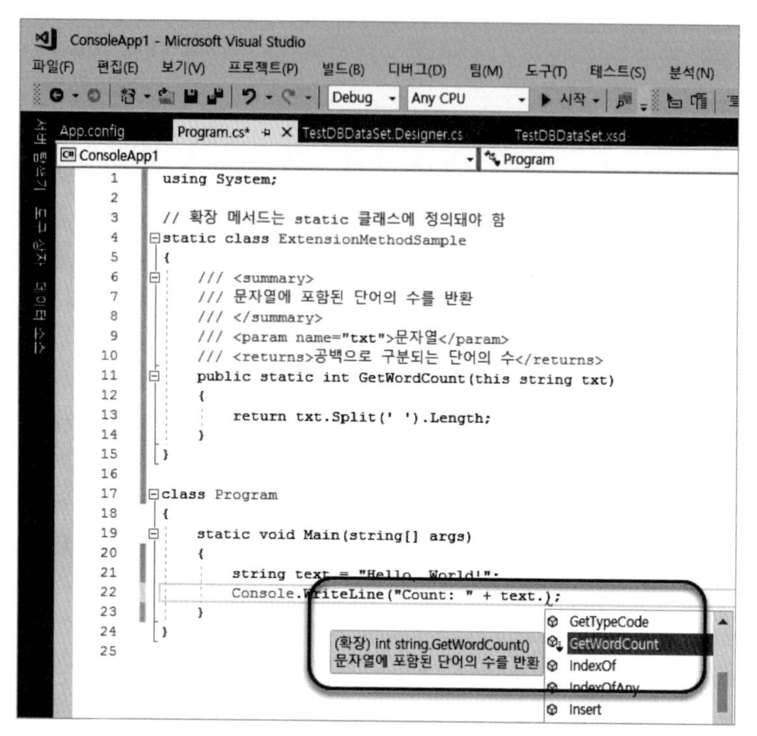


그림 8.1 인텔리센스에 통합된 확장 메서드

인텔리센스의 목록에 나열된 메서드의 왼쪽에 있는 아이콘 가운데 '우측 아래로 향하는 화살표' 모양의 아이콘은 그것이 확장 메서드임을 의미한다. 물론 그 차이를 제외하면 확장 메서드는 해당 클래스가 제공하는 공용 인스턴스 메서드와 사용법 측면에서 완전히 동일하다.

## 8.8 람다 식

람다 식(Lambda expression)은 람다 대수의 형식을 C#에서 구현한 문법이다. 람다 대수는 수학에 기초한 학문이지만 함수의 표현을 다루기 때문에 그 개념은 프로그래밍에도 적용됐다. C#의 경우 람다 식은 다음과 같이 구별돼 사용된다.

1. 코드로서의 람다 식

   익명 메서드의 간편 표기 용도로 사용된다.

2. 데이터로서의 람다 식

   람다 식 자체가 데이터가 되어 구문 분석의 대상이 된다. 이 람다 식은 별도로 컴파일할 수 있으며, 그렇게 되면 메서드로도 실행할 수 있다.

여기서는 1번 용도가 가장 일반적이므로 먼저 설명하고, 2번 용도는 C#의 모든 구문 표현과 관계되므로 지면 관계상 개념만 익히는 정도로만 살펴보겠다.

### 8.8.1 코드로서의 람다 식

람다 구문의 사용법을 쉽게 이해하기 위해 이전에 설명한 익명 메서드를 사용한 예제 7.8을 다시 살펴보자.

```
Thread thread = new Thread(
    delegate(object obj)
    {
        Console.WriteLine("ThreadFunc in anonymous method called!");
    });
```

C# 컴파일러는 Thread 타입의 생성자가 'void (object obj)' 형식의 델리게이트 인자를 하나 받는다는 사실을 알고 있다. 따라서 익명 메서드의 구문을 더욱 단순화해서 다음과 같이 정의할 수 있다.

```
Thread thread = new Thread(
    (obj) =>
    {
        Console.WriteLine("ThreadFunc in anonymous method called!");
    });
```

즉, delegate 예약어를 생략하는 동시에 인자의 타입을 굳이 개발자가 명시하지 않아도 되게 만들었다. 단지 이것이 람다 구문임을 C# 컴파일러가 알 수 있게 => 연산자를 사용하고 있을 뿐이다. 예제 7.9에 사용된 익명 메서드도 같은 방식으로 변환할 수 있다.

예제 8.5 익명 메서드를 람다 구문의 메서드로 대체

```
class Program
{
    delegate int? MyDivide(int a, int b);

    static void Main(string[] args)
    {
        MyDivide myFunc = (a, b) =>
        {
```

```
            if (b == 0)
            {
                return null;
            }

            return a / b;
        };

        Console.WriteLine("10 / 2 == " + myFunc(10, 2)); // 출력 결과: 10 / 2 == 5
        Console.WriteLine("10 / 0 == " + myFunc(10, 0)); // 출력 결과: 10 / 2 ==
    }
}
```

실제로 이렇게 람다 구문이 사용된 코드를 C# 컴파일러는 내부적으로 익명 메서드와 완전히 동일하게 확장해서 컴파일한다.

람다 구문의 메서드는 내부 코드가 식(expression)으로 평가될 수 있는 경우에 한해 약식 표현을 하나 더 제공한다. 이런 경우 값의 반환 여부에 상관없이 return 문을 생략할 수 있고 식이라는 특성으로 인해 중괄호가 허용되지 않는 람다 식으로 코드 작성을 할 수 있다.

예제 8.6 람다 식으로 코드 구현

```
class Program
{
    delegate int MyAdd(int a, int b);

    static void Main(string[] args)
    {
        MyAdd myFunc = (a, b) => a + b;

        Console.WriteLine("10 + 2 == " + myFunc(10, 2)); // 출력 결과: 10 + 2 == 12
    }
}
```

약식으로 표현한 람다 식을 자세히 보면 수학의 함수 정의와 유사한 것을 볼 수 있다.

**수학의 함수 표현**: $y(x, y) = x + y$
**C# 람다 식 표현**: (x, y) => x + y

**수학의 함수 표현**: y(x, y, z) = 2(x + y) / z

**C# 람다 식 표현**: (x, y, z) => 2 * (x + y) / z

편리하긴 하지만 약식 표현의 람다 식은 세미콜론(;)을 사용해 여러 줄의 코드를 넣을 수 없다는 제약이 있다.

#### 8.8.1.1 람다 메서드를 위한 전용 델리게이트

람다 메서드는 델리게이트에 대응된다. 예제 8.5, 예제 8.6에서는 모두 다음의 두 가지 델리게이트를 함께 정의해서 사용한다.

```
delegate int? MyDivide(int a, int b);
delegate int MyAdd(int a, int b);
```

사실, 람다 메서드는 기존의 메서드와는 달리 일회성으로 사용되는 간단한 코드를 표현할 때 사용되는데, 정작 그러한 목적으로 델리게이트를 일일이 정의해야 한다는 불편함이 발생한다. 마이크로소프트에서는 이러한 불편을 덜기 위해 자주 사용되는 델리게이트 형식을 제네릭의 도움으로 일반화해서 BCL에 Action과 Func로 포함시켰다.

**public delegate void Action<T>(T obj);**

→ 반환값이 없는 델리게이트로서 T 형식 매개변수는 입력될 인자 1개의 타입을 지정

**public delegate TResult Func<TResult>();**

→ 반환값이 있는 델리게이트로서 TResult 형식 매개변수는 반환될 타입을 지정

정리하면, Action과 Func의 차이는 반환값의 유무에 있다. 이를 이용하면 별도로 delegate를 정의할 필요 없이 다음과 같이 간단하게 람다 메서드를 사용할 수 있다.

예제 8.7 Func, Action 델리게이트

```
class Program
{
    static void Main(string[] args)
    {
        Action<string> logOut =
            (txt) =>
            {
```

```
                Console.WriteLine(DateTime.Now + ": " + txt);
            };

        logOut("This is my world!");

        Func<double> pi = () => 3.141592;

        Console.WriteLine(pi());
    }
}
```

그런데 Action, Func에 인자가 더 필요할 수 있다. 일례로 현재 정의된 Func로는 예제 8.6에 정의된 delegate int MyAdd(int a, int b);를 대체할 수 없다. 이 때문에 마이크로소프트는 인자를 16개까지 받을 수 있는 Action과 Func을 미리 정의해뒀다.

```
public delegate void Action<T>(T arg);
public delegate void Action<T1, T2>(T1 arg1, T2 arg2);
public delegate void Action<T1, T2, T3>(T1 arg1, T2 arg2, T3 arg3);
public delegate void Action<T1, T2, T3, T4>(T1 arg1, T2 arg2, T3 arg3, T4 arg4);
public delegate void Action<T1, T2, T3, T4, T5>(T1 arg1, T2 arg2, T3 arg3, T4 arg4, T4 arg5);
……[생략: T1 ~ T16까지 Action 델리게이트 정의]……

public delegate TResult Func<TResult>();
public delegate TResult Func<T, TResult>(T arg);
public delegate TResult Func<T1, T2, TResult>(T1 arg1, T2 arg2);
public delegate TResult Func<T1, T2, T3, TResult>(T1 arg1, T2 arg2, T3 arg3);
public delegate TResult Func<T1, T2, T3, T4, TResult>(T1 arg1, T2 arg2, T3 arg3, T4 arg4);
……[생략: T1 ~ T16까지 Func 델리게이트 정의]……
```

따라서 인자를 16개까지 받는 범위 내에서는 사용자가 직접 델리게이트를 정의할 필요 없이 Action, Func을 이용할 수 있다. 다음은 예제 8.6을 2개의 인자가 허용되는 Func 델리게이트를 이용해 변경한 코드다.

```
// 처음 두 int, int 타입은 인자 두 개에 대응되고, 마지막 int 타입은 반환값에 대응
Func<int, int, int> myFunc = (a, b) => a + b;

Console.WriteLine("10 + 2 == " + myFunc(10, 2)); // 출력 결과: 10 + 2 == 12
```

#### 8.8.1.2 컬렉션과 람다 메서드

확장 메서드, 람다 메서드, Action, Func은 기존 컬렉션의 기능을 더욱 풍부하게 개선했다. 이번 절에서는 그와 관련된 몇 가지 기능을 살펴본다.

지면 관계상 이번 절에 사용된 리스트 컬렉션은 다음과 같이 정의돼 있다고 가정한다.

```
List<int> list = new List<int> { 3, 1, 4, 5, 2 };
```

이전까지는 컬렉션의 모든 요소를 열람하면서 수행해야 할 작업이 있다면 다음과 같은 코드를 사용했을 것이다.

```
foreach (var item in list)
{
    Console.WriteLine(item + " * 2 == " + (item * 2));
}
```

하지만 이제는 Array 또는 List〈T〉의 컬렉션에 추가된 ForEach 메서드를 사용해

- **List〈T〉에 정의된 ForEach**
  public void ForEach(Action〈T〉 action);
- **Array에 정의된 ForEach**
  public static void ForEach〈T〉(T [ ] array, Action〈T〉 action);

다음과 같이 처리하는 것도 가능하다.

```
list.ForEach((elem) => { Console.WriteLine(elem + " * 2 == " + (elem * 2)); });

// 또는 Array.ForEach로 나타낼 수도 있고

Array.ForEach(list.ToArray(),
    (elem) => { Console.WriteLine(elem + " * 2 == " + (elem * 2)); });

// 또는 람다 식이 아닌 익명 메서드로도 나타낼 수 있음
list.ForEach( delegate(int elem)
                { Console.WriteLine(elem + " * 2 == " + (elem * 2)); });
```

ForEach 메서드는 Action〈T〉 델리게이트를 인자로 받아 그림 8.2처럼 컬렉션의 모든 요소를 열람하면서 하나씩 Action〈T〉의 인자로 요소 값을 전달한다. 즉, 요소 수만큼 Action〈T〉 델리게이트가 수행되는 것이다.

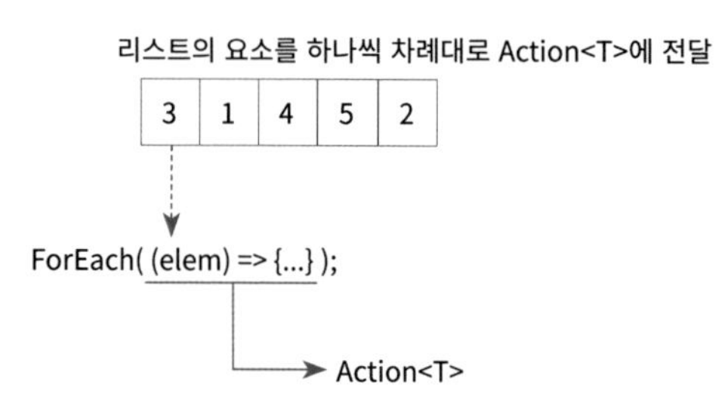


그림 8.2 ForEach의 동작 방식

이후의 모든 컬렉션의 람다 메서드 적용은 기본적으로 그림 8.2처럼 동작한다고 보면 된다.

이제 컬렉션에 포함된 요소 중 특정 조건을 만족하는 요소만 반환하는 작업을 해보자. 역시 이번에도 기존의 방법으로는 컬렉션의 모든 요소를 열람하면서 if 문을 통해 처리해야 했다.

예제 8.8 짝수로 구성된 List〈T〉를 반환하는 코드

```
List<int> evenList = new List<int>();
foreach (var item in list)
{
    if (item % 2 == 0) // 짝수인지 판정해서 evenList에 추가한다.
    {
        evenList.Add(item);
    }
}

foreach (var item in evenList)
{
    Console.Write(item + ","); // 출력 결과: 4, 2,
}
```

하지만 FindAll 메서드를 이용하면

```
public List<T> FindAll(Predicate<T> match);
```

예제 8.8을 단 두 줄로 간단하게 처리할 수 있다.

```
List<int> evenList = list.FindAll((elem) => elem % 2 == 0);
evenList.ForEach((elem) => { Console.Write(elem + ","); }); // 출력 결과: 4, 2,
```

FindAll 메서드는 별도로 'delegate bool Predicate〈T〉(T obj)'로 정의된 델리게이트 타입을 인자로 받는다. 자세히 보면 Predicate 델리게이트는 한 개의 인자를 받고 bool 타입을 반환하는데, 결국 Func〈T,bool〉 델리게이트로 생각해도 무방하다.

기존의 컬렉션 크기만을 단순하게 반환하는 Count 속성은 Enumerable 타입의 확장 메서드를 통해 특정 조건을 만족하는 요소의 개수를 반환할 수 있게 됐다.

```
public static int Count<TSource>(this IEnumerable<TSource> source);
public static int Count<TSource>(this IEnumerable<TSource> source, Func<TSource, bool> predicate);
```

예를 들어, 숫자 3보다 큰 요소의 개수를 반환한다고 했을 때 예전에는 다음과 같이 코드를 작성했다.

```
int count = 0;
foreach (var item in list)
{
    if (item > 3)
    {
        count++;
    }
}

Console.WriteLine("3보다 큰 수는 " + count + "개 있음.");
```

하지만 Count 확장 메서드로 인해 다음과 같이 간단해진다.

```
int count = list.Count((elem) => elem > 3);
Console.WriteLine("3보다 큰 수는 " + count + "개 있음.");
```

이번에는 다소 특수한 메서드를 살펴보자. Enumerable 타입에 추가된 Where 확장 메서드는 다음과 같이 정의돼 있다.

```
public static IEnumerable<TSource> Where<TSource>(this IEnumerable<TSource> source, Func<TSource, bool> predicate);
```

Where 메서드는 Func〈T, bool〉 타입을 인자로 받는데, 이는 FindAll 메서드가 받는 Predicate〈T〉 델리게이트와 유사하다. 실제로 FindAll이 특정 조건을 만족하는 요소를 반환하는 것처럼 Where 메서드도 같은 동작을 수행한다. 다만 FindAll 메서드의 반환값은 List〈T〉였지만, Where는 IEnumerable〈T〉로 열거형을 반환한다. 다음은 Where 메서드를 이용해 예제 8.8을 구현한 코드다.

**예제 8.9** Where 사용 예

```
IEnumerable<int> enumList = list.Where((elem) => elem % 2 == 0);
Array.ForEach(enumList.ToArray(), (elem) => { Console.WriteLine(elem); });
```

FindAll과 Where 메서드가 표면상으로는 유사한 기능을 구현하는 듯하지만 자세히 보면 Where 메서드의 반환값이 IEnumerable〈T〉라는 데 주목해야 한다. 따라서 엄밀히 따지면 예제 8.9와 동일한 소스코드는 예제 8.8이 아니라 yield를 사용한 다음의 코드에 더 가깝다.

```
IEnumerable<int> enumList = list.WhereFunc();
Array.ForEach(enumList.ToArray(), (elem) => { Console.WriteLine(elem); });

private static IEnumerable<int> WhereFunc(this IEnumerable<int> inst)
{
    foreach (var item in inst)
    {
        if (item % 2 == 0)
        {
            yield return item;
        }
    }
}
```

이 말의 의미는 FindAll의 경우 메서드 실행이 완료되는 순간 람다 메서드가 컬렉션의 모든 요소를 대상으로 실행되어 조건을 만족하는 목록을 반환하는 반면, Where의 경우 메서드가 실행됐을 때는 어떤 코드도 실행되지 않은 상태이고 이후 열거자를 통해 요소를 순회했을 때에야 비로소 람다 메서드가 하나씩 실행된다는 차이가 있다. 이를 가리켜 '지연된 평가(lazy evaluation)'라 하고 IEnumerable〈T〉를 반환하는 모든 메서드가 이러한 방식으로 동작한다.

지연된 평가의 장점은 최초 메서드 호출로 인한 직접적인 성능 손실이 발생하지 않고 실제로 데이터가 필요한 순간에만 코드가 CPU에 의해 실행된다는 점이다. 가령, 소수(prime number) 1만 개를 반환하는 메서드를 구현한다고 가정해 보자. List〈T〉를 반환하는 FindAll 방식으로 구하면 데이터가 설령 500개만 필요해도 1만 개의 소수를 구할 때까지 CPU가 실행돼야 하지만 IEnumerable〈T〉처럼 지연 평가를 사용해 결과가 반환된 경우에는 500개까지의 데이터만 반환받고 끝낼 수 있다.

마지막으로 IEnumerable〈T〉 타입에 정의된 Select 확장 메서드의 사용법을 알아보자. Select 메서드는 컬렉션의 개별 요소를 다른 타입으로 변환할 때 사용할 수 있다. 예를 들어, 다음 코드에서는 List〈int〉 컬렉션을 List〈double〉로 바꾸고 있다.

```
IEnumerable<double> doubleList = list.Select((elem) => (double)elem);
Array.ForEach(doubleList.ToArray(), (elem) => { Console.WriteLine(elem); });
```

단순 형 변환뿐만 아니라 객체를 반환하는 것도 가능하다.

```
class Person
{
    public int Age;
    public string Name;
}

IEnumerable<Person> personList = list.Select(
        (elem) => new Person { Age = elem, Name = Guid.NewGuid().ToString() });
Array.ForEach(personList.ToArray(), (elem) => { Console.WriteLine(elem.Name); });
```

게다가 익명 타입으로 구성해 반환하는 것도 가능하다.

```
var itemList = list.Select(
        (elem) => new { TypeNo = elem, CreatedDate = DateTime.Now.Ticks } );
Array.ForEach(itemList.ToArray(), (elem) => { Console.WriteLine(elem.TypeNo); });
```

Select 역시 Where과 마찬가지로 IEnumerable〈T〉 타입을 반환하므로 지연 평가에 해당한다는 사실을 기억해 두자. 아울러 FindAll의 지연 평가 버전이 Where 메서드인 것처럼, ConvertAll의 지연 평가 버전이 Select라는 것도 알아두면 좋다. 즉, 지연 평가의 필요에 따라 상황에 맞게 골라서 쓰면 된다.

## 8.8.2 데이터로서의 람다 식

람다 메서드의 구현은 중괄호를 가질 수 있는 문(statement)과 그렇지 않는 식(expression)으로 구현된다고 설명했고 후자의 경우 특별히 '람다 식'이라고 부른다. 그리고 람다 식의 또 다른 장점은 그것을 CPU에 의해 실행되는 코드가 아닌, 그 자체로 '식을 표현한 데이터'로도 사용할 수 있다는 점이다. 이처럼 데이터 구조로 표현된 것을 '식 트리(expression tree)'라고 한다. 식 트리로 담긴 람다 식은 익명 메서드의 대체물이 아니기 때문에 델리게이트 타입으로 전달되는 것이 아니라 식에 대한 구문 분석을 할 수 있는 System.Linq.Expressions.Expression 타입의 인스턴스가 된다. 즉, 람다 식이 코드가 아니라 Expression 객체의 인스턴스 데이터의 역할을 하는 것이다.

예를 들어, 예제 8.6의 람다 식을 Expression 객체로 다루려면 다음과 같이 코드를 작성할 수 있다.

```
Expression<Func<int, int, int>> exp = (a, b) => a + b;
```

Expression〈T〉 타입의 형식 매개변수는 람다 식이 표현하는 델리게이트 타입이 되고, exp 변수는 코드를 담지 않고 람다 식을 데이터로서 담고 있다. 물론 데이터로서 동작하기 때문에 해당 데이터를 분석하는 것도 가능하다. '식 트리'는 이름에서도 알 수 있듯이 코드 데이터를 '트리(tree)' 자료구조의 형태로 담고 있기 때문에 'a + b'는 내부적으로 다음과 같은 트리 형태로 보관된다.

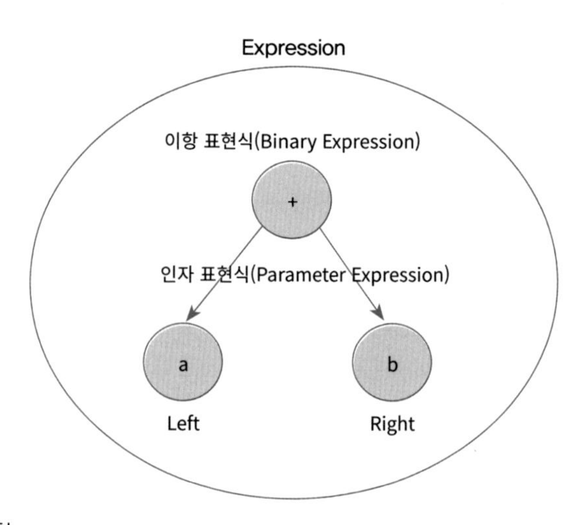


그림 8.3 람다 식의 트리 표현

따라서 Expression 객체에 담긴 각각의 노드를 다음과 같이 순회할 수 있다.

```
Expression<Func<int, int, int>> exp = (a, b) => a + b;

// 람다 식 본체의 루트는 이항 연산자인 + 기호
BinaryExpression opPlus = exp.Body as BinaryExpression;
Console.WriteLine(opPlus.NodeType); // 출력 결과: Add

// 이항 연산자의 좌측 연산자를 나타내는 표현식
ParameterExpression left = opPlus.Left as ParameterExpression;
Console.WriteLine(left.NodeType + ": " + left.Name); // 출력 결과: Parameter: a

// 이항 연산자의 우측 연산자를 나타내는 표현식
ParameterExpression right = opPlus.Right as ParameterExpression;
Console.WriteLine(right.NodeType + ": " + right.Name); // 출력 결과: Parameter: b
```

데이터로 담겨 있는 람다 식은 컴파일하는 것도 가능하며, 이를 위해 Expression〈T〉 타입에서는 Compile 메서드를 제공한다. 이 메서드를 호출하면 Expression〈T〉의 형식 매개변수 타입에 해당하는 델리게이트가 반환되고 자연스럽게 함수 호출도 가능해진다.

```
Func<int, int, int> func = exp.Compile();
Console.WriteLine(func(10, 2)); // 출력 결과: 12
```

또 다른 특징으로는 Expression〈T〉 객체를 람다 식으로 초기화하지 않고 직접 코드와 관련된 Expression 객체로 구성할 수도 있다는 점이다. 따라서 'a + b'에 해당하는 코드를 직접 예제 8.10과 같이 구성할 수 있고, 이것 역시 컴파일해서 델리게이트에 담아 호출할 수 있다.

예제 8.10 Expression 타입으로 직접 구성한 식 트리

```
using System.Linq.Expressions;

ParameterExpression leftExp = Expression.Parameter(typeof(int), "a");
ParameterExpression rightExp = Expression.Parameter(typeof(int), "b");
BinaryExpression addExp = Expression.Add(leftExp, rightExp);

Expression<Func<int, int, int>> addLambda =
    Expression<Func<int, int, int>>.Lambda<Func<int, int, int>>(
        addExp, new ParameterExpression[] { leftExp, rightExp }
    );
```

```
Console.WriteLine(addLambda.ToString()); // 출력 결과: (a, b) => (a + b)

Func<int, int, int> addFunc = addLambda.Compile();
Console.WriteLine(addFunc(10, 2)); // 출력 결과: 12
```

예제 8.10에서는 Expression 타입의 정적 메서드로 제공되는 Parameter, Add 메서드를 이용해 'a + b'에 해당하는 ParameterExpression, BinaryExpression을 각각 생성한다. 이렇게 개별 Expression을 생성하는 Parameter와 Add 메서드를 일컬어 Expression 타입의 팩터리 메서드(factory method)라고 한다. 이 밖에도 System.Linq.Expressions에는 다음과 같은 타입이 정의돼 있으며, 그에 해당하는 팩터리 메서드도 함께 Expression 타입의 정적 메서드로 제공된다.

**표 8.1** System.Linq.Expressions 네임스페이스에 정의된 타입 및 대응되는 팩터리 메서드

| System.Linq.Expressions | 설명 | 대응되는 팩터리 메서드 |
|---|---|---|
| BinaryExpression | 이항 연산자에 해당하는 식 | Add, AddChecked, Divide, Modulo, Multiply, MultiplyChecked, Power, Subtract, SubtractChecked, And, Or, ExclusiveOr, LeftShift, RightShift, AndAlso, OrElse, Equal, NotEqual, GreaterThanOrEqual, GreaterThan, LessThan, LessThanEqual, Coalesce, ArrayIndex |
| BlockExpression | 중괄호의 블록을 표현 | Block |
| CatchBlock | 예외 처리의 catch 구문을 표현 | Catch |
| ConditionalExpression | 삼항 조건 연산자 구문을 표현 | Condition |
| ConstantExpression | 상수식을 표현 | Constant |
| DebugInfoExpression | 디버그 정보를 표현 | DebugInfo |
| DefaultExpression | default 예약어를 표현 | Default |
| DynamicExpression | C# 4.0의 dynamic 예약어를 표현 | Dynamic |
| ElementInit | IEnumerable 컬렉션의 단일 요소에 대한 초기화를 표현 | ElementInit |
| GotoExpression | 점프문과 관련된 식을 표현 | Break, Continue, Goto, Return |
| IndexExpression | 배열의 인덱스 구문을 표현 | ArrayAccess |
| InvocationExpression | 델리게이트 또는 람다 식의 호출을 표현 | Invoke |
| LabelExpression | 라벨을 표현 | Label |
| LambdaExpression | 람다 식을 표현 | Lambda |

| System.Linq.Expressions | 설명 | 대응되는 팩터리 메서드 |
|---|---|---|
| ListInitExpression | 컬렉션 초기화 구문을 표현 | ListInit |
| LoopExpression | 루프 구문을 표현 | Loop |
| MemberAssignment | 대입 연산자를 표현 | Bind |
| MemberExpression | 필드/속성의 접근을 표현 | Field, Property, PropertyOrField |
| MemberInitExpression | 객체 초기화 구문을 표현 | MemberInit |
| MemberMemberBinding | 클래스의 멤버 변수 내부에 있는 멤버를 재귀적으로 초기화하는 구문을 표현 | MemberBind |
| MethodCallExpression | 정적 또는 인스턴스 메서드에 대한 호출을 표현 | Call, ArrayIndex |
| NewArrayExpression | 배열 생성 및 초기화를 표현 | NewArrayBounds, NewArrayInit |
| NewExpression | 생성자를 호출하는 코드를 표현 | New |
| ParameterExpression | 이름이 부여된 매개변수를 표현 | Parameter |
| SwitchCase | switch 구문의 case 절을 표현 | SwitchCase |
| SwitchExpression | switch 구문을 표현 | Switch |
| TryExpression | 예외 처리 구문을 표현 | TryCatch |
| TypeBinaryExpression | is 연산자를 표현 | TypeIs |
| UnaryExpression | 단항 연산자를 표현 | ArrayLength, Convert, ConvertChecked, Negate, NegateChecked, Not, Quote, TypeAs, UnaryPlus |

결국 표 8.1의 팩터리 메서드를 이용하면 일반적인 메서드 내부의 C# 코드를 Expression의 조합만으로도 프로그램 실행 시점에 만들어 내는 것이 가능하다.

## 8.9 LINQ

프로그래밍 작업 가운데 '데이터 열거'는 꽤나 빈번하게 나타나는 작업 유형 중 하나다. C# 및 VB.NET 컴파일러는 이처럼 자주 사용되는 정보의 선택/열거 작업을 일관된 방법으로 다루기 위해 기존 문법을 확장시켰는데, 이를 LINQ(Language Integrated Query)라고 한다. 이름에서 의미하듯이 LINQ 구문은 기존 언어 체계에 쿼리가 통합됐다는 것인데, 실제로 그 쿼리 문법은 SQL 쿼리의 SELECT 구문과 유사하다.

LINQ의 전형적인 사용 예는 컬렉션을 대상으로 쿼리를 수행하는 것이다. 따라서 앞으로 나올 예제 코드에서는 다음과 같이 people 및 languages 컬렉션이 초기화돼 있다고 전제하고 진행한다.

```
namespace ConsoleApp1;

class Person
{
    public string Name { get; set; }
    public int Age { get; set; }
    public string Address { get; set; }

    public override string ToString()
    {
        return string.Format("{0}: {1} in {2}", Name, Age, Address);
    }
}

class MainLanguage
{
    public string Name { get; set; }
    public string Language { get; set; }
}

class Program
{
    static void Main(string[] args)
    {
        List<Person> people = new List<Person>
        {
            new Person { Name = "Tom", Age = 63, Address = "Korea" },
            new Person { Name = "Winnie", Age = 40, Address = "Tibet" },
            new Person { Name = "Anders", Age = 47, Address = "Sudan" },
            new Person { Name = "Hans", Age = 25, Address = "Tibet" },
            new Person { Name = "Eureka", Age = 32, Address = "Sudan" },
            new Person { Name = "Hawk", Age = 15, Address = "Korea" },
        };

        List<MainLanguage> languages = new List<MainLanguage>
        {
```

```
            new MainLanguage { Name = "Anders", Language = "Delphi" },
            new MainLanguage { Name = "Anders", Language = "C#" },
            new MainLanguage { Name = "Tom", Language = "Borland C++" },
            new MainLanguage { Name = "Hans", Language = "Visual C++" },
            new MainLanguage { Name = "Winnie", Language = "R" },
        };
    }
}
```

자, 그럼 이제부터 기본적인 유형의 LINQ 쿼리를 수행해 볼 텐데, SQL 쿼리와 비교해서 우선 SELECT * FROM people에 해당하는 예제 8.11을 보자.

예제 8.11 LINQ 쿼리 - 컬렉션의 모든 요소를 선택

```
var all = from person in people
          select person;

foreach (var item in all)
{
    Console.WriteLine(item);
}

// 위의 foreach를 다음과 같이 구현 가능
// Console.WriteLine(string.Join(Environment.NewLine, all));
```

```
// 출력 결과
Tom: 63 in Korea
Winnie: 40 in Tibet
Anders: 47 in Sudan
Hans: 25 in Tibet
Eureka: 32 in Sudan
Hawk: 15 in Korea
```

예제 8.11을 보면 LINQ로 인해 from, in, select 예약어가 추가된 것을 볼 수 있다. 낯설기만 한 이 구문을 그림 8.4와 같이 foreach 구문으로 개념상 대응시켜보면 더 쉽게 이해할 수 있다.

```
from person in people ──────────→ foreach(var person in people)
select person; ─────────────────→ yield return person;
```

그림 8.4 LINQ 구문의 foreach 대응

yield return 구문이 IEnumerable〈T〉를 반환한다는 사실을 알고 있다면 예제 8.11의 all 변숫값에 담긴 자료 형식이 IEnumerable〈Person〉임을 쉽게 유추할 수 있다. 실제로 var 예약어가 사용된 곳을 다음과 같이 교체할 수 있다.

```
IEnumerable<Person> all = from person in people
                          select person;
```

엄밀히 따지면 LINQ 쿼리도 '간편 표기법'에 지나지 않는다. 왜냐하면 위의 LINQ 쿼리는 C# 컴파일러에 의해 빌드 시에 원래의 확장 메서드를 사용하는 코드로 변경되어 컴파일되기 때문이다.

```
IEnumerable<Person> all = people.Select((elem) => elem);
```

즉, LINQ의 select 예약어는 사실상 Select 확장 메서드를 호출하는 또 다른 문법에 지나지 않고, 그런 의미에서 다음의 세 가지 코드는 완전히 동일한 역할을 한다.

표 8.2 LINQ에 대응되는 표현

| LINQ 표현 | from person in people<br>select person; |
|---|---|
| **확장 메서드 표현** | people.Select( (elem) => elem ); |
| **일반 메서드 표현** | IEnumerable<Person> SelectFunc(List<Person> people)<br>{<br>    foreach (var item in people)<br>    {<br>        yield return item;<br>    }<br>} |

이전 절에서 Select 확장 메서드의 기능이 형 변환에 있었다는 사실을 기억한다면 이제 LINQ 쿼리를 다양하게 활용해 볼 수 있다. 예를 들어, people 목록을 사람 이름만 담긴 string 타입의 목록으로 바꾸는 것도 가능하다.

```
// nameList의 타입은 IEnumerable<string>
var nameList = from person in people
               select person.Name;
```

```
foreach (var item in nameList)
{
    Console.WriteLine(item);
}
```

```
// 출력 결과
Tom
Winnie
Anders
Hans
Eureka
Hawk
```

이는 마치 SQL 쿼리로 SELECT Name FROM people을 실행하는 것과 유사하다. 역시 위의 코드도 Select 확장 메서드로 나타내면 다음과 같다.

```
var nameList = people.Select((elem) => elem.Name);
```

물론 익명 타입을 select에 사용하는 것도 가능하다.

```
var dateList = from person in people
 select new { Name = person.Name, Year = DateTime.Now.AddYears(-person.Age).Year };

foreach (var item in dateList)
{
    Console.WriteLine(string.Format("{0} - {1}", item.Name, item.Year));
}
```

```
// 출력 결과
Tom - 1950
Winnie - 1973
Anders - 1966
Hans - 1988
Eureka - 1981
Hawk – 1998
```

확장 메서드로의 표현도 동일하게 적용된다.

```
var dateList = people.Select(
    (elem) => new { Name = elem.Name, Year = DateTime.Now.AddYears(-elem.Age).Year }
  );
```

이번 절에서는 C# 3.0의 새로운 문법들이 LINQ와 혼합돼 사용되는 모습을 볼 수 있다. 즉, LINQ는 C# 3.0에 추가된 새로운 문법을 기반으로 표현된다. 이를 바꿔 말하면 마이크로소프트에서는 LINQ를 도입하기 위해 'var 예약어', '객체 초기화', '익명 타입', '람다 식', '확장 메서드'를 넣을 수밖에 없었던 것이다.

### 8.9.1 where, orderby, group by, join

기본적인 LINQ 사용법을 배웠으니 이제 나머지 부가적인 문법을 익힐 차례다.

우선 SQL 쿼리의 'SELECT * FROM people WHERE ……'에 해당하는 코드를 LINQ로 구현해 보자. 이를 위해 LINQ에서는 where 구문을 제공하며 다음과 같이 사용할 수 있다.

```
var ageOver30 = from person in people
                where person.Age > 30
                select person;

Console.WriteLine(string.Join(Environment.NewLine, ageOver30));
```

```
// 출력 결과
Tom: 63 in Korea
Winnie: 40 in Tibet
Anders: 47 in Sudan
Eureka: 32 in Sudan
```

LINQ는 where 구문을 통해 IEnumerable〈T〉 타입인 people 컬렉션에서 특정 조건을 만족하는 데이터를 필터링할 수 있다. where 절의 조건에는 반환 타입이 bool 형식인 점만 만족한다면 어떤 C# 코드든 자유롭게 사용할 수 있다. 예를 들어, 다음과 같이 string 타입의 메서드도 호출할 수 있다.

```
var endWithS = from person in people
               where person.Name.EndsWith("s")
               select person;

Console.WriteLine(string.Join(Environment.NewLine, endWithS));
```

```
// 출력 결과
Anders: 47 in Sudan
Hans: 25 in Tibet
```

다음으로 'SELECT * FROM people ORDER BY ……'에 해당하는 쿼리를 LINQ로 표현해 보자.

```
var ageSort = from person in people
              orderby person.Age // 나이순으로 정렬
              select person;

Console.WriteLine(string.Join(Environment.NewLine, ageSort));
```

```
// 출력 결과
Hawk: 15 in Korea
Hans: 25 in Tibet
Eureka: 32 in Sudan
Winnie: 40 in Tibet
Anders: 47 in Sudan
Tom: 63 in Korea
```

SQL 쿼리와 유사하게 LINQ에서도 orderby를 이용해 정렬 작업을 수행한다. orderby는 뒤이어 나오는 값을 기준으로 기본적으로 'ascending'이 지정된 '오름차순' 정렬을 하지만 'descending'을 지정해 '내림차순'으로 정렬되게 할 수 있다.

```
var ageSortDesc = from person in people
                  orderby person.Age descending
                  select person;

Console.WriteLine(string.Join(Environment.NewLine, ageSortDesc));
```

```
// 출력 결과
Tom: 63 in Korea
Anders: 47 in Sudan
Winnie: 40 in Tibet
Eureka: 32 in Sudan
Hans: 25 in Tibet
Hawk: 15 in Korea
```

orderby에 올 수 있는 값은 IComparable 인터페이스가 구현된 타입이기만 하면 된다.

이어서 SQL 쿼리의 그룹핑(Grouping)에 해당하는 'SELECT * FROM people GROUP BY ……' 쿼리의 LINQ 표현인 'group …… by'를 살펴보자.

```
var addrGroup = from person in people
                group person by person.Address;

foreach (var itemGroup in addrGroup) // group by로 묶여진 그룹을 나열하고,
{
    Console.WriteLine(string.Format("[{0}]", itemGroup.Key));
    foreach (var item in itemGroup) // 해당 그룹 내에 속한 항목을 나열
    {
        Console.WriteLine(item);
    }
    Console.WriteLine();
}
```

```
// 출력 결과
[Korea]
Tom: 63 in Korea
Hawk: 15 in Korea

[Tibet]
Winnie: 40 in Tibet
Hans: 25 in Tibet

[Sudan]
Anders: 47 in Sudan
Eureka: 32 in Sudan
```

위의 코드는 컬렉션의 항목을 주소별로 그루핑하는 방법을 보여준다. LINQ의 group by는 지정된 값을 기준으로 컬렉션의 요소를 그룹으로 분류하고 최종적으로 모든 그룹의 컬렉션을 반환한다. 특이한 점이 있다면 select 구문이 올 수 없다는 점이다. 왜냐하면 group …… by의 기능이 select를 담당하고 있기 때문인데, 개념적으로 보면 group …… by를 다음과 같이 select …… by로 생각해도 무방하다.

```
from person in people
group person by person.Address;

→ from person in people
  select person by person.Address;
```

단지 개념적인 차원에서 그렇다는 것일 뿐 select …… by라는 표현은 LINQ에서 허용되지 않는다. 하지만 select로 가능한 형 변환 작업에 해당하는 문법을 그대로 group에 사용할 수 있다.

```
var nameAgeList = from person in people
            group new { Name = person.Name, Age = person.Age } by person.Address;

foreach (var itemGroup in nameAgeList)
{
    Console.WriteLine(string.Format("[{0}]", itemGroup.Key));
    foreach (var item in itemGroup)
    {
        Console.WriteLine(item);
    }
    Console.WriteLine();
}
```

```
// 출력 결과
[Korea]
{ Name = Tom, Age = 63 }
{ Name = Hawk, Age = 15 }

[Tibet]
{ Name = Winnie, Age = 40 }
{ Name = Hans, Age = 25 }

[Sudan]
{ Name = Anders, Age = 47 }
{ Name = Eureka, Age = 32 }
```

마지막으로 LINQ의 join 문을 살펴보자. join 역시 SQL 쿼리의 JOIN에 대응되는 것으로, 사용법도 유사하다. 우선 join의 기능을 눈으로 확인해 보자.

```
var nameToLangList = from person in people
 join language in languages on person.Name equals language.Name
 select new { Name = person.Name, Age = person.Age, Language = language.Language };

Console.WriteLine(string.Join(Environment.NewLine, nameToLangList));
```

```
// 출력 결과
{ Name = Tom, Age = 63, Language = Borland C++ }
{ Name = Winnie, Age = 40, Language = R }
{ Name = Anders, Age = 47, Language = Delphi }
{ Name = Anders, Age = 47, Language = C# }
{ Name = Hans, Age = 25, Language = Visual C++ }
```

개념적으로는 join을 from으로 대체해서 생각하면 좀 더 이해하기가 수월하다. 즉, 2개의 데이터 컬렉션 중에서 'on …… equals ……' 조건을 만족하는 요소끼리 묶어 반환하는 기능을 제공한다.

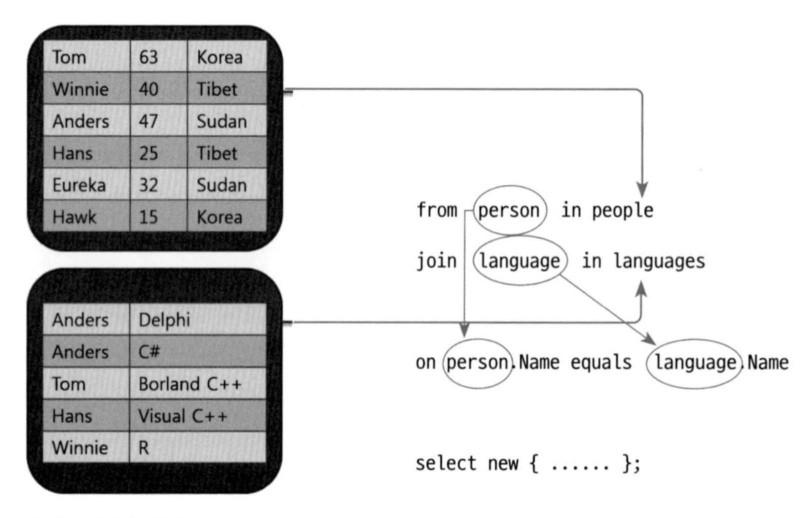


그림 8.5 join 문의 컬렉션 대응 관계

people 컬렉션의 첫 번째 레코드인 'Tom, 63, Korea' 요소는 'on person.Name equals language.Name' 조건에 의해 languages 컬렉션 중에서 Name 필드의 값이 'Tom'인 것을 찾는다. 만약 이 같은 조건을 만족하는 레코드가 발견되면 select 구문이 동작해서 Name, Age, Language 필드로 구성된 익명 타입으로 값이 대입되어 하나의 레코드를 구성한다. 여기서 join의 두 가지 재미있는 특징을 볼 수 있다.

1. on …… equals …… 조건을 만족하는 모든 레코드를 찾는다.

   예를 들어, people 컬렉션에 있는 Anders 레코드의 경우 languages 컬렉션에 조건을 만족하는 2개의 레코드가 있다. 따라서 join 문으로 산출되는 select 결과물은 'Anders'에 대해 2개가 생성된다.

2. on …… equals …… 조건을 만족하는 레코드가 없다면 제외시킨다.

   예를 들어, people 컬렉션에 있는 Hawk와 Eureka 레코드의 경우 languages 컬렉션에는 조건을 만족하는 레코드가 없다. 따라서 select 결과물에 반영되지 않는다.

이런 규칙으로 인해 최종 산출되는 익명 타입의 컬렉션은 다음과 같이 구성된다.

```
{ Name = Tom, Age = 63, Language = Borland C++ }
{ Name = Winnie, Age = 40, Language = R }
{ Name = Anders, Age = 47, Language = Delphi }
{ Name = Anders, Age = 47, Language = C# }
{ Name = Hans, Age = 25, Language = Visual C++ }
```

이 같은 Join 유형을 가리켜 내부 조인(Inner Join)이라 한다. 반면 해당 레코드를 누락시키지 않고 포함시키는 것을 외부 조인(Outer Join)이라 한다. SQL 쿼리의 경우 외부 조인을 위한 구문이 존재하지만 LINQ는 외부 조인을 위한 예약어는 별도로 없고 대신 그에 준하는 방법을 마련해 뒀다. 이를 위해 join으로 엮이는 컬렉션을 한번 더 후처리하는 방법을 사용하는데, 최종 코드는 다음과 같다.

```
var nameToLangAllList = from person in people
  join language in languages on person.Name equals language.Name into lang
  from language in lang.DefaultIfEmpty(new MainLanguage())
  select new { Name = person.Name, Age = person.Age, Language = language.Language };

Console.WriteLine(string.Join(Environment.NewLine, nameToLangAllList));
```

```
// 출력 결과
{ Name = Tom, Age = 63, Language = Borland C++ }
{ Name = Winnie, Age = 40, Language = R }
{ Name = Anders, Age = 47, Language = Delphi }
{ Name = Anders, Age = 47, Language = C# }
{ Name = Hans, Age = 25, Language = Visual C++ }
{ Name = Eureka, Age = 32, Language =  }
{ Name = Hawk, Age = 15, Language =  }
```

코드를 보면 첫 번째 join으로 languages 컬렉션의 내용을 lang이라는 이름의 임시 컬렉션으로 보낸 후 개별 요소에 대해 IEnumerable〈T〉 타입의 DefaultIfEmpty 확장 메서드를 호출한다. 이 메서드는 요소 중에서 값이 비어 있으면 인자로 전달된 new MainLanguage()의 값을 사용한다. 이 때문에 출력 결과를 보면 내부 조인에는 없던 Eureka와 Hawk 레코드가 Language 필드의 값이 new MainLanguage( )로 생성된 상태 값을 기반으로 포함돼 있다.

Note 사실, 외부 조인에 대한 LINQ 쿼리는 다소 어려운 구문에 속한다. 내부적으로 깊이 이해할 수 있으면 좋겠지만, 현재로서는 이를 하나의 대표적인 사용 패턴 정도로 이해하고 넘어가도 무방하다.

표 8.3에 지금까지 배운 LINQ 쿼리와 확장 메서드의 관계가 정리돼 있다. 보다시피 LINQ는 확장 메서드를 사용하는 별도의 문법적인 표현에 불과하다. 사실상 컬렉션에 대해 LINQ 질의를 수행하는 것은 IEnumerable〈T〉의 확장 메서드를 호출하는 것과 별반 다르지 않다.

표 8.3 LINQ의 예약어와 확장 메서드의 관계

| LINQ | IEnumerable〈T〉 확장 메서드 |
|---|---|
| Select | Select |
| Where | Where |
| orderby [ascending] | OrderBy |
| orderby [descending] | OrderByDescending |
| group … by | GroupBy |
| join … in … on … equals | Join |
| join … in … on … equals … into | GroupJoin |

## 8.9.2 표준 쿼리 연산자

LINQ 쿼리의 대상은 IEnumerable〈T〉 타입이거나 그것을 상속한 객체여야 한다. 그와 같은 객체에 LINQ 쿼리를 사용하면 C# 컴파일러는 내부적으로 IEnumerable〈T〉 확장 메서드로 변경해 소스 코드를 빌드한다. 이 때문에 IEnumerable〈T〉에 정의된 확장 메서드는 표준 쿼리 연산자(standard query operators)라고 하며, 전체 목록은 표 8.4에 정리돼 있다.

표 8.4 표준 쿼리 연산자

| 종류 | 표준 쿼리 연산자 | 반환 형식 | 설명 |
|---|---|---|---|
| 정렬(Sorting Data) | OrderBy | IOrderedEnumerable〈TElement〉 | 오름차순 정렬 |
| | OrderByDescending | IOrderedEnumerable〈TElement〉 | 내림차순 정렬 |
| | ThenBy | IOrderedEnumerable〈TElement〉 | 2차 오름차순 정렬 |
| | ThenByDescending | IOrderedEnumerable〈TElement〉 | 2차 내림차순 정렬 |
| | Reverse | IEnumerable〈T〉 | 역방향 열거 |
| 집합(Set) | Distinct | IEnumerable〈T〉 | 중복 값 제거 |
| | Except | IEnumerable〈T〉 | 두 컬렉션의 차집합에 해당하는 요소의 목록을 반환 |
| | Intersect | IEnumerable〈T〉 | 두 컬렉션의 교집합에 해당하는 요소의 목록을 반환 |
| | Union | IEnumerable〈T〉 | 두 컬렉션의 합집합에 해당하는 요소의 목록을 반환 |
| 필터링(Filtering Data) | OfType | IEnumerable〈T〉 | 지정된 타입으로 형 변환이 가능한 요소의 목록을 반환 |
| | Where | IEnumerable〈T〉 | 조건에 부합하는 요소의 목록을 반환 |
| 수량(Quantifier) | All | Boolean | 컬렉션의 모든 요소가 지정된 조건을 만족하는지 여부 |
| | Any | Boolean | 컬렉션에 포함된 요소 중에서 1개라도 지정된 조건을 만족하는지 여부 |
| | Contains | Boolean | 인자로 전달된 요소를 포함하는지 여부 |
| 프로젝션(Projection) | Select | IEnumerable〈T〉 | 원하는 값을 추출해 목록으로 반환 |
| | SelectMany | IEnumerable〈T〉 | 다중 컬렉션으로부터 원하는 값을 추출해 목록으로 반환 |
| 분할(Partitioning Data) | Skip | IEnumerable〈T〉 | 지정된 위치까지의 요소를 무시한 나머지 요소의 목록을 반환 |
| | SkipWhile | IEnumerable〈T〉 | 조건을 만족하지 않는 요소가 나올 때까지의 요소를 무시한 나머지 요소의 목록을 반환 |
| | Take | IEnumerable〈T〉 | 지정된 위치까지의 요소만 목록으로 반환 |
| | TakeWhile | IEnumerable〈T〉 | 조건을 만족하지 않는 요소가 나올 때까지의 요소를 목록으로 반환 |
| 조인(Join) | Join | IEnumerable〈T〉 | 키 선택 함수를 기반으로 2개의 컬렉션을 연결해서 일치하는 값을 선택해서 추출 |
| | GroupJoin | IEnumerable〈T〉 | Join의 결과물을 그룹으로 반환 |

| 종류 | 표준 쿼리 연산자 | 반환 형식 | 설명 |
|---|---|---|---|
| 그룹화(Grouping Data) | GroupBy | IEnumerable〈T〉 | 공통 속성을 공유하는 요소를 그룹으로 묶음 |
| | ToLookup | ILookup〈TKey, TElement〉 | 키 선택 함수를 기반으로 요소를 Lookup〈TKey, TElement〉 타입에 넣어서 반환 |
| 생성 (Generation) | DefaultIfEmpty | IEnumerable〈T〉 | 빈 요소에 대해 싱글턴 객체를 기본값으로 넣어 반환 |
| | Empty | IEnumerable〈T〉 | 빈 컬렉션을 반환 |
| | Range | IEnumerable〈T〉 | 시작값과 끝값을 인자로 받아 그 사이의 수를 자동으로 채운 정수 목록을 반환 |
| | Repeat | IEnumerable〈T〉 | 동일한 값을 지정된 수만큼 반복 |
| 비교(Equality) | SequenceEqual | Boolean | 두 컬렉션의 값이 동일한지 여부 |
| 요소(Element) | ElementAt | TSource | 지정된 위치의 요소를 반환 |
| | ElementAtOrDefault | TSource | 지정된 위치값이 컬렉션의 범위에 없으면 기본값을 반환 |
| | First | TSource | 컬렉션의 첫 번째 요소 또는 조건을 만족하는 첫 번째 요소를 반환 |
| | FirstOrDefault | TSource | First에 해당하는 요소가 없으면 기본값을 반환 |
| | Last | TSource | 컬렉션의 마지막 요소 또는 조건을 만족하는 마지막 요소를 반환 |
| | LastOrDefault | TSource | Last에 해당하는 요소가 없으면 기본값을 반환 |
| | Single | TSource | 컬렉션이 단일 요소인 경우이거나 조건을 만족하는 요소가 하나인 경우에만 그 요소를 반환. 그런 요소가 없거나 2개 이상의 요소가 있다면 예외가 발생 |
| | SingleOrDefault | TSource | Single에 해당하는 요소가 없으면 기본값을 반환 |
| 형 변환 (Converting Data Types) | AsEnumerable | IEnumerable〈T〉 | IEnumerable〈T〉로 변환해서 반환 |
| | AsQueryable | IQueryable〈T〉 | IQueryable〈T〉로 변환해서 반환 |
| | Cast | IEnumerable〈T〉 | 컬렉션의 요소를 특정 형식으로 변환해서 반환 |
| | OfType | IEnumerable〈T〉 | 필터링에 분류된 OfType 메서드가 형 변환 분류에도 속할 뿐 역할은 같음 |
| | ToArray | TSource 배열 | 배열로 변환해서 반환 |
| | ToDictionary | Dictionary〈TKey, TValue〉 | Dictionary〈TKey, TValue〉로 변환해서 반환 |
| | ToList | IList〈T〉 | IList〈T〉로 변환해서 반환 |
| | ToLookup | ILookup〈TKey, TElement〉 | ILookup〈TKey, TElement〉로 변환해서 반환 |

| 종류 | 표준 쿼리 연산자 | 반환 형식 | 설명 |
|---|---|---|---|
| 연결 (Concatenation) | Concat | IEnumerable⟨T⟩ | 2개의 컬렉션을 연결해서 반환 |
| 집계 (Aggregation) | Aggregate | TSource | 각 요소에 대해 집계 함수를 실행한 결과를 반환 |
| | Average | 단일 숫자형 값 | 각 요소의 평균을 계산 |
| | Count | Int32 | 컬렉션의 수를 반환, 또는 조건을 만족하는 요소의 수를 반환 |
| | LongCount | Int64 | Int32.MaxValue보다 큰 요소의 수를 반환할 때 Count 대신 사용 |
| | Max | 단일 숫자형 값, TSource, 또는 TResult | 컬렉션 내의 요소 중 가장 큰 값을 반환 |
| | Min | 단일 숫자형 값, TSource, 또는 TResult | 컬렉션 내의 요소 중 가장 작은 값을 반환 |
| | Sum | 단일 숫자형 값 | 컬렉션의 요소에 대한 합계를 계산 |

갖가지 다양한 표준 연산자가 정의돼 있지만, 이를 프로그래밍 언어(C#, VB.NET)에서 문법적으로 지원하는 것은 별개의 문제다. 즉, 모든 표준 연산자를 문법적으로 지원해도 되지만 일부만 지원해도 상관없는 것이다.

실제로 C#과 VB.NET에 각각 구현된 LINQ 지원 문법의 개수는 다르다.

물론 LINQ 쿼리에 대응하지 않는 표준 연산자는 어차피 IEnumerable⟨T⟩ 타입을 대상으로 동작하기 때문에 LINQ 쿼리의 결과와 함께 쓸 수 있다. 예를 들어, 예제 8.12에서는 Max 확장 메서드를 LINQ 쿼리의 결과와 함께 사용하는 방법을 보여준다.

예제 8.12 Max와 LINQ 쿼리의 조합

```
var all = from person in people
            where person.Address == "Korea"
            select person;

// 주소가 Korea인 사람 가운데 가장 높은 연령을 추출
```

```
var oldestAge = all.Max((elem) => elem.Age);

Console.WriteLine(oldestAge); // 출력 결과: 63
```

다음은 예제 8.12의 쿼리를 확장 메서드만의 조합으로 표현한 것이다.

```
var oldestAge = people.Where((elem) => elem.Address == "Korea")
                      .Max((elem) => elem.Age);
```

Max와 같은 단일 값을 반환하는 메서드에는 또 다른 특이한 점이 하나 있다. 바로 LINQ 쿼리가 수행되자마자 결괏값이 생성된다는 것이다. 표 8.4의 표준 쿼리 연산자 가운데 IEnumerable〈T〉, IOrderedEnumerable〈TElement〉를 반환하는 메서드를 제외한 다른 모든 것들은 LINQ 식이 평가되면서 곧바로 실행된다. 이 말의 의미가 잘 이해되지 않는다면 메서드가 실행됐음을 인지할 수 있게 화면에 문자열을 출력하는 다음의 코드를 하나 마련해 두고

```
static bool IsEqual(string arg1, string arg2)
{
    Console.WriteLine("Executed");
    return arg1 == arg2;
}
```

이 메서드를 이용해 지연 테스트의 효과를 간단하게 테스트해볼 수 있다.

예제 8.13 LINQ 쿼리의 지연 실행 테스트

```
// LINQ 쿼리가 바로 실행됨
Console.WriteLine("ToList() executed");
var inKorea = (
    from person in people
    where IsEqual(person.Address, "Korea")
    select person
            ).ToList();

// 따라서 IsEqual 메서드의 실행으로 인해 화면에는 "Executed" 문자열이 출력됨
```

```
Console.ReadLine();

Console.WriteLine("IEnumerable<T> Where/Select evaluated");
// IEnumerable<T>를 반환하므로 LINQ 쿼리가 평가만 되고 실행되지 않음
var inKorea2 = from person in people
               where IsEqual(person.Address, "Korea")
               select person;

// 따라서 IsEqual 메서드가 실행되지 않으므로 화면에는 "Executed" 문자열이 출력되지 않음

Console.ReadLine();

// Take 확장 메서드 역시 IEnumerable<T>를 반환하므로 "Executed" 문자열이 출력되지 않음
Console.WriteLine("IEnumerable<T> Take evaluated");
var firstPeople = inKorea2.Take(1);

Console.ReadLine();

// 열거를 시작했을 때 LINQ 쿼리가 실제로 실행됨.
// 이때서야 비로소 "Executed" 문자열이 화면에 출력됨
foreach (var item in firstPeople)
{
    Console.WriteLine(item);
}

// 단일 값을 반환하는 Single 메서드의 호출은 곧바로 LINQ 쿼리가 실행되게 만듦
Console.WriteLine(firstPeople.Single());
```

예제 8.13의 IsEqual 메서드는 실행되는 즉시 화면에 'Executed'라는 문자열이 출력된다. 이로 인해 IEnumerable을 반환하지 않는 (from …… where …… select).ToList 코드가 실행되자마자 화면에 'Executed' 문자열이 출력되는 것을 확인할 수 있다. 하지만 그다음의 from …… where …… person 코드에서는 화면에 'Executed' 문자열이 출력되지 않는다. 왜냐하면 IEnumerable의 특성상 LINQ 식만 평가됐을 뿐 실제로 실행되지는 않기 때문이다. 또한 IEnumerable을 반환하는 Take 메서드 실행 시에도 화면에 'Executed'는 출력되지 않는다. 하지만 foreach로 열거하는 순간 IsEqual을 포함한 LINQ 쿼리가 비로소 실행돼 화면에 'Executed' 문자열이 출력된다. 마찬가지로 단일 값을 반환하는 Single 확장 메서드 역시 'Executed' 문자열이 출력되는 것을 볼 수 있다.

정리하자면 LINQ 쿼리라고 해서 모두 지연된 연산(lazy evaluation) 또는 지연 실행(deferred execution) 방식으로 동작하는 것은 아니다. 쿼리의 반환 타입이 IEnumerable〈T〉, IOrderedEnumerable〈TElement〉가 아니라면 그 즉시 실행되어 실행 결과가 반환된다는 점을 기억해 두자.

### 8.9.3 일관된 데이터 조회

지금까지 LINQ 쿼리가 IEnumerable〈T〉 타입과 그것을 상속받은 타입을 대상으로 동작한다고 이야기했다. 닷넷 응용 프로그램에서 IEnumerable〈T〉 대상이 되는 타입은 배열과 List〈T〉, Dictionary〈TKey, TValue〉 등의 컬렉션이기 때문에 지금까지 아무 문제 없이 LINQ 코드에 대한 실습을 할 수 있었던 것이다.

물론 그 밖의 데이터 원본에 대해서도 IEnumerable〈T〉를 상속받아 정의하기만 한다면 마찬가지로 LINQ 쿼리를 수행할 수 있다. 실제로 마이크로소프트는 일부 자료형에 대해 LINQ를 위한 IEnumerable〈T〉 상속 타입을 정의해뒀다. 예를 들어, XML 자료형에 LINQ 쿼리를 수행할 수 있게 'System.Xml.Linq' 네임스페이스 아래에 IEnumerable〈T〉와 연동이 가능한 XElement, XAttribute, XDocument 등의 타입을 만들어뒀다. 이런 식으로 특정 자료형에 대해 LINQ를 사용할 수 있게 별도로 타입을 정의해둔 것을 LINQ 제공자(provider)라고 하고, 'System.Xml.Linq'에 대해서는 특별히 LINQ to XML이라는 이름을 붙였다. 예상할 수 있겠지만, 이러한 'LINQ 제공자'는 다양하게 만들어질 수 있다. 마이크로소프트에서는 'LINQ to XML' 말고도 SQL 데이터베이스를 위한 LINQ 제공자를 'System.Data.Linq' 네임스페이스 아래에 구현해 뒀고 이에 LINQ to SQL이라고 이름을 붙였다. 아울러 지금까지 여러분이 실습한 코드는 별도의 LINQ 제공자 없이 닷넷 컬렉션에 대해 수행됐는데 이에 대해서도 LINQ to Objects라는 이름으로 구분해서 칭한다.

LINQ 기술이 의미 있는 이유는 갖가지 다양한 데이터 원본에 대한 접근법을 단일화했다는 것이다. 기존의 데이터 접근 방식에서는 데이터 원본마다 제공되는 별도의 API를 익혀서 사용해야 하는 불편함이 있었지만, LINQ의 도입으로 해당 데이터 원본마다 'LINQ 제공자'만 구현돼 있다면 데이터를 조회할 때 지금까지 배운 LINQ 쿼리를 일관되게 사용할 수 있는 것이다.

이해를 돕기 위해 LINQ에 대한 큰 그림을 그려 보면 그림 8.6으로 나타낼 수 있다.

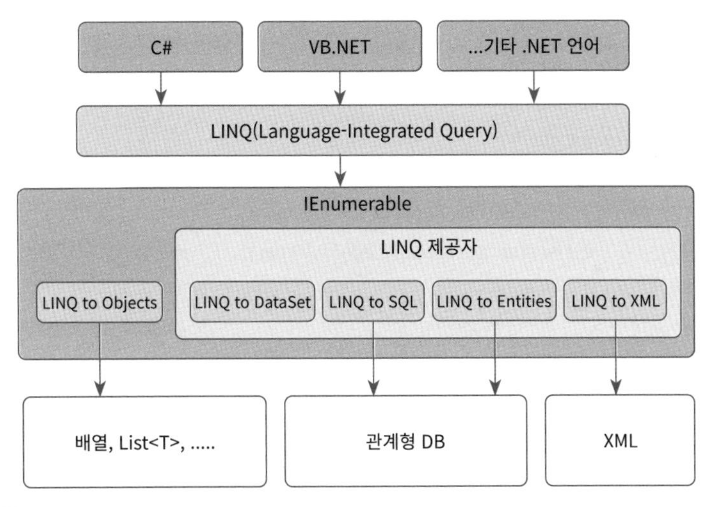


그림 8.6 LINQ 관계도

이 모든 것을 설명하기는 지면상 불가능하며, 이미 앞에서 LINQ to Objects의 사용법을 익혔기 때문에 나머지 데이터 원본에 대해서도 유사한 쿼리를 수행할 수 있는 기초는 마련됐다. 일례로 다음은 'LINQ to XML'이지만 어렵지 않게 소스코드를 파악할 수 있을 것이다.

예제 8.14 LINQ to XML

```
using System.Xml.Linq;

namespace ConsoleApp1;

class Program
{
    static void Main(string[] args)
    {
        string txt = @"
<people>
    <person name='anders' age='47' />
    <person name='winnie' age='13' />
</people>
";
        StringReader sr = new StringReader(txt);

        var xml = XElement.Load(sr);
```

```
        var query = from person in xml.Elements("person")
                    select person;

        foreach (var item in query)
        {
            Console.WriteLine(item.Attribute("name").Value + ": "
                            + item.Attribute("age").Value);
        }
    }
}
```

```
// 출력 결과
anders: 47
winnie: 13
```

# 09

# C# 4.0

## 9.1 선택적 매개변수와 명명된 인수

선택적 매개변수[1](optional parameter)란 메서드의 매개변수 가운데 전달되지 않은 인자가 있는 경우 미리 지정된 기본값을 사용하는 것을 의미한다. 이전까지는 예제 9.1처럼 메서드 오버로드를 통해 동일한 기능을 매개변수만 달리해서 구현하는 경우가 있었다.

예제 9.1 3개의 인자에 대한 메서드 오버로드 정의

```
namespace ConsoleApp1;


class Person
{
    public void Output(string name)
    {
        Output(name, 0, "Korea");
    }

    public void Output(string name, int age)
    {
        Output(name, age, "Korea");
    }
```

1 C# 5.0부터 선택적 매개변수를 통해 호출자 정보를 제공한다. (10.1절 '호출자 정보' 참고)

```
    public void Output(string name, int age, string address)
    {
        Console.WriteLine(string.Format("{0}: {1} in {2}", name, age, address));
    }
}

class Program
{
    static void Main(string[] args)
    {
        Person p = new Person();

        p.Output("Anders");
        p.Output("Winnie", 36);
        p.Output("Tom", 28, "Tibet");
    }
}
```

그런데 선택적 매개변수를 이용하면 예제 9.2처럼 단 하나의 메서드만 정의하는 것으로도 원하는 바를 이룰 수 있다.

예제 9.2 선택적 매개변수의 사용 예

```
class Person
{
    public void Output(string name, int age = 0, string address = "Korea")
    {
        Console.WriteLine(string.Format("{0}: {1} in {2}", name, age, address));
    }
}

class Program
{
    static void Main(string[] args)
    {
        Person p = new Person();

        p.Output("Anders");
        p.Output("Winnie", 36);
```

```
        p.Output("Tom", 28, "Tibet");
    }
}
```

보다시피 메서드의 매개변수를 정의할 때 기본값을 함께 명시하는 것으로 간단하게 해결된다. 선택적 매개변수와 구분하기 위해 예제 9.2의 Output 메서드에 있는 name 매개변수를 필수 매개변수(required parameter)라고 한다. 동작의 특성상 다음과 같은 몇 가지 규칙이 있음을 알아두자.

- 선택적 매개변수는 ref, out 예약어와 함께 사용할 수 없다.
- 선택적 매개변수가 시작되면 그 사이에 필수 매개변수를 사용할 수 없다.
- 선택적 매개변수가 시작돼도 마지막에는 params 유형의 매개변수를 정의할 수 있다.
- params 유형의 매개변수는 선택적 매개변수가 될 수 없다. 즉, 기본값을 지정할 수 없다.
- 선택적 매개변수의 기본값은 반드시 상수 표현식이어야 한다.
- 선택적 매개변수에 전달되는 인자는 차례대로 대응되며, 중간에 생략돼 전달될 수 없다.

이 가운데 맨 마지막 규칙은 명명된 인수(named argument)를 사용해서 해결할 수 있다. 예를 들어, 예제 9.2의 Output 메서드는 다음과 같이 호출할 수 없다.

```
p.Output("Tom", "Tibet"); // 컴파일 오류 발생! age를 생략하고,
                          // address 인자를 전달할 수 없다.
```

하지만 명명된 인수를 이용하면 원하는 값을 골라서 전달할 수 있다.

```
p.Output("Tom", address: "Tibet"); // address 매개변수를 지정해서 값을 전달
```

명명된 인수를 선택적 매개변수에만 적용할 수 있는 것은 아니며, 순서를 지킬 필요도 없다. 따라서 다음은 모두 유효한 메서드 호출에 해당한다.

```
p.Output(address: "Tibet", name: "Tom");
p.Output(age: 5, name: "Tom", address: "Tibet");
p.Output(name: "Tom");
```

## 9.2 dynamic 예약어

마이크로소프트는 기존의 C#, VB.NET, C++/CLI와 같은 정적 언어 말고도 동적 언어까지도 닷넷과 호환되도록 CLR을 바탕으로 한 DLR(Dynamic Language Runtime) 라이브러리를 내놓았다. 이로 인해 루비(Ruby)나 파이썬(Python) 같은 동적 언어까지도 닷넷에서 실행될 수 있게 각각 IronRuby, IronPython으로 포팅됐다. 그런데 문제는 이러한 동적 언어로 만들어진 프로그램의 타입 시스템을 C#과 같은 정적 언어에서 연동하는 방법이 없다는 점이다. 이런 문제를 해결하기 위해 마이크로소프트는 C# 4.0에 동적 언어와의 연동을 쉽게 할 수 있도록 dynamic 예약어를 추가한다. 원래 DLR 위에서 동작하는 언어와의 상호운영성을 높이는 것이 주된 목표였지만, 마이크로소프트는 C#의 dynamic 예약어를 통해 기존의 다른 문제까지도 자연스럽게 해결하게 된다.

우선, 간단한 사용 예를 보면서 설명을 계속해 보자.

예제 9.3 dynamic 사용 예

```
class Program
{
    static void Main(string[] args)
    {
        dynamic d = 5;

        int sum = d + 10;
        Console.WriteLine(sum);
    }
}
```

얼핏 보면, C# 3.0에 도입된 var 예약어와 비슷해 보인다. 하지만 그 둘 간의 결정적인 차이점은 var 예약어는 C# 컴파일러가 빌드 시점에 초깃값과 대응되는 타입으로 치환하는 반면, dynamic은 그렇게 하지 않는다는 것이다. 즉, dynamic 변수는 컴파일 시점에 타입을 결정하지 않고, 해당 프로그램이 실행되는 시점에 타입을 결정한다. 일례로 다음의 코드는 var 예약어와 dynamic 예약어의 차이를 보여준다.

```
var d = 5;
d = "test";    // 컴파일 오류: d == System.Int32로 결정되기 때문에 문자열을 받을 수 없음

d.CallFunc();  // 컴파일 오류: System.Int32 타입에는 CallFunc 메서드가 없음
```

```
dynamic d2 = 5;
d2 = "test";   // d2는 형식이 결정되지 않았기 때문에 다시 문자열로 초기화 가능

d2.CallFunc(); // 실행 시에 d2 변수의 타입으로 CallFunc을 호출하기 때문에
               // 컴파일 시에는 오류가 발생하지 않음. 하지만 실행 시에는 오류 발생
```

이제 dynamic의 마법 같은 동작을 파헤쳐 보기 위해 예제를 다음과 같이 간단하게 바꿔보자.

```
class Program
{
    static void Main(string[] args)
    {
        dynamic d = 5;

        d.CallTest(); // 정수 타입에는 CallTest 메서드가 없지만 컴파일 오류가 발생하진 않는다.
    }
}
```

dynamic의 비밀이란 아주 간단하다. C# 컴파일러는 dynamic 예약어가 사용된 이 코드를 컴파일 시점에 예제 9.4처럼 바꾸는 역할을 한다.

예제 9.4 C# 컴파일러가 dynamic 예약어를 위해 자동 생성하는 코드

```
using System.Runtime.CompilerServices;
using Microsoft.CSharp.RuntimeBinder;

namespace ConsoleApp1;

class Program
{
    public static CallSite<Action<CallSite, object>> p__Site1;

    // dynamic 예약어를 쓰기 싫다면 다음과 같이 직접 코딩해도 동작한다.
    // 하지만 dynamic 예약어를 쓰는 것이 코드 가독성 측면에서 낫다.
    static void Main(string[] args)
    {
        object d = 5;
```

```
        if (p__Site1 == null)
        {
            p__Site1 = CallSite<Action<CallSite, object>>.Create(
               Binder.InvokeMember(CSharpBinderFlags.ResultDiscarded,
                                   "CallTest", null, typeof(Program),
                                   new CSharpArgumentInfo[] {
            CSharpArgumentInfo.Create(CSharpArgumentInfoFlags.None, null)
                                   }));
        }
        p__Site1.Target(p__Site1, d);
    }
}
```

보다시피 원래의 변수 d는 object 타입으로 바뀌었고, 그것이 사용될 때마다 CallSite.Target 메서드를 통해 실행한다. CallSite가 구체적으로 어떤 클래스인지 설명하는 것은 이 책의 범위를 넘어설뿐더러 이런 식으로 직접 사용할 일은 없기 때문에 몰라도 상관없다. 중요한 것은 dynamic 예약어도 단지 간편 표기의 한 부류에 지나지 않는다는 점이다.

dynamic의 실체가 드러난 예제 9.4를 보면 왜 C# 컴파일러가 컴파일 시점에 CallTest 메서드가 없어도 컴파일 오류를 발생시키지 않는지 이해될 것이다. 또한 해당 코드가 컴파일은 됐지만 결국 object 변수 안에 있는 System.Int32 타입의 인스턴스에는 CallTest 메서드가 존재하지 않으므로 프로그램을 실행하면 예외가 발생하리라는 점도 이해할 수 있다.

dynamic의 기본 동작 방식을 이해하게 됐으니 이를 토대로 구현되는 각종 dynamic의 사용 예제를 익혀보자.

### 9.2.1 리플렉션 개선

6.9절 '리플렉션'에서 본 것처럼 리플렉션 기술은 소스코드를 매우 복잡하게 만든다. 예를 들어 다음 코드를 보자.

```
string txt = "Test Func";
bool result = txt.Contains("Test");
```

여기서 Contains 메서드를 리플렉션으로 호출하면 코드가 한층 더 복잡해진다.

```
string txt = "Test Func";

Type type = txt.GetType();
MethodInfo containsMethodInfo = type.GetMethod("Contains");
if (containsMethodInfo != null)
{
    object returnValue = containsMethodInfo.Invoke(txt, new object[] { "Test" });
    bool callResult = (bool)returnValue;
}
```

위의 코드에서 type.GetMethod를 호출할 때 인자로 "Contains"라는 메서드명이 들어간 것을 볼 수 있다. 혹시 이것이 dynamic 예약어로 자동 생성된 예제 9.4에 포함된 Binder.InvokeMember의 "CallTest" 이름이 들어간 것과 어딘가 모르게 유사한 것 같지 않은가? 실제로 리플렉션 기술이 dynamic의 근간을 이루고 있기 때문에 dynamic 예약어를 리플렉션의 간편 표기법 정도로 여기고 사용해도 무방하다.

```
dynamic txt = "Test Func";
bool result = txt.Contains("Test");
```

이러한 특성은 확장 모듈(Plug-in)을 사용하기 쉽게 만들어준다. 기존에는 Assembly.LoadFrom 등으로 직접 로드한 어셈블리 안에 있는 타입의 메서드를 호출하려면 리플렉션을 이용해야만 했다. 하지만 dynamic을 사용하면 확장 모듈로부터 생성된 객체를 dynamic 변수에 담아 사전에 정의된 메서드의 이름으로 호출하기만 하면 된다.

### 9.2.2 덕 타이핑

둘 이상의 타입에서 '동일한 이름'으로 제공되는 속성 또는 메서드가 있다고 했을 때 여기에 접근해야 하는 코드를 작성하고 싶다면 보통은 다음과 같이 인터페이스나 부모 클래스를 공유하고

```
interface IBird
{
    void Fly();
}

class Duck : IBird
```

```
{
    public void Fly()
    {
        Console.WriteLine("Duck fly");
    }
}

class Goose : IBird
{
    public void Fly()
    {
        Console.WriteLine("Goose fly");
    }
}
```

상속 관계를 이용해 호출할 수 있게 만든다.

```
void StrongTypeCall(IBird bird)
{
    bird.Fly();
}

StrongTypeCall(new Duck());
StrongTypeCall(new Goose());
```

하지만 모든 타입이 이런 식의 구조적인 호출 관계를 따르지는 않는다. 예를 들어, string 타입과 List〈T〉 타입은 동일하게 IndexOf 메서드를 제공하지만 두 타입은 IndexOf 메서드를 위한 기반 타입을 상속받은 것은 아니기 때문에 공통 타입이 없다. 이러한 경우 dynamic을 사용하면 아무 문제 없이 처리된다.

**예제 9.5 덕 타이핑**

```
int DuckTypingCall(dynamic target, dynamic item)
{
    return target.IndexOf(item);
}

string txt = "test func";
```

```
List<int> list = new List<int> { 1, 2, 3, 4, 5 };

Console.WriteLine(DuckTypingCall(txt, "test")); // 출력 결과: 0
Console.WriteLine(DuckTypingCall(list, 3));     // 출력 결과: 2
```

덕 타이핑(duck typing; 오리 타이핑)의 타이핑(typing)은 '형식 적용'을 의미한다. 일반적으로 객체지향 언어에서는 강력한 형식(strong type)이 적용돼 있어 특정 속성이나 메서드를 호출하고 싶다면 반드시 그 형식을 기반으로 동작하게 된다. 하지만 동적 언어에서 널리 사용되는 덕 타이핑은 강력한 형식을 기반으로 하지 않고 단지 같은 이름의 속성이나 메서드가 공통으로 제공되면 그것을 기능적인 관점에서 동일한 객체라고 본다. 예제 9.5처럼 비록 string과 List〈T〉가 객체지향 관점에서 보면 완전히 별개의 객체지만 IndexOf 메서드의 기능이 동일하게 제공된다는 관점에서 보면 같은 객체라고 볼 수 있는 것이다.

dynamic 예약어는 동적 언어에서나 가능하던 덕 타이핑을 정적 언어인 C#에서 가능하게 만든다.

### 9.2.3 동적 언어와의 타입 연동

이번 절에서는 실습을 위해 동적 언어가 필요하다. 현재 동적 언어로서 비주얼 스튜디오에 가장 통합이 잘 된 언어는 파이썬의 CLR 버전인 IronPython이기 때문에 이를 대상으로 실습을 진행한다.

의외로 IronPython을 적용하는 방법은 간단하다. 비주얼 스튜디오에서 파이썬과 연동할 C# 프로젝트를 생성한 다음, [도구(Tools)] → [NuGet 패키지 관리자(NuGet Package Manager)] → [패키지 관리자 콘솔(Package Manager Console)] 메뉴를 선택하면 나오는 창에서 다음과 같은 명령을 실행한다.

```
PM> Install-Package IronPython
...[생략]...
ConsoleApp1에 'DynamicLanguageRuntime 1.3.4'을(를) 설치했습니다.
ConsoleApp1에 'IronPython 3.4.1'을(를) 설치했습니다.
ConsoleApp1에 'Mono.Unix 7.1.0-final.1.21458.1'을(를) 설치했습니다.
ConsoleApp1에 'System.CodeDom 6.0.0'을(를) 설치했습니다.
...[생략]...
```

그럼 C# 프로젝트에 DLR(Dynamic Language Runtime) 및 IronPython을 사용할 수 있는 관련 어셈블리가 자동으로 참조 추가된다. 이렇게만 하면 C# 프로젝트에서 IronPython과 연동할 준비가 모두 끝난다. 이제 C# 프로젝트에 추가된 IronPython.dll 어셈블리에서 제공되는 타입을 이용해 파이썬 코드를 C#에서 실행할 수 있다.

간단하게 C#에서 파이썬 코드만을 실행한다면 예제 9.6과 같이 작성할 수 있다.

예제 9.6 C#에서 파이썬 코드 실행

```
using IronPython.Hosting;

namespace ConsoleApp1;

class Program
{
    static void Main(string[] args)
    {
        var scriptEngine = Python.CreateEngine();

        // code 변수에 담긴 문자열은 파이썬 코드임
        string code = @"
print('Hello Python')
";
        scriptEngine.Execute(code); // 파이썬 코드가 실행되면서
                                    // 콘솔 화면에는 'Hello Python' 문자열 출력
    }
}
```

사실 예제 9.6은 Python 소스코드를 실행하는 단순한 수준의 연동일 뿐이다. 본격적으로 C# 소스코드에 dynamic 예약어를 사용하면 또 다른 수준의 연동이 가능하다. 가령 파이썬 소스코드에 정의된 함수를 C#에서 직접 호출할 수 있다. 물론 인자도 넘길 수 있고 반환값도 받을 수 있다.

```
using IronPython.Hosting;

namespace ConsoleApp1;

class Program
{
```

```
    static void Main(string[] args)
    {
        var scriptEngine = Python.CreateEngine();
        var scriptScope = scriptEngine.CreateScope();

        // 파이썬에서 AddFunc 함수를 정의
        string code = @"
def AddFunc(a, b):
    print('AddFunc called')
    return (a + b)
";
        scriptEngine.Execute(code, scriptScope);

        // 파이썬 엔진에서 해석된 AddFunc 참조를 dynamic 변수로 받고,
        dynamic addFunc = scriptScope.GetVariable("AddFunc");

        // dynamic 변수를 마치 델리게이트 타입인 것처럼 메서드를 호출
        // 결과적으로 C#에서 파이썬의 함수를 직접 실행
        int nResult = addFunc(5, 10);

        Console.WriteLine(nResult);
    }
}
```

보다시피 dynamic 예약어 덕분에 파이썬에 정의된 AddFunc 함수를 C#에서 쉽게 호출할 수 있다. 예제를 조금만 더 바꾸면 파이썬에서 C# 코드를 호출하게 만들 수도 있다.

```
using IronPython.Hosting;

namespace ConsoleApp1;

class Program
{
    static void Main(string[] args)
    {
        var scriptEngine = Python.CreateEngine();
        var scriptScope = scriptEngine.CreateScope();
```

```
        List<string> list = new List<string>();
        // C#의 list 변수를 파이썬에 전달
        scriptScope.SetVariable("myList", list);

        // 파이썬에서는 C#으로부터 전달받은 객체를 사용
        string code = @"
myList.Add('my')
myList.Add('python')
";
        scriptEngine.Execute(code, scriptScope);

        // 파이썬에 의해 list에는 "my", "python"이라는 2개의 요소가 포함됨
        foreach (var item in list)
        {
            Console.WriteLine(item);
        }
    }
}
```

ScriptScope 타입의 SetVariable 메서드로 파이썬 소스코드에서 사용되는 변수를 C# 타입으로 전달하고, 파이썬 코드에서는 그렇게 전달된 C# 객체의 메서드를 직접 호출해 사용한다.

Note 기본적인 파이썬 코드의 실행은 패키지 관리자 콘솔을 통해 설치한 DLR과 IronPython 어셈블리로도 가능하지만, 그 밖에 파이썬에서 지원되는 '모듈(module)'을 사용하려면 별도로 다음 URL을 통해 IronPython 2.7.12 또는 IronPython3.4.1을 내려받아 사용해야 한다.

**IronPython 2.7.12 다운로드**

- https://github.com/IronLanguages/ironpython2/releases

**IronPython 3.4.1 다운로드**

- https://github.com/IronLanguages/ironpython3/releases

## 9.3 동시성 컬렉션(Concurrent Collections)

Note 이번 절은 C# 언어의 문법과 관련이 없다. 단지 C# 4.0과 함께 배포한 닷넷 BCL에 추가된 타입 중 스레드와 연관해 알아 둘 필요가 있는 내용을 정리했다.

이전에 6.6.2절 'System.Threading.Monitor'를 이용한 공유 리소스 접근은 단 한 개의 변수를 대상으로 설명했다. 하지만 현실적으로 문제를 많이 겪는 유형은 공유 리소스가 컬렉션인 경우다.

예를 들어, 다음의 코드는 list 공유 자원을 2개의 메서드에서 각각 추가/열거하고 있다.

```
internal class Program
{
    static List<int> list = new List<int>();

    static void Main(string[] args)
    {
        list.AddRange(Enumerable.Range(1, 100));

        ChangeList();
        EnumerateList();
    }

    private static void EnumerateList()
    {
        foreach (var item in list)
        {
            Console.WriteLine(item);
        }
    }

    private static void ChangeList()
    {
        for (int i = 1; i <= 10; i ++)
        {
            list.Add(100 + i);
            Thread.Sleep(16);
        }
    }
}
```

단일 스레드 상황에서는 ChangeList와 EnumerateList 메서드의 사용은 아무런 문제가 없다. 하지만 이것이 다중 스레드에서 사용되는 경우라면 상황이 달라진다.

```
static void Main(string[] args)
{
    list.AddRange(Enumerable.Range(1, 100));

    ThreadPool.QueueUserWorkItem((arg) =>
    {
        ChangeList();
    });

    ThreadPool.QueueUserWorkItem((arg) =>
    {
        EnumerateList();
    });

    Console.ReadLine(); // 프로그램 종료를 막기 위해
}

/* 실행 시 예외 발생
Unhandled exception. System.InvalidOperationException: Collection was modified; enumeration
operation may not execute.
   at System.Collections.Generic.List`1.Enumerator.MoveNext()
   at Program.EnumerateList()
   at Program.<>c.<Main>b__1_1(Object arg)
   at System.Threading.ThreadPoolWorkQueue.Dispatch()
   at System.Threading.PortableThreadPool.WorkerThread.WorkerThreadStart()
*/
```

일반적으로 다중 스레드가 공유 리소스에 접근하면 버그는 발생하겠지만 저렇게 예외까지 발생하진 않는다. 단지 예제에서 사용한 List〈T〉 타입[2]은 foreach로 열거하는 동안 목록의 수가 바뀌면 'Collection was modified'라는 예외를 발생시키도록 만들어졌기 때문에 나타난 현상이다.

위의 경우 이런 문제를 해결하려면 공유 자원인 컬렉션에 대해 동기화를 적용해야 한다.

```
private static void EnumerateList()
{
```

2 System.Collections와 System.Collections.Generic 네임스페이스에서 제공하는 모든 컬렉션은 foreach로 열거하는 중에 요소 수가 변경되는 것을 허용하지 않는다.

```
    lock (list)
    {
        foreach (var item in list)
        {
            Console.WriteLine(item);
        }
    }
}

private static void ChangeList()
{
    for (int i = 1; i <= 10; i++)
    {
        lock (list)
        {
            list.Add(100 + i);
        }

        Thread.Sleep(16);
    }
}
```

변경 후, EnumerateList 메서드는 lock의 범위에 foreach 열거가 통째로 포함됐으므로 그것이 실행되는 동안에는 ChangeList의 list.Add 메서드가 끼어들 수 없게 돼 실행 시 예외가 발생하지 않는다.

현업에서 개발하게 되면 컬렉션의 이러한 다중 스레드 접근은 꽤나 빈번하게 발생하며 그때마다 개발자가 일일이 동기화 코드를 추가하는 것은 여간 번거로운 일이 아닐 수 없다. 다행히 마이크로소프트는 이를 위한 전용 컬렉션을 닷넷 BCL에 System.Collections.Concurrent 네임스페이스로 묶어 제공한다.

- BlockingCollection<T>: Producer/Consumer 패턴에서 사용하기 좋은 컬렉션
- ConcurrentBag<T>: List<T>의 순서가 지켜지지 않는 동시성 버전
- ConcurrentDictionary<TKey,TValue>: Dictionary<TKey,TValue>의 동시성 버전
- ConcurrentQueue<T>: Queue<T>의 동시성 버전
- ConcurrentStack<T>: Stack<T>의 동시성 버전

위의 컬렉션들은 모두 스레드에 안전(thread-safe)하므로 다중 스레드 환경에서 개발자가 별도의 동기화 코드를 작성할 필요가 없어졌다. 실제로 다음의 코드는 위의 List〈T〉 사용 예제에서 ConcurrentBag〈T〉로 바꿔 필요 없는 동기화 코드를 모두 제거한 상태지만 정상적으로 실행되는 것을 확인할 수 있다.

```
internal class Program
{
    static ConcurrentBag<int> list = new ConcurrentBag<int>();

    static void Main(string[] args)
    {
        foreach (var item in Enumerable.Range(1, 100))
        {
            list.Add(item);
        }

        // ThreadPool.QueueUserWorkItem 코드 생략

        Console.ReadLine();
    }

    private static void EnumerateList()
    {
        foreach (var item in list)
        {
            Console.WriteLine(item);
        }
    }

    private static void ChangeList()
    {
        for (int i = 1; i <= 10; i++)
        {
            list.Add(100 + i);
            Thread.Sleep(16);
        }
    }
}
```

# 10

# C# 5.0

## 10.1 호출자 정보

닷넷은 시작부터 윈도우를 지원했기 때문에 기존의 C/C++로 윈도우 프로그램을 만들던 개발자가 C#으로 많이 넘어왔다. C#이 C/C++와 비교해서 많은 장점을 가지고 있긴 하지만, C/C++에서 제공되던 기능이 C#에 없다는 것이 늘 아쉬웠는데, 그러한 기능 중 하나가 바로 __LINE__, __FILE__과 같은 매크로(macro) 상수다. 이러한 매크로 상수가 실제로 디버깅에 매우 유용하게 사용됐기에 C#에서도 이에 대한 요구사항을 수용해 호출자 정보(caller information)로 구현됐다. 하지만 매크로를 통해 구현된 것은 아니고 C#의 특징을 살려 특성(attribute)과 선택적 매개변수의 조합으로 구현됐다.

이해를 돕기 위해 우선 예제 10.1을 입력하고 실행해 보자.

예제 10.1 호출자 정보를 사용

```
using System.Runtime.CompilerServices;

namespace ConsoleApp1;

class Program
{
    static void Main(string[] args)
    {
        LogMessage("테스트 로그");
    }
```

```
    static void LogMessage(string text,
        [CallerMemberName] string memberName = "",
        [CallerFilePath] string filePath = "",
        [CallerLineNumber] int lineNumber = 0)
    {
      Console.WriteLine("텍스트: " + text);
      Console.WriteLine("LogMessage를 호출한 메서드 이름: " + memberName);
      Console.WriteLine("LogMessage를 호출한 소스코드의 파일명: " + filePath);
      Console.WriteLine("LogMessage를 호출한 소스코드의 라인 번호: " + lineNumber);
    }
}
```

```
// 출력 결과
텍스트: 테스트 로그
LogMessage를 호출한 메서드 이름: Main
LogMessage를 호출한 소스코드의 파일명: c:\temp\ConsoleApp1\Program.cs
LogMessage를 호출한 소스코드의 라인 번호: 10
```

'호출자 정보'란 단어 그대로 '호출하는 측의 정보'를 메서드의 인자로 전달하는 것을 말한다. 이렇게 제공되는 호출자 정보는 현재 세 가지만 허용된다.

표 10.1 C# 5.0에서 제공되는 호출자 정보

| 특성 | 설명 |
|---|---|
| CallerMemberName | 호출자 정보가 명시된 메서드를 호출한 측의 메서드 이름 |
| CallerFilePath | 호출자 정보가 명시된 메서드를 호출한 측의 소스코드 파일 경로 |
| CallerLineNumber | 호출자 정보가 명시된 메서드를 호출한 측의 소스코드 라인 번호 |

당연한 규칙이겠지만 호출자 정보 특성이 명시된 매개변수는 반드시 선택적 매개변수 형식이어야 한다. 또한 세 가지 호출자 정보 특성이 모두 사용될 필요는 없고 필요한 특성만 선택적으로 메서드에 지정해도 무방하다.

호출자 정보는 소스코드와 관련이 있기 때문에 이 정보들은 C# 컴파일러에 의해 소스코드 컴파일 시점에 호출자 정보의 특성에 따른 인자값으로 치환된다. 즉, 예제 10.1의 LogMessage 호출은 실제로 컴파일 시점에 다음과 같이 치환되어 빌드되는 것과 같다.

```
class Program
{
    static void Main(string[] args)
    {
        LogMessage("테스트 로그", "Main", @"c:\temp\ConsoleApp1\Program.cs", 10);
    }
}
```

## 10.2 비동기 호출

C# 5.0에는 async와 await[1] 예약어가 새롭게 추가됐다. 이 예약어를 이용하면 비동기 호출을 마치 동기 방식처럼 호출하는 코드를 작성할 수 있다.

동기식과 비교해 비동기 호출이 얼마나 복잡했었는지는 6.6절 '스레딩'에서 다룬 예제 6.28 '동기 방식의 파일 읽기', 예제 6.29 '비동기 방식의 파일 읽기'를 보면 알 수 있다. 여기서 그 코드를 한번 더 정리해 보자. 디스크로부터 파일의 내용을 읽는 동기 방식의 Read 메서드는 명령어가 순차적으로 실행됐다.

```
using (FileStream fs =
        new FileStream(@"C:\windows\system32\drivers\etc\services", FileMode.Open, FileAccess.
Read, FileShare.ReadWrite))
{
    byte[] buf = new byte[fs.Length];
    fs.Read(buf, 0, buf.Length);

// 스레드가 Read 메서드를 완료한 후 파일의 내용을 화면에 출력하는 코드를 순차적으로 실행
    string txt = Encoding.UTF8.GetString(buf);
    Console.WriteLine(txt);
}
```

하지만 비동기 버전의 BeginRead 메서드를 호출했을 때는 Read 동작 이후의 코드를 별도로 분리해 Completed 같은 형식의 메서드에 담아 처리해야 하는 불편함이 있었다.

1 C# 6.0부터 catch/finally 블록 내에서도 await을 사용할 수 있도록 개선됐다. (11.10절 '기타 개선 사항' 참고)

```
private static void AsyncRead()
{
    FileStream fs =
        new FileStream(@"C:\windows\system32\drivers\etc\services", FileMode.Open, FileAccess.
Read, FileShare.ReadWrite, 4096, true);

    FileState state = new FileState(); // FileState 정의는 예제 6.29 참고
    state.Buffer = new byte[fs.Length];
    state.File = fs;

    fs.BeginRead(state.Buffer, 0, state.Buffer.Length, readCompleted, state);
    // Read가 완료된 후의 코드를 readCompleted로 넘겨서 처리

    Console.ReadLine();
    fs.Close();
}

// 읽기 작업이 완료되면 스레드 풀의 자유 스레드가 readCompleted 메서드를 실행
static void readCompleted(IAsyncResult ar)
{
    FileState state = ar.AsyncState as FileState;
    state.File.EndRead(ar);

    string txt = Encoding.UTF8.GetString(state.Buffer);
    Console.WriteLine(txt);
}
```

그런데 위의 두 가지 코드를 가만히 보면 동기를 비동기로 바꾸는 것은 Read 호출 이후의 코드를 BeginRead에 전달하는 것으로 해결된다는 사실을 알 수 있다.

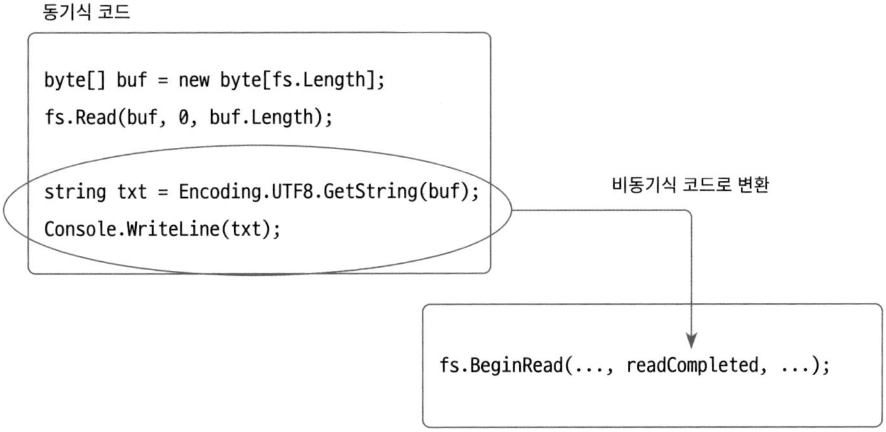

동기식 코드

```
byte[] buf = new byte[fs.Length];
fs.Read(buf, 0, buf.Length);

string txt = Encoding.UTF8.GetString(buf);
Console.WriteLine(txt);
```

비동기식 코드로 변환

```
fs.BeginRead(..., readCompleted, ...);
```

그림 10.1 동기식을 비동기로 바꾸는 요령

혹시 이 작업을 컴파일러가 알아서 해줄 수는 없을까? 바로 그런 목적으로 탄생한 것이 C# 5.0의 async/await 예약어다. 이를 이용해 예제 6.29를 async/await 비동기로 바꾸면 예제 10.2가 된다.

예제 10.2 async/await이 적용된 비동기 호출

```
using System.Text;

namespace ConsoleApp1;

class Program
{
    static void Main(string[] args)
    {
        AwaitRead();
        Console.ReadLine();
    }

    private static async void AwaitRead()
    {
        using (FileStream fs =
        new FileStream(@"C:\windows\system32\drivers\etc\services", FileMode.Open, FileAccess.
Read, FileShare.ReadWrite, 4096, true))
        {
            byte[] buf = new byte[fs.Length];
            await fs.ReadAsync(buf, 0, buf.Length);
```

```
        // 아래의 두 라인은 C# 컴파일러가 분리해 ReadAsync 비동기 호출이 완료된 후 호출
            string txt = Encoding.UTF8.GetString(buf);
            Console.WriteLine(txt);
        }
    }
}
```

닷넷에 구현된 FileStream 타입은 await 비동기 호출에 사용되는 ReadAsync 메서드를 새롭게 제공한다. 이름에서 알 수 있듯이 ReadAsync 메서드는 BeginRead와 마찬가지로 비동기로 호출된다. 하지만 ……Async 류의 비동기 호출에 await 예약어가 함께 쓰이면 C# 컴파일러는 이를 인지하고 그 이후의 코드를 묶어서 ReadAsync의 비동기 호출이 끝난 후에 실행되도록 코드를 변경해서 컴파일한다. 그 덕분에 비동기 호출을 마치 동기 호출처럼 코드를 작성할 수 있는 것이다.

정말로 비동기로 처리되는지 여부는 코드를 수행하는 스레드 ID를 출력하는 코드를 넣어 직접 확인할 수 있다.

```
byte[] buf = new byte[fs.Length];

Console.WriteLine("Before ReadAsync: " + Thread.CurrentThread.ManagedThreadId);
await fs.ReadAsync(buf, 0, buf.Length);
Console.WriteLine("After ReadAsync: " + Thread.CurrentThread.ManagedThreadId);

string txt = Encoding.UTF8.GetString(buf);
Console.WriteLine(txt);
```

위 코드를 실행해 보면 await fs.ReadAsync 코드가 호출되기 전의 스레드 ID와 호출된 후의 스레드 ID가 다르게 출력되는 것을 확인할 수 있다. 즉, await 이후의 코드는 C# 컴파일러에 의해 분리돼 ReadAsync 작업이 완료된 후 별도의 스레드에서 실행된다는 것을 알 수 있다. 이때의 스레드 관계를 정리해 보면 그림 10.2처럼 나타낼 수 있고 이는 BeginRead를 이용했던 그림 6.17의 상황과 거의 같다.

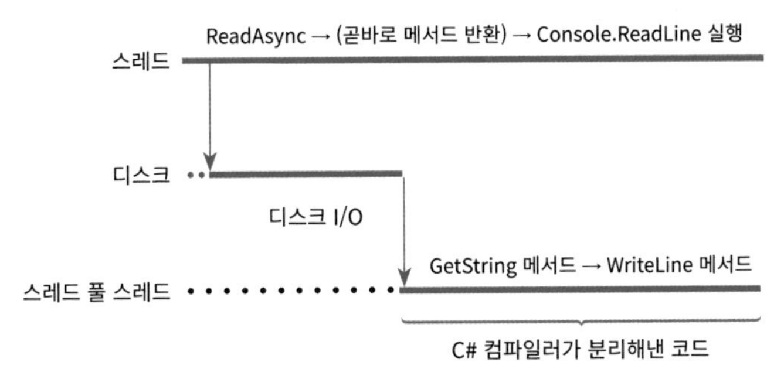


그림 10.2 await를 적용한 후의 스레드 실행 관계

마지막으로 async/await가 문맥 예약어라는 것을 알아 둘 필요가 있다. 예를 들어 기존의 응용 프로그램은 C# 4.0 문법을 따라 다음의 코드가 잘 컴파일됐다.

```
void NormalFunc()
{
    int await = 5;
    Console.WriteLine(await);
}
```

그런데 C# 5.0에서도 await 식별자가 예약어로 바뀌었음에도 여전히 컴파일이 잘 된다. 그 이유는 무엇일까? await은 메서드에 async가 지정되지 않으면 예약어로 인식되지 않기 때문이다. 결국 async 예약어는 await 토큰을 C# 컴파일러에게 식별자로서 인식할 것이냐, 예약어로서 인식할 것이냐를 알려주는 역할을 한다. 실제로 위의 코드에서 async 예약어를 지정하면 C# 컴파일러는 await을 예약어로 취급하고 "'await'는 비동기 메서드나 람다 식 내에서 식별자로 사용할 수 없습니다('await' cannot be used as an identifier within an async method or lambda expression)."라는 오류를 발생시킨다.

```
async void NormalFunc()
{
    int await = 5; // 컴파일 에러!
    Console.WriteLine(await);
}
```

### 10.2.1 닷넷 BCL에 추가된 Async 메서드

async/await의 도입으로 비동기 호출 코드가 매우 간결해졌다. 이러한 편리함을 누릴 수 있게 마이크로소프트는 기존의 BCL 라이브러리에 제공되던 복잡한 비동기 처리에 async/await 호출이 가능한 메서드를 추가했다.

FileStream과는 다른 방식으로 비동기를 지원하는 WebClient 타입[2]을 예로 들어보자. 이 타입은 HTTP 요청을 전달해 그 응답을 문자열로 반환하는 DownloadString 메서드를 제공하는데, 예제 10.3에서 이를 이용한 동기 호출을 보여준다.

예제 10.3 동기식 코드

```
using System.Net;

namespace ConsoleApp1;

class Program
{
    static void Main(string[] args)
    {
        WebClient wc = new WebClient();
        string text = wc.DownloadString("https://www.naver.com");
        Console.WriteLine(text);
    }
}
```

예제 10.3을 비동기로 구현하면 코드가 복잡하게 바뀐다.

```
using System.Net;

namespace ConsoleApp1;

class Program
{
    static void Main(string[] args)
```

2 6.7.6절에서 다룬 System.Net.Http.HttpClient 타입이 나오기 전 많이 사용되던 타입이다. 현재는 WebClient를 사용하면 "warning SYSLIB0014: 'WebClient.WebClient()'은(는) 사용되지 않습니다. 'WebRequest, HttpWebRequest, ServicePoint, and WebClient are obsolete. Use HttpClient instead.'"라는 경고가 발생한다.

```
    {
        WebClient wc = new WebClient();

        // DownloadStringAsync 동작이 완료됐을 때 호출할 이벤트 등록
        wc.DownloadStringCompleted += wc_DownloadStringCompleted;

        // DownloadString의 비동기 메서드
        wc.DownloadStringAsync(new Uri("https://www.naver.com"));
        Console.ReadLine();
    }

    static void wc_DownloadStringCompleted(object sender,
                                           DownloadStringCompletedEventArgs e)
    {
        Console.WriteLine(e.Result); // e.Result == HTML 텍스트
    }
}
```

하지만 C# 5.0의 async/await의 도움을 받으면 다음과 같이 마치 동기 호출을 하는 것처럼 간단하게 작성할 수 있다.

```
private static async void AwaitDownloadString()
{
    WebClient wc = new WebClient();
    string text = await wc.DownloadStringTaskAsync("https://www.naver.com");
    Console.WriteLine(text);
}
```

참고로, 6.7.6절 'System.Net.Http.HttpClient'의 동기 호출한 HttpClient 예제를 이제는 다음과 같이 비동기 호출로 만들 수 있다.

```
private static async void AwaitDownloadString()
{
    // Result 속성을 접근해 동기식으로 호출했던 코드를
    // string text = _client.GetStringAsync("https://www.naver.com").Result;

    // 비동기 호출로 변환
```

```
    string text = await _client.GetStringAsync("https://www.naver.com");
    Console.WriteLine(text);
}
```

Socket에 추가된 Async 메서드도 살펴보자. 이를 이용해 6.7절 '네트워크 통신'에서 복잡하게 다뤘던 예제 6.39 'TCP 서버의 비동기 통신'을 다음과 같이 좀 더 이해하기 쉬운 코드로 변경할 수 있다.

```
using System.Net;
using System.Net.Sockets;
using System.Text;

namespace ConsoleApp1;

class Program
{
    static void Main(string[] args)
    {
        Socket listener = new Socket(AddressFamily.InterNetwork, SocketType.Stream, ProtocolType.
Tcp);
        listener.Bind(new IPEndPoint(IPAddress.Any, 11200));
        listener.Listen(10);

        while (true)
        {
            var client = listener.Accept();
            ProcessTcpClient(client);
        }
    }

    private static async void ProcessTcpClient(Socket client)
    {
        byte[] buffer = new byte[1024];
        int received = await client.ReceiveAsync(buffer);

        string txt = Encoding.UTF8.GetString(buffer, 0, received);

        byte[] sendBuffer = Encoding.UTF8.GetBytes("Hello: " + txt);
        await client.SendAsync(sendBuffer);
```

```
        client.Close();
    }
}
```

이 코드는 동기식 호출 패턴과 매우 유사하지만 분명히 예제 6.39처럼 비동기 방식으로 동작한다. 코드의 양과 복잡도를 비교했을 때 async/await으로 인한 비동기 호출의 장점을 확연하게 알 수 있다.

이 밖에도 I/O를 담당하는 Stream 기반 클래스를 비롯해 몇몇 타입에 기존의 Begin/End 델리게이트로 구현된 비동기 메서드에 대응하는 Async 메서드가 추가됐다.

### 10.2.2 Task, Task〈TResult〉 타입

지금까지 await과 함께 사용된 메서드를 보면 한 가지 공통점을 발견할 수 있다.

FileStream 타입
→ public **Task〈int〉 ReadAsync**(byte[] buffer, int offset, int count);

Socket 타입
→ public **Task〈int〉** Receive**Async**(ArraySegment〈byte〉 buffer);
→ public **Task〈int〉** Send**Async**(ArraySegment〈byte〉 buffer);

즉, await으로 대기할 수 있는 ……Async 메서드의 반환값이 모두 Task 또는 Task〈TResult〉 유형이라는 점이다. Task 타입은 반환값이 없는 경우 사용되고, Task〈TResult〉 타입은 TResult 형식 매개변수로 지정된 반환값이 있는 경우로 구분되는데, await 비동기 처리와는 별도로 원래부터 닷넷에 추가된 병렬 처리 라이브러리(TPL: Task Parallel Library)에 속한 타입이다.

따라서 await 없이 Task 타입을 단독으로 사용하는 것도 가능한데, 간단하게 설명하면 6.6절 '스레딩'에서 배운 ThreadPool.QueueUserWorkItem 메서드의 대용으로 쓸 수 있다.

예제 10.4 Task 타입

```
namespace ConsoleApp1;

class Program
{
    static void Main(string[] args)
    {
```

```
        // 기존의 QueueUserWorkItem으로 별도의 스레드에서 작업을 수행
        ThreadPool.QueueUserWorkItem(
            (obj) =>
            {
                Console.WriteLine("process workitem");
            }, null);

        // Task 타입을 이용해 별도의 스레드에서 작업을 수행
        Task task1 = new Task(
            () =>
            {
                Console.WriteLine("process taskitem");
            });

        task1.Start();

        Task task2 = new Task(
            (obj) =>
            {
                Console.WriteLine("process taskitem(obj)");
            }, null);

        task2.Start();

        Console.ReadLine();
    }
}
```

보다시피 Task 타입의 생성자는 C# 3.0에 추가됐던 Action 타입의 델리게이트 인자를 받는다. 그리고 Start 메서드가 호출되면 내부적으로 ThreadPool의 자유 스레드를 이용해 Action 델리게이트로 전달된 코드를 수행한다.

Task 타입이 ThreadPool의 QueueUserWorkItem과 차별화된 점은 좀 더 세밀하게 제어할 수 있다는 것이다. 예를 들어, QueueUserWorkItem의 경우 전달된 작업이 완료되기를 기다리는 코드를 작성하려면 예제 6.27 '개선된 ThreadPool의 사용 예'에서 보여준 것처럼 EventWaitHandle 타입과 함께 사용했지만 Task 타입을 이용하면 다음과 같이 코드가 간결해진다.

```
Task taskSleep = new Task(() => { Thread.Sleep(5000); });
taskSleep.Start();
taskSleep.Wait(); // Task의 작업이 완료될 때까지 현재 스레드를 대기한다.
```

또한 굳이 Task 객체를 생성할 필요 없이 Action 델리게이트를 전달하자마자 곧바로 작업을 시작하게 만들 수도 있다. 이를 위해 Task 타입은 TaskFactory 타입의 Factory 정적 속성을 제공하며 StartNew 메서드를 사용하면 예제 10.4를 좀 더 단순하게 작성할 수 있다.

```
Task.Factory.StartNew(
    () => { Console.WriteLine("process taskitem"); });

Task.Factory.StartNew(
    (obj) => { Console.WriteLine("process taskitem(obj)"); }, null);
```

Task와 달리 Task〈TResult〉 타입은 값을 반환할 수 있다고 설명한 바 있다. 이것 역시 QueueUserWorkItem과 차별화된 Task〈TResult〉 타입의 장점인데, 일반적으로 QueueUserWorkItem의 경우 단순히 코드를 스레드 풀의 자유 스레드에 던져서 실행하는 것만 가능했던 반면, Task〈TResult〉 타입은 코드의 실행이 완료된 후 원한다면 반환값까지 처리할 수 있게 개선했다. 다음 예제를 보자.

```
Task<int> task = new Task<int>(
    () =>
    {
        Random rand = new Random((int)DateTime.Now.Ticks);
        return rand.Next();
    }
);

task.Start();
task.Wait();
Console.WriteLine("무작위 숫자 값: " + task.Result);
```

Task 타입의 생성자가 Action 델리게이트를 인자로 받았던 반면, Task〈TResult〉 타입은 Func 델리게이트를 인자로 받는다. 반환값은 작업이 완료된 후 Result 속성을 통해 구할 수 있다. 비록 Result 속성이 반환값을 얻는 기능을 하지만, 만약 대상 Task가 완료되지 않았다면 그때까지 대기하는 기능도 함께 가지고 있다.[3] 따라서 위의 코드에서 task.Wait 메서드를 호출한 후 Result를 출력하고 있지만 사실상 task.Wait 호출을 제거해도 무방하다.

아울러 Task.Factory의 StartNew 메서드는 Task를 반환하는데, Task〈TResult〉를 반환하는 용도로 StartNew〈TResult〉 메서드도 함께 제공된다.

```
Task<int> taskReturn = Task.Factory.StartNew<int>(() => 1);
taskReturn.Wait();
Console.WriteLine(taskReturn.Result);
```

정리하자면 C# 컴파일러가 await 예약어의 대상을 Task, Task〈TResult〉 타입을 반환하는 메서드로 제한하는 데는 그만한 이유가 있었던 것이다. 이미 이런 타입은 비동기 처리를 위한 내부적인 준비가 돼 있었기 때문에 C# 5.0 컴파일러는 단순히 await에 따른 코드를 Task에 맡김으로써 비동기 기능을 적은 부담으로 구현할 수 있었다.

### 10.2.3. async 예약어가 적용된 메서드의 반환 타입

이전 절에서 await과 함께 사용될 메서드는 반드시 Task, Task〈T〉를 반환하는 것만 가능하다고 했는데, 이와 함께 async 예약어가 지정되는 메서드에도 void와 Task, Task〈T〉만 반환[4]할 수 있다는 제약이 있다.

그런데 이 중에서 async void 유형은 해당 메서드 내에서 예외가 발생했을 때 그것이 처리되지 않은 경우 프로세스가 비정상적으로 종료되므로 권장되지 않는다. 그럼에도 불구하고 마이크로소프트가 async void를 허용할 수밖에 없었던 것은 System.Windows.Forms.dll을 사용한 윈도우 폼 프로그램에서 이벤트 처리기의 델리게이트로 사용하는 EventHandler 타입이 다음과 같이 정의돼 있기 때문이다.

```
// 윈도우 폼 프로그램에서 사용하는 EventHandler 델리게이트의 정의
public delegate void EventHandler(object sender, EventArgs e);
```

3 6.7.6절 'System.Net.Http.HttpClient'의 예제 코드에서 await과 함께 호출했음에도 동기 방식으로 동작하게 된 것은 Result 속성을 접근했기 때문임을 이제야 제대로 설명할 수 있게 됐다.

4 C# 7.0에서 추가로 사용자 정의 Task 타입을 구현해 반환할 수 있다(12.7절 참고).

Note System.Windows.Forms.dll과 윈도우 폼 프로그램에 대해 아직 설명한 적은 없지만 EventHandler 델리게이트에 한해 설명하는 것이므로 그냥 넘어가도 좋다. 궁금한 분은 PDF로 공개된 3부의 21.1절 'Windows Forms 응용 프로그램'을 참고하자.

예를 들어, 윈도우가 로드됐다는 이벤트를 Windows Forms 응용 프로그램에서는 다음과 같이 이벤트 처리기를 정의해 사용한다.

```
namespace WinFormsApp1;

public partial class Form1 : Form
{
    public Form1()
    {
        InitializeComponent();

        this.Load += new System.EventHandler(this.Form1_Load);
    }

    void Form1_Load(object sender, EventArgs e)
    {
    }
}
```

Form1_Load 메서드 내에서 await 호출을 하려면 async 예약어를 추가해야 하는데, 이미 정해진 EventHandler 델리게이트의 형식으로 인해 async Task, async Task〈T〉는 불가능하고 어쩔 수 없이 async void로 만들 수밖에 없었던 것이다(하위 호환성을 지키는 것이 더 중요했다).

따라서 이벤트 처리기를 제외하고는 async void는 가능한 한 지양하고 async Task, async Task〈T〉를 사용하는 것이 권장되므로 10.2.1절과 10.2.2절의 예제에 있던 async 메서드는 모두 다음과 같이 Task를 반환하는 유형으로 바꾸는 것이 좋다.

```
private static async Task AwaitRead() { ……[생략]…… }
private static async Task AwaitDownloadString() { ……[생략]…… }
private static async Task ProcessTcpClient(TcpClient client) { ……[생략]…… }
```

### 10.2.4 Async 메서드가 아닌 경우의 비동기 처리

C#의 await 예약어가 Task, Task⟨TResult⟩ 타입을 반환하는 메서드를 대상으로 비동기 처리를 자동화했다는 점은 또 다른 활용 사례를 낳는다. 즉, Async 처리가 적용되지 않은 메서드에 대해 Task를 반환하는 부가 메서드를 만드는 것으로 await 비동기 처리를 할 수 있는 것이다.

예를 들어, File.ReadAllText 메서드는 그에 대응되는 비동기 버전의 메서드를 제공하지 않는다.

```
string text = File.ReadAllText(@"C:\windows\system32\drivers\etc\HOSTS");
Console.WriteLine(text);
```

그래서 이 작업을 비동기로 처리하려면 별도의 스레드를 이용하거나 델리게이트의 BeginInvoke로 처리해야 했다. 그 결과, 단순한 ReadAllText 메서드에 비동기를 적용하면 예제 10.5처럼 매우 복잡해진다.

예제 10.5 ReadAllText 메서드를 비동기로 처리

```
namespace ConsoleApp1;

class Program
{
    public delegate string ReadAllTextDelegate(string path);

    static void Main(string[] args)
    {
        string filePath = @"C:\windows\system32\drivers\etc\HOSTS";

        // 델리게이트를 이용한 비동기 처리
        ReadAllTextDelegate func = File.ReadAllText;
        func.BeginInvoke(filePath, actionCompleted, func);

        Console.ReadLine(); // 비동기 스레드가 완료될 때까지 대기하는 용도
    }

    static void actionCompleted(IAsyncResult ar)
    {
        ReadAllTextDelegate func = ar.AsyncState as ReadAllTextDelegate;
        string fileText = func.EndInvoke(ar);
```

```
        // 파일의 내용을 화면에 출력
        Console.WriteLine(fileText);
    }
}
```

하지만 이 코드를 Task〈TResult〉로 바꾸면 await을 이용해 쉽게 비동기 호출을 적용할 수 있다. 이를 위해 ReadAllText 기능을 감싸는 비동기 버전의 메서드를 하나 더 만들기만 하면 된다.

```
static Task<string> ReadAllTextAsync(string filePath)
{
    return Task.Factory.StartNew(() =>
    {
        return File.ReadAllText(filePath);
    });
}
```

ReadAllText 메서드가 string을 반환하므로 Task〈string〉이 사용됐다. 이 정도의 준비만 갖춰지면 이제 await을 적용해 비동기 호출을 간단하게 끝낼 수 있다.

```
private static async Task AwaitFileRead(string filePath)
{
    string fileText = await ReadAllTextAsync(filePath);
    Console.WriteLine(fileText);

    // Task 반환 타입을 갖는 메서드이지만 async 예약어가 지정됐으므로
    // C# 컴파일러가 적절하게 코드를 자동으로 변환해 주기 때문에 return 문이 필요 없다.
}
```

이 방법을 사용하면 닷넷 BCL에 Async 메서드로 제공되지 않았던 모든 동기 방식의 메서드를 비동기로 변환할 수 있다. 물론 닷넷 BCL뿐 아니라 사용자가 만드는 메서드에도 적용할 수 있다.

### 10.2.5 비동기 호출의 병렬 처리

await과 Task의 조합으로 할 수 있는 매력적인 작업 가운데 하나가 바로 병렬로 비동기 호출을 하는 것이다. 예를 들어, 작업이 완료되는 데 각각 5초와 3초가 걸리는 두 개의 메서드가 있다고 가정해 보자.

예제 10.6 5초 + 3초 = 8초가 걸리는 작업

```
namespace ConsoleApp1;

class Program
{
    static void Main(string[] args)
    {
        int result3 = Method3();
        int result5 = Method5();

        Console.WriteLine(result3 + result5);
    }

    private static int Method3()
    {
        Thread.Sleep(3000); // 3초가 걸리는 작업을 대신해서 Sleep 처리
        return 3;
    }

    private static int Method5()
    {
        Thread.Sleep(5000); // 5초가 걸리는 작업을 대신해서 Sleep 처리
        return 5;
    }
}
```

당연히 예제 10.6을 실행하면 8초의 시간이 걸려 작업이 완료된다. 이를 개선하기 위해 Method3과 Method5를 병렬로 수행하면 5초만에 작업을 끝낼 수 있을 텐데 기존에는 이 작업을 Thread를 이용해 처리할 수 있었다.

```
namespace ConsoleApp1;

class Program
{
    static void Main(string[] args)
    {
        Dictionary<string, int> dict = new Dictionary<string, int>();
```

```
        Thread t3 = new Thread((result) =>
        {
            Thread.Sleep(3000);
            dict.Add("t3Result", 3);
        });

        Thread t5 = new Thread((result) =>
        {
            Thread.Sleep(5000);
            dict.Add("t5Result", 5);
        });

        t3.Start(dict);
        t5.Start(dict);

        t3.Join(); // 3초짜리 작업이 완료되기를 대기
        t5.Join(); // 5초짜리 작업도 완료되기를 대기

        // 약 5초 후에 모든 결괏값을 얻어 처리 가능
        Console.WriteLine(dict["t3Result"] + dict["t5Result"]);
    }
}
```

이 작업을 동일하게 Task〈TResult〉 타입으로도 구현할 수 있다.

예제 10.7 2개의 작업을 병렬로 처리하지만 모든 작업이 완료될 때까지 대기

```
namespace ConsoleApp1;

class Program
{
    static void Main(string[] args)
    {
        // Task를 이용해 병렬로 처리
        var task3 = Method3Async();
        var task5 = Method5Async();

        // task3 작업과 task5 작업이 완료될 때까지 현재 스레드를 대기
        Task.WaitAll(task3, task5);
```

```
        Console.WriteLine(task3.Result + task5.Result);
    }

    private static Task<int> Method3Async()
    {
        return Task.Factory.StartNew(() =>
        {
            Thread.Sleep(3000);
            return 3;
        });
    }

    private static Task<int> Method5Async()
    {
        return Task.Factory.StartNew(() =>
        {
            Thread.Sleep(5000);
            return 5;
        });
    }
}
```

Task.WaitAll은 인자로 들어온 모든 Task의 작업이 완료될 때까지 대기한다. 즉 이것 역시 동기 호출로 스레드의 실행을 막게 된다. 그렇다면 WaitAll조차도 비동기 호출로 처리하려면 어떻게 해야 할까? Task〈TResult〉와 await의 도움을 받으면 다음과 같이 간단하게 해결된다.

예제 10.8 2개의 작업을 병렬로 비동기 호출

```
namespace ConsoleApp1;

class Program
{
    static void Main(string[] args)
    {
        // await을 이용해 병렬로 비동기 호출: 5초 소요
        DoAsyncTask();

        Console.ReadLine();
    }
```

```
    private static async Task DoAsyncTask()
    {
        var task3 = Method3Async();
        var task5 = Method5Async();

        await Task.WhenAll(task3, task5);

        Console.WriteLine(task3.Result + task5.Result);
    }

    // Method3Async, Method5Async 코드 생략
}
```

예제 10.7과 예제 10.8의 차이를 알겠는가? 예제 10.7에서는 2개의 작업을 실행한 다음 결과를 받기 위해 현재 Main 메서드를 실행 중인 스레드가 아무 일도 못하고 작업이 완료되는 순간까지 대기한다. 반면 예제 10.8의 Task.WhenAll과 await의 조합으로 Main, DoAsyncTask 메서드를 수행하는 스레드가 task3, task5 작업이 완료될 때까지 대기하지 않고 곧바로 다음 작업을 계속해서 수행한다. 물론 await 이후에 나온 Console.WriteLine 코드는 C# 컴파일러에 의해 task3과 task5가 완료된 시점에 비동기로 실행되도록 변경된다. 이 차이를 확실히 알고 싶다면 await의 도움 없이 예제 10.8의 기능과 동일한 코드를 기존 방식으로 비동기 처리하는 것을 구현해 보면 된다.

# 11

# C# 6.0

이전 버전의 C# 문법이 제네릭(C# 2.0), LINQ(C# 3.0), dynamic(C# 4.0), 비동기 호출(C# 5.0)과 같은 중요한 기능이었던 반면 C# 6.0에 추가된 문법은 '코드량을 줄이기 위한 간편 표기법'이기 때문에 난이도 측면에서 봤을 때 쉬운 편에 속한다. 따라서 이번 11장은 큰 부담없이 가볍게 살펴보는 것만으로 쉽게 이해할 수 있을 것이다.

## 11.1 자동 구현 속성의 초기화 구문 추가

C# 3.0에 구현된 자동 구현 속성(Auto-implemented Properties)을 사용한 경우 초깃값을 부여하려면 별도로 생성자 등의 메서드를 이용해 코드를 추가해야만 했다.

```
class Person
{
    public string Name { get; set; }

    Person()
    {
        this.Name = "Jane";
    }
}
```

이런 식의 초깃값 부여는 설정자(set) 메서드를 반드시 포함해야만 하는 강제성을 수반하므로 이를 원치 않는 경우에는 다시 예전의 '필드 + 속성' 조합으로 구현해야 한다.

반갑게도 C# 6.0에서는 이런 불편함이 없어진다. 새롭게 제공되는 '자동 구현 속성 초기화(Initializers for auto-properties)' 구문을 사용하면 다음과 같이 속성 정의 구문에서 직접 기본값을 지정할 수 있기 때문이다.

```
class Person
{
    public string Name { get; set; } = "Jane";
}
```

이를 C# 6.0 컴파일러로 빌드하면 내부적으로 다음과 같이 자동 변경되어 컴파일된다.

```
class Person
{
    private string [Name_유일한식별자] = "Jane";
    public string Name
    {
        get { return [Name_유일한식별자]; }
        set { [Name_유일한식별자] = value; }
    }
}
```

또한 별도의 값 설정 코드가 필요 없어졌기 때문에 설정자 메서드를 제거해 읽기 전용 속성으로 만드는 것도 가능하다.

```
class Person
{
    public string Name { get; } = "Jane";
}
```

위의 코드를 빌드하면 C# 6.0 컴파일러는 내부적으로 읽기 전용 속성의 필드로 변경해 컴파일한다.

```
class Person
{
    private readonly string [Name_유일한식별자] = "Jane";
    public string Name
    {
```

```
        get { return [Name_유일한식별자]; };
    }
}
```

숨겨진 필드에 readonly 예약어가 부여되므로 자연스럽게 그 특성을 따라 생성자에서 값을 변경하는 것까지 허용된다.

```
class Person
{
    public string Name { get; } = "Jane";

    public Person()
    {
        Name = "John"; // set은 없지만 readonly 필드의 특성에 따라 생성자에서만 가능
    }
}
```

## 11.2 표현식을 이용한 메서드, 속성 및 인덱서 정의

메서드가 식(expression)으로 이뤄진 경우 간략하게 표현식을 이용해 정의할 수 있다. 예를 들어, 다음과 같은 클래스가 있다고 하자.

```
public class Vector
{
    double x;
    double y;

    public Vector(double x, double y)
    {
        this.x = x;
        this.y = y;
    }

    public Vector Move(double dx, double dy)
    {
        return new Vector(x + dx, y + dy);
```

```
    }

    public void PrintIt()
    {
        Console.WriteLine(this);
    }

    public override string ToString()
    {
        return string.Format("x = {0}, y = {1}", x, y);
    }
}
```

위의 Move, PrintIt, ToString 메서드 내의 코드는 모두 식으로만 이뤄졌기 때문에 표현식을 이용해 예제 11.1과 같이 간단하게 바꿀 수 있다.

**예제 11.1 람다 식을 이용한 메서드 본문 구현**

```
public class Vector
{
    double x;
    double y;

    public Vector(double x, double y)
    {
        this.x = x;
        this.y = y;
    }

    public Vector Move(double dx, double dy) => new Vector(x + dx, y + dy);

    public void PrintIt() => Console.WriteLine(this);

    public override string ToString() => string.Format("x = {0}, y = {1}", x, y);
}
```

물론 예제 11.1의 코드는 컴파일하고 나면 변경 이전의 코드와 동일한 결과물을 생성한다.

아울러 속성도 내부적으로는 메서드로 구현되기 때문에 표현식을 속성 정의에도 사용하는 것이 가능하다.

```
public class Vector
{
    public double x;
    public double y;

    public double Angle => Math.Atan2(y, x);
                        // get만 자동 정의되고 set 기능은 제공되지 않는다.

    public Vector(double x, double y)
    {
        this.x = x;
        this.y = y;
    }
}
```

위의 코드에서 Angle 속성은 접근자(get) 메서드만 가진 읽기 전용 속성으로 정의된다. 즉, 속성 정의에서 설정자(set) 메서드에 대한 표현식[1] 정의는 지원되지 않는다.

마찬가지로, 인덱서(indexer) 구문에서도 표현식 정의가 가능하다.

```
public class Vector
{
    double x;
    double y;

    public double Angle => Math.Atan2(y, x);

    // 인덱서의 get 접근자를 표현식으로 정의
    // 복잡해도 결국 식이기만 하면 표현식 적용 가능
    public double this[string angleType] =>
        angleType == "radian" ? this.Angle :
        angleType == "degree" ? RadianToDegree(this.Angle) : double.NaN;
```

1 C# 7.0에서는 속성과 인덱서의 set 접근자도 람다 식을 이용해 구현할 수 있도록 바뀌었다. (12.5절 '람다 식을 이용한 메서드 정의 확대' 참고)

```
    static double RadianToDegree(double angle) => angle * (180.0 / Math.PI);

    public Vector(double x, double y)
    {
        this.x = x;
        this.y = y;
    }
}
```

또한, 속성과 마찬가지로 읽기 전용 인덱서로만 동작한다.

참고로 그 밖의 생성자/종료자, 이벤트의 add/remove 접근자의 경우 메서드이기는 하지만 예외적으로 표현식[2]을 이용한 구현을 할 수 없다.

> Note 이제는 식(expression)과 문(statement)의 개념을 알아 둘 필요가 있다. 일반적으로 식이라고 하면 0개 이상의 연산자(operator)에 의해 결합되어 단일 값으로 계산할 수 있는 경우로 여기에는 메서드 호출 및 리터럴 자체도 포함한다. 즉, 다음의 코드는 식이다.
>
> 1. (x >= 100) || (x < 300)
> 2. System.Console.WriteLine("test")
> 3. "Hello world"
>
> 따라서 위와 같은 식은 C#의 문법 중 '표현식'을 요구하는 정의에 활용할 수 있다.
>
> 1. public bool _expression1 => (x >= 100) || (x < 300);
> 2. public void WriteTest() => System.Console.WriteLine("test");
> 3. public string Text => "Hello World";
>
> 식 중에서도 특히 컴파일 시점에 값을 정할 수 있는 경우 상수식(constant expression)이라고 한다. 대표적으로 switch의 case 조건이 바로 상수식을 요구한다.
>
> 반면, 문으로는 3.5절에서 배운 선택/반복/점프 및 변수의 선언문이 있으며, 이와 함께 식의 경우에도 대입, 호출, 증가/감소, await과 new에 한해 문으로 사용될 수 있다. 심지어 비어 있는 코드도 문이다.

2 C# 7.0에서는 모두 람다 식을 이용해 구현할 수 있도록 바뀌었다. (12.5절 '람다 식을 이용한 메서드 정의 확대' 참고)

1. int a = 100;

2. if (x > 100) Console.WriteLine("test");

3. ; (세미콜론만 찍힌 비어 있는 코드)

따라서 이런 문을 표현식의 정의에 사용하면 문법 오류가 발생한다.

1. public void Statement1 => int a = 100; *// 컴파일 오류*

2. public void Statement2 => if (x > 100) Console.WriteLine("test"); *// 컴파일 오류*

3. public void Statement3 => ; *// 컴파일 오류*

기타 좀 더 자세한 정보는 마이크로소프트의 공식 문서(https://learn.microsoft.com/en-us/dotnet/csharp/programming-guide/statements-expressions-operators/)에서 확인할 수 있다.

## 11.3 using static 구문을 이용한 타입명 생략

기존에는 static 멤버를 사용하는 경우 반드시 타입명과 함께 써야 했다. 가장 흔한 예로 Console.WriteLine을 들 수 있다. C# 6.0부터는 자주 사용하는 타입의 전체 이름(FQDN)을 using static으로 선언해 해당 소스코드 파일 범위 내에서는 그 타입의 정적 멤버를 타입명 없이 바로 호출할 수 있게 됐다.

```
using static System.Console;

class Program
{
    static void Main(string[] args)
    {
        Console.WriteLine("test1");     // 기존처럼 타입명을 함께 쓸 수도 있고,
        WriteLine("test2");             // 타입명을 생략할 수도 있다.
    }
}
```

물론, C# 6.0 컴파일러는 위의 소스코드를 빌드하면 자동으로 Console.WriteLine 호출로 바꿔 결과물을 생성한다.

정적 멤버에 적용된다는 기준으로 인해 enum 타입의 멤버와 const 상수 멤버에 대해서도 동일하게 타입명을 생략할 수 있다. 왜냐하면 해당 멤버들은 컴파일하면 내부적으로 모두 static 유형으로 다뤄지기 때문이다. 따라서 예제 11.2처럼 사용하는 것이 가능하다.

예제 11.2 enum, const 필드에 using static 적용

```
using static MyDay;
using static BitMode;
using static System.Console;

public enum MyDay
{
    Saturday, Sunday,  // enum 필드의 내부 구현은 static 속성을 갖는다.
}

public class BitMode
{
    // const 필드의 내부 구현은 static 속성을 갖는다.
    public const int ON = 1;
    public const int OFF = 0;
}

class Program
{
    static void Main(string[] args)
    {
        MyDay day = Saturday; // "using static MyDay"로 인해 타입명 생략됨
        int bit = ON;         // "using static BitMode"로 인해 타입명 생략됨

        WriteLine(day); // 출력 결과: Saturday
        WriteLine(bit); // 출력 결과: 1
    }
}
```

하지만 이 규칙의 적용에 단 하나의 예외가 있다. C# 3.0에 도입된 확장 메서드의 경우 내부적으로 static 메서드로 표현되지만 문법적인 모호성 문제로 인해 using static 적용을 받지 않는다. 따라서 다음의 코드 예제에서 보듯이 타입명을 생략하는 경우 컴파일 오류가 발생한다.

```
using System.Net;
using static System.Console;
using static UriExtension;

static class UriExtension
{
    static HttpClient _client = new HttpClient();

    public static string TextFromUrl(this Uri uri)
    {
        return _client.GetStringAsync(uri).Result;
    }
}

class Program
{
    static void Main(string[] args)
    {
        Uri uri = new Uri("http://www.naver.com");
        WriteLine(uri.TextFromUrl()); // 확장 메서드로서 정상적으로 컴파일됨

        WriteLine(TextFromUrl(uri)); // 컴파일 에러
              // static 멤버임에도 "using static UriExtension" 구문이 적용되지 않음

        WriteLine(UriExtension.TextFromUrl(uri)); // 정상적으로 컴파일
              // 확장 메서드를 static 호출로 사용하려면 반드시 타입명을 지정
    }
}
```

확장 메서드의 정적 멤버 호출에 대해 'using static'을 적용할 수 없는 이유는 문법적 모호함이 발생할 수 있기 때문이다. 만약 위와 같은 상황이 정상적으로 컴파일된다면 다음과 같은 예제에서 문제가 발생할 수 있다.

```
using static UriExtension;

static class UriExtension
{
    public static string TextFromUrl(this Uri uri)
```

```
    {
        return "UriExtension: " + uri.ToString();
    }
}

class Program
{
    public static string TextFromUrl(Uri uri)
    {
        return "Program: " + uri.ToString();
    }

    static void Main(string[] args)
    {
        Uri uri = new Uri("http://www.naver.com");
        string txt = TextFromUrl(uri); // 모호함 발생!
                              // 이 호출은 UriExtension의 정적 메서드 호출인가?
                              // 아니면 Program 타입에 정의된 메서드 호출인가?
    }
}
```

어차피 확장 메서드는 인스턴스 메서드처럼 호출되는 것이 일반적이기 때문에 마이크로소프트는 이런 모호함을 피하기 위해 확장 메서드를 본연의 정적 메서드처럼 호출하려고 할 때는 타입명을 함께 써야만 하는 것으로 결정했다.

## 11.4 null 조건 연산자

참조 변수의 값이 null이라면 그대로 null을 반환하고 null이 아니라면 지정된 멤버를 호출하는 'null 조건 연산자'가 추가됐다. 이를 잘 활용하면 그동안 무수하게 사용했던 null 값 확인 용도의 if 문 사용을 대폭 줄일 수 있다.

예를 들어 다음 코드를 보자.

```
List<int> list = GetList();

Console.Write(list.Count);
```

위의 코드에서 GetList 메서드의 반환값이 null일 수 있다는 가정을 포함하면 list.Count에 접근하기 전 반드시 null 체크를 해야만 예외를 피할 수 있다.

```
List<int> list = GetList();

if (list != null)
{
    Console.Write(list.Count);
}
```

C# 언어로 프로그래밍하다 보면 이런 식의 null 확인용 코드가 무수히 사용되는 것을 경험할 수 있다. 바로 이러한 경우에 null 조건 연산자를 쓰면 다음과 같이 코드를 간단하게 축약할 수 있다.

```
List<int> list = GetList();

Console.Write(list?.Count); // list == null이면 null 반환,
                            // list != null이면 list.Count 멤버 변수의 값 반환
```

C# 6.0 컴파일러는 반환값을 처리해야 하는 null 조건 연산자가 사용되면 내부적으로 다음과 같은 구문으로 자동 변경해서 컴파일한다.

```
List<int> list = GetList();

Console.Write(list != null ? new int?(list.Count) : null);
```

덕분에 목록을 처리하는 코드도 간단해졌다. 다음과 같은 코드의 경우,

```
List<int> list = null;

for (int i = 0; i < list.Count; i++) // null 예외 발생
{
    // 목록 요소 처리
}
```

기존에는 예외 발생을 막기 위해 별도의 처리를 해야만 했다.

```
// 방법 1: 사용하기 전 null 확인
if (list != null)
{
    for (int i = 0; i < list.Count; i++)
    {
        // 목록 요소 처리
    }
}

// 방법 2: for 문의 탈출 조건절에 null 확인 추가
for (int i = 0; list != null && i < list.Count; i++)
{
    // 목록 요소 처리
}
```

하지만 null 조건 연산자를 사용하면 본래 목적에 충실한 코드를 작성할 수 있다.

```
for (int? i = 0; i < list?.Count; i ++)
{
    // 목록 요소 처리
}
```

null 조건 연산자는 단독으로 사용할 수 없고, 반드시 해당 참조형 변수의 멤버를 접근하거나 배열 인덱스와 같은 부가적인 접근을 필요로 한다. 다음은 배열이 null이 아니라면 첫 번째 항목의 문자열을 반환하는 사례를 보여준다.

```
{
    string[] lines = { "txt", "doc" };
    string firstElement = lines?[0]; // lines != null이므로 lines[0] 요소를 반환
}

{
    string[] lines = null;
    string firstElement = lines?[0]; // lines == null이므로 null 반환
}
```

이때 한 가지 주의해야 할 사항이 있는데, null 조건 연산자의 결괏값이 null을 포함할 수 있기 때문에 이를 저장하기 위해서는 반드시 null 값을 처리할 수 있는 타입을 사용해야 한다는 것이다. 예를 들어 다음과 같은 사용법은 올바르지 않다.

```
int count = list?.Count;    // 컴파일 에러
                            // list == null인 경우 null을 반환해야 하는데
                            // int 타입은 null을 대입할 수 없으므로
```

대신 C# 2.0의 nullable 형식을 사용하면 정상적으로 컴파일된다.

```
int? count = list?.Count;
```

또는 ?? 연산자와 함께 사용해 null 반환인 경우 값 형식으로 반환하는 방법이 있다.

```
int count = list?.Count ?? 0; // list?가 null을 반환하면 ?? 연산자로 인해 0을 반환
```

물론 널 조건 연산자는 반환값이 없는 경우에도 사용할 수 있다. 반환값이 없어도 해당 멤버에 접근하는 것은 모두 허용된다.

```
List<int> list = null;
list?.Add(5);
```

위의 코드는 list == null이므로 Add 메서드를 호출하지 않는다.

마지막으로 널 조건 연산자를 하나의 함수에서 하나의 참조 변수에 대해 다중으로 사용하는 경우에는 그다지 효율적인 성능의 코드가 나오지 않는다는 점을 기억해 둘 필요가 있다. 가령 기존에는 다음과 같이 호출할 수 있었을 텐데

```
List<int> list = null;

if (list != null)
{
    list.Add(5);
    list.Add(6);
    list.Add(7);
```

```
    list.Add(8);
}
```

널 조건 연산자의 사용으로 인해 이렇게 사용한다면

```
List<int> list = null;

list?.Add(5);
list?.Add(6);
list?.Add(7);
list?.Add(8);
```

쓸데없이 null 조건을 중복으로 확인하는 코드가 나오기 때문이다.

```
List<int> list = null;
if (list != null)
{
    list.Add(5);
}
if (list != null)
{
    list.Add(6);
}
if (list != null)
{
    list.Add(7);
}
if (list != null)
{
    list.Add(8);
}
```

## 11.5 문자열 내에 식(expression)을 포함

다음의 코드에서 ToString 메서드의 구현을 보자.

```
class Person
{
    public string Name { get; set; }
    public int Age { get; set; }

    public override string ToString()
    {
        return "이름: " + Name + ", 나이: " + Age;
    }
}

class Program
{
    static void Main(string[] args)
    {
        Person person = new Person { Name = "Anders", Age = 49 };
        Console.WriteLine(person); // 출력결과: 이름 = Anders, 나이 = 49
    }
}
```

성능을 조금이라도 생각하는 개발자라면 System.String 타입이 불변이라는 점을 감안해 문자열을 직접 연결하는 코드보다는 string.Format 메서드를 대신 사용하게 된다.

```
public override string ToString()
{
    return string.Format("이름: {0}, 나이: {1}", Name, Age);
}
```

C# 6.0부터는 string.Format의 사용이 빈번하다는 이유로 이에 대한 약식 표현이 추가됐는데, 이름하여 '문자열 보간(String interpolation)'이라 한다. 아직 개발자들 사이에서 'interpolation'이라는 단어가 정확히 통용되는 번역이 없어서 때로는 '문자열 삽입' 또는 '문자열 내삽' 등으로 언급되기도 한다.

이를 사용하는 방법은 $ 접두사를 붙인 문자열 내에 중괄호({, })를 사용해 코드를 넣으면 된다. 가령 Person 타입의 ToString 메서드를 문자열 보간 구문을 이용해 바꾸면 다음과 같다.

```
public override string ToString()
{
```

```
    return $"이름: {Name}, 나이: {Age}";
    // 컴파일 후 아래의 코드로 변경됨[3]
    // return string.Format("이름: {0}, 나이: {1}", Name, Age);
}
```

중괄호는 보간해야 할 코드의 구분자로 사용되기 때문에 정작 중괄호를 출력하고 싶다면 두 번 연이어 입력해야 한다.

```
public override string ToString()
{
    return $"{{이름: {Name}, 나이: {Age}}}"; // {이름 = Anders, 나이 = 49}
}
```

중괄호로 표현되는 보간 영역에는 기존 string.Format의 인자로 가능한 경우라면 어떠한 코드도 올 수 있다. 달리 말하면 보간 영역에는 식(expression)이 허용되므로 메서드를 호출하거나 삼항 연산자를 사용하는 것도 가능하다.

```
public override string ToString()
{
    return $"이름: {Name.ToUpper()}, 나이: {(Age > 19 ? "성년" : "미성년")}";
}
```

또한 문자열 출력에 대한 표 6.3의 형식 문자열도 동일하게 지원한다.

```
public override string ToString()
{
    return $"이름: {Name,-10}, 나이: {Age,5:X}";
}
```

## 11.6 nameof 연산자

간혹 C# 코드에 사용된 식별자를 이름 그대로 출력하고 싶은 경우가 있다. 예를 들어, 다음의 코드는 메서드에 전달된 인자값을 이름과 함께 출력한다.

3 C# 10부터 string.Format 치환을 개선 (참고: 18.8.1 '보간된 문자열 개선(Improved Interpolated Strings)')

```
static void OutputPerson(string name, int age)
{
    Console.WriteLine($"name == {name}");
    Console.WriteLine($"age == {age}");
}
```

이 같은 코드를 유지보수하다 보면 'name', 'age'의 인자명이 변경될 수도 있지만 이럴 때 내부 코드에 사용된 문자열 리터럴의 내용과 일치하지 않게 되는 문제가 발생한다. 물론 개발자가 신경 써서 문자열 내의 텍스트를 함께 바꿔주면 좋겠지만 이는 분명 실수의 여지를 낳게 되므로 바람직하지 않다.

nameof 연산자를 사용해 이 문제를 아주 간단하게 해결할 수 있다.

```
static void OutputPerson(string name, int age)
{
    Console.WriteLine($"{nameof(name)} == {name}");
    Console.WriteLine($"{nameof(age)} == {age}");
}
```

이제 OutputPerson 메서드의 첫 번째 인자명을 'name'에서 'fullname'으로 바꾸고 컴파일해 보자. 그럼 nameof(name) 코드에서 컴파일 오류가 발생하게 되고 개발자로 하여금 'nameof(fullname)'으로 고칠 수 있게 강제적인 기회를 준다.

nameof에 전달되는 인자는 예제 11.3과 같이 식별자라면 뭐든지 가능하다.

예제 11.3 다양한 식별자에 대한 nameof 사용

```
using static System.Console;

class Person
{
    public string Name { get; set; }
    public int Age { get; set; }

    public override string ToString()
    {
        return $"이름: {Name}, 나이: {Age}";
    }
}
```

```
class Program
{
    static void Main(string[] args)
    {
        Person person = new Person { Name = "Anders", Age = 49 };
        OutputPerson(person.Name, person.Age);

        // 클래스 Person 식별자를 nameof에 전달
        string typeName = nameof(Person);

        // 지역 변수 person의 속성 식별자를 nameof에 전달
        WriteLine($"{typeName} 속성: {nameof(person.Name)}, {nameof(person.Age)}");
                    // 출력 결과: Person 속성: Name, Age
    }

    static void OutputPerson(string name, int age)
    {
        // 메서드 OutputPerson 식별자를 nameof에 전달
        string methodName = nameof(OutputPerson);

        WriteLine($"{methodName}.{nameof(name)} == {name}");
        WriteLine($"{methodName}.{nameof(age)} == {age}");
                    // 출력 결과: OutputPerson.name == Anders
                    // 출력 결과: OutputPerson.age == 49

        string localName = name;
        // 지역 변수 localName 식별자를 nameof에 전달
        WriteLine($"{methodName}.{nameof(localName)} == {localName}");
                   // 출력 결과: OutputPerson.localName == Anders
    }
}
```

예제 11.3의 코드에서 'nameof(person.Name)'의 출력 결과를 통해서도 알 수 있지만, nameof의 반환값은 식별자 이름의 마지막 이름만 반환된다는 점을 기억해 두자.

```
string txt = nameof(System.Console);
   // txt == "Console"
```

이로써 코드 내에서 식별자 이름을 하드코딩하는 사례는 C# 6.0부터 볼 수 없게 됐다.

Note 다음 코드는 OutputPerson의 첫 번째 인자에 대한 이름을 리플렉션을 통해 구하는 방법을 보여준다.

```
static void OutputPerson(string name)
{
    StackFrame sf = new StackFrame();
    System.Reflection.ParameterInfo [] parameters = sf.GetMethod().GetParameters();

    string nameId = parameters[0].Name;
    Console.WriteLine(nameId + ": " + name);
}
```

리플렉션과 nameof의 주요 차이점은 바로 실행 속도에 있다. 리플렉션은 코드가 실행돼야 이름이 구해지는 반면 nameof는 C# 6.0 컴파일러가 컴파일 시점에 문자열로 직접 치환해 주기 때문에 실행 시점에는 부하가 전혀 없다.

## 11.7 Dictionary 타입의 인덱스 초기화

8.4절 '컬렉션 초기화'에서 Dictionary 타입에 대한 초기화도 이미 다음과 같이 지원하고 있었다.

```
var weekends = new Dictionary<int, string>
{
    { 0, "Sunday" },
    { 6, "Saturday" },
};
```

추가로 C# 6.0 버전에서는 키/값 개념에 좀 더 어울리는 직관적인 초기화 구문을 지원한다.

```
var weekends = new Dictionary<int, string>
{
    [0] = "Sunday",
    [6] = "Saturday",
};
```

비록 위의 두 가지 코드는 Dictionary 객체에 요소를 추가한다는 면에서는 같지만 컴파일 후 동일한 코드를 생성하지는 않는다. 기존 컬렉션 초기화를 사용한 코드는 컴파일 후 Add 메서드로 변경된다.

```
Dictionary<int, string> weekends = new Dictionary<int, string>();

weekends.Add(0, "Sunday");
weekends.Add(6, "Saturday");
```

반면, 새로운 인덱스 초기화 구문의 코드는 컴파일 후 인덱서 방식의 코드로 변경된다.

```
Dictionary<int, string> weekends = new Dictionary<int, string>();

weekends[0] = "Sunday";
weekends[6] = "Saturday";
```

따라서 초기화 구문에 같은 키 값을 가진 경우 동작 방식이 달라진다. Dictionary.Add의 경우 같은 키 값의 요소를 추가하면 예외가 발생한다.

```
var weekends = new Dictionary<int, string>
{
    { 0, "Sunday" },
    { 6, "Saturday" },
    { 6, "Saturday2" },  // 실행 시 예외 발생
};
```

하지만 인덱스 초기화 구문에서는 기존 키 값을 덮어 쓰는 방식으로 동작하기 때문에 예외가 발생하지 않는다.

```
var weekends = new Dictionary<int, string>
{
    [0] = "Sunday",
    [6] = "Saturday",
    [6] = "Saturday2",  // 정상적으로 실행된다.
};
```

참고로 초기화 구문이 배열의 인덱스가 아니라는 점을 기억해 두자. Dictionary의 첫 번째 형식 인자인 TKey 타입에 해당하는 인덱서 구문이기 때문에 그에 맞는 값을 초기화 구문에 사용해야 한다.

```
var people = new Dictionary<string, int>
{
    ["Anders"] = 7, // TKey 타입이 string이므로 인덱서 초기화도 string 타입
    ["Sam"] = 10,
};
```

## 11.8 예외 필터

비주얼 베이직과 F# 언어에서 지원하던 예외 필터(Exception filters)를 이제야 C#에서도 사용할 수 있게 됐다.

```
try
{
    // ...[코드]...
} catch (예외_타입 e) when (조건식)
{
    // ...[코드]...
}
```

**설명**: catch에 지정된 *예외_타입*에 속하는 예외가 try 블록 내에서 발생한 경우, *조건식*이 true로 평가된 경우에만 해당 예외 처리기가 선택된다.

예를 들어 다음 구문에서

```
class Program
{
    static void Main(string[] args)
    {
        string filePath = @"c:\temp\test.txt";
        try
        {
            string txt = File.ReadAllText(filePath);
```

```
        }
        catch (FileNotFoundException e)
        {
            Console.WriteLine(e.ToString());
        }
    }
}
```

ReadAllText 메서드에 지정한 파일이 없는 경우 무조건 FileNotFoundException 예외 핸들러가 선택되어 실행된다. 그런데 만약 파일의 경로가 'temp'를 포함하는 경우에만 예외 처리를 하고 싶다면 어떻게 해야 할까? 바로 이럴 때 다음과 같이 when 예약어와 함께 조건을 명시할 수 있다.

```
class Program
{
    static void Main(string[] args)
    {
        string filePath = @"c:\temp\test.txt";
        try
        {
            string txt = File.ReadAllText(filePath);
        }
        catch (FileNotFoundException e) when (filePath.IndexOf("temp") != -1)
        {
            Console.WriteLine(e.ToString());
        }
    }
}
```

물론 메서드로 분리하는 것도 가능하다.

```
class Program
{
    static void Main(string[] args)
    {
        string filePath = @"c:\temp\test.txt";
        try
        {
```

```
            string txt = File.ReadAllText(filePath);
        }
        catch (FileNotFoundException e) when (SwallowWhenTempFile(filePath))
        {
            Console.WriteLine(e.ToString());
        }
    }

    static bool SwallowWhenTempFile(string filePath)
    {
        return filePath.IndexOf("temp") != -1;
    }
}
```

예외 처리 필터에는 한 가지 특이한 점이 있는데, 해당 예외 필터의 조건식이 실행되는 시점은 아직 예외 처리 핸들러가 실행되는 시점이 아니기 때문에 예외가 발생한 시점의 호출 스택(Call stack)이 그대로 보존돼 있다는 점이다. 그래서 기존 예외 처리 구조에 영향을 주지 않고도 부가적인 작업을 할 수 있다. 예를 들어, 다음과 같이 Log 메서드에서는 무조건 false를 반환하면서 원하는 작업을 예외에 대해 작성하는 것이 가능하다.

```
void SomeMethod()
{
    try
    {
        // 코드
    }
    catch (Exception e) when (Log(e))
    {
        // 이 예외 핸들러는 절대로 선택되지 않는다.
    }
}

bool Log(Exception e)
{
    Console.WriteLine(e.ToString()); // 발생한 예외 인스턴스를 다룰 수 있다.
    return false;
}
```

물론 위와 같은 예외 필터 처리를 기존 C# 구문으로도 다음과 같이 유사하게 흉내 낼 수 있다.

```
class Program
{
    static void Main(string[] args)
    {
        try
        {
            // 코드
        }
        catch (Exception e)
        {
            Log(e);
            throw;
        }
    }

    private static void Log(Exception e)
    {
        Console.WriteLine(e.ToString());
    }
}
```

하지만 두 코드가 완전히 같지는 않다. 예외 필터는 닷넷의 IL(Intemediate Language) 수준에서 이미 지원하고 있었기 때문에 기존의 C# 코드로 변경해서 처리하지 않고 예외 필터의 IL 코드로 직접 변경된다. 어쨌든 결과적으로 봤을 때 기존 C# 구문으로는 복잡하게 처리됐던 것을 예외 처리 필터로 간단하게 구현할 수 있다. 또 하나의 예를 다소 억지스럽다는 점을 감안하고 작성해 보자.

```
class Program
{
    static void Main(string[] args)
    {
        try
        {
            throw new FileNotFoundException("test.txt");
        }
        catch (FileNotFoundException e) when (Process(e)) { }
        catch (Exception e) when (Process(e)) { }
    }
```

```
    private static bool Process(Exception e)
    {
        Console.WriteLine(e.ToString());
        return false;
    }
}
```

위의 코드에서는 Process 메서드가 예외 처리 흐름에 영향을 주지 않고 두 번 불린다. 동일한 코드를 기존 C# 구문으로 흉내 내려면 다음과 같이 복잡해진다.

```
class Program
{
    static void Main(string[] args)
    {
        try
        {
            try
            {
                throw new FileNotFoundException("test.txt");
            }
            catch (FileNotFoundException e)
            {
                Process(e);
                throw;
            }
        }
        catch (Exception e)
        {
            Process(e);
            throw;
        }
    }

    private static void Process(Exception e)
    {
        Console.WriteLine(e.ToString());
    }
}
```

마지막으로 기존 예외 처리 구문에서는 동일한 예외 타입의 catch 구문을 여러 개 두는 것이 불가능했다.

```
class Program
{
    static void Main(string[] args)
    {
        try
        {
            throw new FileNotFoundException("test.txt");
        }
        catch (FileNotFoundException e) { }
        catch (FileNotFoundException e) { }
          // 컴파일 오류: CS0160 이전의 catch 절에서 이 형식이나
          //           상위 형식('FileNotFoundException')의 예외를 모두 catch합니다.
    }
}
```

하지만 예외 필터를 사용하면 이것이 허용된다.

예제 11.4 예외 필터의 중복 사용

```
class Program
{
    static void Main(string[] args)
    {
        try
        {
            throw new FileNotFoundException("test.txt");
        }
        catch (FileNotFoundException e) when (Log(e))
        {
            Console.WriteLine("1");
        }
        catch (FileNotFoundException e) when (Log(e)) // 동일한 예외 필터도 가능
        {
            Console.WriteLine("2");
        }
        catch (FileNotFoundException) // 필터가 없는 예외 타입과 함께 사용 가능
```

```
        {
            Console.WriteLine("3");
        }
    }

    private static bool Log(Exception e)
    {
        return false;
    }
}
```

그래도 잊지 말아야 할 것은 예외 필터의 when 조건문은 여러 번 실행되는 것이 가능하지만, 선택되는 catch 예외 핸들러는 오직 하나뿐이라는 점이다.

## 11.9 컬렉션 초기화 구문에 확장 메서드로 정의한 Add 지원

8.4절 '컬렉션 초기화'에서 설명한 구문이 컴파일되려면 반드시 해당 타입이 ICollection〈T〉 인터페이스를 구현하고 있어야 한다. 예를 들어, 다음의 NaturalNumber 타입은 ICollection〈T〉 인터페이스를 구현하지 않았으므로 컬렉션 초기화 구문을 사용할 수 없어 컴파일 시에 오류가 발생한다.

```
using System.Collections;

public class NaturalNumber : IEnumerable
{
    List<int> numbers = new List<int>();
    public List<int> Numbers
    {
        get { return numbers; }
    }

    IEnumerator IEnumerable.GetEnumerator()
    {
        return numbers.GetEnumerator();
    }
}
```

```
class Program
{
    static void Main(string[] args)
    {
        NaturalNumber numbers = new NaturalNumber() { 0, 1, 2, 3, 4 };
        // C# 5.0 컴파일 오류:
        // CS1061 'NaturalNumber'에는 'Add'에 대한 정의가 포함되어 있지 않습니다.

        foreach (var item in numbers)
        {
            Console.WriteLine(item);
        }
    }
}
```

이러한 경우 여러분이 NaturalNumber 타입의 개발자라면 ICollection⟨T⟩ 인터페이스를 추가함으로써 손쉽게 컬렉션 초기화 구문을 지원할 수 있도록 만들겠지만, 그렇지 않은 경우에는 상속 등의 우회적인 방법을 써야 한다.

C# 6.0에는 Add 메서드를 ICollection⟨T⟩ 인터페이스가 없다면 확장 메서드로도 구현돼 있는지 다시 한번 더 찾는 기능을 추가했다. 따라서 다음과 같이 확장 메서드만 추가하면 위의 코드가 정상적으로 컴파일된다.

```
public static class NaturalNumberExtension
{
    public static void Add(this NaturalNumber instance, int number)
    {
        instance.Numbers.Add(number);
    }
}
```

결과적으로 C# 컴파일러는 빌드 시 다음 코드를

```
NaturalNumber numbers = new NaturalNumber() { 0, 1, 2, 3, 4 };
```

아래와 같이 내부적으로 확장 메서드로 구현된 Add를 사용하는 것으로 변경해 컴파일을 성공시킨다.

```
NaturalNumber numbers = new NaturalNumber();
NaturalNumberExtension.Add(numbers, 1);
NaturalNumberExtension.Add(numbers, 2);
NaturalNumberExtension.Add(numbers, 3);
NaturalNumberExtension.Add(numbers, 4);
NaturalNumberExtension.Add(numbers, 5);
```

## 11.10 기타 개선 사항

이 외에도 C# 5.0에서 6.0으로 바뀌면서 개선된 기능을 3가지 더 정리해 볼 수 있다.

- catch/finally 블록 내에서 await 사용 가능
- #pragma의 'CS' 접두사 지원
- 재정의된 메서드의 선택 정확도를 향상

이에 대한 중요도는 매우 낮기 때문에 책의 지면 관계상 부록을 담고 있는 무료 전자책으로 내용을 옮겼으니 정말 여유롭고 한가한 시간이 있을 때 쓱 한번 읽어보기를 권한다.

# 12

# C# 7.0

## 12.1 더욱 편리해진 out 매개변수 사용

out 매개변수가 정의된 대표적인 메서드가 바로 TryParse다. C# 6.0 이전에는 out 매개변수가 정의된 메서드를 사용하려는 경우 반드시 인자로 전달될 인스턴스를 미리 선언해야 했다.

```
{
    int result; // 변수를 미리 선언
    int.TryParse("5", out result);
}
```

C# 7부터는 변수 선언 없이 변수의 타입과 함께 out 예약어를 쓸 수 있다.

```
{
    int.TryParse("5", out int result);
}
```

물론 C# 7 컴파일러는 위의 구문을 컴파일하는 경우 개발자 대신 C# 6 이전의 코드로 변환해 소스코드를 컴파일한다. 따라서 당연히 다음과 같은 식으로 코드를 작성하면 컴파일 오류가 발생한다.

```
{
    int.TryParse("5", out int result);
    int.TryParse("5", out int result); // 컴파일 오류!
}
```

왜냐하면 C# 7 컴파일러가 바꾼 구문은 다음과 같기 때문이다.

```
{
    int result;
    int.TryParse("5", out result);

    int result; // 중복 변수 선언
    int.TryParse("5", out result)
}
```

이뿐만 아니라 타입 추론을 컴파일러에게 맡기는 var 예약어도 사용할 수 있다.

```
{
    int.TryParse("5", out var result); // out int result로 컴파일러가 대신 처리
}
```

심지어 값을 무시하는 구문(discard)까지 추가되어 값이 필요하지 않은 상황에 대해서는 변수명까지 생략할 수 있게 됐다.

```
{
    int.TryParse("5", out int _ ); // 변수명 대신 밑줄(underline: _)로 생략
    int.TryParse("5", out var _ ); // 타입 대신 var
    int.TryParse("5", out _ );     // 타입까지도 생략 가능
}
```

## 12.2 반환값 및 로컬 변수에 ref 기능 추가(ref returns and locals)

out 예약어의 사용법이 C# 7.0에서는 쉽게 개선된 경우라면 ref 예약어는 사용법을 확장시킨 경우에 해당한다. C# 6.0 이전까지는 ref 예약어를 오직 메서드의 매개변수로만 사용할 수 있었지만 이제는 로컬 변수와 반환값에 대해서도 참조 관계를 맺을 수 있게 개선됐다.

우선 로컬 변수에 대한 ref 예약어의 사용 여부에 따른 차이점을 알아보자. ref가 지정되지 않은 경우 다음 코드는

```
int a = 5;
int b = a;
```

변수 a와 b 모두 값 형식이므로 메모리에는 그림 12.1과 같은 식으로 할당된다.

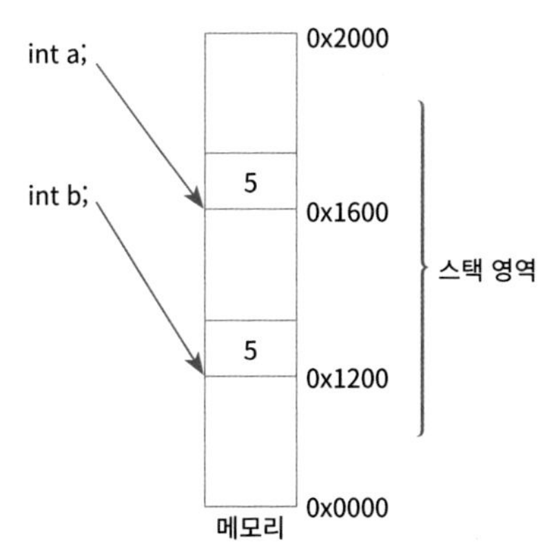


**그림 12.1** 스택 영역에 별도의 공간을 점유한 a, b 변수

이 상태에서 다음과 같이 a 변수에 새로운 값을 대입하면

```
int a = 5;
int b = a;

a = 6;

Console.WriteLine(a); // 6
Console.WriteLine(b); // 5
```

예상할 수 있듯이 a와 b의 값은 그림 12.2와 같이 독립적으로 유지된다.

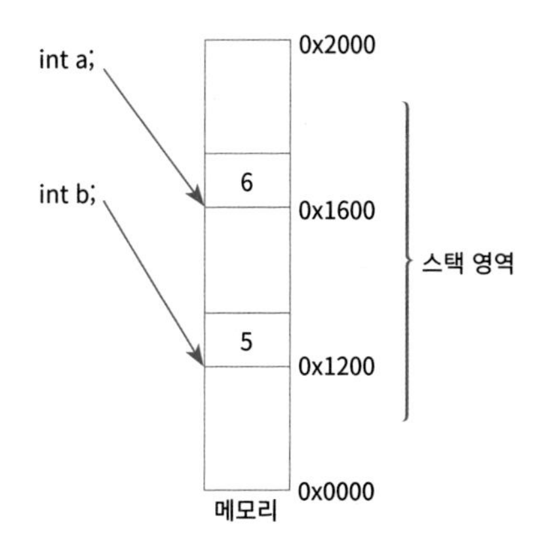


**그림 12.2** a의 값과 독립적인 변수 b

그럼 이번에는 ref 예약어를 사용해 a 변수와 b 변수가 참조 관계를 맺도록 수정해 보자.

```
int a = 5;
ref int b = ref a;
```

이제 a 변수와 b 변수는 그림 12.3과 같이 동일한 메모리를 공유하게 된다.

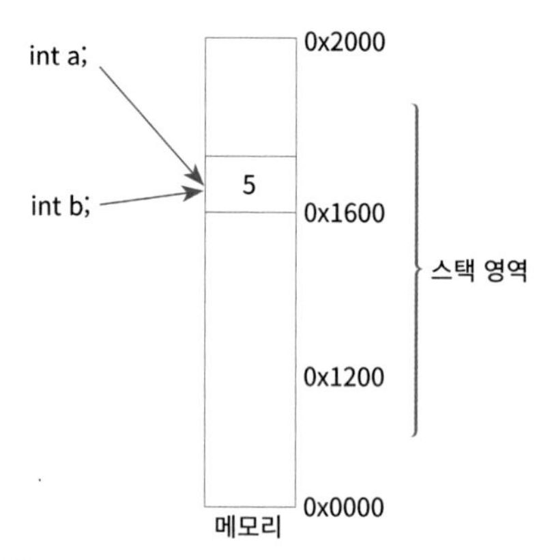


그림 12.3 변수 a와 b가 같은 주소를 공유

즉, 4.5.1.5절 '구조체'에서 메서드의 매개변수가 ref 사용 여부에 따라 다르게 동작했던 것과 같은 결과를 보이는 것이다.

반환값에 ref를 사용할 수 있는 경우에는 더욱 극적인 표현이 가능하다. 예를 들어 배열의 특정 요소의 값을 바꾸려면 배열 인스턴스 자체를 넘겨주거나 원하는 배열 요소만을 바꿀 수 있는 메서드를 일부러 정의해야 했다. (정보 은닉 입장에서 후자의 방법이 권장되지만 아래의 예제에서는 일부러 전자의 방법을 사용해 예를 든다.)

```
{
    IntList intList = new IntList();
    int[] list = intList.GetList(); // IntList에 정의된 list 요소를 바꾸기 위해 목록 반환
    list[0] = 5; // list[0]의 요소를 변경

    intList.Print(); // 출력 결과: 5,2,
}

class IntList
```

```
{
    int[] list = new int[2] { 1, 2 };

    public int [] GetList()
    {
        return list;
    }

    internal void Print()
    {
        Array.ForEach(list, (e) => Console.Write(e + ","));
        Console.WriteLine();
    }
}
```

하지만 참조 return을 사용하면 원하는 요소의 참조만 반환하는 것이 가능하다(이때 ref 예약어를 네 곳에서 명시해야 한다).

```
{
    IntList intList = new IntList();
    ref int item = ref intList.GetFirstItem();
    item = 5; // 참조값이므로 값을 변경하면 원래의 int [] 배열에도 반영

    intList.Print(); // 출력 결과: 5,2,
}

class IntList
{
    int[] list = new int[2] { 1, 2 };

    public ref int GetFirstItem()
    {
        return ref list[0];
    }

    internal void Print() { ......[생략]...... }
}
```

이 밖에도 참조 return 덕분에 가능한 구문이 바로 메서드에 값을 대입하는 구문이다. 가령 다음과 같은 구문으로 값을 설정할 수 있는데, C# 6.0 이전에는 불가능했던 문법이다.

```
{
    MyMatrix matrix = new MyMatrix();
    matrix.Put(0, 0) = 1;
}

class MyMatrix
{
    int[,] _matrix = new int[100, 100];

    public ref int Put(int column, int row)
    {
        return ref _matrix[column, row];
    }
}
```

다소 가독성이 떨어지는 억지스러운 구문이지만 메서드에 값을 설정하는 구문과 동시에 값을 받는 것도 가능하다.

```
{
    MyMatrix matrix = new MyMatrix();
    matrix.Put(0, 0) = 1;

    int result = matrix.Put(1, 1) = 1;
    Console.WriteLine(result); // 출력 결과: 1
}
```

반환 및 로컬 변수에 사용할 수 있는 ref 예약어는 두 가지 제약이 있는데, 모두 컴파일 오류가 발생하므로 실수할 여지는 없다.

- 지역 변수를 return ref로 반환해서는 안 된다. 지역 변수의 유효 범위가 스택상에 있을 때로 한정되기 때문에 메서드의 실행이 끝나 호출 측으로 넘어가는 시점에 스택이 해제되어 return ref로 반환받은 인스턴스가 남아 있을 거라는 보장을 할 수 없기 때문이다.

매번 정의되는 클래스를 없애기 위해 C# 3.0의 익명 타입과 C# 4.0의 dynamic 예약어를 이용할 수도 있다.

```
{
    dynamic result = ParseInteger("20");
    Console.WriteLine(result.Parsed);
    Console.WriteLine(result.Number);
}

dynamic ParseInteger(string text)
{
    int number = 0;

    try
    {
        number = Int32.Parse(text);
        return new { Number = number, Parsed = true };
    }
    catch
    {
        return new { Number = number, Parsed = false };
    }
}
```

하지만 dynamic의 도입으로 정적 형식 검사를 할 수 없어 나중에 필드 이름이 바뀌어도 컴파일 시 문제를 알아낼 수 없다는 문제점이 발생한다.

또 다른 해결 방법으로는 닷넷 프레임워크 4.0의 BCL부터 제공되는 System.Tuple 제네릭 타입을 이용하는 것이다. 이 타입은 7개까지의 인자를 기본 처리할 수 있도록 미리 정의돼 있다.

```
public class Tuple<T1> : IStructuralEquatable, …[생략]…, ITuple
public class Tuple<T1, T2> : IStructuralEquatable, …[생략]…, ITuple
public class Tuple<T1, T2, T3> : IStructuralEquatable, …[생략]…, ITuple
public class Tuple<T1, T2, T3, T4> : IStructuralEquatable, …[생략]…, ITuple
public class Tuple<T1, T2, T3, T4, T5> : IStructuralEquatable, …[생략]…, ITuple
public class Tuple<T1, T2, T3, T4, T5, T6> : IStructuralEquatable, …[생략]…, ITuple
public class Tuple<T1, T2, T3, T4, T5, T6, T7> : IStructuralEquatable, …[생략]…, ITuple
```

그리고 8개 이상은 또 다른 System.Tuple로 이어서 처리할 수 있도록 구현돼 있다.

```
public class Tuple<T1, T2, T3, T4, T5, T6, T7, TRest> : IStructuralEquatable, …[생략]…, ITuple
```

따라서 System.Tuple을 이용해 다음과 같이 문제를 해결할 수 있다.

```
{
    Tuple<bool, int> result = pg.ParseInteger("40");
    Console.WriteLine(result.Item1); // 첫 번째 제네릭 인자를 Item1로 접근
    Console.WriteLine(result.Item2); // 두 번째 제네릭 인자를 Item2로 접근
}

Tuple<bool, int> ParseInteger(string text)
{
    int number = 0;
    bool result = false;

    try
    {
        number = Int32.Parse(text);
        result = true;
    }
    catch { }

    return Tuple.Create(result, number);
}
```

dynamic 예약어와는 달리 이번에는 정적 형식 검사를 제공하지만 변수의 이름이 무조건 Item1, Item2, ……와 같은 식으로 정해진다는 아쉬움이 남고 문법 역시 다른 언어(예: 파이썬)에 비해 복잡하다는 문제가 있다.

이러한 모든 문제를 해결하기 위해 마이크로소프트는 C# 언어 차원에서 튜플을 지원하기로 결정했고 이로 인해 메서드의 정의 구문이 확장된다. 4.1.2절 '메서드'에 나오는 예제를 하나만 들어 보자.

▪ **메서드가 값을 반환하는 경우**

*반환타입 메서드명([타입명] [매개변수명], ……)*

{

```
    // 코드: 메서드의 본문
    return [반환타입에 해당하는 표현식];
}
```

튜플이 나오기 전에는 *반환타입*과 *타입명*으로 단일 타입의 이름만 가능했지만 이제는 괄호와 함께 2개 이상의 타입과 원한다면 각각의 이름까지 지정할 수 있다.

■ **튜플의 반환 타입**

```
(반환타입 [필드명], 반환타입 [필드명], ......) 메서드명([타입명] [매개변수명], ......)
{
    // 코드: 메서드의 본문
    return ([반환타입에 해당하는 표현식, ......]);
}
```

■ **튜플의 입력 타입**

*반환타입 메서드명(**([타입명] [매개변수명], [타입명] [매개변수명], ……)**)*

*반환타입 메서드명([타입명] [매개변수명], **([타입명] [매개변수명], [타입명] [매개변수명], ……)**)*

*반환타입 메서드명(**([타입명] [매개변수명], [타입명] [매개변수명], ……)**, [타입명] [매개변수명])*

괄호를 사용해 2개 이상의 타입 및 그 이름을 지정할 수 있고 *반환타입*뿐만 아니라 *매개변수*로도 전달할 수 있다. 튜플의 각 요소는 Item1부터 차례대로 Item2, Item3, ……의 순으로 자동 명명되지만 원한다면 이름을 직접 지정[2]하는 것도 가능하다.

예) int와 string을 반환하는 경우

```
(int, string) GetResult() { ...... }
```

예) bool, Dictionary<int, string>을 반환하는 경우

```
(bool, Dictionary<int, string>) GetResult() { ...... }
```

예) bool, int를 반환하고 각각의 이름으로 Parsed, Number를 반환하는 경우

```
(bool Parsed, int Number) GetResult() { ...... }
```

예) (bool, int) 튜플을 인자로 전달하는 경우

```
void SetResult((bool, int) arg1) { ...... }
```

2 C# 7.1부터 튜플에 대해 타입 추론이 추가되어 이름 지정을 생략할 수 있는 경우가 있다(13.3절 참고).

즉, 괄호를 이용해 다중 값을 처리할 수 있는 구문을 C# 7.0 수준에서 지원하도록 추가한 것이다. 이를 이용하면 ParseInteger 메서드의 처리를 다음과 같이 간단하게 바꿀 수 있다.

```
{
    (bool, int) result = pg.ParseInteger("50");
    Console.WriteLine(result.Item1); // 튜플의 첫 번째 인자를 Item1로 접근
    Console.WriteLine(result.Item2); // 튜플의 두 번째 인자를 Item2로 접근
}

(bool, int) ParseInteger(string text)
{
    int number = 0;
    bool result = false;

    try
    {
        number = Int32.Parse(text);
        result = true;
    }
    catch { }

    return (result, number);
}
```

반환받은 튜플의 요소에 접근하기 위해 System.Tuple에서처럼 Item1, Item2로 접근하는데, 원한다면 다음과 같이 직접 이름을 지정하고 var 예약어로 받아 접근할 수 있다.

```
{
    var result = pg.ParseInteger("50");
    Console.WriteLine(result.Parsed); // 튜플의 첫 번째 인자를 Parsed로 접근
    Console.WriteLine(result.Number); // 튜플의 두 번째 인자를 Number로 접근
}

(bool Parsed, int Number) ParseInteger(string text)
{
    // ......[생략]......

    return (result, number);
}
```

만약 튜플을 반환하는 메서드가 지정한 튜플의 이름들을 원하지 않거나 이름이 지정되지 않은 튜플인 경우 호출하는 측에서 강제로 이름을 지정하는 것 또한 가능하다.

```
{
    (bool success, int n) result = pg.ParseInteger("50");
    Console.WriteLine(result.success); // 튜플의 첫 번째 인자에 success로 접근
    Console.WriteLine(result.n);       // 튜플의 두 번째 인자에 n으로 접근
}
```

심지어 튜플로 받지 않고 개별 필드를 분해해서 받는 구문도 지원한다.

```
{
    (var success, var number) = pg.ParseInteger("50");
    Console.WriteLine(success); // 튜플의 첫 번째 인자의 값을 담은 success 변수
    Console.WriteLine(number);  // 튜플의 두 번째 인자의 값을 담은 number 변수
}
```

또한 out 매개변수 처리에서 지원했던 생략 기호(밑줄)도 튜플의 반환값을 분해하는 구문에 사용할 수 있다.

```
{
    (var _, var _) = pg.ParseInteger("70"); // 2개의 값을 모두 생략

    (var _, var n) = pg.ParseInteger("70"); // 마지막 값만 n으로 받음
    Console.WriteLine(n);
}
```

마지막으로 2개의 변숫값을 교환하는 Swap 함수와 같은 기능을 튜플을 이용하면 다음과 같이 간단하게 처리할 수 있다.

```
int a = 5;
int b = 7;

(a, b) = (b, a); // a = 7, b = 5
```

메서드의 인자와 반환에 사용한 모든 튜플 구문은 C# 7.0 컴파일러가 소스코드를 컴파일하는 시점에 System.ValueTuple 제네릭 타입으로 변경해서 처리한다는 점을 기억해 둘 필요가 있다. 참고로 기존의 System.Tuple이 참조 형식인 반면, System.ValueTuple은 값 형식이다.

## 12.4 Deconstruct 메서드

튜플의 반환값을 분해하는 구문은 원한다면 여러분이 만든 타입에도 Deconstruct라는 이름의 특별한 메서드를 1개 이상 정의해 구현할 수 있다. 이때 분해가 되는 개별 값을 out 매개변수를 이용해 처리하면 된다. 문법은 다음과 같다.

*접근_제한자* void Deconstruct(*out T1 x1, ......, out Tn xn*) { ...... }

*T1* ~ *Tn*은 분해될 값을 담을 타입. out 매개변수이므로 반드시 값을 채워서 반환해야 함.

다음은 분해 메서드를 정의한 클래스이고,

```
class Rectangle
{
    public int X { get; }
    public int Y { get; }
    public int Width { get; }
    public int Height { get; }

    public Rectangle(int x, int y, int width, int height)
    {
        X = x;
        Y = y;
        Width = width;
        Height = height;
    }

    public void Deconstruct(out int x, out int y)
    {
        x = X;
        y = Y;
    }
```

```
    public void Deconstruct(out int x, out int y, out int width, out int height)
    {
        x = X;
        y = Y;
        width = Width;
        height = Height;
    }
}
```

튜플의 분해에서 본 것과 같이 그대로 사용할 수 있다.

```
Rectangle rect = new Rectangle(5, 6, 20, 25);
{
    (int x, int y) = rect;
    Console.WriteLine($"x == {x}, y == {y}");  // 출력 결과: x == 5, y == 6
}

{
    (int _, int _) = rect; // 의미 없는 구문이지만.

    (int _, int y) = rect;
    Console.WriteLine($"y == {y}");  // 출력 결과: y == 6
}

{
    (int x, int y, int width, int height) = rect;
    Console.WriteLine($"x == {x}, y == {y}, width = {width}, height = {height}");
                        // 출력 결과: x == 5, y == 6, width = 20, height = 25

    (int _, int _, int _, int _) = rect; // 의미 없는 구문이지만.

    (int _, int _, int w, int h) = rect;
    Console.WriteLine($"w == {w}, h == {h}");  // 출력 결과: w == 20, h == 25

    (var _, var _, var _, var last) = rect;
    Console.WriteLine($"last == {last}");  // 출력 결과: last == 25
}
```

## 12.5 람다 식을 이용한 메서드 정의 확대(Expression-bodied members)

C# 6.0의 11.2절 '표현식을 이용한 메서드, 속성 및 인덱서 정의'에서 람다 식으로 메서드의 정의가 가능했던 유형은 다음과 같다.

- 일반 메서드
- 속성의 get 접근자(읽기 전용으로 처리됨)
- 인덱서의 get 접근자(읽기 전용으로 처리됨)

C# 7.0부터는 람다 식의 접근이 다음의 메서드 정의까지 확장됐다.

- 생성자(Constructor)
- 종료자(Finalizer)
- 이벤트의 add/remove
- 속성의 set 구문
- 인덱서의 set 구문

다음은 C# 6.0 이전에는 불가능했던 메서드 유형에 대한 람다 식 메서드 정의를 추가한 것이다.

```
public class Vector
{
    double x;
    double y;

    public Vector(double x) => this.x = x; // 생성자 정의 가능

    public Vector(double x, double y) // 생성자이지만 2개의 문장이므로 람다 식으로 정의 불가
    {
        this.x = x;
        this.y = y;
    }

    ~Vector() => Console.WriteLine("~Vector()"); // 종료자 정의 가능
```

```
    public double X
    {
        get => x;
        set => x = value; // 속성의 set 접근자 정의 가능
    }

    public double Y
    {
        get => y;
        set => y = value; // 속성의 set 접근자 정의 가능
    }

    public double this[int index]
    {
        get => (index == 0) ? x : y;
        set => _ = (index == 0) ? x = value : y = value; // 인덱서의 set 접근자 정의 가능
    }

    private EventHandler positionChanged;
    public event EventHandler PositionChanged // 이벤트의 add/remove 접근자 정의 가능
    {
        add => this.positionChanged += value;
        remove => this.positionChanged -= value;
    }

    public Vector Move(double dx, double dy)
    {
        x += dx;
        y += dy;

        positionChanged?.Invoke(this, EventArgs.Empty);

        return this;
    }

    public void PrintIt() => Console.WriteLine(this);

    public override string ToString() => string.Format("x = {0}, y = {1}", x, y);
}
```

이와 함께 이전에 배운 튜플을 활용하면 위에서 정의한 생성자 중 2개 이상의 변수를 받는 경우 람다 식으로 정의할 수 없었던 코드를

```
double x;
double y;

public Vector(double x, double y) // 생성자이지만 2개의 문장이므로 람다 식으로 정의 불가
{
    this.x = x;
    this.y = y;
}
```

다음과 같이 간략하게 다룰 수 있다.

```
// 튜플 + 람다 식으로 생성자의 초기화 코드 대체
public Vector(double x, double y) => (this.x, this.y) = (x, y);
```

위의 방식을 정확히 반대로 수행하면 Deconstruct 메서드의 구현이 된다는 것도 알아두자.

```
// 튜플 + 람다 식으로 Deconstruct의 분해 코드 대체
public void Deconstruct (out double x, out double y) => (x, y) = (this.x, this.y);
```

## 12.6 로컬 함수(Local functions)

메서드의 편리한 정의를 위해 C#에서는 이미 다음과 같은 구문을 정의하고 있다.

- C# 2.0 - 7.7절의 익명 메서드
- C# 3.0 - 8.8절의 람다 식

이런 노력에서 그치지 않고 C# 7.0에는 메서드 안에서만 호출 가능한 메서드를 1개 이상 정의할 수 있는 로컬 함수 문법을 추가했다. 문법은 메서드 정의와 완전히 같고 단지 다른 메서드의 내부에서 정의한다는 차이점만 있다.

예를 들어, 정수 나눗셈을 수행하는 기능을 우선 익명 메서드로 정의해 보자.

```
delegate (bool, int) MyDivide(int a, int b); // 사용할 익명 메서드에 대한 델리게이트 정의

void AnonymousMethodTest()
{
    MyDivide func = delegate (int a, int b) {
        if (b == 0) { return (false, 0); }
        return (true, a / b);
    };

    Console.WriteLine(func(10, 5));
    Console.WriteLine(func(10, 0));
}
```

```
// 출력 결과
(True, 2)
(False, 0)
```

이 코드의 문제점은 익명 메서드를 정의할 때마다 해당 메서드에 부합하는 델리게이트가 반드시 정의돼 있어야 한다는 점이다. 이를 람다 식으로 바꾼다고 해도 코드만 약간 간편해질 뿐 여전히 델리게이트가 있어야 한다는 사실에는 변함이 없다.

```
delegate (bool, int) MyDivide(int a, int b); // 사용할 람다 식에 대한 델리게이트 정의

void LambdaMethodTest()
{
    MyDivide func = (a, b) =>
    {
        if (b == 0) { return (false, 0); }
        return (true, a / b);
    };

    Console.WriteLine(func(10, 5));
}
```

하지만 이것을 로컬 함수로 바꾸면 델리게이트 정의와 상관없이 사용할 수 있다는 편리함이 있다.

```
void LocalFuncTest()
{
    (bool, int) func(int a, int b)
    {
        if (b == 0) { return (false, 0); }
        return (true, a / b);
    };

    Console.WriteLine(func(10, 5));
}
```

또한 메서드가 식으로 정의될 수 있으면 11.2절의 내용대로 람다 식으로 정의하는 것도 가능하다.

```
void LocalLambdaFuncTest()
{
    (bool, int) func(int a, int b) => (b == 0) ? (false, 0) : (true, a / b);

    Console.WriteLine(func(10, 5));
}
```

참고로 로컬 함수에 대해 C# 컴파일러는 소스코드를 internal 접근자를 가진 메서드로 정의해 타입 내에 자동으로 추가한다. 단지 이때 메서드 이름이 컴파일러에 의해 임의로 만들어지기 때문에 다른 곳에서는 호출할 수 없을 뿐이다. 하지만 리플렉션을 이용해 다소 억지스럽지만 원한다면 호출이 가능하다.

## 12.7 사용자 정의 Task 타입을 async 메서드의 반환 타입으로 사용 가능

일반적으로 async 예약어가 붙는 메서드는 반환 타입이 반드시 void, Task, Task〈T〉 중 하나로 알려져 있다. 마이크로소프트는 C# 7.0의 신규 기능으로 비동기 메서드에서 그 외의 타입도 반환할 수 있다고 언급하면서 그 예로 ValueTask〈T〉 타입을 들고 있다. 기존 Task 반환 타입의 async 메서드는 모든 경우에 Task 객체를 생성해 반환하는 반면, ValueTask는 async 메서드 내에서 await을 호출하지 않은 경우라면 불필요한 Task 객체 생성을 하지 않음으로써 성능을 높인다.

그럼 ValueTask<T>의 구체적인 차이점을 이해하기 위해 async 메서드에서 값을 반환하는 메서드를 추가하는 예제로 시작해 보자.

```
class Program
{
    static void Main(string[] args)
    {
        Task<(string, int tid)> result =
              FileReadAsync(@"C:\windows\system32\drivers\etc\HOSTS");
        int tid = Thread.CurrentThread.ManagedThreadId;
        Console.WriteLine($"MainThreadID: {tid}, AsyncThreadID: {result.Result.tid}");
    }

    private static async Task<(string, int)> FileReadAsync(string filePath)
    {
        string fileText = await ReadAllTextAsync(filePath);
        return (fileText, Thread.CurrentThread.ManagedThreadId);
    }

    static Task<string> ReadAllTextAsync(string filePath)
    {
        return Task.Factory.StartNew(() =>
        {
            return File.ReadAllText(filePath);
        });
    }
}
```

```
// 출력 결과
MainThreadID: 1, AsyncThreadID: 3
```

보다시피 FileReadAsync 메서드의 return 문은 그 전의 await 호출로 인해 비동기 처리되어 3번 스레드에서 실행됐고 이후 Main 메서드의 Console.WriteLine 코드는 원래의 1번 스레드에서 실행됐다. 이제 FileReadAsync 코드를 다음과 같이 고쳐 보자.

```
static string _fileContents = string.Empty;

private static async Task<(string, int)> FileReadAsync(string filePath)
```

```
{
    if (string.IsNullOrEmpty(_fileContents) == false)
    {
        return (_fileContents, Thread.CurrentThread.ManagedThreadId);
    }

    _fileContents = await ReadAllTextAsync(filePath);
    return (_fileContents, Thread.CurrentThread.ManagedThreadId);
}

// FileReadAsync 메서드를 두 번 호출해 출력한 결과
MainThreadID: 1, AsyncThreadID: 3
MainThreadID: 1, AsyncThreadID: 1
```

위의 메서드는 첫 번째로 호출한 경우에는 await의 호출로 비동기 처리되지만 두 번째 호출부터는 await 코드를 실행하지 않고 동기 방식으로 호출을 완료한다. 하지만 그래도 Task〈T〉 객체가 생성된다는 점에는 변함이 없다.

C# 7.0부터 이 메서드를 다음과 같이 개선할 수 있다.

```
{
    ValueTask<(string, int tid)> result =
        FileReadAsync(@"C:\windows\system32\drivers\etc\HOSTS");

    int tid = Thread.CurrentThread.ManagedThreadId;
    Console.WriteLine($"MainThreadID: {tid}, AsyncThreadID: {result.Result.tid}");
}

private static async ValueTask<(string, int)> FileReadAsync(string filePath)
{
    if (string.IsNullOrEmpty(_fileContents) == false)
    {
        return (_fileContents, Thread.CurrentThread.ManagedThreadId);
    }

    _fileContents = await ReadAllTextAsync(filePath);
    return (_fileContents, Thread.CurrentThread.ManagedThreadId);
}
```

사용법은 단순히 Task〈T〉를 ValueTask〈T〉로 바꾼 것뿐이지만, FileReadAsync 메서드를 첫 번째로 호출한 경우에만 ValueTask〈T〉가 내부적으로 Task〈T〉 객체를 생성해 처리하고 두 번째 호출의 경우 await 호출을 수행하지 않으므로 Task〈T〉 객체를 생성하지 않고 ValueTask〈T〉 단독으로 처리함으로써 비동기 호출의 성능을 향상시킨다.

엄밀히 말하면, 사용자 정의 async 반환 타입은 C# 5.0부터 이미 가능했었다.[3]

## 12.8 자유로워진 throw 사용

throw 구문은 3.5절의 제어문과 마찬가지로 식(expression)이 아닌 문(statement)에 해당한다. 이 때문에 표현식에서의 사용이 제한됐으므로 C# 6.0 이전에는 이럴 때 throw를 포함한 별도의 메서드를 만들어 호출하는 방법으로 해결해야만 했다.

가령 다음 코드는 컴파일 시 "잘못된 식의 항 'throw'입니다(Invalid expression term 'throw')"라는 오류가 발생하므로

```
public bool Assert(bool result) =>
#if DEBUG
    result == true ? result : throw new ApplicationException("ASSERT");
#else
    result;
#endif
```

다음과 같이 메서드를 이용해 우회해서 throw를 해야만 했다.

```
public bool Assert(bool result) =>
#if DEBUG
    result == true ? result : AssertException("ASSERT");
#else
    result;
#endif

public bool AssertException(string msg)
```

3 async에 대해 사용자 정의 반환 타입을 구현하는 방법을 https://www.sysnet.pe.kr/2/0/11484의 글에서 자세하게 설명한다.

```
{
    throw new ApplicationException(msg);
}
```

하지만 C# 7.0부터는 throw가 의미 있게 사용될 만한 식에서 허용되도록 바뀌었다. 따라서 위 코드를 다음과 같이 변경해서 컴파일할 수 있다.

```
public void Assert(bool result) =>
#if DEBUG
    _ = result == true ? result : throw new ApplicationException("ASSERT");
#else
    _ = result;
#endif
```

이 밖에도 다음 예제 코드에서 볼 수 있는 것처럼 null 병합 연산자(??)와 람다식을 사용할 수 있는 곳에서 throw를 사용할 수 있다. (C# 6.0에서는 모두 컴파일 오류가 발생하는 코드다).

```
class Person
{
    public string Name { get; }

    // 7.2절의 null 병합 연산자(??)에서 throw 사용 가능
    public Person(string name) => Name = name ??
                                    throw new ArgumentNullException(nameof(name));

    // 11.2절의 람다 식으로 정의된 메서드에서 사용 가능
    public string GetLastName() => throw new NotImplementedException();

    public void Print()
    {
        // 8.8.1.1절의 단일 람다 식을 이용한 델리게이트 정의에서 사용 가능
        Action action = () => throw new Exception();
        action();
    }
}
```

그렇다고 해서 throw가 문에서 식으로 완전히 바뀐 것은 아니므로 표현식이 허용되는 모든 곳에서 사용할 수는 없다. 결과적으로 throw가 허용되지 않는 곳에서는 명시적으로 다음과 같은 컴파일 에러가 발생한다.

```
error CS8115: 이 컨텍스트에서는 throw 식을 사용할 수 없습니다.
error CS8115: A throw expression is not allowed in this context.
```

## 12.9 리터럴에 대한 표현 방법 개선

보통 숫자 데이터가 길어지면 코드에 적거나 읽을 때 상대적으로 가독성이 떨어진다. 가령 정수로 1천만을 담는 변수를 정의하려고 할 때 10000000 값을 기입하는 것보다 10,000,000과 같이 쓰는 것이 가독성 측면에서 더 좋을 수밖에 없다. 아쉽게도 콤마(,) 기호를 쓸 수는 없지만 C# 7.0부터 숫자 내 임의의 위치에 밑줄을 추가할 수 있도록 허용하고 있다.

```
int number1 = 10000000;       // 1천만인지 한눈에 인식이 안 됨
int number2 = 10_000_000;     // 세 자리마다 띄어 한눈에 1천만임을 알 수 있음
int number3 = 1_0_0_0_0_000; // 잘 쓰진 않겠지만 이런 식으로도 가능
```

숫자 데이터에 적용할 수 있기 때문에 16진수로 표현했을 때도 사용 가능하다.

```
uint hex1 = 0xFFFFFFFF;
uint hex2 = 0xFF_FF_FF_FF; // 1바이트마다 띄어서 표현
uint hex3 = 0xFFFF_FFFF;   // 2바이트마다 띄어서 표현
```

이와 함께 2진 비트열의 리터럴 표현도 추가됐다. 접두사로 0b를 사용하며, 역시 밑줄과 함께 쓰면 가독성 높은 2진 비트열을 정의하는 것이 가능하다.

```
// 숫자 4369를 표현한 2진 비트열
uint bin1 = 0b0001000100010001;     // 2진 비트열로 숫자 데이터 정의
uint bin2 = 0b0001_0001_0001_0001; // 4자리마다 구분자를 사용해 가독성을 높임
```

## 12.10 패턴 매칭

패턴 매칭이라는 단어는 흔히 다음과 같이 사용되곤 한다.

- **이미지에 대한** 패턴 매칭
- **문자열에 대한** 패턴 매칭

C# 언어에서 패턴 매칭이라는 단어를 이해하려면 위와 같이 '~에 대한'으로 생각하면 된다. 실제로 이번 절의 패턴 매칭 제목을 다음과 같이 정의하고 바라보면

- **객체에 대한** 패턴 매칭

이후 설명할 내용을 좀 더 직관적으로 이해하는 데 도움될 것이다.

우선 C# 7.0부터 추가된 패턴 매칭 유형은 크게 다음과 같이 세 가지[4]로 나뉜다.

- 상수 패턴(Constant patterns)
- 타입 패턴(Type patterns)
- Var 패턴(Var patterns)

각 패턴은 '객체에 대해' 상수 값인지, 아니면 주어진 어떤 타입과 일치(match)하는지 테스트할 수 있다. 그리고 위의 세 가지 패턴을 C# 코드에 적용할 수 있도록 기존의 is 예약어와 switch/case 구문이 확장된다.

### 12.10.1 is 연산자의 패턴 매칭

is 연산자는 기존 기능에서 패턴 매칭을 지원하기 위해 as 연산자의 기능을 흡수했다. 예를 들어, as 연산자는 기존의 is 연산자와는 달리 변환 결과를 포함할 수 있어서 변환 여부만 알 수 있었던 is 연산자보다 더 자주 사용되곤 했다.

```
object obj = new List<string>();
```

4 패턴 매칭이 가능한 유형은 이후의 C# 버전에서 늘어날 예정이다. 일례로 C# 7.1에는 이미 제네릭에 대한 패턴 매칭을 포함하고 있다(13.4절 참고).

```
List<string> list = obj as List<string>;
list?.ForEach((e) => Console.WriteLine(e));
```

하지만 C# 7.0부터는 is 연산자가 위에서 했던 as 연산자와 동일한 역할을 수행할 수 있다.

```
if (obj is List<string> list)
{
    list.ForEach((e) => Console.WriteLine(e));
}
```

물론 기존의 is 연산자처럼 타입만 비교하는 것도 여전히 가능하다.

```
if (obj is List<string>) { ......[생략]...... }
```

즉, is 연산자가 대상 타입에 대한 비교를 할 수 있었던 것과 함께 그 뒤에 변수명을 추가할 수 있게 만듦으로써 as 연산자의 기능까지 포함하게 된 것이다.

이렇게 강화된 is 연산자는 세 가지 패턴 매칭 유형을 모두 사용할 수 있지만 그중에서 상수 패턴과 타입 패턴만이 의미가 있다. 다음은 그 두 가지 패턴 유형을 사용한 예다.

**예제 12.1 is 연산자를 이용한 상수 패턴과 타입 패턴 사례**

```
object[] objList = new object[] { 100, null, DateTime.Now, new ArrayList() };

foreach (object item in objList)
{
    if (item is 100) // 상수 패턴
    {
        Console.WriteLine(item);
    } else if (item is null) // 상수 패턴
    {
        Console.WriteLine("null");
    } else if (item is DateTime dt) // 타입 패턴(값 형식) - 필요 없다면 dt 변수 생략 가능
    {
        Console.WriteLine(dt);
    } else if (item is ArrayList arr) // 타입 패턴(참조 형식) - 필요 없다면 arr 변수 생략 가능
    {
        Console.WriteLine(arr.Count);
```

```
    }
}
```

```
// 출력 결과
100
null
2017-08-20 오후 7:07:58
0
```

의미가 없다고 했던 Var 패턴의 사용법을 알아보자. 참고로 Var 패턴의 경우 반드시 변수명을 함께 써야 한다.

```
if (item is var elem) // 타입 패턴과는 달리 변수명을 생략할 수 없다.
{
    Console.WriteLine(elem);
}

// 단지 변수가 필요없는 경우 밑줄로 대체 가능
if (item is var _ )
{
}
```

var 예약어의 의미상 item 변수는 무조건 var 타입에 일치하게 되어 if 문에 사용하는 경우 항상 true로 평가된다. 위 코드를 C# 7.0 컴파일러가 변환한 코드를 보면 왜 Var 패턴이 is 연산자에서 의미가 없는지 더욱 분명하게 알 수 있다.

```
object elem = item;
if (true)
{
    Console.WriteLine(elem);
}
```

예상했던 대로 항상 true가 되는 조건이기 때문에 is 연산자에서 Var 패턴은 적당한 사용 용도를 찾을 수 없다. 아무리 좋게 말해도 단순히 변수명을 item에서 elem으로 바꿔주는 역할만 할 뿐이다.

### 12.10.2 switch/case 문의 패턴 매칭

3.5.1.3절에서 배운 switch 문은 C# 7.0에서 패턴 매칭이 적용되면서 문법이 바뀐다.

```
switch (인스턴스)
{
    case 패턴_매칭_식1 :
        구문;
        break;

    ...... [임의의 case 문 반복] ......

    case 패턴_매칭_식n:
        구문;
        break;

    default:
        구문;
        break;
}
```

설명: ***인스턴스***의 값과 컴파일 또는 실행 시에 결정되는 case의 ***패턴_매칭_식*** 결괏값이 일치하는 경우 해당 case에 속한 ***구문***을 실행한다. 나열된 case의 ***패턴_매칭_식***에 일치하는 값이 없다면 default에 지정된 ***구문***의 코드를 실행한다.
***인스턴스***의 타입 유형에는 제약이 없다.

이로 인해 C# 6.0 이전까지는 일부 if 문의 특수한 경우에만 switch 문으로 변경할 수 있었는데 C# 7.0부터는 모든 if 문을 switch 문으로 변경할 수 있고 그 반대도 가능하다.

case 조건의 패턴 매칭 문법은 기본적으로 is 연산자와 같다. 예제 12.1의 is 연산자 예제를 switch/case로 바꾸는 경우 is만 뺐을 뿐 패턴 매칭을 위한 코드가 완전히 같다는 사실을 알 수 있다.

```
foreach (object item in objList)
{
    switch (item)
    {
```

```
        case 100: // 상수 패턴
            break;

        case null: // 상수 패턴
            break;

        case DateTime dt: // 타입 패턴 (값 형식) - 필요 없다면 dt 변수명을 밑줄(_)로 생략 가능
            break;

        case ArrayList arr: // 타입 패턴 (참조 형식) - 필요 없다면 arr 변수명을 밑줄(_)로 생략 가능
            break;

        case var elem: // Var 패턴 (이렇게 사용하면 default와 동일)
            break;
    }
}
```

그런데 case 조건의 패턴 매칭에는 한 가지 혜택이 더 있는데 바로 when 예약어를 추가해 조건을 한 번 더 검사할 수 있다는 것이다. case 조건에서의 when 예약어 기능은 11.8절 '예외 필터'에서 다룬 when의 사용법과 일치한다.

when의 추가로 if 문의 다음과 같은 조건도

```
int j = GetIntegerResult();

if (j > 300) // j 값이 300보다 큰 경우
{
} else {
}
```

switch에서 처리할 수 있게 됐다.

```
switch (j)
{
    case int i when i > 300: // int 타입이고 그 값이 300보다 큰 경우
        break;
```

```
    default:
        break;
}
```

case 조건의 when 예약어 추가는 (is 연산자에서는 쓸모없었던) Var 패턴에 또 다른 생명력을 불어넣어 주는데, 바로 사용자 정의 패턴 매칭의 구현을 가능하게 한다는 점이다. 즉, 일단 Var 패턴으로 받고 when을 사용해 어떠한 조건이라도 설정하게 만들 수 있다. 가령, 어떤 문자열이 네이버의 홈페이지에 포함돼 있는지 다음(daum)의 홈페이지에 포함돼 있는지를 검사하는 조건을 다음과 같이 설정할 수 있다.

```
// 기존에는 아래와 같은 조건은 if 문을 통해서만 처리할 수 있었지만
// 이젠 switch/case로도 처리할 수 있다.
{
    string text = "......";

    switch (text)
    {
        case var item when (await ContainsAt(item, "https://www.naver.com")):
            Console.WriteLine("In Naver");
            break;

        case var item when (await ContainsAt(item, "https://www.daum.net")):
            Console.WriteLine("In Daum");
            break;

        default:
            Console.WriteLine("None");
            break;
    }
}

static HttpClient _client = new HttpClient();

private async static Task<bool> ContainsAt(string item, string url)
{
    string text = await _client.GetStringAsync(url);
    return text.IndexOf(item) != -1;
}
```

이 정도면 case에만 when을 허용한 것이 is 연산자로서는 아쉬울 따름이다.

이쯤에서 함수형 프로그래밍 언어인 F#의 패턴 매칭과 살짝 비교해 보자.

```
// F# 예제 코드
// https://learn.microsoft.com/en-us/dotnet/fsharp/language-reference/pattern-matching
let detectZeroOR point =
    match point with
    | (0, 0) | (0, _) | (_, 0) -> printfn "Zero found."
    | _ -> printfn "Both nonzero."
detectZeroOR (0, 0)
detectZeroOR (1, 0)
detectZeroOR (0, 10)
detectZeroOR (10, 15)
```

위의 F# 코드는 2개의 값 중에서 하나라도 0을 포함한다면[5] 'Zero found.'를 출력하고, 없다면 'Both nonzero.'를 출력한다. 이를 C#의 패턴 매칭으로 바꾸면 다음과 같이 구현할 수 있다.

```
Action<(int, int)> detectZeroOR = (arg) =>
{
    switch (arg)
    {
        case var r when r.Equals((0, 0)):
        case var r1 when r1.Item1 == 0:
        case var r2 when r2.Item2 == 0:
            Console.WriteLine("Zero found.");
            return;
    }

    Console.WriteLine("Both nonzero.");
};

detectZeroOR((0, 0));
detectZeroOR((1, 0));
detectZeroOR((0, 10));
detectZeroOR((10, 15));
```

5 엄밀히 (0, 0) 조건 없이 (0, _), (_, 0)만으로도 가능하지만, 조금이라도 예제 코드의 단순함을 벗어나기 위해 C#에서도 그대로 포팅한다.

코드의 간결함에 있어서는 F#을 따라갈 수 없지만, 그런대로 C#에서도 유사하게 처리할 수 있어 C# 6.0 이전보다 더 유연한 프로그래밍이 가능해진다.

마지막으로, 패턴 매칭이 적용되면서 case의 평가 순서를 다시 한번 확인해 둘 필요가 있다.

- default 절은 그 위치에 상관없이 항상 마지막에 평가된다.
- case의 순서가 중요해지는데 상위의 case 조건에서 이미 만족한다면 그 절의 코드가 실행되고 그 하위의 case 조건에 대한 평가는 무시된다.

# 13

# C# 7.1

## 13.1 Main 메서드에 async 예약어 허용

C# 7.0까지 Main 메서드에는 async 예약어를 적용할 수 없었다. 왜냐하면 4.1.5.2절에서 설명한 대로 Main 메서드는 다음과 같은 유형만 가능하기 때문이다.

```
static void Main()
static void Main(string[])
static int Main()
static int Main(string[])
```

즉 async 예약어를 적용할 수 없는 Main 메서드는 await 호출을 할 수 없어 다음과 같은 식으로 우회해서 사용해야만 했다.

```
class Program
{
    static HttpClient _client = new HttpClient();

    static void Main(string[] args)
    {
        MainAsync(); // 별도의 async 메서드를 만들어 호출
    }

    private static async Task MainAsync()
```

```
    {
        string text = await _client.GetStringAsync("https://www.microsoft.com");
        Console.WriteLine(text);
    }
}
```

그런데 위 코드를 컴파일하면 경고가 발생한다.

> CS4014: 이 호출이 대기되지 않으므로 호출이 완료되기 전에 현재 메서드가 계속 실행됩니다. 호출 결과에 'await' 연산자를 적용해 보세요.
>
> CS4014: Because this call is not awaited, execution of the current method continues before the call is completed. Consider applying the 'await' operator to the result of the call.

경고 메시지에 나오는 조언과는 달리 Main 메서드는 async 예약어가 허용되지 않으므로 await을 MainAsync에 붙이는 것도 불가능하다. 그래서 이와 같은 경고를 없애기 위해 다음과 같이 코드를 변경해 실행하는 방법을 권장한다.

```
class Program
{
    static void Main(string[] args)
    {
        MainAsync().GetAwaiter().GetResult();
    }
}
```

이 같은 우회 방법을 뒤로하고, 결국 마이크로소프트는 C# 7.1부터 async를 허용하도록 바꾸어 이러한 모든 부자연스러운 문제를 깔끔하게 해결한다.

```
class Program
{
    static HttpClient _client = new HttpClient();

    static async Task Main(string [] args)
    {
        string text = await _client.GetStringAsync("https://www.microsoft.com");
```

```
        Console.WriteLine(text);
    }
}
```

참고로 표현식 하나로도 호출이 가능하다면 람다 식 유형으로 정의하는 것도 가능하다.

```
static async Task Main(string[] args) => Console.WriteLine(await _client.GetStringAsync("https://
www.microsoft.com"));
```

정리하자면, C# 7.1부터 다음과 같은 새로운 유형의 Main 메서드 정의가 가능하다.

```
static async Task Main()
static async Task Main(string[])
static async Task<int> Main()
static async Task<int> Main(string[])
```

## 13.2 default 리터럴 추가

C# 2.0부터 구현됐던 default 예약어에 대해 C# 7.1부터는 타입 추론이 가능해져서 리터럴 형식으로 쓸 수 있게 바뀐다. 실제로 7.3절의 default 예약어를 설명하기 위해 만든 모든 예제 코드에 대해 default(*Type*) 형식이 아닌 default로 바꿔도 그대로 컴파일이 가능하다.

```
using System.Numerics;

class Program
{
    static void Main(string[] args)
    {
        int intValue = default; // int로 대입된다는 것을 알 수 있으므로
        BigInteger bigIntValue = default; // BigInteger로 대입되므로

        Console.WriteLine(intValue);     // 출력 결과: 0
        Console.WriteLine(bigIntValue);  // 출력 결과: 0

        string txt = default; // string 타입의 기본값을 반환
```

```
        Console.WriteLine(txt ?? "(null)"); // 출력 결과: (null)
    }
}
```

C# 컴파일러 입장에서는 default 대상이 되는 타입을 추론할 수 있으므로 굳이 타입을 지정할 필요가 없다. 마찬가지로 제네릭 인자에도 default 리터럴을 쓸 수 있다.

```
class Program
{
    static void Main(string[] args)
    {
        GenericTest<int> t = new GenericTest<int>();
        Console.WriteLine(t.GetDefaultValue()); // 출력 결과: 0
    }

    class GenericTest<T>
    {
        public T GetDefaultValue()
        {
            return default; // C# 7.0 이전에는 default(T)로 반환
        }
    }
}
```

## 13.3 타입 추론을 통한 튜플의 변수명 자동 지정

default 예약어에 대한 타입 추론과 함께 C# 7.1부터는 튜플의 변수명에 대해서도 타입 추론을 활용해 사용의 편의성을 높였다. 가령 C# 7.0에서 다음과 같이 튜플을 만드는 경우,

```
int age = 20;
string name = "Kevin Arnold";

(int, string) person = (age, name);
Console.WriteLine($"{person.Item1}, {person.Item2}");
```

Item1, Item2 이름을 대체하기 위해서는 명시적으로 이름을 지정해야 한다.

```
(int age, string name) person = (age, name);
Console.WriteLine($"{person.age}, {person.name}");
```

하지만 C# 7.1부터는 튜플에 대입된 변수명을 타입 추론을 통해 알 수 있으므로 다음과 같이 이름을 자동으로 붙여주는 것으로 바뀌었다.

```
int age = 20;
string name = "Kevin Arnold";

var t = (age, name);
Console.WriteLine($"{t.age}, {t.name}");
```

물론 추론이 안 되는 필드에 대해서는 예전처럼 Item1, Item2, ……순으로 매겨진다.

```
var person = new { Age = 30, Name = "Winnie Cooper" };

var t = (25, person.Name);
Console.WriteLine($"{t.Item1}, {t.Name}");
```

튜플에 대한 이 같은 지원은 8.9절에서 배운 LINQ 구문을 좀 더 자연스럽게 만들어준다. 가령 LINQ의 select를 통해 익명 타입을 반환하는 다음의 예제를 보자.

```
{
    List<Person> people = new List<Person>
    {
        new Person { Name = "Tom", Age = 63, Address = "Korea" },
        new Person { Name = "Winnie", Age = 40, Address = "Tibet" },
        new Person { Name = "Anders", Age = 47, Address = "Sudan" },
        new Person { Name = "Hans", Age = 25, Address = "Tibet" },
        new Person { Name = "Eureka", Age = 32, Address = "Sudan" },
        new Person { Name = "Hawk", Age = 15, Address = "Korea" },
    };

    var dateList = from person in people
 select new { Name = person.Name, Year = DateTime.Now.AddYears(-person.Age).Year };
```

```
    foreach (var item in dateList)
    {
        Console.WriteLine(string.Format("{0} - {1}", item.Name, item.Year));
    }
}

class Person
{
    public string Name { get; set; }
    public int Age { get; set; }
    public string Address { get; set; }
}
```

우선 익명 타입의 번거로움을 튜플을 사용하면 다음과 같이 간결하게 바꿀 수 있다.

```
var dateList = from person in people
               select (person.Name, DateTime.Now.AddYears(-person.Age).Year);

foreach (var item in dateList)
{
    Console.WriteLine(string.Format("{0} - {1}", item.Item1, item.Item2));
}
```

하지만 대개의 경우 위의 코드에서 Item1과 Item2 대신 이름을 지정하고 싶을 텐데 그럼 코드가 다소 번거로워진다.

```
var dateList2 = from person in people
      select (Name: person.Name, Year: DateTime.Now.AddYears(-person.Age).Year);

foreach (var item in dateList2)
{
    Console.WriteLine(string.Format("{0} - {1}", item.Name, item.Year));
}
```

바로 이때 C# 7.1부터는 타입 추론을 통해 튜플 내에 지정된 속성의 이름을 그대로 가져오므로 다음과 같이 쓸 수 있다.

```
var dateList = from person in people
               select (person.Name, DateTime.Now.AddYears(-person.Age).Year);

foreach (var item in dateList)
{
    Console.WriteLine(string.Format("{0} - {1}", item.Name, item.Year));
}
```

## 13.4 기타 개선 사항

이 외에도 C# 7.0에서 7.1로 바뀌면서 개선된 기능 2가지를 더 정리해 볼 수 있다.

- 패턴 매칭 – 제네릭 추가
- 참조 전용 어셈블리(Ref Assemblies)

패턴 매칭에 제네릭이 추가된 것은 C# 7.0까지의 컴파일러 사용자에게는 중요한 변화였지만 C# 10 컴파일러를 처음부터 사용하는 경우라면 딱히 변화라고 볼 수 없다. 또한 '참조 전용 어셈블리'도 사용 빈도가 극히 낮으므로 책의 지면 관계상 2가지 모두 무료 전자책으로 내용을 옮겼으니 참고하자.

# 14

# C# 7.2

C# 7.2의 경우 추가된 구문 자체는 이해하기가 어렵지 않다. 하지만 이 문법이 추가된 이유와 그 목적을 이해하려면 값 형식과 참조 형식에 대해 깊이 있게 이해할 필요가 있다. 비록 마이너 버전의 업데이트에 불과하지만 C# 7.2는 값 형식(struct)에서 발생하는 부하를 없앨 수 있는 중요한 문법을 포함하고 있으며, 이는 가비지 컬렉션의 부하를 최소화할 수 있어 고성능 응용 프로그램을 다루는 개발자들의 요구사항을 만족시킨다.

14장의 내용은 다소 난해할 수 있지만 개의치 말고 처음엔 문법적인 면만 익힐 것을 권장한다.

## 14.1 메서드의 매개변수에 in 변경자 추가

메서드의 매개변수로 ref, out 예약어가 있음을 4.5.1.5절 '구조체'에서 설명했다. 그리고 C# 7.2부터는 새롭게 in 변경자가 추가됐다.

in 예약어에 대한 구체적인 설명에 앞서 그 배경을 먼저 알아 보자. 다음의 코드에서,

```
class Program
{
    static void Main(string[] args)
    {
        Program pg = new Program();
```

```
        Vector v1 = new Vector();
        pg.StructParam(v1);    // 값 전달에 의해 내용 복사
    }

    void StructParam(Vector v) // X, Y 값이 스택에 복사
    {
    }
}

struct Vector
{
    public int X;
    public int Y;
}
```

값 형식의 v1 인스턴스가 메서드의 인자로 전달되므로 스택상에 X, Y 값 8바이트가 복사된다. 그리고 매번 메서드를 호출할 때마다 발생하는 이러한 값 복사 부하를 없애려면 ref 예약어를 적용해야 한다.

```
class Program
{
    static void Main(string[] args)
    {
        Program pg = new Program();

        Vector v1 = new Vector();
        pg.StructParam(ref v1); // v1 인스턴스의 주소만 복사
    }

    void StructParam(ref Vector v) // 값 복사 없음
    {
    }
}
```

실제로 여러분이 진행하는 현재 프로젝트에서 값 복사의 부하를 없애기 위해 저런 식으로 ref 전달을 하도록 일괄 변경했다고 가정해 보자. 경우에 따라 이 프로그램은 오동작할 가능성이 있다. 왜냐하면 바꾸기 전과는 달리 StructParam 메서드 내에서의 v 변수에 대한 값 변경이 Main 메서드의 v1 변수에도 적용되는데, 이것은 기존 코드에는 없었던 동작이므로 예기치 않은 부작용이 발생할 수 있기 때문이다.

그렇다면 이 부작용을 어떻게 없앨 수 있을까? 이를 위해 마이크로소프트는 ref와 readonly 의미를 모두 갖는 in 예약어를 추가했다.

```
class Program
{
    static void Main(string[] args)
    {
        Program pg = new Program();

        Vector v1 = new Vector();
        pg.StructParam(in v1); // v1 인스턴스의 주소만 복사
    }

    void StructParam(in Vector v) // ref + readonly 의미
    {
        v.X = 5; // 컴파일 오류 - CS8332[1] 읽기 전용 변수이므로 변수 'in Vector'의 멤버에 할당할 수 
없습니다.
    }
}
```

이제 안전하게 여러분의 기존 프로젝트에서 struct를 전달하는 모든 메서드의 전달 방식에 in 예약어를 추가할 수 있게 됐다. 따라서 값 복사의 부하가 없어지므로 응용 프로그램의 성능도 함께 올라간다. 게다가 메서드 내부에서 값을 변경하는 경우 컴파일러가 알아서 에러를 발생시키므로 in 예약어를 적용하지 않도록 다시 바꾸거나, 아니면 해당 값 타입을 불변 타입으로 만들어 값 복사를 하는 방식으로 변경해 사용할 수 있다.

Note

C# 12에서 in 변경자와 동일한 역할을 하는 'ref readonly' 변경자가 추가됐다.

내부 구현의 관점에서 보면, out 예약어가 ref 방식의 변형인 것처럼 in 예약어 역시 ref를 기반으로 System.Runtime.CompilerServices.IsReadOnlyAttribute 특성을 메서드의 인자에 추가하는 방식으로 다뤄진다. 이 때문에 동일한 이름으로 ref, out과 in 예약어를 적용한 메서드를 각각 만들 수는 없다.

1 영문 메시지: Cannot assign to a member of variable 'in Vector' because it is a readonly variable

## 14.2 읽기 전용(readonly) 구조체

이번 신규 문법도 그 배경을 이해하는 것이 중요하다. 예를 들어, 값 형식의 타입에서 readonly 속성을 적용한 다음 코드를 보자.

```
class Program
{
    readonly Vector v1 = new Vector();

    static void Main(string[] args)
    {
        Program pg = new Program();
        pg.v1.X = 5; // 컴파일 오류
    }
}

struct Vector
{
    public int X;
    public int Y;
}
```

v1 인스턴스는 readonly이기 때문에 속성 값을 직접 변경하는 코드는 컴파일 단계에서 오류가 발생한다. 하지만 이것은 속성 값을 변경하는 경우에 한해 적용하는 규칙일 뿐 메서드 호출에 대해서는 허용한다는 문제점이 있다.

```
class Program
{
    readonly Vector v1 = new Vector();

    static void Main(string[] args)
    {
        Program pg = new Program();
        pg.v1.Increment(); // 메서드 호출은 허용
    }
}
```

```
struct Vector
{
    public int X;
    public int Y;

    public void Increment() // 메서드 내부에서 값을 변경하는 코드는 유효
    {
        X++;
        Y++;
    }
}
```

그런데 여기서 Vector가 값 형식이기 때문에 발생하는 또 하나의 예측할 수 없는 문제점이 있다. 즉, 위의 코드에서 Increment 메서드를 호출해 X, Y의 값을 증가시켰지만 실제로 그 후에 다시 v1.X, v1.Y 필드 값을 출력해 보면 Increment를 호출하기 이전의 값이 나온다.

```
pg.v1.Increment(); // 내부에서 X++, Y++ 실행
Console.WriteLine(pg.v1.X + ", " + pg.v1.Y);
```

```
// 출력 결과
0, 0
```

Increment를 호출했지만 여전히 v1의 인스턴스 값은 readonly 의도에 따라 보존된 것이다.

이렇게 동작하게 되는 배경을 설명하기 위해서는 C# 컴파일러의 방어 복사본(defensive copy) 처리를 알아야 한다. C# 컴파일러는 readonly가 적용된 구조체 인스턴스에 한해 그 상태를 유지할 수 있도록 모든 메서드 호출을 다음과 같이 자동으로 변경해서 컴파일한다.

```
Vector temp = v1; // 원본 v1의 값을 변경하지 않도록 방어 복사본 처리
temp.Increment(); // 값 복사된 temp 인스턴스에 대해 메서드 호출
```

이러한 방어 복사본 처리는 개발자 스스로 인지하기가 쉽지 않아 자칫 버그로 쉽게 이어질 수 있고 설령 저 코드에서 문제가 발생하고 있다는 것을 알아도 IL 코드 수준에서 드러나는 방어 복사본 처리를 모른다면 그저 황당한 C# 버그 정도로 여길 수밖에 없다[2].

2 방어 복사본 처리는 성능 문제도 야기하는데 이러한 문제를 https://www.sysnet.pe.kr/2/0/11523 글에서 좀 더 자세하게 다룬다.

바로 이런 문제를 완화하기 위해 C# 7.2에 추가된 신규 문법이 'readonly 구조체'다. 결국 방어 복사본에 따른 문제의 원인은 구조체 내부의 필드 값을 변경할 수 있는 메서드가 존재하기 때문이므로 아예 구조체 자체를 읽기 전용으로 만들면 해결할 수 있는 것이다.

```
readonly struct 타입명
{
    // 모든 필드는 readonly
}
```

설명: 멤버 필드가 모두 readonly여야 한다는 점을 제외하고는 기존 struct 타입과 동일하다.

읽기 전용 구조체는 그 특성상 타입 내의 멤버 변수들을 모두 읽기 전용으로 강제한다. 따라서 기존에 정의한 struct에 readonly 예약어를 적용하려면 반드시 다음과 같이 내부의 모든 필드에도 readonly 예약어를 붙여야 한다.

```
readonly struct Vector
{
    readonly public int X; // readonly struct 내의 모든 필드는 readonly 필수
    readonly public int Y; // readonly struct 내의 모든 필드는 readonly 필수

    public void Increment()
    {
        // X++; // readonly 필드이므로 실수로라도 값을 변경할 수 없음.
        // Y++;
        // readonly 구조체는 메서드 내에 값이 변경되는 경우가 없다는 것을
        // C# 컴파일러가 알 수 있으므로 메서드 호출 시 방어 복사본 처리가 필요하지 않다.
    }
}
```

이로 인해 readonly 구조체는 일반적으로 readonly 필드의 값을 변경할 수 있는 유일한 메서드인 생성자를 정의하게 된다. 또한 readonly 구조체의 인스턴스에 대해 값을 변경하고 싶다면 반드시 새로운 인스턴스를 생성하는 방식으로 코드를 변경해야 한다.

```
readonly struct Vector
{
    readonly public int X;
```

```
    readonly public int Y;

    // readonly 필드의 값을 유일하게 변경할 수 있으므로 생성자 추가
    public Vector(int x, int y)
    {
        X = x;
        Y = y;
    }

    // 값을 변경하려면 반드시 값을 복사한 인스턴스를 새로 생성
    public Vector Increment(int x, int y)
    {
        return new Vector(X + x, Y + y);
    }
}
```

자세히 보면 이런 규칙을 전에 불변(immutable) 객체로 다룬 적이 있다. 따라서 이런 특징들로 인해 readonly 구조체 문법은 자연스럽게 더 나은 불변 객체를 만들 수 있도록 한다.

이 외에도 readonly 구조체는 이전 절의 in 변경자 추가와도 관련이 있다. 설명한 대로 in 변경자는 ref + readonly를 의미하므로 메서드의 구조체 변수에 readonly가 적용됨으로써 해당 매개변수에 대해 메서드 호출 시 이번 절에서 설명한 문제와 정확히 일치하는 방어 복사본 문제를 겪게 된다. 결국 in 예약어의 활성화로 방어 복사본 문제가 더욱 뚜렷하게 대두됐고 이를 완화하기 위해 readonly 구조체를 넣게 된 것이다.

## 14.3 메서드의 반환 값 및 로컬 변수에 ref readonly 추가

메서드의 인자에만 부여되던 ref 변경자의 쓰임이 C# 7.0의 12.2절을 통해 반환값과 로컬 변수에도 적용된 것을 설명했다. 마찬가지로 C# 7.2의 14.1절에서 설명한 in 매개변수는 'ref + readonly'에 해당하는 기능인데 이것 역시 반환값 및 로컬 변수에 사용 가능하도록 C# 7.2에 함께 추가됐다. 따라서 적용 방식은 12.2절의 내용과 완전히 같다.

예를 들기 위해 우선 구조체 반환 시 값 복사 부하가 발생하는 다음의 예제 코드를 보자.

```
class Program
{
    readonly Vector v1 = new Vector();

    static void Main(string[] args)
    {
        Program pg = new Program();
        StructParam(pg.GetVector()); // 반환 값의 값 복사 부하 발생
    }

    private static void StructParam(in Vector v)
    {
        v.Increment(1, 1);
    }

    private Vector GetVector()
    {
        return v1;
    }
}

readonly struct Vector
{
    readonly public int X;
    readonly public int Y;

    public Vector(int x, int y)
    {
        X = x;
        Y = y;
    }

    public Vector Increment(int x, int y)
    {
        return new Vector(X + x, Y + y);
    }
}
```

StructParam 메서드는 in 변경자의 참조 형식으로 전달받으려고 하지만 정작 GetVector 메서드에서 반환하는 구조체 인스턴스는 값이 복사된 후에 전달된다. 따라서 여기서의 값 복사 부하를 없애기 위해 12.2절에서 했던 것처럼 다음과 같이 코드를 변경할 수 있다.

```
class Program
{
    static void Main(string[] args)
    {
        Program pg = new Program();
        StructParam(in pg.GetVector()); // in 변경자를 적용하고
    }

    private ref readonly Vector GetVector() // 메서드의 반환 값을 ref readonly로 설정
    {
        return ref v1; // v1 인스턴스의 값 복사가 발생하지 않도록 ref 반환
    }
}
```

로컬 변수에서도 같은 원리가 적용된다. 즉 다음의 코드는 GetVector가 ref readonly 유형으로 반환하려고 하지만 로컬 변수 자체가 ref 유형을 받지 못하므로 값 복사가 발생한다.

```
Vector v2 = pg.GetVector();
```

따라서 이 시점에서도 발생하는 값 복사를 없애기 위해서는 다음과 같이 코드를 변경하면 된다.

```
ref readonly Vector v2 = ref pg.GetVector();
```

## 14.4 스택에만 생성할 수 있는 값 타입 지원 - ref struct

값 형식의 struct는 스택을 사용하지만 그 struct가 class 안에 정의된 경우에는 힙에 데이터가 위치하게 된다. 가령 다음과 같은 Matrix 클래스가 있다고 하자.

```
class Program
{
    static void Main(string[] args)
```

```
    {
        Matrix matrix = new Matrix();
    }
}

struct Vector
{
    public int X;
    public int Y;

    public Vector(int x, int y)
    {
        X = x;
        Y = y;
    }
}

class Matrix
{
    public Vector Rx = new Vector(1, 2);
    public Vector Ry = new Vector(10, 20);
}
```

이때 Vector 타입은 값 형식이지만 메서드의 호출 스택에 생성되는 것이 아니고 다음과 같이 힙 영역에 Matrix 인스턴스의 멤버로 자리 잡게 된다.

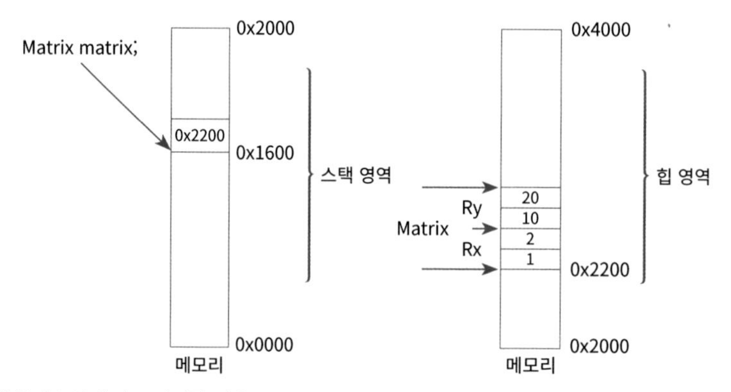


**그림 14.1** 값 형식이 클래스의 멤버로 정의된 경우

그런데 값 형식을 오직 스택에만 생성할 수 있도록 강제할 수 있는 방법이 C# 7.2에 추가됐고 그것이 바로 'ref struct'다.

```
ref struct 타입명
{
    // 멤버 정의
}
```

**설명**: 인스턴스가 힙에 생성될 수 없다는 점을 제외하고는 기존 struct 타입과 동일하다.

스택에만 생성할 수 있으므로 로컬 변수나 메서드의 반환 및 인자로 전달하는 것은 가능하다. 또한 다른 'ref struct' 타입의 필드로는 정의할 수 있다.

```
ref struct Vector
{
    public int X;
    public int Y;

    public Vector(int x, int y) { X = x; Y = y; }
}

ref struct Matrix2x2
{
    public Vector v1 = new Vector(); // ref struct
    public Vector v2 = new Vector();

    public Matrix2x2() { } // 필드 초기화 코드가 있다면 반드시 생성자 포함
}
```

그 외에 주요한 제약 사항으로 인터페이스를 구현할 수 없다.

```
ref struct RefStruct : IDisposable // 컴파일 에러
{
    public int Value;
    public void Dispose () { }
}
```

왜냐하면 인터페이스로의 형 변환은 스택 객체가 힙 객체로 변환돼야 하는 박싱 작업을 수반하는데 ref struct 타입은 힙에 생성할 수 없는 유형이기 때문이다. 이로 인해 자연스럽게 ref struct 타입의 인스턴스는 using 문의 대상으로 사용할 수 없다.[3]

현실적인 이유로 인해 여러분의 코드에 ref struct를 사용할 필요는 거의 없을 것이다. 이러한 특수 타입이 나온 주된 이유는 마이크로소프트가 C# 응용 프로그램의 성능을 최대한 높일 수 있도록 새롭게 도입한 Span〈T〉를 위해 꼭 필요했기 때문이다.

Note

Span〈T〉 타입은 내부적으로 관리 포인터를 사용한다. 그리고 관리 포인터는 GC의 현재 구현상 절대 '관리 힙'에 놓일 수 없다는 제약을 갖는다. 그래서 마이크로소프트는 Span〈T〉 타입을 구현하면서 관리 포인터를 담을 수 있는 특수한 구조체가 필요하게 됐고 그것이 바로 'ref struct'다.

일단 '관리 포인터'에 대한 설명은 이 책에서 다룰 만한 주제가 아니므로 관심 있는 독자는 https://www.sysnet.pe.kr/2/0/11529 글을 참고하자.

## 14.5 신규 추가 타입: Span〈T〉

엄밀히 Span〈T〉 타입은 C# 언어의 신규 문법에 속하지 않고 BCL(Base Class Library)에 추가된 타입이다. 하지만 Span〈T〉의 타입 정의를 보면 C# 7.2의 주요한 신규 문법들이 바로 Span〈T〉 때문에 추가한 것임을 짐작케 한다.

```
public readonly ref struct Span<T>
{
    // …[구현 생략]…
}
```

Span〈T〉를 기술적으로 정의하면 '제네릭 관리 포인터를 가진 readonly ref struct'라고 말할 수 있지만 좀 더 쉽게 기능적인 면으로 접근해 보면 단순히 '배열에 대한 참조 뷰(View)'를 제공하는 타입으로 설명할 수 있다. 따라서 기본적으로 C#에서 만드는 모든 배열을 Span〈T〉 타입으로 가리킬 수 있다.

```
{
    var arr = new byte[] { 0, 1, 2, 3, 4, 5, 6 };
```

3 C# 8.0부터 가능하다(참고: 16.5절 'Dispose 호출이 가능한 ref struct').

```
    Span<byte> view = arr;
    // 또는
    // Span<byte> view = new Span<byte>(arr);
    Console.WriteLine(view[5]); // 출력 결과 5
}
```

게다가 '참조 뷰'라는 이름에 걸맞게 Span⟨T⟩ 인스턴스는 원본을 관리 포인터로 가리키고 있다는 점에서 값 변경까지 허용한다.

```
view[5] = 17; // Span<T> 인스턴스의 값을 변경
Console.WriteLine(arr[5]); // 원본 arr 출력 결과 17

arr[5] = 15; // 원본의 값을 변경
Console.WriteLine(view[5]); // Span<T> 인스턴스 출력 결과 15
```

무엇보다도 Span⟨T⟩의 진정한 힘은 '뷰(View)' 영역을 제어하는 특성에서 나타난다. 예를 들어, 배열을 이등분해 다른 메서드에 전달하는 다음의 코드를 보자.

```
{
    var arr = new byte[] { 0, 1, 2, 3, 4, 5, 6, 7 };

    var arrLeft = arr.Take(4).ToArray(); // 앞의 4개 요소를 분리
    var arrRight = arr.Skip(4).ToArray(); // 뒤의 4개 요소를 분리

    Print(arrLeft);
    Print(arrRight);
}

private static void Print(Span<byte> view)
{
    Console.Write(string.Join(',', view.ToArray()));
    Console.WriteLine();
}
```

보다시피 원본 arr 객체와 함께 별도로 arrLeft, arrRight 배열 2개가 힙에 새롭게 생성됐다. 심지어 무의미하게도 그 값들은 원본 arr 배열과 완전히 중복된다. 이런 문제를 Span⟨T⟩를 이용해 해결할 수 있다.

```
{
    var arr = new byte[] { 0, 1, 2, 3, 4, 5, 6, 7 };
    Span<byte> view = arr;

    Span<byte> viewLeft = view.Slice(0, 4);
    var viewRight = view.Slice(4);

    Print(arrLeft);
    Print(arrRight);
}
```

Span⟨T⟩ 타입이 ref struct라는 점을 상기하고 위의 코드를 다시 보자. viewLeft와 viewRight는 힙에 어떠한 공간도 할당하지 않으며 순수하게 스택 영역의 값만으로 view 변수에 대한 일정 영역을 가리키는 역할을 한다. 따라서 무분별한 힙의 사용을 최소화할 수 있고 이로 인해 가비지 컬렉터의 사용을 줄여 자연스럽게 성능 향상을 가져온다.

또 다른 예로 문자열을 조작하는 다음의 코드를 보자.

```
{
    string input = "100,200"; // 원본 문자열 힙 할당
    int pos = input.IndexOf(',');

    string v1 = input.Substring(0, pos); // "100" 문자열 힙 할당
    string v2 = input.Substring(pos + 1); // "200" 문자열 힙 할당

    {
        Console.WriteLine(int.Parse(v1));
        Console.WriteLine(int.Parse(v2));
    }
}
```

위와 같은 프로그램도 Span⟨T⟩를 이용하면 부수적인 힙 할당 없이 목적을 이룰 수 있다.

```
{
    string input = "100,200"; // 원본 문자열 힙 할당
    int pos = input.IndexOf(',');
    ReadOnlySpan<char> view = input.AsSpan();
```

```
    var v1 = view.Slice(0, pos); // 힙 할당 없음, ReadOnlySpan<char>
    var v2 = view.Slice(pos + 1); // 힙 할당 없음, ReadOnlySpan<char>

    Console.WriteLine(int.Parse(v1));
    Console.WriteLine(int.Parse(v2));
}
```

보다시피 첫 번째 예제에서는 input, v1, v2 변수가 모두 힙을 점유하고 있지만, 두 번째 Span 예제에서는 input 변수만 힙을 점유할 뿐 나머지 동작에는 어떠한 GC 힙 할당도 발생하지 않는다.

Span〈T〉의 또 다른 장점으로는 힙 배열, 스택 배열, 비관리 메모리의 배열에 대한 일관된 뷰를 제공한다는 점이다. 이제까지의 예제가 힙 배열이었으므로 스택 배열과 비관리 메모리의 배열에 대한 사용 예를 보자.

```
{
    Span<byte> bytes = stackalloc byte[10]; // 스택 배열
    bytes[0] = 100;
    Print(bytes);
}

unsafe
{
    int size = 10;
    IntPtr ptr = Marshal.AllocCoTaskMem(size); // 비관리 메모리의 배열

    try
    {
        Span<byte> bytes = new Span<byte>(ptr.ToPointer(), size);
        bytes[9] = 100;

        Print(bytes);
    }
    finally
    {
        Marshal.FreeCoTaskMem(ptr);
    }
}
```

위의 코드에서 이전 예제에 정의해 둔 Print 메서드를 눈여겨볼 필요가 있다. Print 메서드 입장에서는 전달된 인자의 배열이 스택, 힙, 비관리 메모리인지에 상관없이 단일한 코드로 일관되게 참조 뷰에 접근해 연산을 할 수 있다.

> Note unsafe 예제에서 'bytes[9] = 100;' 코드를 'bytes[10] = 100;'으로 바꿔서 실행해 보자. 일반적으로 비관리 메모리를 잘못 접근하게 되면 (운에 따라) Access Violation 오류가 발생해 프로그램은 비정상 종료하게 되므로 try 이후 catch/finally 절은 실행되지 않는다. 하지만 Span<T>로 감싼 경우라면 그 대상이 비관리 메모리일지라도 내부적인 관리 포인터의 혜택으로 예외 처리가 가능해 catch/finally 절의 코드가 정상적으로 실행된다는 것도 Span을 사용하면서 얻게 되는 장점 중의 하나다.

## 14.6 3항 연산자에 ref 지원

3.5.1.2절 'if 문'에서 3항 연산자 문법을 다뤘는데 C# 7.0부터 가능해진 로컬 변수의 ref 예약어[4]의 사용을 3항 연산자에는 적용할 수 없는 문제가 있었다.

```
int part1 = 5;
int part2 = 6;

// 3항 연산자의 결과를 받는 ref 로컬 변수를 정의할 수 없음
ref int result = (part1 != 0) ? part1 : part2; // 컴파일 오류
```

C# 7.2부터는 3항 연산자에서 로컬 변수에 참조를 전달할 수 있는 지원이 추가되어 이런 문제가 해결됐다.

> ref (*조건식*) ? ref *표현식1* : ref *표현식2*;
>
> **설명: *조건식*에 따라 *표현식1*과 *표현식2*의 참조를 반환**

따라서 다음과 같이 코드를 변경하면 정상적으로 컴파일된다.

```
ref int result = ref (part1 != 0) ? ref part1 : ref part2;
```

4 12.2절 '반환값 및 로컬 변수에 ref 기능 추가(ref returns and locals)'

또한 ref의 특성을 이해하고 있다면 다소 억지스러운 다음의 코드도 가능하다.

```
((part1 != 0) ? ref part1 : ref part2) = 15;
Console.WriteLine(part1); // 출력 결과 15
```

## 14.7 private protected 접근자 추가

4.2.1절 '접근 제한자'에서 다룬 접근자의 종류가 5개(public, internal, protected, internal protected, private)였다. C# 7.2부터 private protected가 추가되는데, 사실 중간 언어(IL) 수준에서는 private protected 접근자가 제공되고 있었지만 이를 C# 언어에서도 표현 가능하게 만든 것이다.

비록 예약어에 'private'이 들어가긴 했지만, 엄밀히 말해서 private 접근자의 적용과는 아무런 상관이 없다. 오히려 이해 차원에서는 internal protected와 그 맥락을 같이한다.

| | |
|---|---|
| internal protected | 동일 어셈블리 내에서 정의된 클래스이거나 다른 어셈블리라면 파생 클래스인 경우에 한해 접근을 허용한다(protected internal로도 지정 가능). **즉 internal 또는 protected 조건이다.** |

위의 설명에서 마지막 문장을 주목하자. C# 7.2에 추가된 private protected는 '또는' 조건을 '그리고'로 바꾸면 된다.

| | |
|---|---|
| private protected | 동일 어셈블리 내에서 정의된 파생 클래스인 경우에 한해 접근을 허용한다. **즉 internal 그리고 protected 조건이다.** |

예를 들어 다음과 같은 클래스를 만들었을 때,

```
public class Base
{
    private protected void PP()
    {
        Console.WriteLine("From Base.PP()");
    }

    internal protected void IP()
    {
```

```
        Console.WriteLine("From Base.IP()");
    }
}
```

PP 메서드는 동일한 어셈블리 내(internal)에서 Base 타입을 상속받은(protected) 클래스라면 접근하는 것이 가능하다.

```
// Derived 클래스가 Base 클래스와 같은 어셈블리에 정의된 경우

public class Derived : Base
{
    public void My()
    {
        base.PP(); // 컴파일 정상: Derived 타입이 동일한 어셈블리 내에 "그리고" 자식 클래스이므로.
        base.IP();
    }
}
```

하지만 동일한 어셈블리여도 Base 타입을 상속받지 않은 클래스에서는 PP 메서드를 사용할 수 없다.

```
// Another 클래스가 Base 클래스와 같은 어셈블리에 정의된 경우

public class Another
{
    public void My()
    {
        Base b = new Base();

        b.PP(); // 컴파일 에러: Another 타입이 동일한 어셈블리 내에 정의됐지만 Base의 자식 클래스
는 아니므로.
        b.IP(); // 컴파일 정상: Another 타입이 동일한 어셈블리 내에 정의됐으므로.
    }
}
```

마찬가지로 설령 Base 타입을 상속받았어도 다른 어셈블리에 정의한 타입 역시 PP 메서드를 사용할 수 없다.

```
// AnotherDerived 클래스가 Base 클래스와 다른 어셈블리에 정의된 경우

public class AnotherDerived : Base
{
    public void My()
    {
        base.PP(); // 컴파일 에러: AnotherDerived 타입이 Base를 상속받았지만 동일한 어셈블리가 아
니므로.
        base.IP(); // 컴파일 정상
    }
}
```

## 14.8 숫자 리터럴의 선행 밑줄

C# 7.0의 12.9절 '리터럴에 대한 표현 방법 개선'에서 숫자형 리터럴에 밑줄을 쓰는 것이 가능해졌지만 리터럴 접두사(0x, 0b)가 있는 경우에는 밑줄이 바로 나올 수 없다는 제약이 있었다.

```
int number1 = 0x1_000;
int number2 = 0x_1000; // C# 7.1 이전에는 컴파일 오류

int number3 = 0b1_000;
int number4 = 0b_1000; // C# 7.1 이전에는 컴파일 오류
```

C# 7.2부터 이러한 숫자 리터럴의 선행 밑줄(Digit separator after base specifier)이 정상적으로 컴파일된다.

## 14.9 뒤에 오지 않는 명명된 인수

C# 4.0에 추가된 '명명된 인수'는 일단 매개변수의 이름을 명시하면 이후의 인자들은 모두 이름을 명시해야 하는 제약이 있다. 일례로 다음과 같이 중간의 인자를 이름 없이 호출하면 C# 7.1 이전까지는 컴파일 오류를 냈다.

```
class Program
{
    static void Main(string[] args)
    {
        Person p = new Person();

        // C# 7.1 이전에는 컴파일 오류
        // 첫 번째 인자에 이름을 지정했으므로 두 번째 인자도 이름을 지정해야 함
        p.Output(name: "Tom", 16, address: "Tibet");
    }

    class Person
    {
        public void Output(string name, int age = 0, string address = "Korea")
        {
            Console.WriteLine(string.Format("{0}: {1} in {2}", name, age, address));
        }
    }
}
```

하지만 C# 7.2부터는 이렇게 뒤에 오지 않는 명명된 인수(Non-trailing named arguments)를 정상적으로 컴파일한다.

# 15

# C# 7.3

앞선 C# 7.2 문법 변화에 비하면 쉽게 이해할 수 있으며 대부분 기존 문법에 대한 개선에 초점을 두고 있다. 또한, C# 7.2 이전과 비교해 메서드 선택 규칙에 대한 3가지 개선 사항이 있는데 이 부분은 중요도가 매우 낮으므로 지면 관계상 무료 전자책으로 내용을 옮겼으니 참고하자.

## 15.1 신규 제네릭 제약 조건 – Delegate, Enum, unmanaged

제네릭의 제약 조건으로 타입을 사용하려면 다음 조건을 만족해야 한다.

- 클래스 타입이어야 한다.
- sealed 타입이 아니어야 한다.
- System.Array, **System.Delegate**, **System.Enum**은 허용하지 않는다.
- System.ValueType은 허용하지 않지만 특별히 struct 제약을 대신 사용할 수 있다. 또한 System.Object도 허용하지는 않지만 어차피 모든 타입의 기반이므로 제약 조건으로써의 의미가 없다.

그리고 이 중에서 System.Delegate와 System.Enum은 C# 7.3에 와서 제약이 풀린다.

System.Delegate는 모든 delegate 타입의 부모 타입이므로 제네릭의 제약 조건으로 사용하는 경우 delegate 타입만 형식 매개변수로 받을 수 있다. 다음 예제는 이를 이용해 Action, Action〈int〉 메서드의 인스턴스만을 전달받아 호출하는 코드다.

```
class Program
{
    static void Main(string[] args)
    {
        {
            Action action = () => { Console.WriteLine("Action"); };

            ActionProxy<Action> proxy = new ActionProxy<Action>(action);
            proxy.Call();
        }

        {
            Action<int> action = (arg) => { Console.WriteLine($"Action<int>: {arg}"); };

            ActionProxy<Action<int>> proxy = new ActionProxy<Action<int>>(action);
            proxy.Call();
        }
    }
}

class ActionProxy<T> where T : System.Delegate /* System.MulticastDelegate */
{
    T _callbackFunc;

    public ActionProxy(T callbackFunc)
    {
        _callbackFunc = callbackFunc;
    }

    public void Call()
    {
        switch (_callbackFunc)
        {
            case Action action:
                action();
                break;

            case Action<int> action:
                action(5);
                break;
```

```
        }
    }
}
```

System.Enum의 경우에도 모든 enum 타입의 부모이므로 제네릭의 제약 조건으로 사용하면 enum 타입만 받을 수 있다. enum 타입도 값 형식의 한 사례이므로 기존에는 struct 제약을 걸어야 했지만 이제는 System.Enum으로 정확하게 지정할 수 있다. 다음 예제에서는 enum 값에 대한 정숫값을 캐시해 GetInteger 메서드로 개별 값을 구하는 클래스를 구현한다.

```
class EnumValueCache<TEnum> where TEnum : System.Enum
{
    Dictionary<TEnum, int> _enumKey = new Dictionary<TEnum, int>();

    public EnumValueCache()
    {
        int [] intValues = Enum.GetValues(typeof(TEnum)) as int [];
        TEnum[] enumValues = Enum.GetValues(typeof(TEnum)) as TEnum[];

        for (int i = 0; i < intValues.Length; i ++)
        {
            _enumKey.Add(enumValues[i], intValues[i]);
        }
    }

    public int GetInteger(TEnum value)
    {
        return _enumKey[value];
    }
}
```

마지막 제약 조건으로 기존 struct 제약의 좀 더 특수한 사례에 속하는 unmanaged[1]가 있다. 이를 이용하면 struct 제약 중에서 대상 타입이 참조 형식을 필드로 갖지 않는다는 보장을 하나 더 해준다. 따라서 기존에는 불가능했던 형식 매개변수에 대한 포인터 연산을 할 수 있다. 다음 코드는 비관리 힙으로부터 메모리를 할당받아 각각 int, long 타입에 따른 배열로 접근하는 제네릭 타입을 구현한다.

1 unmanaged 제약의 좀 더 구체적인 설명은 https://www.sysnet.pe.kr/2/0/11557, https://www.sysnet.pe.kr/2/0/11558에서 다룬다.

```
class UnsafeMethods
{
    [DllImport("kernel32.dll")]
    public static extern void RtlZeroMemory(IntPtr dst, int length);
}

class UnmanagedWrapper<T> : IDisposable where T : unmanaged
{
    IntPtr _pArray;
    int _maxElements;

    public unsafe UnmanagedWrapper(int n)
    {
        _maxElements = n;

        int size = sizeof(T) * n;
        _pArray = Marshal.AllocCoTaskMem(size);
        UnsafeMethods.RtlZeroMemory(_pArray, size);
    }

    public unsafe T this[int idx]
    {
        get
        {
            // unmanaged 제약을 사용함으로써 포인터 연산이 가능한 타입만 받아들인다.
            // 따라서 기존에는 불가능했던 (T*)와 같은 포인터 연산을 사용할 수 있다.
            T* ptr = ((T*)_pArray.ToPointer() + idx);
            return *ptr;
        }
        set
        {
            T* ptr = ((T*)_pArray.ToPointer() + idx);
            *ptr = value;
        }
    }

    public void Dispose()
    {
        Marshal.FreeCoTaskMem(_pArray);
    }
}
```

그리고 이렇게 구현한 UnmanagedWrapper 타입을 일반 배열을 다루듯이 사용할 수 있다.

```
unsafe {
    int n = 10;
    using (UnmanagedWrapper<int> intArray = new UnmanagedWrapper<int>(n))
    {
        for (int i = 0; i < n; i++)
        {
            intArray[i] = i;
        }

        for (int i = 0; i < n; i++)
        {
            Console.Write(intArray[i] + ",");
        }
    }
}

unsafe
{
    int n = 10;
    using (UnmanagedWrapper<long> longArray = new UnmanagedWrapper<long>(n))
    {
        for (int i = 0; i < n; i++)
        {
            longArray[i] = i;
        }

        for (int i = 0; i < n; i++)
        {
            Console.Write(longArray[i] + ",");
        }
    }
}
```

## 15.2 사용자 정의 타입에 fixed 적용 가능

5.1.3.5절 '참조 형식의 멤버에 대한 포인터: fixed'에서 다룬 fixed 예약어는 그 대상이 기본형이거나 그것의 배열 또는 string으로 제한된다. 즉, 사용자가 만든 타입은 fixed의 대상이 될 수 없다.

```
public class Point
{
    public int X;
    public int Y;
}

private unsafe static void FixedUserClassType()
{
    Point pt = new Point();

    // 사용자 타입인 Point는 fixed의 대상이 될 수 없다.
    // 컴파일 에러: CS8385 fixed 문에서는 지정된 식을 사용할 수 없습니다.2
    fixed (int *pPoint = pt)
    {
    }
}
```

물론 사용자 타입 내부의 필드가 fixed로 가능한 유형이라면 다음과 같이 우회할 수는 있다.

```
unsafe {
    Point pt = new Point { X = 5, Y = 6 };

    fixed (int* pX = &pt.X)
    fixed (int* pY = &pt.Y)
    {
        Console.WriteLine($"{*pX}, {*pY}");
    }
}
```

2 The given expression cannot be used in a fixed statement

그런데 C# 7.3부터 사용자 타입이 GetPinnableReference라는 이름으로 관리 포인터를 반환하는 메서드를 포함하고 있는 경우라면 fixed 구문에 자연스럽게 사용할 수 있도록 통합됐다.

```
public class Point
{
    public int X;
    public int Y;

    public ref int GetPinnableReference()
    {
        return ref X;
    }
}

class Program
{
    static void Main(string[] args)
    {
        Point pt = new Point();

        // GetPinnableReference 메서드 자동 호출
        fixed (int* pPoint = pt)
        {
            Console.WriteLine(*pPoint);
        }
    }
}
```

코드를 자세히 보면 사실 크게 편리해진 부분도 아니고, 오히려 fixed 구문만 보면 어떤 필드를 반환받은 것인지 직관적으로 알 수 없다는 문제가 있다. 따라서 GetPinnableReference 메서드를 구현한다면 명확하게 단일 필드를 반환한다고 인지할 수 있는 경우에만 사용하는 것을 권장한다. 재미있는 것은 이런 목적으로 사용할 만한 타입이 C# 7.2부터 사용할 수 있게 된 Span〈T〉 타입이라는 점이다. 실제로 Span〈T〉 타입은 GetPinnableReference를 구현하고 있으며, 따라서 C# 7.3부터는 다음과 같이 Span〈T〉 타입을 사용하는 것이 가능해졌다.

```
private unsafe static void FixedSpan()
{
    {
        // (fixed될 필요가 없는) 스택을 기반으로 하든,
        Span<int> span = stackalloc int[500];

        fixed (int *pSpan = span)
        {
            Console.WriteLine(*(pSpan + 1));
        }
    }

    {
        // 관리 힙을 기반으로 하든,
        Span<int> span = new int[500];

        fixed (int* pSpan = span)
        {
            Console.WriteLine(*(pSpan + 1));
        }
    }

    {
        // (fixed될 필요가 없는) 비관리 힙을 기반으로 하든 상관없이 일관성 있는 fixed 구문을 제공
        int elemLen = 500;
        int allocLen = sizeof(int) * elemLen;
        Span<int> span = new Span<int>((void *)Marshal.AllocCoTaskMem(allocLen), elemLen);

        fixed (int* pSpan = span)
        {
            Console.WriteLine(*(pSpan + 1));
        }
    }
}
```

간단히 말해 Span〈T〉 타입을 위해 추가한 C# 7.3의 신규 문법이라고 보면 된다.

## 15.3 힙에 할당된 고정 크기 배열의 인덱싱 개선

이전 절의 fixed와 함께 5.1.3.6절 '고정 크기 버퍼: fixed'에서 다루는 용법으로도 개선이 이뤄졌다. 기본적으로 fixed를 이용한 고정 크기 배열을 정의한 구조체는 다음과 같은 식으로 사용할 수 있다.

```
unsafe struct CSharpStructType
{
    public fixed int fields[2];
    public fixed long dummy[3];
}

class Program
{
    unsafe static void Main(string[] args)
    {
        CSharpStructType item = new CSharpStructType();
        item.fields[0] = 5;
        int n = item.fields[2];
    }
}
```

CSharpStructType은 값 형식이므로 item 인스턴스는 스택에 자리 잡게 되고 내부의 fixed 고정 크기 배열에 대한 인덱싱은 직접 접근이 가능하다.

하지만 CSharpStructType이 다른 타입의 멤버로 포함되는 다음의 경우는 상황이 달라진다.

```
unsafe struct CSharpStructType
{
    public fixed int fields[2];
    public fixed long dummy[3];
}

class Continaer
{
    CSharpStructType _inst;

    public Continaer()
    {
```

```
        _inst = new CSharpStructType();
    }

    public unsafe void ProcessItem()
    {
        // C# 7.2 이전까지는 컴파일 에러
        // C# 7.3부터 컴파일 가능
        _inst.fields[0] = 5;
        int n = _inst.fields[2];
    }
}
```

Container 타입은 참조 형식이므로 그 내부의 모든 값 형식이 힙에 할당되기 때문에 fixed 고정 크기 배열도 반드시 다음과 같이 고정(fixed)시켜서 사용해야 한다.

```
public unsafe void ProcessItem()
{
    // C# 7.2 이전에는 이렇게 접근
    fixed (int *ptr = _inst.fields)
    {
        ptr[0] = 5;
        int n = ptr[2];
    }
}
```

하지만 C# 7.3부터는 저렇게 힙에 할당된 경우일지라도 일관성 있게 fixed 없이 고정 크기 배열에 대한 인덱싱이 가능하다.

## 15.4 초기화 식에서 변수 사용 가능

C# 7.2 이전까지는 다음의 4가지 유형에서 변수를 허용하지 않았다.

- 필드 초기화 식
- 속성 초기화 식
- 생성자 초기화 식
- LINQ 쿼리 식

변수 선언은 문(statement)에 해당하기 때문에 식(expression)을 요구하는 코드에 사용할 수 없음은 원칙적으로 당연한 결과다. 일반적으로 이것은 크게 문제가 되지 않지만 out 변경자를 갖는 메서드의 호출이나 패턴 매칭에서의 변수명 선언이 발생하는 코드에서도 오류가 발생하므로 서서히 표현의 제약을 가져오는 문제로 부각됐다. 일례로 다음과 같은 코드는 모두 C# 7.2 이전에는 컴파일 오류가 발생했다.

```
public class BaseType
{
    // 필드 초기화 식에서 변수 사용
    private readonly bool _field = int.TryParse("5", out int result);

    // 속성 초기화 식에서 변수 사용
    int Number { get; set; } = int.TryParse("5", out int result) ? 0 : -1;
    int Number2 { get; set; } = 5 is int value ? value : 0;

    public BaseType(int number, out bool result)
    {
        Number = number;
        result = _field;
    }
}

public class Derived : BaseType
{
    // 생성자의 초기화 식에서 변수 사용
    public Derived(int i) : base(i, out var result)
    {
        Console.WriteLine(result);
    }
}

class Program
{
    static void Main(string[] args)
    {
        string[] strings = new string[] { "test", "is", "good" };

        // LINQ 쿼리 식에서 변수 사용
```

```
        var query = from text in strings
                    where int.TryParse(text, out int result)
                    select text;

        object[] objects = new object[] { 5, "is", true };

        var texts = from text in objects
                     let t = text is string value  ? value : ""
                     select t;
    }
}
```

혹시 C# 7.0에서 예외를 던지는 throw 문이 일부 식에서 사용 가능하게 된 것을 기억하는가? 마찬가지로 out 변수 사용과 패턴 매칭 시 연계되는 변수에 대해 식에서 사용할 수 있도록 C# 7.3부터 바뀌었다.

## 15.5 자동 구현 속성의 특성 지원

5.1.1.4절 '특성'에서 다룬 Attribute는 C# 3.0부터 추가된 8.2절 '자동 구현 속성'에 대해 지정하는 것이 불가능했다. 예를 들어 다음과 같이 구현하면,

```
[Serializable]
public class Foo
{
    public string MySecret { get; set; }
}
```

C# 컴파일러는 이 타입을 다음과 같이 확장해서 컴파일한다.

```
[Serializable]
public class Foo
{
    private string MySecret_backingField;
```

```
    public string MySecret
    {
        get { return MySecret_backingField; }
        set { MySecret_backingField = value; }
    }
}
```

그런데 경우에 따라 C# 컴파일러가 자동 생성한 MySecret_backingField 필드에 대해 NonSerialized 특성을 부여하고 싶을 수 있다. 하지만 C# 컴파일러의 자동 생성 코드를 제어할 수는 없으므로 이런 경우 다음과 같이 다시 코드를 풀어 놓는 귀찮은 작업을 해야 한다.

```
[Serializable]
public class Foo
{
    [NonSerialized] // 이 특성을 부여하기 위해 자동 구현 속성 코드를 재작성
    string _mySecret;

    public string MySecret
    {
        get { return _mySecret; }
        set { _mySecret = value; }
    }
}
```

C# 7.3부터는 이런 불편함이 사라진다. 다음과 같이 field 옵션을 제공해 자동 생성 필드의 특성을 지정할 수 있는 구문을 사용할 수 있기 때문이다.

```
[Serializable]
public class Foo
{
    [field: NonSerialized] // 자동 생성된 필드에 특성이 적용됨
    public string MySecret { get; set; }
}
```

## 15.6 튜플의 ==, != 연산자 지원

C# 7.0의 신규 문법인 12.3절 '튜플' 구문에 대해 ==, !=라는 2가지 연산자를 지원한다. 따라서 C# 7.2 이전에는 다음의 코드를 컴파일할 수 없었다.

```
class Program
{
    static void Main(string[] args)
    {
        var tuple = (13, "Kevin");

        // C# 7.2까지 컴파일 오류 - Error CS0019 Operator '==' cannot be applied to operands of
type '(int, string)' and '(int, string)'
        bool result1 = tuple == (13, "Winnie");

        // C# 7.2까지 컴파일 오류 - Error CS0019 Operator '!=' cannot be applied to operands of
type '(int, string)' and '(int, string)'
        bool result2 = tuple != (13, "Winnie");
    }
}
```

하지만 C# 7.3부터는 정상적으로 컴파일할 수 있다. 참고로, C# 컴파일러는 위의 코드를 다음과 같이 확장해서 비교를 수행한다.

```
bool result1 = (tuple.Item1 == 13) && (tuple.Item2 == "Winnie");

bool result2 = (tuple.Item1 != 13) || (tuple.Item2 != "Winnie");
```

## 15.7 ref 지역 변수의 재할당 가능

C# 7.0의 신규 문법인 12.2절 '반환값 및 로컬 변수에 ref 기능 추가(ref returns and locals)'에서 ref 로컬 변수인 경우 기존에는 다음과 같이 다른 변수를 재할당하는 것이 불가능했다.

```
class Program
{
    static void Main(string[] args)
    {
        int a = 5;
        ref int b = ref a; // a를 가리키는 ref 로컬 변수 b

        int c = 6;

        // C# 7.2까지 컴파일 오류 - Error CS1073 Unexpected token 'ref'
        b = ref c; // 새롭게 변수 c에 대한 ref를 할당
    }
}
```

하지만 C# 7.3부터 정상적으로 컴파일할 수 있다.

## 15.8 stackalloc 배열의 초기화 구문 지원

5.1.3.7절 '스택을 이용한 값 형식 배열: stackalloc'에서 다룬 스택 배열에 대한 초기화 구문을 C# 7.3부터 지원한다.

```
class Program
{
    static unsafe void Main(string[] args)
    {
        int* pArray1 = stackalloc int[3] { 1, 2, 3 };
        int* pArray2 = stackalloc int[] { 1, 2 };
    }
}
```

참고로, C# 7.2부터 추가된 Span〈T〉 타입과의 연동을 고려하면 위의 코드는 앞으로 다음과 같이 사용할 것을 권장한다.

```
Span<int> span1 = stackalloc int[3] { 1, 2, 3 };
Span<int> span2 = stackalloc int[] { 1, 2 };
```

# 16

# C# 8.0

## 16.1 #nullable 지시자와 nullable 참조 형식

Note 닷넷 7부터 새로 생성하는 프로젝트는 #nullable의 기본 설정이 enable로 설정됐다. 이번 절의 내용은 C# 8.0을 기준으로 작성한 것이므로 본문에서는 #nullable의 기본값이 disable이었음을 감안하고 읽어야 한다.

닷넷 프로그램을 개발하면 종종 접하게 되는 예외가 바로 System.NullReferenceException이다. 그리고 이번 신규 문법의 목표가 컴파일러 수준에서 null 참조 예외가 없도록 보장하는 것이다. 가령 다음과 같은 코드를 보자.

```
using static System.Console;

class Program
{
    static void Main(string[] args)
    {
        var miguel = new Person();
        int length = GetLengthOfName(miguel);
        WriteLine(length);
    }

    static int GetLengthOfName(Person person)
    {
        return person.Name.Length;
```

```
    }
}

public class Person
{
    public string Name { get; set; }

    public Person() { }

    public Person(string name)
    {
        Name = name;
    }
}
```

여기서 실행 시 person.Name.Length 코드를 실행하면 null 참조 예외가 발생한다. 그렇다면 이제 C# 컴파일러에서 (런타임이 아닌) 컴파일 타임에 이를 어떻게 막을 수 있을까?

우선 참조 타입의 사용 유형을 크게 다음의 두 가지로 나눠서 접근할 수 있다.

1. 해당 인스턴스가 null일 필요가 없는 참조 형식. 이를 가리켜 '널 가능하지 않은 참조 타입(Non-nullable reference type)'이라고 한다.
2. 해당 인스턴스가 null일 수 있는 참조 형식. 이를 가리켜 '널 가능 참조 타입(Nullable reference type)'이라고 한다.

따라서 그에 대한 C# 컴파일러의 대응을 다음과 같이 나눌 수 있다.

1. 첫 번째 경우라면, C# 컴파일러는 참조 타입을 정의할 때 null 값을 담는 멤버가 없도록 보장
2. 두 번째 경우라면, C# 컴파일러는 참조 타입의 인스턴스를 사용할 때 반드시 null 체크를 하도록 보장

각 경우를 나눠 C# 8.0 컴파일러가 null 참조 예외를 어떻게 막는지 살펴보자.

### 16.1.1 null일 수 없음을 보장

C# 8.0에서는 #nullable 지시자를 이용해 해당 소스코드 파일에 null 값일 수 있는 타입이 정의되지 않도록 보장한다.

표 16.1 #nullable 지시자[1]

| #nullable [옵션] | 설명 |
|---|---|
| enable | null 가능성이 있는 경우 경고를 발생시킨다. |
| disable | null 가능성 체크를 하지 않는다. |
| restore | 이전에 #nullable enable 또는 #nullable disable을 선언했어도 restore 이후의 코드에 대해서는 프로젝트 수준에서 설정된 null 가능성 여부 옵션 값[2]을 적용한다. |

가령 이전의 소스코드에서 다음과 같이 #nullable enable 지시자를 추가하면,

```
#nullable enable

using static System.Console;

// …[생략]…

public class Person
{
    public string Name { get; set; }

    public Person() { } // 컴파일 경고 발생: warning CS8618

    public Person(string name)
    {
        Name = name;
    }
}
```

이제부터 컴파일할 때마다 기본 생성자 코드에서 "생성자를 종료할 때 null을 허용하지 않는 속성 'Name'에 null이 아닌 값을 포함해야 합니다. 속성을(를) null 허용으로 선언해 보세요."[3]라는 경고 메시지를 띄운다. 왜냐하면 해당 인스턴스가 기본 생성자를 통해 만들어지면 Name 필드의 값이 null일 수 있기 때문이다. 따라서 개발자는,

1 16.1.3 '널 가능(Nullable) 문맥 제어'에서 다시 한번 옵션의 상세 정의를 다룬다.
2 프로젝트 수준의 null 설정 옵션 값은 16.1.3 '널 가능(Nullable) 문맥 제어'에서 다룬다.
3 warning CS8618: Non-nullable property 'Name' must contain a non-null value when exiting constructor. Consider declaring the property as nullable.

1. 기본 생성자를 삭제하거나
2. 기본 생성자 코드에 Name 필드를 (null이 아닌 값으로) 초기화하는 코드를 추가하거나

둘 중 하나를 선택해 코드를 변경해야 한다. 어느 쪽으로 하든 Name 필드가 null이 되지 않으므로 이후 GetLengthOfName 메서드를 호출할 때 null 참조 예외가 발생하지 않는다.

이와 함께 C# 컴파일러는 개발자가 실수로라도 해당 타입의 메서드에서 Name 필드를 null로 만드는 경우에 대해,

```
public class Person
{
    public string Name { get; set; } = ""; // 기본 생성자 대신 값 초기화

    public Person() { }

    public Person(string name)
    {
        Name = name;
    }

    public void Method()
    {
        Name = null; // 개발자가 실수로라도 null로 만드는 것을 방지하기 위해 컴파일 경고 발생
    }
}
```

"warning CS8625: Null 리터럴을 null을 허용하지 않는 참조 형식으로 변환할 수 없습니다."[4]라는 경고를 생성한다.

### 16.1.2 null일 수 있다면 해당 인스턴스를 null 가능한 타입이라고 명시

이전 절의 해결책이 null 가능성을 제외하는 것이지만 경우에 따라 필드 값이 null을 허용해야 할 수도 있다. C# 컴파일러는 이럴 때 해당 인스턴스가 null일 수 있음을 알리는 '널 가능한 참조 타입(nullable reference type)'을 정의하는 방법을 새롭게 제공한다.

4 Cannot convert null literal to non-nullable reference type.

*참조_타입?*

**설명: 참조_타입**에 물음표(?)를 붙여 인스턴스가 null일 수도 있음을 명시한다.

다음 코드는 이전 예제를 널 가능 참조 타입을 사용해 다시 정의한 것이다.

```
#nullable enable

using static System.Console;

class Program
{
    // …[생략]…
}

public class Person
{
    // 참조 형식의 Name 필드가 null일 수 있음을 명시하기 위해 "?"를 추가
    public string? Name { get; set; }

    public Person() { } // null일 수 있으므로 허용

    public Person(string name)
    {
        Name = name;
    }

    public void Method()
    {
        Name = null; // null일 수 있으므로 허용
    }
}
```

보다시피 C# 2.0부터 추가된 7.6절 'nullable 형식'의 기호를 재사용하지만 이번에는 반드시 참조 형식에 적용된다는 차이점이 있다. 이런 식으로 널 가능 참조 타입을 선언하면 이제 컴파일러는 해당 멤버가 사용된 코드를 검사해 널 가능성이 있다면 컴파일 경고를 발생시킨다. 즉, 위와 같이 코드를 변경

하면 이제는 다음 코드에서 새롭게 "warning CS8602: null 가능 참조에 대한 역참조입니다."[5]라는 경고가 뜬다.

```
class Program
{
    // …[생략]…

    static int GetLengthOfName(Person person)
    {
        return person.Name.Length; // Name 멤버가 null일 수 있으므로 컴파일 경고
    }
}
    // …[생략]…
```

이 경고를 없애려면 null일 수 있는 인스턴스에 대해 반드시 null 체크 코드를 추가해야 한다. 결국 C# 컴파일러는 개발자로 하여금 null 참조 예외를 막을 수 있도록 자연스럽게 예방 코드를 추가하게 만든다.

```
static int GetLengthOfName(Person person)
{
    if (person.Name == null)
    {
        return 0;
    }

    return person.Name.Length; // null인 상황이 없어졌으므로 경고 없이 컴파일
}
```

C# 컴파일러의 이러한 null 체크 코드는 특성을 통해 다양하게 확장된다. 가령, 개발자가 명시적으로 null 체크를 위한 메서드를 만들었다면 이 또한 C# 컴파일러에 의해 null 체크에 해당하는 코드라고 인식하도록 NotNullWhen 특성을 적용할 수 있다.

```
static int GetLengthOfName(Person person)
{
    // IsNull 메서드는 인자가 null인 경우 true를 반환하는 것을 C# 컴파일러가 인지
```

5 CS8602 Dereference of a possibly null reference.

```
    // 따라서 null 체크를 한 것에 해당하므로 컴파일 경고는 없다.
    if (IsNull(person.Name))
    {
        return 0;
    }

    return person.Name.Length;
}

// NotNullWhen 특성의 생성자에 전달된 false에 따라
// IsNull 메서드가 false를 반환하면 null이라고 C# 컴파일러가 인지
static bool IsNull([NotNullWhen(false)] string? value)
{
    if (value == null)
    {
        return true;
    }

    return false;
}
```

위와 같이 적용하면 C# 컴파일러는 IsNull 메서드가 if (person.Name == null)과 유사한 null 체크 역할을 수행한 것으로 가정하고 컴파일 경고를 발생시키지 않게 된다.

그런데 때로는 위와 같이 null 체크 코드를 추가하는 대신 null 자체인 경우를 받아들여 (예외가 발생할 테지만) 부가적인 코드를 사용하고 싶지 않을 수도 있다. 이를 위해 #nullable enable로 인한 경고를 무시하도록 'null 포기 연산자(null-forgiving operator)'[6]를 새롭게 제공하는데 다음과 같이 간단하게 '!'를 붙이면 된다.

```
static int GetLengthOfName(Person person)
{
    return person.Name!.Length; // null 경고를 무시하도록 "!."로 접근
}
```

6 C# 6.0에 추가된 11.4 'null 조건 연산자'가 "?."를 사용했던 것과 구문이 유사하다.

위의 코드에서 C# 컴파일러는 Name 인스턴스가 null일 수 있지만 '!.' 연산자를 사용해 멤버에 접근했으므로 이에 대한 책임을 개발자가 감수한다는 의미로 받아들이고 'person.Name.Length'로 바꿔 컴파일한다.

정리하면 #nullable의 활성화(enable)에 따라 C# 컴파일러는 모든 '참조 형식'을 다음의 두 가지 형식 중 하나로 취급한다.

- '널 가능하지 않은 참조 타입(Non-nullable reference type)': 기본적으로 모든 참조 타입을 이것으로 취급하며 해당 타입의 인스턴스에는 null 초기화 및 null 대입을 할 수 없다.
- '널 가능한 참조 타입(Nullable reference type)': 예외적으로 null일 수 있는 인스턴스가 필요하다면 물음표(?)를 붙여 지정한다. 그렇게 되면 null을 대입할 수는 있지만 사용하기 전에 null 체크를 해야 하거나 명시적으로 null 접근임을 알고 있다는 표시로 null 포기 연산자(!.)를 쓴다.

이러한 두 가지 조치로 이제 프로그램에서 null 참조 예외를 컴파일 단계에서 개발자가 의도하지 않은 경우에 한해 예방할 수 있다.

참고로 NotNullWhen 이외에도 다음과 같은 다양한 특성이 제공되므로 상황에 따라 null 체크 경고를 없애기 위한 보조 용도로 사용할 수 있다.

**표 16.2** 컴파일러에 null 처리 관련 힌트를 부여하는 특성

| 특성(적용 대상[7]) | 설명 / 예제 코드 |
| --- | --- |
| AllowNull (Property, Field, Parameter) | 명시적인 널 가능 타입이 아니어도 호출 측에서 null을 전달할 수 있다는 힌트를 부여 |

```
public class AllowAttrTest
{
    public AllowAttrTest()
    {
        GetLengthOfText(null); // null 대입 가능
    }

    public int GetLengthOfText([AllowNull] string text)
    {
        if (text == null) { return 0; } // null일 수 있으므로!
        return text.Length;
    }
}
```

7 5.1.1.4절 '특성'의 '특성이 적용될 대상을 제한'에서 다뤘다.

| 특성(적용 대상[7]) | 설명 |
| --- | --- |
| DisallowNull<br>(Property, Field, Parameter) | 명시적인 널 가능 타입이어도 호출 측에서 null을 전달할 수 없다는 힌트를 부여 |

예제 코드

```
public class DisallowAttrTest
{
    public DisallowAttrTest()
    {
        GetLengthOfText(null); // null 대입 시 컴파일 경고
    }
    public int GetLengthOfText([DisallowNull] string? text)
    {
        return text.Length; // text는 null이 아니므로
    }
}
```

| 특성(적용 대상[7]) | 설명 |
| --- | --- |
| DoesNotReturn<br>(Method) | 특성이 적용된 메서드는 실행을 반환하지 않는다고 컴파일러에게 힌트를 부여 |

예제 코드

```
public class DoesNotReturnTest
{
    public DoesNotReturnTest()
    {
        string? text = Environment.GetEnvironmentVariable("TEST");
        if (text == null)
        {
            LogAndThrowNullArg($"{nameof(text)}");
        }

        // 원래 경고가 발생하지만,
        // LogAndThrowNullArg 메서드는 반환하지 않을 것이라고 했으므로,
        // 즉, DoesNotReturn 특성으로 인해 경고가 제거됨
        Console.WriteLine(text.Length);
    }

    [DoesNotReturn]
    private void LogAndThrowNullArg(string name)
    {
        throw new ArgumentNullException(name);
    }
```

<table>
<tr><th rowspan="2">특성(적용 대상[7])</th><th>설명</th></tr>
<tr><th>예제 코드</th></tr>
<tr><td>DoesNotReturn<br>(Method)</td><td>    // DoesNotReturn 메서드는 정상적인 반환을 허용하지 않으므로<br>    // 아래의 코드는 경고를 발생<br>    [DoesNotReturn]<br>    public void EnsureNotNull(string? text)<br>    {<br>        if (text == null)<br>        {<br>            throw new ApplicationException("NULL-REF");<br>        }<br>    } // Warning CS8763<br>}</td></tr>
<tr><td rowspan="2">DoesNotReturnIf<br>(Parameter)</td><td>특성이 적용된 인자의 bool 조건에 따라 해당 메서드는 실행을 반환하지 않는다고 컴파일러에게 힌트를 부여</td></tr>
<tr><td>public class DoesNotReturnIfTest<br>{<br>    public int GetLengthOf(string? text)<br>    {<br>        // 원래는 text.Length에서 경고가 발생하지만<br>        // DoesNotReturnIf 특성이 적용된 메서드의 조건으로<br>        // 컴파일 경고가 제거됨<br>        EnsureNotNull(text == null);<br>        return text.Length;<br>    }<br><br>    public void EnsureNotNull([DoesNotReturnIf(true)] bool isNull)<br>    {<br>        if (isNull == true)<br>        {<br>            throw new ApplicationException("NULL-REF");<br>        }<br>    }<br>}</td></tr>
</table>

<table>
<tr><th rowspan="2">특성(적용 대상[7])</th><th>설명</th></tr>
<tr><th>예제 코드</th></tr>
<tr><td rowspan="2">MaybeNull<br>(Property, Field, Parameter, ReturnValue)</td><td>널 가능하지 않은 참조 타입이어도 null을 담고 있을 가능성이 존재한다는 힌트를 부여<br>특히 제네릭 유형에서 T? 타입을 사용한 경우 값 형식과 참조 형식의 의미가 다를 수 있다. 예를 들어, int? 타입은 Nullable<int>인 반면 string? 타입의 경우에는 내부적으로는 그대로 string으로 해석되기 때문에 T? 유형을 단순히 널 가능 타입으로 한정 지을 수 없는 상황이 발생하고 이때 MaybeNull 특성이 사용될 수 있다.</td></tr>
<tr><td>

```
public class MaybeNullTest<T>
{
    public MaybeNullTest()
    {
        // 원래는 GetText가 string을 반환하므로
        // 그 결과 또한 널 가능하지 않은 참조 타입으로
        // 받을 수 있지만, MaybeNull 특성으로 인해
        // string?으로 처리
        string? text = GetText();
    }

    [return: MaybeNull]
    public string GetText()
    {
        string text = StringFromSomeWhere();
        return text;
    }

    List<T> list = new List<T>();

    [return: MaybeNull]
    public T Get()
    {
        return list.FirstOrDefault<T>();
    }
}
```

</td></tr>
<tr><td rowspan="2">MaybeNullWhen<br>(Parameter)</td><td>적용된 ref/out 인자가 널 가능하지 않은 참조 타입이어도 반환 값의 bool 값에 따라 null을 담고 있다는 힌트를 부여</td></tr>
<tr><td>

```
public class MaybeNullWhenTest
{
    public MaybeNullWhenTest()
    {
        // 원래는 text.Length에서 경고가 발생하겠지만,
```

</td></tr>
</table>

| 특성(적용 대상[7]) | 설명 / 예제 코드 |
| --- | --- |
| MaybeNullWhen (Parameter) | `// MaybeNullWhen 특성의 적용으로 경고를 제거`<br>`if (GetText(out string? text))`<br>`{`<br>`    Console.WriteLine(text.Length);`<br>`}`<br>`}`<br><br>`List<string> list = new List<string>();`<br><br>`public bool GetText([MaybeNullWhen(false)] out string text)`<br>`{`<br>`    text = list.FirstOrDefault();`<br>`    return text != null;`<br>`}`<br>`}` |
| NotNullIfNotNull (Property, Parameter, ReturnValue) | 지정된 인자가 null이 아니라면 반환 값 역시 null이 아니라는 힌트를 부여 |
| | `public class NotNullIfNotNullTest`<br>`{`<br>`    public NotNullIfNotNullTest()`<br>`    {`<br>`        string? input = "test";`<br>`        string? result = GetText(input);`<br><br>`        // 원래는 result에 대해 null 체크 코드를 추가해야 하지만,`<br>`        // NotNullIfNotNull의 특성으로 인해 input과 result의`<br>`        // null 상태가 동일하므로 input 하나로 체크 처리 가능`<br>`        if (input == null)`<br>`        {`<br>`            return;`<br>`        }`<br><br>`        Console.WriteLine(result.Length);`<br>`    }`<br><br>`    [return: NotNullIfNotNull("text")]`<br>`    public string? GetText(string? text)`<br>`    {`<br>`        return text + "";`<br>`    }`<br>`}` |

### 16.1.3 널 가능(Nullable) 문맥 제어

이러한 nullable 관리는 주석 문맥(annotation context)과 경고 문맥(warning context)으로 나뉘어 적용된다.

**표 16.3** Null 가능 문맥 제어

| 문맥 | 설정 | 설명 |
|---|---|---|
| 주석 문맥 | 활성(enable) | ▪ 모든 참조 타입은 널이 가능하지 않은 참조 타입으로 취급하고 따라서 null 예외 없이 안전하게 접근 가능<br>▪ 널 가능한 참조 타입(예: string?)을 사용할 수 있고, 해당 변수에 접근할 때 정적 분석기에 의해 null일 수 있다면 경고 발생 |
| | 비활성(disable) | ▪ 널 가능한 참조 타입을 사용할 수 없음(참조 타입에 ?를 붙이면 경고 발생).<br>▪ 모든 참조 변수는 null일 수 있음.<br>▪ 참조 변수를 접근해도 경고가 발생하지 않음.<br>(결국, C# 7.3 이전 버전에서 하듯이 참조 타입을 다룬다.) |
| 경고 문맥 | 활성(enable) | ▪ null 접근으로 분석된 경우 경고를 발생시킨다. 주석 문맥의 활성화와 상관 없이 정적 분석기의 판정에 따른다. |
| | 비활성(disable) | ▪ 경고를 발생시키지 않는다. |

각각의 문맥 제어는 '#nullable'과 '#pragma warning' 지시자를 이용해 켜고 끄는 것이 가능하지만 매번 소스코드에 지정하는 것이 불편할 수 있으므로 프로젝트 파일의 Nullable 노드를 통해 전역적으로 설정[8]하는 것이 가능하다.

```
<Project Sdk="Microsoft.NET.Sdk">
  <PropertyGroup>
    <OutputType>Exe</OutputType>
    <TargetFramework>net7.0</TargetFramework>
    <Nullable>enable</Nullable>
  </PropertyGroup>
</Project>
```

그리고 각각의 가능한 값과 그에 따른 문맥 제어는 다음과 같다.

8 비주얼 스튜디오의 프로젝트 속성 창에서 빌드(Build) 탭을 통해 'Nullable' 항목으로 설정할 수 있다.

표 16.4 Null 가능 문맥 제어 옵션

| 주석 | 경고 | 지시자 | 프로젝트 설정 |
|---|---|---|---|
| 활성 | 활성 | #nullable enable | 〈Nullable〉enable〈/Nullable〉 |
| | 비활성 | (불가능) | 〈Nullable〉annotations〈/Nullable〉 |
| 비활성 | 활성 | (불가능) | 〈Nullable〉warnings〈/Nullable〉 |
| | 비활성 | #nullable disable | 〈Nullable〉disable〈/Nullable〉 |

언뜻 보면 복잡해 보이지만, 현실적인 기준에 따라 옵션들의 적용 사례를 정리하면 두 가지 정도로 압축할 수 있다.

- #nullable enable: 기존 프로젝트의 소스코드를 점진적으로 마이그레이션할 때, 즉 원하는 바로 그 소스코드 파일에만 적용해 차츰 전체 코드 파일로 확장하는 경우
- 〈Nullable〉enable〈/Nullable〉: 새 프로젝트를 생성한 경우 기본적으로 모든 소스코드에서 null 참조 예외를 없애기 위해 설정

참고로 프로젝트 설정 또는 소스코드에 #nullable 관련 지시자를 지정하지 않은 경우 하위 호환성을 위해 annotation, warnings 문맥은 모두 기본값이 비활성(disable)이다. 하지만 닷넷 7부터 새 프로젝트를 생성하는 경우 csproj에 〈Nullable〉enable〈/Nullable〉 속성이 포함돼 있으므로 사실상 기본값은 '#nullable enable'과 같다.

## 16.2 비동기 스트림[9]

비동기 스트림에 대해 설명하기에 앞서 왜 이것이 필요한지 다음 코드를 통해 동기 버전의 IEnumerable/IEnumerator 사용 예를 보자.

```
using System.Collections;

class Program
{
    static async Task Main(string[] args)
    {
```

9 명칭만 보면 System.IO.Stream의 비동기 버전으로 여길 수 있지만 이와 다르게 IEnumerable/IEnumerator의 비동기 버전임을 알아두자.

```
        ObjectSequence seq = new ObjectSequence(10);

        foreach (object obj in seq)
        {
            Console.WriteLine(obj);
        }
    }
}

class ObjectSequence : IEnumerable
{
    int _count = 0;

    public ObjectSequence(int count)
    {
        _count = count;
    }

    public IEnumerator GetEnumerator()
    {
        return new ObjectSequenceEnumeator(_count);
    }

    class ObjectSequenceEnumeator : IEnumerator
    {
        int _i = 0;
        int _count = 0;

        public ObjectSequenceEnumeator(int count)
        {
            _count = count;
        }

        public object Current
        {
            get
            {
                Thread.Sleep(100); // 이것을 Thread.Sleep이 아닌, 대략 100ms가
                return _i++;       // 소요되는 느린 작업이라고 가정한다.
            }
```

```
        }

        public bool MoveNext() => _i >= _count ? false : true;
        public void Reset() { }
    }
}
```

위와 같은 코드의 문제는 호출하는 메서드(Main) 측에서는 비동기(async)를 지원하는데 정작 내부의 코드에서 foreach 문을 사용하면 해당 열거에 한해 동기적으로 스레드를 점유함으로써 비동기 처리가 무색해진다는 점이다. 바로 이런 문제를 해결하기 위해 C# 8.0에서 비동기 스트림을 지원하는 것이다.

비동기 스트림으로 전환하기 위해 우선 문제의 코드를 C# 2.0부터 지원하는 yield 구문을 이용해 다음과 같이 단순화한다.

```
class Program
{
    static async Task Main(string[] args)
    {
        foreach (int value in GenerateSequence(10))
        {
            Console.WriteLine($"{value} (tid: {Thread.CurrentThread.ManagedThreadId})");
        }

        Console.WriteLine($"Completed (tid: {Thread.CurrentThread.ManagedThreadId})");
    }

    public static IEnumerable<int> GenerateSequence(int count)
    {
        for (int i = 0; i < count; i++)
        {
            Thread.Sleep(100);
            yield return i;
        }
    }
}
```

그리고 이 상태에서 C# 8.0의 비동기 스트림을 적용하기 위해 3군데의 코드를 변경해준다.

```
class Program
{
    static async Task Main(string[] args)
    {
        // 1) foreach에 await를 적용하고
        await foreach (int value in GenerateSequence(10))
        {
            Console.WriteLine($"{value} (tid: {Thread.CurrentThread.ManagedThreadId})");
        }

        Console.WriteLine($"Completed (tid: {Thread.CurrentThread.ManagedThreadId})");
    }

    // 2) IEnumerable을 async로 바꾸고
    public static async IAsyncEnumerable<int> GenerateSequence(int count)
    {
        for (int i = 0; i < count; i++)
        {
            // 3) 작업을 Task로 변경한 후 await를 호출
            await Task.Run( () => Thread.Sleep(100) );
            yield return i;
        }
    }
}
```

```
// 출력 결과(실행할 때마다 달라질 수 있음)
0 (tid: 4)
1 (tid: 5)
2 (tid: 5)
3 (tid: 5)
4 (tid: 5)
5 (tid: 5)
6 (tid: 5)
7 (tid: 5)
8 (tid: 7)
9 (tid: 6)
Completed (tid: 6)
```

실행 결과 foreach 문 내에서 Console.WriteLine을 실행하는 스레드가 달라지는 것을 확인할 수 있다. 또한 위에서는 await foreach를 사용했는데 기존 방식과 동일하게 while 문을 이용하는 것도 가능하다.

```
var enumerator = GenerateSequence(10).GetAsyncEnumerator();
try
{
    while (await enumerator.MoveNextAsync())
    {
        int item = enumerator.Current;
        Console.WriteLine($"{item} (tid: {Thread.CurrentThread.ManagedThreadId})");
    }

    Console.WriteLine($"Completed (tid: {Thread.CurrentThread.ManagedThreadId})");
}
finally
{
    await enumerator.DisposeAsync();
}
```

엄밀히 말해서 비동기 스트림을 위해 추가된 C# 8.0의 예약어는 'await foreach' 하나일 뿐, 나머지는 기존 async/await의 규칙에 따라 변경한 것에 불과하다.

## 16.3 새로운 연산자 - 인덱스, 범위

C# 8.0부터 두 개의 연산자가 추가된다.

표 16.5 C# 8.0의 신규 연산자

| 연산자 | 문법 | 의미 | 닷넷 타입 |
|---|---|---|---|
| ^ | ^n | 인덱스 연산자로서 뒤에서부터 n번째 위치를 지정한다.<br>(주의할 점은 일반적인 배열 인덱스가 0부터 시작하는 것과는 달리 인덱스 연산자는 마지막 위치를 1로 지정한다.) | System.Index |
| .. | n1..n2 | 범위 연산자로서 시작 위치 n1은 포함하고 끝 위치 n2는 포함하지 않는 범위를 지정한다. 수학의 구간 기호로 표현하면 [n1, n2)와 같다.<br>n1 값이 생략되면 기본값 0<br>n2 값이 생략되면 기본값 ^0 | System.Range |

우선 인덱스 연산자의 경우 끝에서 n번째 떨어진 위치를 지정할 수 있다.

```
class Program
{
    static void Main(string[] args)
    {
        string txt = "this";

        Console.WriteLine(txt[^1]); // 출력: s
        Console.WriteLine(txt[^2]); // 출력: i
        Console.WriteLine(txt[^3]); // 출력: h

        int i = 4;
        System.Index firstWord = ^i;
        Console.WriteLine(txt[firstWord]); // 출력: t
    }
}
```

기호 '^'를 사용하면 끝에서부터 지정하게 되지만 System.Index 생성자를 직접 사용하면 시작 위치부터 지정하는 것이 가능하다.

```
System.Index firstWord = new Index(0, false); // 두 번째 인자의 의미: fromEnd
Console.WriteLine(txt[firstWord]); // 출력: t
```

특이하게 마지막 요소의 뒤를 지정하는 '^0'도 있다. 물론 위의 예제 코드에서 'txt[^0]'을 지정하면 인덱스 범위가 벗어나므로 예외가 발생하지만 이 위치가 범위 연산자와 함께 사용하면 의미가 있다.

```
System.Range full = 0..^0; // == Range.All()
string copy = txt[full];
Console.WriteLine(copy); // 출력 this
```

범위 연산자는 시작 위치로 지정된 0번째 인덱스는 포함하면서 끝 위치로 지정된 ^0은 포함하지 않으므로 위의 full 변수는 결국 전체 구간을 나타내는 것과 같다. 시작과 끝의 값이 생략되면 각각의 기본값이 적용되어 0과 ^0이 지정된 것과 같다.

```
string copy = txt[..];   // 기본값 범위 == 0..^0
Console.WriteLine(copy); // 출력 this
Console.WriteLine(txt[..2]); // 출력 th
Console.WriteLine(txt[1..]); // 출력 his
```

새로운 인덱스, 범위 연산자를 활용하면 기존의 Length 속성에 접근할 때 혼란스러울 수 있었던 코드를 간결하게 다듬을 수 있다. 가령 다음과 같은 코드는,

```
static void Main()
{
    string txt = "(this)";
    PrintText(txt); // 출력 This
}

private static void PrintText(string txt)
{
    if (txt.Length >= 2 && txt[0] == '(' && txt[txt.Length - 1] == ')')
    {
        txt = txt.Substring(1, txt.Length - 2);
    }

    Console.WriteLine(txt);
}
```

이렇게 바꿀 수 있다.

```
private static void PrintText(string txt)
{
    if (txt.Length >= 2 && txt[0] == '(' && txt[^1] == ')')
    {
        txt = txt[1..^1];
        // txt = txt[Range.Create(new Index(1, false), new Index(1, true))];
    }

    Console.WriteLine(txt);
}
```

## 16.4 간결해진 using 선언

IDisposable 인터페이스를 구현한 타입의 Dispose 메서드를 finally 구문에서 호출하도록 변경해 주는 using 문은 사용하기에는 편리하지만 블록이 추가되어 들여쓰기 구간이 발생한다. 이러한 들여쓰기를 원치 않는다면 C# 8.0의 개선된 using 구문이 반가울 것이다.

우선, 기존 using 문 처리를 보자.

```
class Program
{
    static void Main(string[] args)
    {
        using (var file = new System.IO.StreamReader("test.txt"))
        {
            string txt = file.ReadToEnd();
            Console.WriteLine(txt);
        }
    }
}
```

이제 C# 8.0에서는 다음과 같이 작성하는 것이 가능하다.

```
class Program
{
    static void Main(string[] args)
    {
        using var file = new System.IO.StreamReader("test.txt");

        string txt = file.ReadToEnd();
        Console.WriteLine(txt);
    }
}
```

위와 같이 작성할 경우 기존의 using 블록이 어떤 기준으로 처리될까? 우선 시작 블록은 using 예약어가 사용된 곳을 기준으로 하리라는 것을 직관적으로 이해할 수 있다. 문제는 블록의 끝인데, 이것은

using에 사용된 변수 선언을 기준으로 가장 가까운 바깥 블록이 된다. 따라서 위의 예제는 Main 메서드의 블록이 using 변수 선언을 담고 있으므로 메서드의 끝 부분에서 Dispose가 호출되는 것과 같다.

예제를 하나 더 보자.

```
class Program
{
    static void Main(string[] args)
    {
        if (args.Length == 0)
        {
            using var file = new System.IO.StreamReader("test.txt");

            string txt = file.ReadToEnd();
            Console.WriteLine(txt);
        }
    }
}
```

이번에는 using var를 감싸는 블록이 if 문이므로 다음과 같이 using 문을 사용한 것과 동일하게 처리된다.

```
class Program
{
    static void Main(string[] args)
    {
        if (args.Length == 0)
        {
            using (var file = new System.IO.StreamReader("test.txt"))
            {
                string txt = file.ReadToEnd();
                Console.WriteLine(txt);
            }
        }
    }
}
```

## 16.5 Dispose 호출이 가능한 ref struct

14.4절 '스택에만 생성할 수 있는 값 타입 지원 – ref struct'에서 C# 7.2에 추가됐던 ref struct의 특성으로 인해 인터페이스를 구현할 수 없고 이로 인해 using 문에 사용할 수 없다고 설명한 바 있다. 따라서 다음과 같은 ref struct 타입의 경우,

```
using System.Runtime.InteropServices;

class Program
{
    static void Main(string[] args)
    {
        UnmanagedVector v1 = new UnmanagedVector(500.0f, 600.0f);

        Console.WriteLine(v1.X);
        Console.WriteLine(v1.Y);

        v1.Dispose();
    }
}

ref struct UnmanagedVector
{
    IntPtr _alloc;

    public UnmanagedVector(float x, float y)
    {
         _alloc = Marshal.AllocCoTaskMem(sizeof(float) * 2);

        this.X = x;
        this.Y = y;
    }

    public unsafe float X
    {
        get
        {
            return *((float *)_alloc.ToPointer());
```

```
        }
        set
        {
            *((float*)_alloc.ToPointer()) = value;
        }
    }

    public unsafe float Y
    {
        get
        {
            return *((float*)_alloc.ToPointer() + 1);
        }
        set
        {
            *((float*)_alloc.ToPointer() + 1) = value;
        }
    }

    public void Dispose()
    {
        if (_alloc == IntPtr.Zero)
        {
            return;
        }

        Marshal.FreeCoTaskMem(_alloc);
        _alloc = IntPtr.Zero;
    }
}
```

Dispose가 필요한 작업인데도 IDisposable을 구현할 수 없어 using 문에 사용하는 것이 불가능하다. 이러한 문제점을 해결하기 위해 C# 8.0에서는 특별히 ref struct 타입에 한해서만 public void Dispose() 메서드를 포함한 경우 using 문에서 사용할 수 있도록 허용한다.

```
using (UnmanagedVector v2 = new UnmanagedVector(5.1f, 6.2f))
{
    Console.WriteLine(v2.X);
```

```
        Console.WriteLine(v2.Y);
    }
```

## 16.6 정적 로컬 함수

12.6절에서 살펴본 '로컬 함수(Local functions)'는 static 함수를 구현할 수 없었지만 C# 8.0부터 그 제약이 풀렸다. 기존의 로컬 함수가 가진 특징은 기본적으로 그것을 포함한 메서드의 지역 변수나 매개변수를 그대로 가져다 사용할 수 있었다는 점이다.

```
class Program
{
    static void Main(string[] args)
    {
        Program pg = new Program();
        pg.WriteLog("test");
    }

    private void WriteLog(string txt)
    {
        int length = txt.Length;
        WriteConsole();

        void WriteConsole()
        {
            // int length = 5; // 로컬 함수 내에서 외부에서 사용한 같은 이름의 변수를 정의할 수 없다.

            // 로컬 함수에서 외부 변수(txt, length)에 자유롭게 접근 가능
            Console.WriteLine($"# of chars('{txt}'): {length}");
        }
    }
}
```

반면 이를 '정적 로컬 함수'로 정의하게 되면 내부에서 사용할 외부 변수를 명시적으로 인자를 통해 받는 것으로 처리해야 한다.

```
private void WriteLog(string txt)
{
    int length = txt.Length;
    WriteConsole(txt, length);

    static void WriteConsole(string txt, int length)
    {
        Console.WriteLine($"# of chars('{txt}'): {length}");
    }
}
```

## 16.7 패턴 매칭 개선

C# 7.0에 처음 도입된 이래 패턴 매칭은 지속적으로 개선되고 있다. 제네릭 인스턴스에 대한 지원을 7.1에 추가하더니 이번에는 switch 식, 속성 패턴, 튜플 패턴, 위치 패턴과 함께 재귀 패턴까지 지원하면서 기존 방식으로는 장황한 표현들을 좀 더 간결하게 바꿀 수 있게 된다.

### 16.7.1 switch 식

기존의 switch 패턴 매칭 기능을 좀 더 간략한 문법으로 정의해 식(expression)으로 만들었다.

```
(인스턴스) switch
{
    패턴_매칭_식1 => 식1,
    패턴_매칭_식2 => 식2,
    패턴_매칭_식n => 식n,
    _ => 식,
};
```

**설명**: 실행 시 결정되는 ***인스턴스***의 값과 ***패턴_매칭_식*** 결괏값이 일치하는 경우 해당 ***식***을 실행한다. 나열된 ***패턴_매칭_식***에 일치하는 값이 없다면 '_'에 지정한 ***식***을 실행한다('switch 문'이 아닌 'switch 식'이라는 점을 기억해 두자).

따라서 기존에도 이미 switch 문으로 수행할 수 있었던 작업을 식으로 변환함으로써 문(statement)이 허용되지 않는 코드에도 사용할 수 있다. 가령 다음과 같은 기존 코드를 예로 들면,

```
public static bool Event(int n)
{
    switch (n)
    {
        case int i when (i % 2) == 0: return true;
        default: return false;
    }
}
```

이제 switch 식으로 재작성할 수 있다.

```
public static bool Even(int n)
{
    return n switch
    {
        var x when (x % 2) == 1 => false,
        _ => true
    };
}
```

게다가 식이기 때문에 11.2절 '표현식을 이용한 메서드, 속성 및 인덱서 정의'에 따라 다음과 같이 더욱 축약할 수 있다.

```
public static bool Even(int n) =>
    n switch
    {
        var x when (x % 2) == 1 => false,
        _ => true
    };

/* 또는
public static bool Even(int n) =>
    (n % 2) switch
    {
        1 => false,
        _ => true
    }; */
```

### 16.7.2 속성 패턴

기존에는 패턴 대상이 되는 인스턴스의 값을 비교하기 위해 when 조건을 추가했다. 예를 들어, 다음은 기존 방식을 사용해 Point 인스턴스의 값 중에서 0이 있는지 확인하는 메서드를 구현한다.

```
class Point
{
    public int X;
    public int Y;

    public override string ToString() => $"({X}, {Y})";
}

class Program
{
    static void Main(string[] args)
    {
        // 12.10.2 'switch/case 문의 패턴 매칭'에서 소개한 F# 예제의 C# 버전
        Func<Point, bool> detectZeroOR = (pt) =>
        {
            switch (pt)
            {
                case var pt1 when pt1.X == 0:
                case var pt2 when pt2.Y == 0:
                    return true;
            }

            return false;
        };

        Point pt = new Point { X = 10, Y = 20 };
        Console.WriteLine(detectZeroOR(pt));
    }
}
```

이 코드를 C# 8.0의 속성 패턴을 이용하면 다음과 같이 간결하게 바꿀 수 있다.

```
Func<Point, bool> detectZeroOR = (pt) =>
{
```

```
    switch (pt)
    {
        // case { X: 0, Y: 0 }:
        case { X: 0 }:
        case { Y: 0 }:
            return true;
    }

    return false;
};

/* 또는,
Func<Point, bool> detectZeroOR = (pt) =>
    pt switch
    {
        // { X: 0, Y: 0 } => true,
        { X: 0 } => true,
        { Y: 0 } => true,
        _ => false,
    }; */
```

또한 switch 문의 when 조건이 is 연산자의 패턴 매칭에서는 허용되지 않았던 반면, 속성 패턴은 is 연산자에도 적용된다. 이로 인해 is 연산자에서 불가능했던 패턴 매칭이 가능해진다.

```
// is 연산자에서 when 조건을 지원하지 않으므로 컴파일 오류 발생
/*
if (pt is Point when pt.X == 500)
{
    Console.WriteLine(pt);
}
*/

// 대신 속성 패턴을 이용하면 다음과 같이 구현 가능
if (pt is { X: 500 })
{
    Console.WriteLine(pt.X + " == 500");
}

if (pt is { X: 10, Y: 0 })
```

```
{
    Console.WriteLine(pt.X + " == 10");
}
```

### 16.7.3 튜플 패턴

튜플도 역시 자동 구현된 속성을 기반으로 하므로 속성 패턴을 사용해 유사하게 패턴 매칭을 할 수 있다.

```
Func<(int, int), bool> detectZeroOR = (arg) =>
    (arg) switch
    {
        // { Item1: 0, Item2: 0 } => true,
        { Item1: 0 } => true,
        { Item2: 0 } => true,
        _ => false,
    };
```

하지만 C# 8.0에서는 튜플을 위해 특별히 더욱 간편한 패턴 매칭을 지원하는데 이를 이용하면 코드를 좀 더 간결하게 바꿀 수 있다.

```
Func<(int, int), bool> detectZeroOR = (arg) =>
    (arg) switch
    {
        // (0, 0) => true,
        (0, _) => true,
        (_, 0) => true,
        _ => false,
    };
```

```
Func<(int, int), bool> detectZeroOR = (arg) =>
    arg switch
    {
        //  (var X, var Y) when (X == 0 && Y == 0) || X == 0 || Y == 0 => true,
        (var X, var Y) when X == 0 || Y == 0 => true,
        _ => false,
    };
```

물론 튜플 패턴 역시 when 조건을 제외하고는 속성 패턴과 마찬가지로 is 연산자에서 사용할 수 있다.

```
Func<(int, int), bool> detectZeroOR12 = (arg) =>
    /* (arg is (0, 0) || */ arg is (0, _) || arg is (_, 0));
```

### 16.7.4 위치 패턴

앞에서 다룬 속성 패턴과 튜플 패턴을 보면 당연히 튜플 패턴이 더욱 편리하다는 것을 알 수 있다. 그리고 튜플이 아닌 타입도 원하는 속성으로 튜플을 임시로 구성하면 튜플 패턴으로 쉽게 다루는 것이 가능하다. 가령 다음은 이전 절의 튜플 패턴에 대해 Point 타입으로 어떻게 다룰 수 있는지 보여준다.

```
Func<Point, bool> detectZeroOR = (pt) =>
    (pt.X, pt.Y) switch
    {
        //  (0, 0) => true,
        (0, _) => true,
        (_, 0) => true,
        _ => false,
    };
```

그런데 위치 패턴을 사용하면 굳이 저렇게 즉석에서 튜플을 생성하지 않고 직접 다루는 것이 가능하다. 이를 위해 선행 작업이 필요한데, 바로 C# 7.0에 추가된 'Deconstruct 메서드'(12.4절 참고)를 구현하는 것이다.

```
class Point
{
    public int X;
    public int Y;

    public override string ToString() => $"({X}, {Y})";

    public void Deconstruct(out int x, out int y) => (x, y) = (X, Y);
}
```

이 조건을 만족하는 타입이라면 C# 8.0 컴파일러는 튜플 패턴과 동일한 구문을 허용한다.

```
Func<Point, bool> detectZeroOR = (pt) =>
    pt switch
    {
        //  (0, 0) => true,
        (0, _) => true,
        (_, 0) => true,
        _ => false,
    };
```

위치 패턴도 마찬가지로 is 연산자에서 사용할 수 있다.

```
bool zeroDetected = /* (pt is (0, 0) || */ pt is (0, _) || pt is (_, 0));
```

### 16.7.5 재귀 패턴

사용자 정의 타입을 포함한 경우 속성/튜플/위치 패턴 매칭에 대해 재귀적으로 구성하는 것이 가능하다. 예를 들어 다음과 같은 타입을 구성한 경우,

```
readonly struct Vector
{
    readonly public int X;
    readonly public int Y;

    public Vector(int x, int y)
    {
        X = x;
        Y = y;
    }
}

struct Matrix2x2
{
    public Vector V1;
    public Vector V2;
}
```

```
enum MatrixType
{
    Any, Zero, Identity, Row1Zero,
}
```

Matrix2x2 타입을 패턴 매칭으로 값을 비교하려면 다음과 같은 식의 복잡한 코드가 나온다.

```
static MatrixType GetMatrixType(Matrix2x2 mat)
{
    switch (mat)
    {
        case Matrix2x2 m when m.V1.X == 0
            && m.V1.Y == 0
            && m.V2.X == 0
            && m.V2.Y == 0: return MatrixType.Zero;

        case Matrix2x2 m when m.V1.X == 0 && m.V1.Y == 0:
            return MatrixType.Row1Zero;

        default: return MatrixType.Any;
    }
}
```

하지만 속성 패턴을 재귀적으로 적용하면 이렇게 바꿀 수 있다.

```
static MatrixType GetMatrixType(Matrix2x2 mat)
{
    switch (mat)
    {
        case { V1: { X: 0, Y: 0 }, V2: { X: 0, Y: 0 } }:
            return MatrixType.Zero;

        case { V1: { X: 0, Y: 0 }, V2: _ }:
            return MatrixType.Row1Zero;

        default: return MatrixType.Any;
    }
}
```

한 단계 더 나아가 각 타입이 Deconstruct를 구현하고 있다면,

```
readonly struct Vector
{
    // ...[생략]...

    public void Deconstruct(out int x, out int y) => (x, y) = (X, Y);
}

struct Matrix2x2
{
    // ...[생략]...

    public void Deconstruct(out Vector v1, out Vector v2) => (v1, v2) = (V1, V2);
}
```

이제는 위치 패턴을 재귀적으로 도입할 수 있어 매칭 코드를 더욱 간결하게 작성할 수 있다.

```
static MatrixType GetMatrixType(Matrix2x2 mat)
{
    switch (mat)
    {
        case ((0, 0), (0, 0)):
            return MatrixType.Zero;

        case ((1, 0), (0, 1)):
            return MatrixType.Identity;

        case ((0, 0), _):
            return MatrixType.Row1Zero;

        default: return MatrixType.Any;
    }
}

/* 또는,
static MatrixType GetMatrixType(Matrix2x2 mat) =>
    mat switch
    {
```

```
        ((0, 0), (0, 0)) => MatrixType.Zero,
        ((1, 0), (0, 1)) => MatrixType.Identity,
        ((0, 0), _) => MatrixType.Row1Zero,
        _ => MatrixType.Any
    }; */
```

물론 이러한 재귀 패턴 역시 is 연산자에 동일하게 적용할 수 있다.

```
Matrix2x2 mat = new Matrix2x2 { V1 = new Vector(0, 0), V2 = new Vector(0, 0) };

if (mat is ((0,0), (0,0)))
{
    Console.WriteLine("Zero");
}
```

여기까지 읽은 독자라면 아마도 필자와 마찬가지로 C#에서도 패턴 매칭이 제법 쓸 만해졌다는 인식에 공감할 수 있을 것이다.

## 16.8 기본 인터페이스 메서드

이제 인터페이스의 메서드에 구현 코드를 추가[10]할 수 있다.

```
public interface ILog
{
    void Log(string txt) => WriteConsole(txt);

    static void WriteConsole(string txt)
    {
        Console.WriteLine(txt);
    }

    void WriteFile(string txt)
```

10 자바에서는 인터페이스의 디폴트 메서드, 다른 언어들에서는 trait이라는 문법과 유사하다.

```
    {
        File.WriteAllText(LogFilePath, txt);
    }

    string LogFilePath
    {
        get
        {
            return Path.Combine(DefaultPath, DefaultFileName);
        }
    }

    static string DefaultPath = @"C:\temp";
    static string DefaultFileName = "app.log";
}
```

보다시피 프로퍼티, 인덱서, 이벤트의 get/set도 모두 내부적으로는 결국 메서드의 구현이므로 당연히 인터페이스에 정의할 수 있고, 또한 정적 멤버의 경우에는 메서드와 필드까지 포함할 수 있다. 그리고 이렇게 구현을 포함한 메서드는 그것의 인터페이스를 구현한 하위 클래스 측에서는 구현하지 않아도 된다.

```
// 상속한 ILog는 모든 메서드를 구현하고 있으므로!
public class ConsoleLogger : ILog
{
}

// ILog는 또한 인터페이스이므로 일부 메서드를 재정의하는 것도 가능
public class FileLogger : ILog
{
    string _filePath;

    public string LogFilePath
    {
        get { return _filePath; }
    }

    public FileLogger(String filePath)
    {
```

```
        _filePath = filePath;
    }

    public void Log(String txt)
    {
        (this as ILog).WriteFile(txt);
    }
}
```

한 가지 유의할 점이 있다면 그래도 이것은 인터페이스의 멤버이기 때문에 상속받은 클래스에서 기본 인터페이스 메서드를 구현하지 않았다면 그 메서드는 반드시 인터페이스로 형 변환해 호출해야만 한다는 것이다.

```
ConsoleLogger x = new ConsoleLogger();
// ConsoleLogger 클래스는 Log 메서드를 구현하지 않았으므로
// ILog 인터페이스로 형 변환해 호출
(x as ILog).Log("test");
```

이 과정이 번거롭다면 애당초 인터페이스 타입의 변수로 선언해 사용할 수 있다.

```
ILog x = new ConsoleLogger();
x.Log("test");
```

물론 인터페이스를 구현한 클래스라면 직접 그 메서드를 호출할 수 있다.

```
var x = new FileLogger(@"c:\tmp\my.log");
// FileLogger 클래스는 Log 메서드를 구현했으므로.
x.Log("test");
```

다소 번거로울 수 있는 이러한 호출 방식은 다중 상속에서 발생하는 다이아몬드 문제[11]에 대한 모호한 호출 문제를 해결한다. 예를 들어, 다음의 클래스 C는 메서드 M에 대한 구현을 2개의 인터페이스로부터 상속하고 있지만 호출 시 메서드가 속한 인터페이스를 명시함으로써 모호함 문제를 자연스럽게 해결하고 있다.

11 일례로 바로 다음에 나오는 예제 코드의 IA, IB1, IB2 인터페이스와 C 클래스 간의 관계를 다이어그램으로 나타내면 다이아몬드처럼 보이고, 그런 패턴의 상속 관계에서 나타나는 모호함 문제여서 붙게 된 이름이다.

```
using static System.Console;

interface IA
{
    void M() { WriteLine("IA.M"); }
}

interface IB1 : IA
{
    new void M() { WriteLine("IB1.M"); }
}

interface IB2 : IA
{
    new void M() { WriteLine("IB2.M"); }
}

class C : IA, IB1, IB2
{
}

C c = new C();
// c.M(); // 이렇게 호출하는 것은 허용되지 않고,

// 인터페이스를 명시함으로써 다중 상속으로 인한 모호한 호출 문제를 해결
(c as IA).M();
(c as IB1).M();
(c as IB2).M();
```

클래스 C 자체에서 메서드 M을 재구현하는 경우에도 어떤 인터페이스의 구현 메서드를 호출하는 것인지 분명히 구분해야 하므로 역시 다중 상속에 대한 문제가 없다.

```
class C : IA, IB1, IB2
{
    public void M()
    {
        (this as IB1).M(); // 다중 상속이지만 인터페이스를 명시함으로써 모호함 해결
    }
```

```
}

C c = new C();
c.M(); // 이제는 클래스 C에서 구현했으므로 인터페이스 형 변환이 필요 없음
```

결과적으로 클래스 다중 상속이 불가능했던 C# 언어에서 표현의 제약이 완화된 것은 반가운 변화라고 볼 수 있다.

기존에는 계약을 정의하면서 메서드 구현이 필요한 경우 추상 클래스를 만들어야 했다. 하지만 이제는 어느 정도 기존 추상 클래스로 정의된 것들을 인터페이스로 바꾸는 것이 가능하다. 표 16.6을 참고해 추상 클래스와 인터페이스의 사용을 구분하는 기준을 잡을 수 있을 것이다.

표 16.6 추상 클래스와 구현을 포함한 인터페이스의 차이점

| | 다중 상속 | 상태 필드 정의 | 메서드 구현 |
|---|---|---|---|
| **추상 클래스** | X | O | O |
| **기본 인터페이스 메서드** | O | X | O |

## 16.9 ??= (널 병합 할당 연산자)

참조 객체가 null인 경우 기본값 할당을 위해 다음과 같은 코드를 쓰는 경우가 적지 않다.

```
string txt = null;
if (txt == null)
{
    txt = "(기본값)";
}
```

더욱이 C# 8.0의 경우 nullable 제약이 나오면서 이런 유형의 코드를 더욱 자주 쓰게 될 텐데 이에 대한 코드를 간결하게 유지할 수 있도록 새롭게 ??= 연산자를 제공한다.

*변수 ??= 기본값*

**설명:** 참조 객체인 ***변수***의 값이 null이면 ***기본값***을 ***변수***에 대입한다.

따라서 널 병합 할당 연산자(Null-coalescing assignment operator)를 사용하면 위의 코드를 다음과 같이 간단하게 줄일 수 있다.

```
txt ??= "";
```

연산자가 다소 낯설 수도 있는데 사실 C# 2.0에 추가된 ?? 연산자의 복합 대입 연산자 유형에 불과하다. 예를 들어, + 연산자와 그것의 복합 연산자인 += 사용 예와 비교해 ??= 연산자의 코드를 보면 쉽게 이해할 수 있다.

```
{
    int i = 5;

    i = i + 5;
    i += 5;

    int k = i += 5;
}

{
    string txt = null;

    txt = txt ?? "test"; // 단순 대입 연산자와 함께 쓴 ?? 연산자의 사용법과
    txt ??= "test";      // ?? 연산자의 복합 대입 사용법과 동작이 같다.

    string result = txt ??= "test";
}
```

## 16.10 문자열 @, $ 접두사 혼합 지원

C# 6.0에 추가된 $ 접두사는 문자열 내에 식을 사용하도록 허용한다. 여기서 @ 접두사와 혼용하는 경우 반드시 $@ 순서로 작성해야 한다.

```
class Program
{
    static void Main(string[] args)
```

```
    {
        string path = @"c:\temp";

        // 컴파일 가능
        string filePath1 = $@"{path}\file.log";

        // C# 7.3 이전까지 컴파일 오류
        string filePath2 = @$"{path}\file.log";
    }
}
```

이런 제약을 C# 8.0에서 해결해 이제는 순서에 상관없이 정상적으로 컴파일한다.

## 16.11 기본 식(primary expression)으로 바뀐 stackalloc

5.1.3.7절 '스택을 이용한 값 형식 배열: stackalloc'에서 살펴본 stackalloc 예약어는 C# 7.3에서 초기화 구문을 지원하기까지 여전히 그것의 문법적인 지위는 선언문(declaration statement)의 하나로서 지역 변수를 초기화하는 구문에 한정돼 있었다. 객체 생성을 위한 new 구문과 유사하지만 스택 공간만 점유한다는 특성 때문에 자주 사용되지 않아서 그런지 이에 대한 불편함이 크지 않다가 C# 7.2의 Span〈T〉 타입이 나오면서 좀 더 자유롭게 사용할 수 있어야 한다는 요구사항이 나오게 된다. 예를 들어, Span〈T〉는 stackalloc으로 반환된 메모리를 다룰 수 있는데,

```
class Program
{
    static unsafe void Main(string[] args)
    {
        Span<int> arr = stackalloc int[] { 0, 1, 2 };

        PrintArray(arr);
    }

    private static void PrintArray(Span<int> arr)
    {
        foreach (int item in arr)
        {
            Console.Write(item + ",");
```

```
        }
    }
}
```

다음과 같이 Span⟨T⟩를 인자로 받는 메서드에 직접 전달하는 것은 가능하지 않다.

```
// C# 7.3 이전까지 컴파일 에러: stackalloc은 지역 변수 초기화 구문에만 사용 가능
PrintArray(stackalloc int[] { 2, 3, 4 });
```

C# 8.0부터 이 문제가 해결되는데, stackalloc을 문법적으로 아예 식(expression)의 위치로 변경했기 때문이다. 따라서 식이라는 특성으로 인해 (다소 억지스러울 수 있지만) 다음과 같은 코드 사용이 가능해졌다.

```
{
    int length = (stackalloc int [] { 1, 2, 3}).Length;
}

{
    if (stackalloc int[10] == stackalloc int[10]) { }
}
```

## 16.12 제네릭 구조체의 unmanaged 지원

제네릭 구조체의 경우 내부 필드가 참조 객체를 포함하는지 여부와 상관없이 기존에는 포인터 관련 연산을 지원하지 않았다.

```
public struct BlittableStruct
{
    public byte Item;
}

public struct BlittableGenericStruct<T>
{
    public T Item;
}
```

```
class Program
{
    unsafe static void Main()
    {
        // 컴파일 가능
        {
            BlittableStruct inst = new BlittableStruct();
            BlittableStruct* pInst = &inst;
        }

        // BlittableStruct와 동일한 메모리 구조임에도 C# 7.3 이전에는 컴파일 오류
        {
            BlittableGenericStruct<byte> inst = new BlittableGenericStruct<byte>();
            BlittableGenericStruct<byte>* pInst = &inst;
        }
    }
}
```

형식 매개변수로 들어올 수 있는 타입에 참조 객체가 없다고 장담할 수 없으므로 이는 당연한 결과다. 하지만 이것이 C# 7.3에 추가된 unmanaged 제네릭 제약으로 당연하지 않게 됐다. 왜냐하면 unmanaged 제약은 형식 매개변수로 들어오는 타입이 참조 형식을 포함하고 있지 않다고 보장하기 때문에 그런 경우에는 당연히 포인터 연산을 지원해야 하기 때문이다.

C# 8.0부터는 이런 요구를 받아들여 제네릭 구조체 중에서도 unmanaged 제약의 형식 매개변수를 필드로 가진 경우 다른 참조 형식의 필드가 없다면 위의 코드가 정상적으로 컴파일된다.

이 밖에도 unmanaged 제약을 요구하는 또 다른 제네릭 클래스 또는 메서드가 있는 경우,

```
public class Nested<T> where T : unmanaged
{
    public T item;
}

unsafe static void Main()
{
    // 컴파일 가능
    Nested<byte> inst1 = new Nested<byte>();
```

```
        // BlittableGenericStruct<byte> 타입 자체가 unmanaged 조건을 만족하지만
        // C# 7.3 이전에는 컴파일 오류
        Nested<BlittableGenericStruct<byte>> inst2 = new Nested<BlittableGenericStruct<byte>>();

        // C# 7.3 이전에는 컴파일 오류
        CallUnmanaged(new BlittableGenericStruct<byte>());
    }

    static unsafe void CallUnmanaged<T>(T inst) where T : unmanaged
    {
        T* pInst = &inst;
    }
```

해당 형식 매개변수로 unmanaged 조건을 만족하는 제네릭 struct 타입이라면 사용할 수 있도록 바뀌었다.

참고로 Span 타입과 unmanaged 제약을 조합하면 관리 힙에 부담을 주지 않는 배열[12]을 생성해 다룰 수 있다.

```
using System.Runtime.InteropServices;

public unsafe ref struct NativeMemory<T> where T : unmanaged
{
    int _size;
    IntPtr _ptr;

    public NativeMemory(int size)
    {
        _size = size;
        _ptr = Marshal.AllocHGlobal(size * sizeof(T));
    }

    public Span<T> GetView()
    {
        return new Span<T>(_ptr.ToPointer(), _size);
    }
```

12 참고: https://www.sysnet.pe.kr/2/0/12036

```
    public void Dispose()
    {
        if (_ptr == IntPtr.Zero)
        {
            return;
        }

        Marshal.FreeHGlobal(_ptr);
        _ptr = IntPtr.Zero;
    }
}
```

위의 코드는 메모리를 닷넷이 관리하는 GC 힙이 아닌, 운영체제로부터 직접 메모리를 할당받고 있어 GC에 아무런 부하를 주지 않는다. 또한 GetView 메서드에서 Span 뷰를 반환하고 있으므로 다음 코드와 같이 자유롭게 네이티브 메모리를 값 형식의 배열로 안전하게 다룰 수 있다.

```
// 아래 코드는 아무리 실행해도 GC가 발생하지 않음
while (true)
{
    // 비-관리 메모리로부터 int[1024] 공간만큼 할당받아 사용
    using (NativeMemory<int> buf = new NativeMemory<int>(1024))
    {
        Span<int> viewBuf = buf.GetView();
        for (int i = 0; i < viewBuf.Length; i++)
        {
            viewBuf[i] = i;
        }
    }

    // 비-관리 메모리로부터 byte[1024] 공간만큼 할당받아 사용
    using (NativeMemory<byte> buf = new NativeMemory<byte>(1024))
    {
        Span<byte> viewBuf = buf.GetView();
        for (int i = 0; i < viewBuf.Length; i++)
        {
            viewBuf[i] = (byte)i;
        }
    }
}
```

만약 극단적인 성능을 요구하는 환경이 있다면, 가령 초당 60번의 수행을 보장해야 하는 게임 루프와 같은 상황이라면 NativeMemory〈T〉 같은 유형의 메모리를 할당받아 사용하면 GC로 인한 프레임 저하를 낮출 수 있다.[13]

## 16.13 구조체의 읽기 전용 메서드

14.2절 '읽기 전용(readonly) 구조체'에서는 방어 복사본에 대한 문제를 설명했다. 즉, 구조체의 인스턴스를 readonly로 취급할 때—대표적으로 메서드의 in 접근자를 적용한 인자에 대해—해당 구조체의 메서드를 호출하게 되면 C# 컴파일러는 혹시 있을지도 모를 메서드 내부에서의 상태 변경을 피하기 위해 방어 복사본을 생성하게 된다. 결국 그러한 성능 손실을 없애기 위해 구조체 자체를 'readonly struct'로 정의해 구조체 내의 모든 필드를 readonly로 바꾸도록 강제했다.

그런데 사실 문제의 원인은 구조체 인스턴스의 메서드가 상태 변경을 할지도 모른다는 것이므로 구조체 자체의 정의를 아예 'readonly struct'로 만들기보다는 원하는 메서드에 대해서만 상태 변경을 하지 않는다고 보장하면 C# 컴파일러가 방어 복사본을 만들지 않을 수 있다. 바로 그것이 C# 8.0에서 추가한 구조체의 읽기 전용 메서드다.

예를 들어 다음 코드를 보면,

```
public struct Vector2
{
    public float x;
    public float y;

    public (float x, float y) ToTuple()
    {
        return (x, y);
    }
}

class Program
{
```

13 이런 경우 byte[] buffer = ArrayPool〈byte〉.Shared.Rent(1024);과 같이 공유 풀을 이용한 재사용을 하는 것이 더 나은 성능을 제공할 수 있다. (참고: https://www.sysnet.pe.kr/2/0/12478)

```
    static void Main(string[] args)
    {
        Vector2 v = new Vector2 { x = 5, y = 6 };
        OutputInfo(v);
    }

    static void OutputInfo(in Vector2 v2)
    {
        (float x, float y) = v2.ToTuple(); // 방어 복사본 생성
        Console.WriteLine($"({x},{y})");
    }
}
```

ToTuple 메서드를 호출하면서 in 접근자의 ref + readonly 특성으로 인해 (혹시 있을지도 모를) 상태 변경을 막으려고 C# 컴파일러는 방어 복사본을 생성하게 된다. C# 7.3 이전에는 이런 문제를 막기 위해 Vector2 타입 자체를 readonly struct로 바꿔야 했지만 C# 8.0에서는 해당 메서드에 대해서만 readonly 예약어[14]를 적용하면 된다.

```
public readonly (float x, float y) ToTuple()
{
    return (x, y);
}
```

아울러 메서드에 대해 readonly를 적용할 수 있기 때문에 그와 동등한 프로퍼티나 람다 식으로 정의한 메서드에도 사용할 수 있다.

```
public struct Vector2
{
    //…[생략]…

    // 속성
    public readonly float LengthSquared
    {
        get { return (x * x) + (y * y); }
```

14 C++ 언어의 경우 const를 적용한 함수와 같다.

```
    }

    // 자동 구현 속성의 경우 get에 대해서만 readonly 적용 가능
    public float Z { readonly get; set; }

    // 람다 식으로 정의한 메서드
    public readonly float GetLength => (x * x) + (y * y);
}
```

상태를 변경할 수 없다는 것에서 알 수 있듯이 readonly 메서드 내에서는 구조체의 필드 값을 바꾸는 코드가 허용되지 않는다.

# 17

# C# 9.0

## 17.1 레코드(Records)

지난 C# 7.2의 변화는 대체로 '값 형식'을 대표하는 struct에 대한 개선 사항이 주를 이룬다. 하지만 읽기 전용 구조체나 메서드의 매개변수에 in 변경자를 추가하는 것의 세부적인 사항에는 'struct이기 때문에 발생하는 방어 복사본 문제'가 관련돼 초보 개발자 입장에선 이해하기 힘들 수 있다. 그에 반해 class의 경우 그런 부작용이 없는 데다 기본적으로 대다수의 개발자가 struct보다는 class를 사용하는 것이 더 일반적이다.

그런데 class에 기반한 값 형식의 동작을 구현하는 것은 그만큼의 번거로움을 수반한다. 예를 들어, X-Y 좌표를 보관하는 Point 타입을 처음에는 간략하게 다음과 같은 식으로 정의해 시작할 수 있다.

```
public class Point
{
    public int X;
    public int Y;
}
```

하지만 이 클래스를 사용하는 코드가 늘어나면서 값을 비교하거나 Dictionary 등의 자료 구조에 키 값으로 사용하고 싶다면 참조 주솟값을 기본으로 사용하는 class의 단점을 보완하기 위해 Equals와 GetHashCode 메서드를 재정의하게 된다.

```
public override int GetHashCode()
{
    return X ^ Y;
}

public override bool Equals(object obj)
{
    return this.Equals(obj as Point);
}

public virtual bool Equals(Point other)
{
    if (object.ReferenceEquals(other, null))
    {
        return false;
    }

    return (this.X == other.X && this.Y == other.Y);
}
```

여기서 더 나아가 Point 인스턴스에 대한 값 비교를 Equals보다 더 직관적인 ==, != 연산자를 사용하고 싶어지면 이것들도 Equals 메서드의 기준에 맞게 추가해야 한다.

```
public static bool operator ==(Point r1, Point r2)
{
    if (object.ReferenceEquals(r1, null))
    {
        if (object.ReferenceEquals(r2, null))
        {
            return true;
        }

        return false;
    }

    return r1.Equals(r2);
}
```

```
public static bool operator !=(Point r1, Point r2)
{
    return !r1.Equals(r2);
}
```

마지막으로 Console.WriteLine 등의 코드로 개체의 값을 출력하거나 비주얼 스튜디오에서 디버깅하는 도중 단순하게 인스턴스의 값을 확인하기 위해 ToString 메서드를 재정의하는 것도 고려하게 될 것이다.

```
public override string ToString()
{
    return $"{this.GetType().Name} {{ X = {X}, Y = {Y} }}";
}
```

일반적인 업무 프로세스에서 사용하는 타입이 수십/수백 개를 넘는다고 가정했을 때 해당 타입마다 일일이 이러한 코드를 작성하는 것은 그리 달가운 코딩 경험이라고 할 수 없다. 이에 C# 9.0에서는 값을 담는 용도의 클래스에 대해 앞에서 살펴본 기본적인 메서드를 제공하는 예약어를 하나 추가하게 됐고, 그것이 바로 'record'다. 따라서 앞에서 작성한 모든 코드는 단순히 레코드를 정의하는 것으로 대체할 수 있다.

```
// 컴파일 시에 "public class Point"로 바뀌며 Equals, GetHashCode, ==, != 등의 메서드 자동 추가
public record Point
{
    public int X;
    public int Y;
}
```

결국 record는 class + '기본 생성 코드'이므로 그 외의 모든 기능은 class와 동일한 기준을 따른다.

그리고 이렇게 간략한 record의 사용을 더욱 편리하게 만들어주는 2가지 신규 문법이 추가된다.

### 17.1.1 init 설정자 추가

값을 담는 타입에 불변(immutable) 처리를 빼놓을 수 없다. struct의 경우 C# 7.2에서 readonly struct로 불변 타입을 강제하도록 도와주지만, class의 경우에는 직접 개발자가 다음과 같은 식으로 코드를 작성해야 한다.

```
public class Point
{
    // get / private set 조합으로 정의하거나
    public int X { get; }
    public int Y { get; }

    /* 또는 필드와 속성을 분리해 정의
    readonly int _x;
    readonly int _y;

    public int X => _x;
    public int Y => _y;
    */

    public Point(int x, int y)
    {
        this.X = x;
        this.Y = y;
    }
}
```

보다시피 해당 필드를 외부에서 접근해 초기화할 수 없으므로 반드시 이를 위한 생성자를 정의해야 하는 제약이 발생한다. 이 같은 단점을 보완하기 위해 새롭게 추가한 예약어가 바로 init 설정자(setter)다.

```
public class Point
{
    public int X { get; init; }
    public int Y { get; init; }
}
```

원래의 속성 설정자였던 set의 자리에만 허용되는 init은 해당 필드에 대한 초기화를 내부의 생성자뿐만 아니라 외부의 개체 초기화 구문에서도 허용한다.

```
Point pt = new Point() { X = 3, Y = 5 }; // 개체 초기화 구문에서 값 설정 허용
```

따라서 별도로 생성자를 정의하지 않아도 프로퍼티에 값 설정이 가능하면서도 이후 불변 개체로써 동작할 것을 C# 컴파일러에 의해 보장받게 된다.

그리고 이러한 init 설정자를 record 타입과 함께 사용하면 값을 담는 class이면서 불변 타입을 최소 코드로 정의할 수 있다.

```
public record Point
{
    public int X { get; init; }
    public int Y { get; init; }
}
```

또한 위의 코드를 더욱 줄여서 다음과 같이 정의하면 또 다른 혜택이 추가된다.

```
public record Point(int X, int Y) { }
```

타입을 마치 생성자와 함께 정의하는 것처럼 지원하는 이 구문은 C# 컴파일러에 의해 다음과 같이 확장 후 컴파일된다.

```
public class Point
{
    public int X { get; init; }
    public int Y { get; init; }

    public Point(int x, int y) => (X, Y) = (x, y);

    public void Deconstruct(out int x, out int y) => (x, y) = (X, Y);

    // Equals, GetHashCode, ==, !=, ToString 구현 코드 생략
}

/*
Point pt1 = new Point(5, 6); // 생성자가 제공되므로.
(int x, int y) = pt1; // Deconstruct가 제공되므로.
*/
```

따라서 이제는 개발자가 필드 초기화를 위한 생성자와 튜플과의 연동을 위한 Deconstruct 메서드도 만들 필요가 없다. 게다가 원한다면 생성자 및 기타 메서드를 정의하는 것도 가능하다.

```
Point pt1 = new Point(5, 6); // 생성자로도 초기화할 수 있고,
Point pt2 = new Point() { X = 5, Y = 6 }; // 기본 생성자와 함께 init 초기화 가능

public record Point(int X, int Y)
{
    // 기본 생성자를 추가
    public Point() : this(0, 0) { }
}
```

참고로, init 역시 결국 set 메서드의 역할을 하므로 블록을 사용해 원하는 코드를 추가할 수 있다.

```
public class PointF
{
    public int Y
    {
        get => Y;
        init
        {
            Y = value;
        }
    }
}
```

### 17.1.2 with 초기화 구문 추가

C# 8.0 이전까지의 문법으로 불변 타입을 만들었을 때, 기존 인스턴스의 값을 변경하는 코드를 작성해야 한다면 다음과 같은 식으로 제공하는 것이 일반적이다.

```
Point pt1 = new Point(5, 10);

// 방법 1: 생성자를 이용
Point pt2 = new Point(pt1.X + 1, pt1.Y + 2);

// 방법 2: 메서드를 이용
```

```
Point pt3 = pt1.Move(1, 2);

public class Point
{
    public int X { get; }
    public int Y { get; }

    public Point(int x, int y)
    {
        this.X = x;
        this.Y = y;
    }

    public Point Move(int x, int y)
    {
        return new Point(this.X + x, this.Y + y);
    }
}
```

그리고 이제 새로운 record + init의 조합으로 만든 코드는 별도 메서드를 만들지 않고도 다음과 같이 처리할 수 있다.

```
Point pt1 = new Point(5, 10);

// 기존 인스턴스의 값을 변경한 새로운 인스턴스를 반환

// 1) 개체 초기화 구문 사용
Point pt2 = new Point() { X = pt1.X + 1, Y = pt1.Y + 2 };

// 2) 생성자 사용
Point pt3 = new Point(pt1.X + 1, pt1.Y + 2);

public record Point(int X, int Y)
{
    public Point() : this(0, 0) { }
}
```

하지만 이런 식으로 처리했을 때의 단점이 있는데, 가령 Y 속성 값만 변경한 인스턴스를 반환하고 싶은 경우에도 X = pt1.X, Y = pt1.Y + 2처럼 전체 속성의 초기화를 모두 지정하는 불편함이 있다는 것이다. 물론 이 문제를 해결하기 위해 예전처럼 메서드를 제공해도 되지만 사실 메서드로 처리하는 방법에도 위와 같은 단점이 동일하게 존재하는데, 가령 Y 값만 변경하고 싶어도 Move 메서드가 2개의 매개변수를 제공해 pt1.Move(pt1.X, pt1.Y + 2)와 같은 식으로 호출하거나 개별 속성만 변경하는 MoveX, MoveY 같은 메서드를 추가로 구현해야 하는 번거로움이 있다.

이러한 문제를 보완하기 위해 새롭게 record 타입의 인스턴스에 대해서만 with 예약어를 이용해 속성을 초기화할 수 있는 구문이 제공된다.

```
Point pt1 = new Point(5, 10);

// record로 정의한 타입의 인스턴스인 경우에만 허용
// pt1 인스턴스의 기존 값에서 Y만 변경한 새로운 인스턴스를 반환
Point pt2 = pt1 with { Y = pt1.Y + 2 };
```

결국, 이를 통해 MoveX, MoveY, Move 같은 메서드를 제공하지 않고도 자유롭게 불변 개체의 값을 변경한 인스턴스를 만들 수 있게 된다.

```
Point pt3 = pt1 with { X = pt1.X + 2 }; // X만 변경
Point pt4 = pt1 with { X = pt1.X + 2, Y = pt1.Y + 3 }; // X, Y 모두 변경
```

Note 내부적으로 C# 컴파일러는 record의 with 초기화 구문을 위해 특별히 public 접근 제한자가 적용됐음에도 불구하고 오직 C# 컴파일러만 사용할 수 있는 Clone 메서드를 protected 생성자와 함께 제공한다.

```
public virtual Point <Clone>$()
{
    return new Point(this);
}

protected Point(Point original)
{
    this.X = original.X;
    this.Y = original.Y;
}
```

메서드의 이름으로 유효하지 않은 식별자가 사용됐으므로 개발자가 작성하는 C# 소스코드에서 〈Clone〉$ 메서드를 직접 호출하는 것이 불가능하지만 C# 컴파일러는 with 초기화를 했을 때 이 메서드를 이용해 내부적인 코드 변경 작업을 거친다. 즉, pt1 with { Y = pt1.Y + 2 }와 같은 코드는 다음과 같이 바뀌어서 컴파일된다.

```
Point pt2 = pt1.<Clone>$();
pt2.Y = pt1.Y + 2;
```

## 17.2 대상에 따라 new 식 추론(Target-typed new expressions)

C# 컴파일러의 타입 추론(type inference) 기능이 확대되고 있다. C# 3.0의 var 예약어와는 반대로 이번에는 변수의 타입에 따라 new 연산자의 대상 타입을 생략하도록 허용한다.

```
class Program
{
    static void Main(string[] args)
    {
        Point pt1 = new Point(5, 6); // C# 2.0 이하: 타입을 모두 지정

        var pt2 = new Point(5, 6); // C# 3.0 이상: new의 대상 타입을 추론해 var 결정

        Point pt3 = new(5, 6); // C# 9.0: 변수의 타입에 따라 new 연산자가 타입을 결정
    }
}

public record Point(int X, int Y)
{
    public Point() : this(0, 0) { }
}
```

이 기능은 배열 및 컬렉션의 초기화 코드를 더 단순하게 만들어 준다.

```
var linePt = new Point[]
{
    new(5, 6),
    new() { X = 7, Y = 0 },
};
```

```
var dict = new Dictionary<Point, bool>()
{
    [new(5, 6)] = true,
    [new(7, 3)] = false,
    [new() { X = 3, Y = 2 }] = false,
};
```

## 17.3 달라진 조건식 평가

3.5.1.2절에서 다룬 조건 연산자(?:)의 식 평가에도 타입 추론 기능이 관여돼 개선이 이뤄졌다.

조건 연산자는 형식 안전성을 위해 2항과 3항의 타입 중 어느 하나는 다른 항에 암시적 형 변환이 가능해야 한다는 제약이 있다. 예를 들어, 다음 코드는 Notebook 타입과 Desktop 타입이 서로 암시적 형 변환이 불가능하므로 조건 연산자의 2항과 3항에 쓰인 경우 컴파일 오류가 발생한다.

```
class Program
{
    static void Main(string[] args)
    {
        Notebook note = new Notebook();
        Desktop desk = new Desktop();

        // C# 8.0 이전: 컴파일 오류
        // Error CS0173 Type of conditional expression cannot be determined because there is no
implicit conversion between 'Notebook' and 'Desktop'
        Computer prd = (note != null) ? note : desk;
    }
}

public class Computer { }

public class Notebook : Computer { }

public class Desktop : Computer { }
```

하지만 위와 같은 코드에서는 식을 평가한 후 대입될 대상 타입인 Computer로 2항과 3항이 모두 암시적 형 변환이 가능해 형식 안전성에 위배되지 않는다. 그동안은 이러한 코드에서 개발자가 명시적 형 변환 연산자를 써야 했다.

```
// C# 8.0 이하에서 오류 없이 사용하기 위해 형 변환 연산자 사용
Computer prd = (note != null) ? (Computer)note : desk;
```

하지만 C# 9.0부터 대상 타입으로의 추론이 적용되면서 형 변환 없이 컴파일이 가능해졌다. 이와 유사하게 다음과 같은 코드도 8.0 이전에는 컴파일 오류가 발생했지만 역시 동일한 타입 추론의 적용으로 9.0부터 오류 없이 컴파일된다.

```
// string과 int 사이는 암시적 형 변환이 불가능해 C# 8.0 이하에서는 컴파일 오류가 발생
// C# 9.0부터 string과 int의 대상 타입인 object로 암시적 형 변환이 가능하므로 허용
object retValue = (args.Length == 0) ? "(empty)" : 1;


// int와 null 사이는 암시적 형 변환이 불가능해 C# 8.0 이하에서는 컴파일 오류가 발생
// C# 9.0부터 1과 null의 대상 타입인 int?로 암시적 형 변환이 가능하므로 허용
int? result = (args.Length != 0) ? 1 : null;
```

## 17.4 로컬 함수에 특성 지정 가능(Attributes on local functions)

C# 7.0에 처음 도입된 로컬 함수에 이제 특성(attribute)도 부여할 수 있게 됐다. 예를 들어, 다음 코드는 8.0까지 오류가 발생하지만 9.0부터는 정상적으로 컴파일된다.

```
using System.Diagnostics;
using System.Diagnostics.CodeAnalysis;

class Program
{
    static void Main(string[] args)
    {
        Log("Main");
        Log(null);
```

```
        // C# 8.0 이하에서 Conditional, AllowNull 등의 특성 사용은 컴파일 오류 발생
        [Conditional("DEBUG")]
        static void Log([AllowNull] string text)
        {
            string logText = $"[{Thread.CurrentThread.ManagedThreadId}] {text}";
            Console.WriteLine(logText);
        }
    }
}
```

이와 함께 그동안 로컬 함수로는 extern 유형을 정의할 수 없었던 문제도 자연스럽게 해결됐다.

```
using System.Runtime.InteropServices;

class Program
{
    static void Main(string[] args)
    {
        MessageBox(IntPtr.Zero, "message", "title", 0);

        // 특성을 부여할 수 있으므로 extern P/Invoke 정의를 로컬 함수로도 가능
        [DllImport("User32.dll", CharSet = CharSet.Unicode)]
        static extern int MessageBox(IntPtr h, string m, string c, int type);
    }
}
```

## 17.5 익명 함수 개선

기존 람다 및 익명 메서드의 사용에도 2가지 변화가 있다.

### 17.5.1 정적 익명 함수(static anonymous functions)

C# 7.0의 로컬 함수가 8.0에서 static이 허용되었던 것과 동일한 이유로 기존의 익명 메서드 및 람다 메서드를 정적으로 정의하는 것이 가능해졌다.

```
class Program
{
    static void Main(string[] args)
    {
        {
            string title = "console: ";

            Func<int, string> func = static i =>
            {
                // 정적 메서드이므로 title 변수에 접근 불가
                // return title + i.ToString();

                return i.ToString();
            };

            Console.WriteLine(func(10));
        }

        {
            const string title = "console: ";

            Func<int, string> func = static delegate (int i)
            {
                // const 변수의 경우 참조에 대한 부작용이 없으므로 사용 가능
                // 또한 const 자체가 static 유형
                return title + i.ToString();
            };

            Console.WriteLine(func(10));
        }
    }
}
```

### 17.5.2 익명 함수의 매개변수 무시

3.3.2절에서 다뤘듯이 밑줄(underscore)도 유효한 식별자 중 하나다. 따라서 원래 밑줄만으로 구성한 변수명이나 메서드 이름을 짓는 것이 가능하다.

```
public class Class1
{
    void M(int _)
    {
    }

    public void M()
    {
        int _;
        _ = 5;
        Console.WriteLine(_); // 출력 결과: 5
    }
}

public class Class2
{
    void _()
    {
    }
}
```

한 가지 유의해야 할 점은 이렇게 유효한 식별자가 C# 7.0의 12.1절 '더욱 편리해진 out 매개변수 사용'에서 설명한 무시 구문과는 다르다는 점이다. 가령 out 인자의 밑줄은 무시 구문으로 다뤄지기 때문에 2개 이상도 가능하다.

```
Class1 cl = new Class1();
cl.TryParse("5", out _, out _); // 식별자가 아니므로 2개 이상도 가능

public class Class1
{
    public bool TryParse(string txt, out int n, out System.Net.IPAddress address)
    {
        n = 0;
        address = System.Net.IPAddress.Any;

        return true;
    }
}
```

하지만 메서드의 매개변수는 2개 이상 밑줄을 사용하는 경우 중복 이름으로 평가돼 컴파일 오류가 발생한다.

```
public class Class1
{
    void M(int _) // 한 개는 유효한 식별자 이름이지만,
    {
    }

    // 2개 이상은 동일한 식별자를 사용한 것이므로 컴파일 오류
    // Error CS0100 The parameter name '_' is a duplicate
    void M(int _, int _)
    {
    }
}
```

그런데 C# 9.0부터 익명 메서드와 람다 메서드에 대해서는 밑줄을 식별자가 아닌, 무시 구문으로 다룬다. 이로 인해, 사용하지 않는 매개변수라도 반드시 이름을 설정해야만 했던 기존 코드를 좀 더 간결하게 바꿀 수 있게 됐다.

```
class Program
{
    static void Main(string[] args)
    {
        Machine cl = new Machine();

        // C# 8.0 이전까지 반드시 매개변수명을 나열
        cl.Run((string name, int time) => { return 0; });
        cl.Run((arg1, arg2) => { return 0; });

        // C# 9.0부터 사용하지 않는 매개변수는 이름 생략 가능
        cl.Run((string _, int _) => { return 0; });
        cl.Run((_, _) => 5);
        cl.Run(delegate (string _, int _) { return 0; });
    }
}
```

```
public delegate int RunDelegate(string name, int time);

public class Machine
{
    void M(int _)
    {
    }

    public void Run(RunDelegate runnable)
    {
        Console.WriteLine(runnable(nameof(Machine), 1));
    }
}
```

그동안 일반 메서드의 형식적인 정의를 좀 더 간결하게 표현할 수 있도록 익명 메서드(C# 2.0), 람다 메서드(C# 3.0), 로컬 함수(C# 7.0)가 지속적으로 추가됐다. 그리고 각 유형별 사용 빈도가 점차 높아지면서 일반 메서드에 준하는 특징들을 수용하게 됐고, 현재는 표 17.1와 같은 상황으로 발전했다.

표 17.1 C# 9.0 이상에서 가능한 메서드별 구현 차이점

| | 매개변수 무시 | static | 특성 |
|---|---|---|---|
| 일반 메서드 | X | O | O |
| 익명 메서드(C# 2.0) | O (C# 9.0) | O (C# 9.0) | X |
| 람다 메서드(C# 3.0) | O (C# 9.0) | O (C# 9.0) | O (C# 10) |
| 로컬 함수(C# 7.0) | X | O (C# 8.0) | O (C# 9.0) |

## 17.6 최상위 문(Top-level statements)

C#은 아무리 간단한 코드라도 2.1절에 설명한 기본 예제의 형식은 갖춰야 한다. 하지만 C# 9.0부터 도입된 최상위 문의 기능으로 기본 예제는 이제 다음과 같이 한 줄의 코드로 바꿀 수 있다.

```
System.Console.WriteLine("Hello World!");
```

보다시피 별도의 타입 및 메서드를 정의하지 않고 입력한 코드는 말 그대로 최상위 문의 위치에 놓여 컴파일이 가능하다. 물론, 그 이면에는 C# 컴파일러 측에서 자동으로 임시 타입과 Main 메서드를 만

들어 최상위 문에 해당하는 코드를 넣어 처리하는 식으로 동작한다. 즉, 위의 Program.cs 파일은 다음과 같은 코드로 확장해 컴파일된다.

```
static class <Program>$
{
    static void <Main>$(string[] args)
    {
        // 이곳에 사용자의 최상위 문을 넣어 빌드
        System.Console.WriteLine("Hello World!");
    }
}
```

Note C# 컴파일러가 자동 처리한 〈Program〉$, 〈Main〉$ 식별자는 유효하지 않은 문자를 포함하므로 사용자 코드에서 직접 이를 호출하거나 사용할 방법은 없다.

확장한 코드를 보면 명령행 인자를 전달하는 args 매개변수가 있다. 따라서 필요하다면 최상위 문의 소스코드에서도 그 이름으로 접근할 수 있다.

```
int argLen = args.Length; // 최상위 문에서 동일하게 명령행 인자에 접근 가능
Console.WriteLine(args[0]);
```

또한 Main 메서드의 정수 반환과 C# 7.1부터 지원한 async 버전 역시 최상위 문에 포함된 코드에 따라 자동으로 선택된다.

표 17.2 최상위 문에 포함된 유형별 Main 메서드

| 최상위 문 포함 코드 | 선택된 〈Main〉$ 메서드 유형 |
|---|---|
| return 1; | static int 〈Main〉$(string [] args) { … } |
| await Task.Delay(10); | static async Task 〈Main〉$(string [] args) { … } |
| await Task.Delay(10);<br>return 1; | static async Task〈int〉 〈Main〉$(string [] args) { … } |
| 그 외의 경우 | static void 〈Main〉$(string [] args) { … } |

이러한 최상위 문의 성격을 고려하면 C# 9.0에 포함된 로컬 함수의 특성 허용이나 익명 함수의 개선도 바로 최상위 문을 자연스럽게 처리하기 위한 목적이었을 것이다.

```
using System.Diagnostics;
using System.Runtime.InteropServices;

// 최상위 문에서도 곧바로 P/Invoke 선언 가능
[DllImport("User32.dll", CharSet = CharSet.Unicode)]
static extern int MessageBox(IntPtr h, string m, string c, int type);

MessageBox(IntPtr.Zero, "C# 9.0", "Top-level statements", 0);

Log("Hello World!");

// 최상위 문에서 로컬 함수를 일반 메서드처럼 다루는 것이 가능
[Conditional("DEBUG")]
static void Log(string text)
{
    File.WriteAllText($"test.log", text);
}
```

## 17.7 패턴 매칭 개선(Pattern matching enhancements)

이제 패턴 일치 문법에 3가지가 더 추가됐다.

- 패턴에 타입명만 지정 가능
- 기본 타입(sbyte, byte, short, ushort, int, uint, long, ulong, char, float, double, decimal)[1]에 한해 상수 값에 대한 <, <=, >, >= 관계 연산 가능
- 논리 연산자(not, and, or)를 이용해 패턴 조합 가능

이를 활용하면 이전보다 좀 더 간결한 표현이 가능하다.

먼저 타입명의 경우 기존 패턴에서는 (사용하지 않아도) 변수명을 반드시 지정해야 했던 것을 이제는 변수명을 생략해 타입명만 지정하는 것이 가능해졌다.

1 17.13절 '원시 크기 정수(Native ints)'로 추가된 nint, nuint 포함

```
var t = (args.Length, "# of Args");

// C# 8.0 이전 - 반드시 변수명을 설정하거나 밑줄을 이용한 무시 지정
if (t is (int n1, string _)) { }

// C# 9.0 - 변수명을 생략해 타입만 지정 가능
if (t is (int, string)) { }

object objValue = args.Length;

// switch 구문에서도 타입만 지정 가능
switch (objValue)
{
    case int: break;
    case System.String: break;
}
```

또한 관계 연산의 경우,

```
// is 패턴에서의 관계 연산
static bool GreaterThan10(int number) =>
        number is > 10;

// switch 패턴에서의 관계 연산
static bool GreaterThan10(int number) =>
    number switch
    {
        > 10 => true,
        _ => false
    };
```

이를 도입했을 때 좀 더 간결한 패턴 일치 코드가 가능해진다. 하지만 비교 대상이 기본 타입이라는 점과 오직 상수 조건이라는 제약이 있는데, 그런 것이 문제가 된다면 예전과 같은 유형으로 처리해야 한다.

```
// is 패턴(상수 비교가 아닌 경우)
static bool GreaterThanTarget(int number, int target) =>
    number is int value && (value > target);
```

```
// 이번 예제에서의 is 패턴은 오히려 사용하지 않는 코드가 더 효율적이다.
// static bool GreaterThanTarget(int number, int target) => number > target;

// switch 패턴(상수 비교가 아닌 경우)
static bool GreaterThanTarget(int number, int target) =>
    number switch
    {
        // 상수 제약에 걸려 불가능한 표현은
        // > target => true,

        // 기존처럼 when을 이용해 비교
        int value when value > target => true,

        _ => false
    };
```

마지막으로 논리 연산은 기존의 !, &&, || 연산자 대신 새롭게 not, and, or 예약어를 도입해 처리하는데, 이로써 패턴 일치를 위한 조건을 조합하는 것이 가능해져 when 조건으로 작성했던 복잡한 코드를 더 간결하게 처리할 수 있게 됐다.

```
// is 패턴
static bool IsLetter(char c) =>
    c is >= 'a' and <= 'z' or >= 'A' and <= 'Z';

// switch 패턴
static bool IsLetter(char c) =>
    c switch
    {
        >= 'a' and <= 'z' or >= 'A' and <= 'Z' => true,
        _ => false
    };
```

특히 논리 연산의 not은 기존에 not null 조건을 테스트하는 is 패턴에서 유용하게 사용할 수 있다.

```
object objValue = null;

// C# 8.0 이전의 not null 조건 테스트
```

```
if (!(objValue is null)) { /* … */ }

// C# 9.0의 not null 조건 테스트
if (objValue is not null) { /* … */ }
```

이렇게 논리 연산도 가능해졌으니 자연스럽게 연산 순서를 명시할 수 있는 괄호의 도입은 당연한 결과다.

```
static bool IsLetter(char c) =>
    c is (>= 'a' and <= 'z') or (>= 'A' and <= 'Z');
```

## 17.8 모듈 이니셜라이저(Module initializers)

그동안 C# 언어 수준에서 제공하지 않아 잘 알려져 있지 않은 닷넷 런타임의 기능으로 〈Module〉이라는 특별한 타입[2]이 있다. CLR은 닷넷 모듈을 로드한 후 그것에 정의된 정적 생성자를 호출해 주는데, 이로 인해 사용자 코드에서 일부러 호출하지 않아도 자동으로 실행되는 코드를 개발자가 정의하는 것이 가능하다.

그리고 C# 9.0부터 이에 대한 제어가 추가됐는데, 개발자는 단지 ModuleInitializer라는 이름의 특성을 정적 메서드에 부여하면 C# 컴파일러는 해당 메서드를 〈Module〉 타입의 정적 생성자에서 호출하는 코드를 넣어 컴파일한다. 따라서 다음과 같이 구현하고 나서,

```
using System.Runtime.CompilerServices;

class Program
{
    static void Main(string[] args)
    {
        Console.WriteLine("Run at Main");
    }
}
```

2 기본적으로 C# 컴파일러는 비어 있는 〈Module〉 클래스를 만들지만, C++/CLI 같은 컴파일러는 〈Module〉에 네이티브 함수나 전역 변수를 등록하는 용도로 사용한다. (참고: https://www.sysnet.pe.kr/2/0/11335)

```
class Module
{
    [ModuleInitializer]
    internal static void DllMain()
    {
        Console.WriteLine("Run at ModuleInitializer");
    }
}
```

프로그램을 실행하면 콘솔 화면에 "Run at Main"보다 "Run at ModuleInitializer"라는 메시지가 먼저 출력된다.

참고로, ModuleInitializer 특성의 대상이 될 메서드에는 다음과 같은 제약 사항이 있다.

- 반드시 static 메서드이고
- 반환 타입은 void, 매개변수는 없어야 하며
- 제네릭 유형은 허용되지 않고
- 〈Module〉 타입에서 호출이 가능해야 하므로 internal 또는 public 접근 제한자만 허용

또한 유의해야 할 점이 있다면 어떤 순서로 호출될지 제어할 수 없으므로 실행 순서에 의존하는 코드를 작성해서는 안 된다는 것이다.

## 17.9 공변 반환 형식(Covariant return types)

C# 언어에서는 메서드를 이름과 매개변수의 타입으로 구분한다. 즉, 반환 타입을 포함하지 않으므로 다음과 같은 식으로 메서드를 정의하면,

```
public class TestClass
{
    public short MyMethod(int count) { return 0; }
    public int   MyMethod(int count) { return 0; } // 컴파일 에러
}
```

두 번째 int MyMethod에서 이미 같은 매개변수의 메서드가 있다고 컴파일 에러를 발생시킨다.

Note 반환 타입이 다른데 왜 2개의 메서드를 같다고 판단하는지 의문이 드는 독자가 있을 듯하다. 가령 여러분이 컴파일러 개발자라고 가정하고 다음 코드를 어떤 메서드로 연결해야 할지 판단해 보자.

```
TestClass tc = new ();
tc.MyMethod(5);
```

과연 short MyMethod를 실행해야 하는지, int MyMethod를 실행해야 하는지 구분할 수 있을까?

비록 당연한 제약이지만 이 문제가 상속 관계에까지 적용되면서 불합리한 측면도 있었다. 예를 들어, 다음 코드를 보자.

```
class Program
{
    static void Main(string[] args)
    {
        Product prd = new Headset().GetDevice();
        Headset hds = new Headset().GetDevice();
    }
}

public class Product
{
    public virtual Product GetDevice() { return this; }
}

public class Headset : Product
{
    // C# 8.0 이전 컴파일 오류 발생
    // C# 9.0 + .NET 5 이상의 환경에서 컴파일 가능
    public override Headset GetDevice()
    {
        return this;
    }
}
```

이 코드의 경우, 상속받은 하위 타입에 virtual 메서드를 재정의(override)하면서 반환 타입이 정확히 일치하지 않아 C# 8.0까지 컴파일이 불가능했다. 하지만 C# 9.0부터 반환 타입이 상속 관계의 하위

타입인 경우에 한해 사용할 수 있게 했고, 이를 좀 더 기술적으로 'C# 메서드의 반환 타입에 공변[3]을 허용한다'는 용어로 표현한다.

> Note 예제에서 본 상속 관계라면 Headset에서 Product 타입으로의 변환을 허용하는 것을 공변, 그 반대의 경우를 반공변이라고 한다. 각각 영어로 Covariance, Contravariance라고 하며, 이러한 변경 가능을 일컬어 가변(Variance)이라고 한다. 그리고 그 반대의 의미로 불변(Invariance)이 있지만 여기서의 불변은 예전에 설명한 불변(Immutable)과는 다르므로 혼동해서는 안 된다.

## 17.10 foreach 루프에 대한 GetEnumerator 확장 메서드 지원(Extension GetEnumerator)

4.5.1.4절의 인터페이스를 다루면서 IEnumerable을 다뤘던 것을 떠올려보자. IEnumerable을 구현하면 foreach 구문에 사용할 수는 있지만 foreach를 위해 반드시 IEnumerable 인터페이스를 구현해야 하는 것은 아니다. 엄밀히 정의하면 foreach에 열거 가능한 개체는 GetEnumerator라는 이름의 메서드를 구현하기만 하면 되고, 그 메서드가 반환하는 타입은 Current { get; }, MoveNext 메서드만 가지고 있으면 된다. 따라서 다음과 같이 IEnumerable/IEnumerator 인터페이스의 구현 없이 관련 조건만 갖추면,

```
public class Computer
{
    List<Device> _parts;

    public Computer()
    {
        _parts = new List<Device>()
        {
            new Device() { Name = "CPU"},
            new Device() { Name = "MotherBoard"},
        };
    }

    public Device[] GetDevices()
```

3 좀 더 세부적인 정보는 https://www.sysnet.pe.kr/2/0/11513을 참고하자.

```
    {
        return _parts.ToArray();
    }

    // GetNumerator 메서드를 구현하고,
    public PartList GetEnumerator()
    {
        return new PartList(this);
    }

    public class PartList
    {
        Device[] _devices;
        public PartList(Computer computer) { _devices = computer.GetDevices(); }

        int _current = -1;

        // GetEnumerator로 반환하는 타입은 Current, MoveNext를 제공
        public Device Current
        {
            get { return _devices[_current]; }
        }

        public bool MoveNext()
        {
            if (_current >= _devices.Length - 1)
            {
                return false;
            }

            _current++;
            return true;
        }
    }
}

public record Device
{
    public string Name { get; init; }
}
```

foreach는 Computer 개체를 열거하는 것이 가능하다.

```
Computer my = new Computer();

foreach (Device device in my)
{
    System.Console.WriteLine(device.Name);
}

/* 출력 결과
CPU
MotherBoard
*/
```

> Note
> 그렇다면 사용자 타입에서 IEnumerable/IEnumerator 인터페이스를 구현할 필요가 있을까? 만약 특정 인스턴스가 열거 가능한 개체인지 확인해야 하는 상황이 있다면 인터페이스를 제공할 가치가 있다. 물론, 흔치 않은 경우라는 점을 감안해야겠지만 어차피 메서드는 구현돼 있고 단지 인터페이스만 명시하면 되는데 굳이 생략할 이유도 마땅치 않다.

foreach를 이용한 열거 기능이 편리하긴 하지만, 사실 현업에서 타입을 정의할 때 GetEnumerator 메서드를 제공하는 경우는 많지 않다. 실제로 대부분은 앞에서와 같은 타입을 정의할 때 GetDevices 메서드 정도만 제공하는 것이 일반적이다.

```
public class Notebook
{
    List<Device> _parts;

    public Notebook()
    {
        _parts = new List<Device>()
        {
            new Device() { Name = "CPU"},
            new Device() { Name = "MotherBoard"},
        };
    }
```

```
    public Device[] GetDevices()
    {
        return _parts.ToArray();
    }
}
```

바로 이런 상황에서 C# 9.0부터 외부 개발자가 해당 타입의 소스코드를 변경하지 않고 단지 GetEnumerator 확장 메서드를 제공하면 foreach에 사용하도록 만들 수 있다.

```
Notebook notebook = new Notebook();

foreach (Device device in notebook) // 확장 메서드를 받아들여 열거
{
    System.Console.WriteLine(device.Name);
}

public static class NotebookExtension
{
    // 외부 개발자가 GetEnumerator 확장 메서드를 제공
    public static IEnumerator<Device> GetEnumerator(this Notebook instance)
    {
        foreach (Device device in instance.GetDevices())
        {
            yield return device;
        }
    }
}
```

C# 6.0의 11.9절 '컬렉션 초기화 구문에 확장 메서드로 정의한 Add 지원'에서도 이런 식의 확장 메서드를 활용한 사례가 있었다.

## 17.11 부분 메서드에 대한 새로운 기능(New features for partial methods)

8.6절에서 다룬 C# 3.0의 부분 메서드(partial method)는 3가지 주요 제약을 가지고 있었는데, 9.0에서 이런 제약을 모두 풀었다. 즉,

- 반환 타입 허용
- out 매개변수 허용
- (암시적으로 private이지만) 명시적으로 private을 포함한 접근 제한자 허용

이렇게 정의할 수 있게 됐지만 대신 그렇게 사용했을 때는 더 이상 구현부를 생략할 수 없다는 조건이 있다. 예를 들어, 기존에 partial void Beep(); 메서드가 있을 때 private 접근자가 자동으로 부여됐지만, 여기에 명시적으로 private 접근자를 쓰면 다음과 같이 반드시 구현 코드를 포함해야 한다.

```
public partial class Computer
{
    private partial void Beep();
}

public partial class Computer
{
    // 접근 제한자를 명시했으므로 반드시 구현 코드 포함
    private partial void Beep()
    {
        System.Console.WriteLine("Beep");
    }
}
```

그런데 생략 가능하지 않은 부분 메서드가 과연 어떤 의미가 있을까? 이것은 자동 생성 코드[4]를 제공하는 측에서 그 코드를 사용하는 측으로 하여금 특정 코드를 반드시 구현하도록 강제할 수 있는 효과를 갖는다. 예를 들어, 데이터베이스에 대한 자동 생성 코드를 제공한다고 가정해 보자. 대개의 경우 데이터베이스 사용은 반드시 연결 문자열을 필요로 하기 때문에 자동 생성 코드 측은 다음과 같은 식으로 코드를 제공할 수 있다.

4 자동으로 코드를 생성하는 수많은 방법이 있을 수 있다. 그중에서 C#의 경우 컴파일러 단계에서 제공하는 Source Generator를 활용하는 것이 가장 편리하다. (참고: https://www.sysnet.pe.kr/2/0/12986)

```
// 자동 생성된 코드라고 가정
public partial class DBContext
{
    // 반환값을 가진 부분 메서드이므로 반드시 구현 코드를 제공
    partial string GetConnectionString();
}
```

그럼 이 코드를 사용하는 개발자는 반드시 같은 프로젝트 내에 연결 문자열 정보를 반환하는 부분 메서드를 구현해야만 한다.

그동안 이러한 강제적인 구현은 추상 메서드로 가능했지만 상속을 받아야 한다는 부가적인 단계를 요구한다. 반면 부분 메서드는 같은 클래스 수준에서 구현을 강제한다는 점에서 '자동 생성 코드'의 상황에 유용할 수 있다.

## 17.12 localsinit 플래그 내보내기 무시(Suppress emitting localsinit flag)

C# 컴파일러는 기본적으로 모든 로컬 변수의 공간을 사용 여부에 상관없이 0으로 초기화[5]하도록 내부 코드를 생성한다.

```
class Program
{
    static void Main(string[] args)
    {
        // 변수 i, c는 기본적으로 0 값으로 초기화
        int i;
        char c;
    }
}
```

하지만 0으로 초기화하는 것이 꼭 필요한 작업은 아니다. 왜냐하면 C# 컴파일러는 개발자가 명시적으로 초기화하지 않은 변수를 사용할 때 컴파일 오류를 내기 때문이다.

5 3.3.4.4절의 '기본값'에서 설명

```
int i;

// 컴파일 에러: CS0165: Use of unassigned local variable 'i'
Console.WriteLine(i);
```

결국, 개발자가 반드시 값을 할당해야 하는데 그럼 값을 설정하는 작업이 2번 발생하는 것과 같다.

```
int i = 5;
// 1. 변수 i에 해당하는 저장소를 미리 0으로 초기화
// 2. 이후 개발자의 코드에 의해 i = 5로 초기화
```

C# 9.0부터는 이런 초기화 작업까지도 생략 가능해 실행 속도를 높일 수 있게 됐다. 이를 위해 로컬 변수의 초기화를 생략하고 싶은 메서드에 SkipLocalsInitAttribute 특성을 unsafe와 함께 적용하면 된다.

```
using System.Runtime.CompilerServices;

class Program
{
    [SkipLocalsInit]
    unsafe static void Main(string[] args)
    {
        // 변수 i는 미리 0으로 초기화되지 않은 공간이며, 개발자 코드에 의해 5로 초기화
        int i = 5;
        Console.WriteLine(i);
    }
}
```

사실 일반적인 변수 몇 개의 초기화를 생략하는 것이 성능에 크게 영향을 주진 않는다. 하지만 이것이 stackalloc에 적용되면 요소의 수와 해당 메서드의 호출 횟수에 따라 성능을 높일 여지가 충분하다.

```
[SkipLocalsInitAttribute]
unsafe static void LocalsInitStackAlloc()
{
    var arr = stackalloc int[1000];
```

```
    for (int i = 0; i < 1000; i ++)
    {
        // C# 8.0 이전에는 0을 출력하지만 9.0부터 값을 예측할 수 없음
        Console.Write($"{arr[i]},");
    }
}
```

## 17.13 원시 크기 정수(Native ints)

> 이 구문은 C/C++ 언어와의 호환성을 위해 제공된다. 따라서 C/C++ 언어를 모르는 독자는 가볍게 읽고 지나가거나 건너뛰어도 좋다.

32비트 환경에서는 4바이트, 64비트 환경에서는 8바이트로 동작하는 nint, nuint 정수 타입이 새롭게 추가됐다.

```
nint x1 = 3;
nuint x2 = 4;

// nint, nuint 사용에는 unsafe 필요 없음
// 단지 sizeof 연산을 위해서만 unsafe 문맥 필요
unsafe
{
    Console.WriteLine(sizeof(nint));
    Console.WriteLine(sizeof(nuint));
}

/* 출력 결과
// 32비트의 경우
4
4

// 64비트의 경우
8
8
*/
```

기존에도 IntPtr, UIntPtr 타입이 32비트/64비트 환경에 따라 크기가 변하긴 했지만 포인터라는 성격으로 인해 사칙 연산과 같은 기본적인 연산조차 지원하지 않았다. 네이티브 모듈 중에는 꼭 포인터 연산이 아니더라도 플랫폼 환경에 따라 변하는 정수 타입을 사용하는 경우도 있으므로 더 유연한 연동이 가능해졌다.

## 17.14 함수 포인터(Function pointers)

> Note 이 구문은 네이티브 모듈을 작성한 경험이 있는 개발자를 대상으로 한다. 따라서 이에 대한 배경 지식이 없는 독자는 가볍게 읽고 지나가거나 건너뛰어도 좋다.

C# 8.0 이전까지 함수 포인터의 역할을 델리게이트[6]가 담당했다.

```
class Program
{
    public delegate bool EqualsDelegate(int n1, int n2);

    static void Main(string[] args)
    {
        {
            EqualsDelegate equalsFunc = Program.Equals;
            equalsFunc(1, 2);
        }

        {
            Func<int, int, bool> equalsFunc = Program.Equals;
            equalsFunc(1, 2);
        }
    }

    static bool Equals(int n1,int n2)
    {
        return n1 == n2;
    }
}
```

6 4.5.1.3절에서 설명한 델리게이트

하지만 이 방법은 원본 메서드의 실행에 앞서 델리게이트를 경유한다는 점에서 성능상 좋지 않다. 이에 C# 9.0부터 대상 메서드를 바로 호출해 성능을 높일 수 있는 새로운 함수 포인터 구문을 unsafe 문맥으로 제공한다.

```
class Program
{
    // 함수 포인터는 주솟값을 직접 다루므로 unsafe 문맥에서 사용 가능
    unsafe static void Main(string[] args)
    {
        delegate*<int, int, bool> equalsFunc = &Program.Equals;
        equalsFunc(1, 2);

        delegate*<string, void> writeLineFunc = null;

        writeLineFunc = &Program.WriteLine;
        writeLineFunc("1 == 2: " + equalsFunc(1, 2));
    }

    static bool Equals(int n1,int n2)
    {
        return n1 == n2;
    }

    static void WriteLine(string text)
    {
        Console.WriteLine(text);
    }
}
```

구문이 다소 생소하지만 기존 Func 델리게이트의 사용법과 비교하면 쉽게 연상할 수 있다.

```
Func<int, int, bool> equalsFunc = Program.Equals;

delegate*<int, int, bool> equalsFunc = &Program.Equals;
```

C/C++에서처럼 * 포인터 연산자와 대상 메서드의 주소를 구한다는 의미로 & 연산자를 사용하면서 매개변수와 반환 타입을 형식 매개변수로 차례로 지정한다.

델리게이트와 함수 포인터의 차이점은 형식 안전성에 있다. 델리게이트는 반드시 대상 메서드가 델리게이트의 타입에 맞는지 검사할 수 있지만 함수 포인터는 이에 대한 검증을 할 수 없는 유형을 제공하므로 개발자가 안전성을 책임져야 한다. 가령 다음과 같은 코드는 모두 실행 시점에 AccessViolationException을 발생시킨다.

```
// 임의의 주솟값을 지정할 수 있고,
{
    IntPtr pFunc = new IntPtr(1000);
    delegate*<void> unsafeFunc = (delegate*<void>)pFunc;
    unsafeFunc(); // 예외 발생
}

// 기존 함수 포인터에 대한 형식도 임의로 변경 가능
{
    delegate*<string, void> writeLineFunc = &Program.WriteLine;
    IntPtr ptr = new IntPtr(writeLineFunc);
    delegate*<void> unsafeFunc = (delegate*<void>)ptr;
    unsafeFunc(); // 예외 발생
}
```

위와 같은 무리한 사용을 제외한다면, 즉 개발자가 안전성을 만족하는 범위 내에서 사용하기만 한다면 유의미한 성능 향상을 기대할 수 있는 곳에 적용하지 않을 이유가 없다.

또한 함수 포인터는 비관리(unmanaged) 모듈과의 연동에도 큰 변화를 가져온다.

### 17.14.1 비관리 함수 포인터 지원

기존에는 비관리 모듈의 함수를 호출하려면 DllImport를 사용하거나, 만약 프로그램 실행 시점에 결정할 수 없는 함수라면 기존 C/C++처럼 LoadLibrary와 GetProcAddress Win32 API의 조합으로 처리할 수 있었다. 예를 들어, 다음 코드는 SleepEx Win32 API를 실행 시에 그 함수의 주소를 구해 호출하는 방법을 보여준다.

```
using System.Runtime.InteropServices;

class Program
{
```

```
    [DllImport("kernel32", SetLastError = true, CharSet = CharSet.Unicode)]
    static extern IntPtr LoadLibrary(string lpFileName);

    [DllImport("kernel32", CharSet = CharSet.Ansi)]
    static extern IntPtr GetProcAddress(IntPtr hModule, string procName);

    [UnmanagedFunctionPointer(CallingConvention.StdCall)]
    public delegate int SleepExDelegate(int milliseconds, bool bAlertable);

    static void Main(string[] args)
    {
        // kernel32.dll 비관리 모듈을 로드하고,
        IntPtr ptrKernel = LoadLibrary("kernel32.dll");
        // kernel32.dll에 포함된 SleepEx API의 주소를 구해
        IntPtr ptrSleepEx = GetProcAddress(ptrKernel, "SleepEx");

        // SleepEx 함수와 동일한 구조의 델리게이트 인스턴스로 변환 후
        SleepExDelegate sleepExFunc = Marshal.GetDelegateForFunctionPointer(ptrSleepEx,
typeof(SleepExDelegate)) as SleepExDelegate;

        Console.WriteLine(DateTime.Now);
        sleepExFunc(2000, false); // 델리게이트를 경유해 Win32 API를 호출
        Console.WriteLine(DateTime.Now);
    }
}
```

델리게이트를 경유하므로 unsafe 문맥은 필요없지만 그 대신 별도로 SleepExDelegate 타입을 정의해야 한다는 번거로움과 함께 당연히 성능 손실이 발생한다.

이러한 단점을 C# 9.0부터 함수 포인터를 이용해 해결할 수 있다.

```
unsafe
{
    IntPtr ptrKernel = LoadLibrary("kernel32.dll");
    IntPtr ptrSleepEx = GetProcAddress(ptrKernel, "SleepEx");

    delegate* unmanaged[Stdcall]<int, bool, int> sleepExFunc = (delegate* unmanaged[Stdcall]<int,
bool, int>)ptrSleepEx;
```

```
    Console.WriteLine(DateTime.Now);
    sleepExFunc(2000, false);
    Console.WriteLine(DateTime.Now);
}
```

관리 메서드를 다루는 것과 비교해 'unmanaged'를 명시하고 대괄호 안에 대상 함수의 호출 규약을 명시한다는 차이점은 있지만 그래도 이전과 비교해 사용법이 더 단순해졌다.

참고로, 이전의 관리 메서드를 다루는 함수 포인터는 사실 'managed'가 생략된 유형이다.

```
// 관리 메서드에 대한 함수 포인터
delegate* managed<string, void> writeLineFunc = &Program.WriteLine;

// managed가 기본 값이므로 생략 가능
delegate* <string, void> writeLineFunc = &Program.WriteLine;

// 비관리 함수에 대해서는 반드시 unmanaged 지정
delegate* unmanaged[Stdcall]<int, bool, int> sleepExFunc = null;
```

또한 비관리 함수 포인터는 32비트 환경에서의 호출 규약[7]에 맞춰 다음과 같은 4가지 유형을 지원한다. (64비트 환경에서는 호출 규약이 fastcall 하나로 통일[8]돼 다른 규약을 지정해도 결국 fastcall로 동작한다.)

```
// System.Runtime.CompilerServices.CallConvStdcall
delegate* unmanaged[Stdcall]<void> ptr1 = null;

// System.Runtime.CompilerServices.CallConvCdecl
delegate* unmanaged[Cdecl]< void> ptr2 = null;

// System.Runtime.CompilerServices.CallConvFastcall
delegate* unmanaged[Fastcall]<void> ptr3 = null;

// System.Runtime.CompilerServices.CallConvThiscall
delegate* unmanaged[Thiscall]<void> ptr4 = null;
```

7 더 자세한 사항은 https://www.sysnet.pe.kr/2/0/11132를 참고한다.
8 더 자세한 사항은 https://www.sysnet.pe.kr/2/0/11139를 참고한다.

비록 문법상으로는 4개의 호출 규약을 지원하지만 실제 호출 시에는 stdcall, cdecl, thiscall만 가능하다.

이와 함께 예외적으로 닷넷 5 환경부터는 호출 규약을 생략할 수 있고, 그런 경우에는 실행 중인 런타임이 정해주는 기본 호출 규약을 따르게 된다.

```
// 호출 규약을 명시하지 않았으므로 실행 시 런타임 환경에서 호출 규약을 자동 지정
delegate* unmanaged<void> ptr = null;
```

하지만 닷넷 코어 3.1 이하에서는 런타임에 호출 규약을 자동으로 정해 주는 기능이 없으므로 위와 같은 코드를 사용할 수 없다.

### 17.14.2 비관리 함수를 통한 콜백 지원

이번 절의 내용은 닷넷 5+ 또는 닷넷 프레임워크 환경에서 64비트 빌드로만 실습할 수 있다. 32비트 빌드의 경우 닷넷 5+에서만 stdcall, cdecl 호출 규약으로 실습할 수 있다.

함수 포인터가 비록 기존의 델리게이트와 비교해 형식 안전성이 없긴 하지만, 오히려 비관리 함수와의 연동에서 콜백을 사용하는 경우에는 더 안전한 방법을 제공한다. 예를 들어, 윈도우의 SetTimer API를 호출해 닷넷 메서드로 콜백을 받는 메서드 구현은

```
// 부득이 이번 예제는 Windows Forms 유형[9]의 프로젝트를 사용한다.

using System.Runtime.InteropServices;
using System.Windows.Forms;

namespace WindowsFormsApp1
{
    public partial class Form1 : Form
    {
        [DllImport("user32.dll", ExactSpelling = true)]
        static extern IntPtr SetTimer(IntPtr hWnd, IntPtr nIDEvent, uint uElapse, TimerProc
lpTimerFunc);
```

9 무료 배포하는 PDF 문서의 21.1절 'Windows Forms 응용 프로그램'을 참고한다.

```
        delegate void TimerProc(IntPtr hWnd, uint uMsg, IntPtr nIDEvent, uint dwTime);

        public Form1()
        {
            InitializeComponent();
        }

        static void timerCallback(IntPtr hWnd, uint uMsg, IntPtr nIDEvent, uint dwTime)
        {
            System.Diagnostics.Trace.WriteLine ($"timerCallback - {dwTime}");
        }

        private void Form1_Load(object sender, EventArgs e)
        {
            SetTimer(this.Handle, IntPtr.Zero, 1000, timerCallback);
        }
    }
}
```

실행 후 초기에는 정상적으로 잘 동작하지만 이후 어느 순간 GC가 발생하면 비정상적으로 종료하는 문제가 있다. 왜냐하면 SetTimer를 호출할 때 넘겨준 timerCallback 메서드는 4.5.1.3절 '델리게이트'에서 설명했듯이 C# 2.0부터 허용한 아래의 단축 표현이기 때문에

```
TimerProc timerProc = new TimerProc(timerCallback);
SetTimer(this.Handle, IntPtr.Zero, 1000, timerProc);
```

결국 로컬 변수인 timerProc이 Form1_Load 메서드의 실행이 완료되면서 이를 참조하는 개체가 더는 존재하지 않게 된다. 따라서 다음번 GC가 발생했을 때 timerProc 인스턴스가 GC 힙으로부터 제거되고 SetTimer 측은 더는 존재하지 않는 콜백 메서드를 호출하게 되면서 응용 프로그램이 비정상 종료하게 된다.

이러한 문제는 SetTimer 코드에 전달하는 콜백 메서드의 인스턴스를 Form1의 멤버로 등록하는 방법으로 해결할 수 있다.

```
public partial class Form1 : Form
{
    // ...[생략]...

    TimerProc _timerProc = new TimerProc(timerCallback);

    static void timerCallback(IntPtr hWnd, uint uMsg, IntPtr nIDEvent, uint dwTime)
    {
        System.Diagnostics.Trace.WriteLine ($"timerCallback - {dwTime}");
    }

    private void Form1_Load(object sender, EventArgs e)
    {
        SetTimer(this.Handle, IntPtr.Zero, 1000, _timerProc);
    }
}
```

그럼 이후 GC가 발생해도 _timerProc 인스턴스는 Form1 개체가 살아 있는 동안 가비지 수집 대상이 아니므로 SetTimer로 인한 콜백 메서드 실행에 영향을 주지 않는다.

Note 이처럼 네이티브로 전달한 콜백 메서드 문제는 실제로 겪으면 해결하는 데 어려움을 겪는 것이 보통이다. GC가 동작하는 시기는 CLR에 의해 내부적으로 결정되므로 만약 메모리 할당이 거의 발생하지 않는 상황이라면 며칠 동안 계속 실행해도 비정상 종료를 하지 않을 수 있다.

반면, 어느 순간 메모리 할당이 발생해 GC의 동작 조건을 충족하게 되면 응용 프로그램은 그 시기를 종잡을 수 없게 비정상적으로 종료하게 된다. 설상가상으로 일단 프로그램이 배포돼 사용자 PC 환경에서 이 문제가 발생하면 현상에 대한 서로 다른 보고를 접하게 되므로 원인과 상관없이 혼란만 가중되는 상황에 빠지게 된다.

사실 여기서 가장 큰 문제는 개발자가 실수로 저런 코드를 작성하는 것이 가능하다는 점이다. 그런데 함수 포인터를 사용하면 이러한 문제가 자연스럽게 해결된다.

```
using System.Runtime.InteropServices;
using System.Runtime.CompilerServices;
using System.Windows.Forms;

namespace WindowsFormsApp1
{
    public partial class Form1 : Form
```

```
    {
        [DllImport("user32.dll", ExactSpelling = true)]
        unsafe static extern IntPtr SetTimer(IntPtr hWnd, IntPtr nIDEvent, uint uElapse, delegate*
unmanaged[Stdcall]<IntPtr, uint, IntPtr, uint, void> lpTimerFunc);

        public Form1()
        {
            InitializeComponent();
        }

        [UnmanagedCallersOnly(CallConvs = new Type[] { typeof(CallConvStdcall) })]
        static void timerCallback(IntPtr hWnd, uint uMsg, IntPtr nIDEvent, uint dwTime)
        {
            System.Diagnostics.Trace.WriteLine ($"timerCallback - {dwTime}");
        }

        private unsafe void Form1_Load(object sender, EventArgs e)
        {
            SetTimer(this.Handle, IntPtr.Zero, 1000, &timerCallback);
        }
    }
}
```

위의 코드에서는 tiemrCallback 메서드의 주소를 직접 SetTimer에 전달하기에 이후 GC가 발생해도 SetTimer의 내부 동작에서 timerCallback을 호출하는 데 아무런 문제도 발생하지 않는다.

## 17.15 제약 조건이 없는 형식 매개변수 주석(Unconstrained type parameter annotations)

이번 절의 제목에서 의미하는 '주석'은 C# 2.0에 추가된 nullable 형식[10]의 ? 표시를 의미한다. 기본적으로 nullable 형식임을 의미하는 이 물음표 표시는 참조 형식이 아닌 값 형식에만 허용한다.

10 7.6절 'nullable 형식' 참고

```
int? n = 5;

// C# 7.3 이전 - 컴파일 오류 발생
string? txt = "test";
```

하지만 C# 8.0의 'nullable 문맥'[11]은 참조 형식에 대해서도 ? 표시를 허용하게 만들었다.

```
#nullable disable
{
    // C# 8.0 컴파일 경고
    string? txt = "test";
}
#nullable restore

#nullable enable
{
    // nullable 문맥 내에서는 참조형의 '?' 표현은 경고 없이 허용
    string? txt = "test";
}
#nullable restore
```

그런데 이러한 표시 방식이 형식 매개변수에 적용되면서 문제가 되기 시작한다. 단순히 범용 형식 매개변수를 사용하면

```
#nullable enable

static void CreateArray<T>(int n)
{
    // C# 8.0 컴파일 오류 발생
    var t = new T?[n];
}
```

해당 타입이 값 형식일 수도, 참조 형식일 수도 있으므로 C# 컴파일러 입장에서는 컴파일 오류를 발생시켜야만 했다. 그래서 반드시 값 형식인지, 참조 형식인지 명시하는 제약이 필요하다.

11 16.1절 '#nullable 지시자와 nullable 참조 형식' 참고

```
#nullable enable

static void CreateValueArray<T>(int n) where T : struct
{
    // 값 형식이므로 nullable 표시 가능
    var t = new T?[n];
}

static void CreateRefArray<T>(int n) where T : class
{
    // 참조 형식이지만 nullable 문맥에서는 표시 가능
    var t = new T?[n];
}
```

C# 9.0부터는 제약을 지정하지 않은 경우 'where T class'를 생략한 것으로 지원을 추가했다. 즉, '제약 조건이 없는 형식 매개변수 주석'을 허용하면서 다음과 같은 코드가 컴파일 가능하게 바뀌었다.

```
#nullable enable

static void CreateArray<T>(int n) /* where T : class */
{
    // C# 9.0 - nullable 문맥이 아닌 경우 컴파일 경고만 발생
    var t = new T?[n];
}

static void CreateArray2<T>(int n) /* where T : class */
{
    // C# 9.0 - nullable 문맥인 경우 경고 없이 컴파일
    var t = new T?[n];
}
```

이런 점을 감안하면 다음과 같이 정의하는 경우 별도의 메서드를 정의한 것이므로 컴파일이 가능하다.

```
#nullable enable

public class GenericTest
{
    void M<T>(T? value) where T : struct { }
```

```
    void M<T>(T? value) { } // 생략한 경우 "where T : class" 이므로.
}
```

하지만 다음과 같이 정의하면 동일한 메서드를 중복 정의한 것에 해당하므로 컴파일 오류가 발생한다.

```
#nullable enable

public class GenericTest
{
    void M<T>(T? value) where T : class { }

    // 컴파일 오류 발생
    void M<T>(T? value) { } // 생략한 경우 "where T : class" 이므로.
}
```

비록 편의상 제약 조건이 없는 유형을 제공하긴 했지만, 아쉽게도 C# 8.0에서의 규칙과 충돌하는 사례가 발생한다. 예를 들어, C# 8.0 이전에는 nullable 가능한 타입에 대한 형식 매개변수를 값 형식과 참조 형식으로 나누는 경우 이렇게 정의해야만 했다.

```
#nullable enable

public class Base
{
    public virtual void M<T>(T? t) where T : struct
    {
        Console.WriteLine("Base.M.struct");
    }

    public virtual void M<T>(T? t) where T : class
    {
        Console.WriteLine("Base.M.class");
    }
}
```

특이하게도 C# 8.0은 이러한 클래스를 상속받아 정의한 하위 클래스에서는 '제약 조건이 없는 형식 매개변수 주석'을 허용했는데 그런 경우 'where T : struct'가 생략된 유형으로 판단했다.

```
#nullable enable

public class Derived : Base
{
    // C# 8.0도 하위 클래스의 경우 "제약 조건이 없는 형식 매개변수 주석"을 허용
    // 문제는 (이후의 C# 9.0과는 다르게) "where T : struct"로 연결한다는 점!
    public override void M<T>(T? t)
    {
        Console.WriteLine("Derived.M.struct");
    }

    public override void M<T>(T? t) where T : class
    {
        Console.WriteLine("Derived.M.class");
    }
}
```

그리고 이제 C# 9.0부터는 명시적으로 '제약 조건이 없는 형식 매개변수'의 경우 'where T : class'가 생략된 유형으로 제공하게 돼 다음과 같이 클래스를 만드는 것이 가능해졌다.

```
#nullable enable

public class Base
{
    public virtual void M<T>(T? t) where T : struct
    {
        Console.WriteLine("Base.M.struct");
    }

    public virtual void M<T>(T? t)
    {
        Console.WriteLine("Base.M.class");
    }
}
```

하지만 하위 호환의 특징을 지키기 위해 C# 9.0에서도 상속한 하위 클래스의 '제약 조건이 없는 형식 매개변수 주석'은 'where T : class'가 아닌 'where T : struct'로 유지하기로 결정했다.

```
#nullable enable

public class Derived : Base
{
    public override void M<T>(T? t) /* C# 8.0처럼 where T : struct 재정의 */
    {
        Console.WriteLine("Derived.M.struct");
    }
}
```

이로 인해 오히려 상위 클래스에서 정의한 '제약 조건이 없는' 메서드를 재정의하는 것이 불가능해졌으므로 특별히 'where T : class' 제약을 대신하는 default 제약을 추가하게 됐다. 결국 위에서 정의한 Base 타입의 메서드 2개를 모두 하위 클래스에서 재정의하고 싶다면 다음과 같은 식으로 default 제약을 이용해야만 한다.

```
#nullable enable

public class Derived : Base
{
    public override void M<T>(T? t)
    {
        Console.WriteLine("Derived.M.struct");
    }

    public override void M<T>(T? t) where T : default
    {
        Console.WriteLine("Derived.M.class");
    }
}
```

# 18

# C# 10

## 18.1 레코드 개선

C#의 패턴 매칭 구문이 꾸준히 발전해 온 것처럼 지난 C# 9.0 버전에서 처음 선보인 record 문법 역시 지속적으로 문법이 보완될 예정이다. C# 10의 경우 우선 두 가지 개선을 포함한다.

### 18.1.1 레코드 구조체(Record structs)

참조 형식(class) 유형으로만 record 타입을 정의할 수 있는 제약이 없어졌다. 이를 위해 단순히 값 형식의 타입 생성을 지시하는 record struct가 추가됐다.

```
// C# 9.0부터 가능했던 참조 형식의 record
record Vector(int X, int Y);

// C# 10부터 가능한 값 형식의 record
// 컴파일 시에 "public struct Point"로 대체
record struct Point(int X, int Y);
```

이와 함께 기존의 참조 형식 record 정의를 구분하기 위한 record class 유형도 명시적으로 추가됐다.

```
// record 정의가 참조 형식임을 명시하는 "record class"
record class Person(string Name, int Age);
```

따라서 기존의 record는 record class 구문과 같은 역할을 한다.

### 18.1.2 class 타입의 record에 ToString 메서드의 sealed 지원

record를 정의하면 C# 컴파일러는 자동으로 System.Object 클래스의 멤버 중 Equals, GetHashCode, ToString 메서드에 대한 기본 코드를 제공하며, 원한다면 그중에서 ToString과 GetHashCode 메서드에 한해 사용자 측에서 재정의할 수 있다.

```
record class Vector2D(float x, float y)
{
    public override string ToString() // 재정의 가능
    {
        return $"2D({x},{y})";
    }

    public override int GetHashCode() // 재정의 가능
    {
        return base.GetHashCode();
    }

    // 컴파일 오류 발생 - Equals 메서드는 재정의할 수 없음
    public override bool Equals(object obj)
    {
        return base.Equals(obj);
    }
}
```

그리고 C# 10부터는 상속 클래스에서의 재정의를 막는 sealed 예약어를 ToString 메서드에 적용하는 것이 가능해졌다.

```
record class Vector2D(float x, float y)
{
    // ToString 메서드에 한해 sealed 처리 가능
    public sealed override string ToString()
    {
        return $"2D({x},{y})";
    }
}
```

물론 이 문법은 값 형식인 record struct라면 애당초 상속이 불가능하므로 사용할 수 없다.

## 18.2 구조체 개선

구조체에도 2가지 변화가 생겼다.

- 기본 생성자 지원
- 필드 초기화 지원

C# 1.0 이후로 20여 년이 지나서야 저 간단한 문법이 추가되었다는 것에 의아해 할 수 있다. 나중에 설명하겠지만 이것은 record struct의 지원이 추가되면서 나올 수밖에 없었던 구문에 해당한다. 게다가 표면상으로는 단순한 문법 추가라고 볼 수 있지만 값 형식에 대한 깊은 이해가 없다면 사용 시 혼란스러운 상황이 발생할 수 있으므로 잘 정리해 둘 필요가 있다.

### 18.2.1 매개변수가 없는 구조체 생성자(Parameterless struct constructors)

제목 그대로 값 형식에도 참조 형식처럼 기본 생성자를 정의하는 것이 가능해졌다.

```
Person p1 = new Person();   // 기본 생성자 호출
Console.WriteLine(p1.Name); // 출력 결과: John

public struct Person
{
    string name;
    public string Name => name;

    public Person()
    {
        name = "John";
    }
}
```

또한 이전 절에서 설명한 record struct 역시 마찬가지로 기본 생성자를 기존의 record와 동일한 문법 체계로 지원한다.

```
record struct Vector(int X, int Y)
{
    // 기존 record (class)와 마찬가지로,
    // C# 컴파일러가 추가한 매개변수가 있는 생성자로 this 구문을 활용해 초깃값 전달
    public Vector() : this(-1, -1) { }
    public Vector(int x) : this(x, -1) { }
}
```

하지만 유의할 점이 있는데, class의 경우 매개변수를 갖는 생성자가 정의되면 기본 생성자가 제거되지만 struct는 매개변수를 갖는 생성자가 있어도 기본 생성자를 호출할 수 있었던 기존 관행을 그대로 유지한다는 것이다. 물론 그런 경우 기본 생성자가 정의되는 것은 아니고 값 형식의 규칙에 따라 구조체의 필드를 모두 0으로 초기화하는 코드로 재작성하는 것에 불과하다. 다음 코드를 보자.

```
// 매개변수를 갖는 생성자를 호출하는 것도 가능하지만,
Point pt1 = new Point(5, 6);
Console.WriteLine($"{pt1.X}, {pt1.Y}"); // 출력 결과: 5, 6

// 클래스와는 달리 기본 생성자 유형도 호출 가능
// 하지만 Point 타입에 기본 생성자가 정의된 것은 아님!
Point pt2 = new Point();
Console.WriteLine($"{pt2.X}, {pt2.Y}"); // 출력 결과: 0, 0

public struct Point
{
    int x;
    public int X => x;
    int y;
    public int Y => y;

    public Point(int x, int y) { this.x = x; this.y = y; }
}
```

이런 특징은 제네릭의 new 제약과 함께 쓰일 때 또 다른 혼란을 야기한다. 가령, 다음 코드는 CreateNew 메서드가 반드시 기본 생성자가 정의된 타입을 받도록 제네릭 제약을 걸고 있다.

```
public class ObjectHelper
{
```

```
    // T 타입은 기본 생성자를 갖는 타입으로 제약
    public static T CreateNew<T>() where T : new() => new T();
}
```

이것이 클래스에 대해서는 정상적으로 동작하는 반면, 구조체에 대해서는 의도한 제약이 걸리지 않는다.

```
// 구조체: 기본 생성자가 없는 유형임에도 컴파일 성공
TestStruct valueType = ObjectHelper.CreateNew<TestStruct>();

// 클래스: 기본 생성자가 없으므로 의도한 바에 따라 컴파일 실패
TestClass refType = ObjectHelper.CreateNew<TestClass>();

struct TestStruct
{
    public int i;

    public TestStruct(int i) { this.i = i; }
}

class TestClass
{
    public int i;

    public TestClass(int i) { this.i = i; }
}
```

마지막으로, 구조체의 기본 생성자는 반드시 public 접근 제한자만 허용하므로 싱글턴 타입을 만들 수는 없다.

### 18.2.2 필드 초기화 지원

앞에서 살펴본 기본 생성자 지원은 사실 바로 이 '필드 초기화'를 위해 추가된 것이다. 즉, 다음과 같은 식으로 필드 초기화를 하고 싶은 것이다.

```
public struct Language
{
```

```
    // 컴파일 에러
    public string Author = "John";
    public string Name { get; private set; } = "C#";
}
```

그런데 클래스와 마찬가지로 필드에 설정한 값들의 실제 코드는 생성자에 포함되므로 부득이하게 위와 같은 코드가 잘 동작하기 위해서라도 기본 생성자 지원은 필수 요소다. 그래서 다음과 같은 식으로 구조체를 정의하면,

```
public struct Language
{
    public string Author = "John";
    public string Name { get; private set; } = "C#";

    public Language(string name)
    {
        this.Name = name;
    }

    public Language()
    {
    }
}
```

C# 컴파일러는 필드 초기화 코드를 클래스에서 그랬던 것처럼 각각 다음과 같이 생성자에 병합하는 식으로 처리한다.

```
public struct Language
{
    public string Author;
    public string Name { get; private set; };

    public Language(string name)
    {
        // 필드 초기화 코드를 생성자에 병합
        this.Author = "John";
        this.Name = "C#";
```

```
        this.Name = name;
    }

    public Language()
    {
        // 필드 초기화 코드를 구조체가 가진 모든 생성자에 병합
        this.Author = "John";
        this.Name = "C#";
    }
}
```

단지, 구조체의 경우 클래스와 다른 점이 있다면 필드 초기화를 사용하기 위해 반드시 1개 이상의 생성자를 정의해야만 한다는 규칙이 있다는 것이다. 이런 제약은 구조체에서의 필드 초기화가 다름 아닌 생성자를 통해 이뤄지는 것임을 암시적으로 각인시키는 데 도움을 주지만, 시간이 흐르고 나서 다음의 코드를 보면 왜 출력 결과가 10이 아닌지 당황하게 될 것이다.

```
TestStruct t = new TestStruct(); // 기본 생성자를 이용한 구조체 초기화
Console.WriteLine(t.i); // 출력 결과: 0

struct TestStruct
{
    public int i = 10; // 필드 초기화는 사용자가 정의한 생성자에만 병합

    public TestStruct(int i) { this.i = i; }
}
```

이처럼 기본 생성자와 필드 초기화 지원은 기존의 구조체 정의에 추가하는 용도로는 다소 어색한 면이 있다.

사실 이러한 모든 노력은 결국 record struct를 위한 사전 작업에 해당한다. 예를 들어, C# 9.0에서는 다음과 같이 record를 만드는 것이 가능했다.

```
record Student()
{
    // 참조 형식에서는 자연스러운 필드 초기화
    public string Name { get; init; } = "John";
    public int Id { get; init; } = 20;
}
```

그런데 C# 10에서 구조체를 지원하는 record struct를 제공하려고 보니 기존 체계로는 구조체가 필드 초기화를 하는 구문도 불가능했으며 그 원인은 기본 생성자를 제공하지 않았던 탓에 있었다. 따라서 이 두 가지 개선도 함께 보조를 맞춰야 했고 마침내 참조 형식의 record (class) 타입을 다음과 같이 record struct로 자연스럽게 마이그레이션할 수 있게 됐다.

```
record struct Student()
{
    // 기본 생성자와 필드 초기화를 추가했기 때문에 가능한 record struct
    public string Name { get; init; } = "John";
    public int Id { get; init; } = 20;
}
```

정리하자면, C# 10의 구조체 개선 문법을 일반적인 구조체에 사용하기보다는 가능한 record에 한해 사용하는 것을 권장한다.

## 18.3 네임스페이스 개선

### 18.3.1 전역 using 지시문(Global Using Directive)

하나의 C# 프로젝트에는 여러 개의 소스코드 파일이 있고, 개별 파일은 그 내부에서 사용하는 타입을 좀 더 편리하게 코딩할 수 있도록 네임스페이스 선언을 추가하게 된다. 그러다 보니 자주 사용하는 네임스페이스들은 파일마다 선언해야 하는 번거로움이 있다. 바로 이에 대한 개선으로 전역 네임스페이스 선언이 나왔다.

방법은 C# 프로젝트에 포함되는 하나의 소스코드 파일에 global 예약어를 이용한 네임스페이스 선언을 포함하면 된다.

```
// C# 프로젝트에 아래의 내용을 담은 Helpers.cs 파일이 있다고 가정

global using System;
global using System.Linq;
```

이후 같은 프로젝트 내의 다른 소스코드 파일에서는 System 네임스페이스에 속한 타입을 비롯해 Linq 관련 확장 메서드를 별다른 네임스페이스 선언 없이도 다음과 같이 사용할 수 있다.

```
// Helpers.cs 파일과 동일한 프로젝트에 있는 Program.cs 파일이라고 가정

internal class Program
{
    static void Main(string[] args)
    {
        Console.WriteLine(args.Count()); // Console 타입과 Linq 확장 메서드 사용 가능
    }
}
```

이렇게 전역 네임스페이스 선언을 알았다면 이제 비주얼 스튜디오 2022가 생성하는 .NET 6 이상의 콘솔 앱 프로젝트에 대한 기본 소스코드 파일을 새롭게 이해할 수 있다.

```
// See https://aka.ms/new-console-template for more information
Console.WriteLine("Hello, World!");
```

즉, 기존 C# 9.0 컴파일러라면 위와 같은 코드는 using System; 선언이 없어 오류가 발생하겠지만, C# 10부터는 프로젝트 파일(csproj) 안에 전역 네임스페이스 선언을 자동으로 추가할 수 있는 ImplicitUsings라는 설정을 추가했고,

```
<Project Sdk="Microsoft.NET.Sdk">
  <PropertyGroup>
    …[생략]…
    <ImplicitUsings>enable</ImplicitUsings>
  </PropertyGroup>
</Project>
```

이 옵션이 포함된 콘솔 프로젝트를 빌드하면 다음과 같이 전역 네임스페이스 선언을 담고 있는 C# 소스코드 파일을 자동으로 생성해 프로젝트와 함께 빌드한다.

```
// <auto-generated/>
global using global::System;
global using global::System.Collections.Generic;
global using global::System.IO;
global using global::System.Linq;
global using global::System.Net.Http;
```

```
global using global::System.Threading;
global using global::System.Threading.Tasks;
```

보다시피 System 네임스페이스 선언이 포함돼 있어 콘솔 프로젝트의 기본 코드를 컴파일할 수 있었던 것이다.

### 18.3.2 파일 범위 네임스페이스(File Scoped Namespaces)

C# 소스코드에서 네임스페이스를 정의하면 그 영역을 중괄호를 이용한 블록으로 표시한다.

```
namespace ConsoleApp1
{
    public static class Program
    {
        public static void Main(string[] args)
        {
            Console.WriteLine();
        }
    }
}
```

물론 블록으로 표현함으로써 파일 하나에 다수의 네임스페이스를 갖는 타입을 정의하는 것이 가능하겠지만 현실적으로 그런 경우가 흔치 않는 것도 사실이다. 따라서 대부분의 경우 이것이 장점이라기보다는 오히려 들여쓰기를 한 번 더 해야 하는 단점으로 작용한다.

바로 이런 문제가 새롭게 추가된 네임스페이스 정의 구문으로 해결된다.

```
namespace ConsoleApp1;

public static class Program
{
    public static void Main(string[] args)
    {
        Console.WriteLine();
    }
}
```

네임스페이스가 적용될 영역을 생략했으므로 기본적으로 해당 파일에 정의한 전체 타입에 적용된다.

## 18.4 보간된 상수 문자열(Constant Interpolated Strings)

C# 6.0의 11.5절 '문자열 내에 식(expression)을 포함'을 다루면서 보간식을 사용하면 string.Format으로 치환된다고 설명했다. 즉, 보간식을 사용한 경우 프로그램 실행 시점에 문자열이 결정되기 때문에 상수식이 될 수 없다. 하지만, 보간식에 사용한 코드가 오직 상수 문자열인 경우라면 어떨까?

```
const string Author = "Anders";

// C# 9 이하에서는 컴파일 오류
const string text = $"C#: {Author}";
```

C# 컴파일러가 좀 더 똑똑하다면 위의 text 상수에 들어가는 내용은 Author까지 상수이므로 컴파일 시간에 결정하는 것이 가능함을 알 수 있고, 이로써 "C#: Anders"라고 상수 문자열로 처리할 수 있다.

바로 이 같은 처리를 C# 10 컴파일러가 제공한다. 이러한 개선과 함께 상수 문자열을 반환하는 nameof에 대한 문자열 보간식 내에서의 사용이 자유로워졌다.

```
using System.Diagnostics;

namespace ConsoleApp;

// C# 9.0 이하에서는 이렇게 처리하던 것을,
// [DebuggerDisplay("class" + nameof(ConsoleApp) + "." + nameof(Program))]

// C# 10부터 직접 보간식 사용 가능
[DebuggerDisplay($"class {nameof(ConsoleApp)}.{nameof(Program)}")]
internal class Program
{
   // ...[생략]...
}
```

참고로 상수로 처리할 보간식에 사용 가능한 코드는 상수 문자열만 허용하며 그 외의 상수는 지원하지 않는다. 가령, 같은 상수라도 숫자형과 같은 경우는 컴파일 오류가 발생한다.

```
const float PI = 3.14f;
const string output = $"nameof{PI} == {PI}";; // 컴파일 오류
```

위의 코드는 내부적으로 PI.ToString() 메서드를 호출하고, 그 결과는 프로그램 실행 시점의 스레드에 설정된 System.Threading.Thread.CurrentThread.CurrentCulture 값에 따라 달라질 수 있으므로 컴파일 시점에 구할 수 없다는 명백한 제약이 있다.

## 18.5 확장 속성 패턴(Extended property patterns)

타입이 중첩된 경우 내부 인스턴스가 가진 필드에 대한 패턴 매칭을 좀 더 간편하게 지정할 수 있는 문법이 추가됐다. 기본적으로 필드에 대한 패턴 지정은 다음과 같이 중괄호를 이용해야만 한다.

```
Name n1 = new Name("Anders", "Hejlsberg");
Name n2 = new Name("Kevin", "Arnold");
Name[] names = new Name[] { n1, n2 };

foreach (Name name in names)
{
    if (name is { LastName: "Arnold" } arnold)
    {
        Console.WriteLine($"{nameof(arnold)} == {name.FirstName}");
    }
}

record class Name(string FirstName, string LastName);
```

그리고 그것이 내부 클래스의 필드에 접근하는 경우라면 동일한 원칙이 적용돼 중괄호가 깊어지는 상황이 나온다.

```
// …[생략]…

Person p1 = new(n1, 60);
Person p2 = new(n2, 15);

Person[] people = new Person[] { p1, p2 };
```

```
foreach (Person p in people)
{
    if (p is { Name: { LastName: "Arnold" } } arnold)
    {
        Console.WriteLine(arnold);
    }
}

record class Name(string FirstName, string LastName);

record class Person(Name Name, int Age);
```

이럴 때 C# 10부터는 점(.) 연산자를 이용해 멤버를 접근하던 것과 동일한 방식으로 중괄호의 사용을 줄일 수 있다.

```
// …[생략]…
if (p is { Name.LastName: "Arnold" } arnold)
{
    Console.WriteLine(arnold);
}
```

해당 점(.) 연산자는 단순히 속성을 접근하는 것 외에 널(null) 체크까지도 겸비하므로 편리한 면이 있다. 만약 위 코드에서 p와 p.Name 값이 null일 수 있어서 이를 대비해야 한다면 이전 코드 방식에서는 다음과 같이 코드를 작성해야 했다.

```
// …[생략]…
foreach (Person p in people)
{
    // null 체크를 직접 하거나,
    if (p == null) continue;
    if (p.Name == null) continue;

    if (p.Name.LastName == "Arnold")
    {
        Console.WriteLine(p.Name.LastName);
    }
```

```
    // 또는 null 조건 연산자를 함께 사용
    if (p?.Name?.LastName == "Arnold")
    {
        Console.WriteLine(p?.Name?.LastName);
    }
}
```

하지만 패턴 매칭에서는 이를 고려할 필요가 없다.

## 18.6 람다 기능 향상(Lambda improvements)

람다 사용법에 대한 개선이 세 가지 부문에서 이뤄졌다.

1. 람다 식에 특성 허용
2. 반환 타입 지정 허용
3. 람다 식에 대한 추론 향상

사실상 람다를 일반 메서드와 다름 없는 수준으로 올려놓았다고 볼 수 있다.

### 18.6.1 특성 허용

람다 식 자체와 매개변수, 반환 값 모두에 특성을 추가할 수 있게 됐다.

```
var list = new List<string> { "Anders", "Kevin" };

// 람다 식에 특성 허용
list.ForEach([MyMethod()] (elem) => Console.WriteLine(elem));

// 리턴 값에도 특성 허용
Func<int> f1 = [return: MyReturn] () => 1;

// 매개변수에도 특성 허용
Action<string> action = static ([MyParameter] elem) => Console.WriteLine(elem);

[AttributeUsage(AttributeTargets.Method, AllowMultiple = true)]
```

```
public class MyMethodAttribute : Attribute
{
}

[AttributeUsage(AttributeTargets.ReturnValue, AllowMultiple = true)]
public class MyReturnAttribute : Attribute
{
}

[AttributeUsage(AttributeTargets.Parameter, AllowMultiple = true)]
public class MyParameterAttribute : Attribute
{
}
```

한 가지 유의할 점은 특성이 지정된 경우에는 매개변수가 하나만 있는 람다 식에서는 반드시 해당 매개변수에 괄호를 함께 사용해야 한다는 것이다.

```
// 특성이 없으면 매개변수가 하나인 경우 괄호를 생략할 수 있지만,
list.ForEach(elem => Console.WriteLine(elem));

// 괄호 없이 특성을 지정하면 컴파일 오류 발생
list.ForEach([MyMethod()] elem => Console.WriteLine(elem));
```

Note

람다 식은 메서드로 분류되므로 위의 예제에서 다룬 MyMethodAttribute 특성처럼 Attribute.Targets.Method를 포함만 하면 람다 식의 특성으로 지정할 수 있다. 하지만 예외적으로 System.Diagnotics의 Conditional 특성만큼은 람다 식의 특성으로 지정할 수 없다.

```
// 컴파일 오류
var f = [Conditional("DEBUG")] () => 1;
```

Conditional 특성의 경우 단순히 메타데이터에 특성을 남기는 용도뿐만 아니라 C# 컴파일러 입장에서 Conditional에 명시한 매크로 정의가 없다면 코드에서 제거하는 역할까지 함께 연동돼 있다. 이 때문에 단순히 람다 식에 대한 정의를 제거하는 것에 끝나지 않고 이후 f의 사용을 함께 제거하는 것에 따른 부작용이 있어 의도적으로 사용이 제한됐다. 어찌 보면 반환값을 가진 일반 메서드에 대해 Conditional 특성을 지정할 수 없는 것과 유사한 규칙에 해당한다.

### 18.6.2 반환 타입 지정

이제 람다 식의 반환값을 명시적으로 지정할 수 있다. 그리고 이전 절에서 다룬 특성과 마찬가지로 반환 타입을 명시하는 경우에는 매개변수가 하나라도 반드시 괄호를 함께 지정해야 한다.

```
// 반환 타입을 명시적으로 short로 지정, 매개변수가 하나라도 x를 괄호에 포함
Func<int, short> f1 = short (x) => 1;

// ref 반환도 지정 가능
MethodRefDelegate f2 = ref int (ref int x) => ref x;

public delegate ref int MethodRefDelegate(ref int arg);

public class MyType<T>
{
    public void Print()
    {
        // 제네릭 반환 지정도 가능
        Func<T?> f = T? () => default;
        Console.WriteLine($"T Result: {f()}");
    }
}
```

그런데 위의 모든 경우에 굳이 반환 타입을 지정하지 않아도 C# 컴파일러는 반환 타입을 상황에 따라 결정해 잘 처리해 준다.

```
// 반환 타입이 없어도 모두 컴파일 가능
Func<int, short> f1 = x => 1;
MethodRefDelegate f2 = (ref int x) => ref x;

// …[생략]…
        Func<T?> f = () => default;
// …[생략]…
```

그렇다면 왜 이것이 필요했을까? 그 이유를 다음 절에서 찾을 수 있다.

### 18.6.3 람다 식의 var 추론

C# 9.0까지 람다 식에 대해서는 var로 정의한 변수의 타입 추론을 지원하지 않았다. 가령 다음의 람다 식은 var를 사용하지 않은 경우라면 유효할 수 있지만 var를 사용하면 C# 컴파일러 입장에서 추론에 필요한 타입 정보가 없어 컴파일 오류가 발생한다.

```
// 컴파일 오류
var f1 = x => { }; // 매개변수 타입의 모호
var f2 = () => default; // 반환 타입의 모호
var f3 = x => x; // 반환 및 매개변수 타입의 모호
```

그리고 이제 C# 10은 람다 식의 var 추론을 지원하지만 그래도 위의 코드처럼 타입 정보가 없는 유형에서는 여전히 오류가 발생할 수밖에 없다.

즉, var 추론을 지원하게 되었지만 타입 정보가 있어야 한다는 사실에는 변함이 없다. 일단, 매개변수 타입이 모호한 f1의 경우에는 기존 C# 9 문법으로도 매개변수 타입을 지정할 수 있으므로 다음과 같이 해결할 수 있다.

```
var f1 = (int x) => { }; // 매개변수의 타입을 지정했으므로 var 추론 가능
                         // → Action<int> f1 = (int x) => { };
```

하지만 반환 타입은 C# 9.0 문법으로는 지원하지 않으므로 이대로는 f2와 f3에 대해서는 타입 추론을 제공할 수 없다. 결국 이전 절에서 설명한 대로 람다 식 역시 반환 타입을 지정하도록 지원을 추가할 수밖에 없었던 것이다.

```
var f2 = int () => default; // 반환 타입 명시
                            // → Func<int> f2 = int () => default;

var f3 = int (int x) => x; // 반환 및 매개변수 타입 명시
                           // → Func<int, int> f3 = int (int x) => x;
```

## 18.7 호출자 인수 식(CallerArgumentExpression)

C# 5.0에 호출자 정보로 다음과 같은 세 가지 특성이 제공된 이후,

- CallerMemberName
- CallerFilePath
- CallerLineNumber

실로 오랜만에 호출자 인수를 식으로 처리할 수 있는 CallerArgumentExpression 특성이 추가됐다. 사용법을 설명하기 전에 이 기능이 왜 필요한지부터 먼저 확인해 보자.

프로그램을 개발하다 보면 종종 문제의 원인을 진단하기 위해 로그를 남기는 경우가 있다. 가령 다음 프로그램은 반드시 실행 시 인자를 한 개 이상 전달받아야만 한다고 Assert 메서드를 호출해 확인하고 있다.

```
using System.Runtime.CompilerServices;

public static class Program
{
    public static void Main(string [] args)
    {
        MyDebug.Assert(args.Length >= 1);
        Console.WriteLine(args[0]);
    }
}

public static class MyDebug
{
    public static void Assert(bool cond)
    {
        if (cond == false)
        {
            Console.WriteLine("Assert failed");
            Environment.Exit(1); // 프로그램을 종료
        }
    }
}
```

이 프로그램을 빌드해 인자 없이 실행하면 화면에는 'Assert failed'가 출력되는 것을 확인할 수 있다. 그런데 여기에는 현실적인 문제점이 하나 있다. 즉, 'Assert failed'가 발생했는데 그 메시지만 봐서는 원인을 쉽게 알 수 없다는 것이다. 이를 위해 개발자는 다음과 같이 Assert 메서드를 확장해 부가적인 정보를 전달할 수 있다.

```
using System.Runtime.CompilerServices;

public static class Program
{
    public static void Main(string [] args)
    {
        MyDebug.Assert(args.Length >= 1, "args.Length >= 1");
        Console.WriteLine(args[0]);
    }
}

public static class MyDebug
{
    public static void Assert(bool cond, string msg)
    {
        if (cond == false)
        {
            Console.WriteLine($"Assert failed: {msg}");
            Environment.Exit(1);
        }
    }
}
```

따라서 이제부터는 프로그램이 실패했을 때 'Assert failed: args.Length >= 1'이라는 메시지가 출력되고 개발자는 이를 통해 문제의 원인을 좀 더 쉽게 파악할 수 있다.

비록 문제는 해결했지만 위와 같은 방법은 개발자가 일일이 매개변수에 전달한 식을 그대로 '문자열'로 직접 작성해야 하는 불편함이 있다. 거기에 더해 만약 식이 바뀐다면 잊지 말고 문자열의 내용도 바꿔야 한다.

바로 이런 문제점을 해결하는 것이 CallerArgumentExpression 특성이다. 어차피 매개변수에 전달한 식은 C# 컴파일러가 알고 있으므로 그것을 문자열로 전달해 달라고 특성을 통해 지시하는 것이다. 다음은 해당 특성을 사용해 다시 작성한 예제다.

```
using System.Runtime.CompilerServices;

public static class Program
{
    public static void Main(string [] args)
    {
        MyDebug.Assert(args.Length >= 1);
    }
}

public static class MyDebug
{
    public static void Assert(bool cond, [CallerArgumentExpression("cond")] string msg = null)
    {
        if (cond == false)
        {
            Console.WriteLine("Assert failed: " + msg);
        }
    }
}

/* 출력 결과
Assert failed: args.Length >= 1
*/
```

보다시피 Assert 메서드의 첫 번째 매개변수의 이름인 'cond'를 CallerArgumentExpression 특성에 전달했고, 그 특성이 부여된 msg 매개변수의 기본값은 null로 초기화했다.

위의 소스코드를 빌드하면 C# 10 컴파일러는 호출 측의 코드를 다음과 같이 변경해 컴파일을 진행한다.

```
// 컴파일러가 CallerArgumentExpression("cond") 특성을 인식하고,
// 자동으로 cond 매개변수에 전달한 식을 문자열로 변환해 msg 매개변수로 전달
MyDebug.Assert(args.Length >= 1, "args.Length >= 1");
```

따라서 이제부터는 호출 측에서 첫 번째 매개변수에 전달하는 인자 식을 바꿔도 C# 컴파일러가 자동으로 두 번째 매개변수인 msg로 전달하는 문자열로 처리하기 때문에 개발자의 따분한 작업을 없애준다.

일반적인 상황에서는 이 특성을 사용할 일이 거의 없겠지만 여러분이 나중에 TDD를 위한 단위 테스트나 프로그램의 실행 로그를 남기는 코드를 작성하게 된다면 CallerArgumentExpression을 유용하게 쓰게 될 것이다.

Note CallerArgumentExpression은 C/C++의 문자열화 연산자(Stringizing operator)인 #을 활용한 매크로처럼 동작한다.

```
#define LOG_COND(x) printf_s("%s, result == %d", #x, x)

void main(int argc, char *argv[]) {
    LOG_COND(argc >= 5);
}

/* 출력 결과
argc >= 5, result == 0
*/
```

다른 호출자 인수식도 C/C++의 매크로를 C# 컴파일러 나름의 방식으로 확장한 점이라는 것을 고려하면 우연은 아닐 것이다.

## 18.8 기타 개선 사항

그다지 중요하지 않은 다음의 2가지 개선 사항은 무료 PDF 문서에 공개했으니 참고하자.

- 한정된 할당 분석 개선(Improved Definite Assignment Analysis)
- AsyncMethodBuilder 재정의

### 18.8.1 보간된 문자열 개선(Improved Interpolated Strings)

C# 9 이전에 다음과 같은 문자열 보간을 하면,

```
public static string FormatVersion(int major, int minor, int build, int rev) =>
    $"{major}.{minor}.{build}.{revision}";
```

string.Format을 이용하는 코드로 바꿔 컴파일한다.

```
public static string FormatVersion(int major, int minor, int build, int revision)
{
    var array = new object[4];
    array[0] = major; // 박싱 발생
    array[1] = minor; // 박싱 발생
    array[2] = build; // 박싱 발생
    array[3] = revision; // 박싱 발생

    // 내부에서 각각 ToString을 호출해 문자열 힙 할당 발생
    return string.Format("{0}.{1}.{2}.{3}", array);
}
```

보다시피 GC 힙 메모리를 사용하는 박싱 코드 및 string.Format 내에서 ToString 호출로 인한 문자열로 GC 힙 메모리 할당이 또다시 발생하는 비효율적인 코드다.

하지만 동일한 코드를 C# 10과 .NET 6 이상의 환경에서 컴파일하면 GC 힙 메모리 사용을 줄이는 코드로 바꿔서 컴파일된다.

```
public static string FormatVersion(int major, int minor, int build, int revision)
{
    var handler = new DefaultInterpolatedStringHandler(literalLength: 3, formattedCount: 4);
    handler.AppendFormatted(major); // 박싱 및 문자열 힙 할당 없음
    handler.AppendLiteral(".");
    handler.AppendFormatted(minor); // 박싱 및 문자열 힙 할당 없음
    handler.AppendLiteral(".");
    handler.AppendFormatted(build); // 박싱 및 문자열 힙 할당 없음
    handler.AppendLiteral(".");
    handler.AppendFormatted(revision); // 박싱 및 문자열 힙 할당 없음
    return handler.ToStringAndClear();
}
```

위 코드를 깊이 있게 설명하는 것은 아쉽게도 이 책의 설명 범위를 벗어나므로 생략[1]한다. 단지, C# 10 + .NET 6 이상의 환경에서는 문자열 보간식을 사용했을 때 좀 더 성능이 좋은 코드가 생성된다는 정도로만 가볍게 알고 지나가자.

1 관심이 있다면 https://www.sysnet.pe.kr/2/0/12826을 참고하자.

### 18.8.2 분해 구문에서 기존 변수의 재사용 가능(Mix Declarations and Variables in Deconstruction)

C# 7.0부터 제공한 Deconstruct 메서드를 사용한 분해 구문은 다음과 같다.

```
var person = ValueTuple.Create("Kevin", "Arnold");
(string firstName, string lastName) = person;

// 또는,

string firstName;
string lastName;
(firstName, lastName) = person;
```

여기에는 값이 대입될 변수를 첫 번째 사례처럼 괄호 안에 모두 선언하든지, 아니면 두 번째 사례처럼 외부에 변수를 모두 선언해야만 하는 제약이 있다. 즉, 다음과 같이 변수 하나는 미리 선언해 두고, 또 다른 하나는 괄호 안에서 선언하는 식으로는 사용할 수 없었다.

```
string firstName;
var person = ValueTuple.Create("Kevin", "Arnold");

// 다음 코드는 C# 9 이전까지 컴파일 오류 발생
(firstName, string lastName) = person;
```

C# 10부터 내/외부의 변수가 저렇게 섞여서 값을 받는 것이 가능해졌다.

### 18.8.3 Source Generator V2 API

문서상으로는 C# 10의 새로운 기능으로 이에 대한 항목을 담고는 있지만 엄밀히 이것은 C# 문법과는 관련이 없고 컴파일러가 제공하는 부수적인 기능에 해당한다. 또한 이것은 이 책의 설명 범위를 벗어나므로 생략[2]한다.

2 관심이 있다면 https://www.sysnet.pe.kr/2/0/12985를 참고하자.

### 18.8.4 향상된 #line 지시문(Enhanced #line directives)

5.1.1.1 '전처리기 지시문' 절에서 마지막에 언급만 하고 지나갔던 #line 문법이 C# 10부터 이전보다 더 정교한 처리를 위해 확장됐다. 비록 이것이 C#의 문법에 해당하긴 하지만 현실적으로 사용할 일은 거의 없다. 왜냐하면 #line 지시자는 이전 절에서 언급한 소스 생성기(Source Generator)와 같은 프로그램을 위한 문법이기 때문이다.

이것 역시 이 책의 설명 범위를 벗어나므로 생략[3]한다.

3 관심이 있다면 https://www.sysnet.pe.kr/2/0/12812를 참고하자.

# 19

# C# 11

## 19.1 인터페이스 내에 정적 추상 메서드 정의 가능

16.8절 '기본 인터페이스 메서드'를 통해 C# 8.0부터 인터페이스 내에 정적 멤버까지도 정의하는 것이 가능해졌다. 그리고 C# 11부터는 이를 좀 더 확장해 정적 멤버 중 메서드에 대해서는 하위 클래스에서 구현을 강제할 수 있는 추상(abstract) 구문을 추가했다. 아래는 간단한 사용 예를 보여준다.

```
public interface IMessage
{
    public static int None = 0; // 정적 필드는 abstract 키워드를 사용할 수 없다.
    static abstract void All(); // 정적 메서드는 가능
    public static abstract int Any { get; } // 속성 역시 메서드이므로 가능
}

public class Message : IMessage
{
    public static int Any => 5; // 상위 인터페이스에서 abstract였으므로 반드시 구현

    public static void All() // 상위 인터페이스에서 abstract였으므로 반드시 구현
    {
        Console.WriteLine("All called");
    }
}
```

혼동하지 말아야 할 것은 정적 메서드의 추상화가 다형성을 제공하는 것은 아니라는 점이다.

정적 추상 메서드가 도입된 배경에는 근래 들어 중요성이 커지고 있는 수학 라이브러리의 구현이 있다. 예를 들어, 그 흔한 합계 기능을 갖는 Sum 메서드조차도 기존 문법으로는 제네릭 메서드로 만들 수 없다.

```
class Program
{
    static void Main(string[] args)
    {
        List<int> list = new List<int>();
        list.AddRange(new[] { 1, 2, 3 });

        Console.WriteLine(list.Sum()); // IEnumerable<int>.Sum() 호출
        Console.WriteLine(list.합계()); // 직접 만든 합계() 메서드 호출
    }
}

public static class MyLinqExtension
{
    public static T 합계<T>(this IEnumerable<T> arg) where T : struct
    {
        T sum = default;

        foreach (T item in arg)
        {
            sum = sum + item; // 컴파일 오류 - error CS0019: Operator '+' cannot be applied to
operands of type 'T' and 'T'
        }

        return sum;
    }
}
```

위의 코드를 보면 IEnumerable.Sum으로 호출한 코드는 마이크로소프트가 int, long, float, double, decimal 타입으로 각각의 Sum 메서드마다 제공했기 때문에 가능한 코드다. 즉 동일한 Sum 코드를 각각의 타입별로 만들어 결국 5개의 중복 코드로 구현한 것이다. 왜냐하면, 위의 '합계' 메서드

에서 볼 수 있는 것처럼 제네릭 인자(T)로 들어온 값 형식에 대해 공통적으로 더하기(+) 연산을 할 수 없기 때문이다.

이렇게 비효율적인 중복 코드 작성을 '합계' 메서드처럼 단일하게 제네릭 매개변수 하나로 구현할 수 있다면 어떨까? 바로 이런 문제가 추상 메서드의 정의로 해결된다. 마이크로소프트는 이를 위해 모든 숫자형 타입에 IAdditionOperators〈TSelf, TOther, TResult〉 인터페이스를 구현했고, 따라서 제네릭 매개 변수의 제약 조건을 걸어 더하기 연산이 가능하도록 만들었다.

```
using System.Numerics;

public static T 합계<T>(this IEnumerable<T> arg) where T : struct, IAdditionOperators<T, T, T>
{
    T sum = default;

    foreach (T item in arg)
    {
        sum = sum + item; // 컴파일 가능
    }

    return sum;
}
```

왜냐하면 더하기 연산자는 정적 메서드이고 IAdditionOperators 인터페이스에서는 그것을 추상 메서드로 정의했기 때문에 상속받는 모든 타입이 더하기 연산자를 제공하게 되어 위의 제네릭 메서드를 컴파일할 수 있게 됐다.

이 외에도 닷넷 7부터 숫자 형식의 타입은 표 19.1에 담긴 인터페이스[1]를 구현하고 있으므로 관련 연산이 필요할 때 제네릭 제약 조건을 활용하면 공통 코드를 쉽게 만들 수 있다.

표 19.1 숫자형 타입에 추가된 정적 추상 메서드를 담은 인터페이스

| 인터페이스 이름 | 재정의 가능한 기능 |
|---|---|
| IParseable | Parse(string, IFormatProvider) |
| ISpanParseable | Parse(ReadOnlySpan〈char〉, IFormatProvider) |

1 닷넷의 기능 명칭으로는 'Generic Math'라고 알려졌다.

| 인터페이스 이름 | 재정의 가능한 기능 |
|---|---|
| IAdditionOperators | x + y |
| IBitwiseOperators | x & y, x \| y, x ^ y, ~x |
| IComparisonOperators | x 〈 y, x 〉 y, x 〈= y, x 〉= y |
| IDecrementOperators | —x, x— |
| IDivisionOperators | x / y |
| IEqualityOperators | x == y, x != y |
| IIncrementOperators | ++x, x++ |
| IModulusOperators | x % y |
| IMultiplyOperators | x * y |
| IShiftOperators | x 〈〈 y, x 〉〉 y |
| ISubtractionOperators | x - y |
| IUnaryNegationOperators | -x |
| IUnaryPlusOperators | +x |
| IAdditiveIdentity | (x + T.AdditiveIdentity) == x |
| IMinMaxValue | T.MinValue, T.MaxValue |
| IMultiplicativeIdentity | (x * T.MultiplicativeIdentity) == x |
| IBinaryFloatingPoint | 2진 부동 소수점 형식의 공통 멤버 |
| IBinaryInteger | 2진 정수형의 공통 멤버 |
| IBinaryNumber | 2진 숫자 형식의 공통 멤버 |
| IFloatingPoint | 부동 소수점 형식의 공통 멤버 |
| INumber | 숫자 형식의 공통 멤버 |
| ISignedNumber | 부호 있는 숫자 형식의 공통 멤버 |
| IUnsignedNumber | 부호 없는 숫자 형식의 공통 멤버 |

## 19.2 제네릭 타입의 특성 적용

C# 1.0부터 지원하던 특성(Attribute)이 11 버전에 와서야 제네릭을 허용하지 않았던 제약이 풀렸다. 따라서 다음과 같이 제네릭 형식 매개변수를 적용해 정의할 수 있다.

```
[ExpectedResult<int>(10)]
static int DoCall()
{
    return int.MaxValue;
}

[AttributeUsage(AttributeTargets.Method)]
public class ExpectedResultAttribute<T> : Attribute
{
    T _expected;

    public ExpectedResultAttribute(T expected) => _expected = expected;
}
```

비록 특성이 일반적인 응용 프로그램에서 많이 사용되고 있지는 않아 활용 사례가 분명하지는 않다. 반면에 IoC 컨테이너나 TDD 프레임워크 등의 리플렉션을 활용하던 분야에서는 제네릭 특성의 도입으로 인해 이전보다 더 효율적으로 공통 코드를 적용하는 것이 가능해졌다.

## 19.3 사용자 정의 checked 연산자

5.1.3.1절에서 다룬 checked/unchecked 연산자는 다음과 같은 동작을 하는 코드에서 overflow 결과와 연동한다.

- 정수형 타입에 대한 ++, --, 음수 부호 -, 4칙 연산자(+, -, *, /)
- 정수 형식끼리의 형 변환, 또는 float, double 타입을 정수형 타입에 형 변환

문제는 이미 만들어진 정수형 타입에 한해서만 동작할 뿐 사용자 정의 타입에서는 overflow에 따른 제어를 checked/unchecked 구문과 연동하는 것이 불가능하다는 점이다.

가령 3바이트 타입을 위한 값 형식을 하나 정의해 보자.

```
public struct Int3
{
    int value;
    public const int MaxValue = 8_388_607;
```

```
    public const int MinValue = -8_388_608;

    public Int3(int value)
    {
        this.value = (value > 0) ? value % (MaxValue + 1)
                                 : -((-value) % (MaxValue + 2));
    }

    public static implicit operator Int3(int value) => new Int3(value);

    public static Int3 operator ++(Int3 lhs) => new Int3(lhs.value + 1);

    public override string ToString()
    {
        return $"{value}";
    }
}
```

위의 타입을 이용한 인스턴스에 대해 다음과 같이 ++ 연산을 해보면,

```
checked
{
    Int3 n = 0x007F_FFFF;
    n++; // n == 8388608
}
```

checked 검사를 지정했어도 당연히 overflow 예외는 발생하지 않는다. 일단은 이 문제를 해결하기 위해 다음과 같이 코드를 추가해 overflow 예외를 발생하는 것으로 해결할 수 있다.

```
public static Int3 operator ++(Int3 lhs)
{
    if (lhs.value + 1 > MaxValue)
    {
        throw new OverflowException((lhs.value + 1).ToString());
    }

    return new Int3(lhs.value + 1);
}
```

하지만 이제는 반대로 예외가 발생하지 않아야 할 unchecked 문맥에서조차 overflow 예외가 발생하는 부작용을 낳게 된다.

```
unchecked
{
    Int3 n = 0x007F_FFFF;
    n++;
}
```

즉, operator ++ 메서드 내에서 checked/unchecked 문맥을 감지할 수 있어야만 하는 것이다.

C# 11에서는 위의 문제를 다르게 해결하고 있다. 즉, 문맥을 감지할 수 있는 방법을 제공하는 대신 C# 컴파일러 스스로 checked/unchecked 문맥에 따라 내부에서 호출되는 코드를 다르게 선택할 수 있는 방법을 제시한다.

이를 위해 개발자는 2개의 ++ 메서드를 제공할 수 있는데, 하나는 기존 문법과 동일한 유형이고, 다른 하나는 checked 예약어를 추가한 유형으로 정의할 수 있다.

- public static Int3 **operator checked** ++(Int3 lhs): C# 컴파일러가 checked 문맥인 경우 호출하는 메서드
- public static Int3 **operator** ++(Int3 lhs): C# 컴파일러가 unchecked 문맥인 경우 호출, 만약 checked 유형의 메서드가 정의되지 않았다면 이 메서드가 checked 문맥에서도 호출됨.

따라서 우리가 정의한 Int3 타입은 다음과 같은 2개의 ++ 연산자 오버로드 메서드를 구현할 수 있다.

```
// checked 문맥에서 호출될 메서드
public static Int3 operator checked ++(Int3 lhs)
{
    if (lhs.value + 1 > 8388607)
    {
        throw new OverflowException((lhs.value + 1).ToString());
    }

    return new Int3(lhs.value + 1);
}

// unchecked 문맥에서 호출될 메서드
public static Int3 operator ++(Int3 lhs) => new Int3(lhs.value + 1);
```

예로 든 ++ 외에 구현 가능한 checked 버전의 연산자는 --, 음수 부호 연산자(-), 사칙 연산자(+, -, *, /)로 한정된다.

## 19.4 shift 연산자 개선

### 19.4.1 shift 연산자 재정의에 대한 제약 완화

5.1.2.1절 '시프트 연산자'는 이동할 비트를 정수로 지정한다.

```
int result = 1 << 2; // 왼쪽으로 두 번 Shift
```

Shift 연산자는 오버로드가 가능하므로 이전 절에서 만든 Int3 구조체 타입에도 다음과 같이 재정의해 활용할 수 있다.

```
Int3 n = 1;
for (int i = 1; i <= 8; i++)
{
    n = n << i; // 재정의된 << 연산자 호출
    Console.WriteLine($"{i} shifted: {n}");
}

public struct Int3
{
    // …[생략]…

    public static Int3 operator <<(Int3 lhs, int shiftAmount)
    {
        return new Int3(lhs.value << shiftAmount);
    }
}
```

```
// 출력 결과
1 shifted: 2
2 shifted: 8
3 shifted: 64
4 shifted: 1024
```

```
5 shifted: 32768
6 shifted: 2097152
7 shifted: 0
```

여기서 한 가지 문제점이라면, << 연산자를 재정의할 때 두 번째 인자에 대한 타입이 int로 고정됐다는 점이다. 이로 인해 다음과 같은 코드를 사용하는 것이 불가능했다.

```
Int3 n = 1;
Int3 shiftAmount = 3;
n = n << shiftAmount; // shiftAmount의 타입이 int가 아니므로 컴파일 오류
```

하지만 이런 제약을 C# 11부터는 풀었기 때문에 원하는 타입의 재정의를 추가할 수 있게 됐다.

```
public struct Int3
{
    // …[생략]…

    public static Int3 operator <<(Int3 lhs, int shiftAmount)
    {
        return new Int3(lhs.value << shiftAmount);
    }

    public static Int3 operator <<(Int3 lhs, Int3 shiftAmount)
    {
        return new Int3(lhs.value << shiftAmount.value);
    }

    public static Int3 operator >>(Int3 lhs, int shiftAmount)
    {
        return new Int3(lhs.value >> shiftAmount);
    }

    public static Int3 operator >>(Int3 lhs, Int3 shiftAmount)
    {
        return new Int3(lhs.value >> shiftAmount.value);
    }
}
```

이로써 기존의 표현력에 한계가 있던 문제를 해결하게 됐다.

### 19.4.2 새로운 연산자 “>>>” (부호 없는 오른쪽 시프트 연산자)

Shift 연산자는 <<, >> 2가지가 있는데, 왼쪽 Shift 연산자의 경우에는 단순히 비트를 왼쪽으로 미는 것에 반해, 오른쪽 Shift 연산자의 경우에는 최상위 비트가 부호를 나타내는 타입에 대해서는 연산 결과 역시 부호를 그대로 유지하면서 밀어내는 특징이 있다.

```
int n = -2147483648; // int 타입 == 부호 있는 정수
n = n >> 1;
Console.WriteLine(n); // 출력 결과: -1073741824

/*
-2147483648 == 1000_0000_0000_0000_0000_0000_0000_0000
부호를 유지해서 우측으로 밀어내므로,
-1073741824 == 1100_0000_0000_0000_0000_0000_0000_0000
*/
```

하지만 때로는 최상위 비트를 부호 비트로 취급하지 않고 단순히 비트 그대로 밀어내고 싶을 수 있다. 즉, ‘부호 없는 오른쪽 시프트 연산’ 기능을 바라는 건데 기존에는 C#으로 다음과 같이 별도로 코드를 만들어야 했다.

```
static uint TripleRightShift(uint number, int shift)
{
    return ((uint)number >> shift);
}
```

하지만 C# 11부터는 단순히 >>> 연산자를 사용하면 된다.

```
int n = -2147483648;
n = n >>> 1;
Console.WriteLine(n); // 출력 결과: 1073741824

/*
-2147483648 == 1000_0000_0000_0000_0000_0000_0000_0000
새롭게 추가되는 비트를 무조건 0으로 설정
```

```
1073741824 == 0100_0000_0000_0000_0000_0000_0000_0000
*/
```

## 19.5 IntPtr/UIntPtr과 nint/unint의 통합

C# 9.0에 추가된 17.13절의 '원시 크기 정수(Native ints)'는 그 타입의 바탕이 IntPtr/UIntPtr이었음에도 각각 따로 개념을 유지해 왔다. 즉, IntPtr/UIntPtr은 여전히 포인터 연산을 위한 용도로, nint/nuint는 플랫폼(32비트/64비트)에 따라 바뀌는 정수 타입이라는 용도로 분리해 사용해왔다.

하지만 C# 11에서 2가지 타입을 완전히 통합시켰고 따라서 코드상에서 용도에 상관없이 둘 중의 어느 것을 사용해도 표현이 가능하도록 바뀌었다. 기능면으로 따지면 nint/nuint가 기존의 IntPtr/UIntPtr을 흡수한 형식인데, 실제로 포인터 연산에 해당했던 IntPtr/UIntPtr 타입은 사칙 연산(+, −, *, /)을 하는 경우 컴파일 오류가 발생했지만,

```
IntPtr p1 = new IntPtr(5);
IntPtr p2 = new IntPtr(6);

// 닷넷 6 이하에서는 아래의 코드가 모두 컴파일 오류
IntPtr p3 = p1 + p2; // error CS0019: Operator '+' cannot be applied to operands of type 'IntPtr'
and 'IntPtr'
```

기능 통합을 하려는 nint/nuint는 사칙 연산이 가능한 정수 타입이었으므로 결국 닷넷 7의 BCL부터 IntPtr/UIntPtr에 대해 사칙 연산자에 해당하는 메서드 재정의를 추가했고, 이로써 위의 코드가 정상적으로 컴파일 가능하게 됐다.

간단하게 정리하면, System.Int32 타입의 C# 예약어가 int였던 것처럼 System.IntPtr과 System.UIntPtr에 대한 C# 예약어로 각각 nint, nuint가 된 것이다.

# 19.6 문자열 개선

## 19.6.1 원시 문자열 리터럴

C# 문법에서 문자열은 큰따옴표를 이용해 묶기 때문에 큰따옴표 자체를 문자열에 포함하기 위해서는 이스케이프 문자(\)를 이용해야 하는 번거로움이 있다. 예를 들어, 다음과 같은 형식의 JSON 문자열을,

```
{"Age":36,"Name":"Anderson"}
```

C#으로는 이렇게 코딩할 수 있었다.

```
// 큰따옴표마다 이스케이프 문자 사용
string text = "{\"Age\":36,\"Name\":\"Anderson\"}";
```

하지만 C# 11부터 지원하는 원시 문자열 문법을 사용하면 큰따옴표 3개를 이용해 JSON 문자열을 그대로 포함하는 것이 가능하다.

```
// 문자열 내의 큰따옴표를 이스케이프 문자 없이 사용
string text = """{"Age":36,"Name":"Anderson"}""";
```

기본적으로 큰따옴표 3개를 이용해 문자열을 묶기 때문에 내부에 큰따옴표를 2개까지 연이어 사용하는 것도 가능하다.

```
string text = """안녕하세요. ""여러분""!""";
Console.WriteLine(text);
```

```
// 출력 결과
안녕하세요. ""여러분""!
```

만약 3개 이상의 큰따옴표를 사용해야 한다면, 문자열을 묶는 큰따옴표의 수를 그보다 1개 이상 많이 사용하면 된다.

```
// 내부의 큰따옴표가 3개이므로 묶는 큰따옴표는 4개 이상을 사용
string text1 = """"안녕하세요. """여러분"""!"""";
Console.WriteLine(text1);

// 내부의 큰따옴표가 4개이므로 묶는 큰따옴표는 5개 이상을 사용
string text2 = """""안녕하세요. """"여러분""""!""""";
Console.WriteLine(text2);

// 따라서, 내부의 큰따옴표가 2개인 경우에도 5개의 큰따옴표를 사용하는 것도 가능
string text3 = """""안녕하세요. ""여러분""!""""";
Console.WriteLine(text3);
```

```
// 출력 결과
안녕하세요. """여러분"""!
안녕하세요. """"여러분""""!
안녕하세요. ""여러분""!
```

이러한 원시 문자열 지원은 여러 줄의 문자열을 사용하는 것에 대한 들여쓰기까지 개선한다. 예를 들어, 다음은 C#의 Main 메서드 코드를 문자열에 담아 표현하고 있다.

```
// 소스코드를 보기 좋게 만들기 위해 문자열을 들여쓰기로 정렬하면,
string text = @"void Main(string[] args)
                {
                    Console.WriteLine();
                }";
Console.WriteLine(text);
);
```

```
// 출력 결과
void Main(string[] args)
                {
                    Console.WriteLine();
                }
```

그런데 소스코드의 문자열 들여쓰기가 그대로 출력 결과에 반영돼 의도치 않은 결과가 나왔다. 하지만 원시 문자열의 경우 닫는 큰따옴표의 들여쓰기 위치를 기준으로 C# 컴파일러가 내부 문자열의 공백을 무시하기 때문에 다음과 같이 표현할 수 있다.

```
// 여러 줄인 경우, 반드시 여는 큰따옴표의 다음 줄부터 문자열 시작
string text = """
        void Main(string[] args)
        {
            Console.WriteLine();
        }
        """; // 닫는 큰따옴표의 칼럼 위치를 기준으로 내부 문자열의 공백을 무시
Console.WriteLine(text);
```

```
// 출력 결과
void Main(string[] args)
{
    Console.WriteLine();
}
```

보는 바와 같이 내부 문자열의 공백을 닫는 큰따옴표의 칼럼 위치를 기준으로 맞추기 때문에 여러 줄의 문자열에 대해서 개발자가 원하는 출력 결과를 만드는 것이 쉬워졌다.

### 19.6.2 문자열 보간 개선

2가지 개선 사항이 추가됐다.

1. 보간식 내에 개행 허용
2. 원시 문자열의 보간식에 사용할 중괄호의 이스케이프 처리 개선

첫 번째 변경은 문자 그대로 중괄호 내의 보간식에 새로운 라인을 허용하는 것으로 이제 다음과 같은 표현이 가능해졌다.

```
string mode = "Debug";

Console.WriteLine($"Mode Length = {mode.ToLowerInvariant()
                                        .Trim().Length}");
```

두 번째 개선 사항은 원시 문자열 내에 보간식을 사용하기 위한 중괄호 한 개만 허용하던 것을 2개 이상 사용하도록 바뀌었다. 이때 몇 개를 사용해야 할지는 보간식 문자열임을 나타내는 달러 기호($)의 수로 정해지는데, 예를 들어 기존처럼 1개만 사용한 경우에는,

```
string text = "Debug";
Console.WriteLine($"""{{Target}} == {text}""");
```

```
// 출력 결과
{Target} = Debug
```

보간식인 {text}에는 달러 기호의 수와 같은 1개의 중괄호를 사용하고 보간식이 아닌 경우에는 1개보다 많은 2개의 중괄호를 사용한다는 동일한 규칙을 따른다.

반면, 달러 기호를 2개 이상 사용해 보간식 문자열을 지정하면,

```
string text = "Debug";
Console.WriteLine($$"{Target} == {{text}}");
Console.WriteLine($$$"""{Target} {{PlatForm}} == {{{text}}}""");
```

```
// 출력 결과
{Target} = Debug
{Target} {{PlatForm}} == Debug
```

마찬가지로 달러 기호와 같은 수의 중괄호를 보간식에 사용하는 반면, 보간식이 아닌 경우에는 달러 기호의 수보다 적은 중괄호를 모두 일반 문자로 다루게 된다.

이러한 개선 덕분에 JSON 문자열을 C# 코드에서 다루는 것이 편리해졌다. 예를 들어 이전에는 다음과 같이 JSON 문자열을 표기해야만 했다.

```
string text = $@"{{
    ""runtimeOptions"": {{
        ""tfm"": ""net6.0"",
        ""framework"": {{
            ""name"": ""Microsoft.NETCore.App"",
            ""version"": ""{Environment.Version}""
        }}
    }}
}}
";
```

그런데 C# 11부터는 이렇게 간단하게 표현할 수 있다.

```
string text = $$"""
        {
            "runtimeOptions": {
                "tfm": "net6.0",
                "framework": {
                    "name": "Microsoft.NETCore.App",
                    "version": "{{Environment.Version}}"
                }
            }
        }
        """;
```

### 19.6.3 UTF-8 문자열 리터럴 지원

C# 언어는 소스코드에 사용한 문자열의 기본 인코딩을 UTF-16으로 한다. 반면, 다른 프로그래밍 언어에서 사용하는 각종 통신 방식의 기본 인코딩 방식은 UTF-8을 채택하고 있기 때문에 C# 문자열을 통신으로 보내기 위해서는 UTF-8로 변환해야 하는 부가적인 단계를 요구하게 된다.

```
string text = "Hello"; // UTF-16 문자열
byte[] buffer = Encoding.UTF8.GetBytes(text); // 통신을 위해 UTF-8로 인코딩 변경
```

이러한 불편함을 C# 11부터는 UTF-8 문자열 리터럴을 사용할 수 있게 (대소문자 관계없이) u8 접두사를 지원해 해결하고 있다. 따라서 이제는 위의 코드를 다음과 같이 변경하는 것이 가능하다.

```
ReadOnlySpan<byte> buffer = "Hello"u8; // UTF-8 인코딩된 바이트 배열

var buffer = "Hello"U8; // 대문자 'U' 사용 가능
```

주의할 것은, UTF-8 문자열 리터럴은 컴파일 시에 값이 정해지는 상수가 아니라는 점이다. 실제로 위의 코드들은 모두 다음과 같이 번역돼 컴파일된다.

```
class Internal // 이 클래스의 이름과 필드 이름은 컴파일러가 임의로 결정
{
    internal static readonly Array; // "Hello" UTF-8 바이트를 소유한 변수
}

ReadOnlySpan<byte> buffer = new ReadOnlySpan<byte>(Internal.Array);
```

이로 인해 상수를 요구하는 문법, 예를 들어 메서드의 매개변수에 기본값을 설정하는 등의 코드로는 사용할 수 없다.

```
// 컴파일 오류: error CS1736: Default parameter value for 'text' must be a compile-time constant
void PrintUtf8(ReadOnlySpan<byte> text = "(null)"u8) // 기본값으로 사용 불가능
{
    Console.WriteLine(BitConverter.ToString(text.ToArray()));
}
```

## 19.7 목록 및 ReadOnlySpan⟨char⟩ 패턴 매칭

지금까지 추가된 패턴 매칭을 버전별로 다음과 같이 정리할 수 있다.

표 19.2 C# 언어의 패턴 매칭

| 버전 | 기능 |
|---|---|
| C# 7 | 기본 패턴 매칭 |
| C# 8 | switch 식, 속성 패턴, 튜플 패턴, 위치 패턴 |
| C# 9 | 타입 패턴, 관계 연산자 지원, 논리 연산자 지원, 괄호 연산자 지원 |
| C# 10 | 속성 패턴 개선 |

그리고 C# 11부터 목록 패턴 매칭이 추가되는데, 이를 위해 점 2개(..)의 슬라이스 패턴과 밑줄 문자(_)인 무시(discard) 패턴을 제공한다.

우선 슬라이스 패턴은 16.3절 '새로운 연산자 - 인덱스, 범위'에서 사용한 범위 연산자의 의미를 그대로 가져와 패턴에 적용한 경우다.

```
int[] arr1 = { 1, 3, 2, 4 };
int[] arr2 = { 1, 3, 6, 7 };

if (arr1 is [1, ..]) // 1로 시작한다면?
{
    Console.WriteLine(string.Join(',', arr1)); // 출력 결과: 1,3,2,4
}
```

```
if (arr2 is [1, 3, ..]) // 1,3으로 시작한다면?
{
    Console.WriteLine(string.Join(',', arr2)); // 출력 결과: 1,3,6,7
}
```

보는 바와 같이 슬라이스 패턴은 그에 해당하는 다중 요소의 값을 대표한다. 이에 반해 1개의 값을 대표하고 싶다면 무시 패턴, 즉 12.1절 '더욱 편리해진 out 매개변수 사용'에서 다뤘던 밑줄(discard)을 의미 그대로 사용할 수 있다.

```
int[] arr3 = { 1, 2, 3, 1, 4 };

if (arr3 is [1, .., 3, _, 4]) // 1로 시작, 마지막은 3, (임의 정수), 4로 끝나면?
{
    Console.WriteLine(string.Join(',', arr3)); // 출력 결과:  1,2,3,1,4
}
```

결국 슬라이스 및 밑줄(discard) 구문의 의미를 안다면 목록 패턴의 사용법을 이미 이해한 것이나 다름없다. 또한 기존의 패턴 문법과 조합한다면 좀 더 풍부한 조건을 만들어 내는 것도 가능하다.

```
Console.WriteLine(Start1And3orHigher(arr3)); // 1
Console.WriteLine(EndWith4or5(arr1)); // 1

static int Start1And3orHigher(int[] values)
{
    const int three = 3;
    switch (values)
    {
        case [1, >= three, ..]: return 1; // 1로 시작하고 2번째 요소가 3보다 크다면?
        case [>= 2, ..]: return 2; // 첫 번째 요소가 2보다 크다면?
        default: return 0;
    };
}

static int EndWith4or5(int[] values) => values switch
    {
        [.., 4 or 5] => 1, // 마지막 요소가 4 또는 5라면?
        _ => 0,
    };
```

한 가지 재미있는 점은 목록 패턴을 적용할 수 있는 대상을 배열이나 List⟨T⟩로 제한하지 않고 다음의 2가지 조건을 만족하는 타입으로 개방했다는 점이다.

- Count 또는 Length 속성 제공
- indexer 속성 제공

따라서 위의 조건만 만족시키는 타입이 있다면,

```
NaturalNumber list = new NaturalNumber();
if (list is [1, .., Int32.MaxValue]) // 목록 패턴 사용 가능
{
    Console.WriteLine("integer 범위");
}

public class NaturalNumber
{
    int _length = Int32.MaxValue;

    public int this[int index] // indxer 제공
    {
        get { return index + 1; }
    }

    public int Length => _length; // Length 속성 제공

    // 또는 Count 속성 제공
    // public int Count => _length;
}
```

위의 코드와 같이 목록 패턴 매칭 문법을 적용할 수 있다. 참고로, 기존 타입 중에는 대표적으로 Span⟨T⟩가 위의 조건을 만족시킨다. 즉, Span은 Length 속성을 가지며 인덱서를 제공하기 때문에 위에서 다룬 목록 조건을 그대로 적용할 수 있다.

```
Span<int> oneToFour = stackalloc int[] { 1, 2, 3, 4 };

if (oneToFour is [1, .. var remains, 4]) // 조건에 해당하는 요소를 변수로 받는 것도 가능
{
```

```
    Console.WriteLine(string.Join(',', remains.ToArray())); // 출력 결과: 2,3
}
```

마지막으로, C# 11 컴파일러는 Span 제네릭 유형 중 유일하게 ReadOnlySpan〈char〉 타입에 대해 패턴 매칭 시 string 타입의 문자열과 직접 비교할 수 있는 연산을 지원한다. 따라서 원래는 목록 패턴을 이용한 비교 연산을 수행해야 하지만,

```
ReadOnlySpan<char> text = "TEST".AsSpan()[0..2];

if (text is ['T', 'E']) // 정석대로라면 이런 식으로만 비교할 수 있지만,
{
    Console.WriteLine("['T', 'E'] Equals");
}
```

특별히 문자열과 직접 비교를 하는 것도 가능하다.

```
if (text is "TE") // C# 컴파일러 재량으로 문자열과 직접 비교를 허용
{
    Console.WriteLine(""" "TE" Equals""");
}

switch (text)
{
    case "TE":
        Console.WriteLine(""" "TE" Equals""");
        break;
    case "TA":
        break;
}
```

사실 char 배열조차도 문자열과의 직접적인 비교 연산이 불가능하다는 점에 비춰보면 위와 같은 ReadOnlySpan〈char〉의 구문 허용은 상당히 이례적인 문법 확장에 해당한다.

## 19.8 ref struct 내에 ref 필드 지원

ref 필드는 GC 힙에 할당되는 참조형 타입 내에 정의하는 것이 불가능하다.

```
class MyType
{
    ref int N; // 컴파일 오류 error CS9059: ref 필드는 ref 구조체에서만 선언할 수 있습니다.
}
```

마이크로소프트에 의하면 위와 같은 구문을 허용할 수는 있지만 가비지 컬렉션의 부하가 심해지므로 일부러 막았다고 한다.

그렇다면 값 형식인 struct 타입에서 오류가 나는 이유는 무엇일까? 그것은 struct 타입을 class 내에 포함시키면 마찬가지로 GC 힙에 할당될 수 있기 때문이다.

```
struct MyStruct // 값 형식이지만,
{
    ref int N;  // 컴파일 오류
}

class MyType
{
    MyStruct field; // 클래스 내의 필드로 정의되면 GC Heap에 할당되므로!
}
```

그런데 지난 14.4절 '스택에만 생성할 수 있는 값 타입 지원 - ref struct'에서 만든 타입은 절대로 GC 힙에 생성할 수 없는 유형이다. 따라서 오직 ref struct에 한해 ref 필드를 가질 수 있도록 C# 11에서 제한을 풀어 다음과 같은 타입 정의가 가능해졌다.

```
MyRefStruct t = new MyRefStruct(); // 오직 스택에만 인스턴스를 생성

ref struct MyRefStruct
{
    ref int N; // ref struct 타입에서만 ref 필드 허용
}
```

### 19.8.1 새로운 예약어: scoped

ref 필드가 ref struct에 허용됨으로 인해 경우에 따라 문제가 발생할 수 있다. 메서드의 호출에 따라 자라나고 줄어드는 스택의 특성을 감안했을 때 메서드 내에서만 유효한 인스턴스가 자칫 메서드가 반환된 이후에도 접근 가능하도록 코딩할 수 있기 때문이다.

예를 들어 다음의 코드를 보자.

```
internal class Program
{
    static void Main(string[] args)
    {
        MyType instance = GetData();
        instance._n = 500; // 5) 유효하지 않는 _n 참조 필드 접근
    }

    static public MyType GetData()
    {
        int n = 5; // 1) GetData 메서드의 스택 프레임에 위치한 int 인스턴스 n

        var t = new MyType(ref n); // 2) 인스턴스의 참조를 MyType에 전달
        return t; // 4) t 인스턴스를 호출 측으로 반환
    }
}

public ref struct MyTaype
{
    public ref int _n;
    public MyType(ref int target)
    {
        _n = ref target; // 3) MyType 내에 정의한 ref int _n에 외부 변수의 참조를 보관
    }
}
```

1번 위치에서 int n 변수 4바이트는 GetData 메서드의 스택 프레임 내에서만 유효하다. 즉, int n 변수는 GetData 메서드의 실행이 종료된 후, 5번 위치에서는 유효하지 않은 스택 공간이 된다. 그런데 그 4바이트 공간을 2번 위치에서 MyType의 생성자를 통해 3번 코드의 ref 멤버 필드로 참조 위치를 보관하고 있다.

결국 4번 위치에서 MyType 인스턴스 변수인 t가 호출 측으로 반환되고, 5번 위치의 코드를 통해 유효하지 않은 int n의 위치를 가리키는 ref 필드 사용에 문제가 발생할 수 있다. 다행히 C# 컴파일러는 이런 경우를 계산해 낼 수 있고, 따라서 4번 위치에서 "error CS8352: 선언 범위 외부에서 참조된 변수를 노출할 수 있으므로 이 컨텍스트에서 변수 't'을(를) 사용할 수 없습니다."라는 컴파일 에러를 발생시킨다.

그런데 문제는 위와 같은 경우 MyType 개발자가 생성자에서 전달받은 변수를 사용하지 않는다고 해도,

```
ref struct MyType
{
    public MyType(ref int n1) { }
}
```

여전히 4번 위치에서 CS8352 컴파일 오류가 발생한다는 점이다. 왜냐하면 C# 컴파일러 입장에서는 MyType 생성자의 내부 코드까지 분석해가며 유효성 판단을 하지 않기 때문이다. 물론, 하려고만 한다면 가능할 수도 있었을 것이다. 하지만 그렇게 해도 판단할 수 없는 경우가 있다. 가령 위의 MyType을 개발자가 정의하지 않고, 외부에서 사용한 DLL로부터 참조한 타입이라고 가정해 보자. 초기에는 MyType의 생성자에서 ref int 변수를 사용하지 않게 만들었던 DLL에서 이후 업데이트가 돼 ref 필드에 참조를 보관하도록 바꾸었다면 어떻게 될까?

결국 그런 복잡한 경우를 모두 고려할 수는 없으므로 C# 컴파일러는 보수적으로 모든 상황에 대해 컴파일 오류를 발생시키는 것이다.

자, 그렇다면 이제 개발자 입장에서 생성자의 ref로 넘어온 매개변수를 다른 참조에 대한 연결 없이 순수하게 그냥 사용하고 싶다면 어떻게 해야 할까? 바로 그런 경우를 위해 새롭게 scoped 예약어가 추가됐다. 즉, scoped 예약어의 사용은 ref로 받은 매개변수를 절대로 다른 ref 필드에 보관하지 않겠다고 명시하는 효과를 갖는다. 실제로 다음의 코드는 정상적으로 4번 위치에서 컴파일 오류 없이 빌드된다.

```
ref struct MyType
{
    public MyType(scoped ref int n1) { }
}
```

또한 이렇게 정의한 메서드의 경우 scoped로 지정한 매개변수를 내부 참조 필드에 보관하려는 시도를 하면 컴파일러는 명시적으로 CS8374 오류를 발생시킨다.

```
ref struct MyType
{
    ref int n;
    public MyType(scoped ref int n1) { n = ref n1; }
              // 컴파일 오류: error CS8374: 'n1'을(를) 'n'에 참조 할당할 수 없습니다.
              // 'n1'이(가) 'n'보다 이스케이프 범위가 좁기 때문입니다.
}
```

## 19.9 파일 범위 내에서 유효한 타입 정의

중첩 유형을 제외하고 타입 자체에 대해 허용되는 접근 제한자는 internal, public 단 2개다. 그 외의 접근 제한자를 타입 정의에 사용하면 CS1527 컴파일 오류가 발생한다.

```
// error CS1527: 네임스페이스에 정의된 요소는 명시적으로 private, protected, protected internal 또
는 private protected로 선언할 수 없습니다.
private class MyPrivateType { }

// 컴파일 가능
public class MyPublicType { }
internal class MyInternalType { } // 또는 지정하지 않으면 기본값 internal 적용
```

(기본값인) internal은 같은 어셈블리 내에서만 사용할 수 있도록 제약할 수 있지만, C# 코드 파일 내에서만 사용 가능하도록 제약할 수는 없다. 바로 그런 필요성에 의해 오직 타입에만 적용할 수 있는 접근 제한자로 새롭게 file 예약어가 추가됐다.

```
// 같은 파일 내에서만 타입을 사용
file class PrivateClass { }
```

마치 메서드 내부에서만 사용할 수 있도록 로컬 함수가 있는 것처럼, 파일 내부에서만 사용할 수 있도록 로컬 클래스를 제공하는 것과 유사한 맥락으로 이해할 수 있다.

이는 파일 내부에서만 유효한 탓에 몇 가지 제약이 따른다.

```
class Test
{
    // 컴파일 오류: error CS9051: 파일 로컬 형식 'TestLocal'은(는) 파일 로컬이 아닌 형식 'Test'을
(를) 멤버 시그니처에 사용할 수 없습니다.
    TestLocal _tl; // 멤버 필드로는 사용할 수 없고,

    // 컴파일 오류: error CS9051: 파일 로컬 형식 'TestLocal'은(는) 파일 로컬이 아닌 형식 'Test'을
(를) 멤버 시그니처에 사용할 수 없습니다.
    public TestLocal Get() => new TestLocal(); // 메서드의 반환 타입으로 사용할 수 없음
}

// file class 유형은 반드시 file class 타입에서만 상속 가능
file class LocalFromLocal : TestLocal {
    TestLocal t1; // file class 유형에서는 필드로 정의하는 것도 가능

    public TestLocal Get() => new TestLocal(); // 메서드의 반환 타입으로 사용하는 것도 가능
}

// 일반 타입으로의 상속은 컴파일 오류 - error CS9053: 파일 로컬 형식 'TestLocal'은(는) 파일 로컬
형식 'ClassFromLocal'이(가) 아닌 기본 형식으로 사용할 수 없습니다.
class ClassFromLocal : TestLocal { }

file class TestLocal { }
```

반면 유효 범위가 파일이기 때문에 동일한 이름의 타입을 서로 다른 파일에서 정의하는 것이 가능하다.

## 19.10 메서드 매개 변수에 대한 nameof 지원 확장

C# 6.0에 추가된 nameof 연산자를 이용하면 코드에서 사용한 식별자에 한해 하드 코딩을 없애는 것이 가능하다.

```
CallTest("test");

static void CallTest(string msg)
```

```
{
    Console.WriteLine($"msg: {msg}"); // 매개변수 명 "msg"를 하드 코딩

    // nameof를 사용해 "msg" 문자열 하드 코딩을 제거
    Console.WriteLine($"{nameof(msg)}: {msg}"); // 출력 결과: msg: test
}
```

하지만 메서드의 매개변수는 내부 코드에서만 nameof를 적용할 수 있었을 뿐, 다음과 같이 메서드 또는 다른 매개변수의 문맥으로부터 접근하는 것은 컴파일 오류가 발생했다.

```
using System.Runtime.CompilerServices;

CallTest("test");

[Arg(nameof(msg))] // C# 10 이전에는 컴파일 오류
static void CallTest(string msg)
{
    Console.WriteLine($"{nameof(msg)}: {msg}");
}

public class ArgAttribute : Attribute
{
    public ArgAttribute(string name)
    {
        Name = name;
    }

    public string Name { get; }
}

public static class MyDebug
{
    // C# 10 이전에는 컴파일 오류
    public static void Assert(bool cond, [CallerArgumentExpression(nameof(cond))] string? message
= null)
    {
        if (condition == false)
        {
```

```
            Console.WriteLine("Assert failed: " + message);
        }
    }
}
```

C# 11부터는 위의 사례에 대해 모두 허용하므로 이제 정상적으로 컴파일된다.

## 19.11 속성 및 필드에 지정할 수 있는 required 예약어 추가

타입에 생성자를 정의하면 자연스럽게 그 타입의 인스턴스를 만드는 경우 어떤 값을 넘겨야 하는지 강제할 수 있는 효과를 얻는다. 가령 다음과 같이 정의하면,

```
public class Student
{
    public int Age { get; init; }
    public string Name { get; init; }

    public Student(int age, string name)
    {
        this.Age = age;
        this.Name = name;
    }
}
```

이를 사용하는 개발자 입장에서는 반드시 age와 name 정보를 인자로 넘겨야만 한다는 것을 인지할 수 있다. 하지만 단순히 생성자에서 하는 작업이 값의 보관에 불과하다면 생성자를 매번 정의하는 것이 번거로울 수밖에 없다. 이에 C# 11부터는 속성 및 필드에 적용할 수 있는 required 예약어를 통해 개체 초기화 구문[2]에서 반드시 값을 제공하도록 강제하는 방법을 추가했다. 따라서 위의 코드라면 단순히 다음과 같이 간략화 시킬 수 있다.

```
public class Student
{
    public required int Age { get; init; }
```

2 8.3절의 '개체 초기화(Object initializers)'

```
    public required string Name { get; init; }
}
```

그리고 이를 사용하는 측은 초기화 구문을 통해 required 속성에 필히 값을 설정해야만 한다.

```
Student lucy = new Student { Age = 30, Name = "Lucy" };
```

또는 required와 생성자를 함께 혼용하는 것도 가능하다.

```
Employee e = new Employee("Anders") { Age = 62 };

public class Employee
{
    public required int Age;

    public string Name { get; }

    public Employee(string name)
    {
        this.Name = name;
    }
}
```

이와 함께 생성자에만 적용할 수 있는 SetsRequiredMembers 특성이 함께 추가되었는데, 이 특성이 적용된 생성자는 required 필드를 무시할 수 있다.

```
Employee e = new Employee("Anders"); // Age 속성에 값을 설정하지 않아도 됨.

public class Employee
{
    public required int Age;

    public string Name { get;}

    [SetsRequiredMembers]
    public Employee(string name) // 이 생성자는 required 필드를 무시한다.
    {
```

```
            this.Name = name;
        }
    }
```

한 가지 유의할 점은 만약 위와 같이 SetsRequiredMembers가 적용된 생성자를 정의한 Employee 클래스를 상속받는 경우, 해당 생성자와 연계하는 자식 클래스의 생성자를 정의한다면 반드시 SetsRequiredMembers 특성을 함께 적용해야만 한다.

```
public class Salesman : Employee
{
    // 부모 클래스의 연계 생성자가 SetsRequiredMembers 특성을 지정했으므로!
    [SetsRequiredMembers]
    public Salesman(string name) : base(name)
    {
    }
}
```

기타 제약이라면 required 멤버는 class, struct, record에서만 허용되고 interface에는 정의할 수 없다. 또한 fixed, ref readonly, ref, const, static 및 인덱서 구문에도 required를 조합할 수 없다.

## 19.12 구조체 필드의 기본값 자동 초기화 (auto-default structs)

C# 10 이전에는 구조체의 경우 필드 초기화와 생성자 내에서의 코드를 합쳐서 모든 필드가 초기화되는 것을 강제했다. 예를 들어 다음 코드는

```
public struct MyStruct
{
    public int x, y; // x는 생성자에서 초기화
    public int z = 0; // z 초기화 코드는 생성자에 병합

    public MyStruct()
    {
        x = 0;
    }
}
```

멤버 y가 초기화되지 않았으므로 컴파일 시 "error CS0171: 제어가 호출자에게 반환되기 전에 필드 'MyStruct.y'이(가) 완전히 할당되어야 합니다."라는 오류가 발생한다. 물론 개발자의 의도를 명확히 나타낼 수 있도록 초기화를 하는 것이 바람직하지만 정작 class의 정의에서는 위와 같은 제약이 없다는 차이점이 있다.

그동안 이런 차이점을 값/참조 형식의 특성으로 이해할 수 있었지만, record가 나오면서 그 차이점이 불편함으로 나타나게 된다. 왜냐하면 class로 정의한 record를

```
record class Student(int Age)
{
    public string? Name;
}
```

단지 struct로 변환하는 것만으로도 컴파일 오류가 발생하기 때문이다.

```
record struct Student(int Age)
{
    public string? Name; // C# 10 이전에는 CS0171 컴파일 오류³
}
```

C# 11부터는 struct 역시 class와 마찬가지로 초기화되지 않은 필드에 대해 자동으로 기본값을 설정하도록 바뀌었기 때문에 위의 모든 경우에 대해 이제 더 이상 컴파일 오류가 발생하지 않는다.

## 19.13 정적 메서드에 대한 delegate 처리 시 캐시(cahce) 적용

다음의 사용자 코드는

```
public class Program
{
    public static void Main()
    {
        TestMethod();
    }
```

3 C# 11은 컴파일 오류 대신 "warning CS0649: 'Student.Name' 필드에는 할당되지 않으므로 항상 null 기본값을 사용합니다." 경고가 발생한다.

```
    static void TestMethod()
    {
        Action<string> action = Output;
        action("Hello World!");
    }

    static void Output(string text)
    {
        Console.WriteLine(text);
    }
}
```

TestMethod 내부에서 Output 정적 메서드를 델리게이트 타입의 로컬 변수에 할당한 후 호출하고 있다. 얼핏 보면 저 코드는 단순한 대입[4]에 불과하지만 실제로는 Action 제네릭 타입의 인스턴스를 생성하는 코드로 해석된다.

```
Action<string> action = new Action<string>(Test.Output);
```

다시 말해, TestMethod가 호출될 때마다 GC 힙을 사용하는 코드가 실행되는 것이다. 만약 저 코드에 대해 GC 힙 사용을 줄이고 싶다면 변수를 재활용하는 처리를 사용자가 직접 해야만 한다.

```
public class Program
{
    static Action<string>? _action;

    // …[생략]…

    static void TestMethod()
    {
        if (_action == null)
        {
            _action = Output;
        }
```

4 C# 컴파일러의 타입 추론이 적용돼 가능해진 문법이다.

```
            _action("Hello World!");
        }

        // …[생략]…
    }
```

바로 저 처리를 C# 11부터는 컴파일러가 대신 처리해준다. 즉, 이번 절의 변화는 별도로 문법이 바뀐 것은 없고 C# 11 컴파일러가 자동으로 대행해 주는 서비스이기 때문에 단순히 재빌드하는 것만으로 위와 같은 식의 기존 코드에 대해 GC 힙 사용을 줄여 성능을 높일 수 있다.

# 20

## C# 12

## 20.1 기본 람다 매개 변수

C# 3.0에 처음 선보인 람다(Lambda) 문법은 이후 지속적인 문법 개선이 있어왔다.

- C# 6.0: 람다 표현식을 이용해 일반 메서드, 속성과 인덱서의 get 접근자에 대한 정의 (참고: 11.2절 '표현식을 이용한 메서드, 속성 및 인덱서 정의')
- C# 7.0: C# 6.0에 구현된 범위를 확장 - 생성자, 종료자, 이벤트의 add/remove, 속성과 인덱서의 set 접근자 (참고: 12.5절 '람다 식을 이용한 메서드 정의 확대(Expression-bodied members)')
- C# 9.0: 매개변수 무시, static 지원 (참고: 17.5절 '익명 함수 개선')
- C# 10: 특성 허용, 반환 타입 지정, var 추론 (참고: 18.6절 '람다 기능 향상(Lambda improvements)')

그리고 이제 C# 12부터는 람다 문법에 매개변수의 기본값까지 설정할 수 있게 됐다.

```
var addWithDefault = (int addTo = 2) => addTo + 1;
int result = addWithDefault();  // result == 3
result = addWithDefault(5); // result ==  6
```

위와 같은 코드를 사용하면 C# 컴파일러는 기본값을 반영한 델리게이트 타입을 자동으로 생성하고 이를 코드에 치환한다.

```
// 컴파일러 자동 생성 (델리게이트의 기본값 지정 구문은 C# 11 이전에도 가능)
[CompilerGenerated]
```

```
internal delegate TResult AnonymousDelegate0<T1, TResult>(T1 arg = 2);

// 컴파일러가 생성한 delegate 타입 사용
AnonymousDelegate0 addWithDefault = (int addTo = 2) => addTo + 1;
```

보다시피 사용자가 소스코드에 지정한 기본값은 엄밀히 델리게이트 타입에 반영되는 식으로 처리된다. 따라서 만약 기본값을 지정하지 않았다면 Func〈int, int〉 타입으로 람다식을 받는 것이 가능하다.

```
// 기본값이 없다면 기존의 Func 제네릭 타입이 될 수 있지만,
Func<int, int> addWithDefault = (int addTo) => addTo + 1;
```

하지만 기본값을 지정한 경우에는 반드시 그에 맞는 delegate 타입을 사용해야 한다. 그렇지 않으면 각각 컴파일 경고와 에러가 발생한다.

```
// 기본값이 있다면 아래의 코드는 경고를 발생하고,
Func<int, int> addWithDefault = (int addTo = 2) => addTo + 1;

// 그래도 사용하는 경우에는 에러를 발생
addWithDefault(); // CS7036 컴파일 에러
```

## 20.2 기본 생성자

생성자 메서드는 인스턴스의 초기화와 관련해 많은 코드를 포함할 수도 있겠지만 단순히 내부 상태를 설정하는 용도로 쓰는 경우도 많다.

```
PersonDTO p = new PersonDTO("John", 42);

public class PersonDTO
{
    // 내부 멤버를 초기화하는 코드만 포함하는 생성자 메서드
    public PersonDTO(string name, int age)
    {
        Name = name;
        Age = age;
    }
```

```
    public string Name { get; set; }
    public int Age { get; set; }
}
```

자칫 반복적일 수 있는 이런 식의 코드는 C# 9부터 나온 record 문법을 활용하면 단 1줄의 코드로 줄이는 것이 가능하다.

```
public record class PersonDTO(string Name, int Age);
// 또는 public record struct PersonDTO(string Name, int Age);
```

이처럼 편리한 record의 생성자 메서드 정의 방식을 C# 12부터 일반 타입에 도입한 것이 바로 기본 생성자[1](Primary constructor)다.

```
public class PersonDTO(string name, int age);
// 또는 public struct PersonDTO(string name, int age);
```

기본 생성자가 record와 다른 점이 있다면 class 정의 시 지정한 매개변수는 생성자 메서드의 매개변수로만 사용할 뿐 그에 대응하는 내부 멤버 필드 및 초기화 코드까지 자동 생성하는 것은 아니라는 점이다. 실제로 위의 코드는 C# 컴파일러에 의해 다음과 같이 확장될 뿐이다.

```
// 기본 생성자 구문을 C# 컴파일러가 내부적으로 확장한 코드

public class PersonDTO
{
    public PersonDTO(string name, int age) // 기본 생성자에 지정한 매개변수를 포함
    {
    }
}
```

즉, 생성자 메서드 정의만 생략할 수 있는 구문을 제공하는 것에 불과하다. 따라서 나머지 다른 초기화 코드들은 기본 생성자의 매개변수를 활용해 직접 제공해야 한다.

1 기존의 매개변수가 하나도 없는 생성자를 기본 생성자(Default constructor)라고 했던 것과 번역 이름이 같다. 마이크로소프트의 Primary constructor 문서에는 기존의 기본 생성자를 '매개변수 없는 생성자(Parameterless constructor)'라고 풀어서 구분짓기도 한다.

```
public class PersonDTO(string name, int age)
{
    public string Name { get; private set; } = name;
    public int Age { get; private set; } = age;
}
```

개념상 기본 생성자에 지정한 매개변수들을 class/struct 정의 문법 내에서 유효하게 사용할 수 있는 변수라고 봐도 무방하다.

기본 생성자를 사용했을 때 유의할 점이 있다면 다른 생성자를 함께 정의하는 경우 반드시 기본 생성자를 경유하는 this 호출 코드를 넣어야 한다는 점이다. 다음 예제는 name만을 받는 생성자를 별도로 정의하면서 기본 생성자 측으로 this 호출을 넘기고 있다.

```
PersonDTO p = new PersonDTO("John"); // 기본 생성자가 아닌 사용자가 만든 생성자 호출

public struct PersonDTO(string name, int age)
{
    public PersonDTO(string name) : this(name, 0) { }

    public string Name = name;
    public int Age { get; init; } = age;
}
```

## 20.3 모든 형식의 별칭

using은 사용해야 할 네임스페이스를 미리 선언해 두는 역할도 하지만, 그 선언한 네임스페이스에 별칭을 부여하는 것도 가능하다. 또한 C# 6.0에는 using static 구문을 이용해 타입명까지 생략하는 용도로 넓혀졌다.

```
using My = Universe; // 네임스페이스의 별칭
using Cio = System.Console; // 타입의 별칭
using static System.Diagnostics.Trace; // 정적 타입명 생략도 지원 (C# 6.0)

internal class Program
{
```

```
    private static void Main(string[] args)
    {
        My.Galaxy instance = new My.Galaxy { Name = "Milky way galaxy" };
        Cio.WriteLine(instance.Name);

        WriteLine("TEST"); // 이전에 설정한 using static 덕분에  System.Diagnostics.Trace 생략
    }
}

namespace Universe
{
    public class Galaxy
    {
        public string? Name { get; set; }
    }
}
```

C# 12부터는 단순히 네임스페이스와 타입에 대해서만 별칭을 부여하던 범위를 넘어서 1) 이름이 없는 타입(unnamed type), 2) 포인터 타입, 3) 널 가능한(Nullable) 타입을 지원함으로써 이제 모든 타입에 대한 별칭을 만들 수 있게 됐다.

첫 번째로 이름이 없는 타입의 별칭은 마치 간단한 타입을 정의하는 것과 유사한 효과를 갖는다.

```
using Person = (int Age, string Name); // 이름이 없는 타입에 별칭을 부여

internal class Program
{
    private static void Main(string[] args)
    {
        Person person = new Person { Age = 1, Name = "Anders" }; // 마치 타입처럼 정의해 사용
        Console.WriteLine(person.Age);
    }
}
```

이렇게 별칭이 부여된 타입은 내부적으로 튜플로 처리되므로 기존의 튜플이 갖는 간결한 문법을 그대로 적용할 수 있다. 실제로 위의 코드에서는 new를 사용해 인스턴스를 생성하고 있지만, 튜플이기 때문에 다음과 같이 new 없이 간단하게 코드를 작성할 수 있다.

```
Person person = (1, "Anders");

// 원래 튜플은 아래와 같은 코드가 가능했고,
/*
ValueTuple<int, string> person = (1, "Anders");
*/

// 최종적으로 C# 컴파일러는 위의 코드를 다음과 같은 구문으로 치환함
/*
ValueTuple<int, string> person = new ValueTuple<int, string>(1, "Anders");
*/
```

따라서 결국 튜플에 불과하므로 이름이 없는 타입의 별칭을 만들 때 매개변수 이름을 지정하지 않는 것도 가능하다.

```
using Person = (int, string); // 매개변수의 타입만 지정 (유효한 튜플 구문)
```

이렇게 정의했다면 당연히 개별 요소에 대한 접근을 Item1, Item2,… 식으로 명명하게 된다.

```
Person person = (1, "Anders");
Console.WriteLine(person.Item1); // Item1 == 첫 번째 int 요소 접근
```

두 번째로 포인터 타입에 대한 별칭은 unsafe를 함께 사용해야 한다는 점을 제외하고는 문법적으로 다를 것이 없다.

```
using unsafe BytePtr = byte*; // unsafe를 함께 사용해 별칭 지정

unsafe
{
    byte[] buffer = new byte[] { 1, 2, 3 };
    fixed (BytePtr ptr = buffer)
    {
        Console.WriteLine(*ptr); // 출력 결과: 1
    }
}
```

아울러 unsafe 예약어가 사용됐으므로 프로젝트 설정에 AllowUnsafeBlocks 속성을 true로 설정해야 한다는 점을 제외하고는 특이 사항이 없다.

마지막으로 널 가능한 타입의 별칭은 참조형이 아닌, 값 형식에 대해서만 지원한다는 점에 유의하자.

```
// 컴파일 에러: error CS9132: 별칭 사용은 nullable 참조 형식일 수 없습니다.
using Utf16String = System.String?;

// 컴파일 가능
using NullableInteger = int?;
```

C# 2.0에 추가한 '?' 표기는 Nullable〈T〉에 대한 간편 표기이므로 결국 위에서 정의한 NullableInteger는 Nullable〈T〉에 대한 별칭을 지정한 것과 같다.

```
Console.WriteLine(typeof(NullableInteger).FullName);
// 출력 결과: System.Nullable`1[[System.Int32, System.Private.CoreLib, Version=8.0.0.0,
Culture=neutral, PublicKeyToken=7cec85d7bea7798e]]
```

## 20.4 인라인 배열

C# 언어는 이미 고정 크기에 대한 배열을 fixed 구문을 통해 지원하고 있었다.

```
unsafe struct StructType // fixed 구문을 사용하려면 unsafe 문맥이 필요
{
    public int Count;
    public fixed int fields[5]; // Count 필드가 위치한 바로 다음의 연속된 공간에
                                // sizeof(int) * 5 크기의 공간을 할당
}
```

단지 이 구문의 단점이라면 unsafe 문맥을 필요로 한다는 점이고 따라서 프로젝트 빌드 시에도 AllowUnsafeBlocks 옵션을 true로 명시해야 한다. 이러한 번거로움을 C# 12부터 InlineArray 특성을 부여한 타입으로 해결하고 있다. 예를 들어 위의 코드에서 예를 든 StructType은 인라인 배열 구문을 적용하는 경우 다음과 같이 재작성될 수 있다.

```
[System.Runtime.CompilerServices.InlineArray(5)] // 특성을 부여
public struct FieldBuffer // 이제부터 FieldBuffer는 "인라인 배열"을 나타내는 타입으로 인식
{
    private int _element0; // public 접근을 허용하지만 실용적이지 않음
                           // 배열의 타입을 표현하는 필드 한 개만 정의할 수 있음

    // 만약 바이트 배열을 정의한다면,
    // private byte bufferElement;
}

public struct SafeStructType
{
    public int Count;
    public FieldBuffer Fields; // sizeof(int) * 5 크기만큼의 연속된 공간을 할당
}
```

코드로는 오히려 길어졌지만 구조체 정의 및 이후 사용 과정에서 unsafe를 필요로 하지 않는다는 편리함이 있다.

```
SafeStructType inst = new SafeStructType();
inst.Count = 5;

for (int i = 0; i < 5; i++)
{
    inst.Fields[i] = i; // indexer 구문으로 인라인 배열의 개별 요소 접근
    Console.WriteLine(inst.Fields[i]);
}

// 또는 Span<T>로 받아 처리하는 것도 가능
Span<int> elems = inst.Fields;
foreach (int elem in elems)
{
    Console.Write($"{elem},");
}
```

비록 문법적인 면에서 배열 타입을 정의하지는 않았지만, InlineArray 특성이 적용된 구조체인 FieldBuffer를 마치 고정 크기 배열에 대한 새로운 타입으로 정의한 것이나 다름없는 효과를 갖고 있다.

새로운 타입명으로 취급된다는 점에서 기존의 fixed 배열과 다른 점이 있다면 사용 측면에서 제약이 없어졌다는 것이다. 일례로 fixed 배열은 오직 구조체/클래스의 멤버에만 적용할 수 있는 반면 인라인 배열은 메서드 내의 지역 변수를 정의하는 데도 사용할 수 있다.

```
internal class Program
{
    static void Main(string[] args)
    {
        FieldBuffer buffer = new FieldBuffer(); // 원래 일반 타입이었지만,
        buffer[0] = 50;                  // C# 컴파일러는배열 타입으로 취급하므로!

        // 반면 기존의 고정 크기 배열 구문으로는 메서드 내에서 사용하는 것은 불가능
        // fixed int buffer[50];

        // 대신, stackalloc 등의 코드로 우회해서 고정 크기 배열 사용
        unsafe
        {
            int* ptr = stackalloc int[50];
            ptr[0] = 50;
        }
    }
}
```

이외의 기능적인 면에서는 기존의 fixed 배열과 다른 점이 없다. 따라서 기존 코드에 사용된 fixed 배열이 있다면 모두 인라인 배열로 교체하는 것이 가능하다. 어찌 보면 중복일 수 있는 이번 문법의 의미를 찾는다면, 고정 크기 배열에 대한 비관리(unmanaged) 문법을 순수 관리(managed) 문법으로 대체할 수 있게 된 점을 꼽을 수 있겠다.

## 20.5 컬렉션 식과 스프레드 연산자

이제 다음의 타입들에 대해서 컬렉션을 초기화하는 구문으로 기존의 중괄호와 함께 대괄호를 사용할 수 있게 됐다.

- 배열
- Span/ReadOnlySpan

- C# 3.0의 컬렉션 초기화 구문[2]을 지원하는 타입
- IEnumerable 타입 중 C# 6.0의 Add 확장 메서드[3]가 정의된 타입

배열의 경우에는 크게 차이가 없지만 그 외의 컬렉션들은 초기화 방식이 다음의 코드에서처럼 좀 더 간결해진 것을 볼 수 있다.

```
using System;
using System.Collections;

internal class Program
{
    static void Main(string[] args)
    {
        // C# 11 이전에는 중괄호를 이용한 컬렉션 초기화
        int[] a1 = { 1, 2, 3, 4, 5, 6, 7, 8 };

        // C# 12부터 대괄호를 이용한 컬렉션 초기화 지원
        int[] a2 = [1, 2, 3, 4, 5, 6, 7, 8];

        // C# 11 이하에서는 Span 초기화는 나눠서 했던 반면,
        int[] a = { 1, 2, 3, 4, 5, 6, 7, 8 };
        Span<int> ints1 = a;

        // C# 12부터는 컬렉션 식을 활용해 한 줄로 처리 가능
        Span<int> ints2 = [1, 2, 3, 4, 5, 6, 7, 8];

        // "IEnumerable + Add 확장 메서드" 또는 ICollection 인터페이스를 구현한 경우
        // C# 11 이하는 컬렉션 초기화 구문을 사용,
        MyType list1 = new MyType() { 1, 2, 3, 4, 5, 6, 7, 8 };

        // C# 12부터는 컬렉션 식으로 초기화 가능
        MyType list2 = [1, 2, 3, 4, 5, 6, 7, 8];

        // 가변 배열의 경우에도 컬렉션 식에 기반한 초기화 가능
        int[][] jaggedArray = [[1, 2, 3], [4], [5, 6]];
```

2 8.4절 '컬렉션 초기화'
3 11.9절 '컬렉션 초기화 구문에 확장 메서드로 정의한 Add 지원'

```
    }
}

public class MyType : IEnumerable // MyType은 IEnumerable + 확장 Add 메서드 지원
{
    public List<int> Values { get; set; } = new List<int>();

    public IEnumerator GetEnumerator()
    {
        return Values.GetEnumerator();
    }
}

public static class MyExtension
{
    public static void Add(this MyType type, int value)
    {
        type.Values.Add(value);
    }
}
```

또한, 제목에서 의미하는 것처럼 초기화 구문이 식(Expression)으로 평가받기 때문에 이에 준하는 모든 코드에 적용할 수 있다.

```
// 3항 연산자에도 쓸 수 있고,
List<int> list = (Environment.OSVersion.Version.Major > 4) ? [1, 2] : [3, 4];

ListArray([1, 2, 3]); // 함수의 인자로 직접 넘기는 것이 가능하며,

static void ListArray(List<int> list)
{
}

// 요소에 대한 타입 추론도 지원, 아래의 경우 int[]로 결정
Array.ForEach([3, 4, 5], (elem) => Console.Write($"{elem}, "));

public class TestType
{
```

```
    // 람다 함수에서도 사용 가능
    public List<int> GetDefaults => [1, 2, 3];
}
```

이와 함께 컬렉션 식 내에서만 사용할 수 있는 스프레드 연산자[4]도 새롭게 추가됐다. 점 2개(..)로 표현하는 스프레드 연산자는 컬렉션 식 내에서 기존 컬렉션을 포함하는 간편 표기 구문으로 사용할 수 있다.

```
int[] array1 = [1, 2, 3];
int[] array2 = [4];
int[] array3 = [5, 6];

// 스프레드 연산자를 이용해 새로운 컬렉션에 기존의 컬렉션을 포함
int[] array = [0, .. array1, .. array2, .. array3];
Array.ForEach(array, (elem) => Console.Write($"{elem}, ")); // 출력 결과: 0, 1, 2, 3, 4, 5, 6,

Array.ForEach([0, .. array1], (elem) => Console.Write($"{elem}, ")); // 출력 결과: 0, 1, 2, 3,
```

## 20.6 ref readonly 매개 변수

C# 7.2에 추가됐던 in 변경자[5]를 설명하면서 그것의 의미가 ref + readonly에 해당한다고 설명했다. 그런데 C# 12에서는 정확히 그에 해당하는 ref readonly 변경자가 추가됐다. 결국 in 변경자와 ref readonly는 같은 구문의 다른 표현에 불과하며 단지 다른 점이 있다면 특정 상황에서 컴파일러가 in과 ref readonly에 따라 경고를 달리 발생시킨다는 정도만 있다.

예를 들어, ref readonly는 'ref' 예약어의 특성이 부각돼 '값'을 직접 전달하는 경우 경고를 발생시키지만 in 변경자는 경고를 발생시키지 않는다.

```
internal class Program
{
    public static void Main(string[] args)
    {
```

4 자바스크립트의 경우 점 3개로 표현하는 스프레드 연산자가 있는데 정확히 같은 동작을 한다.
5 14.1절 '메서드의 매개변수에 in 변경자 추가'

```
        ProcessIn(5); // 경고가 없음
        ProcessRefReadonly(5); // 경고 발생: warning CS9193: 인수 1 'ref readonly' 매개 변수에 전
달되므로 변수여야 합니다.
    }

    public static void ProcessIn(in int instance) { }

    public static void ProcessRefReadonly(ref readonly int instance) { }
}
```

기존의 in 변경자가 'ref' 변경자를 품고 있음에도 값 전달을 허용하고 있었다는 점은 일관성[6]을 해친다는 측면에서 바람직하지 않았다. 바로 그런 문제를 ref readonly를 도입함으로써 그 의미와 규칙을 좀 더 명확하게 지킬 수 있게 된 것이다.

필자 개인적인 의견으로, in 변경자는 특별히 값까지도 받아야 하는 범용적인 메서드가 아니라면 더 이상 쓰지 않을 것을 권장한다. 그보다는 이미 반환값이나 로컬 변수에도 동일한 의미로 사용이 가능[7]했던 ref readonly를 쓰는 것이 더 나은 선택이다.

## 20.7 Interceptor(컴파일 시점에 메서드 호출 재작성)

Interceptor는 특정 소스코드의 메서드 호출을 다른 메서드로 가로챌 수 있는 방법을 제공한다. 단지 아직 정식 버전으로 포함된 것이 아니라서 이 기능을 사용하려면 약간의 사전 설정이 필요하다.

예를 들기 위해 다음과 같은 코드를 보자.

```
using System.Runtime.CompilerServices;

namespace ConsoleApp1
{
    internal class Program
    {
        static void Main(string[] args)
        {
```

6 ref 변경자가 단독으로 부여된 매개변수에 값을 전달하면 컴파일 오류가 발생한다.
7 14.3절 '메서드의 반환 값 및 로컬 변수에 ref readonly 추가'

```
            Program.Method();
            // 위의 코드에서 메서드 호출의 시작인 "M"은 9번째 줄, 21번째 칼럼에 위치
        }

        static void ProgramMethod()
        {
            Console.WriteLine("Program Method");
        }
    }
}
```

이 상태로는 컴파일하고 실행하면 화면에는 'Program Method' 문자열이 출력된다. 이제부터 저 Program.Method() 호출을 별도로 정의한 메서드 호출로 바꿔치기를 하는 작업을 할 텐데, 그를 위해 새로운 메서드를 다음과 같이 추가하자.

```
using System.Runtime.CompilerServices;

namespace InterceptTest
{
    internal class Experimental
    {
        public static void MyMethod() => Console.WriteLine("My Method");
    }
}
```

C# 12의 Interceptor 문법은 Program.cs 파일에 있던 Program.Method() 호출을 위에서 만든 Experimental 타입의 MyMethod() 호출로 바꾸기 위해 3가지 추가 변경을 요구한다.

첫 번째는, MyMethod에 System.Runtime.CompilerServices 네임스페이스로 정의된 InterceptsLocation 이름의 특성을 부여해야 한다. 현재 해당 특성은 닷넷 8 BCL에도 포함돼 있지 않기 때문에 다음과 같은 코드로 직접 프로젝트에 추가해야 한다.

```
namespace System.Runtime.CompilerServices
{
    [AttributeUsage(AttributeTargets.Method, AllowMultiple = true, Inherited = false)]
    public sealed class InterceptsLocationAttribute : Attribute
    {
```

```
        public InterceptsLocationAttribute(string filePath, int line, int character) { }
    }
}
```

두 번째는, MyMethod에 InterceptsLocation 특성을 부여하면서 가로채기를 할 원본 메서드가 정의된 소스코드의 파일 경로와 그것의 라인, 칼럼의 위치를 정확히 기재한다. 위의 예제에서는 Program.Method() 호출의 'M' 글자 위치가 9번째 줄, 21 칼럼의 위치에 있으므로 다음과 같이 설정할 수 있다.

```
// 아래의 Program.cs 위치는 여러분이 실습하는 경로로 바꿔서 실습해야 한다.

[InterceptsLocation(@"C:\temp\ConsoleApp1\ConsoleApp1\Program.cs", 9, 21)]
public static void MyMethod() => Console.WriteLine("My Method");
```

마지막으로, 이렇게 가로채기할 메서드가 정의된 네임스페이스, 즉 위의 경우 MyMethod를 포함하고 있는 Experimental 타입이 'InterceptTest'라는 네임스페이스에 정의돼 있으므로 프로젝트 설정 파일에 InterceptorsPreviewNamespaces 노드로 이 값을 명시한다.

```
<Project Sdk="Microsoft.NET.Sdk">

    <PropertyGroup>
        <OutputType>Exe</OutputType>
        <TargetFramework>net8.0</TargetFramework>
        <RootNamespace>ConsoleApp1</RootNamespace>
        <ImplicitUsings>enable</ImplicitUsings>
        <Nullable>enable</Nullable>
        <InterceptorsPreviewNamespaces>$(InterceptorsPreviewNamespaces);InterceptTest</
InterceptorsPreviewNamespaces>
    </PropertyGroup>

</Project>
```

지금까지의 설정을 정확하게 따라했다면, 이제 프로그램을 실행했을 때 화면에 'Program Method'가 아닌 'My Method'가 출력되는 것을 확인할 수 있다.

가로채기 과정을 따라해 본 느낌이 어떤가? 아마도 실제 업무 프로그램에서 이런 식의 가로채기 코드를 작성하는 것이 무슨 의미가 있을까…라는 의구심이 들 것이다. 사실 이것은 여러분이 코드 작성 시 사용하라는 용도로 만들어졌다기보다는 C# 10에서 언급했던 소스 생성기[8]에서 사용할 의도로 도입된 것이다. 그러니 단순히 이런 문법이 있다는 정도만 알고 넘어가자. 아마도 나중에 여러분이 직접 소스 생성기를 만들어야 할 순간이 온다면 Interceptor를 통해 활용 범위[9]를 보다 더 넓힐 수 있게 될 것이다.

## 20.8 Experimental 특성 지원

이름이 의미하는 그대로 실험적으로 추가한 기능임을 인지시키는 Experimental 특성이 새롭게 닷넷 8 BCL에 추가됐고 C# 12 컴파일러는 이를 인지해 오류를 발생시키도록 연동되었다.

예를 들어 다음 코드는 MyFeature 타입이 실험적이라고 가정했을 때 Experimental 특성을 사용한 예를 보여준다.

```
using System.Diagnostics.CodeAnalysis;

namespace ConsoleApp1
{

    internal class Program
    {
        static void Main(string[] args)
        {
            MyFeature pg = new(); // error MYID01: 'MyFeature'은(는) 평가 목적으로 제공되며, 이후 
업데이트에서 변경되거나 제거될 수 있습니다. 계속하려면 이 진단을 표시하지 않습니다.
            pg.ToString();
        }
    }
}

[Experimental("MYID01")]
public class MyFeature
{
}
```

8 18.8.3절 'Source Generator V2 API'

9 실제로 이것은 마이크로소프트에 의해 ASP.NET Core 웹 애플리케이션의 AOT(Ahead-of-time) 컴파일을 지원하는 소스 생성기에서 사용되고 있다.
참고: https://andrewlock.net/exploring-the-dotnet-8-preview-changing-method-calls-with-interceptors/

보다시피 'MyFeature' 타입에 Experimental 특성을 부여하면서 사용자 오류 식별 번호를 임의로 'MYID01'이라고 지정했다. 그리고 이것을 사용하는 코드가 있다면 C# 컴파일러는 동일한 오류 ID와 함께 평가 목적임을 알리는 메시지를 출력하며 컴파일을 중단시킨다.

만약 사용자가 이 위험성을 인지하고도 쓰고 싶다면 해당 코드에 대해 오류를 발생시키지 말라는 #pragma 지시자를 사용해야 한다.

```
#pragma warning disable MYID01
MyFeature pg = new();
#pragma warning restore MYID01 // restore를 하지 않으면 현재 파일의 마지막까지 경고에 대한 disable 
문맥을 유지
```

또는, MyFeature를 사용하는 코드가 많아서 일일이 #pragma 지시자를 사용하기 번거롭다면 프로젝트 전역적으로 오류를 발생시키지 않도록 csproj 프로젝트 파일에 NoWarn 옵션으로 추가하는 것이 가능하다.

```
<Project Sdk="Microsoft.NET.Sdk">
    <PropertyGroup>
        <!-- 생략 -->
        <NoWarn>MYID01</NoWarn>
    </PropertyGroup>
</Project>
```

비록 Experimental 특성이 닷넷 8 BCL에 정의됐지만, C# 12 컴파일러는 이것을 단순히 이름으로 인식을 하기 때문에 닷넷 7 이하의 프로젝트에서 사용하고 싶다면 임의로 특성을 정의하는 것도 유효하다.

```
// .NET 7 이하의 프로젝트여도 C# 12 컴파일러로 빌드한다면 MyFeature를 사용하는 코드에 컴파일 에러 
발생

[Experimental("MYID01")]
public class MyFeature
{
}
```

```
// 닷넷 8 이상의 프로젝트가 아니라면 아래의 코드를 포함하라는 전처리기 지시자
#if !NET8_0_OR_GREATER[10]
namespace System.Diagnostics.CodeAnalysis
{
    [AttributeUsage(AttributeTargets.Assembly | AttributeTargets.Module | AttributeTargets.Class |
AttributeTargets.Struct | AttributeTargets.Enum | AttributeTargets.Constructor | AttributeTargets.
Method | AttributeTargets.Property | AttributeTargets.Field | AttributeTargets.Event |
AttributeTargets.Interface | AttributeTargets.Delegate, Inherited = false)]
    public sealed class ExperimentalAttribute(string diagnosticId) : Attribute
    {
        public string DiagnosticId { get; } = diagnosticId;

        public string? UrlFormat { get; set; }
    }
}
#endif
```

위의 Experimental 특성 정의는 닷넷 8에 포함된 것을 그대로 복사해 온 것이다. 사용된 AttributeUsage를 통해 알 수 있듯이 실험적이라고 지정할 수 있는 것은 비단 타입뿐만 아니라 어셈블리, 모듈, 메서드, 프로퍼티, 필드 등의 레벨로 지정하는 것이 가능하다.

Note 기능의 빠른 도입을 경고하는 의미로 Experimental 특성이 사용된다면, 이와 반대로 낡은 기능을 이제 더 이상 사용하지 말라는 의미로 Obsolete 특성이 있다. 보통 라이브러리 개발자가 더 이상 지원하고 싶지 않은 코드가 있을 때 이 특성을 부여하면,

```
[Obsolete]
public class OldFeature
{
}
```

C# 컴파일러는 이 코드를 사용한 경우 "warning CS0612: 'OldFeature'은(는) 사용되지 않습니다." 경고를 발생시키며 이 사실을 인지시킨다.

10 이러한 전처리 상수는 닷넷 버전별로 제공된다. 참고: https://learn.microsoft.com/en-us/dotnet/csharp/language-reference/preprocessor-directives

## 그리고 C# 13…

이 책의 C# 12 내용이 쓰여질 즈음, C# 13의 신규 문법이 github 문서로 공개됐고 모두 구현 단계로 진행된 상태다.

- Language Feature Status:
- https://github.com/dotnet/roslyn/blob/main/docs/Language%20Feature%20Status.md#c-next

간혹 책을 구매할 때 C#의 다음 버전이 나올 때까지 기다리는 독자를 보게 되는데 그런 분들에게 굳이 기다릴 필요가 없다고 말하고 싶다. 왜냐하면 C# 13의 추가 기능은 모두 필자의 블로그를 통해 공개[11] 되므로 종이 책에 대한 고집만 없다면 시간을 아낄 수 있기 때문이다.

11 그동안에도 C# 8부터 C# 12까지의 신규 문법을 모두 정리해 블로그에 공개했다.

C#
12

# 03

# 닷넷 응용 프로그램

https://www.sysnet.pe.kr/2/0/13142 및 출판사의 공식 홈페이지를 통해 내용이 모두 공개돼 있으니 참고하자.

간략하게 부연하면, 19장의 내용 중 'Windows Forms 응용 프로그램', 'WPF 응용 프로그램'의 내용은 닷넷 프레임워크, 닷넷 코어 3.x 이후의 프로젝트 모두에서 실습할 수 있다.
그 외 '서비스 응용 프로그램'과 '웹 응용 프로그램'은 닷넷 프레임워크에 한해 실습할 수 있으며, 마지막 '윈도우 폰 응용 프로그램'은 현재 해당 플랫폼을 마이크로소프트가 더 이상 지원하지 않으므로 실습할 수 없다.

마찬가지로 20장의 내용은 전체적으로 '윈도우 폰 응용 프로그램'과 'WPF 응용 프로그램'으로 이뤄져 있는데, '윈도우 폰 응용 프로그램' 부분을 제외하고 'WPF 응용 프로그램'은 여전히 실습할 수 있다.

C#
12

# 부록

https://www.sysnet.pe.kr/2/0/13142 및 출판사의 공식 홈페이지를 통해 내용이 모두 공개돼 있으니 참고하자.

# 찾아보기

## 기호



## A - C

## D - H

## I – N

## O – S

## T – Z

## ㄱ – ㄹ

## ㅁ – ㅇ

## ㅈ – ㅎ